葉廷元 譯著

葉廷元先生譯著集

上卷

鳳凰出版社

圖書在版編目（CIP）數據

葉廷元先生譯著集 / 葉廷元譯著. -- 南京 : 鳳凰出版社, 2018.10
ISBN 978-7-5506-2847-2

Ⅰ. ①葉… Ⅱ. ①葉… Ⅲ. ①航空航天工業－世界－文集 Ⅳ. ①F416.5-53

中國版本圖書館CIP數據核字(2018)第233995號

ISBN 978-7-5506-2847-2

9 787550 628472 >

葉廷元先生譯著集

譯　　著　葉廷元
責任編輯　顧　娟
出版發行　鳳凰出版社(原江蘇古籍出版社)
　　　　　發行部電話 025-83223462
出版社地址　南京市中央路165號，郵編：210009
出版社網址　http://www.fhcbs.com
印刷裝訂　三河友邦彩色印裝有限公司
　　　　　三河市高樓鎮喬官屯村
開　　本　十六開
出版日期　二〇一八年十月第一版
　　　　　二〇一八年十月第一次印刷
書　　號　ISBN 978-7-5506-2847-2
定　　價　壹仟陸佰捌拾圓整(全二册)

航空月刊英文主任

葉廷元

我的父親

——《葉廷元先生譯著集》代序

葉嘉瑩

先父葉公諱廷元，字舜庸，清光緒十七年辛卯（一八九一）夏曆十一月初五生於北京西城區察院胡同之祖宅（此一住宅爲先曾祖聯魁公於咸豐年間所購置）。一九七一年二月十日以腦溢血救治無效，歿於加拿大温哥華市之總醫院（General Hospital），享年八十一歲。

按照中國舊傳統之習俗，在爲先世叙寫生平時，首先要對家世之淵源略加叙述。我家雖然取姓葉氏，但與劉向《新序》所記述的中國歷史上最有名的『好龍』之『葉公』則并無任何淵源。我家先世原爲蒙古裔之土默特部族，原居住地在今呼和浩特一帶，曾隨元世祖忽必烈入主中原，約百年後遭漢人逐返漠北。其中一支於明代中葉移居海西之地。所謂『海西』者，是蒙古時代對於松花江大曲折處之西岸的一個通稱。當時該地區原有幾個女真族之部落，就是輝發那拉、烏拉那拉和哈達那拉。蒙古之土默特族移居此地以後，奉星根達爾漢爲初祖。一説謂其入贅那拉部，另一説謂其攻占那拉部且取其姓，遂亦以『那拉』爲氏族之稱。至於其冠以『葉赫』之名，則是因爲在十六世紀初，有一位名爲『祝孔革』的首領（凡一切以漢字書寫之名氏皆爲蒙古語之音譯，故其所書寫之漢字往往有音近而文字不同之現象，特在此先做説明），率其部族遷居於一條名爲『葉赫』的河水之濱，遂自稱爲『葉赫那拉』。及至明代萬曆年間，有原居於建州之女真族首領努爾哈赤所率之部逐漸强大，遂并吞了原居海西之地的幾個女真族之部落。至於自號『葉赫那拉』之原爲蒙古土默特之部族，則與建州女真族之努爾哈赤原來互相友好，葉赫部族之最後一個領袖金台什曾將其妹號稱『孟古格格』者，嫁給了努爾哈赤，她所生的兒子就是繼承清太祖努爾哈赤之領袖地位的名爲皇太極之清太宗。當年努爾哈赤爲了擴展勢力，曾將建州的諸女真部族陸續并吞消滅。其後遂率大軍來攻打葉赫之部族。葉赫部原有東西二城，東城貝勒爲金台什，西城貝勒爲布揚古。努爾哈赤先來攻打東城時曾令其部下挖掘城基，東城不能守。金台什原擬自焚而死，未成，爲努爾哈赤所執而縊殺之。金台什之子尼雅哈遂率衆降於愛新覺羅，此一支編入了正黄旗；西城之布揚古亦隨之而降，此一支編入了正紅旗。及至努爾哈赤戰死遼陽，其第八子皇太極即位，因問鼎中原，爲減少中原人對『大金』國名之反感，宣布改定女真族名爲『滿洲』，改國號爲『大清』，其開國之主即爲葉赫氏孟古格格之子皇太極。其後順治、康熙諸帝，對於葉赫之後人都頗爲優遇。金台什之子、投降於清朝的尼雅哈，其子即爲康熙朝權傾一時之著名的明珠大學士。而明珠之子納蘭性德則曾爲康熙帝之侍衛近臣，且頗獲寵信。我之所以瑣瑣記叙葉赫納蘭氏族之往事，主要蓋由於我家先世實出於此同一之氏族。先曾祖聯魁公字慎齋者，曾於道光年間任佐領之職，先祖父中興公爲光緒十八年（一八九二）壬辰科之翻譯進士，曾在農工商部任職（先曾祖之職位得之於堂兄嘉穀之記述，先祖之功名職位則見於宣統三年春《職官録》之記載。且我家舊居之大門上端原曾懸有『進士第』之匾額）。蓋以我家先世不僅與清皇室曾有姻親之關係，既隨滿族之統治者同時入關，而且於入關之後也隨滿族統治者同時逐漸漢化，并受到了儒家思想極深的影響，有着『學而優則仕』的觀念。先曾祖之諱『聯魁』，先祖之諱『中興』，皆可以爲證。我幼年時還曾見到過他們父子兩代朝服前胸的『補子』與朝冠上的頂戴花翎。據宣統三年（一九一一）春《職官録》於先祖中興公之科第官職下之記載，先祖曾任農工商部之主事，并標注云：『滿洲正黃旗人。』（按：多年前當《紅蕖留夢》一書之撰寫者張侯萍女士邀我訪談時，我曾誤記爲鑲黃旗人，今據史料在此更正）

總之，我家先世既接受了漢族之儒家文化，而養成了一種『學而優則仕』的觀念，遂以仕宦爲出身之正途。所以我的父親乃被取名爲『廷元』而字曰『舜庸』。此一名字之取義，蓋出於《史記》之《五帝本紀》，其中於舜帝之記載曾云：『高辛氏有才子八人，世謂之八元……至於堯，堯未能舉……舜……舉八元，使布五教於四方……内平外成。』由此可見，我父親之得名，原也寄寓有先祖父的一種欲其出仕朝廷之意。不過事實上是當我父親只有二十一歲時，清王朝就已經被中華民國所取代了。而國民革命的口號則是『驅除韃虜，恢復中華』。於是清王朝舊日的世家宗族，遂紛紛把自己原來的滿蒙之姓氏更改成了漢人之姓氏。於是我祖父遂擇取了『葉赫』部族之首字，而改成了簡單的『葉』姓。而且祖父也失去了原來工部的官職，而改以中醫爲業。這是因爲先祖原來就一直喜愛岐黃之術，改業從醫後，遂成了有名的中醫。他借用了南宋淳熙年間永嘉著名學者葉適的名號，自題名爲『水心堂葉』。蓋以葉適原爲温州永嘉人，曾居住於永嘉之水心村，人稱之爲葉水心先生。我當年的祖居，一進大門，迎面的影壁墻上正中央就鎸刻了『水心堂葉』四個大字。先伯父諱廷乂，自號狷卿，早年曾留學日本，其後就繼承了我祖父的岐黃之術，也成爲了頗被人尊重的一位中醫。大約在上世紀九十年代，國内著名的文史學家鄧雲鄉先生曾經在《光明日報》的副刊上發表過一篇題爲《女詞人及其故居》的文稿，内容寫的就是我家的庭院。因爲他少年時代曾到我家來請我伯父爲他的母親寫藥方子，故對我家的庭院有詳細的記憶與描寫，他在文稿中以爲，正是因爲有這樣『庭院深深』的環境，才培養出我這樣的『詞家』。

至於我父親，則因爲少年時代清朝就已經被民國取代了，所以從來没有甚麽傳統的仕宦觀念，只是深感到國家因積弱爲列强所欺凌，清朝雖然曾有海軍之建設，但是在甲午一役就全軍覆没了，而空軍方面則是一片空白，一無所有。在此種時代背景下，很多青年有志之士都以爲非向西方學習無以自强。於是我父親遂决意考入了北京大學之英文系，於民國六年（一九一七）畢業後，隨即進入了航空署任編譯之職。航空署原來是宣統二年（一九一〇）清政府在北京南苑所設立的一個小型的飛行機試驗廠。民國八年國民政府的國務院在此設立了航空事務處，民國十年又改回原來的航空署之名，并將辦公處遷回城内（地址在今北京新街口附近，今名『航空胡同』，舊名『航空署街』）。據我母親相告云，大約就在此年，我母親當時在北京的一所女子職業學校教書，有一天有一位男士拿着名片向校方要求來學校參觀，并到我母親任教的課堂中旁聽了很久，我母親很不高興，回到家中把名片拿給家人看，家中人一看，就發現這個人原來正是親友們在爲我母親提親的對象。其後一年，他們結了婚，婚後一年生下了我。我是民國十三年出生的，依此算來，我父親拿着名片去旁聽我母親講課時，應該是民國十年左右。

趁此機會，我要對我母親的家世也做一點簡單的介紹。我母親的娘家是漢軍旗人，也是書香門第。我的外曾祖母還是一位女詩人，曾刊刻過一本詩集，題名爲《仲山氏吟草》，她生有兩子一女，長子就是我的外祖父。外祖父母有兩個女兒，就是我的母親和我的姨母。我的母親名玉潔，字立方；我的姨母名玉潤，字樹滋。不幸的是我的姨母出生以後不久，我的外祖父母就相繼去世了，於是兩姊妹就過繼給了她們的叔父，也就是我後來一直稱作『姥爺』的外祖父。他的名字是李警予，原來在河北武清縣任地方官長，甚得民心。我一直記得，外祖父家中藏有很多當地人民送來的所謂『萬民旗』和『萬民傘』。外祖父母自己還沒有兒女，所以對我母親和姨母視如己出。他們晚年方得一子，就是只大我三歲的小舅。而小舅的母親因爲難産生下小舅以後不久就去世了。所以我母親姊妹和這位小舅都是由姑姑帶大的。這位姑姑一直沒有結婚，擔負起了侍奉老母和撫養三個侄男女的責任。我們稱她作三姥爺。我出生後兩年，我母親又生了我的大弟嘉謀。那時我父親的工作還不太忙，當我兩三歲時，父親就開始教我識字。關於這件事，我在《紅蕖留夢》一書的《幼年讀書》一節中，曾有詳細的叙寫。我父親的書法極好，他在黄表紙上用毛筆所寫的書法，和他在所寫的字之左右上下用硃砂筆所圈定的平上去入的四聲符號，至今我想起來仍然歷歷如在眼前。當時弟弟還很小，我的印象中不記得父親有教他讀書識字的事。本來我在未曾識字以前就已經像唱兒歌一樣背了不少唐詩，父親以爲我是個孺子可教之材，所以對我頗爲偏愛。

民國十七年（一九二八），美國之萊特兄弟公司（Wright Brothers Co.）與Curtiss合作，於民國十八年成立了一個新公司叫做寇蒂斯萊特公司，提出將給予中國資助發展中國民用航空事業。國民政府遂於民國十八年四月公布了『中國航空公司條例』，派遣當時任鐵道部長的孫科爲中國航空公司理事長，與美國商議合作之事，簽訂了『航空運輸及航空郵務』合同，於民國十八年五月一日宣布了『中國航空公司』之正式成立。我父親也隨之正式轉入了中國航空公司擔任秘書之職，那時候我已經差不多有六歲了。這期間有一件事給我留下了深刻的印象，就是有一次父親從上海回來，帶回一些女童洋裝的圖樣，於是就帶我到北京一家綢緞店，爲我訂做了一件下面有多層花邊的粉紅色連衣裙。因爲我從來沒穿過這樣講究的衣服，所以當時的情景至今仍如在目前。這是我父親對我的特別寵愛，這件事也像當年父親教我認字號，給我留下了深刻的印象。又過了兩年，大弟也長大了，父親就爲我們買了一套拼寫英文字彙的玩具，還教給我們唱英文的兒歌。同時也請了姨母來教我們讀書。我開蒙讀的是《論語》，大弟讀的是《三字經》。除了誦讀古書以外，姨母還教我們算術，而且每天要練習書法。當時我們住的是西廂房，早晨一直在太陽的照射之下，夏天屋内很熱，而東廂房是伯父給病人診病的脉房，没有人住。我和弟弟就搬一個小桌子、兩個小凳子在東屋前面的陰凉處寫大小楷，背書，做算術等功課。傭人把早點做好，父親就會站在西廂房門口，喊我們過去吃早點。這期間，父親曾爲我訂購了不少介紹西方文化的兒童讀物。有一種叫《兒童世界》的刊物，裏面都是翻譯的西方童話故事。其中也附有不少外國圖片，如意大利龐貝古城的廢墟和英國牛津大學的校園等，也給我留下了深刻印象。那時在父親的書櫃裏，還收藏有許多印有天上星座的有關航行的英文書籍。我不懂英文，但對那些天上的星象極感興趣，有時就自己翻看。夏天的夜晚屋裏悶熱，我就找一領竹席鋪在院中的磚地上，躺在那裏看天上的星星，自以爲頗有杜牧《秋夕》詩的『天街夜色凉如水，卧看牽牛織女星』的詩意。

父親轉到上海的航空公司以後不久，我稱作姥爺的我母親的叔叔也轉到上海一所警察局去工作，姨母也到上海一個大家庭中去做家庭教師了。於是在我八歲、我大弟六歲的那年，就趁着有一位我家的親戚要到上海去的機會，我母親就帶着我和弟弟隨這位表親一起到上海去了。我們是坐船去的，我記得我們從天津塘沽口上的船，表親住一間艙房，我母親帶着我和弟弟住一間艙房。母親和弟弟住下面的鋪位，我一個人從旁邊的一個窄小的梯子爬到上鋪去。上鋪的旁邊，有一個圓形的窗户，是緊緊關閉着的，天氣晴明時可以隔窗望見遠海遥天。我帶了幾本兒童雜誌上去，就躺在床鋪上看書。次日夜裏，忽然起了很大的風浪，海浪一陣陣打在這個小圓窗的外面，第二天大家都暈船起不了床，送來的飯菜也没人吃。只有我不暈船，可以爬下來吃飯，還可以再爬上去看書。轉天風浪就過去了，不久我們就到達了上海。父親在上海的一個弄堂裏租了一處房子，弄堂口有一個租書的攤子，我和弟弟就跑去租了一些小人書來看。記得其中有一套書叫做《火燒紅蓮寺》，我和大弟就在家裏扮演起武俠的故事來。周末的日子，姥爺就會來帶我和弟弟出去逛街和看電影，電影大多也是一些武俠片，逛街就給我們買很多零食。我印象最深的是一隻瓷做的大公雞，造型極好，彩色斑斕，雞腹下有個蓋子，打開以後，裏面都是各色的糖果。我和弟弟在上海玩得很高興，覺得比北京有趣多了。誰想到樂極生悲，我們姐弟同時感染了肺炎。把父親和母親急壞了。請了很多醫生，内服外敷用了很多藥才把病治好。不久後，母親發現懷孕了，覺得回北京才有人照料，於是就帶着我和弟弟回了北京。第二年（一九三三），生了我的小弟嘉熾。父親曾經從上海回來看望過我們一次。當我十歲、大弟八歲時，父親就把我們送進了離我家不遠的一所教會學校，校名『篤志學校』，是一所中小學合在一起的學校。父親的意思，是我在家裏讀了『四書』，打了一些舊學的基礎，以後應該把英文學好。不過，父親不能常留在家裏。而我在篤志只讀了一年。第二年，我們的鄰居有一個大我一歲的女孩小學畢業要去考中學，那時在我家附近的教育部街新成立了一所女子中學，她約我去陪考，但是我没有小學畢業的文憑，就以『同等學力』報了名。誰想到，竟然考上了。由於這所學校離家近，而且學費也比教會學校便宜得多，母親就決定讓我讀了這所學校。而且買了一套開明書局出版的《詞學小叢書》給我作爲獎勵。我也就是透過這一套書，自己學會了填詞的。那時，華北地區的局勢已經非常緊張，父親不常回來，就要我每周用文言給他寫一封信，報告家中情況和自己的學習心得。

當我讀到初中二年級時，發生了盧溝橋事變，北平很快就淪陷了。我們在淪陷區所得的信息先是上海的四行抗戰，繼之就是南京陷落和南京大屠殺，父親從此就與家人斷了音信。在抗戰的第四年，母親腹中生了腫瘤，於民國三十年（一九四一）秋，由舅父陪同赴天津租界一所西人醫院割治。因手術感染，於民國三十年農曆九月二十日在乘火車回北平途中逝世。母親生於清光緒二十四年戊戌（一八九八）夏曆正月十五，享年只有四十四歲。

我家世代都没有分家，不過我們家人丁不旺，父親一輩只有伯父和父親兄弟二人（原有一位三叔，很年輕就去世了），母親去世後，我和兩個弟弟就全靠伯父與伯母的照顧。伯父膝下没有女兒，不僅對我愛如己出，而且因爲我喜愛詩詞，對我極爲寵愛。伯母顏氏諱巽華，原是知府家的小姐，但在抗戰的艱苦歲月裏家中没有女傭時，她總是親自操持一切家務。有時我要給伯母幫忙，伯母總是説，你現在是讀書的年紀，只要把書讀好就行了。所以雖然在戰亂的苦難中，我還能安心讀書，都是仰賴伯父和伯母的關心和照顧。而就在母親去世以後不久，日本就於那年的十二月八日（美國的十二月七日）向美國發動了珍珠港的偷襲。當時我們在淪陷區的人民生活就更加艱苦了，但是抗戰的後方却因爲美國的參戰而有了轉機。因而，在母親逝世半年多之後，我們竟然收到了一封父親從重慶輾轉寄來的短信。收到父親的信後，我就想起了已經去世的母親，本來我曾經寫了《哭母詩》八首，現在接到了父親的信，我又寫了題爲《母亡後接父書》的一首五言古詩。其後不久，我又寫了一首題爲《咏懷》的五言古詩，其中寫有我對父親的懷念，説：『古稱蜀道難，父今頭應白。誰憐半百人，六載常做客。我枉爲人子，承歡慚繞膝。每欲凌虚飛，恨少鯤鵬翼。蒼茫一回顧，遍地皆荆棘。夜夜夢江南，魂迷關塞黑。』好不容易盼到抗戰勝利，但父親却并未能隨着勝利就回到家中，那是因爲父親進入航空公司不久，就由秘書改任了人事課長。一旦勝利，多少人都急於還鄉，而公司的事務與人事的安排正是千頭萬緒。父親辦事一向有一種不稍假借而且公而忘私的作風，所以直到勝利以後的第二年暑期，父親還没有回來。而我從民國三十四年（一九四五）大學畢業以後，就按學校的分配到中學去教書，擔任了一所中學的初中語文課，我平日原是性情羞怯，不善於談話的，誰知一旦教起書來，却感到可以向學生講解和傳授的話很多。所以不久以後我之善於教書的名聲就在師友間傳出去了。於是就有不少在中學負責教學的人請托了我親友中的長輩，邀我去兼課，甚至以不改作業爲條件，只要我去講課。結果是，不久之後我就兼任了三所中學的五班國文課程，從此遂終日騎着車往來奔忙到處去講課。當暑假快要結束的一個周末，我正搬着我的自行車要跨出我家大門的門坎外出時，忽然見到有一輛北京叫做『洋車』的人力車停在了我家門口，車上有一位穿着西裝的長者，提着一個黑色的行李箱下了車。我一眼就認出那原來是我已經十年未曾見面的父親回來了。父親當時應該已經有五十五歲，可是看上去一點也没有老人的感覺。我迎接父親回到我們住的西廂房，當時我們睡的還是北京的土炕，我幫父親把行裝安頓好以後，父親坐在炕邊的一把椅子上哭了很久。後來大弟和小弟陸續回到家中，晚間燈下共進晚餐，真有如杜甫《羌村》詩中所説的『相對如夢寐』的感覺。父親對於伯父伯母多年來給我們姐弟三人的照顧非常感激。不過，不好再勞動伯母一個人來操持家務，就請了遠房一位論輩分我應該稱她爲大姑姑的親戚來幫忙。大姑姑的丈夫已經去世，她的兒子外出多年没有音信，所以她原來就以幫人做家務維生。她很願意到我家來幫忙，事情就這樣定下來了。父親原來是在百忙的公務中抽暇回來探望家人的，所以不久就又返回上海去了。這次父親回家的時間雖短，但是親友們想爲父親提親安排續弦的人却很多。不過都被父親一一婉言謝絶了，而且連見對方一面也未曾應允。父親對母親的感情，是無人可以取代的。

父親返回上海後，大姑姑就留在我家，照顧我和兩個弟弟的日常生活。這時大弟嘉謀還在中國大學讀書，認識了一位女同學名叫杭若俠，兩人感情很好。我於兩年前也認識了一位男朋友，名叫趙鍾蓀。我原本從來沒交過男朋友，這一則因爲我從小是關在深宅大院裏長大的，不善也不喜交遊；二則是在大學讀書時輔仁大學是男女分校，偶然有合班的課，也有人寫過信來，但因爲我對寫信的人既不感興趣，所以就都不曾回復。至於與趙君之相識，則是因爲他的堂姊曾經是我讀中學時的老師。趙君在抗戰期間原來不在北平，勝利以後才從後方回來。他的堂姊想把我介紹給他，就把我的相片給他看了。他當時在秦皇島的一個煤礦公司做事，他的一個同事王君與我輔大的一個同班同學侯女士是朋友，於是趙君就請侯女士安排了一個新春的聚會，在聚會中介紹我與趙君相識了。我本來一向不大與男生交談，但他一見面就過來告訴我説他是我中學時一位老師的堂弟，又説他自己的妹妹是我同年級不同班的同學。這都是事實，我當然就很客氣地與他談起話來。聚會結束時天已經很晚，他問我是否騎車來的，我説是的，他説他也是騎車來的，要送我回家。由此他就認識了我家的地址。於是他就找到一個他同學的弟弟楊君，而楊君是我大弟的同學，從此他與楊君就經常來我家相聚。那時我家外院有五間南房，靠西邊的兩間是伯父藏書的所在，擺滿了書架。另外三間原來曾經租給許壽裳先生的公子許世瑛先生做新婚的住所，許壽裳先生在台灣光復後就被請去做了台灣編譯館的館長，因此許世瑛夫婦就也去了台灣，所以我家的南房就空了下來。於是我的兩個弟弟就擺了一個打乒乓球的台子，趙、楊二君及我大弟的女朋友杭若俠就經常來找我弟弟打乒乓球或打橋牌。偶爾他們也邀我一同參加。我父親回家探親後的第二年春天，大弟嘉謀大學畢業，找到了教書的工作，要和杭女士訂婚。趙君則恰好在不久前失去了秦皇島煤礦的工作，一個人貧病交加地住在北平。他的姐夫（我中學的老師是他的堂姐，這是他的親姐）

是在海軍工作的，就介紹他到南京的海軍士官學校去做文職教官。他提出要與我訂婚後再走。於是我和大弟就一同寫信向父親報告了我們姐弟要同時辦理訂婚的事（一）。父親本是很開明的人，以爲男大當婚女大當嫁，既然已經各自選擇了對象，就同意了我和趙君及大弟與杭女士同時舉辦訂婚的事。訂婚以後不久，父親又回到家裏來，約見了我和弟弟兩人的對象。父親對杭女士没有意見，但對於趙君則有一點意見，以爲作爲一個男子他學無所長。不過既然已經訂了婚，父親就也未加反對。不久趙君就去了南京。等他工作安定了邀我去結婚時，父親還買了機票爲我安排了中國航空公司的飛機把我送到上海，然後由趙君和他的姐姐接我去南京。到了南京租了一間房子住定以後，我在南京也找到了一個工作，在一個名叫『聖三中學』的教會學校任教。那時的國民政府，自從民國三十四年（一九四五）抗戰勝利回北平去接收，不久就被百姓諷刺爲『劫收』，因爲他們假勝利之餘威，對於才光復不久的淪陷區人民做了許多仗勢欺人的不法事情。而且國民黨在與共産黨的内戰中，更是連連失利。當我們到達南京時，我們租房子的租金就已經不能再按法幣來計算，而是要用每個月幾袋米來計算了。每個月我領到了薪水就要趕快到市面兑换銀元的小市場去把法幣换成銀元，以求保值。市街上的商店中，貨架上大多是空無一物，奸商與貪官互相勾結，聯合起來做投機倒把的生意。當時南京的《中央日報》副刊《泱泱》版曾經有一位署名宋志黄的作者，發表過一套題名《鍾馗捉鬼》的《正宫端正好》套曲，把當時的亂象寫得淋漓盡致。在此期間，我也曾抽時間去上海探望過父親。父親多年在外，一直過單人生活，住處缺乏整理。我幫他整理清洗衣物時，發現他每月領到的法幣薪金散亂地隨意放在抽屜裏，

（一）　關於我與外子相識及訂婚之事，可參看《紅蕖留夢》第一一三—一一四頁。

已經都成了一堆廢紙。當時國民政府又想出了個新方法，要老百姓把所有的金銀實物都交給政府，而改發新印的金圓券。金圓券的壽命更短。國民政府的信用已經面臨崩潰，於是就決定了撤退到台灣的計劃。外子的工作單位是海軍，我們這些眷屬是於民國三十七年（一九四八）十一月下旬乘中興輪從上海撤退的。當時不僅是艙位一票難求，就是統艙也早已是地無虛席。就在這樣的慌亂擁擠中，我們到達了台灣的基隆海港，然後又改乘火車，從基隆港駛向海軍的基地——左營。我們是在凌晨從基隆上的火車，火車很慢，停的站很多，很有點像老北平擁擠的電車一樣。到達左營軍區的車站，已是子夜。至於在上海的父親，則因爲身爲人事課長，一切要聽從上面的決定和安排。所以我抵達左營的海軍軍區以後，就不僅與大陸的家人親友斷絕了音訊，就連我父親的音訊也斷絕了。

左營是個新開辟的海軍軍區，眷屬村非常荒涼。既無事可做，更無書可讀。我在寂寞中想起了曾經在我家外院南房住過的許世瑛先生。許先生對我的印象極好，當他住在我家外院時，我還是個高中生，他每天都聽見我在家中朗誦詩文的聲音，我考上輔仁大學以後，他又恰好也在輔大任教，雖然不教我的課，却從我的成績上知道我是個出色的好學生。於是我就從左營給在台北教書的許先生寫了一封信。他很快就給了我回信，介紹我到台灣彰化的省立女中去教書。這期間，我父親也已經以中航公司人事課長的身份帶領一批員工撤退到了台灣的台南市。本來我父親於一九四九年撤抵台南後不久，就聽到了上海兩航起義的消息，他還曾經趕到基隆，想從基隆上船返回上海，却被基隆碼頭的人阻攔下來了。父親到了台南以後，這些撤退回來的員工就被台灣的國民政府安排到一所有許多被分隔開的單元宿舍的大建築中去居住，建築中間有一個大厨房，各家都在這個大厨房裏做飯炒菜。父親單身一人，分到一個單間的房間，他就仍然到外面去吃飯，像以前一樣過着他的單身生活。我當時遠在彰化教書，而且那時已經懷孕，所以一直沒能去探望他。彰化女中放暑假以後，我就仍回到左營軍區，那時我已經臨近了產期。有一天早晨將近破曉時，我忽然發現下面流水，知道是羊水破了，外子趙君把我送到海軍醫院後就離去了。但海軍醫院并没有婦產科，所以没有人管我，由於一直没有腹痛，也没有人理會我。如此直到天已經黑了，外子才把他姐姐找來。他姐姐責備他說：『這是兩條人命的事！』但是，整個左營軍區也没有婦產科的醫院，他姐姐找了一輛軍用吉普車，把我送到高雄的一所婦產科醫院，醫生知道了忙着把我送入病房，打了催生針，開始腹痛，一直劇痛到第二天下午一時，才生出了我的大女兒言言。我們母女倆，都是在鬼門關前撿回來的生命。

一個多月後，女兒滿月，學校也快要開學了，我馬上要回到彰化女中去教書。但現在我已經有了女兒，不能再去住單身宿舍。彰化女中的校長皇甫珪女士爲人很熱情，她來信説歡迎我到校長官舍與她同住。原來她的先生宗亮東是台北師範大學的教授，極少到彰化來，皇甫校長早已經邀了另一位彰化女中的教師張書琴女士帶着一個才上小學的女兒與她同住，還空出一間房來，她歡迎我帶着才滿月的女嬰也去與她們同住。誰料到三個月後，正當聖誕節假期外子來彰化探望我們母女時，竟然有一批海軍人員突然在凌晨敲開了門，進入我住的房間，翻檢之後，説外子有思想問題，就把他押往左營軍區去了。半年後又來了一批彰化警察局的警察，把皇甫校長和我以及張書琴老師一同抓進了警察局。到了警察局以後就發現，原來還有另外三位彰化女中的教師也早已被抓進來了。警察局不僅對我們一一審問，還令我們每人都寫了自白書，對自己過去的一切思想和行爲做詳細交待。最後説，要把我們都送到台北的警備司令部去關押。我因有一個要吃母乳的女嬰，就抱着女兒去面見警察局長，請求只把我關在彰化不要送去台北，因爲我在台北一無親友，萬一發生甚麼事，我的女兒無人可以托付。沒想到警察局長竟然大發慈悲，把我們母女放了出來。可是放出來後，我已經是無家可歸，就帶着吃奶的女兒回到左營去投奔了外子的姐姐。關於這一段艱苦的經歷，我在《紅蕖留夢——談詩憶往》一書中已經有所叙述，在此就不再多説了。

就在我寄居在親戚家每晚帶着吃奶的女兒在走廊上打地鋪的時候，父親從台南寄來一封信，告訴我説台灣政府對於他們這些由上海來到台灣的中航公司的失業的人做出了安排，請他到台北的物資局去擔任一份閑差，物資局會撥一棟日本式的房子給他和另一位同事王先生夫婦同住。如此，他在台南的那一間單身宿舍就空了下來。父親説我帶着吃奶的女兒可以到台南那間單身宿舍去住，就不必寄居親戚家每晚打地鋪睡走廊了。於是，我就帶着女兒去了台南。前面我所叙寫的航空公司遷台後很多家的眷屬一同在一個大厨房裏做飯炒菜，就是我搬到那裏去以後所見到的真實情景。我帶着女兒在這裏住了兩個多月。有一次，我生病無法起床做飯，在床上躺了兩天，女兒照常吃我的奶，直到病好了方才能起來買菜做飯。這時，忽然接到了一封來信。原來是我的堂兄葉嘉穀來信告訴我説，他來到台灣以後在台南一所私立的光華女子中學教書，現在他找到了一所待遇比較好的省立中學的教職，問我願不願意接替他到這所私立女中去任教。這對我而言是難得的機會，於是暑假開學，我就到這所私立女中去教書了。私立學校不大注意我的經歷，而且我教書教得好，與同事也相處得好，所以一直安然無事。但是我一個年輕的少婦，帶着一個吃奶的女兒，兩年多不見有我的先生出現，大家就未免對此感到好奇。我只告訴大家説我先生在左營海軍工作，因爲交通不便而且工作忙碌，所以難得來看望我們。如此有將近三年之久。外子關押後雖經歷了多次拷問，但他確實沒有參加過任何政治組織的活動，所以就在一九五二年秋天被放了出來。他出來後沒有工作，就也住在光華女中我的宿舍中。第二年暑期，我生了第二個女兒言慧。言慧出生不久，就有以前在彰化女中教書的同事、當時已轉往台北第二女中任教的兩位老師邀我去台北任教。我想，到台北教書可以與父親相聚，是難得的機會，就答應了台北二女中的邀聘，於八月下旬來到了台北，住入父親在信義路二段的物資局所分配的宿舍。我本意是可以有多一些侍奉父親的機會，誰想到事與願違，我一到台北就開始了極爲忙碌的工作。因爲在台大教書的許世瑛先生一聽說我來了台北，立刻就來邀請我去台灣大學幫忙，說有一班僑生的大一國文要請一位能講標準北京話的人去教。情意難却，我就答應了許先生的邀請。第二年，台灣大學決定聘我爲專任，於是我就向台北二女中提出辭職。誰料想二女中的王亞權校長堅決不肯放我走，她說你可以接受台大的專任聘約，但一定請你幫忙把現在所教的兩班學生隨班升級送他們到高三畢業。這是因爲，當年台灣大專聯考競爭激烈，而我任教的兩班學生每次在本校的考試比賽中總是名列前茅。至於教育部規定不能兩處專任的限制，王校長說她自有辦法解決。總之，王亞權校長堅持請求我要把我現在教的兩班高中生送到畢業，我是一個不善於堅拒的人，所以就開始了極爲忙碌的教學生活。

幸而我父親過慣了單身的生活。現在他照常每天到物資局上班，我請了一個女傭，每天既幫忙我看孩子，也幫忙我買菜燒飯。我對父親所能做的只是每天爲他安排一些可口的飯菜，他不必再到外面去吃了。而每逢周末，我有時也會邀請一些親友來陪我父親打幾圈麻將。我和女傭則幫忙安排一些可口的點心和飯菜。本來父親離開中航公司轉到台北物資局工作時，航空公司曾給員工們發了一筆遣散費。當時父親的一位同事對大家說，有鑒於國民政府當年法幣和金圓券之貶值成爲廢紙，不如大家拿這筆遣散費去做些生意。於是大家就都把自己的遣散費交給了這位同事。他集資以後開了一家飯店，誰料想三年以後他告訴大家說因爲有些不合法的事被查封了，生意受到很大影響。最後，父親的遺散費只落得血本無歸。父親原本就不善理財，對金錢的得失并不大在意，每天仍安然過着上下班的規律生活。過了幾年，我的女兒慢慢長大了。大女兒忙於讀書考試，小女兒每天在家陪外公。父親對她非常喜愛，空閑時就帶她出去散步，買一些吃食回來。父親喜歡看電影，恰好當時凌波主演的電影《梁山伯與祝英台》在我家附近一所電影院放映，祖孫二人就都成了凌波的粉絲。

本來我以爲，把二女中的兩班高中生送畢業了我就可以比較清閑了。誰料到許世瑛先生被請去做了淡江大學的中文系主任，於是就邀我去任課。不久以後，輔仁大學在台灣也復校了，當年我在北平輔大讀書時教過我大一國文的戴君仁老師被請去做了中文系主任，於是戴先生也邀我去擔任輔仁大學中文系的詩選和詞選等課。我當時每周竟然教了三十個小時的課，還抽出時間寫了幾篇論文。父親對我自幼就偏愛，對我的辛苦自然十分疼惜，但對我在教研兩方面都有所成也十分欣喜。不過父親是一向不喜用言辭表達感情的人，我也是不善言辭的人，所以我們父女之間的關愛之情都不曾用言辭表達過。

一九五二年秋天，台灣大學鄭騫教授的夫人去世了。鄭先生與我的老師顧隨先生有一段介乎師友之間的情誼，當我於民国三十七年（一九四八）來台灣時，顧先生曾囑我去看望鄭先生。鄭師母極爲熱情，曾留我在他們家裏住了幾天。那時鄭先生的老母還在世，鄭先生的女兒只有十歲上下，一家人對我都很好。所以鄭師母去世時我就寫了一副挽聯：

萱堂猶健，左女方嬌，我來十四年前，初仰母儀接笑語；

潘鬢將衰，莊盆遽鼓，人去重陽節後，可知夫子倍傷神。

把挽聯作好了，我就準備了宣紙、毛筆和墨汁，去請求父親替我書寫。父親的書法極好，拿起筆來就一揮而就。而父親在寫完這一副聯語以後，却忽然向我提出説：『你再用我的口吻也作一副挽聯。』於是我就以我父親的名義，針對鄭騫教授的身份和鄭師母的爲人，又作了一副聯語：

荆布慕平陵，有德曜家風，垂儀百世；

門閭開北海，似康成夫婿，足慰今生。

上一聯用的是東漢時期一對著名的賢士夫婦梁鴻與孟光的典故；下一聯用的是東漢著名的學者鄭玄的典故。都是客觀的稱美，不牽涉任何私人的情意，用父親的名義表示對鄭先生夫婦的敬重和哀挽，應該是極爲貼切的。我想，父親心中對我作的聯語應該頗爲滿意，但父親在言辭中却未曾給我任何稱賞或讚美。正如當年父親給我做了一件極講究極美麗的衣裙，也并未曾在口頭上對我説過甚麼誇獎讚美的話。我對父親極爲敬愛和感激，但是我也從來没有對父親説過甚麼感謝和感動的話。這大概是我們家中一貫的修養和作風。據我所知，父親多年在航空公司工作，經常參加與外國人一起舉辦的酒會，原來也有他在社交場中活潑風趣的一面。關於這一方面，當年航空公司在上海的時期，曾經有過記者對父親風趣的言談做過報道〔一〕。不過，在我們舊家庭中培養出來的家人却一般都有一種言語有節、舉止有度的風範和修養，我自己個人也傳承了這種語言和行事的風格。關於我們父女之間的親情，父親和我都有一種不需言説的默契和體會。不過，這兩則聯

〔一〕　民國三十七年（一九四八）中國航空公司在上海辦有通訊報刊《天津路二號消息》，其中有一條署名爲『小記者』的消息説：某次飯後，小記者見到了葉先生，就開玩笑説：『老葉的肚皮很不小！』老葉隨即答曰：『因爲裏面有一個小記者啊。』於是，『記者無言而退』。

語却引起了台静農先生的賞愛和注意。自此以後，台先生就把替他撰寫聯語的工作全交給了我。所以，我的《迦陵詩詞稿》後面才會附録了那麼多替人撰寫的聯語。

到了一九六五年的夏天，有一班台大中文系的畢業生舉辦了一個盛大的謝師宴會，不僅邀請了中文系所有的老師，而且也邀請了台灣大學的校長錢思亮先生。我本來一向與錢校長并無任何往來，誰知那一天錢校長一見到我，就立刻走到我的面前對我説，他已經與美國的密歇根州立大學簽了交换合約，明年要把我交换到那裏去教書，暑假裏美國的在華教育基金會將安排我在每個周末去學習英語。我回答説我要與家人商議後再做决定。回家以後，我就把這個消息告訴了我的父親和外子。他們兩人都很高興，一致支持我出去到密大去講學。我想父親是因爲他一直有一種想法，正如我的老師顧隨先生在一封信中所説的：『須通一兩種外國文，能直接看「洋鬼子」書，方能開擴心胸。』所以父親從我小時候就教我唱英語的兒歌，又教我和弟弟學英文拼字的游戲。而且當我十歲該上小學五年級時把我送到一所教會學校去讀書，就是因爲那所學校從小學五年級就開始學英語的緣故。只不過世事難料，如前所述，不久以後我就因陪考而以同等學力考上了中學，於是母親就令我直接進了中學讀書。不久後又發生了盧溝橋事變，父親既與家中音信隔絶，我對英文的學習也就中途而廢了。現在要重新開始學英文到美國去教書，父親以爲這正是一個開拓學問和知識的好機會，所以贊同我去。至於外子則是因爲他曾經在台灣白色恐怖中被海軍關押了很久，釋放出來後一直没有找到工作。我被邀請到台北二女中教書時，曾經向二女中提出要求，希望能給他安排一個工作，所以我到台北二女中任教後他就被安排到二女中在汐止的分部去教書了。這也是我不能峻拒二女中王校長要留我繼續任教送兩班同學畢業以後再走的緣故。當時台大與二女中兩個專任的課業之重，把我累到骨瘦如柴，而且染患了氣喘病。外子現在支持我出國去講學，是希望一年後我可以用探親的名義把他也接到美國去。這個願望，他果然達到了。不過當我把他接出來以後，當時我已經不在密歇根大學而轉到哈佛大學去任教了。那是因爲，我在出國以前要經過美國在華教育基金會的面試，來給我面試的人是美國哈佛大學遠東系的海陶瑋教授（Prof. James R. Hightower），海教授給我面試以後，就堅持要邀請我到哈佛去。只因台灣大學的錢校長不同意，所以我只好先到密歇根大學教了一年，一年期滿我就轉到哈佛大學來做客座教授了。不過海教授邀請我來哈佛大學的主要目的還不是要我來教書，而是要與我合作研究，研究的主要工作有兩個方面：一個方面是協助他翻譯陶淵明的詩；另一個方面則是他要協助我做一些對於中國詞的研讀和翻譯。海教授作爲出色的研讀中國古典文學的學者，他深感到對於中國的『詞』的困惑，因爲『詞』之爲體，表面看來其內容所寫的都是相似的美女與愛情及傷春和怨別的情景，似乎千篇一律，不知應該如何評價和欣賞。我與海教授的合作非常愉快，不僅在哈佛學報上發表了兩篇論文，還與海教授一同外出參加了兩次國際會議。光陰易逝。學期結束後，又延長了一個暑假，直到九月初，台灣的幾所大學將要開學了，我要回台灣了。海教授極爲堅持地想要留我繼續合作，而我則堅持要回去。他對此不理解，以爲我的先生和兩個女兒都已經在這裏，我爲何要回去？我説中國人重視的是信義和孝道，我不能只顧自己的小家庭，我既不能對台灣三所我任教的大學失信，更不能把年近八旬的老父一個人留在台灣不加照顧。所以，我告訴海教授説，我一定要把我父親接出來，才能留在北美。於是，我就堅決地回了台灣。第二年春天，海教授就寄來了一封正式邀我到哈佛做訪問教授的邀請函。父親很願意與我一同出去，我就替父親辦了護照，然後一同到美國在台灣的辦事處去辦簽證。没有料想到，他們不僅不肯給我父親簽證，還把我原有的可以多次訪問美國的簽證也取消了。我就給美國哈佛大學的海教授寫信，告訴他說我去不成了。海教授說你可以先到加拿大，然後再轉來美國。父親也同意這樣做，而且父親提出說我最好先一個人出去，辦好了一切手續再接他出去。我本來也可以不出去，就仍留在台灣繼續教書，只是外子不肯回台灣，還有兩個女兒也已經都在美國讀書，我一個人在台灣教書實在無法供養他們父女三人在美國的生活。其實當初我離開哈佛返回台灣時曾經請海教授爲外子安排了一份到俄亥俄州（Ohio State）歐柏林學院（Oberlin College）去教華語的工作，只不過他教了半年，就又失業了。落到現在這樣的困境，我只能一個人先出去試一試了。但是如果只留父親一人在台灣由女傭照顧，我又很不放心。於是我就邀請了在台灣大學讀研究所的我的學生施淑女來陪父親同住照顧父親，我自己隻身去了温哥華。到達温哥華的第二天，我就拿着新護照和美國的聘書到温哥華美國領事館去辦理簽證。辦事人看了我的證件和聘書以後說，你如果只是去美國旅游沒有問題，但你拿着哈佛大學的聘書，則要回到原住地的台灣去簽證才可以。我既然不能拿到去美國的簽證，只好又給海教授打了一個電話，把困難告訴了他。海教授一心想把我留在北美與他合作，所以他就又做了一個安排。他立刻給温哥華的不列顛哥倫比亞大學（U.B.C）亞洲系（Dept. of Asian Studies）的蒲立本教授（Professor Pulleyblank）打了一個電話，告訴他說目前有像我這樣的一個人在温哥華，沒有拿到去美國教書的簽證，問蒲教授在不列顛哥倫比亞大學的亞洲系有沒有機會。誰料想蒲教授一聽竟然喜出望外，說他的亞洲系恰好有從美國逃避兵役跑來加拿大想要讀中國古典詩歌的兩個研究生，歡迎我去任教。於是我就到不列顛哥倫比亞大學的亞洲系去教書了。不過這原來只是一個短期的臨時聘約，而且即使我明年能夠去哈佛做客座教授，也不是長久之計，我不能把老父接出來隨我飄泊無定地謀生。這時，就又有一位在香港的未曾謀面的熱心人宋淇先生發來了一封信，說香港大學要邀請我去港大教書。正在猶豫未定之際，不承想不列顛哥倫比亞大學的蒲立本教授竟然在聖誕節以前就通知了我將要聘我做終身教授，於是我馬上告訴了父親這個好消息，父親也很高興。爲了迎接父親到來，我用貸款的方式很快就買定了一所房子。因爲我能夠交付的頭款不多，買的是一所老房子。有兩層樓，樓上樓下各有兩間卧室。我決定叫兩個女兒住樓上的兩間卧室，父親來了可以住樓下的一間卧室，我和外子住樓下另一間卧室。一切安排就緒，父親就在一九六九年的聖誕節前來到了温哥華。我當時非常高興，我想我半生飄泊一世艱辛，如今總算全家團聚，可以安心在温哥華定居下來了。父親很喜歡這個地方，因爲我買的房子在第七街，隔兩條巷子就是第九街，也就是被稱作百老匯（Broadway）的大街，街上有各種店鋪，而且這條大街有一直通到大學校園的公共汽車，我和兩個女兒上班上學很方便，父親出來逛街也很方便。父親的英文很好，身體也很硬朗，喜歡獨自出去逛街，頗能自得其樂。更令父親高興的是，那時大陸雖然尚未開放，但當時的不列顛哥倫比亞大學有一些從港台來的思想『左傾』的學生常在校園的禮堂中安排放映一些電影，如大型歌舞劇《東方紅》和芭蕾舞劇《紅色娘子軍》等，有時也放一些新聞片如原子彈的試爆等等，父親都看得很高興。不過，父親却從來不表示甚麼意見。總之，這一段時間父親過得非常愉快。

誰知有一天外子從外面回來，説他看到了一所房子以爲很好，要我再去貸款買這所房子。本來我既然已經有了終身聘書，再去貸款買一所房子也不成問題，不過他的意思却不只是買個房子而已，他是想叫全家都搬到那個房子去住。我去看了那一所房子，那裏本不是一個符合一般規格的房子，是一個把地下室改裝成客廳，而樓上只有一間大卧室的房子。而且樓上與樓下的連接也不是正式的樓梯，而是一個旋轉的鐵梯。於是我就表示我們不能搬到這所房子去住，因爲這所房子的房間根本不夠住。而他竟然與我大吵大鬧，全然不講道理，每天不得平安。父親對於我們的家事從來不加干預，但外子每天的吵鬧使得全家不安。他以爲，他才是一家之長，大家都要聽他的。這種重男輕女的觀念，其實也是中國的傳統。在我的第二個女兒出生時，外子在産房門口聽説是個女孩轉頭就走了。我被醫生推出産房以後没有人管，躺在推行的床上在有冷空調的房間待了兩個多小時。幸虧我的大女兒在病房找不到媽媽，找來找去找到了這裏。我叫大女兒去找爸爸，才把我推回了病房。當夜，我覺得渾身發冷，就跟外子説：『怎麽這麽冷？』這話被樓上的醫生聽見了，馬上跑下來給我打了針并吃了藥。醫生對我們説：『産後發燒是非常危險的事情！』。我想，外子之不管我，也就是因爲我生的是個女兒。在加拿大也是男女不平等，結了婚的女子在自己原來的姓氏之上都要冠以夫姓，所以我就只是Mrs. Zhao。當我到温哥華接受了不列顛哥倫比亞大學的聘書後，我就開始辦理把家人接過來的手續。大女兒言言最能幹，自己申請轉學，就從密歇根州立大學轉到不列顛哥倫比亞大學來了。小女兒也没有問題，我替她申請了一所中學，拿到入學許可，她也就可以轉過來了。只有外子成了問題，他既不是學生，也没有工作，我申請他以我的眷屬身份過來，不料那位移民官説，男子才是户長，你是他的眷屬，他不能以你的眷屬身份過來。幸得亞洲系的蒲立本教授給了他一個『研究助理』的名義，他才能夠以這個身份過來了。他因此非常得意，覺得他才是一家之主，所以他要買這一所房子我就要服從他的决定，然後以我的工作爲抵押去申請房屋貸款，每個月由我的薪水中支付歸還本金和利息。而且當時結了婚的女子，在學校工作中也都是以丈夫的姓相稱呼，於是大家都稱我爲Mrs. Zhao，葉嘉瑩就不見了。父親只希望家中不再吵鬧就好，所以我們全家就搬到三十九街來了。本來距離三十九街不遠的四十一街也是一條大街，我每天就搭乘四十一街直通到大學校園的公共汽車去上班，只是老父親却失去了像以前住在七街時每天自己出門到九街閑逛的樂趣，因爲三十九街的住房要出去須要從樓上經過那一條旋轉的鐵梯才能出門，極爲不便。所以父親就只好囿居在樓上，由我經常到學校圖書館借些英文書來供他消遣。父親仍習慣於做翻譯的工作，曾經利用閑暇時間翻譯了一篇美國著名的中國史研究專家史景遷（Jonathan D. Spence）所寫的文稿，內容是介紹十七世紀時西方到中國來傳教的兩位教士湯若望（Johann Adam Schall von Bell）和南懷仁（Ferdinand Verbiest）的事迹的。此稿譯成後，我曾經寄往台灣的《傳記文學》雜誌，希望能夠在台發表。很久以後才得到他們的回音，説不準備刊出，但他們却把父親的原稿遺失了，退寄回來的是他們重新抄録改訂過的手寫稿。所以我雖然一直以爲父親的書法很好，却連一張父親的手稿也没能保存下來。本來，父親第二年在温哥華過年時曾經給我的小女兒寫了一首小詩，不過那時在我温哥華的家中没有寫毛筆字的紙筆，父親是用圓珠筆寫在一張普通白紙上的：

凡是謀生須自立，豈能事業總因人。如花歲月應珍惜，常思母愛慰親心。

因爲詩是寫給小女兒的，我就把父親的這首詩仍交還給小女兒了。我叮囑她要把這張外公親筆寫給她的詩好好保存，而我自己也到學校用複印機把父親寫的這首詩做了複印保存起來了。多年來各處流轉，我都保存着這一紙複印的父親的手迹。誰料想複印的墨迹不能長久保存，現在這一紙複印的字迹早已經模糊不清了，而我交給小女兒自己保存的那一紙原件，她也已經找不到了。至今寫到這些往事，我都覺得對父親有很多愧疚。而最使我難過的是，抗戰勝利後父親第二次回家探親時，我正準備遠赴南京去結婚，父親當時可能有很多感慨。就在我臨行前不久，父親親筆寫了紀念我母親的八首悼亡詩。我把父親的詩裝了一個框架放在母親的遺像前面。那時古老的北平還没有複印技術，而我忙於整理行裝，也未及抄録下來。而且我自己曾以爲，去南方舉行婚禮以後很快就會仍然回到北平我的老家來。誰料想到，國民黨敗退得竟如此之快。父親在我南下結婚後也很快就回到上海的航空公司去了，當我與父親再次在上海相見時，那已經是國民黨改革幣制失敗以後的危亡前夕。外子的工作單位把眷屬們先行撤退，從此以後我就經歷了一段艱苦的生活。等到我與父親再次在台灣相聚，前塵往事都已經恍如隔世渺不可尋。不僅我不再記得父親的詩句，父親自己也已經不復記憶了。這是我最爲對不起父親也對不起母親的一件終身憾事。

現在再回頭叙寫我們搬到三十九街以後的事。搬過去以後，大女兒言言首先提出了異議。她說那個由地下室改成的客廳只在厠所邊上留下了兩個小房間給她們姊妹居住，妹妹還在讀中學課業不多，可以到樓上餐廳的大桌子上做功課，只有睡覺時才回到自己的房間；而她在讀大學，需用的參考書很多，作業也很多，她提出要搬到學校宿舍去住。我只好同意了大女兒的請求。至於給父親住的，則只有樓上一個小房間。這個房間本來是原房主放洗衣機和乾衣機的房間，父親没講一句話就住進了這個小房間。而外子所看中的要留給自己住的那間大卧室，他却於搬進去以後不久，就離開温哥華到西雅圖去了。那是因爲，嚴復的長孫女嚴倚雲博士當時正在西雅圖華盛頓大學任教，她給我來了一封信，想要邀我到西雅圖華盛頓大學去教書。華大比不列顛哥倫比亞大學有名得多，待遇也好得多，但是我婉拒了她的邀請，因爲加拿大的亞洲系對我不錯，我既然已經接受了他們的終身聘約，而且我的老父親和兩個女兒都已經定居在温哥華，我不能再帶着全家過飄轉各地的生活了。但在婉拒了嚴女士的邀請以後，我却推薦了外子趙君到西雅圖他們的學校去教華語。我介紹說，外子曾經在台灣教外國人華語，也曾經在美國俄亥俄州的歐柏林學院教過華語。嚴女士很熱誠，就給了他一年的聘書，他就到華大去教華語了。外子離開温哥華不久，温哥華的公共汽車發生了大罷工的工潮。我不能搭公車赴校，只能站在四十一街的路邊上伸着大拇指等待搭便車。好在這原是一條通往不列顛哥倫比亞大學的要道，上午到學校去的師生很多，他們知道公車罷工，經常都會停下來接引搭便車的人上車。如此過了一段時間，公車的司機一直不肯復工，而那一年的天氣特別冷，聖誕節以後連降了多天的大雪，在路上等車很不方便。就有亞洲系新來的一位教授王健博士（Dr. Jan Walls），他早年是蒲立本教授在美國教過的學生，他的夫人名字叫李盈，是從台灣到美國留學的一位女士，現在隨她丈夫也來到不列顛哥倫比亞大學教華語。他們夫婦二人非常熱誠，就提出了每天到我家接我的建議。從此我就搭他們的便車赴校，每天八點多出門，下午五點多再搭他們的車回家。温哥華本來冬天就天黑得早，何况下着大雪。有一天當我搭車回到家中後，看見父親與我的小女兒祖孫二人正坐在客廳的餐桌邊等我回來做飯。我把書包放下就去做飯，父親看到我回來放下了心，就回到自己的房中去休息了。等我把飯做好去請父親出來吃飯時，父親一起床，就開始嘔吐。我趕快扶父親到厠所，父親坐到厠所中就不斷嘔吐，忽然就昏迷了。我當時人地生疏手足無措，不知怎樣是好，只好再打電話向王健夫婦求救。王教授真是既能幹又熱心，他立刻趕到我家，叫了救護車，送父親到温哥華最大的總醫院（General Hospital）去搶救。父親一直昏迷不醒，王教授和醫院的人都説，你留在這裏無益，回家去吧，家中還有小女兒一個人在等着吃飯呢。因爲如前所叙，自九月開始，外子就到西雅圖去了，現在我陪父親在醫院，小女兒一個人在家，我也不放心。醫院的醫生護士和王教授都勸我先回去，明天再來看望，而且當時我如果不搭王教授的車回去，在大雪中就根本無法回去了，何况第二天我還要去上課。於是王教授就送我回家了。次日上午，王教授夫婦又來接我去學校上課。下課後我要去醫院看望父親，大雪中叫不到出租車（因爲出租車在大雪中也都停了工），只好伸拇指搭便車，但大學没有直達醫院的路，每次只能輾轉換搭好幾次便車才到達醫院。幸而醫院對父親照顧得極好，父親住的是一間寬大的單人病房，護理的人每天給他注射營養液，也每天爲他擦身體和做按摩。這期間，我也曾多次帶小女兒一起搭便車去看望父親。父親一直不能開口説話，但有時候目光會隨着她轉動。我想，父親要叮囑她的，可能就是他發病以前不久寫給她的那首詩了：『如花歲月應珍惜，常思母愛慰親心。』就這樣，父親在醫院住了一個多月，最後安然逝世。我爲父親在温哥華的『海景墓園』（Ocean View Burial Park）選了一塊極好的墓地，周圍都是花木，還有噴水的水池。當父親的骨灰下葬時，我内心真是萬分悲痛和愧疚。我最難過的是，自從民國三十七年（一九四八）渡海遷台以後，我身邊就只剩下父親是我唯一的親人，父親也只剩下我這最被他疼愛的女兒是他唯一的親人。我們本該父女相守，我要好好地奉養父親才是。誰料想我自抵台以後就身陷苦難之中，而且當時的台灣交通極爲不便，從左營到其他城市，除了一條縱貫鐵路之外根本没有公路，所以既無公共汽車，也没有人力車和出租車，而縱貫鐵路上的火車處處停靠，開得像電車一樣的慢。從左營海軍軍區走到火車站，也是一段遥遠的路程，從彰化火車站走到彰化女中雖然没有那麽遠，但我要抱着孩子提着行李走這一段路也不容易。何況我還身陷白色恐怖的苦難之中，因此一直不能在父親身邊照料他的生活。我之所以在前面歷歷叙寫我的苦難，正是因爲我内心對父親深懷愧疚。當我們只剩下父女兩個親人時，我對父親不但絲毫没能盡到孝養的心意，還給父親增添了許多擔心憂慮，甚至接父親到温哥華以後，我也没能好好地盡到孝心。而今父親棄我而去，故鄉北京又正在『文革』之中，我與兩個弟弟已經有二十多年不能互通音信了。我知道父親比我更懷念故鄉和我的兩個弟弟，但我却使父親埋骨他鄉。墓地再好，也無法補贖我對父親的歉疚。當時我曾寫了題爲《父殁》的一首五言律詩：

老父天涯歿，餘生海外懸。更無根可托，空有淚如泉。

昆弟今雖在，鄉書遠莫傳。植碑芳草碧，何日是歸年。

如前所述，我深知父親是關懷祖國思念家鄉的。當父親到了温哥華以後，可以從報紙和電視上得到不少祖國的信息，而且那時不列顛哥倫比亞大學有不少從港台來的留學生，他們在放映一些大陸的影片時，常常會開車來接我父親和我一同去觀看。有一次他們找到了一卷內容是大陸原子彈爆炸成功的紀録片放映，父親看得非常專注和認真。我想，父親當年考入北京大學英文系，畢業後獻身於開拓祖國航空事業的工作，從民國六年（一九一七）進入航空署開始，到民國十七年進入與美國萊特公司合作的中國航空公司，歷經在艱苦的抗戰中與美國飛虎隊的合作，到民國三十四年勝利，公司遷回上海，又於一九四九年遷到台灣，直到航空公司解散，他是在中國航空公司工作服務最久的一個人。他一生所期盼的，就是祖國的强盛。當他看到中國自己居然可以製造出原子彈來，其興奮和激動是可以想見的。不過父親仍然并没有在言語中有甚麼明白的表示，我想這一方面當然是由於父親的性格與修養，但另一方面可能也是顧及我對當年台灣白色恐怖的畏懼。

父親是一九七一年二月去世的。而在父親去世以後不久，我就見到了中國與加拿大正式建交的消息，於是立刻試探着給老家北京的弟弟寫了一封信。我弟弟當時是農大附中的一個教師，忽然收到了二十多年不通音信的姐姐從加拿大寄來的信，就拿着我的信去向校領導請示，得到校領導的同意，才給我寫了回信。收到回信，我就開始辦理回國探親的申請，終於在一九七四年達成了回國的願望。第一次回國，在極端興奮之下，我曾寫了一首長達一千八百餘字的長詩《祖國行》。所可惜的是父親竟然就在三年前去世了，終於没能在有生之年回到祖國來與兒孫團聚，這是我心中一個極大的遺憾。我想父親的遺願一定是歸骨故鄉，於是我就在

第二次再回國時把父親的骨灰裝在一個瓷罎中運回了北京的老家。那時我家的祖墳早已不存在了，家人就把父親的骨灰寄放在了萬安公墓。誰想到後來家中連遭不幸，先是我的大侄子葉言樞於一九九五年三月十四日因直腸癌去世，我的弟妹杭若俠也於同年八月六日因突發腦溢血去世。大弟葉嘉謀自從一九八五年患腦溢血留下半身不遂的疾病，卧床多年後，於二零零七年去世。於是我的小侄子言材就和我商議，要在北京找一個墓園把家人都安葬在一起。我覺得他的意見很好，就委托他在北京萬佛華僑陵園安排把家人的骨灰都按次序各立碑銘集中葬於此一墓園中了。我的母親去世最早，原葬於北京香山的祖墳，上世紀五十年代這一片墓地被國家徵用，這裏已經成爲了北京植物園的一部分，母親的骨殖早已無存。我們只好拿母親的一張照片放入父親的骨灰罎中，在碑文上記寫了父親和母親兩人的名字立碑合葬。我本來還有一個小弟嘉熾，也早已於一九九七年去世了，他只有一個女兒，這個女兒結婚後與她的堂兄言材不常往來，因此没有能與她聯繫，據説他們已經另外在别處安葬了。

以上是關於我的父親之生平的簡單的記叙，其中所叙寫的我的一切不幸的遭遇，都包含有我對父親的歉疚。父親最疼愛我最關心我，而我不僅未能侍奉父親盡到自己的一點孝心，反而使父親爲我擔驚受怕。而最使我難過的是，我把父親接出來以後，竟然不能保護父親使他過安樂的生活。本來如我在前文所寫，我曾經在父親到來以前就買了一所有四個卧室而且交通方便的房子。父親到來以後，正值西方的耶誕節，鄰居們家家户户裝點着燈光美麗的聖誕樹，兩個女兒對此頗爲艷羡。於是我就在房子的客廳中也裝飾了一棵聖誕樹，并爲家中的每一個人都買了聖誕禮物，包裝好放在聖誕樹下，準備明天與全家一起快樂地度過這一個在加拿大全家團聚的聖誕節。我裝飾好了聖誕樹，就回卧室去休息。誰想到外子却突然於夜半起床，到客廳把聖誕樹整個拆毁了，我給每個家人準備的聖誕禮物散落了一地。我不敢與他争吵，恐怕驚動了父親，就默默地把房間收拾乾净，第二天把禮物分送給每一個家人，當然也有外子趙君的禮物。我當時實在不明白他爲甚麼這樣做。我們父女接受的都是舊文化中詩禮傳家的教養，對這種横逆之人都無計應付。我是父親最鍾愛的女兒，而我接父親出來以後，却不僅没有能夠侍奉他安樂地度過晚年，反而使他爲我受了不少委屈。這是使我對自己終生不能原諒的一種罪疚。

附記：外子趙鍾蓀生於民国七年（一九一八），卒於二〇〇八年，離世前住於安養院。有一天女兒言慧去看望他，他自己有所覺悟，哭泣着承認自己做錯了事情，會受到上帝的審判（一）。安養院中本來每天都有營養的食物，有時候他想吃一些安養院裏没有的食物，我就在家裏做好給他送去。有一次，當我按平常習慣給他送去食物時，他忽然問我有甚麼話要對他説。我想，他以爲我會對他説一些埋怨的話，但是我没有，我説我没有甚麼話説。於是他就伸出手來，我也就伸出手來與他相握。他知道這是我表示對他的諒解。他去世以後，我寫了三首詩，其中有一首寫的是：

剩憑書卷解沉哀，弱德持身往不回。一握臨歧恩怨泯，海天明月净塵埃。

此處所記只是當時發生在我父親身邊使我非常難過的一個歷史事件。現在，我對外子已經没有絲毫的怨懟之心。

外子在西雅圖教了一年華語後未被續聘，又失業回到了温哥華，於是不列顛哥倫比亞大學亞洲系的蒲立本教授爲他安排了一個在夜間部教廣東人説普通話的工作。他的學生大多是香港來的家庭婦女，外子有時在家中邀請她們吃飯，我就完全以趙太太的身份招呼接待。大家都稱我趙太太，没有人知道我在大學教書。後來有一次不列顛哥倫比亞大學對外開放，亞洲系也對外開放。他的學生們到亞洲系來參觀，找不到他的辦公室，

（一）因爲他做過一些其他傷害天理人情的事情，但與我父親無關，所以本文未加記述。

只見到我的辦公室，於是大家對我逐漸改了稱呼。不知何時開始，所有亞洲系的師生都不再稱呼我趙太太，而變成了趙教授。這期間，我除了在不列顛哥倫比亞大學亞洲系教課以外，哈佛大學的海教授每年暑期都邀我去與他合作研究。除了我協助海教授翻譯陶詩以外，海教授也非常熱心地協助我翻譯了很多篇我的論文。這些論文的文稿，更經他介紹，都在哈佛大學亞洲研究的刊物上發表了。此外，我還利用不列顛哥倫比亞大學五年一次休假的機會，不僅到國內各地講學而且更在國內發表和出版了很多著作，都用的是葉嘉瑩的本名。所以，不列顛哥倫比亞大學的師生對我的稱呼終於從趙教授改爲葉教授了。每年不列顛哥倫比亞大學亞洲系展出研究成果時，我總有一些新書和論文出版。直到一九八九年我六十五歲從不列顛哥倫比亞大學退休，立刻就被台灣的『清華大學』邀請去做了客座教授。有一天，『清華大學』文學院的陳萬益院長忽然拿了一封從加拿大不列顛哥倫比亞大學寄來的挂號文件，拆開一看才知道，原來是經過不列顛哥倫比亞大學的提名推薦，我當選了皇家學會的院士。這當然是一件難得的幸事，因爲在加拿大的皇家學會中雖然也有華人院士，但他們大都是理工科的學者，而華人在國外西方學術界以中國古典詩詞而得到院士之榮銜者，我竟然是唯一的一個人。我想，父親從我小時候就教我讀英文，希望我能夠開拓眼界，在學問上有所成就，没想到我竟然在因爲歷經種種現實的逼迫不得不用英語講學和評閱英文論文的艱苦磨礪中取得了成果。更幸運的是我恰好趕上了上個世紀的六七十年代，正是西方各種新學説新理論風起雲涌的時代，而我的天性喜歡學習，所以除了用英文教書和評閱學生論文以外，我也去旁聽了不少不列顛哥倫比亞大學的英美文學和西方文哲理論的課程，也自己讀了不少書。當我被台灣『清華大學』請去做客座教授時，也同時旁聽了一位留法的學者于治中先生所開設的法國女學者茱麗亞·克里斯特瓦（Julia Kristeva）的《解析符號學》的課程，并用她的理論對詞的美感特質開拓出了一條新的理論途徑。我之所以敘寫這些研讀的成果，是因爲我在少年時代曾經讀過歐陽修所寫的一篇《瀧岡阡表》，在這一篇文章中歐陽修曾經歷叙其平生所經歷的艱苦患難之生活，而終以自身之刻苦自勵，能夠以其所成就者告慰於他的父親。我當然不敢以歐陽文忠公自比，但是回想起從我幼少年時代父親對我的教導和期望，他一直勉勵我要把英文學好才可以開拓眼界。父親對我的教導和期待，正與我的老師顧隨先生對我的教導和期待不謀而合。我曾想，如果不是艱難困苦的遭遇把我逼上了不得不學習英文以求養家糊口的道路，我一定不會主動去刻苦學習英文的。我還記得父親對於外子的批評，説他學無專長。現在回想起來，如果我是嫁給了一個學有專長的人，我可能就會犧牲自己，盡力協助有專長的對方去有所成就，就不會是現在的我了。只可惜父親只見到了我所經歷的艱難困苦，在這一方面我對於父親可以説是終生負疚，所以現在也略叙一下我在歷盡艱苦之後的一點小小的成績，以告慰父親的在天之靈。希望告訴父親，他的不孝的女兒在他生前没有能夠對他盡到一點孝養的心意，現在只好冀望以自己平生歷盡艱苦所得的一點小小的成果來祭告他；希望使父親知道，他的女兒終於没有使他的教誨和期望完全落空。

還有一點我要向父親報告的，就是自從一九七八年我在報紙上看到了祖國改革開放恢復高考的消息，我立刻就給國家教委寫信提出了自費回國教學的申請——所謂『自費』不僅是我自己負擔旅費，而且我也不接受國家任何學校的報酬。一九七九年春天我得到回信，國家教委接受了我的申請。於是我立刻就從温哥華飛回北京，開始了我回國教學的旅程。從那時到現在，已經有將近四十年之久了，祖國各地高校大都留有我講課的足迹。我的意願，是希望以古典詩詞的講授來填補『文化大革命』所造成的中國古典文化的斷層。在二零一二年六月，當中國各大學都已放暑假，我也回到加拿大去度假時，却忽然接到了國務院聘我爲中央文史館館員的一封來信，我竟然是以外籍華裔被聘爲了中央文史館館員的唯一的一個人。想到父親當年要以自己的所學來報效國家的願望，我想，倘若父親在天有靈，聽到了此一消息，一定也會感到一份欣慰吧？

最後，我要回到這一篇文稿的本題。這篇文稿原來是《葉廷元先生譯著集》一書的《代序》。父親於少年時代考入了北大英文系，就是因爲有見於中國國防之落後，受盡了西方列强的欺凌。他以爲，建設航空事業是一項重要的工作，所以才從事於對西方航空事業的研讀和譯介，一生所做的都是爲中國航空事業奠基和開創的工作。而且以他中英文兩方面專長的能力和正直誠篤的品格，自從進入航空事業以來一直得到所有工作人員的尊重和信賴。所以，從航空事業拓荒時代的編譯，到航空公司成立以後的秘書，到他最後擔任人事課長，甚至一直到今日，西雅圖波音公司的華裔人員仍然對父親非常尊敬，因此在搜集有關父親的資料時曾經給予我大力的協助。至於其他各地的親友、學生亦多有惠寄有關我父親的資料者，來源繁多不及備載，略記其重要者如下：

一、北京大學二十周年紀念册

二、《空軍制勝論》民國三十三年航空委員會出版

三、《中國航空公司史料彙編》民航總局史志編輯部　一九九七·北京

四、英文資料（西雅圖波音公司唐克先生惠寄）

五、葉廷元譯著目録

六、相關照片

七、譯文《外人筆下之湯若望與南懷仁》

目録

空軍制勝論　一九四四年航空委員會排印本

下卷

民國二十五年三月

陸空協同軍事典範

航空委員會第二處第八科編譯

陸空協同軍事典範

黃秉衡題

陸空協同軍事典範

陸空協同時空軍之運用法

陸空協同軍事典範

陸空協同時空軍之運用法

第一章 隸屬 Command 組織 Organization 分配 Distribution

一 引言

陸軍重要任務之執行，常有賴於飛機之補助。此種典範，所以補陣中勤務令之所不足，俾陸軍指揮長官遇隸有空軍協同動作之時，得識指揮之法。此種典範亦僅論及陸空協同動作範圍而已。

二 空軍分遣隊之編成

（1）空軍分遣隊 Air Force Contingent 爲撥歸前線作戰一個軍單位 Army 之需。分遣隊普通包含有轟炸機中隊，戰鬬機中隊，偵察機中隊三種。有時依某種情形之下，更加添轟炸運輸中隊，及鳶形气球隊。至一分遣隊之實力及編成，則依左列情形而定：

(甲)空中一般情況

(乙)戰爭性質

(丙)敵人空軍實力及編成

(丁)陸軍作戰實力

(2)普通每一師(或其組成部隊與一師相等者)及每一軍團司令部，均分撥偵察機中隊一隊。若陸軍軍力較大時，此種分撥數目，仍可改變。以上所言每一師分撥偵察機中隊一語，並非一定不移之數，是不過依此根據，可決定偵察中隊共用之數目。

(3)每空軍分遣隊附屬之機械保管組，則可分成港務支隊 Port Detachment 飛機停放總場 Aircraft Depot (此總場設於分遣隊根據地)及隨隊材料庫。Air Store Parks (此隨隊材料庫於必要時可以添設)

三　空軍分遣隊之隸屬，組織，及分配

（1）空軍分遣隊，隸屬於陸軍總指揮之下。空軍分遣隊之分配，在其指揮範圍內者，均由總指揮負責處置。通常分遣隊中之轟炸隊及戰鬥隊部分，均經由分遣隊長受陸軍總司令部指揮。偵察中隊則受軍團司令部指揮。不過陸軍總指揮部亦可留一個或多個偵察中隊，以備偵察或其他項任務之需。尤其在戰鬥開始之際，更覺需要。以下各節，即論及空軍分遣隊之隸屬及組織。惟遇在陸軍軍力較小之時，此種空軍分遣隊之隸屬及組織，亦可從事變更也。

（2）飛機隊隸屬於陸軍總指揮部者

在前線作戰，空軍分遣隊隊長應派在陸戰總指揮部服務，共有兩種任務：

（甲）對於陸軍總指揮，及其高級參謀，成爲一種顧問人員。俾陸軍總指揮及高級參謀等，遇有關於空軍事宜，得以向之諮詢。

（乙）對於飛機各隊（除撥隸下級陸軍部隊者不計）有指揮之權。關於作戰命令之授受，則經由參謀長發給。惟對於達到任務之法，則由分遣隊長負責辦理。

空軍分遣隊長，對於陸軍總指揮負空軍分遣隊各部作戰效率之責。並確認命令中所附帶各種意見，立卽傳與受命人員，不可稍事躭擱。並對於分遣隊中各種保管及行政事項，（除千九百卅年所頒布陣中勤務令第一册第二章所載每日保管事項外）負其全責。

（3）飛機隊隸屬於下級部隊司令部者：

凡各飛機隊隸屬於下級部隊者，該各隊隊長卽派在各下級部隊司令部服務。若隸屬於軍團司令部者，則該空軍官長，卽爲軍團部偵察大隊隊長。該大隊隊長，對於軍團總指揮之責任，與分遣隊隊長對陸軍總指揮之情形相同。並須對於空軍上級官長負指定任務上效率之責。

四　空軍基本隊 Unit 及集合隊 Formation 之組織

（1）集合隊

（甲）大隊　集合隊中之最小者，爲空軍大隊。遇在作戰之時，一大隊以數個同兵種中隊組成出發。普通每一大隊，由三個中隊組成。不過此數亦可依當時情形，予以增減。通常每一軍團有偵察大隊一隊。此大隊之名，卽包含軍團所屬全部中隊而言。至陸軍總指揮部所屬之轟炸大隊內，在每一隊均附有通信股，Intelligence Liaison Sec. 以備傳達消息之用。

（乙）聯隊　集合隊中較大隊高一級者，則爲聯隊。聯隊爲大隊集合而成。至由大隊組合數目，則無正式規定。不過在每一大隊或每一聯隊均附有信號分隊 Royal Corps of signals 一隊。

（2）基本隊

（甲）中隊　在空軍中戰鬥基本隊伍，均爲中隊。除雙發動機轟炸中隊以外，其餘各種中隊，均由三小隊及一「隊本部」組成。每一小隊則爲四架飛機組成。至雙發動機轟炸中隊，則爲兩小隊及一「隊本部」組成。每一小隊，則爲五架飛機　空軍由隊可分爲偵察中隊，轟炸中隊，戰鬥中隊，轟炸運輸中隊。每一中隊，卽成爲一基本隊伍，不能再分。惟遇有戰事情形十分緊急之時，一小隊或兩小隊可以暫時分撥。惟須知此種小隊，其作戰能力，必致驟然消失。緣以工廠材料庫，信號，軍器，以及照相各部，均根據中隊編制組成，當然不能爲適當之分撥。至偵察中隊，除上述各部外，復有通信股，歸由軍部撥派。

（乙）鳶形气球分隊　鳶形气球之基本隊，則爲鳶形气球分隊，以兩個气球組成。不過地上之設備，僅能供一气球飛昇。因之另一气球，卽可作爲預備气球。

（3）機械保管組之基本單位

（甲）港務支隊　港務支隊之任務，爲整理空軍所用各種材料，以便易於由碼頭從事搬運。此種支隊，亦可歸納於飛機停放總場以內，不過仍執行獨立任務。

(乙)飛機停放總場　此總場設立於航空根據地，有材料部，有修理部，有總辦事處，並有所謂分遣部。材料部掌管各種材料之採集及供給，大抵所儲存材料，普通以能數六個月消耗者爲準。修理部則對於每中隊內所不能修理之機件，從事修理。至分遣部內，則含有飛機救護部，以便派遣至前方各地，遇有損壞機或損壞氣車，卽行救護，設法由最便之路運回修理。此飛機停放總場，雖然在一固定地點，惟內部之組織，務使有伸縮餘地俾可容較重修理分隊 Advanced Repair Detachments 派至前方相當地點，從事修理工作。緣以在作戰之際，有時在情勢上或經濟上，均不容運回總場或根據地修理。再每一分遣隊，除遇組成中隊單位特別增加時，祇有一飛機停放總場。

(丙)隨隊材料庫　此爲一活動的採集及供給之材料庫。在每一隨隊材料庫，均附有運輸車輛。俾能於戰區弧線二十五英里以內，從事工作。至材料所存數量，通常最多須敷五六中隊一月消耗之需。

五　空軍人員之組織

（1）空軍人員之組成，共分左列三組：

（甲）軍事組　耑管理飛機隊之派遣及作戰事宜之執行事項，該組又分爲作戰股，組訓股（組織兼訓練事宜）情報股。

（乙）人事組　耑管軍風紀及人員增減事項。該組又分爲紀律股，官員股，飛行士股，憲兵及夫役股。

（丙）設備組　耑管需用物件之供給及保管事項。該組又分爲設備，補給駐紮，移動，各股。

（2）空軍人員編成之根據，總以空軍能獨立作戰或在陸軍總指揮下能達到任務爲指歸。若空軍隸於陸軍總指揮時，關於陸軍及空中管理上補給上及保管上之不同責任，可參考千九百卅年所頒布陣中勤務令第一冊第八章所載條文。

第二章　飛機之性質

六　一般性質

（1）在每一空軍分遣隊內，有各種不同飛機。每種飛機均有特殊性質，及其特別任務。此種特殊性質及特別任務，均在此章內（七）節中一一述明，至一般作戰性質中之最重要者，則爲其運轉 Manoeuvre 及侵襲 Penetration 兩種能力。且飛機能上下左右前後活動，所以在其航程內及在其能達高度內之任何目標，均可達到。所有普通障礙設備，均不能阻止飛機前進。惟因飛機在空中極易逃避，設敵機來襲，我機應戰，而敵機已逃，因之飛機在防衛任務上，頗爲微細。誠以飛機之原始用途，本爲攻擊之武器也。

（2）飛機能於極短時間，攻擊間隔很遠之種種不同目標。是以能在攻擊一個目標之際，忽然捨去，再攻擊另一目標，如此並不影響原來作戰計畫。且其經行路線及達到目的法則，均可變更。因之飛機對於擾亂敵人（卽乘敵人不備忽然侵襲使敵人驚擾之謂）之用途，功效頗廣。且擾亂效率極宏。（卽以少數飛機能使敵人爲最大之擾亂）

（3）空軍之能力如何，端恃地面上之組織，是否能以維持飛機及人員之安全爲度。緣飛機人員在地面停息之際，極易受敵人陸空雙方之襲擊。是以航站位置之選擇，及空軍駐紮之地點，須能使陸軍指揮官得爲相當防衛之布置者爲要。

（4）設陸軍有相當防衛布置之處則飛機卽可隨意遷移航站，及設立臨時飛行場。如是飛機之自由行動及其活躍能力，可以增加。不過所宜注意者，卽空軍中隊雖屬活動的基本隊伍，若航站遷移之時過多，或長時間在前方臨時降落場起落，與工廠及材料庫過於隔離，則其作戰效率，必爲減損。

（5）減損飛機作戰能力之最大原因，多爲天氣上之變態，如霧，風，落雪，曇气等，對於所偵察之目標，不能爲長時間之觀測，及不能爲長久之停留，且其行動範圍，亦受限制 惟遇低雲之時，雖偵察飛機之能力受其阻礙，然而轟炸機，亦可藉航行儀器之力，於敵人不知不覺之中，可達到轟炸之目的。

（6）飛機易受高射砲射擊，若飛行較低時，亦易受地面上較小鎗砲之射擊。至於射擊上命中之效率，大抵以飛機之高度多少，速度快慢，航程是否一定，天气是否優良而定。在地面上設有高射砲區域，常使飛機迂曲飛行，因之其動作能力頗爲減少。

（7）飛機之製造及人員之訓練，均須依空軍兵種，耑門製造某種飛機，及耑門訓練某種人員。是以在作戰之時，除非應付臨時事變，某種飛機及某種人員務宜令其担任耑門任務爲要。

（8）飛機行動半徑，卽指明飛機在天氣良好之時，作一直線飛行，由起飛點達到某一定地點，再由此點飛回起飛地點。須有數用燃料，此種距離之計算卽謂之飛機行動半徑。不過在作戰之時，左列各種情形，須加入計算爲要。

(甲)地面上滑走之時間
(乙)在成隊飛行時速度之減低及燃料消耗之增加
(丙)經過目標之時間
(丁)飛行時平均高度
(戊)載重
(己)風力
(庚)天氣
(辛)戰鬥時及迂飛時所需之時間及距離

七　戰鬥性質

(1)轟炸機　此種飛機種類不一，有單發動機者，載重較小。性能較高。有多發動機者，載重較宏　性能輕減。前者極適於晝間轟炸及戰略偵察。Strategical Reconnaissance 後者因便利航行設備之增加，及使用軍器之添置，多用於夜間轟炸。此外又有雙發動機一種，晝夜均可執行任務。至於此種飛機耐航之久暫，性能之強弱，均依任務之不同，及載重之多寡而定。若轟炸遠距離目標之時，可減少炸彈載重，俾可多載燃料及增加飛機之性能爲要。

炸彈之種類不一，大抵依目標之性質而決定其用途。若用於侵徹力 Penetration 之時，則用大重量高級爆藥炸彈。Heavyweight H. E. bombs 若在普通用途之時，則用重量次重量輕量炸彈。或用小式燒夷彈均可。惟在一定範圍內，遇有情勢需要之時，各種炸彈取其需要者，亦可同時載於一架飛機之上。

轟炸機上因自身防衛起見，前後安有機鎗。並安設雙路無線電機，預備與地面通信。且於必要時，可安置照像機爲要。

（２）戰鬥機　此種飛機之特別性能，爲高速度，高昇度，運轉敏捷爬升迅速。此機共分兩種，一爲單座戰鬥機一爲雙座戰鬥機。單座者，性能極強，可作截擊任務。其速度之高，及運轉之敏，利於攻擊之需。惟此種飛機，祇備有前座機關鎗，不能防衛作戰，因之不適於深入敵境，担任長距離各種任務。至雙座戰鬥機，雖其普通性能較差，然因該機有後座機槍，極適於攻擊敵人大隊空軍。或遇担任長距任務，自敵人戰線回歸，有敵機尾追之際，亦頗適用。

夜間飛行所需之戰鬥飛機，與晝間所用之式樣相同。不過裝置有夜間戰鬥用齒輪，Night-fighting gear 翼端燈光，以及夜間飛行所需用之零件等。戰鬥機除裝置有機關槍及其他軍火外，尚可載少數輕量炸彈。此種炸彈對於低度飛行攻擊地面目標之時，極爲有用。（參看第十二節一項）

（３）偵察飛機　此機爲雙坐。有駕駛員（軍官階級）及射擊士各一人。駕駛員担任偵察及需要報告事項。至報告消息之法，除以雙路無線電傳達之外，餘法均可使用。至於射擊士，耑門担任防衛任務，並以雙路無線電傳達消息。

此種偵察飛機製造之特點，須節制機關運用靈敏，周圍視界清晰，尤其駕駛座向下視界，更宜清晰。且須在狹窄降落場，能以昇降。至該機上之裝備，除載有無線電話機，無線電信機，及照相機等以外，並有前後機關槍，及少量炸彈。在夜間飛行時，則安置夜間飛行設備。至於該機之性能及普通性質，則與輕式之單發動機轟炸機相似。

（4）運輸飛機　運輸軍隊飛機與大式雙發動機之轟炸機相似。惟其性能較遜。至於機身之構造及式樣，則耑爲搭載客貨之需，僅有少數之軍器裝置。

通用運輸飛機，亦可作轟炸機使用。且該機上裝置有需用各種零件。運輸機中隊名之爲轟炸運輸中隊。卽表明轟炸及運輸兩種用途，均可擔任之意。

（5）鳶形氣球　鳶形氣球觀測之高度，達於五千英尺。從此高度，可以用電話與地面傳達消息。惟其易於被槍彈攻擊，因之通常不能靠近前線，擔負任務。氣球觀測員，祇能在遠距觀測，有望遠鏡襄助而已。鳶形氣球通常最大用途，卽對於敵人某特定目標，以爲本軍砲火之規正。並對於敵人後方之行動，亦可爲相當之報告。

關於氣球用途中最重要事項，首推觀測員之視界何如。在風力較強，或有雲霧天氣，則絕對不能觀測。且其位置固定，絕難似飛機觀測時，可戰勝各種困難。惟氣球隊爲一活動單位，可以時時遷移，亦不致過於損失作戰效能。遇風淸日朗之際，氣球可昇至五百英尺高度，繫於一自動車之上。該車速度，每小時可行入英里，成爲一種移動觀測站。惟其易於受敵機攻擊，是以通常一氣球隊，均附高射砲隊爲之保護。在夜間作戰時，氣球可擔負觀測任務，俾可知敵人猛烈砲火之方向。

第三章　空中分遣隊之任務

八　一般任務

（1）空中分遣隊最要之一般任務，卽造成或維持空中之優勢。俾幫助本軍達到預定作戰計畫。並可阻止敵機擾亂我軍之心。（見第九節）其直接幫助作戰事項，計有左列二種：

（甲）偵察任務。俾可得到關於戰略及戰術上之各種消息。或由空中照攝，可知敵軍情況。或爲砲火觀測，以爲射擊之規正。

（乙）攻擊任務。卽藉空中轟炸，或低度飛行攻擊，俾破壞敵人某一定目標。此外關於運輸軍隊或運輸臨時軍用物品，或傳達全軍消息，亦均爲飛機直接幫助作戰一般任務。

（2）除上（1）條內所述直接幫助作戰任務外，尚有空中測量任務，俾未製成地圖之區，可由空中攝製地圖。其已有成圖者，亦可由空中測製爲詳細之校正。

（3）關於偵察事項中，除關於戰略上之偵察，應由轟炸機擔負任務外，其餘均屬偵察機中隊任務。關於飛機所有偵察事項種類不一，在本書內另立耑章，詳爲敍途。至於本章內以下九至十四各節，祇論及戰鬥及轟炸兩種飛機，在攻擊動作時之如何運用。以及空中軍事運輸，傳達全軍消息空中攝製地圖等各種任務而已。

九　空中優勢之佔據

（1）取得空中優勢及保持空中優勢爲作戰時之第一重要事項。緣以空中優勢，一經佔據然後始可確實執行空中偵察。全軍之駐紮移動，均可少受限制。同時始可阻止敵人取得此種優勢。至取得空中優勢之時機，絕對不可遲延，務宜在敵我空軍之飛行距離一經開始能以達到之時，卽應努力取得空中優勢。並須保持此空中優勢，直至戰事終了爲止。

（2）空中優勢之取得，則在轟炸機及戰鬥機之協同動作。至於取得及保持空中優勢之詳細方法，則因戰事當時情勢而異。不過無論如何，若取防禦手段則頗難獲得空中優勢也。

（3）空中優勢取得手段中之最容易見效者，卽對於敵人最易攻擊之目標，施以連續重大之轟炸。同時用戰鬥機施以攻擊之動作。此種手段，勢必發生空中戰鬥。惟敵人經過空中戰鬥後，被迫入於防衛情勢時，極難再行獲得攻擊手段。

（4）設遇情勢優良之時，可攻擊敵人航站，以便易於取得空中優勢。在此種攻擊之時，以轟炸機施行轟炸，或以戰鬥機施行低度攻擊均可。大抵攻擊敵人航站之時機，應在敵人損失未能迅卽恢復之時，或敵人航站停機過多之時，或敵人航站無多，且豫備航站亦極有限之時，或棚廠離前線甚近，且無相當防衛之時。凡此均爲情勢優良時，攻擊敵人航站取得空中優勢之手段。至於在一般情況，取得空中優勢之法，則攻擊敵人其他目標，意在將敵軍總指揮計畫推翻，使之分開空軍力量，撥派飛機來護被我軍摧毀之目標。

（5）除以上各條所述空中優勢而外，又有局部空中優勢。此種空中優勢，須飛機經過某擇定區域，以救護重要作戰行動。此種局部空中優勢，有時需集合空軍強大力量，然後始能取得。惟飛機耐航之力有限，此種強大空軍力量之集合，必須受時間上及區域上之限制。

十　戰鬥機之使用

（1）戰鬥機之任務，為尋視及破壞敵機，同時保護我軍飛機可以自由行動。惟保護我軍飛機，若取直接護衛手段，則其效能減少，且亦不甚經濟。

（2）凡戰鬥機若用於擔任防禦任務，無論取何種手段，均有三種極端不利之點。第一種則為敵機利用雲霧，或利用高度飛行，或利用迂飛策略，以避免戰鬥機遭遇。第二種則為戰鬥機之耐航時間甚短，且其架數有限，絕對不能全部長留在空中，擔任防禦任務。第三種則為戰鬥機之速度極快，一被敵人攻擊，則增援甚難，先發制人優勢，均被敵人所得，因之敵人可自由選擇地點及時間，集中空軍力量。

（3）戰鬥機護衛偵察飛機最效之方法，應取攻擊手段。使敵人飛機不能達到本軍偵察飛機工作區域以內。俾本軍偵察飛機不致受敵機擾亂。故戰鬥機依此種攻擊手段，直接可以阻止敵機之動作，卽間接護衛本軍之偵察飛機已。

十一　空中轟炸

（1）欲求戰事上發生重大效力，最宜選擇敵人後方重要中心區域，於晝夜間繼續施行重大確實之轟炸。至於欲使本軍達到某項目的，而使用轟炸機之策略，則應由陸軍指揮官計畫，俾可決定轟炸某某等處目標時，卽可予敵人作戰計畫最大之破壞。

陸軍指揮官之策略決定後，應向空軍隊長商議。由空軍隊長指明轟炸某某處目標適宜。並須指明轟炸每一處目標時，應用飛機之最多架數。用繼續轟炸，抑係用集合轟炸。

陸軍指揮對於分派中隊轟炸某某等處目標，已與所隸屬之空軍隊長商妥後，應卽須布命令，載明轟炸某某等處目標，及轟炸之程度，並是否繼續轟炸。通常並載明每種任務，應撥派飛機架數。至於轟炸實施手段，及轟炸詳細辦法，均完全由空軍隊長策畫。

（2）在敵軍正在集中前進時期，惟轟炸機之動作，可以強迫敵軍爲長時間之延緩。現在新式軍隊之出發，關於供給及儲存之法，頗爲繁蹟。因之對於供給及儲存區域，擇其易於攻擊者，爲有效之轟炸。如是影響於敵人軍事動作，較諸直接轟炸敵人隊伍時，所得之效果爲多。依軍隊集合原理，最宜在該時期，極力爲轟炸機之使用。在決定轟炸某目標時，（該目標如一經轟炸卽可發生最大效力阻止敵軍之移動或給養）應立卽派遣最多數適用飛機，前往連續轟炸，直至完成任務爲止。設同時有次目標，亦欲行轟炸之時，此時對於轟炸第一目標所用航空軍力之分撥，務宜受極嚴格之限制。（卽不可輕易分撥）凡一全軍之給養，多賴鐵路之運輸，最好就鐵路易攻之點，爲轟炸第一目標。不過須依熟習情形人員指示，詳爲轟炸目標之選擇。緣以有時所選擇各點，似爲極應轟炸之目標，其實該處等修理極易，對於敵人之交通破壞，並不發生何種重大影響。

關於轟炸目標選擇一事，爲陸軍指揮者應參考空中照攝地圖，從事選擇。此種地圖，在可能時，應在最初偵察期間照攝，且此種地圖，不但給與陸軍指揮選擇轟炸目標之幫助，並能給與空軍確實轟炸地點之表示。

（3）在敵我兩軍交戰之時，可選擇砲火所不能達之目標，予以轟炸。例如敵軍總司令部，交通樞紐，軍隊補充之前進等皆是。設敵人被迫退却，若選擇運輸隘路，施以轟炸，可阻塞敵人前進之路。使其退却遲緩，且能使敵人再行交戰。

（4）轟炸實施之法，頗不一致。若在晝間時，通常均用成隊轟炸。炸彈之擲放，均由隊長發出指示記號。有所謂持續轟炸，Sustained bombardment 即依轟炸目標之性質，於相當間隔時間，施以轟炸。凡轟炸次數規定愈多，而轟炸程度規定愈小時，應用成隊飛行。緣以此種轟炸，重在奪敵人之氣魄。如此種轟炸，一經開始，即應繼續施行，逐漸加重，至此種轟炸持續之程度，則視敵人之抵抗力及飛機之航程半徑何如。此外又有集中轟炸，即集中大部飛機隊，以施行轟炸。此種轟炸重在實際破壞。且此種集中轟炸，可以較少之代價，而得多數之效果。再遇集中轟炸時，因防禦者之困難，而攻擊者之勇氣增加，精細命中之低飛機轟炸，可以施行。夜間轟炸通常均用飛機一架，於不定期間，飛向目標轟炸。此種夜間轟炸，既不宜於一架以上之飛機，同時經過同一目標，而且規正標尺，放擲炸彈，均須相當時間。是以縱有多數可用之飛機亦不宜隨之前往轟炸。

晝夜轟炸成隊飛行，在轟炸後，即應立刻由空中照攝。俾可知轟炸破壞之程度，若用燒夷彈時，應於擲彈後數小時，耑派照相飛機一架，前往照攝。若夜間轟炸，欲知其結果時，可於黎明之際前往照攝。

十二 低飛攻擊

「低飛攻擊」即飛機在低度飛行，以機關槍或小炸彈以攻擊地下目標。執行此種低飛攻擊之任務，以戰鬥機最爲適用。設在空中情勢許可之時，即可用此法，以攻擊敵人地面軍隊運輸隊或航站等。

低飛攻擊，不但對於敵方予以實際上之破壞，且於敵人士氣，予以最大之沮喪。不過若對於器械完備，士氣堅強之敵軍，施以低飛攻擊，則飛機方面，恐蒙有過大損失。因之不可因低飛攻擊，竟將戰鬥機之根本用途失去。蓋戰鬥機之根本用途，本爲取得「空中優勢」之需。且在空軍作戰普通原理，凡空中優勢取得愈多者，則低飛攻擊之施行愈爲正當，而且愈易收效。設空中優勢仍在未能判明之時，不可分撥維持空中優勢之戰鬥機，而改派作「低飛攻擊」任務也。

（2）低飛攻擊之最好目標，即爲車輛運輸縱隊，道路上前進軍隊，集合軍隊，或在露營及舍營中之運輸軍隊。最不適宜之目標，即爲散開軍隊。凡敵人目標可由砲火或地面機關槍攻擊時，萬不用飛機施行低飛攻擊。凡低飛攻擊中隊，不可令其臨時現尋攻擊之目標。欲低飛攻擊某目標時，應確告其目標之所在地，及一切確實消息。至此種確實消息，最好由中距離或近距離之空中偵察得之。一俟消息得到後，卽須趁立刻時機，由戰鬥機各中隊及偵察機各中隊合作施行低飛攻擊。在此種分派低飛攻擊任務之戰鬥機各中隊，可臨時受該前線之偵察大隊隊長指揮。

(3)低飛攻擊爲優良之效果者，卽在追擊時施行之。緣此時敵人士氣極爲沮喪。若再經有效之低飛攻擊，則敵人有秩序之退却，將變成爲潰亂形勢。且此時敵人，大都無有組織的防空砲火。因之低飛攻擊所受之損失，必然極微。不過此時空軍指揮官須知戰鬥機一經撥作此項任務，則我軍之偵察飛機，及交通聯絡，均有受敵人擾亂之害。

十三　空中運輸及通信連絡

(1)設有適宜運輸之飛機，及適宜之降落場，則少量部隊，連同機關槍，甚至輕砲隊等，於數小時內，卽能達到數百英里以外之地。該隊伍到達後，所有給養，軍火，以及其他需用物件，均可繼續運輸。在半開化國內發生戰事之際，其間交通遲緩，或未發達之時，由空中運輸軍隊，實爲最要。

最適之運輸飛機，厥爲英國皇家空軍用之轟炸運輸飛機，或商用大式載客飛機，不過在空中運輸中須切記者，卽軍隊在長時間空航而後，將發生暈機之病，因之軍隊甫由空中運到後，其戰鬥能力當爲減損

（2）在交通不便之國，少數軍隊之供給，可由飛機運到，由保險傘擲下。有許多種飛機，均可充作此項任務之用。至其載量依飛機之式樣而異，最高載量可達一噸之數。

（3）陸軍指揮或參謀等，欲往遠處司令部時，或欲親自偵察之時，均可乘坐飛機往還。最適宜此種任務之飛機，厥爲偵察飛機。設欲求節省時間，而乘坐飛機時，則飛機在地面昇降時間，及穿飛行衣服時間，均須加入計算。在軍隊移動時，而道路稀少或道途擁塞之時，陸軍指揮或參謀人

員，最宜乘坐飛機，前往視察側翼隊形。

凡司令部地址之選擇，若能靠近一適宜降落場時，則飛機用於通信聯絡任務之價值，益覺偉大。

十四　空中測量

空中測量任務，卽將未製成地圖各區，由空中攝製大小比例地圖。其已有成圖者，則由空中攝製，以爲校正。此等任務，日益重要。緣在戰事某一定情形之下，軍隊之運用，完全憑藉空中測量之地圖，以爲進行之標準。

（1）用作一般偵察之照攝地圖，（見二十一節）不適於測量之需。緣以測量地圖之照攝，須其飛行高度，照相器斜度，及重疊度，均須確定無誤　此種地圖，應在地面軍隊移動之前照攝完畢。凡擬料所有作戰區域，均應用此法照攝完備，此種空中測量任務，宜在敵人空中防衛組織未完成以前，竭力照攝。

（2）在空中分遣隊內被撥派擔任空中測量之飛機，務宜與地面上測量主任，爲密切之合作。並須由該主任對於測量飛航及測量技術上，加以詳細之指導，及剴切之幫助。

第四章　空中偵察

十五　空中偵查之可能任務及空中偵查之限制

（一）空中偵察爲陸軍指揮官得到敵情一種重要法則。凡關於敵軍之移動，及敵人軍力之分配，以及戰場地形，均可由空中偵察，得到敵情消息。且飛機速度既快，並能在相當距離，與地面常通消息。因之敵人後方極遠情形，均能立卽得到。不致絲毫遲誤。雖然空中偵察之任務，爲擴充地面所得之消息，並且加以證實，然其最有價值之用途，則爲能使陸軍指揮官，對於全部戰況，瞭如指掌。非若地面偵察時，不能得到全部確切之消息也。

依航空偵察之原理，在飛機偵察時，應直達敵人後方，察其主要移動，及其軍力之分配，並不注重於與我軍接近之敵軍位置。蓋前線敵軍，可用地面偵察，亦能得敏捷詳細之效果。

（2）空中偵察不利影響之最大者，共有二端。一則為天氣之不適宜，一則為空中情勢之不利。霧氣，落雪，以及強烈飆風，均使空中偵察，不能實施，至若低雲落雨，雖觀測時甚難，而對於素有經驗之駕駛員，翻能作為一種屏障，使其進行有利偵察。

空中情勢不利一言，即空中優勢，被敵人佔據，或其地面上防空，極為周密之意。雖敵人無論如何佔據空中優勢，或防空如何周密，似不能阻止飛機偵察，窺探消息。不過空中情勢不利之時，實使空中偵察施行極難。在此種情勢之下，可用大隊飛機偵察，且藉天氣，能以掩蔽情勢，可以偵察有效。

（3）在敵軍方面為避免空中偵察及空中襲擊，因之敵軍主要行動，多於夜間實施。故我軍夜間偵察，實為重要。惟夜間視象，因月色之明暗，雲氣之多寡，雲氣之有無，各有不同。設遇視象優良之時，軍隊之移動，火車之行止，均可由空中看視。至於詳細偵察，則須借照明彈之力。不過一飛機所帶之照明彈有限，因之所偵察之區域，亦受限制。

在夜間飛行敵軍縱隊之上所得之消息，縱然極微。然而對於沮喪敵人士氣，則頗覺有效。因在敵人方面，則以爲一切實情，盡被我軍偵察也。設一飛機隊，若須晝夜執行職務之時，則其偵察效能，必卽立刻消失。

（4）關於空中偵察應注意左列各點：

（甲）偵察飛機之駕駛員，對於偵察所得，不得有所減略。應練習爲精確報告。就其所見者傳達，不得有所增減。至於擇要一事，應歸地面上彙集情報人員之責任。

（乙）駕駛員傳達消息之時，卽不能執行偵察任務。因之駕駛員務宜分別緩急，取其應立卽報告者，可以暫時停止偵察，立卽報告。至於緩急之分判，應以在偵察飛行起身以前所受之命令爲衡。

(丙)在空中否定消息，常有不確實之虞。緣以敵軍若力求隱蔽之時，則飛機絕對不能強與敵軍逼近。且敵軍若在村落或樹林中隱蔽，雖有時飛機在低度飛行，惹起敵人射擊，可發現敵軍所在，然飛機亦不能向該處等尋覓。

(丁)敵我兩軍之分別甚難，欲從空中確認，實爲不可能之事。

(戊)單獨一架對於某一定區域既不能爲長時間之繼續偵察，因之偵察人員常須更換。不過在每一換班駕駛員，均須從新考查情勢，因之有遲緩之弊。

(己)設所偵察地界遠在敵境以內，則須用成隊飛行，俾資保護，在此種情形之下，不適於繼續偵察。

十六　空中偵察之類別

(1)空中偵察任務，約爲戰略與戰術二種。惟戰略任務何時始行完了，戰術任務何時始行開始，實難爲明晰之分判。不過若從指揮上，實施手續上，及通信聯絡法則上不同之點觀察，允宜分成左列二種偵察。

（甲）戰略偵察

（乙）戰術偵察（中距近距及砲火偵察二種）

（2）上述二種偵察之目的，及普通實施手續，均於以下（十七），（十八），（十九），（二十）各節，分別敍述。至於所列各種偵察之名稱，雖表明距離之遠近及實施手續之不同，而其最重要意義，仍在表明在每種偵察，應注意何種消息之取得。且在戰術偵察各節中，對於中距偵察及近距偵察之不同手續，縱然一一敍明，惟遇空中情勢不良之際，或空中交戰之時，在尋常應以近距偵察者，亦應改用中距偵察之法。反之，空中情勢優良，並未有敵人空軍抵抗，亦可依近距之法，用單獨一架飛機，深入敵境，以獲得必需之戰術偵案也。

（3）偵察任務區分之要旨，即依陸軍總指揮所欲得之消息爲準。所謂欲得之消息者，即指該種消息，立即影響於軍事計劃者而言。至於總指揮以下各指揮官所屬飛機應偵察之區域，其界線各有不同，總依當時情形而定。或由上級指揮官指定。大抵側面偵察界線，常與正面偵察界線相同。至於縱面偵察界限，則視敵軍分配之情形，欲得消息之性質，及飛機能力之何若。再偵察界線，總包括兩個空軍部隊界限而言。且須能自空中望見之地勢為限。

十七　戰略偵察

（1）在戰爭開始之時，空軍總指揮必須對於敵軍之兵力及編配，已得之消息，加以補充。並對於敵軍最初集中及以後調動之報告，加以證實。俾我軍有應時之措置，不致貽誤時機。凡此種種戰略偵察任務，均須用飛機執行。自此以後，飛機之戰略偵察，不得間斷，俾可知敵人後備隊及材料由國內調動情形，或由其他地方調至戰地情形，或由根據地調至前線情形。在戰略偵察時，除關於與我軍總指揮戰略有關者外，對於敵人交通情形，亦須偵查，俾可為選擇轟炸目標，及轟炸時間之根據。

（2）戰略偵察，普通均依陸軍總指揮部命令以晝間轟炸隊執行任務。設遇天氣合宜及空中情勢許可，此種戰略偵察，即可用一單獨飛機，飛行極高高度，大半依據照相地圖，以便獲得消息。在此種高度時，小部軍隊之調動，不能望見。祇能偵察火車之行動，大部軍隊之調動，大隊露營，及大堆貨物，或敵人航站動作情況。

設遇單獨飛機偵察不能適用之時，即應派遣轟炸隊出發。此種轟炸隊之力量，預料可以抵抗所遇敵人之空軍為限。在此種成隊飛行之高度，較單獨飛機飛行稍低。設天氣不適於照相器具之時，亦祇能耑耑以眼目偵察，以獲取所得之消息也。

為偵察安全起見，在戰略偵察時，經過偵察目標之時間，以愈短愈妙。是以用照相機，即可減少時間，達於極點。且有時例行偵察，縱然需要，然為安全起見，萬不可永用同一之軍力，永隔一定時間，永用一定之方式，為不變之飛行也。

戰略偵察之飛機上，應安置雙路無線電。遇有緊要消息，卽可立刻報告至於偵察消息之詳細具體說明，則猶待駕駛人飛回後之詢問，及所攝之照相製就並解明始可。

有時戰略偵察，附帶有轟炸任務，俾遇相當目標時，可予以轟炸。不過在此等情形時，應在命令上註明第一重要任務，惟在獲得消息回來報告。不可因轟炸而擾及最重要之任務。

十八　中距偵察

（1）當兩方軍隊自集中區域向前移動之時，此時對於敵人之前進及展開，應得有較詳細報告，非僅戰略偵查所得之消息，可以畢事。在兩軍接觸以前，關於敵人戰線之進展，前線所達到之地點，左右兩翼地位，以及在集中區域前火車及運輸車輛之動作，凡此種種消息，均應獲得。緣此種消息，均爲軍部或軍團部指揮官所欲知之消息。是宜派所屬飛機作中距偵察爲要。至於中距偵察，或用偵察中隊或用晝間轟炸隊均可。惟視其情形而定。若在情勢許可之時，以用偵察中隊爲良。緣以偵察飛機之駕駛員，於軍事偵察之訓練，頗爲詳盡也。在兩軍最末後前進及在以次戰爭之時，應在軍隊前面，施行近距偵察。惟在戰線後方區域，仍應繼續施行中距偵察爲要。

（2）欲得中距偵察之消息，最宜用成隊飛行。且須有任何抵抗力量爲要。因此之故，連續偵察，極不適用。祇能於必需時間，派出偵察爲宜。

欲將偵察之消息加以補充或欲爲證實，應在可能時期，卽應用照相機照攝。且飛機上及與地面上司令部，設有無線電裝置，應將目覩之重要消息，敵軍調動，隨時報告於司令部。而司令部遇有特別命令之時，亦可告知駕駛員執行。

十九　近距偵察

（1）在雙方軍隊已經調近戰地，或在戰爭之時，應正在主要部隊前方，施行近距偵察。此種偵察之目的，在欲得敵軍前線之分配及調動消息，並戰線延長之距離。此外並可考察我軍前方所抵達地點。近距偵察之駕駛員，須素有高級訓練者，始可充任。通常均以軍團部或師部所屬之偵察飛機，擔任此項任務。

在兩軍接觸之始，或在戰爭初期，連續偵察，常爲需要之事。設軍事情況，無所變更，且敵軍之分配，已經知曉時，連續近距偵察，可不需要，祇用定期偵察 Periodical Patrol 已足。惟在此種時期，用於砲火偵察之飛機，須爲增加。蓋際此種情形之下，砲火偵察極爲需要也。

（2）近距偵察，普通均用一架飛機偵察。設欲得詳細消息之時，大概在三千英尺高度飛行爲宜。緣在此種高度，地面上步槍及機關鎗之射擊，均不能達到矣。

近距偵察普通雖在三千英尺高度，然欲更詳細偵察敵人某部隊或某地位之時，亦可於飛行中有時向下飛行。惟欲免避高射砲射擊，可利用雲中飛行，或連續變換其方向，高度，速度。在近距偵察，若用單飛機較低度飛行時，常不能執行縱面偵察。惟在佔有空中優勢之時，所有敵人主力軍隊展開作戰區域，均可從事偵察也。（參閱十六節（2.）項）

（3）近距偵察之飛機與地面偵察司令部往來傳達消息，普通均用無線電話之法。凡飛機上之報告，以及地面司令部繼續命令，均以無線電話行之。不過設無線電話不能使用，或欲保守祕密之時，可用鈎取或擲落之法。此種傳達之法，耗費駕駛員之偵察時間過多也。

（4）飛機欲考察我軍前方軍隊所抵達地點時，大約在左列兩種情形之下，執行此種任務。

（甲）依普通法則不能得到消息者。

（乙）或前方軍隊抵達某目的地之消息，須急切得到時。

當此種任務若知其一定需要，即應預先布置停妥，俾令駐地軍隊用照明彈，地面記號，帶條，標示燈光，或其他方法，以表明所在區域。在飛行出發命令上，須註明某部隊使用某種記號之方法及時間。當駕駛員飛經考察地帶，應即連續發出白色標示光亮。此即表明觀察所駐軍隊標示記號。是時所駐軍隊，即應發出預定記號爲要。至擔任此種任務飛機，最好祇用一特別飛機，按照三十五條（12）節（甲）項，標以特別符號爲是。

設欲知我方軍隊之地位，而事先並無何種布置之時，此時所派之飛機，應飛下極低，俾可對於敵我兩軍爲清晰之判別。不過此時駕駛人仍須不斷的發出標示光亮。此時地面軍隊看見此種光亮，應極力用現有標示，以表明其地位。

在特別情形之時，飛機報告我軍地位消息，可用無線電傳達。普通有效方法，應擲下一簡明地圖，將所看之軍隊符號地位，標明於上，所有連帶消息，亦應同時註明。

二十　砲隊偵察

（1）砲隊偵察之目的，在觀測目標之所在地，並指揮我軍砲隊之射擊。通常砲隊偵察任務，常用偵察機執行，受砲兵司令指揮，由空中傳達消息，均用無線電報。目標之觀察，則以文字解釋，砲火之改正，則以電碼表明。砲隊司令部及指定某某砲隊，均須備有無線電收音機。至於由地面向空中發出之無線電機，現尚未有此種設備，因之對於駕駛員傳達消息，祇限於電碼記號，此種記號，或用地面上帶條，或用拾起之法以表明之。至所用之電碼，則爲協助小砲隊觀測電碼，Combined operations artillery observation code 簡稱爲轟炸電碼。Bombardment Code.

（2）自敵軍達於砲火線距離內開始以後，以及兩軍接觸完全期間，均須爲砲隊偵察。至於偵察之法，則應在軍團部以前地面，分成砲隊偵察區域。普通在每一區域，即須有飛機一架偵察。且該區之呼號，（在每一消息傳達前均須附有此種呼號）及飛機上無線電周波數，均須特別規定。並須發出命令，派定各區砲隊司令，耑管區內砲隊偵察之事。並派定某砲隊負責接答某飛機呼號，以便射擊。有時偵察區域，又細分爲偵察地帶，以便使各砲隊單位，依次接答飛機呼號。若在運動戰之時，偵察區側面界限，普通以師部區分爲限，設兩方軍隊交戰愈近之時，則「對砲兵戰」更爲激烈。此時砲隊偵察，更爲急需。應爲重行規定區域，在軍團部前偵察飛機應集中指揮較爲有利。

（3）關於砲隊偵察之報告中，若敵人砲隊之位置，敵軍集中之地點，砲隊攻擊之情形，均爲消息報告中之最關重要者。因之砲隊偵察亦可對於近距離偵察事項，加以補充，或確爲證實。不過此種補充證實均爲附帶事項，不可耑耑令其執行此種任務。

在軍隊前進之時，非至相當時機有偵察射擊目標之必要時，不得用飛機作砲隊偵察。

近距偵察所得之報告，可幫助關係之指揮官決定何時開始砲隊偵察。

二十一　照相

（1）空中照相一事，佔各種偵察中重要部分，遇情勢良好之時，在一極短時間，可照攝廣大區域，在照攝完畢之後，再加以注釋，及譯解，卽成爲完備確實之偵察報告。其照相譯解職務，Interpretation 則歸空軍方面負責辦理。

（2）空中照相須受左列限制：

（甲）須在天氣淸明之時。

（乙）照相飛機易爲高射砲射擊目標，尤以照相測量時爲最。

（丙）相片之洗印，以及註釋譯解等事，頗費時間，因之在戰爭時期，欲用此法以求近距戰術偵察報告，則頗受時間限制。

（3）空中照相共分爲兩大類，一爲直射照相，一爲斜射照相。此兩種照相，均可用立體鏡照攝法，表明地圖界線。用第一法可製成接圖，Masaics可包括極大區域。直射照相地圖之比例，與鏡頭之焦點長度，Focal length及照攝高度有關。欲其比例尺寸愈小時，卽應在愈高度照攝。直射照相地圖，依其比例大小，共分三種。視其某種任務，卽應照攝某種地圖。

(甲)小比例者。(自一萬分之一至二萬分之一者)此種地圖包括照攝之區域甚廣。因之不甚詳細。不過對於戰略上參考，頗有價値。

(乙)中比例者。(自六千分之一至一萬分之一者)對於「對砲兵戰」及普通情報均可敷用。凡砲隊地位，壕溝，詳情，以及地面各種工作，均可看出。

(丙)大比例者。(三千分之一至六千分之一者)此圖極爲詳細，可以指明實砲及擬砲地位。並可表明僞裝工事。坦克，機雷區域。以及陷穽等事。並可表明敵人防護之地。惟對於鐵條網之有無，是否步兵可以通過一事，雖再照攝較大之地圖，亦難以憑恃也。

(4)普通接圖 mosaics 卽將許多疊置照圖 overlapping photographs 依號碼次序，集成一帙，此種爲第一式接圖，又名爲零散接圖。Loose mosaics 此種製出甚速，每兩張圖，均可用立體鏡法審察。又有第二式接圖，卽將該圖修整齊備，裝成整幅地圖者。

(5)斜射照相，在表明土地形勢，軍隊進路，極有價値。且與地圖參照，可證明地區特形。惟此種照攝，須在低度飛行。其高度約高射機關鎗火可以達到。

(6)凡欲有照相之要求者，應先得各該指揮官命令，再向空軍隊長通告，按照普通規則，師部及軍團部所需之照相工作，完全相同，因此師部照相工作，均可由軍團部所隸之航空隊執行。

凡要求照相工作，須先述明左列各事：

(甲)照相之性質(直射者抑斜射者)

(乙)比例尺寸(此指直射照相而言)

(丙)照攝區域

(丁)設欲斜照時應將所照之方向述明

(戊)照攝之用途

(己)每種照相張數

（庚）需用之時間

（7）各陸軍指揮官對於航空照相一事，最要事先計畫妥協，俾能遇天氣優良機會，即可照攝，且可於相當時間，得有應用數目。至於在預料中敵人將佔領之地位，尤宜事先照出，不但與地形價值有關，且可作為一種藍本，以為日後再照攝該處地圖解釋 Interpretation 之根據。

依航空照相之已往經驗，每一單架飛機，設在八千英尺高度繼續不斷作兩小時之飛行，可照千分之一見方十二英里照片，並有相當疊置部分，此種幅員合計，可照攝疊置照圖 overlapping photographs 一百張，至在航空隊內照相股印洗時間，每片以四張計，遇情勢優良之時，祇用五小時之工夫，已敷應用。

單獨飛機所照之區域大小，與天氣良否及其他關係至巨，應由航空隊指揮官，依當時之情勢，決定相當照攝之範圍。

第五章　偵察機中隊之用法

二三　空中偵查計畫

（1）凡空中偵察所得之報告，無論其爲中距偵察，爲近距偵察，抑爲砲隊偵察，凡在軍團部前方施行者，當然影響於軍團部作戰計畫，或軍團部所屬各隊計畫。因之各種偵察應承軍團部指揮長官命令，由隸屬軍團部飛機隊執行。或於必要時，受軍團部所屬各隊指揮官命令亦可。

（2）用偵察飛機中隊施行偵察時，在命令中應注明左列各種事項：

（甲）各種偵察之區域。

（乙）應指明某隊負責管理某區域偵察事宜。

（丙）對於負責某隊，撥派飛機及無線電隊自動車數目。

（丁）有特別通信聯絡之法時，須爲述明。

至於發出命令格式，則於第六章敘明。

（3）中距偵察，均應承由軍團部命令執行。除遇作戰軍力微少之時，亦祇能以僅次於軍團部之隊部指揮。在兩軍前進之時，中距偵察，極爲重要。因之此時所有大部分飛機，均應留在軍團部，以備中距偵察之用。

（4）關於一師或師部以下各隊應執行近距及砲隊兩種偵察責任之區分，尚不能劃淸相當之界線。祇依當時情形，以爲決定標準。惟據普通定義，設在軍隊移動之際，戰爭指揮，全恃前方各隊伍之指揮官時，則各隊前面最近之偵察，均可由各隊指揮官管理。設在兩軍相持之時，軍團指揮官能臨近戰地指揮軍事之時，則此時空中偵察之管理，若集中於軍團部，不但辦理迅速，而且功效較宏也。

（5）在決定空中偵察，是否由次級指揮官管理之先，應將通信連絡法之便利一層，爲首先注意事項。爲駕駛員容易接受命令及容易報告起見，陸軍司令部之所在地，應與飛機隊部通信股易於通信爲要。設在一師或移動部隊之時，應在司令部附近，設一前方降落場。駕駛員卽可在該場接受命令，並可在該場將所偵察之消息，報告於通信股等候聽信人員。此聽信人員得到消息後，可用電話報告於司令部，或於情勢所許時，應每次回至司令部親身報告。不過此種便利降落場之設立，依地勢如何而定。

在千九百二十九年所頒之第二卷陸軍勤務令內第十三及第十五兩節，曾載明陸軍指揮官在選擇司令部地址之時，卽應顧及飛機降落適宜之場地爲要。

偵察飛機大隊隊長應對於降落適宜場地之選擇，向陸軍司令部提議，俾司令部卽可在場地附近成立。且在預擬成立司令部一條道路，施行事先空中偵查爲要。

（6）偵察飛機中隊，在晝間執行任務之多寡，須視以次各種限制。例如祇能在白晝時間飛行之限制，天氣之變更，任務之性質，飛機及人員受傷之程度，飛機及人員更換之遲速等是。至對於陸軍方面得此偵察報告之重輕須視乎降落場離前線實地作戰之區域遠近爲準。

(7)欲計算偵察任務之數量。最好將偵察任務分成偵察單位。Sorties 此種偵察單位，卽包函一飛機無論在何種性質之偵察時，所執行一種任務。空軍指揮官依一機一任務標準，及上述各種限制，考察一日偵察工作，卽可總計偵察單位。從此單位，卽知現有航空軍力。可隨時向陸軍指揮官表明。並可爲任務適宜之分配。遇有成隊飛行之時，例如在中距偵察預備抵抗敵軍之際，則此時組成一隊之每一飛機，均應以每一偵察單位計算。如此對於他種任務之數量，卽應爲同數目之減少。

(8)按照普通表示每一飛機中隊在每日執行十二個偵察單位，每一單位約飛經敵人戰線兩小之久。遇有特別情形緊張之時，可在一定時間執行十八個單位。

陸軍指揮官在籌謀偵察計劃之時。應依空軍隊長預算之單位，以爲計劃根本爲要。

二三　飛機之分配

（1）按照普通規則，應將偵察中隊，直隷於軍團部之下，較諸分隷於各師爲宜。卽遇每師應負責近距或砲兵偵察之時，亦常常不需用一中隊之全數飛機。最好僅將在需用之時間，所需用之飛機，分撥應用。（見二四及二五兩條）設依此種方法分撥，則在每中隊所賸餘之飛機，可以爲軍團部之中距或砲隊或照相各種偵察之用。並可備各種不時之需。且偵察大隊隊長對於各中隊之管理及監督上，亦覺便易。

（2）若分撥飛機至軍團部所屬各師部前方應用時，應注意飛機中隊隊長，及通信股，同時擔任兩個隊部消息傳達之困難。按照普通規則，所撥之飛機不能擔任供給兩個隊部之偵查。最好每一中隊除擔任前線一師之近距偵察及砲隊偵察外，並可於必要時，受軍團部之指揮擔任偵察事宜。

（3）關於照相偵察事項，撥給軍團部以下各部飛機作此項使用時極少。若師部有照相事宜，可向軍團部請求。由軍團部令知偵察大隊辦理。如此不致於重複照攝。而且照相製出，亦極迅速。

二四 近距偵察之管理

（1）軍團部管理 軍團部前線施行近距偵察時，所有出發前命令均由軍團部發出 且所派出之飛機應與軍團部無線電話車常常傳達消息。若在可能時，軍團部及航站（派出飛機所降落之航站）間，亦應設備電話傳達消息。若軍團部對於飛行駕駛人有補充重要命令時，則應由軍團部人員負責傳達航站中之通信股為要。

設軍團部之地位在後方距離太遠，致其無線電話車與駕駛員間，不能維持通信之時，卽可將電話車向前移動，達到飛機電波界以內，能達到作標示記號之地方為止。至軍團部以下隊部，可設備聽音車，對於飛機及軍團部間往來之消息，得以截聽。若遇軍團部電話車不能使用之時，可將管理偵察事項，暫時歸前方某一隊部管理，惟此種設備，須事先籌妥為要。凡某一駕駛員均指派某一定之無線電通信車往來傳達消息。故駕駛員接收地面上消息，即應由指定之無線電車傳達，不可由另一車傳達。因之軍團部以次之部隊，欲得空中消息，亦應報告軍團部，由軍團部無線電話車辦理。

依上述各種規定，以執行近距偵察之時，則飛機之使用，可極爲節省。其軍團部情報人員之地位，則具有管理軍團部全部區域之空中偵察責任已。

(2)軍團部以次部隊之空中偵察管理　設近距偵察之管理，聽由師部指揮之時，可由軍團部將每師之近距偵察區域，分別規定，並撥給各師部相當數目之飛機以備執行偵察任務。

關於撥派飛機之管理範圍上，共分兩種如左：

(甲)撥派偵察飛機一中隊，在一定需要時期，耑備師部前方 in Front of 近距偵察之需。

(乙)撥派偵察飛機一中隊，聽由師部指揮之 under the Command of

在(甲)種情形時，除軍團部另有命令外，可由師部發給撥派之飛機隊各種偵察命令。師部前方之情形，應由師部時時通知該隊通信股，因之師部與通信股間，應永遠維持通信爲要。

師部及通信股間，既須維持通信，因之應按照(二十二)節所述，設立一前方降落場。設限於地勢不能設立前方降落場時，即可由往來偵察之駕駛員，用鉤取或擲落之法，以傳達師部及通信股間之消息矣。（此時通信股仍在飛機隊部原有之飛行場）

在天空中飛機之通信，亦應由撥派師部之無線電話車管理。設遇師部在特別情形不能發出偵察命令之時，即可由軍團部（設軍團部得有師部報告時）發給飛機隊命令，且同時亦應通知師部已經派機偵察爲要，在(乙)種情形時，即撥派之飛機中隊，完全聽由師部使用。飛機隊長及通信股，亦均耑管師部前方之事，並耑備師部指揮之需。不過此種撥派飛機之行政管理，仍由軍團部掌管。

關於近距偵察之管理，祇能達師部爲止。次於師部者，即無管理之權。

惟遇分隊或移動隊伍在獨立作戰之時，或在主力軍兩翼之時，亦可管理空中偵察事項。在旅部中可設備聽音車，以備截聽消息。遇有旅部請求特別空中消息之時，則應由師部辦理。

二五　砲隊偵察之管理

（1）關於砲隊偵察區域之分配法，業於第（二十）節敘其大概，至其詳細，則另在「砲隊訓練第三册」Artillery Training Vol III 中敘述。在各砲隊偵察區域內管理責任之決定，則大半視軍團部所規定之砲隊計畫何如，以爲管理上之標準。設中距砲隊取分開計畫，而「對砲兵戰」由師部擔負責任之時，則此際砲兵偵察之管理，應由每師之砲隊指揮官擔任。設「對砲兵戰」一切工作，集中歸由 C. C. M. A. 砲隊總指揮之時，此際砲隊偵察最要目的，即爲偵察敵人砲隊之所在地，而偵察管理上亦應集中爲便。在此種情形時，師部祇在其區域以內，答復空中飛機之某某等呼號。

（2）砲隊偵察管理之法，與近距偵察相同，惟多半由軍團部管理。即使近距偵察歸師部擔任時，而此砲隊偵察，亦有歸軍團部管理者。

（3）設遇師部完全隸屬有飛機中隊之時，則砲隊偵察職務，亦歸由該中隊擔任。否則即由軍團部在需要時期內，撥給師部砲隊偵察中隊亦可。在此種情形時，師部對於該中隊可發出必需命令，並須與通信股常常傳達消息為要。

第六章　對於飛機所發命令

二六　發出命令要旨

（1）關於使用飛機發出命令原理，詳載於千九百廿九年所頒行陣中勤務令第二册第十二章附錄（五）以內，凡指揮官對於飛機隊所發命令，務宜完全按照該勤務令所述為要。至於本章各節所述，則為該種原理之如何實施，及給與飛機隊長命令所應包函各點，俾能使飛機隊達到任務為要。

（2）關於飛機隊使用約分兩項：

（甲）對於轟炸隊及戰鬥隊所發出命令。

(乙)對於偵察隊所發出之偵察命令。

除上述而外，若執行特別任務之時，例如軍隊或給養之運輸等，則可依當時情形與飛機隊長商酌辦理，不在是章內敍述。

二七　對於轟炸隊及戰鬥隊所發命令

(1)在空軍分遣隊內之轟炸及戰鬥部分，應隸屬於陸軍總指揮部之空軍分遣隊長(參看(三)節)至於對該隊等命令之發出，則由總指揮部與空軍分遣隊長會商後辦理。凡關於轟炸命令，空中戰鬥命令，戰略偵察命令，或有時戰術偵察命令，均依此條辦理。

(2)此種命令或單獨發出，或附於全部作戰命令發出均可。惟發給命令時，須將空軍分遣隊長所欲得之消息，完全截入命令以內，並須將所欲執行及達到任務，以簡明確切文字述明爲要。最好在一命令之後，加述各各分任職務。如此空軍分遣隊長既能迅速將戰鬥任務傳達於各部屬，且對於完全命令亦能保守秘密，不致易於洩漏。

（3）在轟炸命令內最好應確切指明轟炸目標，並應指明轟炸程度。表明轟炸程度之法則，卽說明所用飛機之數量已足。此外並須述明每種目標，應在一定期間內持續轟炸，抑係在某一定時間成隊轟炸。至此兩種轟炸法之詳細說明，已見前第十一（4）項。在本項所述各事，可在發出轟炸命令時，列成表式，爲命令附件。

（4）陸軍總指揮發出戰略偵察命令之時，應將飛機數量，偵察區域，所需報告，偵察時間，用表式說明。再總指揮部所發出之偵察命令，不必似軍團部所發出之詳細偵察命令。（見二十八節）

（5）關於派遣戰鬥機命令時，除非有特別任務，若攻擊地面目標等以外，不必詳細寫出用途。緣以戰鬥飛機根本任務，厥爲取得空中優勢。因之用該種飛機時，空軍指揮官當然知其任務之所在，俾得使陸軍軍事計畫之推進。

（6）關於撥派轟炸機及戰鬥機至所屬部隊之時，則此際陸軍總指揮部所發出之命令，內應包括左列各點：

(甲)應說明撥派飛機集合隊名，或基本隊名，並其隸屬之陸軍隊名。

(乙)某陸軍部隊負責空中之區域。

(丙)飛機集合隊及基本隊之駐地。

二八　對於偵察隊所發命令

(1)對於偵察隊發出命令之指揮部計有左列二種：

(甲)軍團部，對於偵察大隊或對於隸屬軍團部下偵察中隊所發出之命令。

(乙)師部對於撥隸 under the Command of 偵察中隊或對於臨時撥派 in front of 之偵察飛機所發出之命令。

(2)偵察機大隊隊長在擬具軍團部空中偵察計劃之時，(總與軍團部軍事計劃相符)並應將派出某某中隊擔任某某工作，向軍團部報告。如此軍團部有何詳細作戰命令，即可直接通知有關係中隊。在偵察大隊隊長報告軍團部偵察計劃以後，卽應對於各中隊發出必須命令，如此各中隊旣可迅速得到各種命令，而辦事人手續，亦頗簡捷。

（3）有時空中偵察職務，由軍團部發給偵察大隊隊長令其執行命令之時，則此時大隊隊長，應在發給各中隊命令內，載明中隊職務之分派，並將軍團部所需事項，重行錄告爲要。

設在軍團部發出命令有令中隊注意事項之時，卽可將此各種事項，按需要之數謄印，作爲命令附件。同時發給大隊，卽可由大隊分給各中隊，俾免重行複印。

（4）凡遇軍團部或師部發給飛機隊命令之時，均須依照普通作戰命令 operation orders 規定之「方法」method 及「通信」Inter communication 格式。凡偵察所需要之各種消息，應詳細述明，作爲命令附件。或按照一千九百二十九年第二卷一百三十四節第七項所規定載入作戰訓令 operation Instruction 之中亦可。

（5）發出作戰命令之時，在命令中原文，應注意左列各種格式寫法，俾令飛機隊及陸軍下級各部隊得以了解眞確意義。

（一）關於方法者 Method

（甲）撥派飛機隸屬某部隊之時。此在軍團部撥派飛機中隊至下級部隊時所發出命令中，應寫明「受某某部隊指揮」字樣，並須將飛機隊名一一寫出。

（乙）撥派飛機暫用在某部隊前方之時　設有某下級部隊，應負責担任近距偵察或砲隊偵察，而該部隊並未隸有飛機中隊之時，可在必需期間，撥派飛機至該部隊前方使用。此時撥派命令之格式，應如左寫：4 (AC) Sqn. will provide one CL/R continually from 0500 hours on the front of 2 div.

（派第四偵察隊在第二師前方最少飛行五百小時作繼續近距偵察）或

如 4 (AC) Sqn. will fronde one Arty/R bo stand by from 1000 hours on the front of 2 div.

(派第四偵察隊在第二師前方最少一千小時作砲隊偵察職務) 發出此種命令之時，務宜寫明在「某某部隊前方」字樣，否則即由該部隊對於飛機中隊於迅速期間，發出緊要作戰訓令矣。(見(二四)節2.項)

(丙)部隊發出命令時應述明事項。偵察之性質，及偵察之時間，均須述明。除在偵察時間極短以外，所有偵察詳細情況，均應於命令外，附載作戰訓令之中，或錄作命令附件亦可。

(丁)下級部隊之空中偵察區域　設在下級部隊前方作空中偵察，該隊負責管理區域，應在命令內述明。至空中偵察界限，(見十六節2.款)亦應記入。

(戊)前方部隊發出記號之時間及地點。某部隊在某時某地點發出某種性質記號，均應在命令中述明。(見十九節4.款)

（己）偵察飛機調班休息之法。在普通繼續偵察時，飛機之調班，均在空中施行。設欲待第一班飛機降落，得其報告結果而後，再令第二班飛機上升時，則必須於命令內述明之。

（二）關於通信者

（甲）無綫電話車及無綫電報之分派。無綫電車之分撥，應按照三十五節3.項所述，由無綫電車隊 Corps Pool 分撥。於必要時應將電車隊附隸陸軍部隊之時間及地址敍明。設無綫電話車分撥兩輛之時，應在命令上寫明某車爲管理空中偵察之需，某車爲在旁備分之用。在軍團部普通須有一無綫電報車，以備中距偵察之需。

（乙）無綫電消音器之使用。在命令上應述明飛機上及地面通信站（與飛機通信者）上，是否使用無綫電消音器。

（丙）此外在通信時，其他要點，若前綫降落場之地位，或消息鈎取擲落站之地位，或其他傳達消息規定辦法，均應於命令中述明。

(〇)對於發給飛機隊作戰訓令之格式，應按照千九百廿九年出版之陣中勤務令第二册一百卅六節規定者爲是。

作戰訓令不應發出雙分，惟遇其他斥堠隊指揮官，例如師部之馬隊，或裝甲部隊 Mobile Forces 等，欲多知航空偵察任務之時，可在發給該隊作戰訓令內，將航空偵察事項，撮要加入。反之，在發給航空隊作戰訓令之內，亦可將陸軍部隊担任偵察事務者撮要加入。

設有飛機隊奉上級機關訓令，分撥飛機，在某附屬部隊前方 on the front of 執行偵察任務之時，則此時原訓令之意旨，應告知附屬部隊爲要。

在空中偵察作戰命令以內，須載明飛入敵境路程，懸想敵人行動，我軍將發行動，偵察區域，偵察任務，並應將偵察各種事項，按問題式樣，逐一寫出。且須依其重要性質按次排列，並於必要時，將需要消息之時間述明。

在偵察訓令中提出各種事項，應按左列提綱，依次寫出：

(甲)情況判斷　此項內應按照前段所述，載明飛入敵境路程，懸想敵人行動，我軍將發行動，以及其他消息。此外陸軍斥堠隊工作概要，亦可載入。

(乙)偵察區域　在陸軍部隊發出訓令之時，應將該部隊負責管理偵察區域述明。若在作戰命令寫出時，則不必在訓令內重述。

(丙)職務提要　在此項內應注明偵察最大之目的。

(丁)職務分述　在此項內應將偵察特別注意之點述明，如道路情形，及敵隊地位，或在某一定時間，應向某特定地方，加以注意。此外其他事項，不包括在(丙)項者，均於此條內載明。若須空中照相之時，(參看二十一節6.項)亦在此條內述明。

(戊)報告之時間及地址　普通與管理偵察之部隊通消息時，無論在偵察時內或在駕駛員飛回以後，均用無綫電話車或無綫電報車傳達。若因保守祕密或欲與附屬部隊通信之時，隨處可用擲落之法，內容須將詳細情形載明。

在作戰期中欲有補充命令之時，可用口頭傳達，或書面命令，通知飛機隊通信股，或直接以無綫電話或無綫電報通知空中駕駛員亦可。

二十九　附於偵察隊砲兵偵察所發命令

(1)分撥飛機作砲隊偵察時應由高級部隊命令中，述明該種飛機，隸於砲隊總指揮，抑歸在師部前方 on front of a Division 作臨時偵察之需。

(2)砲隊指揮官發出命令時，對於砲隊偵察之詳細事項，均應載入作戰命令正文以內，對於飛機隊極少發出單獨訓令，緣以各分隊砲兵指揮，亦均須明了砲隊偵察情形，俾可與飛機合作。

(3)在發出砲隊命令時，均須按左列標題，包含各種事項：

(甲)砲隊偵察飛機，及氣球之分撥。

(乙)偵察區域，並須將飛機呼號，及在該區域之周波數寫明。(通常均用圖樣表明)

（丙）砲隊回答空中呼號之地帶

（丁）空中呼號之發出及回答

（戊）空中呼號後軍火之消費

（已）預定記錄之法及臨時射擊之布置

第七章　陸軍與飛機隊傳達消息之法

三十　傳達消息之普通布置

（1）陸軍參謀處通信股，與砲隊司令部通信員，及飛機隊通信員，均須有最近距通信之布置，俾能確實使：

（甲）飛機隊得到消息以便執行任務。

（乙）陸軍部隊可得到空中偵察十分效能。

（2）參謀處通信股之職任，約分左列三種：

（甲）聚集及對照各空中偵察消息。

(乙)聚集及對照從各方面所得之敵人空軍消息，及空中戰爭消息。

(丙)對於空軍長官發出空軍所需要之消息。

在軍司令部或在軍團司令部內之參謀處通信股，須派定一人或多人喦司空中消息，及發給空軍指揮官消息事項。並須以服務參謀處之空軍通信人員襄助辦理。(見三十一節)此外在空軍集合隊或空軍司令部亦須設立空中通信員，喦管飛機各小隊之空中偵查，及分報各小隊敵人空軍消息，如此消息之傳達，不致紊亂重複。

(3)為求空中偵察之消息研究迅速，及分報敏捷，並求空中駕駛員可以得到詳細訓令，以便執行職務起見，參謀處與砲隊及飛機隊傳達消息之布置，應按左列辦法為宜：

(甲)設立轟炸通信股，由通信隊內撥派一員至股內服務，作為通信聯絡員，Intelligence Liaison Officier (I. L. O.) 並有書記人員襄助。此通信股在每一轟炸大隊均須附設。受軍總司令部指揮。該通信聯絡員耑管轟炸隊大隊長及軍司令部參謀處間之通信聯絡。並管理空中及地面間之消息傳達。例如報告飛行員訓令，或飛行員有所疑問等事。

(乙)設立偵察通信股，內設人員二人，一爲通信聯絡員，一爲飛機中隊砲隊管理員， Squadrom Artillery Officier (S. A. O.) 並有書記人員。在每一偵察中隊司令部內，均設有此種通信股，永遠隨隊移動。該股亦爲陸軍參謀處通信股一部分，應遵由參謀處通信股命令，進行職務。該股同時可分在兩處工作，一在中隊飛行場，一在前綫降落場均可。因之通信聯絡員及飛機中隊砲隊管理兩人職務，彼此均須能以兼辦，俾可易於調遣。若通信股不分開時，則該二員須有密切合作爲要。至各人職務，則於(三十二)節述及。

(丙)飛機大隊砲隊官理員(W. A. O.)附屬於偵察大隊司令部。在每一偵察大隊司令部內，均應有管理員一人，耑司砲兵指揮官 C. C. R. A.

及偵察大隊指揮官間通信職務。並與該大隊內之中隊砲隊管理員互相聯絡，俾彼此職務可以互相調劑。

三十一　空軍需要之消息

（1）在陸軍總司令部內之空軍分遣隊隊長，及在下級部隊司令部內之大隊隊長，均應對於所屬飛機隊供給必須消息，（除本節第二項所規定外）俾飛機隊可以執行職務。

依照（三〇）節2.項所述，陸軍部隊內參謀處通信股，應對於下級部隊內之航空指揮人員供給消息。再由下級部隊航空指揮人員供給所屬飛機隊消息，至所給之消息，約如左列數種：

（甲）敵人空軍之戰鬥序列 order of Battle

（乙）敵人空中行動之報告　與扈衞飛機隊（如戰鬥機等）聯合工作地帶，俾可照攝敵人交通圖及敵人工事圖等。

（丙）敵人空軍之企圖，行動，及襲擊等之事先消息。

(丁)敵人空軍之損失，消費，後備軍力，人員材料之補充來源，修理地址，設備情形，飛機性能之各種消息。

(戊)地面上目標，可由空中攻擊者。並我空軍襲擊程度各種消息。

(己)地圖之供給。

(庚)其餘空軍作戰有關之各種消息。

(2)除本節項所述以外，空中偵察飛行人員，對於偵察區域內之我軍及敵軍移動情形，亦應有詳細消息之供給為要。因此之故，此種飛機大隊或飛機中隊內，均應設有通信股，並由陸軍部隊(卽空軍代該隊偵查之部隊)將需要之消息，直接傳達於該通信股，如此飛機中隊或飛機大隊之指揮官，對於作戰情形，可有密切聯絡。至於較高級之空軍指揮官，則可免除供給此種消息責任，不過居監督地位，視該大隊或中隊是否被供給相當消息，並應在自己責任內，補助必需之消息為要。

三十二　通信聯絡員及飛機中隊砲隊管理員之職務。

（1）通信聯絡員及飛機中隊砲隊管理員之職務，約計有左列數種：

（甲）供給有關係飛機中隊之飛行人員所需要詳細消息，俾其執行應盡職務。

（乙）接收空中偵察之消息，並應將所得消息，加以研究。

（丙）用極適宜方法，將（乙）項所得消息，報告於有關係部隊。

（丁）對於所附屬之飛機中隊或大隊，有照相事宜時，應按照以下（九）節所規定各項，擔任各項職務。

（戊）輔助飛機中隊隊長訓練其駕駛員。

欲執行上述（甲）（乙）（戊）三項職務，則通信聯絡員及與有關係之中隊或大隊隊員，須彼此有密切之認識始可。因之飛機隊內之通信股，縱屬參謀處通信股之一部，然須永遠附屬於有關係之飛機隊為要。最好令連絡通信員及中隊砲隊管理員乘坐飛機，作為觀測員，實習空中偵察。能在天空上指明地面之各種視像，不但增進前綫上之知識，且可與飛行人員有密切之聯絡也。

（2）每駕駛員在進行偵察之前，須有足夠時間，報告通信股，俾可接收偵察訓令。通常作砲隊偵察者，由砲隊管理員通信，作其他偵察者，由通信聯絡員通信。設在戰事之際，設備一前方降落場，以備擔任前方部隊偵察之需，而同時同一中隊，又須擔任後面軍團部偵察之時，則此時通信股之通信聯絡員，應在前方降落場，擔任職務。而砲隊管理員則在原降落場担任職務。在此種情況之時，通信聯絡員則須担任近距及砲隊兩種偵察通信職務。而同時砲隊管理員，則担任軍團部各種偵察通信職務。

（3）通信股須存有戰爭情勢地圖。Situations 並須盡其所知者，以表明我軍及敵軍之地位。卽以此地圖向駕駛員表明戰爭情況。至駕駛所用之地圖上，於必要時，卽可用記號標明。惟對於我軍地位及司令部等處，不可標明。再駕駛務宜對於當時戰爭之情勢，及所需之任務，十分明瞭。否則在空中時必致耗費時光也。

（4）欲使通信股常明瞭戰爭情勢，應由關係之部隊，隨時不斷供給消息。因之通信之法，最爲緊要，務宜使其完善。再駕駛員在空中偵察之時，以無綫電話或無綫電報傳到陸軍司令部之消息，在飛機隊部均無機會得到，因之通信股對於行將起飛之駕駛員，不能將空中之消息報告。職是之故，陸軍部隊參謀處必須將所得之消息，報告通信股爲要。

（5）通信聯絡員或中隊砲隊管理員，應查照飛機隊部由陸軍部隊所接到之命令，或作戰訓令，或陸續口頭上訓令之意旨，對於駕駛員發出偵察訓令。設陸軍部隊與通信股間，可來往通電話時，應由通信聯絡員或中隊砲隊管理員於駕駛員預備飛行以前，再用電話通知部隊，問其有無特別訓令，及詳細偵察事項。設無電話交通之時，則通信聯絡員或中隊砲隊管理員，應按照自己所能知之戰事情況，並揣度陸軍所需要之消息，通知駕駛員應行偵察事項。因之該通信員或管理員須有充分之戰術知識，然後始能在此種情況之下，担任職務也。

（6）在駕駛員偵察回來之時，應將偵察事項報告於通信股，由通信聯絡員或中隊砲隊管理員將所得之消息考查一遍，與空中送下之消息核校，再親身詢問駕駛員各種消息，如此他種傳達之法所不及者，皆可於駕駛員口中述出，並須將已得之消息，摘由記錄，在地圖上標出記號。

（7）在通信員或管理員面詢駕駛員偵察消息之時，常有重要消息發現，並未曾由駕駛員報告於陸軍部隊者。是時通信員或中隊砲隊管理員，應將此種重要消息，用臨時極便方法，報告於有關係部隊爲要。所有消息之摘由記錄，應以圖表明，並加以解釋，應在每一日內，至少一次用書面或口頭報告有關係之陸軍司令部。同時並須抄錄一分，送交軍團部總司令部爲要。

（8）聯絡通信員及中隊砲隊管理員，務須竭力獲得最近消息，俾便報告飛機隊部。並須時常往見有關係部隊內之參謀人員，並須與其他部隊之通信股及通信人員時常聯絡。

(9)通信聯絡員之照相職務　通信股對於空中照攝地圖之解釋，縱然非其責任，惟在該股人員，須有解釋能力。關於地圖之洗印及解釋步驟，約如左列：

(甲)在飛機回航以後，卽應趕緊將照片冲洗，一俟艸艸印製後，卽應送交通信股，由通信聯絡員或中隊砲隊管理員，將照片上各區域指定爲地圖上所在地方，此種手續謂之爲初步製圖設計。Plotting 設該員等以爲此種照片可以複製，卽應在該照片上畫出坐標 Coordinates 及指北方向，North Point 卽依據此照片，將通信股內所存艸圖上，畫明各處區域。然後將原照片退至飛機隊照相股，俾各照片標明次序號數，再行按照需要之數複製。

(乙)通信聯絡員或中隊砲隊管理員，按照(甲)項所述，趕卽研究之時，如發見有重要消息，卽應報告有關係部隊。

(丙)照相股將照片最後製就後，卽應按照需要數目，送交通信股，再由該股分送需要照片之各部隊。

（丁）每樣印就照片，均須在通信股內存有一分，一俟按照各片製成特別地圖，即應將照片歸卷存查。

按照（甲）項所述之艸圖上，旣標明照片所攝區域，又須標明照片存卷號數，分送附屬部隊。俾該部隊得根據此種艸圖，請求某一定區域照片

第八章　空中及地面間通信聯絡之法

三十三　陸軍通信責任及空軍通信責任之判斷

（1）飛機在前綫上與陸軍合作能以成功者，全賴有需要傳達方法之設備，至於陸空軍之通信責任，約分別如左：

（甲）陸軍應負之責任

1. 陸軍部隊，陸軍部隊司令部，空軍集合隊，或基本隊間之地面電話

，無綫電，或跑差等之設備及保存責任。

2.空軍集合隊司令部與其基本隊間之地面電話設備。

3.在空軍集合隊司令部或空軍基本隊地方，或傳令速達郵使間，D. R. L. S. between (Despatch Rider Letter Service between) 預備信號施放站。信號隊各連，永遠附屬於各空軍集合隊，担任信號任務。

4.派定空軍無綫電週波數，須數空軍各種用途者。

5.派定各種用途呼號，及電碼名字。

6.對於下級部隊之空軍無綫電信隊(無綫電話及無綫電報)人員一切布置。及應給命令。俾與空中通信便利。

7.消息鈎取及擲落場地之預備，並一切工作進行事項。其地面條布標示辦法，亦宜注意辦理。

(乙)空軍應負之責任

1.除(甲)條2.3.兩項外，其餘空中各隊間連絡設備，應行辦理。在每一隊（集合隊或基本隊）均應設備無綫電報機一具。

2.籌設空中與地面間通信所用無綫電話及無綫電報機。並其使用及保存方法。其附屬於陸軍部隊之空軍無綫電信隊所用之無綫電報或無綫電機，（見（甲）條6.項）亦歸由空軍負責辦理。

三十四　陸軍各部隊司令部與空軍各隊（集合隊或基本隊）之通信聯絡

（1）空軍中之轟炸機及戰鬥機部分，普通均受在全軍總司令部內之空軍長官指揮，因之此種轟炸及戰鬥隊與陸軍附屬各隊間，可以無須另行組織通信設備。

（2）在全軍總司令部內之空軍司令部與轟炸機隊及戰鬥機隊間之通信，則以無綫電報傳達，該無綫電報設置方法，均由空軍處理。於必要時，用陸軍所設之地面電話亦可。在空軍司令部（即附於全軍總司令部內者）與用於偵察之轟炸大隊及中隊間，在可能時，亦可設立地面電話，俾全軍總司令部與附屬飛機隊之通信股間，可以迅速傳達消息。

(3)在陸軍各集合部隊與偵察飛機之通信股間，(該偵察飛機隊卽隸該部隊指揮或臨時撥派在該部隊前方作偵察之用者)須有可靠通信傳達之法，於可能時可備直接耑用電話。若偵察隊隸於軍團部指揮時，則此種聯絡極易。緣該飛機中隊之航站，常在軍團司部令附近，且常隨軍團司令部遷移。

(4)若一偵察飛機隊隸於一師指揮之下，或臨時撥派飛機在師部前方偵察之時，則在司令部與飛機中隊航站間，旣不能設備直接通信電話，又不能使用軍團部接綫，與中隊通信股傳達消息。在此種情形之時，應設一前方降落場。在場與師司令部間，設立一短綫電話。或按照(二十二)第5.項或(二十四)第2.項設立鈎取或擲落通信法亦可。

(5)在各部隊與飛機中隊之通信股間，縱然可用軍部之無綫電報傳達，不過用時阻礙殊多。一則陸軍各部隊消息傳達之擁擠。再則使用明碼時必致洩露消息。三則使用密碼，則消息傳達太緩。緣以該種消息均爲極緊要之件。而在地面待發之駕駛員，必須得臨時軍事戰況，始能飛往偵察也。

三十五　陸軍各隊與空中偵察飛機之聯絡

（1）普通空中與地面傳達消息之法，依其偵察性質，使用電報電話方法均可，若遇無綫電報或無綫電話不能使用之時，卽用鈎取擲落之法，或用地面布條標示亦可。

（2）戰略偵察或中距偵察時，均用雙路空中及地面無綫電報機，在近距偵察時，則使用雙路空中及地面無綫電話機。

戰略偵察之地面傳達站，普通在空軍司令部或在該偵察機所隸飛機隊之航站均可。若在中距或近距巡察時，地面之傳達站，則歸陸軍部隊所附屬信號隊之無綫電報或無綫電話連合車之上。俾可迅速往來傳達。

（3）耑司中距及近距偵察之無綫電車隊，Corps Pool 本在偵察大隊司令部內組織。再依臨時情形，分派在陸軍各部隊內服務。除管理偵察之無綫隊車分撥在某部隊司令部外，再行撥用聽音車，以備附屬部隊截聽消息之用。

此種聽音車在普通情形時，不能與飛機傳達消息，惟遇原司偵察之無綫電車不能維持傳達任務之時，卽由聽音車代理任務。（見（二十四）節）

（4）以無綫電報或無綫電話向飛機傳達消息，聲音極爲清楚而在駕駛員接收消息之時，所需之時間，及所需精神甚多。最宜將極關緊要之事，擇要傳達，愈簡潔愈妙。至在傳達之時，不可將我軍部隊說明無論在無綫電話或無線電報傳達之時，均應注意及之

（5）軍用鐵甲車之上，有無線電話設備，在近距偵察之時，在某某情形中，亦可與飛機傳達消息，不過仍以截聽消息爲宜。其與飛機傳達任務，則仍應由部隊司令部內所屬之空軍無線電車担任爲是。

（6）砲隊偵察之飛機，現均安設一路（自空中至地面者）無線電報機，向下傳達之時，則用轟炸電碼，至由地面向上傳達之時，則依砲隊地面布條記

號，用布條標示。惟在將來戰事之時，砲隊指揮方面，擬備無線電話傳達機，俾可向空中駕駛員發出命令。而駕駛員由空中向地面傳達之時，則仍用無線電報。同時布條標示，亦須仍然使用。

（7）遇左列情形之時，應使用鈎取擲落傳達消息之法：

（甲）無線電不能使用之時

（乙）與某部隊合作而某部隊未能分撥無線電話車之時。

（丙）駕駛員與某部隊欲傳達秘密消息之時。

（乙）用無線電傳達消息感覺文字太長之時。

（戊）按（二十四）節條情形，陸軍部隊司令部與通信股傳達消息之時。

（8）鈎取擲落傳達消息之法，計共有左列弱點：

（甲）耗費時間太多，否則在此時間，可作偵察任務。

（乙）在鈎取或擲落之時，常有洩露司令部所在地之弊。

（丙）在森林間或多山之處，覓一鈎取站地甚難。

（9）鈎取擲落場由各種工作任務，均應由部隊內信號管理員担任。

（10）無線電呼號　凡陸軍各部隊須與偵察飛機傳達消息者，均應派定兩個字母記號，用作無線電呼號，或用作地面布條標示記號，或用作其他地面記號，表明部隊司令部所在地位亦可。此外在砲隊偵察區域，亦須派定兩個字母呼號以便應用。（二十節2.項）

偵察飛機之呼號，則爲一個字母，一個數目字組成。其字母則表明該機所屬之中隊，其數目字則表明飛機本身號數。

所有以上記號，均須由信號隊長，以大體方字轉知各部隊應用。設部隊以下有用單獨呼號，或方字呼號時，亦可另行規定。惟此種記號，須依時期更換爲要。

（11）地面標示記號　各種部隊所需之地面標示式樣，均如左列圖樣規定。在需要時，此種標示，應擺列地面上。同時該部隊無線電呼號，應一併發出。俾駕駛人員從敵軍方向，得以認識此種標示。至駕駛員要求地面標示或無線電呼號時，則聯續發出綠色燈光標示。

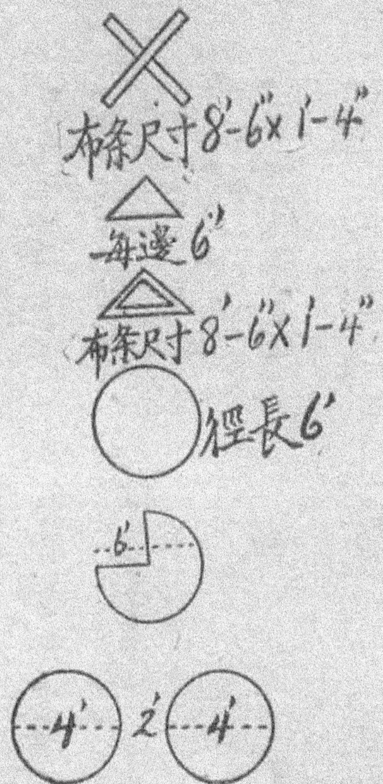

第一圖為軍團部使用地面記號（用時無須用呼號字母）

第二圖為馬隊一師使用地面記號（用時須用呼號字母）

第三圖為馬隊一旅使用地面記號（用時須用呼號字母）

第四圖為一師使用地面記號（用時須用呼號字母）

第五圖為步隊一旅使用地面記號（用時須用呼號字母）

第六圖鐵甲車隊使用地面記號（用時須用呼號字母）

（12）尋視我軍地位之飛機，（見十九節（4）條）應按照左列兩種辦法標示記號。

（甲）在近距偵察飛機尋視我軍地位之時，該飛機之下翼離機身八英尺地方，自前簷至後簷，應安置十二英寸寬之黑色布條記號。接此帆布後面，則有一十八英寸寬之三合板黑色翼翅，Flaps 安於後翼翼簷之上，在一飛機小隊，均須有此種記號一分。

駕駛員欲令前方軍隊發出照明彈或其他記號，俾表明該軍隊所在地時，則可連續射出白色燈光記號。

當駕駛員發出白色燈光記號時，則在地面之軍隊，應按照左列三種方法，發出記號，表明該軍隊所在地方。惟何種記號之使用，須先在命令中敍明為要。

1. 用照明彈。

2. 用白鐵圓盤置於日光之下。

3. 用地面布帶記號。

中華民國二十五年四月出版

印行者　航空委員會第八科

譯述者　葉　廷　元

塞維斯基著

空軍制勝論

周至柔署

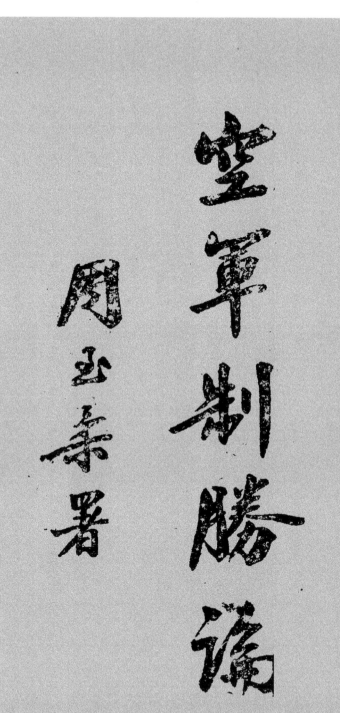

定價每册國幣壹百貳拾元

中華民國三十三年五月（第一版五〇〇〇册）

空軍制勝論 一

著作者 Alexander Seversky 亞山歷大塞維斯基

翻譯者 葉廷元 王意 王禮堂

出版者 航空委員會

空軍制勝論序

周至柔

國防大計，首視軍器之發明使用以爲轉移，武器時代而致力於戈矛，空中時代而偏重於陸海，則鮮有不失策者。夫軍器時在改進，優劣由以判明，若以攻擊之距離及速度爲衡，則在現代新兵器中攻擊之遠與乎機動之速，無有過於飛機者，若舍此最優之兵器而不加重視，則暴力之來，大難當前，臨時無所措手足，彼馬奇諾防綫，未嘗不堅，新加坡工事，未嘗不固，然不旋踵間，委而去之，金湯易主，蓋以空中壓力之難抗，攻守之勢顯然，其故可謂長慮矣！溯自一九一八年第一次世界大戰結束而後，能知以航空建設爲國防建設之重心者，首推納粹，寓空軍教育於滑翔事業，多建影射工廠以製造飛機，表面雖未擴張軍備，而暗中早已羽毛豐滿，待時而動，一朝發難，閃擊所至，鄰國披靡，使一般之傳統戰法，爲之丕變，陸軍無所逞其能，海軍無所施其技，亦已盛矣。反觀法國自凡爾賽和約訂空之後，空軍方面，一味耽於宴安，習於敷衍，以守舊而爲當然，以政爭而害大計，壅蔽營私，不求改進，雖有一二明遠之士，察其隱，知其危，然以獨醒之言，難正積因之弊，空軍之不軍，以瀕至於滅亡。至於英國，亦狃於海軍爲主之成見，屈空軍而居之輔佐，北海之戰，卒以缺乏天空掩護之故，德命的英棄守於前，（一九四〇年四月卅日）那威克撤退於後，（一九四〇年六月十一日）折戟沈沙，危檣撲浪，曾無補於三百年海上之雄。即以太平洋戰爭而論，珍珠港之被襲，菲律賓之陷落，亦爲美國昔日未能重視空軍之失。經此種種教訓，英國自敦克爾克退却而後，已瞭然於空軍之威力，急起致力於此方面之發展，故不列顛數閱月之空戰，得以新興之力，擊敗敵軍，保全國土。美國亦鑒於已往之覆轍，大量擴充空軍，保令南太平洋，從而反攻中太平洋，然此所得之教訓，已不知塗炭若干萬生靈，耗費若干萬金錢，延誤若干年時間，是宜於萬分慘痛之餘，檢點珍惜而不可或忘者也。總之，此後戰爭，惟空軍掩護陸海軍始能作戰，惟空軍始能擊敗敵人空軍，惟空軍始能迅速將戰爭帶至敵國本土，惟空軍始能迅速破壞敵人心臟，惟空軍始能迅速結束戰爭，循是以求整軍經武之方，則河山光復，指日可期，再造金甌，始能長保。 國父先知先覺，早有航空救國之明訓， 總裁統領三軍，尤拳拳於航空之建設，私嘗服膺訓示，未敢或忘，今讀塞氏此著，對於空軍之重要性及主要性，闡述彌詳，益覺深獲我心，爰誌數語，用爲紹介。

空軍制勝論目錄

空軍制勝論

塞維斯基著

第一章　對於大英帝國之挑戰

第一節

在目前正在進行之戰爭中、最顯著而單純之事實乃為由此而發現空軍為戰爭上至高無上之決定因素。溯自希特拉對波蘭發動其侵略戰爭之時起直至今日、所有戰略無不受此種新武器之支配焉。

對於空軍將來所應佔之準確位置、與陸海軍之正確關係以及在特殊戰役中所應担負之任務、現仍多有不同之見地、然而對於空軍已變更戰略與戰術上傳統觀念之基本事實、意見已趨一致。所有專家無不同意空軍之力量將為決定國家實力之重要成分。但此等高尙眞理並不需要專家之鑑定、此乃每日由各戰場傳來消息中所表現之必然事實耳。

邇來已有數次較大規模之海上戰爭、如在地中海，珊瑚海，中途島及阿留申羣島等處、此項戰爭勉強被釋為海軍之衝突、其實者為空軍之鬥爭、而大部以海軍為誘餌及目標而已、在中途島之數次戰役中，參加作戰之海艦其距離有數日行程之遙。故在海軍部隊能開始接觸以前，空軍業已博得決定性之勝利矣。且有進者，空軍之能奏大效者厥爲駐于岸上之飛機——由是知此種飛機始爲空軍之眞正實力。至以航空母艦爲根據地之空軍，現已證明極不可靠；蓋此漂浮之基地駛入大陸空軍之作戰半徑以後，立即感覺有被毀傷之危險也。

際此成立第二戰場以攻歐陸之問題尚在辯論未決之時期，英已開始以大編隊之飛機轟炸德國本部之工業及交通中心，在戰略上實覺有更深長之意義，皇家空軍機群轟炸戰略要點之目的在欲解除德國實力之武裝於未完成之際。此種大規模而基於戰略之繼續不斷轟炸將能達成何種效果，英國空軍當然已有先見。少數重轟炸機在波羅的海沿岸各城市如羅斯道克及魯卑格等處所給予之損害，恐德國須有轟炸機數百架飛至克汶曲來（Coventry）上空始可辦到——由此可見此種空中武器打擊力已有迅速之發展也。隨後又有以飛機千架以上轟炸科隆，埃森及不來梅之驚人事件。結果如何，雖最善懷疑者，亦應能想像及之。

盟國是否確將進攻歐陸并將於何時開始，在寫作此書時猶未明悉，然而現時一般人及軍事專家無不深知若在歐陸上空不能取得空軍之絕對優勢，則此種冒險事業僅爲一種愚勇耳。此項眞理在戰端初啓時或尚未能見到。一時或一地之空軍優勢不能視爲滿足，在類似之優勢情況下，或可用迅速而集中之動作助使地面作戰部隊登陸，但若無制空權以保證補給品之輸入及兵力之繼續增強而不受敵人之阻撓，則此項登陸仍無價值也。

上言所需優勢並非相對而爲絕對者，蓋敵人在其較短之內線中作戰，於必要時可以立即動員其全部空軍實力以應付外來之威脅也。所可確定者，進攻以後之結果如何並不在乎陸軍機械化部隊之大小，而實在於有關空軍之勢能若何也。

稽諸史籍，以前各帝國多以優勢之武器爲其基礎，是則飛機——較迅而破壞力較以前各種武器爲大之新武器——產生以後，對於全球人類之生活典型必將有重大之影響也。現此項新武器確已從事於擊碎慣有之武力計劃，而開始繪描國際間未來之新形勢矣。

此項變化對於英國顯較任何他國更有密切關係。英國權益之所以滿佈全球者，初非一種意志行爲，而實由於絕對必需之形勢所使然也。英倫三島需求其燃料，食物及其他主要原料於全球各地。此種對於外來資源之仰給情況，實足以形成現時之大英帝國。其能繼續存在者，則多賴可以保證資源輸入之海上威力，同時海軍實力之驚人發展，亦實由於迫切需要之激勵所致者。

基於上述各項事實，可見在吾人所踏進之新時代中，空中利器即將代替海上實力而將置之於次要或工作較狹之範圍以內者實爲一種最顯著之境況。海空實力之迅速更替——人類之原在海洋面上爭取霸權者將一變而爲在空中爭取制空權矣——對於大英帝國將來之謎實掌握其主要關鍵。至以前用以保證帝國安全之陸軍實力亦將不能繼續勝任矣！

按諸史冊，英國在國際間之優勢曾屢被他國挑戰，以前因此所產生之結果亦俱爲勝利。但此次之挑戰與往時不同，且亦較爲嚴重，因同時受有作戰方式變更之約束也。在今日之測驗中，又產生一種新媒介，而英國在此方面仍須佔得優勢也。

富於傳統思想者流對于目前之新局勢仍多不求了解，是不啻在已成歷史之時代中作精神方面之托病避役也。彼等處于今日，而仍保持其倚賴海軍武器之思想如在數世紀以前者，其不切實際有如在火藥發明以後而國家仍欲繼續倚賴于弓矢之力焉。對于此種新利器之本身，其涉及英帝國與民族安全之關係及其對于世界上固有武力機構的威脅性之認識並非可以選擇之事。是乃欲求生存於現時世界中之現實條件也。

英人至少在戰術方面已表現其使用此種新武器之能力。在第二次世界戰爭開始之際，英國空軍在素質方而應為各國之冠。雖其全軍領袖對於空軍應採取之戰略容有不甚了解之處，但整個皇家空軍於加入戰爭時對于空中戰略實具有極清晰之觀念。此二者——素質與戰略——實為空軍實力準備一事之兩面：在空軍戰略使用上之適當了解可於其適當設備方面見之。

在次一章所述之英國戰爭中，已證明上述空軍實力準備之結果能以數量較小之空軍擊敗來襲之多數敵軍。

但就全國而言，英尚未能以其空軍為戰略上之骨幹。英國在初入戰爭時，對于戰略之運用，似尚有模糊之幻想，以為此次戰爭雖有空軍點綴其間，作戰情形大致仍與近數十年內各次戰爭相同。因此使英國空軍在數量方面顯出黯淡之弱點，而此種弱點，就吾人所知者，已使英國所受到之損害至今猶未終止焉。

設若英國大多數之人民對于空軍現實情勢之了解能與皇家空軍相同，其空軍之發展當不至於受到如是短小之限制。夫英國需要優良之空軍，原較他國為尤切，而此項空軍在表現戰略時，又必須有最遠之航程及最大之攻擊力為其後盾。英國情形與美德兩國之在實質上比較可以自給自足而可以在其內部交通線上作戰者迥不相同，蓋英倫各島必須倚賴外線之供給，故必須有大量之空軍實力以掩護其海面天空兩方面之生命線也。

英國空軍有獨立生存之便利。在其短少之經濟限制以內，可以自行考慮計劃而置獨建設為一嶄新，明確而基於戰略之武力；不似在其他國家，例如在美國，空軍僅為陸海軍之附屬品而已。是則至少在真正之空軍實力組織方面，可以自由準備一固定而獨立之建設綱要矣。

英國空軍所感嚴重不便之處為國家對於舊式武力——海軍——之深切信賴。此種顯著而有害之固執信仰遂使英國在此空軍時代之首次戰爭中，未有充實之準備可以應付外來之挑戰。國外各區域之空軍運輸責由海軍代辦。即空軍作戰所需之油料以及其他主要材料補給線之維護，亦責由海軍辦理。傳統之海軍戰略照常控制為此次戰爭所有之一切努力；國家之發言人仍固執成見不顧空軍之明顯事實，而認定海上武力可以掌握勝利之鎖鑰。

空軍之偉大勢能及其發展之速度因此被抑低使與舊式之海軍相等。

倘使整個英國能坦白接受其空軍極端派所抗辯之意見，現時應已有多數航空製造工業之中心散在全國各地工作，而不致僅仰給於一處矣。且英國空軍亦或可因此而已開發一龐大之空運制度，而軍用飛機亦能自行運送人員物資於全球各處矣。總之，能如是則英國空軍應已準備完善而能自給自足，且不至於如現時之倚賴陳舊迂緩武力而受其約束矣。

第二節

若空中武力確將代替海上武力而爲世界帝國之支持物，英倫三島之未來將如何？按歷史與情感而言，不論新利器所造成之變化如何，英倫三島仍應爲大英帝國之中心。但此三島是否仍可保持爲經濟之中心及軍事之堡壘，則確爲値得公開研究之問題。曾爲海軍帝國之重心數世紀之久者，將來在空軍帝國中，未必定爲樞軸也。

吾人應認淸空軍必須能由其主要，或自給自足之基地出動作戰，始可獲得最大之效力。大陸地區之直接接近油料，食物及其他基本原料供應區域者自遠較仰給其主要資源於數千里之艱險途程以外之地區爲優越而便利。大西洋上已有之艱險消耗戰爭可爲證明。故眞實之空中武力須在天然資源，油料，製造便利，食品供應，勞工及人力各方面可以自給自足之作戰中心。英國三島對於上述各項條件顯然無以應付，各島雖有人力與生產，但對於其餘各項必需條件則仍感覺缺乏，以之爲盟國空軍前進之基地，則又必須先使大西洋上之運輸暢通，然後北美之資源及其航空工業出品始可利用。

萬一大西洋上之油料供應線因戰爭失利而被切斷，則所有留在英國本土之空軍將被擱淺或被廢棄而無所用矣。在事實上，德國對付英國以全力轟炸之報復方式，不無採取以全部力量切斷英國外來供應線之可能。此項報復方式如能成功，則以後之抗戰必務須由美國以其遠程轟炸機直接担負之，而所有居間之一切根據地俱將化爲火線矣。

一般人應知而猶未知前進基地之所以仍須保留者，係由於敵人缺乏遠程轟炸機可以飛越此項基地而直接打擊我空軍實力本源之故。德國倘有適當之作戰半徑，應可越過英國而攻擊其近美一方之海面，以圖用截斷其補給來源之方法征服之。該項勝利具有決定性質，因既在英國獲勝以後，美國之武力泉源能保持不被征服者僅屬暫時性質耳。惟有在空軍航程不足時，始有脚踏石或前進基地之可能與需要。一旦此項踏脚石進入敵國由其自給自足區域出動之空軍作戰半徑，結果即被取消。

空軍在地球周圍爭鬪至最後階段時，將由海岸岸上各主要根據地之空軍直接鬥爭。在最近的將來之戰爭中，逐步爭取海面，島嶼或地域之企圖俱將變爲陳跡而不再需要。用消滅敵國空軍本源之方式取得天空，則敵人所保有之一切將自然落於勝利者之手。空中武力能使一國攻擊其敵國之心臟，而無須再用海空截去其四肢之方法以取勝。在此種情況之下，似亦與前進根據地不再關涉矣。

僅有短程空軍之局部優勢，而遂假定最後英國仍可生存，是不曾屈服於表面安樂而實冒險之幻想以下也。按諸現情並依照空中武力上不變之邏輯推論，下列兩種情況必將有一種發生：(1)大英帝國之重心將被迫移至另一自給自足之大陸地帶；或(2)英國——單獨或與同盟國聯合——必須主管大海空之全部，如昔日之海上稱霸然。第二種情形意指英國空軍能在其所有供應線之上空佔得絕對優勢，而能始終維護是項供應綫，因是將其本土變作人爲的主要基地而言。希求達到此種情況，須有能穿過重洋而能有自由來往於東西兩半球間之遠程飛機。此種情況包有幾個之空中權威——空軍之權力及空中之商業——範圍廣大包容一切，並與英國以前之海上權威相同。

海上自由之說至此已被廢棄，而成無意義之名詞矣。此後之海上商業祇有在友誼之天空以下始可活動。且更有進者，大部商業運輸必將改在空中，動作迅捷之運用飛機自將能除其以前仰賴於海面運輸之錯誤。空軍從此可以自足，龐大之空中運輸網將在同樣龐大之空中警戒制度保護之下工作；且偶遇在環球之任何一地發生危險，亦將有迅速之聯動出擊以消滅其本源也。

空中武力——如極盛時代之海上武力——必須滿佈全球始可予世界帝國以安全之保障。自給自足之大陸國家——如美國或已進入俄屬油區之德國——在局部空中優勢之基礎下，或有存在之機會。但在同一情況之下，英國則除非能保持其取給於全球各地資源之自由權外，已注定僅可被用作軍事上之工具而已；換言之，英國非有一種空中武力可以溝通世界上最廣闊之洋面距離不爲功。如仍欲爲未來世界上之一大強國，將除其原有之環球海面警戒制度與權威照樣移到天空外，並無其他妥善途徑。

第三節

依照聯合國之觀點，在爭取歐陸天空之優勢上——此爲東半球全部戰爭中之難題——而言，英國本部各島已無作前進基地之價值。舊派之軍事領袖仍照其習慣之想法，以爲此乃海軍之衞城，其實惟有待空中權威歸諸英人掌握時，該處始可爲海軍避難之所。領空若歸敵國，護庇海軍之目的自將無法保持也。

在吾人有空中武力可由北美直接攻擊敵人之心臟以前，英國本部仍將繼續爲空軍戰鬥之前進基地。軸心國不幸亦缺少可以飛渡大洋之遠程飛機。在目前其最大之能力祗能攻擊一相當區域內之交通線。對於此種攻擊，現駐英國各島，格陵蘭及冰島之空軍可作有效之抵禦。

此種情勢實給吾人以利用其現有而逐漸增多之短程飛機征服德國之機會。以英美兩國之飛機產量，及經由大西洋而供給之油料，連同其他一切有關之設備裝置與敵爭勝並非不可思議之事。但若預先確定勝利必屬於我亦覺患無可及。民主國家錯誤中之最大者莫過於其渴望式之思想而以為戰期甚短；並以為此種或彼種勝利即可迅速結束全局。本人深信惟一之安全辦法及在假定戰期之延長而預為之計。勝利倘在此時即可成達，則結果或將不能使任何人失望而自見其錯誤焉。

對付較大戰略轟炸之主要防禦並不在被炸區域之上空。所必需者乃為其攻擊本源之毀滅，即其工業潛伏力及油料資源之毀滅是也。上述之工業與資源既以美國為最多，而又迄為希勒拉之空軍所無法達到者，故目前以空軍攻德仍應以英為理想根據地。

余深信此事需要辯論之時期已過。邇來皇家空軍以大編隊向德國軍事目標集中轟炸，並佐以美機之戰鬥，足證盟國業已認定此為戰略上之一大機會。現時所有空軍實力顯應集中英國，以圖對德作持久而無須姑息之戰略轟炸。

惟際此對德戰爭由英主持之同時，吾等必須從速研究現代空軍發展第二時期中之遠程飛機。同盟國必須準備可由美國，加拿大或英帝國之其他部分直接打擊敵人。戰事若再延長二三年，行見空中之攻擊由英國與美洲同時出動。載重最大及航程最遠之轟炸機或將由紐芬蘭等地起飛，而在經過英國本土時再與掩護之戰鬥機會台。

按照現時辦法，吾等須先載運油料，炸彈及轟炸人員至英，然後再由該處配合赴德作戰。既需如此大量之運輸，又須冒海面、空中及海底三方面襲擊之危險。大量之油料運輸當然又需大批之護送費用，商船及海面工作人員。在此種情況之下，如能由美國飛機直接出擊，手續既較簡便，金錢與時間亦將遠較經濟焉。

英人對於研求此項遠程及打擊敵人較重之飛機理應加以充分之鼓勵，蓋大英帝國之組合成分複雜且又散在全球各處，故其本身之安全與生存，顯然有賴於此種空中武力也。

海上威權可由各工業落後殖民地海岸上之連續基地支持之，而將工業方面之主要支持物集中於英倫三島。馬來半島雖未脫離其原始狀態，但在該處設置強大之碉堡並無不可。空中權威之條件則不相同。有效力之空軍碉堡須自有其工業上之支持。現時開發各殖民地內之工業，使為空軍據固之點，已非政治或帝國之政策問題，此乃在大空間有效之統制方面天然之需要。英國必須開拓若干自給自足之支持空軍根據地——有其自身之航空工業並接近本身所需求之各種資源——於環球各地之戰略要點。殖民地仰給其重要軍需品于母國之戰前思想祇可適合于海權時代，迨至空權時代，則已變作自取滅亡之辦法矣。

現時世界各處已有多次不同之戰役。每次皆以爭取領空為決勝之第一條件。在每一戰役中，戰爭區域之大小須依參與空軍之作戰範圍而定。在已往各月中，此項範圍逐月皆因飛航空程之擴充而加大。故戰役與戰役有互相吞併吸收之情形，戰區與戰區亦有互相牽制之趨勢。

茲以一九四二年五六兩月間太平洋上之戰爭為例而研究之，由澳洲附近之珊瑚海以至阿拉斯加附近之阿留申羣島為止到處皆有戰事。惟因日本及盟國陸上空軍打擊範圍之限制，故珊瑚海之戰途與中途島之戰分開，中途島之戰復與阿拉斯加附近之戰分開。各戰場之界線現已模糊，將來軍用飛機能充分利用其航程上之技術潛伏力以後，此種界線將被根本消除。是故吾人今後必須爭取整個之大海洋，而不應僅爲某一戰場或陣地着想。在吾等之思想能脫離傳統觀念之束縛時，吾等將不再斷斷於居間地點之取得與保守及爭地奪城之迂緩鬥爭矣。吾人今後之努力將集中於攻擊敵人之心臟及其國家之命脈——於其空軍之基礎，其首都之所在地及其燃料之本源。吾人之腦力、財力及物力將一律針對着消滅敵人之權勢于其起發點之主要戰爭。此種戰爭之勝利實遠超過百次之小勝利於一百個戰場之上也。

純粹之閃擊戰術使全世界感覺驚奇。其實此種新戰術內容之每一要點皆曾顯露於書報及其軍隊之演習中。其所以迄今尚感覺爲一種驚奇者，實由於參謀及正統派之軍事學家未予承認之故。凡認爲在此次新戰爭中之機械化情形超過一九一四至一八年之戰爭多多者皆被斥爲異端。其目光中之馬其諾防線不過略較原有者爲大，設備更較完善而已。其理想中之海軍及大無畏艦等等亦僅爲海上更現代化之軍事鬥爭設備而已。

因空軍之勢能比較優越，故吾人對於戰爭之觀念應有變更，而此項觀念之轉變對於整個勝利之關係極爲重要。吾等之基本戰略及根據此種戰略而計劃之工業，財政，人力，資源等如有錯誤，愈速改進愈佳。徒知堅忍無益也。譬如乘火車，在已發現誤搭對相反方向行駛之車以後，除乎車到第一站即行下車改乘外，並無其他更較妥善之方法。若盟國加入戰爭時對於戰略之觀念錯誤，自亦以從速放棄改正爲是。此書之著固希求能有助于此種問題之廓清也。

第四節

對於空軍之獨斷認識並非屏棄其他舊式器之謂。同盟國對過渡時期之雙層用度當可供給。且爲支持空軍戰爭，並爲實現戰術最後階段中之佔領與警戒等工作起見，陸海軍仍不可少，故吾等將永遠需要其輔助。此又非吾人亟於利用二十世紀中三面戰爭之最後力量從事於籌建强大空軍之意也。

現時顯然惟有空軍始可採取攻勢，且亦惟有採取攻勢始可獲得勝利。在空軍自動採取攻勢作決定性之戰爭時，海上則應採取守勢，並暫時保留其陸軍而不用。

在吾人求生存之戰爭極度高壓之下，心理上之胆怯已一變而爲勇敢矣。航空科學在技術方面最大潛能之研求與利用自屬必爲之事。現時之空軍僅缺一種元素使可與舊式戰爭截然分開。此元素即爲能將多數之小戰爭歸納爲爭取全球空間之概括戰爭所需要之遠大航程是也。

此項航程之所以迄尚未能配合于飛機之裝備而表現予世界鬥爭中者並非受有技術上之限制。是僅由於吾人對于空中武器之全部含蘊力未能充分把握之故——保持戰爭原理不受侵犯之慣性已使之存在較久於其效用故耳。一旦敵國空軍可以隨時飛越大洋攻擊如現時之渡過狹窄水道然，則廣闊之海洋不啻爲若干英倫海峽，斯加基拉克（Skagerraks）與西西里海峽而已。此種窄峽水道究爲大陸之屏障，抑爲毀滅之孔道，將完全依賴大陸空軍之大小及其效能之如何耳。

飛機必須續航數小時始可達到其目的地，或須有同等之時間始能將其殺人利器卸除而飛回原基地，在事實上，與其破壞實力並無絲毫影響。飛機大編隊於到達其遠距離之目標以前，航行十時或更長之時間並無妨礙。此項大編隊將可隨帶救護人員，並於理想而舒適之情況下飛過同溫層之高度。在此項任務所含有之各種元素中，到達期內既少冒險，亦不費力。事若出於攻擊者之主動，通常極少危險。

轟炸機既到達敵人上空以後，不論為魯爾抑為本薛維尼亞，為英國中部抑為芝加哥，為倫敦抑為紐約，在技術上並無絲毫區別。到達以後之工作手續完全相同——被害區域得到之結果亦復相同。空軍接連飛過海洋，其到達之期間雖較長，而意指繼續轟炸則一也——正如江河之源流雖遠在數千里以外，而水流之繼續不斷者然。

空軍航程之擴充如是迅速，故大西洋之重大障礙可於兩年以內，太平洋可於三年以內完全消除。此外如再經過五年，則環球二萬五千哩之航程必將全部暢通而無阻。至此任何國家可使用其空軍力量于地球上之任何地點而不再須有居間之基地。然而航程發展至此程度之後，同樣表徵每一國家將可隨時受到由世界任何一處而來之攻擊。所有空軍之攻擊，不論距離之遠近，將一律由其本國之基地直接出動，幸海洋及居中之基地將全數變為火線矣。然而一個國家欲在空中統制世界並不需要坐待二萬五千哩航程最後發展之來臨。目前若有航程一萬五千哩之空軍——其攻擊之半徑約及六千哩——已可達到各主要國之首都，重要城市及工業之中心矣。

德國轟炸機現時已能在歐洲海岸線以外千餘哩處打擊英國商業。經由大南洋駛往英國之護航艦隊在其最後三分之一之航程中，見已不得不計及空襲之危險，而此項空襲危險之區域且在逐月擴大中。在戰事爆發後之第一年中，納粹轟炸機能麕集於愛爾蘭以西百餘哩外之天空頗使舉世驚奇；但不久對于該項飛機襲擊距離其基地五百，六百或至千哩以外之目標亦屢司空見慣矣。

其實此類事件本不足奇。飛剪機之飛越海洋者已有數載，報章在其首頁以大字登載數千哩中途不斷之長距離飛行消息者幾已數見不鮮。由非洲至南美之正規航線早經開始，且迄今並未間斷。蘇聯飛機曾經北極而至美洲。英機曾由英國之某一屬地航行七千哩而達另一屬地。德國康度式（Condor）飛機曾從容由柏林飛至紐約。綜上觀之，所可異者並非飛機達成渡洋航程之奇蹟，而爲各國何以不卽建設能有此種航程之空軍。

各主要國家不肯建設其空軍使能襲擊目標于數千哩以外之原因究竟何在？要言之，主要航空工業之國家已往並未感覺此種空軍爲其迫切之需要故耳。現時全世界對於美國新超等轟炸機達格拉斯B—19及馬丁飛艇航行約及八千哩並能攜帶大量炸彈等事實已予以密切注意。最近馬丁先生曾當衆宣稱已計劃製造一種重二十五萬磅，可以由美攜帶炸彈約五十噸至歐洲任何地點，而在往返途中皆不停留之大飛機；另有一更大者之初步設計工作亦在進行中。無疑的，其他國家現亦針對同一目標而進行其研究工作也。

吾人發現時處於航程繼續發展之時期中，其最終之規定高點卽爲環球距離。目下在航空器材方面已有非常之進步，至更加有效的燃料之研究與使用，連同動力學上之種種改善辦法現亦俱在進行中。上述一切自皆以使空運便利爲目的。在發動機方面研究之成就已使其馬力增大至八千匹之多。試思轟炸機一架，若能裝有此種發動機六具，代替現時之要用二千匹馬力者四具，總計祇有八千四馬力者，其力量之增加若何？依其總數四萬八千四馬力計之，其力量之高已與海軍現用之戰艦相等。若再綜合其他方面之改善，飛機之性能自將益較優越矣。試再思倘汝等能駕駛此項改良以後之飛機航行全球，且有充分之時間可以根據戰術作戰，結果又將如何偉大?!

將來空軍世界代替海軍世界以後之現象，此為思想受束縛之人所不能想像者。商業之交易將純移至天空，而在不同之高度中可以通過各洲各洋及南北二極而作迅速之活動。全世界之商業將有受空軍保護之必要。此空軍將由各主要空軍國家所管轄之少數中心點出動而散佈于全球各處。

上述之主要空軍國恍如若干大鷹然，用其巨長之鋼臂在大海空中織成一大監視網。戰事發生時，此項鋼臂將被鎖于致命之戰鬥中，而掌握着全球空戰之權衡，且每一國家皆欲打擊其敵國之心臟。在全世界上之破壞力將較人類以前所習知者為大——如此之大，甚至在實際上或能阻止瘋狂戰爭之再度爆發。前此對于武器破壞力之逐漸增加或可使人厭戰之希望悉俱歸於失敗。在此次戰爭之怒焰達到離奇之高點以後，上言之希望或可應驗也。

附註：以下各章原為美國讀者而作。故文內各處之着重點及觀察點俱顯明為美國者。但此種情形對于基本思想及事理之分析並無影響。空軍之基本原理與觀念對于各國並無不同之處。且英美兩大民族既已聯合對付軸心，即使顯然為美國之問題，亦當無不能適應英國或其他盟國讀者之處也。

第二章 斯加基拉克與敦刻爾克

第一節

雖然在一九一二至三年之巴爾幹戰爭中飛機已被採用爲作戰之武器，但截至一九一四至一八年之世界戰爭以前，並未以之担任主要工作。且不幸有一種趨勢將飛機在該次戰爭中所表現之成績縮小至最低之限度。其實當時在此項新奇武器之技術方面雖多缺點，未來之强大空軍業已於此次戰爭中表現一小模型。戰術原理之進演定將適用於將來。所惜戰爭科學正統派中之高貴人物未能把握此項原理，或於事後不再計及而已迅予忘却矣。惟有少數富於思想之各國軍事學家已有想像到此項粗具規模之空軍將可充分發展而爲强大之空中武力也。

不論在氣動方面抑在構造方面，在前次戰爭中所使用之飛機僅具原始形態而已。其重要性能如速率，載彈量及攻擊力等皆甚低微。駕駛此項原始飛機頗冒生命之危險，此外，又加以精神上之緊張，蓋當時尚無保險傘之設置，一遇飛機起火或損壞，機中人員將無法逃脫也。然而在此一空軍發展之階段中，設備不充之飛機已被利用至最高限度。在前次戰爭結束時，空中已發現有四發動機之轟炸機，且在驅逐機中亦有裝置向前平射之固定機槍二三挺，甚或已有裝設一砲者。此種顯著事實，可與二十一年以後第二次世界戰爭爆發時，驅逐機之武器裝置，反較第一次世界戰爭時爲少之事實，且照觀之。

因飛機之設備簡陋而不能充分發揮其性能，故在第一次世界戰爭中，飛機僅爲已有各種武器之增加部分而已。對於陸軍，其價值在能作更迅速之偵察，照相，及指揮砲火。對于海軍，則變爲艦隊之目。至若單獨直接作戰，其在打擊敵人方面之用途甚屬有限也。

吾人在駕駛飛機至戰區之上空時，對於此項武器之能力自己感到。吾人對于機上各項動作之制動器亦有適當之感覺並深知偶一撥動此項制動器將能達成何種任務，余曾在波羅的海上爲俄國海軍擔任駕駛員三年，且於對付德國陸軍及波羅的海里加灣內德艦隊之兩次戰役皆曾參加。對於當日失敗及驚慌之情況，此時尚可作清晰之回憶。曾憶在以小炸彈攻擊敵方海岸砲台及德國戰艦時，該項目標雖有數次直接中彈，但顯然並未發生效果。彼時頗有「但願炸彈能爲二千磅者！」之感想。對于彼時戰鬥及護衛攻擊敵機之情形亦能作同樣清晰之回想。當時對於飛機發生障礙不能繼續飛行之恐懼，遠較敵方之機槍子彈爲甚。在飛機已得到巨大之速率，而能將其炸彈載重帶至目的地，並有充分之裝甲及防禦砲火之後，並不須有非常神聖之思想力始能預料其效果。在第一次世界戰爭中，參與各戰場之飛行員同一感覺空軍之前途發展。在數年以後討論戰略問題時，吾等俱以作戰之經驗表明此項新利器之固有而未經發展之能力。

上次世界戰爭之勝負完全決於陸上。德國之崩潰顯亦由於英國海軍之窒息封鎖而加速。勝利以後之陸海軍人在熱烈祝慶其勝利時，極少想到後起之空軍——以爲設備未充之飛機雖然在動作上曾有各種使人驚奇之功業，但對於最終之勝利未能使之加大。空軍已被剔除於一旁。即或能被認為作戰單位之一，在陸海將領之計算中亦為一種極不可靠之附屬品而已。凡欲根據空軍之應用而喚起人類注意於將來在戰略上之驚人變化者，皆被視為不切實際或可厭惡之夢想者。若仍繼續為其夢想而奮鬥，則此等可惜惡之人將被攻訐或被迫停止活動。

空軍之能力可不為單獨之武器一節，在一千九百三十幾年中國及在西班牙所發生之戰爭中，大多數戰略學者已得到較清晰之認識。對於所謂「夢想者」之最初信念，以為空軍將另闢一種作戰境界，但必將發展為一戰爭之主要因素而能根據本身之戰略原理作戰方面。上述之戰爭已具有事實上之證明。然猶直至一九三九年第二次世界戰爭以後，始感覺到此項新利器之充分重要性。

時至今日，無人不知納粹空軍當於其機械化部隊未到達以前，先行擔負重要之地面掃蕩工作，致使德國以驚人之速率攻佔波蘭、挪威、荷比等低地、法蘭西、猶哥斯拉夫、希臘及克里特島等地。可怖之地面要塞例如馬其諾防線被摧毀之易，甚或可被置之於不顧，實出世人意料之外而為吾等所應記取者。馬其諾防線實為機械技巧所構成之奇蹟，在空軍未發展前之舊時代中，確可視為對付侵略之完備工事。此線之陷落不啻戰史中之一整個時代亦已隨之陷落也。

世人應可回憶以前對於低地堤岸及運河之高大期望。然在空軍清除地面障礙二十四小時後，納粹作戰機構進入比荷兩國時，水之障礙已可置於度外。是則馬其諾防線之陷落已為次要之事件矣。凡此種種皆為對於已往依賴地面障礙阻止敵人侵略方策之致命打擊。

是項防禦方式之失敗即為兩面戰爭之結束。人類之鬥爭從此由地球之表面移至第三方面，取消兩面戰爭中之一切防禦物品如堤岸，設防之城垣，或其他各種地面阻礙工事。現時在戰略之改革方面雖尚未能充分明瞭，將來亦將取消海洋及海軍所代表之一切障礙。此點固爲不緊張，或經過舊時代陶冶過深之思想所難達到者。

新時代戰爭之大而慘酷已表明可因惡虎之籬，無論其如何高厚，亦不克限制飛鷹之翱翔高飛。惟有堅固之屋頂始可辦到。波蘭並未備有屋頂。比、荷、丹、希之屋頂既太脆弱且又充滿漏洞，故納粹空軍中之飛鷹可以自由出入也。

第二節

由一九三九年九月一日起，德國以十七日而征服波蘭之史蹟，實爲德國閃電戰術之首次驚人表現，在以後各次戰爭中，德國高級將領大致均欲採取同樣之方式。關於閃電戰之特點現時每一報紙讀者皆甚熟悉。靜止式之塹壕戰爭及以前戰爭中之陣線俱已成爲過去之陳跡。代之者爲機動而有高等機械化行動及突破力之戰爭。

觀察者及指揮作戰之將領俱將無法再行根據地圖上之有色旗幟而追尋戰局之進展矣。納粹機械之利刃——重汽車縱隊在空軍保護之下以其最大之速率沿着主要路線向前推進——可以穿透防禦線，然後會合包圍而消滅之。被包圍之軍隊對於此種動作並無準備，今忽攻於其後而使之與其首腦部分失去聯絡。自然趨於分裂而不復有鬥志也。

對付此種手段之明顯方法爲作同一性質之反攻，將機械之指插入侵略者之肉中，並將其汽車繼隊與主要攻擊部隊之會合根據地切斷。但此種攻擊式之防禦必須有至少與攻擊者相等之裝備，尤其在空軍方面須能充分抵消敵方之實力。

此皆波蘭所未有。其空軍若與强大之德國空軍比較，等於毫無空防。且波蘭係被迫在毫無保護之下而為閃電戰術之第一個犧牲者；原計劃起飛作戰之空軍已先被毀滅於地面。世界輿論應為其對於波蘭戰鬥力之初期粗鹵判斷而向波人道歉。靜觀閃電戰術之擴張如在實驗室中之法、比、、荷，英自應受較重之譴責。彼等對於波蘭戰事之教訓不肯從事研求藉圖了解，足證人類慣有思想之頑固。

在戰爭第一年中，有兩件意外之事於新戰術與諦之表現上值得詳細研究。一為德國公然反抗强大之英國海軍而侵挪威；另一事件則為盟軍雖在德國强大陸軍威脅之下竟能從富蘭德斯（Flanders）經由敦刻爾克撤退。此二者應共研究。倘加分析，則知此二事所表現者實為空軍實力之消長也。

在一九四〇年四月九日德國向丹麥猛撞並侵入挪威之初，有一時期民主國家之友人極度樂觀，其中有多數有名望之軍事專家。彼等對英歡呼而認為希特拉在此事上已鑄成大錯。英國遠征軍在挪威沿岸登陸似為勝利之預兆。此種樂觀主義當然由於英國在海上之絕對優勢及依照例行之假定方式與戰術之觀察點而預料戰事之結果。

彼等按照舊時條件想像之，頗以為納粹高級指揮所選擇之戰場似為完全適合優越海軍作戰之地帶，是不啻自取覆滅也。斯堪的納維亞半島為戰艦在兩面皆易達到之處，且瑞典若被拖入戰爭，則又增加一面矣。在此處侵略必須由六十英里之水路以外取得一切支持物品，如油料、食物、機械化部隊，及補充人員，老軍事批評家視此情形，輕易估計希特拉之軍隊已進入被圍之狀態，故實際上等於自投陷阱。英國艦隊可能使整個半島陷於孤立，而希特拉祇有少數海軍可以作無益之犧牲於對付英國海軍之鬥爭以圖維持其挪威部隊對外交通線之開放。

邱吉爾，時為海相，曾歸納當時之現象云：『余覺侵略挪威及斯堪的納維亞之舉，係屬戰略及政治上之一大錯失，與其前拿破侖侵略西班牙時犯同一毛病……。現彼將被迫以整個之夏季對付遠較強大，而運輸亦較迅捷之海軍國家作戰矣。』

在此須預測之後，確曾有連續之彷彿勝利以為支持。英國艦隊在小接觸時確已深入斯加基拉克及喀得加特（Kattegat）兩海峽，而予較小之德國海軍以顯著之損害。英國海軍亦確曾經由北海運送遠征軍之增援部隊在挪威沿海由那爾維克至斯達寬格各地點登陸。希特拉似已暫時陷入泥淖。依照以往之定則，彼應繼續留在泥淖中。

不幸已往之定則已為空軍之新因素打銷。為避免納粹空軍之慘暴轟炸，英國海軍不得不由喀得加特及斯加基拉克兩海峽匆促撤退，希特拉顯已控制此兩海峽之天空，不久德空軍將兩海峽變作納粹之走廊，從此人員物資可由空中與海面兩途運輸而幾無阻礙矣。

英國海軍依然利用夜襲辦法威脅納粹之運輸。皇家空軍之轟炸機亦可於夜間出擊。但英國之戰鬥機——皇家空軍最優上之噴火及颶風兩式飛機——不克參加襲擊。作戰區域超出其航程以外太遠，既無戰鬥機之保護，轟炸機在晝間亦自無法穿過納粹空中之防禦也。

由是德國在斯加基拉克海峽上空執有通行便利之權。德國雖無海軍，但在該處之空軍優勢已能使其與隔水之佔領區域交通無阻。英國艦上飛機曾擬與之抗爭，但在損失若干飛機及母艦以後已覺無望而放棄。空戰之學者在其以前所聽到之抽象學理上已能親眼看到實驗：以母艦為根據地之飛機直著陸上飛機之多數射擊靶耳。既必須受由飄浮基地上開動之特種起飛及降落機件之阻礙，故母艦上之飛機即係同一樣式亦非陸上飛機之敵。況且母艦本身之艙面廣大，易予敵機以攻擊之目標；且被擊中以後即不沉沒，甲板上之機器當被毀損，是則原在艦上之飛機被因不能起飛，其已起飛之飛機則又失去降落之基地也。

由此觀之，世界上最大，最有經驗，而又最勇敢之海海，雖另有空軍之助力，欲在狹窄之水面上之阻止敵軍已歸完全失敗——所對抗者乃為一幾無海軍實力之敵國，此為海軍戰爭有史以來所未聞之新奇事件，海軍上將馬罕（Mahan）始料所不及而加諸海上實力之奇異事件。

英人在那爾維克，斯達完格，及其他各地點之勝利同樣變為空泛。所謂勝利僅係在德國空軍未能將英國佔領區域置於其打擊範圍以內之暫時性質。在往時，上述各地點既在沿海區域，自應受其海軍之充分保護。現時海軍已被空軍之火力掃除。五月初英人退出安達爾斯內斯，那姆索斯，德倫的英等處，於是那威南部被散棄而入納粹之掌握。在同月之末，英人在那威北部之最後根據地那爾維克亦被放棄；所間隔之時間即為德空軍移近那爾維克使為海陸不可保持所需要之時間。

簡言之，英國係於所謂勝利之時期中撤退。其撤退動作之迅速對於不明內容者似覺不當，且為無法解釋者，是故在下議院中，此事引起嚴厲之指責與質問。在那爾維克未棄守以前，當時之空軍大臣賀爾爵士曾說明英國在挪威上空空軍實力較為脆弱之情形而認為係一難題。然而賀爾爵士以前對於空軍之確實重要情形未能明瞭，與其他多數同僚無異，當時固未料到以後須作難而不當之解釋也。

彼云：「德國空軍並非不可征服者。空軍——德國或他國者——惟有在無足量之對抗空軍時始可謂為不可征服。」此種淺近之老生常談表示英國對於控制領空為新式戰爭主要條件之原理，自始即缺乏正確之認識。

賀爾爵士又云：「此次吾等未有戰鬥機之實力對付德國之轟炸機，各次戰役表明對付一強大之空軍必須有一更強大之空軍。」由此可知英人已開始明瞭海軍或非萬能之軍備矣。

英人不得不由挪威沿海各據點逐漸撤退以免空中之磨難。在此區域，如在斯加基拉克區然，英國轟炸機不克担任勇敢之白晝作戰工作，因無戰鬥機之保護不克達成作戰之效率故也，某次日間曾竭力使轟炸機單獨前往作集體之轟炸以為試驗，結果既無效益亦多消耗，整個機隊幾被消滅。在此處，如在斯加基拉克繩，航空母艦已證明並非陸上飛機之敵，故在為此英勇之任務受到重大損失以後敗退。

德國在挪威之清晰勝利固有多數而複雜之因素。但其基本因素乃為空中優勢，此項優勢又係為地之距離所決定者。自始密特拉之米（Messerchmitta）式，亨克（Heinkels）式及他式戰鬥機皆能飛達斯加基拉克上空，而颶風，噴火兩種飛機則缺少飛達該處所需之航程。

此非德國飛機在航程方面已有較好準備之意。德國受航程限制情形正與他國同，其因戰略缺乏使多數戰果不克如期達到之情節吾等以後當可知之。故能將其空中實力直接由丹麥傾入。一入斯堪的納維亞內地，彼又不能不停頓較久之時間，藉以取得繼續前進所必須之根據地也。其空軍係經過連串之踏腳石——為補救持久航程之缺乏者——而達北海之沿岸。納粹空軍之打擊範圍到達以後，盟軍除撤退之外並無其他途徑，且在撤退時因受有軍中之轟炸故人員與船隻恆有驚人之損失。由那姆索斯撤退時，英國，那威及法國之驅逐艦皆被擊沉。英海軍之掃雷艦及其他船隻則於德倫的英撤退一役中犧牲於空中之攻擊。

德人於是將其空軍基地之鏈索向北方惟一而仍在英人手中之城市那爾維克擴張。五月四日由倫敦發出之消息對於保持此極北據點之機會極度樂觀。不但那爾維克似距德國空軍過遠，且據某次電訊內稱，英國海軍在該處佔有優勢。在發現此說亦成泡影以後，英人在萬難中以其海軍主力冒險，始克達成犧牲重大之撤退。

在五月三十一日，載重四千二百九十噸之防空巡洋艦寇樓號（Cerleue）在第一次海空大衝突時被擊沉於那爾維克附近。八日以後，在最後撤退時，載重兩萬二千五百噸之航空母艦榮耀號（Glorous），驅逐艦愛克斯特號（Acasfa）及熱情號（Arqeut），連同運輸艦一艘及其他船隻一併損失。吾人應知那爾維克之役並非英海軍部意外之事。該部明知榮耀號母艦易被燬壞，而仍任使該母艦及所附有之飛機冒險，希圖在那爾維克上空張開脆弱之傘，藉以掩護全軍之撤退。

從那威戰爭中，英人始覺悟到在陸海軍與空軍對敵時空軍較優之滋味，依照目覩船隻被擊沉沒者之報告，熟練之海軍人員以不信而又驚愕之態度看守着天空之黑點——德國轟炸機——而惟有急切無援的等候着被擊沉沒而已。價值高至數十萬英鎊之驅逐艦竟至毀於一機一彈！惜哉！

言至此，吾人不能不暫停而加思索：假使英國之驅逐機能有六百哩之有效作戰半徑而可飛達那威機場，則戰事之進演又將發生何種不同之效果耶？上言之航程在技術上自非完全不可能者。

溯自那威被侵之日起直至今日，此半島迄在納粹管理之下，而該半島之每一接近水面之處皆由德國空軍擔任警戒。此半島地帶雖然毗連英國之海軍根據地而又缺乏德國海軍之保護，但除偶爾採用遊擊戰之原則加以奇襲後隨即退出外，已非英國海軍實力所可達到之處矣。

第三節

戰鬥機航程不足之困難已使英國喪失斯加基拉克之管理權，但在鬥爭於一九四〇年春間移至英倫海峽以後，上言之困難立即消滅。在此間噴火及颶風式之飛機能發揮其效用。因佔有此項有利之形勢，故實際上此兩種飛機可與德機鬥爭且可戰勝數量較多之德國空軍而控制英倫海峽及富蘭德國（Flanders）之一部天空。在數量方面如佔絕對優式者當然有時可以利用其強大之性能以窒息對方之空軍，但納粹空軍當時在該地區缺乏所需之根據地，因而不能使英方感覺到其在數量方面之優勢。故剋爾克之奇蹟要即現代空軍之奇蹟。能張強有力之華蓋于英倫海峽之上空，故英國能由歐陸撤回數十萬大軍也。

有人想盡方法欲將此番撤退之奇蹟歸功於英國之海軍。其實英國海軍當局及政治家俱未作此主張，而主張者乃迷亂之美國專家，其目的實在顧全整個海軍之顏面耳。本人對於英國海軍並無估計過低之意，但事實乃爲事實。在英倫海峽，如在斯加基拉克，戰事之決定因素確爲制空權。斯加基拉克之屬於德及英倫海峽之屬於英實由於空軍當時勢能之不同故也。英國海軍之所以能在英倫海峽而不能在斯加基拉克作戰者亦在乎此。

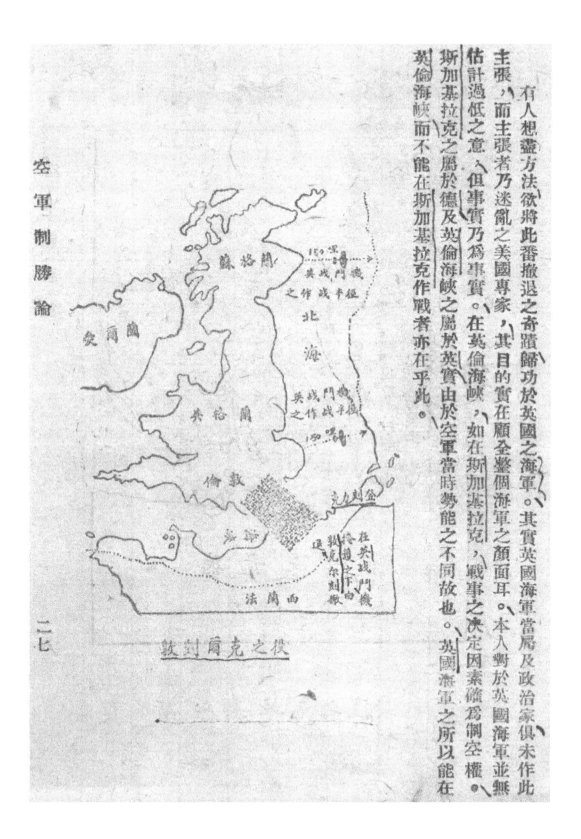

敦刻爾克之役

斯加基拉克之役

軍隊係利用貨船、遊艇、划子及船軍船隻運過英倫海峽者確實無可否認。依照官方之統計數字，參加之船隻共計八百八十七艘，而在三四日間，計共救出三十三萬五千人。若認爲此乃海軍之成就，似覺不合邏輯。所集合之各種船隻中祇有四分之一計共二百二十七艘係屬於皇家海軍者，且整個任務絕非有次序而爲海軍所已籌劃之動作。此事反若無秩序之移民，而在載運軍隊通過海峽之功用上言，海隊船隻並無較優于普通船隻之處也。

爲敦刻爾克之役所拍之照片顯明表示該次撤退係屬無可避免而爲倉卒作成者，此等情形可於大批人員偶然集合於海邊之景况中見之。大批之軍隊及大批之雜亂船舶聚集於淺水之岸上自可爲德機之正確目標。倘無皇家空軍警戒而控制其上空，在開始撤退之前恐已變作屠殺之場所矣。

在此時代更迭之四日中，撤退工作之所以能進行者，純以英已以空軍之優勢構成而保持有一牢不可破之天幕故耳。在此天幕保護之下，撤退之秩序雖然紊亂，運輸雖屬倉卒，撤退工作仍能繼續進行而無阻焉。戰術上之勝利已完全爲空軍所取得，但係爲陸海工作者所利用耳。

遠在一九四〇年六月間，余即將斯加基拉克與英倫海峽兩役之深長意義併提作一比較，當時正統派之軍事專家皆以懷疑之態度對之。本人所作之結論違反彼等慣有思想之本性。且當時納粹空軍已握有空中之權威；若有人提及英國空軍之優勢，雖屬局部者，即不被人認爲係欲故意撥動民衆之心理，亦似覺不甚近於事實也。

但在兩星期以後，英國海軍人員——不似多數美國軍事著作家氣量之狹——已大胆承認並證實該事之顯明分析矣。全曾以書中所引證之舊時演說語句請致於以前迷於海軍效力與其國人相同之邱吉爾首相。現彼宣稱在敦刻爾克撤兵之役中空軍所擔任者爲主要之工作。結果，彼對於斯加基拉克及英倫海峽兩役對照差別之見解與余在本章中所推求之結論相同。論及一九四〇年六月十八日之事，邱吉爾先生云：

『在斯加基拉克戰役中，因距離關係，吾等未克以空軍支持海面之船隻，結果，吾等在那威海面接近敵人主要空軍實力之處被迫祗可使用潛水艇。吾等不能實施一決定性之封鎖或阻止敵人船隻之往來。吾方船舶雖受重大之損失仍不能阻止敵人之侵略。』

『但在英倫海峽與北海方面，吾軍，輔以潛水艇並受有空軍之密切而有效之援助，可以作戰。在敦刻爾克前線上空之戰鬥中，吾等確曾獲得局部之制空權而所給予敵國空軍之損害爲三或四與一之比。任何人由撤軍照片中見到大批軍隊集於海灘待運，且每次須等候數小時之久，及在此期內易爲敵人理想目標之情形時，必能明瞭倘敵人在該處上空尙未完全失敗，此次之撤退殆不可能也』

由此觀之，在斯加基拉克戰役中因無空軍之支持，海軍被排除而成戰事之決定因素；在英倫海峽戰役中則因局部制空權之獲得可使船舶在保護天幕之下自由往來。

第三章　英倫之戰

第一節

比較以司徒卡（Stuka）俯衝轟炸機著名之容克87式飛機，在大衆心理中已有一深刻之概念。此機在突擊或俯衝飛行中，具有一種驚奇動人之素質，使人感覺恐懼而慌亂。見其動作者，令人感覺不辭有如獵物將被飛鷹攫食之景况。德人為使之在此方面之性能益加激底起見，又在該機之設備中置有一種怪聲哀號之汽笛，以提高其恐佈之能力。此機最初用於波蘭，後又用於西歐，是為驚人之閃電戰術中最顯著之恐佈原素，其效用在能使軍隊喪失鬥志，人民恐怖，而國家加速崩潰。

上述一切，其目的均在於司徒卡機之周圍散佈該機在性能上不能克服之空氣，實則名過其實。司徒卡機在適合地方於陸海軍之支持工作上，其其成績之佳，甚至有若干軍事專家亦為目眩神迷，但一離開該處，其缺點立即發現。所令人不解者，在納粹征服歐陸時貢獻最大之飛機，一至侵略英倫三島時則被證明一無所用耳。德國對於該機及類似機種之信賴，實為其在英國之戰中失敗之主要原因。

德國空軍以此種飛機為其基本原素，足證其內部發展之不平衡。美國各界以前竟有以為德國為天賦富有空中實力可以控制世界之國家者。此種幼稚思想現可不攻而自破矣。

司徒卡為全金屬，低單翼而有臂桿構造之飛機，其最高速率為每點鐘二百四十二英哩。此項速率較諸其敵對之英國噴火式戰鬥機者優一百三十英哩。其全部武備僅有固定機槍兩挺裝于兩翼之內及活動機槍一挺裝于後艙坐中，至飛機之下部則全無機槍防禦火力之保護，在由其後方攻擊時，司徒卡機祇有轉機關槍一挺用以防禦皇家空軍標準驅逐上之八挺；倘由下面攻擊，則該機毫無防禦之能力。其打擊之半徑並不超過二百英哩，且此機在出動作戰時通常攜帶一千一百磅之炸彈一枚及一百磅者四枚而已。

司徒卡機在動作方面之性能限制，經過英國戰役之確實測驗以後始行發現。此機在歐洲大陸戰爭中所以能表現優良之成績者：一因在歐陸戰場中，此機可以充分利用其恐怖性能，因而從未遇到真實而有相當效率之現代驅逐機，再則因此機在前述之戰場中並未嘗作空中利器單獨作戰，而係爲陸軍之輔助品故也。

除有少數例外，司徒卡機之實況亦即整個德國空軍之實況也。希特拉之空軍在荷，比及法國——如以前之在波蘭——之主要任務爲協助機械化及摩托化之軍隊作戰。在歐陸各次戰役中，納粹空軍恍若爲球隊中重要之一員。當然空軍亦須掃除空中之敵機——驅逐機在天空與敵機作戰而俯衝轟炸機則以打擊敵國機場，油料集中地點，飛機製造廠之方式毀之於地面。然而在空中所遭遇之阻礙既少，空軍之主要工作乃爲代裝甲車隊及摩托化之軍隊清除地面上之障碍，協助將敵軍切成片段以便零碎消滅，使敵國武裝軍隊及主要戰線後方之民衆失去作戰之意志，並切斷其內綫之交通而已。

納粹空軍之基本懷抱在能作短程，迅速，較輕之打擊——此種打擊足以使其敵人感覺不安，而毫無辦法應付此種突擊之機械化師及在其後方恍若土崩之摩托化騎兵。換言之，德國空軍原來計劃及建立之主要目的適使與陸海軍同時並列動作者。

德國空軍係一顯然獨立而自主之軍事組織，與陸海軍完全立於平等地位。裝甲師及其他地面部隊並未長期轄有空軍部隊。在高級指揮官感覺有空軍支持之需要時，可於適當之地點撥給適當數量之空軍協助，而任何區域之陸軍、海軍，及空軍作戰指揮官所可指揮之空軍數量係有彈性者。但因重要之納粹戰略觀念在於陸軍之鬥爭，德空軍之動作須能適應陸軍鬥爭上之戰術需要。此項戰術所需要者為機械化之戰爭，軍隊祇須通過窄狹之水道；若有空軍協助保護，渡過工作自易辦到。德國飛機在裝備方面設計胥受此種思想之支配。

最後分析之結果顯出有某種偏見。德國空軍雖為一完全獨立而自主之機構，但因偏重陸地戰爭關係，其飛機在某種設備方面不利於全面之空戰。德國空軍可予敵方打擊之種類。其作戰有效航程之限制，及其在速度火力與自衛設施方面之缺欠使之在無陸軍部隊可以利用其恐怖性能使之喪失作戰意志時變為無用——此即對於敵國空軍及其廣汎之陸地目標作戰時缺乏健全性能之謂也。德人之眼光及其勇氣並未能充分發揮光大。

侵佔荷蘭，比利時，盧森堡及法蘭西之任務幾係於一九四〇年五月十日同時發動者。四日之後荷蘭即停止抵抗。五月十六日德軍在塞當附近突破馬其諾防線。五月二十一日左右希特拉之作戰機構到達英倫海峽沿岸之亞貝威勒；又一星期以後比王利歐破爾得即行投降。

據多數觀察者之意見，當時納粹高級將領對於此後究宜南趨巴黎抑應北攻英國曾有不同之見地，是故德軍於攻達索讓河以後曾有一度停頓。彼時英倫三島已確定德軍有進攻之期圖，故已準備應付未來之非常事件。英國人民已被集合令以農具及鳥鎗等件禦敵，並在必要之臨時掘成若干坦克車之陷阱。

當時之公論恍若躁病般的興奮，其擺錘由樂觀之極端搖至悲觀之極端而又行搖回。在希特拉突然發動那威戰爭時，所有觀察家無不認為此舉不啻為自取滅亡之道，其實固應知海軍無由阻止德國之侵佔該國也。此時在德軍暫停喘息於索讓河彼岸之際，此種觀察家又同樣斷定希特拉將能繼續進攻而入英國，此事足以反映當時大衆感覺之不合理。其實觀察家之見地又差矣，在納粹能夢想將其進攻之方向由法國轉入英國以前，彼等必須先將皇家空軍之勢能削弱。欲如是，又必須先行建立一連串之空軍基地俾能將英國帶入德國空軍之打擊距離以內。彼等必須在英國飛機繼續威脅之下組成一補給品，油料及零件等供應無阻之交通線。為遣送遠征軍通過英倫海峽，彼等又必須預備必要之運輸工具。倘無上述各項準備，德國之作戰機器勢將不能繼續滾過間隔之水道而入英國也。

未能詳察此等初步條件而遂對於英國命運前途遽作揣測之官吏或民衆預言家可以休矣。

第二節

惟有對於空軍功用有廣汎而明確之認識，且關于侵略問題不受傳統思想之限制者始可超然屹立于普遍而狂妄之悲觀以外。萬一侵略之戰臨到英國，彼等亦不希求以脆弱之海陸軍阻將物擊敗侵略者，馬其諾防線及荷蘭提岸之舊事猶在彼等之濤斷記憶中故耳。在歐洲大陸上所發生之事件並非偶然之奇蹟，如曾受馬瑞桑（marathon）。馬罕（mahan）及馬因（marne）培植之舊式專家所設想者。對於富於空軍思想者，此類事件適爲實行嶄新戰術原理之補助證明——是項原理以毀收新式器爲條件，且因有此武器而又展開一廣大而新之作戰範圍。

在多數正統派之戰略家爲侵略之戰事臨頭而忙亂煩惱之際，能看透當時之戰略內容者並無特殊之功績。對于鎖固而無法推開之門，握有鑰匙可使此門敞開之人原無贊揚之必要。空軍不啻即爲現代戰略中之鑰匙也。

余曾希圖由本人所保有之記錄中尋出材料可以表現此項鑰匙之效用。其所以如此者並非純粹出於自覺，因余深知，在相當數目欲解脫傳統軍事觀念之空軍軍人中，余所保存之記錄堪作型模，故於不自覺中爲之也。

在一九四〇年六月一日印發之招待記者談話中——當時人多假定德國正在考慮其作戰方向之變更而立時進攻英國，一般軍事分析家及數民衆亦同樣感覺侵略之到臨——余之言語曾被摘取如下：

「英國不致立被侵犯，因德國在斯加的納維亞半島之上空雖有絕對之制空權，但在遠征英國時則無之。在防守方面言，英國遠較優越。去夏余曾駕駛之英國噴火式機爲德國現有多種飛機中任何機一種所不能及者。是故除非已先取得空中之優勢，侵略英國爲絕不可能之事。」

希特拉之軍隊在六月十三日開入巴黎。對空之戰爭則直至八月八日始行發動。中隔近兩月之期間卽爲德國組織內部準備侵略之期間。所惜此種重大之任務在方法上未能保守機密故終未有成就；所謂祕密侵略英國者徒可爲小說資料而已。

以前在納粹之軍隊闖抵丹北沿海區域之際，吾等已預料其躍過六十英哩之海面而至那威在實際上並無困難。旣已征服西歐，德又陳兵於歐陸之西北沿海地帶準備攻英。此次中阻之海面僅有二十餘英哩；在其軍隊後方之發動力益較强大；危險性亦遠較以前爲高；德人準備以重大之代價換取勝利之意向亦極明顯而無限。命運所關之躍過似較斯加基拉力容易多多。

無疑的英國之一切皆甚默喑而悲觀。在表面上，希特拉在發動其神聖戰爭前夕所作樂觀式之吹嘘，及英美兩方所感覺之相當恐懼似屬完全合理。到處皆覺英國被侵略爲不可避免之事。在無可如何之中，英國將粉碎侵略之希望歸諸其沿海防禦工事，又倉卒準備各地之防禦工程，並徵集大批半經訓練與未經訓練之民衆於英格蘭島之周圍以備萬一。希特拉已作其給予英國最後機會之演說，迫使卽行派員議和，否則卽將進攻；在歐洲沿海各進攻區域，隨處皆可見有準備進攻英國之現象。然而直至七月二十二日，本人仍可作以下之斷語：

「余仍深信，除非德國已有世所未聞之新式，祕密而又强大之戰鬥機隊，不致有進攻之事。」

余隨後又增加以下之斷語：

「祇要防守者能保有英國及英倫海峽上空之制空權，對于英倫三島之侵略絕難生效。倘無强固之天空以爲保障，大批軍隊之載運與登陸皆屬不可想像之事。」

在英格蘭上空空戰之當時，英人不自知其防守天空之能力。彼等祇知慶祝在敦刻爾克之神祕勝利，但未詳悉其在空戰原理上之意義。軍事發言人與民衆同樣承認侵略有成功之可能。英美兩國最高之軍事團體多深信在轟炸港口，機場，及工廠以後即將有迅速之實際侵略，至在英格蘭島東南方面所受到之損害將為侵略之階梯且土地之逐喠侵佔將隨至而無疑。依照以前作戰之一切通則，此事確為自然而又可以預料者。

但該項通則已為新武器所廢棄。空軍又可給戰略之謎以解決之關鍵。余在八月十五日曾以航空定向之助而解釋此種不幸事件如下：

『彼不能依照一九四〇年之實事而改正其戰術思想者假定此番戰爭仍將基於舊式之典型。是故彼等確定一切情況俱係為逐步佔領之正規戰爭而準備。

『但新興事件之發生不久可以變為明顯。少數富於思想之戰術家所預料之標準全面空戰及新武器之勢能現已成為事實。

『由戰略之眼光看，英倫三島及其近海之制空權問題已有確實之解決時，其他仍須由陸海軍協助解決之問題則將比較變為次要者。』

因一般人皆希望有一迅速之決定，余又說明：『空軍戰爭，敢言或需經年累月而不能解決。』

簡而言之，雖然德人之意向如此，空軍之勝利並非其他大規模侵略戰爭之開端。空中之廝殺不能視為一種預演，而實為鬥爭中主要之一回，余對於有關空軍及其在軍事上之性能較為熟習，故認為不論侵略者之意向如何，現時之空中格鬥似將變換為純粹之空軍戰爭。回顧前事，愈覺德國高級將領對於隱現動作之判斷幾與舊式軍人犯相同之錯誤。納粹亦以爲此項任務爲陸軍戰略之一部。由開始攻擊英倫海峽中之船隻直至首次大攻倫敦之整個一月中，德人始終以爲彼等所作者爲一預備戰；待至其期圖失敗，損失累積以後，彼等始知此固決定性之戰爭也。至其思想啓迪之方法隨後再行檢討之。

在一九四〇年之末葉，恐懼被侵略之不安情況重新傳遍英國。此等不安情形似爲納粹宣傳而佐以軍事上之詐攻所致。當時在大西洋之對岸亦覺此事之嚴重。在事實上，缺乏充分軍事背景及對於皇家空軍在質的方面之優點未能充分認識之少數空軍發言人曾描繪德國空軍之不可侵犯性，而且表示彼等對於希特拉將在海峽之對面成立必要根據地之信念。余既深知速度及火力對於實際空戰之重要及英國人在此兩點上之優越情形，故又於一九四一年正月二日書寫如下：

『侵略最低限度之先決條件，即德國須有新式之空軍裝備可在白晝之戰鬥中排除皇家空軍，正如英人在地中海上排除意國空軍然。在吾人未見希特拉能發展此種裝備之確切事實以前，所謂侵略僅可視作心理上而非實際上者。』

以後侵略之說並未實現。希特拉對於英倫三島之空軍閃擊在事實上幾等於零。數十城市，海港及交通地點被炸之情形誠慘。然而此項轟炸並未擊敗英人之堅強意志，而使之動搖。

第三節

希特拉第一次受挫之原因值得吾等之深切研究，蓋此次失敗關於空軍戰爭，特別關於德國空軍可予吾等不少之教訓也。吾等首應觀察在一九四〇年夏日經神痛苦之戰爭中，英德兩國對於英倫海峽兩岸時所採用之空中利器若何。

德國在飛機數量方佔驚人之超越地位，其確實之數字無由證明，但依照所可得到之消息，作合理之估計，德曾以驅逐機三千架以對英國之戰鬥機一千二百架。雙方所有之數量當然較多，上述數字不過為英國東南上空之戰中所用之約數而已。在轟炸機方面，德國之數量更較優越，且既為攻擊者，希特拉又有戰事主動之一切便利。

在本章之開端，吾等曾檢討德國空軍裝備之基本元素，容克87號或司徒卡機。德方亦採用一種雙發動機之俯衝轟炸機，容克88號機。此機之速率為三百英哩，可容空勤人員四人，其攻擊航程較諸司徒卡機之三百哩略高。其上裝有機關槍三挺：有向前平射固定機槍一挺，由駕駛員前方之射手運用，其餘二挺裝在機之後方，一在機身之上部，其另一挺則在其下部。另外有亨克（Heinkel III Mark V）水平飛轟炸機。此機亦為雙發動機之低單翼飛機，除其速率較緩二十五英哩外，其餘如武備及人員等俱與容克88號飛機相同。此外另有以一種變體飛機都尼爾17（Dornier 17），或所謂「飛筆」式整理而成之水平轟炸機。

上言各式發動機之轟炸機在一般軍事特性上幾乎相同。此種飛機在時間上頗為迅速，但此項速率係由作戰能力中付出重大代價換出者。德人為每小時航行哩數之增加而竟不惜鑿去其飛機之航程，載彈量，自衛裝置及武備之一部。故結果，其轟炸機在全載重時之有效打擊航程僅及六百英哩之譜——約為英機航程之半。其載彈量，亦隨作戰航程而變化，平均約為一噸。

除以大量之炸彈載重在軌道上之限制以內作戰外，德轟炸機最大之困難乃為其禦防火力之不足。該項飛機在途中遭遇英國驅逐機之攻擊，祇能以其僅有之機槍一挺與裝有機槍八挺之飛機對抗，於是造成一比八之無望比率。希特拉之轟炸機倘能有充分之保護火力，或已穿過英國之防禦而至指定之目標，不但可以毀滅英國之空軍於天空之中，且將毀壞其地面上之一切裝備；如此戰爭之結果必將大為改觀矣。

德人在飛機武備方面之驚人近視可由此次希特拉傾以攻英之轟炸機，其武器裝備反不如在第一次世界戰爭中所用者一事上見之。在納粹開始製造以機槍一挺防備驅逐機攻擊之司徒卡及亨克機羣之前二十年，已採用機槍兩挺防禦嚴酷之攻擊矣。從此以後，英國飛機之廣大武備已為人所共知，且各種型式俱曾於航空展覽會中陳列；而德人之大量投資竟置於幾無防禦力之轟炸機上，是固顯示其在純粹空中武力之戰術眞理上缺乏基本之認識，及其信賴數量效力之頑固性也。

總之，德國所已完成之轟炸機為美麗之飛機，且為依據最新氣動力學識之組合，構造甚佳，手藝精細，且頗適合駕駛者之飛行效率。但惜未能包有必要之炸彈打擊力，裝甲設備或火力使之可於眞正之空戰情況下安然達到目標而投下其炸彈。

其戰鬥機中之米式109號機，裝用之丹姆拉(Daimler Benz)式發動機，在戰端初啓時發展至八百五十匹馬力，嗣後並逐漸增高至二千四馬力，為標準型式。大部米式飛機在戰事初開時之速率每小時並未超過三百三十英哩，但較新之型式者，經過發運機之改良以後，可以超過三百五十英哩。米式109號機裝有機槍六挺——四挺裝於機翼兩挺裝於機身中，其射擊經過螺旋槳，故結果使射擊速度減低，隨後又增裝一砲其射擊須經過螺旋槳之軸。此機爲全金屬而係低翼有張背之構造。

米式110號爲雙座之戰鬥機，裝有丹姆拉式發動機兩具。此機有固定機槍砲兩尊裝在機身之內及固定機槍四梃，俱係繇機頭向前平射。此機之運用不若裝用單發動機之米式109號機容易而敏捷，正與他種裝用雙發動機之飛機相同。且此機在機身之外另有螺旋槳圓盤兩具及發動機吊籃兩只，其中任何一件損壞，將使整個飛機不能動作，是故此機對傷害不啻供給較廣大面積。有時納粹亦採用亨克J18式機，後者之性能限度較諸米式飛機爲佳。德人自稱此機之速率每小時可及三百八十英哩。在理想上，此種戰鬥機或可及噴火之標準，但顯然以某種缺陷此機從未大批出現。吾等所應注意者，此種驅逐機祇可，或其主要火力爲向前平射，是故以之担任掩護轟炸機之重要任務頗多困難，掩護戰鬥必須有在各種不同地位上皆具武備，且須有不同之軍事特性。

對於空軍專家，上述德國裝備之簡要說明已可揭露納粹機隊成立之主要原因係爲對付地面上之目標者。彼可由此而推論德人既自信其在數量上之優勢以後，曾希圖不顧並阻撓敵國之空軍。彼等輕視質的方面之決定價值，而假定彼等可以直達其所欲達之目的地，此即陸海目標之破壞轟炸各項阻礙物以便其地面軍隊，坦克車，摩托化軍備之向前推進。戈林元帥之空軍似有變爲支持地面戰爭的平行元素之傾向。對於此種任務雖足應付，惟在彼遭對抗强敵作純粹之空戰時，則其空軍顯出基本上之弱點。納粹空軍原非可以戰鬥而穿過敵國空軍，而在其目標上達成任務後再行戰鬥者。然而欲征服英國之天空，此種戰爭素屬必要。在波蘭及法國之戰役中，德國空軍顯然係着減輕國家於地面，而未在天空中與之搏鬥。……英國空軍……雖謂數量較差、……但已近於真正空軍之軍事特質。在等級上言，此等數質雖僅具有原始狀態，但其基本觀念頗爲正確。英國轟炸機寧願犧牲其速率而保有其防禦武裝，航程，及載彈量。此實合理之交換。轟炸機既然根本不能避戰鬥機，在考慮中，速率屬於次要問題。皇家空軍中之轟炸機裝有後槍塔，其中容有機槍二枝或四枝，此機槍可以經一百八十度無阻之弧度向後方射擊。槍塔係置於機身之末端，故可蔽及廣大之面積。前槍塔中亦有向前射擊之機槍二或四梃。例如惠靈吞式轟炸機滿載炸彈後之有效打擊半徑爲一千二百哩，且係受有前後槍塔之保護。就大體而言，英轟炸之航程，武備及載彈量俱較德機爲優。此類之優越條件遠較每小時之速要。在英國空戰之初期中，固未見其成效。但不久英人漸知英國之戰必可移至德國上空，且加緊以其轟炸機在敵空軍根據地之上空反攻。

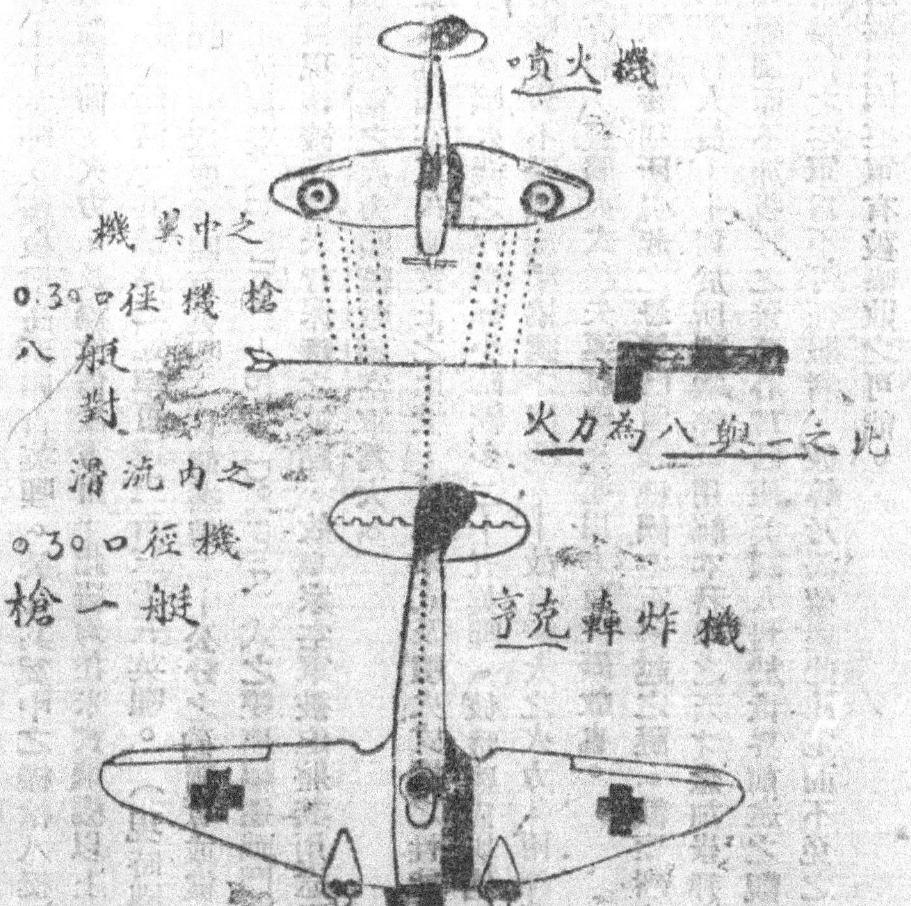
噴火機
機翼中之
0.30口徑機槍
八艇
對
滑流內之
0.30口徑機
槍一艇
火力為八與一之比
亨克轟炸機

英德空軍之火力比較

英戰鬥機之主幹為噴火式。此機前為，現時仍為世間裝用單發動機之戰鬥機中最有效用者。其速度前為三百七十英哩，後復增高至四百英哩。裝在其翼中之機槍八挺可以自由射擊。在速度，裝甲自衛設備，火力，及機槍佈置方面，此機均在米式飛機以上。次要之戰鬥機為颶風式。此機較大，但甚靈活，其最高之速率可達三百三十五英哩。（現時颶風機已裝用尼泊爾（Napier）式發動機，其速度為四百英哩，且能攜帶二十公分之砲兩尊或機槍十二挺。）當初英國在防守時亦曾採用波爾登（Boulton — Paul Defiaut）式之雙座驅逐戰鬥機，其速率約為三百英哩，但德人不久發現該機底部未有保護之缺點，故皇家空軍被迫將其用途限制於夜間之戰爭中。就全盤而論，英國空軍之火力顯較敵國空軍為大。

至納粹空軍與英國空軍在素質上之比較，可以米式及噴火式機之性能比率代表之，而兩軍對比絕對與英人有利。噴火機之速率每小時較多二十五英哩。彼時雖尚無砲，其機槍已較多兩枝——其中任何一枝射擊時皆不受螺旋槳協調之阻礙——故有較大之火力。兩種飛機在飛行質素上大致相同而纔與英方有利，蓋噴火式在失速航率及運用方面較優故也。

閃電戰術在歐陸勝利所引起之恐懼已增強德國空軍優越之謎。觀察者之辨別力愈小——觀察者之本身或即為飛行人員——對於所謂納粹軍用航空科學之天才愈加崇拜，在少數事件上，此種對於德國空軍無限制而不加批評之羨慕心理已使美國人對於世界前途之觀點錯誤。此輩在心理及神經上既認定希特拉之空軍為不可征服者，彼等乃渴望與此注定而不免之勝利者妥協，彼等當然不能，亦不願承認德國空軍有被擊敗之可能。

然而除非吾等承認英國空軍在攫取及保持天空之質素上較爲優越，恐將無法解釋英國上空之戰矣。

第四節

英國空軍部，在其正式印發之小冊紀錄中，曾將由八月八日至十月三十一日劃時代之英國戰役歸納而區分爲四個不同階段。

第一階段爲八月八日至十八日。在此期間，敵人曾集中全力轟炸英倫海峽中之船隻，英格蘭島東南沿海地帶與港口，及位於該區域內之機場。

第二階段由八月十九日計至九月五日爲止。在此期內德國之空中攻擊改向內地之各戰鬥機場。

第三階段爲九月六日至十月五日。在此期內敵人對大英帝國之心臟及政府所在地之倫敦作狂烈之攻擊。

在最後之第四階段中，英國空軍部規定爲十月六日至三十一日，實際上仍在繼續攻擊中。在此一階段中，德國空軍利用夜間飛行對於全國各地之重要目標作不一致之攻擊。

在此次戰爭之扼要事實後面，有一清晰之紀錄，識之者可以看出納粹空軍之失敗。英空軍部之紀錄中有數處坦白承認因納粹空軍在各戰爭階段中之戰略改變而受到之挫折。在當時兩國爭鬥之一再於舊階段未結束以前重新改入新階段似無顯明而充分之理由。但現時吾等已由官家及私人方面得到充足之材料可以據以分析其時之情况。

余確信首次以全力攫取英國東南方局部天空之失敗已使德人驚奇。不論以後之發展所給予德人之疑懼爲何，彼原抱樂觀之態度以圖爭取此初期之勝利。預料未及之失敗使納粹懷疑於其基本之戰略思想，恍如法人在其馬其諾防線破壞以後之迷亂。此種迷亂情形又因其在戰爭階段之中之任務未能達成而加深。戰爭之情況既離預期之戰果太遠，故德國高級將領在戰爭繼續進行時不能不有一種恐慌之態度。

所奇者，英人以前在敦刻爾克之成就已使希特拉及其同僚感覺進入英國之容易。皇家空軍前於極端不利之形勢下可以取得由敦刻爾克至英國之局部而暫時之制空權。納粹因此估計彼等亦能達成同樣任務，甚或更爲容易。

彼等希圖在海峽對岸取得之據點，乃爲其在法，比，及荷蘭新成而供應完備之連串基地所易達到之處。在飛機數量上，彼等擁有絕對多數，因此彼等非常自信此番征服之易應可創一非常之紀錄。至在敦刻爾克所蒙挫折，彼等卻認爲係由外來之環境所致——例如彼等缺乏已準備完成之基地，及因此而不克遣派足數之飛機參加戰鬥之情形——而不承認係由於英國空軍之本質比較優越之故。

德國空軍攻擊由魏茅斯（Weymouth）以迄太晤士河口之沿海區域，轟炸泡特蘭(Portland)，威地島，樸次茅斯，多維爾，瑙威治並攻擊此區域內之戰鬥機場——在多維爾，鶴金治（Haw-kinge），中瓦羅堡（Middle Wallop），畢金山（Biggenthill），甚或遠至克樂登（Groydon）等地，戰術上之目標在能攫取局部之制空權，而在此制空權下可容強大之遠征軍推進。

戈林不惜將其司徒卡，都尼爾，容克，亨克及米式飛機拋入此項冒險事業中。在開戰以後之都十日德方至少損失飛機六百九十七架之事實上，可以想像當時猛攻之怒焰及濫用飛機之情形。彼願付給任何代價以爭取一侵略之據點，並信賴以絕對多數飛機進攻足以補償其飛機性能方面之缺陷。結果其計算被證明錯誤。當然英方駕駛員因數量太少，須要由黎明飛至黃昏，甚至有時超過此種時期，不能不有過分疲勞之情況。但最後證明數量雖多而無充足素質之飛機，對於裝備適合而有作戰決心之飛機等於無用。

雖已經過初期之失敗，德國空軍仍爲駐紮海峽彼岸準備前進之陸軍繼續奮鬥。在米式已表明無法在空中消除噴火及颶風兩種飛機時，攻擊者顯然決定殲滅之於地面機場中。彼等假定——不久自知錯誤——皇家空軍戰鬥指揮部之主要任務既爲海岸線之防守，所有飛機不但須集中以利派遣且將密集於其鄰近之各機場內。

但皇家空軍已由波蘭及法國空軍人員之經驗中得到相當之利益。彼等巧將所有飛機個別疏散於機場之周圍，且大都採用偽裝，而不使其飛機羣存於已爲敵人所知而易遭襲擊之地點。

實際上在戰爭之第二階段中，少數機場已爲敵人迅速毀壞。但所有飛機早已避開。不久皇家空軍發覺侵略飛機之地點而截擊之，予其實力以重大之創傷。德國轟炸機勢將爲英國空軍射手之目下射擊靶，少有能到達其預定目標者。在此次戰爭之第二階段中，納粹所損失之飛機至少爲五百六十二架，而所得到之代價僅爲英機一百一十九架而已。

毀滅英國戰鬥指揮之失敗，即希圖達成預備目標之失敗也。所謂預備目標者即奪取領空以爲其機械化部隊進攻之開端是也。此種失敗之意義不曾即爲德國侵略序幕之注定毀滅。希特拉之高級將領曾籌劃一類似攻擊挪威而隨後擴充至攻擊歐陸之海陸空軍聯合閃電戰以對英國。此種計劃並未實現。德人反須應付意外之長期全面空戰，而在此項空戰上彼等不但缺乏物資方面之設備，在心理方面亦缺準備也。此項全面空戰自始至終爲一純粹之空戰，而雙方之陸海軍，雖然彼等感覺驚奇而憤懣，却被降低爲無權力之觀察者。

大批德國機械化部隊在海峽對面之歐陸沿海一帶淪於停頓之狀態中，在英國之軍隊亦幾乎無所事事，而雙方之海軍別動隊對於此番鬥爭僅可處於輔佐之地位而已。戰爭之舞台位於空中，所需要之陸軍必須閃在兩邊，陸海軍之實力若較大於現有者十倍——或祗有十分之一——在爭取制空權之決鬥上並不發生影響，蓋此項決鬥進行於天空之中也。

德軍不能躍過海峽與其不能阻止英軍由敦刻爾克撤退之原因相同，皇家空軍較爲優越故耳。依吾等所知者，該項事實已使納粹之計劃失敗，並使人類之歷史改觀。關於戰爭之消息雙方所自稱者當然各不相同。但關於英國空軍在阻礙敵機時所表現質素比較優越之明顯事實，無人可作有效之爭論。質素之優越，對於德國龐大機羣之關係表面似甚渺小，然已打消希特拉之空軍在數量上之優勢。

邱吉爾關於此事曾有不朽之言云：「在人類鬥爭之戰場中從來未有以少勝多有如是者。」對於此言所揭示之要點爲飛機裝備在素質上之重要，及依照同一邏輯可以推論到在國家安全上徒重飛機數量之危險。關於此點以後當再申述之。

其飛機之缺陷既經暴露，德人立即開始變動其隊形，增加並重新布置其驅逐機之護送機隊，並竭力圖謀將其數量上之實力變為戰術上之價值。當彼嚴重時期，德人對於戰術，顯然缺乏清晰而正確之見解，以致有以後各種階段戰爭之結果。此點適足證明其在空軍戰略上之落伍與其飛機之裝備相同，此二者顯然不能分開。但不論敵機若何狡詐，較速並較强烈之英國飛機皆可給予以致命之打擊。德人缺乏適合之裝備而其權宜之計亦終歸耗費而無益。

在戰事第二階段中之失敗可以表明德國空軍觀念之崩潰。德國高級將領不得不承認由預見並預言全面空戰，且在該項戰爭中陸海軍變為冗多之空軍夢想家之爭論中尚可尋到若干邏輯。從此點上可以推論以海陸空軍同時進攻之幻想已開始其融消作用。在德國陸軍之思想中，當上空陷於敵手時海陸與天空協同動作之不可能已漸趨明瞭——必先取得制空權，此類計劃方可實現。空軍之組織要素必先取得權威，或至少能與對方空軍相等，陸海軍之力量始能充分發揮。德人，特別在某一海面區域之清晰應用上，必先把握到此項原則。

不論如何，德國之空軍在該處之戰爭中，已終脫離陸海軍之羈絆，自為空中武力而單獨作戰空軍已可自由動作為戰略上之真確而獨立之武力，而不再僅為陸軍推進之原動力矣。

戈林將軍之空軍在其活動之新階段開始時，原欲毀滅倫敦。此乃襲用陸軍式戰略教課書中之舊方式，蓋以前作戰統以奪取敵人之京都為第一目的也。在現代之情況下，京都之目標自不若以往之重要；現代之交通及其他技術上之進步幾可使某一政府遷移至任何地點而仍不失其功用。該項攻擊亦頗適合杜黑（Douhet）將軍之空戰原則，攻擊其重要而為情操所牽制之目標，藉以引誘且迫使整個之防守空軍接受戰爭。倫敦當然係屬該項目標。但杜黑原則祇有在攻擊者備全之戰鬥力時始可有效。希特拉之空軍決無此項戰鬥力。

故攻擊倫敦之結果不得不使大批之德機被毀。

與在任何軍事範圍以內使用數量遠較優越之軍力有關之某種心理現象，於此番空戰範圍中，已作首次之暴露。攻擊者，僅依賴其人力及裝備之勢能，天然準備大量之犧牲以圖達成目的。然而在其生命及物質之損失已達到極大之比率，而所決定之目標似仍遙遠如前時，其作戰之意志即當開始被襲。不安之情緒從此滋長，終至實力消散而不克達成目的。以前此項心理因素，恆使陸海將領於勝利在望之際，令其部隊終止攻擊。

而在攻擊倫敦戰事進行之際，德方似已有此種不安成分。且德人又相對蒙另一心理因素。在彼等已深切感覺其本身之重大損失時，彼等卻無方法可以偵知英人損失之程度，或彼等之勢力已使英方之持久力發生何等影響。皇家空軍似已立於不敗之地。多數昔日之戰爭俱受指揮者不明敵方所受損害可與本身所受損失作一比較之影響。

而有一時期納粹曾竭力隱匿其空軍人員之損失數字以圖維持戰爭之意志。例如彼等令飛行員降落於其起飛以外之其他機場，使之無法核對傷亡之人數。但其實力被毀總數字之逐步增高，終使其將領失去自信，而停止其對於倫敦之攻擊。

然吾等有充分之理由可以肯定，倘以全力轟炸倫敦之舉可再延長數星期，最後或可成功。大批飛機之長期不斷工作自當有其效果。英國之飛行員雖較英勇且較嫻於技術，但畢竟人數較少，而工作過度出乎人力所可忍受之限度以外。若再繼續轟炸三十日，彼等將不能予以阻擊。但戈林將軍之機羣及空勤人員已被削減甚多，幾乎等於消滅，且又無法偵知敵方之嚴重情形；故其終止進攻而使全功盡棄者，實亦不無個中之原因在也。

既知其空軍之素質較差因而慘敗以後，納粹不再使用集中大批飛機對于決定目標作大胆之轟炸。彼等改於龐大區域內對於多數之目標作分散之奇襲。此種努力之結果偶然使英倫三島處於被空軍封鎖之狀態中。在此點上，德方又暴露其紊亂情形。其實彼等應知任何有效之封鎖——不論海陸或空中——非至對方之實力被取消或至少與對方實力相等時，不克辦到。此兩種情形德國空軍皆未具有。

航程之短小，自動予北方之工業目標以保護，且除英格蘭島東南區域外，司徒卡機之應用已被摒除。數度白晝轟炸實驗之結果使德人蒙到重大之損害。希特拉之飛機，在勇敢之白日鬥爭中並未具有戰鬥力，其轟炸之能力亦並非決定性者。

是故德人比較有利之時間被限制於夜間之數小時內。夜間由高空襲或可給予重大之損害；此種辦法在生命，財產上所加予之損害，及在日常生活上使失常軌方面當然不可忽視。但在黑暗之中襲擊，命中目標僅為偶然湊巧之事件；欲用此種方法或計劃毀滅敵方軍事之目標及其作戰意志，若非全不可能亦為極難辦到之事。故以此項嘗試之方式擊破英國作戰意志之希望不久消散。

戈林將軍所憑賴之策略，爲吾等在第一次世界戰爭中所已採用者。昔於一九一七年德國海軍進入里加海灣。當時德人使用大量之驅逐機，使吾等之轟炸機易被截擊而毀滅。在此等情況之下，轟炸機之任務變爲驅逐。加裝額外油箱及炸彈架之後，吾等開始攻擊沿海之防禦工事及德國之海軍，祇以未有適當之攻擊力量，故未能予以眞正之損害耳。不料在二十三年以後之今日，德人在英國戰爭之現階段中，亦將其驅逐機改爲轟炸也。

彼等在此事上所有之成就並未多於吾等。倉卒設備之轟炸機祇能抛擲小型之炸彈，此種炸彈在陸空協同作戰時雖頗有用，但在戰略性之毀滅方面則覺力量不足。一入白晝，彼等又須卸除其炸彈載量而變爲驅逐機，以便應付空戰。其素質既較差，故一被英機追及，其命運不啻已被注定。此項策略以後又被放棄，故除夜襲之次數較多外，德人已無其他辦法矣。現時對付夜襲之方法，例如夜間戰鬥機無線電定向之進步等，已使夜襲者所遭遇之危險日益增多。

由八月八日至十月三十一日，德人在英國白晝間之損失計有飛機二千三百七十五架。此爲英國空軍部之清晰而公正之數字，並未包括在夜間空戰中所毀者，受傷者，及大批回竄之敵仇無疑的在英倫海峽及較遠地帶降落者。僅在九月十五之一日中，德國空軍遺在英國之飛機有一百八十五架之多。此種大量犧牲之結果，僅炸死英人數千，破壞大批之英國財產，毀滅皇家空軍之飛機若干架及駕駛員若干人而已。在戰略上看特拉可謂毫無所得。

納粹曾集中力量準備空軍七年之久，然終不免於失敗。惟有前此在歐陸所獲勝利之深刻印象方可使此項事實模糊。在與其陸海軍協同作戰上，已證明合用之德國空軍，在未成熟之空戰中，業已顯示無望。

納粹對於空軍未來可能性之想像確遠在世界其餘各國之先。彼等在此種現代利器上思想之勇敢處較在其他單獨因素上者爲多。是已足使彼等雄視歐陸各國矣。但一切皆爲相對者。彼等在征服天空方面，則缺少所必需之健全而自足之飛機。德人之目光及勇敢精神未能達到充分擴大的境地。英國之戰可以證明希特拉，戈林，及其僚屬，均未能將其對於空軍之想像進行至合理之結局。

在民主國家中，空軍之充分發展係受有最後決定權之舊式陸海將領之惰性及其精神胆怯之阻滯。此項狀況可以視爲整個社會之守舊。

此等空軍發展之節制器在德國並無存在，蓋富有革命性之納粹思想已破除傳統之限制也。凡爾賽條約中禁止武裝軍隊之增多，及德國並無眞正海軍之情形，使德人之思想自動的向於此種新武器與其潛能。德國空軍之發展實在希特拉握權以前之事實，常爲一般人所忽視。德人常能採取他國所發明之物件而利用成功超諸原發明者思想之外。此點在第一次世界戰爭之潛水艇上固屬實在，而於第二次世界戰爭爆發前之長時期中，在飛機上尤爲眞確。

納粹既踢翻一切傳統觀念，且爲一新的政權，故被禁止學習之事較少，而不再受傳統思想之阻礙。然而德仍缺少在空戰行動上，可以完全自足之空軍，如海軍之慣在海上動作者然。所謂德國空軍優越之定數——雖然某空軍英雄曾不斷的重複言之——顯爲荒唐無稽之談。在事實上，吾等在反面却可作極好之論調——德國受陸軍之心理約束過深，故不能爲世上之主要空軍國家也。德人有一獨立空軍，不能即謂空軍領袖已把握對該項軍事工具之一切於其手中也。

雖然如是，下述情形確屬實在：德國在空軍上已有多種錯誤，與他國相同。惟有開始製造軍用飛機較早——一部分原因由於需要而出由於選擇者——且所製造之數量較他國為多之情況予之以空軍領袖國一時之外表而已。

第五節

多數軍事學者根據英國戰爭而作單獨使用空軍不能達成確定勝利之鹵莽結論。此等見解不但錯誤，而且有害，蓋能影響吾等對於空軍之思想與戰略也。

德人未能在空中擊敗英國之事實決非以空軍擊敗敵人為不可能之意。祇以德國未有適當之準備故未辦到耳。今若因某部分陸軍未能達成決定性之勝利，而遂認為所有陸軍皆不能做到，固非正確之論也。吾等之所以認為空軍在某種一定之環境中可以取勝者，當然同時假定有適當之戰略、戰術、武器三者以達此項目的也。

德人在英國之失敗並非空軍之失敗，實乃德人見地之失敗——充分利用現有新武器潛力之失敗。空軍在技術上已能以集中毀滅之方式取得決定性之勝利，然而在交戰國中，尚未有能充分利用該項勢能者。

在討論航程之平面發展時，余曾提及德國裝用四發動機之康度機。在其由柏林至紐約之不着陸飛行時，康度機攜帶汽油約兩萬磅，同式飛機，在由法國沿海至倫敦之往返飛行上祇需燃料約五千磅。若設計以此機為短程轟炸機，則所餘剩之燃油量約一萬五千磅在可用以裝設充足之防禦武備之外，尚有充裕之重量可以載彈。結果一機之工作效能或可及現用之俯衝轟炸機十架，或在英國戰爭中通常使用之中型水平轟炸機五架。希特拉苟能預先見到此種需要，彼當已有此類轟炸機之機羣。倘使此類轟炸機再有適合防禦武備之保護，整個之戰爭情況或已大爲改觀矣。

在事實上，各交戰國俱未能充分利用由空中毀滅之可能性。德國在此事上之失敗完全與他國相同，而其不能以空軍征服英倫三島實爲不可否認之證明。

吾等可言在一年以上之時期中，德國希圖以削筆之刀刺英國之獅而望其流血至死。當然削筆小刀若偶然僥倖割斷獅之喉管，亦能置之於死地。此即納粹可偶予英國以不可思議之僥倖打擊以征服其空軍。或切斷其他項動脈管之謂也。但此事仍不能變更德國空軍不適合於全面空戰之基本事實——彼等知時已覺太晚。

正如科學對在實驗失敗之中可以學悉在下次試中如何可以成功，故英國之戰已予空軍戰略家以單獨使用空軍可以破壞而强使敵國投降之證明。納粹由其在此次戰爭中之裝備缺陷上，可以明白看到其裝備配合戰術任務之未來發展。空戰之學者可察知德人錯誤之性質，如何可以避免此種錯誤，及如何可以空軍獲得決定之勝利。該項錯誤如下：

（一）希圖對一國家作戰略之轟炸，而無充足之戰鬥力可以消滅或抵消對方之空軍。若德國轟炸機可照英轟炸機之辦法裝用鎗塔，每塔可容機槍四枝，以代其僅有之機槍一枝。希特拉當可避免四比一之慘敗。大批英機或被擊落，而皇家空軍受到此等消耗後，或致使英國領空之統制權容易落於德人手中也。

（二）主要目標選擇之錯誤。用於攻擊倫敦之數千飛機及駕駛員大可消耗於較精明之工業中心攻擊中，對於航空工業單位之攻擊，特別對於英國戰鬥指揮有關者，例如羅爾斯（Rolls Royce）發動機廠，噴火與颶風式之機廠等；及對於地面上之空軍潛力作一般性之轟炸。該項雙管齊下之辦法或可在天空與地面兩方面同時毀滅對方之空軍。

（三）由於當時飛機載彈量不足之關係，故轟炸之力量不夠。

（四）缺少繼續性之動作。轟炸之步驟，就吾等所已見到者，常因在戰略上缺乏清晰之認識及在戰術上缺少準備而發生阻礙。此種阻礙自予英國空軍及其民衆以寶貴之喘息，修理損毀，補充實力，及利用所已得之經驗在戰爭之次一階段中作更有效之抵抗機會。

總而言之，德人所採用之機種錯誤，所採取之方法錯誤，所攻擊之地點亦屬錯誤也。

吾等應知英國戰爭所給予德人之教訓並未遺忘，彼等現正竭其技能與精力以圖改善其空軍，而使之為真正之空中武力。再者，吾等必須假定該項改善亦趨向於飛渡海洋，直接與美國作戰。最後之美國戰爭，倘若到臨而在臨到之時，將大致取法於英國戰爭中之經驗，蓋二者之區別僅在規模大小及距離遠近之等級上而已也。

第四章　地中海與畢斯馬克

第一節

英國之戰既因皇家空軍素質之優越而陷於僵局，戰爭之重心遂轉移至地中海。此處爲大英帝國之生命綫，且爲英國海軍所以統制數代之鬥爭場。

希特拉雖已使英格蘭痛苦而流血，但終未能打倒之。彼除轉對其敵人身體最重要部分之地中海區域攻擊外，實無其他妥善辦法。彼無海軍可令對於英國海軍作戰——且已充分明瞭意大利之軍事戰鬥力並非英人之敵——其目的必然在取得地中海流域上之制空權，使之爲英國海軍所不可守。

因意大利空軍之凄涼的低劣，故空軍在地中海戰場上之工作自始卽甚模糊。英國之地中海艦隊可以控制偌大海面數月之久，對於莫索里尼之空軍幾乎無須注意。由意國海軍戰艦之不肯離開其根據地，而又尋求海岸防禦礮保護之簡單事實上，可以見到其空軍之無力。意國若有眞正之空軍，其戰艦至少在皇家空軍陸上戰鬥機所不克到達之地中海部分可於其空軍天幕之下作戰。不料英國之海軍飛機，船上飛機所造成之手提式天幕，亦常可消滅意國之空軍也。

當一九三五年阿比西尼亞危急之際，意大利充分表示强硬，推動其空軍而迫使英國在地中海上之大宗實力退出。當時之姿勢或爲虛張聲勢，似爲一種不自覺之恫嚇行爲，因意人或猶不自知其不能實行此項威嚇也。不論如何，第一次之眞正遭遇已顯出意國空軍之無力。

意大利之空軍大部分係以較低劣之基本原料購造者，速度既差，打擊能力亦不充足。但在廢舊之型式以外，亦偶有現代之全金屬機，此機或係爲作美麗之展覽而設者。是故在其飛機大體劣於英國者之同時，法西斯蒂之空軍不僅受有品質因素之限制也。其限制情形顯然達於其人事，其戰鬥意志，及其空軍戰略。技術上之缺點或可解釋戰爭中之損失比率。但在按理應有空軍抵抗其敵人之一切地點，從未見有莫索里尼之空軍出現，是則非技術缺點所可單獨解釋者矣。有時——特別在阿爾巴尼亞方面與希臘作戰時——意國空軍似已妥坐罷工。上述一切皆足證明其基本組織上之欠缺。

不論意國空軍無效力之內幕爲何，此種空軍已予在美國及其他中立國家內極端留意之舊式戰術專家，以海軍可以不必顧忌空軍之幻像。在一九四〇年十一月間，彼等見到美國戰艦駛入大蘭多（Taranto）海灣向法西斯蒂飛機挑釁，並以攜帶魚雷之海軍飛機之協助，使整批之意國軍艦沉傷。一月之後彼等見肯甯漢海軍上將之艦隊攻擊俄特蘭多（Oranto）海灣沿岸各地，並仍藐視法西斯蒂空軍之恐嚇。在此數事件之外，彼等又見英國海軍阻撓意國物料人員運往非洲，而使在該處之格萊齊亞尼將軍陷於泥淖之中。

此等海軍終可消滅空軍之幻象繼續生長，而又因在魏菲爾將軍由埃及西部進至班格海齊（Benghazi）以外之驚人事件中英國海軍艦隊實居主要之支持地位而加深。該次之整個戰役係順沿海軍砲火射程以內之北非海岸進行。此番海軍之支持力曾被充分利用。海軍軍艦為魏菲爾軍隊掃除道路之阻礙，並繼續不斷的予以掩護之砲火。海陸軍協同之效果，使該次舊式戰術任務中之軍隊慢，穩，而不搖動的向前推進。海軍艦隊則又在母艦飛機護蔽之下工作，而該項飛機在阻擊意國空軍之任務上大體勝任而有效。

但在德國空軍加入以後，海軍勝利之幻象遂被擊破。在一九四一正月間，希特拉之空軍出其不意的由西西里島出擊，數日之間，所予馬爾他島及英國艦隊之損害較意國空軍在半年內所加害者為多。

對於英人在西西里海峽遭遇之同情心，使多數觀察家對於在地中海上第一次與正遭遇戰中希特拉之空軍勝利事實，失去其辨別力。在被激烈攻擊時，英國艦隊上工作人員之行為確極偉大。無人可以認為該次之不良結果係由於海軍人員之錯失。然而一九四一年正月十日西西里附近之戰，已使世人見到組織完善而有極好裝備與頭等戰鬥意志之空軍與優良與最勇敢之敵軍對抗時之效力。

掃斯漢普登（Southhampton）號巡洋艦被擊沉沒。驅逐艦勇敢號（Gallant）及航空母艦顯赫號（Illustrious）被重傷。顯赫號能於駐在馬爾他島之驅逐機掩護下勉強駛至該島。但以前素稱可畏堡壘之馬爾他島現已不克予此受傷之母艦以隱蔽之所，於是此艦又行冒險而至亞力山大（Alexandria）。此艦因受傷過重，必須移送至敵力所不能到達之處大加修理，故最後又被送至美國佛吉尼亞省之那福克（Norfolk）。

在西西里之遭遇戰中，德國僅用少數之飛機而所用之炸彈爲未超過一千一百磅者，然已予英國船隻以相當重大之損害。德方若能有較大之空軍實力而用較大之炸彈，則該項船隻恐少有可以存在者。雖在累積之物質損失上比較不甚顯著，此次鬥爭仍爲地中海戰爭中之嚴重階段。此次衝突雖未結束英國在該海上之霸權，至少已使動搖。在當時及從此以後所出之多數著作中，卽有提到西西里之戰者，亦俱認爲一重要之事件而已。然而在一方面，可以認爲係一種重要之遭遇。此卽英國海軍之航空母艦在地中海上與德國空軍較量時，第一次對於炸彈恐懼是也——此項恐懼嗣在四月以後之非洲，及克里特島之戰爭中皆曾自行表現。在該兩次戰役中，德國重新試驗其空軍之優勢而證明其有效。不久以後之軸心勢力重回里比亞，及德國征服希臘之役皆受有此小而有意義之西西里戰役影響也。

無論如何觀察，此次戰役已表明較小之陸上空軍勝過較重要之海軍實力，縱使海軍艦隊受有其最新之輔助武備，艦上飛機保護者亦不能成爲例外。

第二節

地中海最激烈戰爭中之一幕爲一九四一年三月二十八日在愛奧尼亞(Ionian)海上馬達潘(Matapan)海角之役。英國艦隊窮追而幾乎殲滅意海軍之大部，意國戰艦五艘被擊沉且有多艘之損失不明。英國之海軍飛機及皇家空軍俱有重大之貢獻，彼等擊中意方之戰艦，因爲掃除其迅速之利點，然後迫使在不利之情況下作戰。然而此次爲海戰，而報章解釋此項刺激法西斯蒂淵源之戰為傑特蘭（Gutland）以最大之海戰頗為允當，熱情之專家曾謂地中海因英意兩海軍實力之低微業已變為英國之湖。但在隨後數月內，此顯著勝利之實際重要性漸漸消失而不久全被忘卻矣。

英國海軍戰勝意國，在海軍技能練習上言，當然成績甚佳，在激勵英國之作戰意志上，亦有若干價值。但關於整個之戰略情勢，此種展覽式戰爭之重要性——如同其他英國海軍對於意國之勝利——甚屬有限。距離地中海變為英國之湖之時期太遠，且一切演變不久使英國海軍在優勢之敵國空軍之下感覺一無辦法。總之，控制海面須能包含斷絕敵國之海上交通力量在內，否則徒有虛名耳。

擁護空軍主義之人，未有爭論海軍並非對抗其他海軍之有效武力者，彼僅認為在新因素，空軍參加作戰，而可使用其威力時，海面之鬥爭在戰術上無所裨益而已。惟有當上空在空軍航程以外——或僅雙方之空軍實力相等，因成僵局而抵銷時，海面之戰爭始有真正之意義。

無論如何，當魏菲爾將軍之部隊佔領里比亞後又在軸心壓力之下忽忽撤退時，大敗意國海軍之事實似已僅為英方空虛之滿意耳。北非戰爭之轉變，顯示德人曾不顧英國所獨占之海軍優勢，而設法運送相當數目之機械化部隊至北非。

德意軍隊之數量不明，但知約在三星期以內彼等已有強大之軍隊且有完善之裝備，可以收復沿海岸幾有五百英哩之區域矣。軸心之人力受有卡車，坦克車，裝甲車，及其他重兵器之支持。凡此種種裝備俱係由西西里島運至非洲海岸，中經地中海互長三百英哩之程途而能平安運達，乃為一顯明事實。其實力充分強大，而能追令英軍在其壓力之下撤退。而且，吾等必須假定軸心之指揮官若不深信兩大洲中經地中海之路綫可以保持開放，亦絕不敢担負進攻之任務也。其軍隊及重兵器裝備等如何可以不顧忌在馬爾他島附近英國海軍之絕對勢，而在其常川監視之下運達北非？

或謂德人僅在當時溜過英國之海上控制，在實際上潛行渡過而已。但其祕密運輸之辦法爲不可想像者，因其援軍補給中經之門戶隨時可以緊閉。若云給予德人以細心計劃之機會，似乎絕無意義。封鎖線之不周密必爲合理之因素。由西西里至最近之非洲中立地點爲二百七十五英哩。在若是之長途中，船隻在黑暗中偷過一切巡查基地似不可能。渡此程途需要一整日以上之時間，且須經過馬爾他島之嚴密巡察區域。即由西西里至突尼斯之較近路途亦有十至十二小時之水上行程，且常暴露於白晝之偵察中。

事實乃爲軸心在西西里海峽戰勝英國海軍以後，集中其足量之空軍實力而於地中海之頸部構成控制天空之天幕，使船隻可在下方自由來往而無所忌憚。英國最迅速之軍艦曾擊沉軸心護送艦隊之戰艦若干艘，但仍不能影響其整個之任務。此處，如在那威戰爭中，空軍已反抗較大實力之海軍成功。

因對於此等明顯戰略展開之認識受有訓練上之過分限制，多數之軍事分析家認爲大批遠征軍忽然發現於北非係一種神秘之事。彼等寧願相信重三十噸之坦克車係由空中走私運入，而不肯承認係由軸心之船舶在其局部空軍優勢保護之下運進者。余猶憶其評論家云彼已明悉重三十噸之坦克車如何運往北非矣，但費其畢生之力無法知六十噸重之坦克車何能運入也。此君者以爲地中海必有一隧道乎？實際上，由歐洲侵略里比亞成功之神話並不較經由斯加基拉克海峽侵略斯堪的納維亞半島之成功爲多。在此兩事上，敵國空軍均佔有遠較英國海軍爲優之形勢以支持其陸軍之行動。

在軸心軍向東推進經過里比亞而至埃及時，海軍所受之挫折特別顯著，一至少對於願意接受新戰略秩序者如此。以前數月支持陸軍在非洲沿海岸作戰有效之戰艦，論理對於納粹法西斯蒂軍在同一地區反攻，應能作有效之阻止。每一城池，礮台與道路可被海軍砲火毀壞之情形仍與以前無異。然而在軸心軍由班格哈齊（Bengkazi）以外東進至索倫之三星期中，幾乎未見海軍參加如此吉凶關頭之重要戰爭。

最近大勝意國之海軍艦隊已往何處？何故對於滾向蘇彝士生命線之軸心潮流從不加以阻止？或謂係由於當時英國海軍實力正參加希臘戰爭未暇他顧之原因。但在詳細分析之下此說不能成立。在非洲沿海與陸軍協同作戰所需之戰艦爲較大者，而此項軍艦之大部並未參加運送遠征軍赴希臘之任務。且在該項運輸任務上已有克里特島及埃及根據地之巡洋艦，驅逐艦，其他船隻，及空軍可以利用。

相當數目之大戰艦應能派作應援駐非陸軍之用。若一念及里比亞之戰在戰術及士氣上之特殊重要性，此種辦法實爲基本而妥善之措置。倘未辦到，簡單之解說即該項戰艦不敢駛至德國飛機之打擊距離以內而已。在數月前魏菲爾之戰役中，此項戰艦可以對意國空軍自由發生作用，但在希特拉空軍可怕之防護砲火之下則不能實行以前之動作矣。至英國之艦上飛機，其實可與莫索里尼之作戰能力相等，但不能敵德國空軍之攻擊力也。

在北非之反攻戰役開始之際，卽有預言止於何處之可能，所可預見者當在埃及國界以內之某地點，此處卽皇家空軍能由埃及基地起飛爭取天空者。在此點上可以同樣預示英國艦隊將恢復其活動力。在皇家空軍之傘保護下，停止於較西沿海地帶之英國艦隊又能開始動作。此乃在三星期推進以後所實現之確切事實。

待至一九四一年秋季，英人既積有充分之裝備與人力可作再度之冒險時，重新負起里比亞二次爭奪之任務。此次戰役之規模大於納粹所已估計者，故能進至以前所進取之地點以外。但此次德人又復忽視英國之海軍權力，迅速補充其在里比亞之兵力而將英軍擊退。然而此次戰役不能在主要戰略上有重大之貢獻，因雙方俱認此為次要之戰場故也。所可確定者，除非真正之制空權已為任何一方取得，此處之爭執不能有最後之決定。在此時期，因雙方空軍活動力增加，海軍在該戰區內所担負之任務益見輕微。

第三節

英國及駐在尼羅河上之皇家陸軍於一九四〇年十二月九日開始向埃及境內之意軍攻擊，於一九四一年二月六日推進至最西方之班格哈齊，軸心之反攻，又於四月四日佔領該地。德國並於二日後，卽四月六日，侵略猶哥斯拉夫及希臘。此項在非洲及巴爾幹兩處幾乎同時所發動之戰爭，在納粹高級指揮官之目光中，顯然為以蘇彝士區域為目標之鉗形攻勢。幾乎同時由班格哈齊向東並由狗哥斯拉夫向南進攻之事實，又表明德人之用意在使英國駐在地中海區域內之有限陸空軍實力分開。

英國已佔有里比亞沿海之全部或一部者，幾有四月之久。在純粹之戰術觀點上，該次戰爭之重要結果，爲在修正地中海東半部之空軍地圖上開發了遠大之可能性。余曾於一九四一年二月十日書云：「有技及的黎波里之沿海地帶在其手中，英人將可建立一連串之基地以控制其北方之海面。吾等可以假定此項基地已在建造中矣。」

此乃空軍戰爭學者之自然假定。在軸心空軍於西西里海峽之戰所表現之優勢展開不祥之遠景以後，簡單而良好之感覺似爲將陸上空軍設法移至與地中海頸部相近之處。未來之機會，迫切需要連串基地之建立，俾使英國空軍可在該地區立足，而成立一保護地中海南部之天幕。在此項天幕之下，海軍及商用船舶能以安全來往。海軍艦隊將能經過四月間在里比反攻之敵軍。

況且此種鍊式基地之建立，對于另一較爲遠大之觀點，頗有價值。德國已有（在作此書時仍有）戰略上之便利以對英倫三島，蓋有自爾維克至比斯開灣構成半圓形之連岸基地圍繞英國也。林白及他人之認爲英國形勢無望者，即以此種被包圍之情況爲其主要之根據材料也。其理論由於彼等未能見到較爲寬大之可能性，純粹化之歐洲係在英國及同盟國空軍之環繞中。除規模大小不同外，歐洲受英國及同盟國包圍與英國被歐洲包圍之形勢並無二致。

在包圍希特拉佔有地帶之步驟上，英人之奪取非洲海岸顯屬重要。此又富於空軍戰略思想者之所以假定未來之征服者必須熱烈進行，將非洲海岸變爲空軍核堡以對軸心者也。在該區域內彼等所估有對付納粹歐洲之地位與德國在歐洲西北估有對英之形勢相同。

但吾等作此項假定時，並未計及富有保守主義及海軍思想之領袖所已有之地中海上戰略。德人在反攻時，依吾人所見到者，發現該處之天空未受保護，海軍艦隊橫被排除，道路上之障碍被清除直至陸上之皇家空軍可由蘇彝士區之基地再行發生功用之處為止。

此外英人在東地中海之北部，已另犯成一種大錯，同樣可以反射其對於舊式海軍戰略之頑强信賴。余所欲提出者為彼等未能準備克特島而使之有健全之空防。依照空軍之見地，此為基本而不可少者。遠在克島戰爭以前數月，於一九四〇年十一月十一日，余曾書云：

「以往所有關於控制地中海之討論皆旋轉於直布羅陀，馬爾他，海法，與亞力山大等地之周圍。但空軍在此有有決定性之戰役展開時又將修正已經採用之舊式世界戰略圖矣，例如以前提到克里特島之處極少。然而在今日，位於希臘東南之該島，則似已為爭取地中海上霸之樞紐矣。決定性之戰爭在此間可以形成。察看地圖者可發現何以克里特島，在往昔為一無關重要之島嶼，而經過空軍之目光以後，遂變為地中海整個東半部之合理控制中心也。」

軸心顯然必須爭取克島。任何國家，如在此島上有良好之根據地，皆可保持有一種不可征服之天空頂蓋，使敵國之船隻在廣大之戰術區域以內不克由其下方通過。

至少從一九四〇年十月二十八日以後，即由意大利攻擊希臘之時起，英人已進入克島。是則彼等已有六月以上之時間可以用壕溝圍護其在島上之飛機——雖有地域上之困難，時間業已充分。空軍戰略家原以為此事業已辦到，然而彼等又差矣。英人仍在其慣於依賴海軍實力之催眠符咒下，極少或全不利用機會建築一空軍之衛城，於可以控制希臘南部及地中海重要區域之處。到底此小島能否為英國海軍之强大砲火所完全遮蔽耶？此項訛誤，由於自動及過分信任海軍能力之悲慘錯失而來，已被證明有害於一九四一年春季中之希臘及克島戰役。

納粹之進攻獨哥斯拉夫及希臘，係與其使用空軍在地中海上向英國海軍挑釁之明顯計劃同時進行者。希特拉在羅馬尼亞及保加利亞之軍事行動，連同在獨哥斯拉夫之政治手腕，當然俱有成就。僅彼納粹兵力距離巴爾幹受害各國之疆界愈趨愈近之際，英國當前有一痛苦而必須解決之問題：即是否應由非洲撤退其陸空有限兵力之一部以應援永可樂觀，甚或已無希望之希臘保衛戰爭是也。

決定保衛希臘或係由於無可避免之政治原因，此乃外人所無權批評者。但由抽象軍事科學之角度作簡單之觀察，此乃戰術方面之錯誤，此種措置未能拯救希臘，反而失去非洲北方之海岸及以兩面空軍夾擊德國之機會。

當時在所謂成立第二戰場上有大量之公意與熱忱。此不過差堪自慰之神仙故事而已。若希臘與獨哥斯拉夫之戰爭可以代表第二戰場，則第一戰場又在何處？對於德國之陸軍，所有在巴爾幹及近東方面之戰事俱屬於一個戰場。至在西歐方面之戰爭，僅有軍事之活動而已。

每人在天性上俱感覺德國實力有被分散之必要。但在當時如欲打破希特拉之堡壘，必須使分者却為納粹之空軍而非陸軍也。巴爾幹之戰並未達成此目的。反而在希臘戰場成立之後，英人將其自身之有限空軍分開。而對於納粹空軍並無重大影響也。

彼等未能將德國相當數目之空軍引出。在進攻巴爾幹之戰役中，德國所用之主要飛機型式與陸軍協同作戰之空軍。此類飛機，除偶爾參加襲擊英倫海峽及英格蘭南部外，一向在凍結之狀態中。故引使參加巴爾幹之戰事，德國對付英倫三島之空軍勢能並未因此而被基本削弱。

由空戰之利點上觀之，構成一種使德空軍分裂之真正第二戰場更加需要。北非原已供給此等機會，但惜已被犧牲於政治之祭壇，或對空軍任務之缺乏認識方面矣。

第四節

德人征服希臘係採用典型之閃電戰術，而又有典型之結局者，幾乎在其他之每一閃電戰上，皆有一間斷之時間使盟國感覺樂觀。以前數次，此種停頓時期係為鞏固其既得之陣地，建設前進機場及補充必需原料之故。其延擱之時期以能補償其空軍短小航程之缺陷為度。

英軍最後退出希臘在一九四一年四月底。在兩星期以上之停止活動以後，在此期間實人當然從事於鞏固其地位以便用空軍攻擊希臘南方之島嶼——遂發動克里特島之戰爭。此次戰役以五月十六日之對該島冒險攻擊開始，嘗被皇家空軍擊落米式飛機一批，四日之後得來傘兵及以滑翔機載運之兵登陸消息。雖在該島周圍集中有大量之海軍防守部隊，此種軍隊仍日由空中傾入。

該島上空之控制權於戰事發生後立即落於納粹之掌握中。倫敦之記載表明在該島上戰鬥機極少退出者，且海軍實力大受敵空軍砲火之損害。邱吉爾先生，以誠實著者，嘗坦白說明其經過。彼云：「我方無空軍因無機場之故。」但在該處有大的海軍實力，可作任何人所可想像及之海空清斷戰爭以作科學之試驗。

余又由個人之卷宗中尋出在了解軍用航空時所作之戰略判定實例數件。在美國仍被輕視而至假樂觀之路上時，余於五月二十七日書云：

『由亞力山大起飛之遠程空軍，及英希兩軍在克利特島上之重大犧牲，可以延緩納粹之征服。但希求由英國海軍補償空中之損失，則注定使人失望。

『在敵對之雙方所有之空軍實力平衡時，若一方另有優勢之海軍，其力量自然因而增加。但海軍若無保護而被迫在強敵空軍轟炸之下作戰，是乃自取滅亡也。』

帶有海軍思想之評論家。在其昏迷的追蹤克里特島戰爭之情勢發展上，不僅錯誤或近於荒唐。事件之動向爲出乎方式以外之戰略思想規章所嚴格禁止者。余猶憶有一無線電分析家甚至斷言德國既控制天空，而英國則控制海面，是兩國之形勢等耳——此猶言一人持一球棒，而另一人持一與球棒之重量約同之來福槍，而此兩人之爭鬥能力相等也。此分析家忽略了海軍船隻尚無充足之空軍保護，徒爲敵人不能自助之目標而已之小節。當戰事進行時，澳大利亞之陸軍部長云：『余深信德國若未享有空軍之便利，此戰爭之結局己早決定矣。』此乃承認在該戰爭區域內雖有獨霸之海軍仍不能敵對方之空軍也。

在六月一日英人承認因空防之缺乏，不得不將該島放棄。據估計，德人曾用飛機一千架，其中包括部隊運輸機，而被擊落者約有二百架之譜，每日郵報會提出當時多數人思想中之問題：『爲何克島又被放棄？吾儕自十一月間即佔有該島。在已往七月中已作何事以致不能免於此次戰爭中防守十二日後之再度撤退?」

尋覓答案之處不遠。英空軍之被消滅，卽因此而致之由克島撤退，俱爲表現美國戰略思想悲哀，而暴露痕跡之事項。克島戰爭所暴露之同樣缺點，幾乎貫通英國在軸心攻擊前面撤退之整個紀錄。此外又因在己確定將被敵國空軍擊敗時，對於舊式海軍力量仍有沾沾自喜的信賴心理。

未能將克里特島變作空軍稜堡之原因並無其他臆定之方法能以解釋。以該島多山爲理由之辯訴不能使人滿意，因其在東地中海鬥爭之結果上有崇高之價値故也。雖然飛機降落場必須在堅固之石塊上鑿成亦頗値得，且亦有充分之時間與人力可以爲之。吾等已有首相之證明，認爲因缺機場之故逐使希特拉迅速的得到制空權。至於該島缺乏機場之原因，英人雖作費力之解釋，似仍不能成立，蓋德人一至希臘及克里特島，隨卽成立英人所未辦到之戰略空軍基地也。是則雙方之區別不在技巧，而在兩個高級指揮官之作戰心理焉。

該島對於空中攻擊不能防禦之事實，苟非係由於軍事目光上之錯誤，卽係由於重大之疏失。英機在素質上之優點已於英國戰中表現無遺。數百噴火機及颶風機或能阻使多倍之納粹機不克接近克里特島，如已往之在英國然。此項數目之飛機應能立時由英倫三島之餘剩數內撥出。

海軍思想及海軍領袖似應立於克里特島悲慘故事之底部。倘若戰勝意國海軍足使英國領袖興高采烈而過分信任海軍，則在愛奧尼亞海，大蘭多及在俄特蘭多等處之海軍勝利更可爲眞實而重要之勝利矣。無論如何，未能鞏重要地點，克里特島於空軍保護之下係由於習慣勝過事理之分析故也。

至少有巡洋艦三艘，防空巡洋艦一艘，及驅逐艦六艘已被擊沉，同時另有其他巡洋艦兩艘，戰艦兩艘及驅逐艦若干艘已受重傷。價值在六千萬鎊以上之海軍已損失或受傷——在經濟上言約等於飛機五千架——在軸心方面祇損失意國之驅逐艦一艘，故在事實上軸心海軍幾乎等於並未參戰。在現代戰爭之歷史中，克里特島將繼續為完全空軍侵略之計哩石。不僅部隊，即補給品，燃料，彈藥，援軍，及其他一切亦均須由空中運送，且整個有關區域俱應在空軍掩護之下。

茲姑稍停而研究此種情況所包含之一切。以克利特島為包括廣大地區戰爭的範本完全合理。除規模上之變化外，吾等已先在克利特島上見到整個空戰之情形，此種情形在有適當之飛機時，可以適用於英國或整個之歐洲。既已取得克利特島及鄰近水面之制空權，希特拉即將該島征服，因彼欲有此島以為進一步活動之根據地，故從島上駐軍手中奪取之。倘彼僅欲消滅之，彼或已利用其空軍獨霸之形勢作有系統之轟炸而使之成為廢墟矣。

克利特島戰事經過中之特殊現象，幾為一般人所一致忽視，是乃航空母艦顯未出現於此次戰爭中也。英國海軍艦隊被召集於此為困難之工作，然而彼等並未擁有其最現代之輔助物，其飛機可使參加動作。此項遺漏實較吾等所知英人在萬分困難中需要空軍支持之情形更為嚴重，英人迫切的需要空軍撐持，甚至將轟炸機改裝為驅逐機而由埃及起飛，拚命的希望稍予以天空之保護。吾等初以為母艦上之驅逐機或能截擊德國之軍部運輸機與滑翔機，而其俯衝轟炸機或能予其防守軍隊之支持如同徒卡機之支持德方攻擊部隊然。既然缺乏陸上之基地，其次一最好之辦法似當利用其浮漂基地至最大之限度。

但此項浮漂基地未被利用。何哉？因此北海中之經驗，益以顯赫號在西西里海峽之經驗，已使英國知艦上飛機若與陸上飛機對敵，等於自殺；且母艦之本身若駛入敵陸上飛機之航程以內，是自行暴露於大不幸之前也。在航空時代中，英國海軍不能利用其航空附屬品。由此可知除在敵方強有力之陸上空軍所能達到之區域以外，美國海軍亦將不克利用航空附屬物品也。

德人在克島之成就被廣泛而錯誤的傳播為攻取英倫三島之試驗或預演。關於此點有多數無意識之著作。實際上，納粹在克島上學到每一空軍軍人所習知者——即消滅敵國防守空軍為隔水有效侵略之第一條件是也。德國宣傳部利用大乘在戰略上之無知，而稱克利特島可以證明在短時期內，同樣事件將要加諸英國。此事激起英人恐懼侵略之新波浪，結果使可用於其他戰場之陸空部隊與補給品被隱藏於英國本土。

德國軍事領袖當未參與戈培爾部分之信念。其所知者為德國在地中海上之勝利，已重新證明控制天空為隔水侵略之第一步。德國能在英國強大海軍反抗之下克服希屬海島因有制空權之故也。此亦以前希圖攻英未成之顯明原因。制空權一旦強固，征服之方法即由佔有天空者自由處置矣。

使英希兩國有空軍可以防守克島，納粹無疑的已被阻止。海軍之集中由是可以供給一種額外的效用。因無此種空軍保護，故戰爭自始即行失敗。在另一方面言之，即使海軍部使其所有船隻一律參加此次戰役，結果亦不致有何不同之處也。

在帶有土地之軍事思想中，整個之克利特島戰爭為不可理解之事。所包含之新關係出乎其思想所及之範圍以外，而其昏迷情況可由其不自然之解釋及其怨言上見之。此種昏迷慌亂之情形，特別在美國，可以見到。該處由官家灌輸思想之海軍宣傳甚至將克島之失敗歸咎於英國獨立的空軍。其歸咎之要點——用意在使人不信任美國空軍獨立之意見——乃爲皇家空軍未能給予有效之支持，而其原因則爲未能與海軍協同動作之故云。

空海兩軍密切的協同不見得能更變機械上的事實，近東方面可用的駐非少數戰鬥機缺少可以在三百英哩或較多哩數以外之戰場上作戰之能需。况且所言之協同缺之，適與邱吉爾先生當時在下議院中所報告之戰爭現實景況相反：

彼宣稱：「各方面之合作與協同已進行達於高點。在開羅之空軍指揮官與總司令同處一室：……。所有問題無不會同作縝密之研究者。」

爾又宣稱：「決定爲保衛克島而作戰時，原已充分明悉祇有極少限度之空軍支持力。余實負該項決定之全部責任。」

海軍宣傳家發言，希圖扭歪此種事實，以作反對空軍獨立之辯論材料，實屬極端缺乏理智。畢竟機場及機件之缺乏係由何人之管理使然，已屬無關重要。海軍宣傳未能命中克島戰爭之核心：海軍戰略在敵與實空中武力可達到區域內之失敗。

對於吾空軍人員，克島代表一種標準戰爭。在該次戰爭中，新軍事秩序已達成效果。此戰連同我國之戰已表現空軍戰略上各種基本要點。該項戰爭可因較好之裝備而加大或加强，但其基本之輪廓與原理大致將保持不變。該兩次戰爭已證明純粹空戰之真實性，是爲吾等時代中之征服及勝利之基本成分。克利特島不但表明空軍為一直接之打擊力，且又為一自足之軍事實力，惟一能單獨作戰，于陸海軍以強有力之支持，且能在戰爭作最迅速之人力與作戰工具之運輸者。

第五節

克島戰爭之教訓及因德國超無畏艦畢斯馬克號之短期生存及在一九四一年五月二十七日被擊沉沒而增多。倘使此種事件之戰略的教訓能被明瞭，美英海軍在太平洋上與日本開始戰爭時之橫禍或可免避。在畢斯馬克之悲劇上，英德兩方貢獻了價值數百萬鎊之裝備及數千人之生命，幾乎為在空軍新時代中作一海上戰爭之研究與實驗。

空軍於該役之雙方俱佔主要之地位，已為大衆所公認，但對於空軍參加該役之深長意義，尚無充分有力之說明。吾等應能回憶畢斯馬克離開其在荷蘭國卑爾根之窩巢，最初係皇家空軍發現。因使英人能展開其海軍實力以圖窮追此納粹戰艦。苟無空軍之遠程偵察，畢斯馬克在被發現追及以前，或易擊沉英國船隻數十萬噸；抑或最後活動而為日本海軍實力之有效增加焉。

實際之鬥爭開始於丹麥海峽，在該處之戰事以胡德（Hood）號戰艦被毀而止。該次戰爭係忠於海軍之光榮傳統的典型舊式海戰。砲為砲，甲為甲，而僥倖命中亦為僥倖命中也。僥倖命中而沉胡德正與在傑特蘭之僥倖命中而結束戰艦多艘及其他標準海戰相同。

在胡德之不幸消息傳出以後，頑固之海軍說明者立即予以重視，而認為此乃依照海軍科書中慣有規章之正規海戰。但彼等言之似覺過早矣。

擊沉胡德後，畢斯馬克立即不見。因有速率上之利點，此艦通常可以閃避其敵，得到安全，而繼續爲害於護送船隻。但皇家空軍海岸巡察部隊之遠程飛機曾截擊此德國無畏艦，以後並由空中投彈攻擊之。皇家空軍追及畢斯馬克之處約在布勒斯特以西五百五十英哩，而該艦沉入大西洋底則在布勒斯特西四百英哩處。可見畢斯馬克被英機追趕轟炸者有一百五十英哩之距離，而至此艦變作不能自衛的廢棄狀態爲止。此時英艦駛近廝殺。其實苟在鄰近海面雖無海軍可爲呼應，轟炸及魚雷襲擊已能結束其任務。戰艦既已失去作用，其最後之處置問題似已比較不甚重要矣。

統觀在此次消滅畢斯馬克之戰爭上，英國海軍僅處於輔佐之地位，而對敵將已被空軍擊毀之敵艦作一最後之處置耳。在德方，惟一之重要大報復爲在最後之奮爭中以空軍擊毀馬雄納（Ma-shona）號，總之，由於距離及整個事件突然發生之原因，祇有不充分之空軍可以應付空前大集中之海軍。

在此一工作上，担任主要任務者爲海軍所屬之空中武力，以母艦爲基地之空軍。他項事實已證及前上斷言現代化之海軍，即附有飛機者，顯爲解決海戰問題最好實力者之根據。其實一旦明瞭大凡艦上空軍所能担任之工作陸上空軍無不能更有效的辦到，則上言之推論自將崩潰矣。由陸上起飛之魚雷機顯然較甲板上起飛時須受各種阻礙者能攜帶更大而更能致命之魚雷載量。發現畢斯馬克之飛機若裝有魚雷，彼等實能於當時當地打擊之。惟其缺少足用之航程始需母艦式之浮漂基地。

畢斯馬克既已確候轟炸（英國海軍在此次戰爭中畢竟少有對於移動目標練習之機會）此艦

之生命最後並由都斯錫爾（Dorsetshire）號巡洋艦在接近之射程以內施放魚雷兩枚而解決。此項魚雷由艦上飛機或皇家空軍之海岸巡察飛機放射固亦同樣容易。其所以將此項榮譽工作委之於海軍者純以職掌關係，並非由於空軍不克達成同一效果也。既為海軍之炫飾機會，皇家空軍祇可謙居其後。

吾等所應注意者，英國海軍曾可歸的犧牲一湊巧機會，以證：實空中轟炸是否可如空軍熱心家所希望擊沉最現代式之戰艦，當畢斯馬克已被空軍攻擊削弱至廢棄之情形時，該艦可為助使解決以前多所爭論之問題的方確正標。所得之答案對於未來戰爭之指揮管理有極端之重要性。

此項機會已被拋棄。敵無畏艦仍係以例行及傳統之辦法解決——幾令人疑為欲使戰艦不可克服之神話永續，藉以打擊空軍者。不幸該項神話之擊破工作已被以威爾士親王及却敵號兩戰艦及其他美國船隻之代價委於日本。

太平洋上之悲劇是否已能洞穿自滿的保守主義之牆壁至今仍不明瞭。

第五章　佔有方式或消滅方式兩種戰爭

第一節

戰爭之法，亘數世紀而不變，可以反映戰爭之器具，並無多少之變更。戰爭之範圍，及戰爭之激烈，與日俱增，戰爭之破壞力，亦逐漸增進，然作戰之根本方式，則未有任何變更。在每次戰爭總有一前線，而在此前線，則兩軍竭力相撲，以求得土地之佔領，同時則有包圍封鎖之輔助戰略，以期斷其接濟而使之沮喪。

是種作戰方法，為人所深悉，儼然一成不變。在一九一八年後世界各國彷傚採此成法為軍事之預備，耗數百萬金錢以構成鋼骨水泥之防線，本十分信賴心以建設強大之海軍，即以航空隸之納粹雖以新式武器已具規模，然亦未能超越逐步作戰之成規，而更為大規模之航空建設。

學戰史者知戰鬥之方法及目的，代有變更。在洪荒初闢之期，則以力互相角勝，稍後則代以刀棍，又後在遠距離即可以投石射箭制死敵人，最後則發明火器，更使交戰者之距離愈遠。

在某一時代，被殺之敵人懸其首級，以示勝利。另一時代，則擒敵而奴畜之。被戰勝之國，則屈為奴隸，或解其甲兵使之納貢稱藩。演至近世，除包圍封鎖政策足以制敵者外勢必須先佔領敵人邊境，繼續向腹地進攻，先之以陸海軍為前驅，繼則佔據敵人土地，是即國與國間交手搏戰之變相，直至空軍發展，能從空中任擊敵人之某一區域，始打破水陸進攻之限制。

自空中武力使用以後，其眞正事實所表現者，卽使一國家對於敵人所加武力之範圍擴大，且能隨其意旨毀壞敵人任何區域。從某一方面而論；現代之空軍能增強舊式戰爭之力量，使之易於侵佔土地；而在另一方面而論，可發動全面戰爭，使敵人難以支持，不待步步進攻始將敵人屈服。有空軍之戰爭與無空軍之戰爭雖其中變化甚多，而兩種戰爭最終之目的，均爲解除敵人武裝。在無空軍之時，解除敵人武裝，則端恃陸軍，海軍則作運輸之工具；而有空軍以後，人類戰爭已改變方式，卽直接以空中武力逕行解除敵人武裝，換言之，卽毀滅敵人據以爲作戰之淵源，卽無異自敵人手中擊落其武器。

空軍全能旣經展開而後，第一所待解決之問題卽攻擊者志在佔領敵國，抑消滅敵人經濟及政治因素。如此在戰爭進行中卽可決定戰爭目的在摧毀敵人抑係生擒敵人，猶之獵者欲遙射殺獵品或設陷阱以生擒獵品者相似。

在敵人境上得到制空權後，則該境之處置，可由攻擊者爲所欲爲，或以爲消滅其國家在世界之地位，較諸實際征服其國家爲迅速，則應取消滅方法，或以爲保全敵土上之資源，而歸爲己用，則宜取佔有方法。

對於文化較深國家意識較重之人民，則應取消滅主義，縱以此種人民不甘受戰敗生活而屈以求和。文化落後之人民，習於武力統治之下，國家民族意識薄弱，易於屈服並易於合作。故進步民族常有死灰復燃之危險。因之攻擊者宜儘可能根本消滅其工業，使之不易復起。

工業國家，為最易受全面破壞戰爭之國家。詳論已見前述，至於中國抗戰所以能抵禦日本空襲之一部神總原因，即中國社會經濟生活簡單，非似機械時代之社會經濟複雜容易摧毀。中國社會非由電力及機械工業之所合成。僅以農立國，每一區域多少可以自給，可能轟炸目標，徧布全國，非若英，德，美等之集中數處，故從空中作全面戰以襲擊工業尚未發展之國家，則著效甚微。是以現代最新之兵器，攻擊最新文化之區域，特別著有成效。機械時代之國家，既容易由空中襲擊使之崩潰，自應取殲滅戰方法。

美國為世界最工業化區域，即為最易受空襲破壞之地，若依其版圖龐大而論，則不免發生空襲無害之幻思，其實空襲重要目標，僅集中於數點。例如欲殺害人之身體者不必使其全身徧着鎗彈，僅擊其致命部分及神經中樞，則全身即無能為力。依是而論，工業及電力薈萃之區，即為國家托命所在，一經消滅，全部機能消失。例如的特羅特毀滅，則英國自動車工業消失，即影響於機械化部隊，哈特佛德怕特森印的那波立斯以及歐亥歐省之科侖布斯一經消滅，則航空發動機無由製出，而空中武力皆受其影響，將來吾等敵人空中計劃必將不惜絕大犧牲，以求消滅此等經濟區域。工業集中為現代文明之所需要，然依空中武力之襲擊觀察，對於一國之安全，則大為可慮，依一國安全起見，工業自以疏散為宜。在今日情況之下，美國完全代表空襲目標，敵人正欲任美國空襲，使其一噸炸彈，發生較大之効力，不願投擲同量炸彈，發生較小之効力。

上述理論，似嫌空虛，且為全體軍學著作者之所忽略，然目前世界戰爭，迴有此種理論實例。在英德戰役，則為消滅戰。不論英國之工業及交通如何發達，希特勒則不欲佔有而欲消滅，蓋可亂平英國之經濟機構，不願攫取以資利用。緣希特勒明知不能奴隸英民獲其資源，如加諸歐洲小國及歐洲殖民地者，故必須完全消滅其工業機構，使之一蹶難以復振。

反之英國對於德國亦然，英國之目的亦欲毀滅德國經濟而不願取而佔有：緣以在上次大戰而後，因德國工業核心尚爲存在，致被擊敗之德國，迅能恢復國力，此種覆轍，萬難再爲漠視。

納粹雖欲毀滅英國，然猶未眞正認識毀滅之可能性，致未預備毀滅工作，仍企圖同時使用舊時戰爭：以佔領英國，截至目前，納粹已深識有適宜兵器將消滅英倫三島，凡昔日存羅特坦，卡文特電及背里格來得所用之全面戰爭，亦將施諸不列顛矣。

當一國之天空已被佔領，所有在該天空下之各物各事，均爲空中武力下所支配，在此種情勢之下，決無理由將有成効無抵抗之空中襲擊反置之不用，而施以機械化部隊之攻擊。此種大規模消滅戰爭，如以地面軍隊行之，則將目爲汪爾達氏民族野蠻之行徑；而以空襲行之，反覺手段之溫和。再立體封鎖既能隔斷外面之接觸，又能摧毀內部之經濟及交通，此種封鎖政策可以長期實施。僅取得制空權者，欲保留地面之資源及人力以爲己用時，始可能以陸海空聯合進攻以佔領其土地。

第二節

德人佔領挪、荷、比、法及巴爾幹第一用意，即欲取得空軍根據地以攻擊最大之敵人不列顛及斷其地中海之生命綫。故各該國之資源，雖爲德國之所需用；然以戰術上取得空軍根據地爲最前提，不惜任何破壞各該區以求達其目的。

蘇德戰爭對於另一問題，正與前適相反，其中固然含有若干政治目的，希特勒僅欲推翻蘇聯政府，以免世界受布爾希維克主義之波及，而其最大目的，仍在欲取得蘇聯天然之資源及大規模工業之機構，蓋納粹需要礦產，石油，其他原料以及糧食俾爲繼續進行作戰之需。希黨諸人意或相信，以爲蘇聯工業如入德人手中，必較在蘇聯手下之出品爲多。故德人欲生擒此熊，繼續令其工作。因之德人所取戰爭方法，極力避免破壞蘇聯之經濟機構。當德人不遺餘力轟炸蘇聯武裝部隊之時，而工廠港口以及其他有用目標仍在審慎豁免之列，此蘇聯南部敖得薩之港口設備以及北部列寧格勒雖受包圍，然從未受全面嚴重之空襲，直至最後此種減少消滅政策失敗，始攻擊此種特用之目標。總之希特勒未採用普通轟炸戰略，祇獨於軍隊作戰前進之路遇有戰備阻礙，始施行轟炸，此種辦法，皆由於希特勒不但欲打倒蘇聯且欲蘇聯之資源，儘量完全無缺，以便爲立刻積極之開發利用。

在如此蘇聯戰爭中，空中武力既因迂迴使用，故德國之空軍亦非前此在荷，比，法，境担任重要任務。

蘇聯答復德國之攻擊，則爲焦土政策，是爲蘇德戰爭以後史達林之所宣言，在其他各國防衛最善之法，則爲最激烈攻擊，然在俄國全部歷史之防禦戰略，則爲自行破壞，在一八一二年沿拿破崙進攻之路，城城破毀，直至火燒莫斯科爲止，故此次亦沿用成法以抗拒納粹，使進犯國獲者無經濟上之收獲。

希特勒利用此焦土政策，以迅速移動軍隊，以包圍此重要區域。大抵在前方之攻擊，絕對有十分可能使敵人有逃避機會。此撤退之部隊，即可使已棄置之區域變成焦土，而當地民衆，亦可在攻擊者未至之前，收拾所有而去。反之如無撤退之路，則不能十分破壞，緣以被困之部隊，既無外路可逃，絕不能破壞所在之區域，而適以自困。而一般民衆既無法脫圍，亦不能破壞自己房屋食物。

納粹攻擊斯摩稜斯克及其他數城時，以各該數城比較非軍略重要地點，及非重大工業所在地，或不適用於包圍政策，故採用直前攻擊，而在其他各處，則取包圍方法，以抵制此焦土政策。是以德人佔有宣言之日，常與蘇聯承認陷落之時，屢不一致。在納粹包圍一城之始，即認爲工作已經完成，而在蘇聯須至該城實際陷落，始行承認失敗。

納粹之攻擊英國爲消滅式戰爭，惟以德人之罕見預備未能充實，祇可謂之消極消滅戰爭，納粹之攻擊蘇聯爲佔有式戰爭。此兩種方式戰爭，並未被一般舊式軍事學家之所公認，惟余意此兩種方式戰爭之分別，將在此後戰爭進行中佔有重要地位，而在今日以後亦因此兩種方式戰爭之分別對於航空設備發展，有極深之影響。

一國之秉國防大政者，應著是新穎思想。不能配合戰略與武器，則該國武力，難隨新趨勢而進展，佔有方式戰爭須地面軍隊，須配合地面軍隊之空軍，而空中武力，須附屬於地面軍隊，而不能活動自由，至於消滅戰爭，則與佔有戰爭大異。此時空中武力，利用其長距，攻擊能力及交戰能力，居於首要甚至惟一動作之地位。

佔有方式戰爭，顯然實施較難，消耗人力較多，而施行佔有方式戰爭之國家，亦較爲冒險，緣以進攻者之困難，隨被攻者版圖之擴大及戰場離最初根據地愈遠而增加，希特勒部隊跋涉山川深入敵境，因之交通路線過長，運輸不便，結果納粹困難，日漸增加。故我方僅念及佔有戰爭之運輸計劃者，對於此點不容忽視，緣以敵人據地，攝布全境，如有佔有方式戰爭，則所需之供給線及保護供給線之法，必較德國攻擊蘇聯深入蘇聯內地之路線尤長而保護方法尤困難也。

余執筆此際，德人已佔有蘇聯大部分財富，即使德人未能全部佔有，彼等亦希望竭力維持已得之資源，以充實軍用，設不能維持佔有區域，不得不退出時，則德人亦將席捲而去，不留餘物以資蘇聯，至於不能席捲者，必將盡力破壞，故軍隊撤退有如潮水下落，所有路上留存之物必將洗淨無餘，因之已被佔有之區，即無須空炸破壞，蓋此等工作，將付諸撤退之軍隊也。

在風勢已轉吾人反攻之際，則佔有方式及消滅方式戰爭之區別，全然泯滅，德人在退出羅斯多夫及被逐出莫斯科中區以外之時，盡力破壞所有資產，換言之，在攻擊者撤退之際，佔有戰爭即自動變爲消滅戰爭矣。

第三節

蘇德戰爭規模給予納粹統帥一特別戰術問題，此種戰術，難以在其他國家之小戰場，所能實施者，在普通一般人士以爲大戰場之戰術，即由小戰場之戰術所積成。其實決非如此，有時大戰場戰術原理，完全與小戰場者不同，閃擊戰術用於似蘇聯遼濶廣大之區域，則德國飛機縱遼遠乎其徵矣。

最顯著者，德國着手蘇聯，相信可以速戰速決，此種企圖係半由於一九三九至一九四〇年冬季蘇芬戰役中蘇聯之表現結果而致。不過在蘇芬戰役中有一種因素，納粹應予注意而未注意，此種因素爲何，即蘇聯一般員兵之戰鬥性質及樂於爲國效命，試看紅軍前仆後繼，師復一師，蘇軍傷亡枕藉，芬人爲之窒息，試看蘇軍死於砲火之下者不知凡幾，芬軍砲口爲之灼紅而不能用，然蘇軍猶湧進向前，終至壓倒芬軍。

蘇聯即以此種抗戰精神，不惜性命，不惜器材，以阻滯德國機械較優之飛機，再則德軍跋涉於步步抵抗之中，而在蘇聯區域內又極少油料及其他補給可以尋覓，非若比法等境內，交通甚便，公路中間，均有汽車廠，汽油站，修理所可資利用，俾德國機械化部隊可以便利通行，至於蘇聯，則無此等便利資敵，半由於焦土政策之所使然，半由於摩托運輸尚覺落後，故進攻之人必須攜帶汽油，備分機件，修理器具以及其他需用之物。

在東線戰爭初起之際，德國極抱樂觀，以爲空軍優於蘇聯。在蘇聯之空軍數目，則與敵相埒，惟納粹飛機大多速度較大，各種飛機均依戰術分配均衡，而後方組織亦較優越，蘇聯飛機笨重。大多數爲載多量炸彈之平飛轟炸機，此種飛機欲抵抗德國速度敏捷之機械化部隊，誠屬無用。蓋蘇聯所需以防禦之飛機爲快速及運輸靈敏之戰鬥機及俯衝轟炸機，而蘇聯此種飛機較諸德國實有相形見絀之勢。

蘇聯航空最大困難即爲航空發動機，仍由於蘇聯工業缺乏經驗所致，有發動機模型得自美國，及至在蘇聯依式製出之際，而美國已經不用此種發動機，不過劣式發動機對於重轟炸機，不發生極大影響，終以重轟炸機可添裝發動機，以增加其總馬力，例如在他國與蘇聯同樣之轟炸機，僅裝發動機四架，而在蘇聯則裝置六架，再則轟炸機以油，彈，載量及防衛火力為最重要事項，至於速度稍減，亦不實際影響轟炸之戰術問題。至於驅逐機則以一發動機於戰術上效能為最大，如發動機一有缺欠則阻礙甚多，在蘇聯固然有優良MIG 3戰鬥機，有一千三百馬力發動機及強大武備，較諸英國噴火式飛機猶勝，然以此種武器無多，仍不能在蘇聯空軍中為適宜均衡分配。

德國用於波蘭作戰計劃，係以空軍優勢與地面聯合作戰，在蘇德戰爭初期，德國亦使用此法，致進展極速。惟須知此種優勢，祇在於戰爭迅速進行。如一經沉寂，則空中優勢毫無，此在蘇聯廣大版圖中屢次遇見之事實。

總之，閃擊戰之步驟，在初期則使用空軍以取得制空權，用驅逐機以消滅敵人空中之飛機，用俯衛及平飛轟炸機，並用驅逐機保護，以消滅敵人地上之飛機，一俟制空已經獲得，機械化部隊即隨俯衛轟炸機所開道路而向前邁進，因之地面部隊即得空軍之助，作最後掃蕩工作，及巡視已佔領區域。

然有一事須應為記憶者，制空權每因飛機之有效航距而受限制，飛機力量所能及之限制與拳師之打拳限制相似，德國平飛轟炸機有較長航距，於大西洋戰役，已有顯明之表示，至於與地面部隊聯合作戰之戰鬥機及轟炸機，在目前平均有效航距不超過二百哩。

如是納粹之空中優勢，達於距離根據地二百哩之處，即已完畢，在所有各戰場中，此種情形頗為顯著，總在每隔二百哩之處，閃擊戰即告沉寂，所有關於閃擊戰之方法，均可循此徑推求。地面坦克部隊及其他部隊既須受空軍掩護以前進，是即地面所有部隊之前進限度，亦將與空軍相同，達此限制，戰事即告一段落，此所以在每次大規模閃擊戰之後，即有反觸心障礙所希望之一度沉寂。

在攻擊者已處於協同空軍不能達到之地位時，即須停止攻擊再設新根據地，此種建設中包含新飛站，交通線，修理廠，汽油，軍械等事，一俟此新建設布置就緒，攻擊者始能作第二次之前進，故閃擊戰並非若一般人士想像繼續不斷之前進，其實為乍起乍伏有如脈搏之跳動，故在每一暫時停止期間，均可使被攻擊者一顯身手。

自此次戰爭爆發以還，德國因飛機航距之限制，不得不為屢次閃擊之休止，俾便根據地向前移動，而為下一次之攻擊，在挪威，英國能控制德國空軍航距以外之海岸區域，然此控制期間，僅有數周，在此數周之內，德國即向前移動根據地，如是依次前進，最後極北之那威克，英國亦被逐出而不能立足。

在法國情形亦復相似，納粹前進止於海峽，深思之士即謂此戰爭之暫時沉寂，即為將來推進之預備，巴爾幹之德國軍事動作，亦同樣受飛機航距之限制，設納粹能自其國內根據地直接攻擊英國地中海之生命線，則可飛越中間各國國境，而南斯拉夫當或能如瑞士保持中立。

惟是此前進根據地，既成為攻擊之踏脚石，故德國不惜以外交或武力為取奪之具，有時以外交為偽裝，而暗中即集結大軍努力建築交通線，以備軍事上之活動，德國用兵希臘進攻克里特島所要時間，即爲在希臘兩岸建築根據地之需。

歐洲各國版圖較小，閃擊戰之起伏不過，一二次二百哩之閃擊戰，即可吞併一國，如在歐洲各處道路，航站，以及其他補給之地，隨處可得，故每一閃擊戰後停頓之時間亦短。

蘇聯地土廣大，有如一種大天幕，閃擊戰在此廣大天幕上之起伏顯然可見，無吞併，此之閃擊戰，用於蘇聯之大熊，則不當小小嚙食。緣以蘇聯各地尚未臻近代化，建設根據地，準備補給，伸展交通路線，均爲十分困難及消耗時日之事。

閃擊戰因飛機航距限制所發生之缺點，在蘇聯戰場極爲明顯，每逢德國制空停止，動力戰即變爲靜力戰，而德國之優勢亦暫時告終。故在小戰場之戰略用於版圖若蘇聯之區域，則不適宜。且若蘇聯之決心抗戰，即可利用此靜止時期開始反攻，以攫取射擊者之根據地建設，因之德國被迫使用舊式戰法，甚至在某某地點與第一次大戰時壕溝戰爭無異。

在壕溝戰時期空軍保護，已失空運之正常效力，緣以飛機已在最高航距作戰，離根據地及油料供給處所過遠，飛機必須折回以求補給，而作戰即因之而受限制。且油料缺乏則坦克車及機械化部隊亦無法活動，此種停止之坦克車，即變爲砲隊及轟炸機之好目標，然之在驅逐機最高航距時之制空，已有不能確切制空之勢。

在波蘭及西歐之閃擊戰，爲適宜佔有方式戰爭之法。若以此種方法用於全面破壞戰爭，則爲不經濟且無此需要。蓋在全面破壞戰爭初步工作，僅僅在取得制空權已足。凡攻擊者在地面之設備如果不足，不能利用空中之初期勝利，則自動入於消滅方式戰爭。故德國在東西兩戰場所用之閃擊戰而勝負各有不同者，即知所用戰略及戰術不能因時制宜，而此亦可爲世界各國所鑑戒，如何善用航空有效方法已。

第四節

設德國在美國之南，取得進攻之階梯或藉第五縱隊之力，取得拉丁美洲區域，則美國將用武力制止此種進攻，彼時將取佔有方法，陸海空聯合作戰。在美國之目的，將儘可能使用破壞戰術達於極小限度，以暫時佔有鄰邦之區域。

余所以敍及此者，以此種事變，當有可能發生，以目前美國所用之戰略，應付此等事變，亦屬相宜。不過此種事變，僅爲戰爭大問題中之附屬問題而已。若以應付此種事變之戰略，施於世界戰爭大問題之下，則生命物資必將損耗至鉅，雖徼倖不致失敗，然亦有不能實施成功之勢。

美國國防組織，雖可以應付附屬問題，然若應付此次戰爭之主要實際問題，則似有未可，緣應付此次主要戰爭問題，勢須派遣遠征軍隊，如我方已有適宜之遠距離空軍力量，則可無須派遣遠征陸軍，即可以較小之費用而確切解決戰爭上各種問題，蓋能以消滅戰略可解決之問題，而以佔有戰略解決者，則殊爲不智，派遣遠征軍，亦不過爲缺少長距離空軍力量時一種救濟之法而已。

現在以太平洋戰爭，爲上述理論之證明，日本與聯合國作戰，大都取佔有方式，例如在中國戰場，日本欲佔有土地攫得資源，而在南洋羣島方面亦意在取得油料橡皮，及其他重要資源，同時亦欲佔有土地，以爲立足之根據地，反觀聯合國方面，則戰爭性質，迥然不同，在日本國境之內，聯合國無所需要之物資，而亦不欲征服佔領其土地，我方所需者，僅欲消滅日本之威脅而已，因之此次戰爭計劃，須依消滅戰爭方法而決定爲宜，惟現在美方之根本戰略仍泥於派遣強大之遠征陸軍，及信仰無畏艦之威力，既不切實際，而且含有危險性質。

美國與日本比較，美國在開始卽佔有戰略上之優勢，緣以美國開始卽以消滅日本勢力爲事，而不欲佔領日本之土地，至於美國如何利用此種優勢，取得勝利，則視美國能否早爲利用此空中武器爲斷。

在太平洋戰爭爆發後數星期中，美國所採取基本戰略，已有人認爲不當，迨後不久，一般人亦知美國捨機械上優點而不用，而在浩浩大洋之戰場內，以人與人相拚，以船與船相抗，實爲合理之戰略，蓋在此種情勢之下，日本已佔有內線作戰之利。

設美國戰略能根據強大之空軍威力，以爲計劃，則美國應付日本之戰略，應卽立刻出動飛機轟炸日本本土及其周圍領海，此時阿拉斯加卽可用爲航空之堅固根據地，該處資源人力，均可直接採選，以備空軍之用，不致有匱乏之虞，如此日本本土將有不斷受空中攻擊之勢。

猶憶在一九二九年前米歇爾將軍曾著書論及阿拉斯加全爲太平洋之樞紐，無論在商業及軍事方面，美國均可從阿拉斯加進入亞洲各處。

余曾親與米歇爾將軍討論此事，米氏之見解完全可以歷史證明，而在今日機械上之能力觀察，則米氏一九二九年關於航空之論說，對於目前戰局，更覺有無窮之印象，彼時米氏曾著一文，其結論：

「總之，余敢作預言。空中武力爲保衛太平洋之決定因素，無空中武力，欲求抵抗敵人，保衞我屬地，保衛我國家，必有從屬之機。

在此次太平洋戰役中，雙方海軍儼成鷸蚌趨勢，將日益顯明。苟兩方海軍發生接觸則已，否則將被此空中襲擊或海面襲擊直至大部殲滅而後止。而在中間之飛機降落場凡在敵人航空線根據地之距離以內者，必需一一受轟炸破壞，此時海軍既無法保護前進降落場，而前進降落場亦不能供適宜之裝備及充分之供給，使得有足夠之力量以抵抗敵機從根據地而來之空襲。

假使海軍當局最樂觀理想可能實現，日本海軍完全被殲，而戰爭絕對不能中止，潰在已往時代，美國軍隊即可駛近日本海岸佔領沿海各地，而居於現在時代，則美國之空軍將被日本空軍限於海岸之外，在已往時代，此得勝之海軍可控制窄狹海峽，以封鎖日本與亞洲大陸之交通路線，而居於現在時代，此得勝之海軍絕不敢冒險深入，有在本陸地起飛之飛機所能保護之海面，亦猶之英國海軍不敢冒險深入，有德國陸地起飛飛機所能保護之海面。

在美國海軍得勝後，則美海軍之力或能為一部之外而封鎖，然其效力亦等於歐戰英對德斷絕供給日本之資源相似，而絕不能以海軍之力截斷日本海岸線之交通，或截斷國內之運輸，或破壞日本經濟中心，緣以如果日本海軍戰敗，則日本處於無海軍情勢之下，多少總與德國相似，蓋德國亦無海軍實力，然獨能控制海岸線及維持歐洲境內之交通。

欲實在戰勝日本，必須藉空中武力為立體之封鎖，必須將日本與大陸相隔之狹窄海面在空中我軍控制之，在太平洋戰爭之經驗，已充分表現依空中武力為根據之戰略，最為適當。因之目前所需要者，為飛機，為空軍組織，為完全屏除海軍偏見之將領，目前依一般人士意識空軍之蓬勃及已往之戰事結果，英國已經改良飛機，使其航程加遠，武裝更爲優越，效能更爲增加，惟關於太平洋戰爭之戰略，美國仍在落伍之列，較諸德國攻擊英國所採取方式，尤有遜色。

總之余等聯合國之目的，係在解除世界上人類和平之威脅，因之聯合國戰略務須以消滅方式戰爭爲依歸，換言之，消滅方式戰爭，即端恃優越空中武力以消滅敵人，設有適當裝備，適當組織，適當計劃之空軍必能迅速完全制空，因之再取得海上自由，陸上優勢，則工作比較簡易。

第六章　聯合國應注意此次戰爭中所獲得之空軍教訓

在歷史過程中，凡有一種新武器發明，必隨之發生新戰術原理，而此新戰術原理，必有某某國家率爲認識而先爲施行，而其他國家則尚在不知不覺之列，證諸歷史，比比皆然，緣此種新戰術原理之發明，亦與其他之發明相似，一新新意識，常與視爲神聖之陳舊思想抵觸，一軍事首領，本應有機警眼光，利用最新手段以爭取勝利，然常囿於傳統觀念，因之固執成見，決不欲根本改變其舊有戰略，俾適合於現代之戰爭。

關於最近戰爭經驗，已約略如前所述，對於航空之優點，縱然所論及者，極爲簡單，而對於軍事之基本眞理，則頗爲明顯。由空中武力所獲得之成功，或不當恃空中武力所致之失敗，均在下文分條敘明，對於已往之教訓不加以注意，則聯合國家所能成就者甚微。是宜對於已往之教訓細心體察，並充分利用所得之經驗，實爲至要。

自一九三九年九月始，所謂新式武器，新式戰略，新式戰術已呈現於吾人眼簾之前，凡能由現在事實以推測將來者，則對於已得之戰事經驗，必能根據之以推測將來戰事之演進。

昔日拿破崙有言「凡欲成大將者，須熟讀歷史，並熟讀各大將如亞歷山大、漢尼巴、愷撒、都侖尼、夫利得立警以及如余拿破崙之戰史」，拿氏之言，並非爲大將者，皆曰抄襲古人之成法，蓋須從已往歷史中所得之教訓經驗，神而明之，以適應新關之局面，若吾人不能體察將來，則過去及現在之歷史，均鑒於吾人無若何裨益。

現在戰爭之教訓，須永誌弗忘，然必須依此教訓為此後戰略之基礎，在此次戰爭初期一二年中希特勒勝利，係由於能使世界愕然震驚其威力，其實希特勒在此次戰爭開始前六年，已細心研究戰爭問題，在一九三三年卽開始模擬一九三九年所用之武器，而計劃戰略與戰術，惜乎彼時吾等之軍事首長，則從未有計及該種戰略與戰術之表示。

現在吾人第一最需要之事項，須十分瞭解此次戰爭中所表現之各種新戰略原則，茲特以淺近扼要之語，將現代空中武力給予吾人最顯著之教訓，分條列舉如下：

（1）不先取得制空，則陸海作戰均不可能。

此種原則現已公認為新戰略中之基本原理，欲抵抗一有空軍能力之敵人，須先取得制空權後，再為地面或海面之戰爭，此種原則不論在大小戰區，不論在河川湖海，均宜首先實施，是以在戰爭之際除非已取得制空而又能維持制空，則一國對於他國之軍事行動絕不能獲得自由。

在前數章，余已曾論及在丹麥，在斯加基拉克，在挪威各處德國如何取得制空，致英國海軍不能展其威力，在法國亦然，納粹取得制空權後，在法軍未戰以前，卽已使之潰敗，致法軍毫無機會表現其勇氣，敦克爾克一役，制空在英人掌內，故英軍能以安全撤退，同樣一九四二年二月德國戰艦沙恩霍斯，格奈西奴，及友金親王號能以從布來思特海港逃出並經過都維爾海峽，亦全賴德國從陸上根據地起飛之飛機為有力之掩護，當時以氣候不良同時又以空軍之奇襲，在時間極為短促之中致英軍驅逐艦不能擊破德國空軍，不能消滅當時之德國空軍優勢，亦不能直接攻擊德國之三戰艦。

在最初利比亞戰役，因英國皇家空軍及由船上飛起之飛機，已經取得制空權壓服義大利劣勢空軍，故英國軍隊得海軍之協同，能以在此役戰勝，待德國空軍馳至，取得空中優勢，英國軍隊卽不得不退至埃及，幸在該處有從總根據地起飛之空軍，加以庇護，故英國軍隊得以駐於埃境，安然無恙，迨後在一九四一年年終之際，英國又在空軍掩護之下，復能反攻至利比亞。

在大西洋戰役，長距離德國飛機曾予英國所倚恃之海洋路綫加以威脅，至後英美兩國在格林蘭及冰洲成立航空根據地，英國空軍與德國空軍在大西洋上空相角逐，同時在商船上安置彈射器使驅逐機可以起飛，並用各種方法以消滅德人之飛機，因之英國所恃之大西洋路線之威脅，得以祛除，是以在海洋戰爭，須依空中之情勢而定，已有如前述各節之明證。

太平洋戰爭之情形，亦毫無例外，如自珍珠港奇襲爲始，威爾斯親王號及却敵號兩船沉沒，直至香港，馬來，東印之淪陷，以及菲利賓英勇抵抗終了爲止，每次戰役之開始，均爲兩方飛機激戰於空海之內，至於軍艦，坦克，以及步兵等之是否能以作戰，完全視各該兵種上空有否優勢空軍或至少有否均勢空軍而定。

凡陸海戰爭之戰場，在敵人空軍距離以內之時，至少最低條件，我方亦須有相當之空中武力，凡不明此旨或妄肆攻擊或胆敢任敵人制空之下遣派陸海軍作戰者，斷不能授以指揮之權或使其計劃現代戰爭之裝備，現在空中武器既能經過海洋飛抵陸海上之任何目標，則本條之基本原理，可在任何戰場實施，總之制空爲陸海戰爭之最重要條件，而一國戰時及平時之威力，亦須以空中武力之强弱爲斷。

（２）海軍已失去戰略攻擊任務

現在在戰略上顯明之事實，即海軍已失去曩日之戰略攻擊任務，而此任務已由空軍取而代之。在已往戰事，軍艦可達於敵國海岸，但時至今日，如敵國保有空中武力，則海軍已難施行此種企圖，縱防衛空軍將不能使軍艦近岸登陸。在海軍方面若位於飛機距離所不能及之區域，處於狹窄海面區域之內，倘能發揮防衛力量，然絕不能似已往情形，可以主動採取攻勢。

現在有無數軍事專家，內中不少有居顯位者，或忠於舊日學說，或害於心地隱昧，仍有否認此種理論者。

若以事實來證明，則英國擁有强大之海軍力量，而不能着手於有軸心空軍之海岸。在戰事初期，英國海軍曾在挪威數處登陸，而此種成功係因軸心空軍尚未達適當距離所致，迨德國空軍根據地一經前移，而英國海軍即被迫撤退。

自此以後戰略攻勢任務，即付諸空軍肩上，須俟空軍已取得制空，艦隊繼之而進，始能有成功希望。若未能取得空中優勢，縱使海軍奇襲倖而登陸，亦將暴露於空軍攻擊之下而致殲滅。凡有主張未至空軍預備成熟時期，而提早登歐洲大陸者，應三復此旨。在聯合國欲登歐洲大陸，亦猶之德國欲登英倫三島，均須視何方保有制空權爲先決條件，此外並無捷徑可循。

英國威爾斯親王號及卻敵號兩艦，欲攻擊有日本空軍保護之日本分遣隊，結果兩艦竟致覆亡，同樣日本軍艦榛名丸亦欲襲助軍隊進攻菲律賓，而結果亦被美國空軍擊沉。迨後日本空軍取得優勢，始能在菲律賓登陸。在威克島，日本在控制該島之前，亦須先消滅美國空軍之勢力。

蒔至今日關於毀滅港口、船塢、海岸砲台，則完全爲空軍之工作而非若昔日由海軍迫負此項任務。蓋昔日海軍之任務，舉其犖犖大者言之，可分爲兩種：一則爲維持我方之海上交通，一則爲封鎖敵人之海上交通，而封鎖敵人之海上交通之完全成功，必須毀滅敵人之海上運輸船隻，及毀壞敵人海軍總根據地之各種設備。惟在現代戰爭，軍艦既不能接近敵人海岸，因之毀壞敵人海軍總根據地，須完全爲空軍之任務。

在西歐海岸，自那威克至比斯開灣，綿延甚長，中間布滿各重要港口，潛艇根據地，乾船渠貨棧，工廠等，且均無德國海軍防衛，然英國海軍絕不能控制此綿長之海岸。英國對於此種區域之攻擊，則完全付諸英國皇家空軍之手。同樣納粹欲攻擊英國港口及沿岸砲台，亦均由德國空軍攻擊。

在昔日海軍艦隊鼓輪直進，迫近敵岸，以攝伏敵人，而在今日已成歷史陳蹟，在現代戰爭，軍艦前進，必須有從陸上根據地起飛之飛機，爲强有力之掩護，且能否繼續前進，亦需視此掩護空軍之力，能否抵抗敵人空軍爲斷。

在此次戰爭中，海軍亦常單獨建立戰功。有如昔日海軍作戰之方式，如殺特藍陀海峽之役，緣孫亞之役，布里斯特之役，均屬此例。然而此種海軍戰役，益證明新式戰略之錯誤，總以近上述各役中，海軍祇在無敵人空軍情勢之下，偶爾奇襲，襲擊即去者。

總之，今日欲企圖佔有敵人之海岸綫，及作主動之攻擊，則實爲空軍而非海軍之任務。

（8）對於敵國爲空軍之任務、

英國對於往昔由海軍封鎖之任務現已由空軍取而代之之原理，已由艱難經驗中得到相當之認識，德國無一艦隊，然能嚴重阻止英國之供給綫。距愛爾蘭西岸數百哩之處，即爲截擊英國之軍艦及商船，如潛艇轟炸及戰鬥飛機之航程，再爲增加，則對於英國供給綫之威脅，益形嚴重。惟一取消威脅之法，亦祇有以空軍抵抗而已。

凡多少依賴海外貿易之國家，必須確實認識空中封鎖，不但爲可能之事實，且爲封鎖方法中之惟一有效方式。設有足夠數量之飛機，並有相當航距及適宜武裝，必能爲補給綫之毀壞，其毀壞力較諸潛艇力量，當更進一步。

空中封鎖之大機舉，一旦有必需航距，即可破壞海上運輸之兩方終點，例如在英國方面則爲利物浦及倫敦，在美國方面則爲波斯頓及紐約，且兩終點間之距離，亦不能在避免襲擊之列。且尤有進者，飛機速度亦能與潛艇協同，担任指揮潛艇之責。以空中武力作完全封鎖，雖尚未能實現，然在此戰爭中已有此種趨勢，此實爲威脅敵人中之最力者。至於抵制此空中封鎖之法，亦惟有相[?]當空軍是賴。

據納粹統計，在初期毀壞英國軍艦及商船一千三百萬噸中，有三百五十萬噸，約佔全數百分之二十五，爲德國空軍炸毀。德國素以保持潛艇作戰士氣爲準，潛艇作戰成績，絕不能忽略減少移歸於空軍成績之內，德國統計之總數，是否確實，姑不必論，而對於空軍成績之百分率，必當確實無疑。再則上述之總噸數，係經過兩年作戰之統計，在該作戰期中，德國空中封鎖逐漸增強[?]

且其中有數週所擊毀英國船隻噸位，但空中攻擊者居其半數。故在余著書之際，以三分之一之數字，歸於德國空軍，當不爲過。

在一九四一年九月十一日，此種空中封鎖之原則，更爲數字上之證明。猶憶是日羅斯福總統曾作著名廣播，謂美國將致力於海運自由，正在羅氏廣播之際，而德國適在冰洲附近轟擊英國之護送艦。據倫敦公報，三隻被潛艇擊沉，五隻被飛機炸沉，在此損失中，約逾百分之六十，爲飛機之力量所致。推此次損失之由，是均由於腦筋陳舊之軍人，認爲封鎖及反封鎖爲海軍戰略之結果，然事實已證明其言論之謬。

在有長航距飛機，能在大洋上空攻擊商船以前，最好在起終港口裝卸貨物之際，施以攻擊，使其裝卸發生最大限度之危險。至於在海洋中任何一點，能作有效之全面空中封鎖，則須待飛機達到必須之航距始可。

在從前海軍祇能在外圍封鎖，截斷外面之交通路線，除此以外尚可載運軍隊登陸，並在海軍砲火掩護之下，可一步步截斷敵境以內之交通路線。而空中封鎖，其效能增加甚多。可同時截斷敵人之內外補給線，蓋空中封鎖爲全面及立刻封鎖。

惟須記憶者，在昔日海軍封鎖，係旨在消滅敵人之海軍，而空中封鎖，係旨在消滅敵人之空中武力，因之戰勝天空仍爲空中封鎖中之第一目的。

（4）以空軍始能擊敗空軍

在此次戰爭中，又有一戰術原理證實者，即空中武力始能應付空中武力之威脅。在往昔抵制空襲之法，若高射砲，若氣球防禦網，以及其他地面設備，在今日祇能使敵機停留較高高度，減少投彈準確性，不能直接予敵機以若何危險，故非救海空襲之法。若欲消滅敵機或減弱敵機之力，必須以優勢空軍抵制，始克成功。

此種以空軍制空軍之原理，在談防空者，務須深切注意，不可專事於舊日防空設備，以自欺欺人，蓋防衛天空上之威脅，仍在天空之上。敵國內空軍，須從根本消滅，然此亦惟有空中武力，始克担負此種任務。

對於軍艦上攜帶防空武器，若高射砲，若氣球防禦網，若軍艦上飛機可以抵制敵機之說，除成見甚深腦筋陳舊者外，現已無人擁護。克里特島一役，英國海軍防空武器，不能抵抗德人之飛機，英國顯赫號雖有第一等防空火力，然不免被炸損壞，失去戰鬥力量。德國畢士馬克號不能抵抗空中魚雷之攻擊。英國之威爾斯親王號及却敵號與日本之春名丸均不能以防空火力擊退來攻者之飛機。

因之無論在陸在海，最妙防空之法，厥爲勢力相等或優勢之空軍。

(5)陸上根據地飛機較艦上飛機爲優

在此次戰爭中，無論在何戰役，凡從陸上根據地起飛之飛機，一經與艦上起飛之飛機接觸，則從陸上起飛之飛機，即能迅速取得優勢，其原因不過爲航空機械上及空氣動力上之差異而已。從航空母艦上或海上浮站起飛之飛機，因製造上受有特種限制，致犧牲飛機之性能極巨。

艦上飛機須能在甲板起落，不論陸機水機遇有強迫降落在海面之時，須能救回艦上。且水上飛機，既須能在水上適航則機體重量當然增加。此等條件及其他各種條件，致使飛機設計困難，並須增加各種機件，因之佔去飛機優越性能所需要之條件。

例如艦上飛機既因降落場面狹小，或因海面波濤，致降落速度受極端限制，必須機體有稍減重及減去武器始可，否則必須增加翼之面積，變成大式飛機。再則艦上飛機，須作折翼式，以便安放。以上種種條件，致增加飛機重量，及各種零件，而結果犧牲飛機之性能。

此外降落時之停機裝置，則須有堅強結構，俾能在立刻制止速度之時，不致使飛機損壞，此又使飛機增加重量之另一原因，而犧牲軍用飛機之性能者。

至於轟炸機方面。艦上飛機與陸上飛機比較。則陸上飛機優於艦上飛機，可一覽而知。平均艦上俯衝轟炸機或魚雷機最多載二千磅炸彈一顆，或魚雷一個。而陸上飛機，若雙發動機轟炸機，則能載兩噸重量，或能帶兩個魚雷。若飛行僅短，則能載四噸轟炸，且其航距逾三千哩。英國司特靈轟炸機則能載七噸炸彈。美國B—19及格林馬丁飛船，則約載二十噸炸彈，或二十個魚雷，此種轟炸機既不受降落速度及體積大小之限制，故其性能，絕對越過艦上飛機。是以畢士馬克號軍艦，被艦上飛機攻擊後，祇失去作戰力量，而威爾斯親王號及却敵號一經由海岸根據地起飛之魚雷機攻擊，故遂即沉沒。

航空母艦上或浮站平均降落場面，僅有一百呎寬七百五十呎長。至於陸地機場着陸最近在紐芬蘭建築者，則有混凝土跑道一千二百呎寬，一萬呎長，約大於艦上降落場面十倍。不久依B—19式所造之重轟炸機或馬丁飛船則有二百呎翼展，此後有三百呎翼展之轟炸機，亦已設計，不久即可問世，是以在陸上轟炸機之攻擊性能，絕對不適合於艦上之飛機也。

驅逐機方面，亦與轟炸機情形相同。艦上驅逐機因甲版面積狹小致降落速度受有限制，換言之，即須在降落時，有減速裝置，俾可在短距以內降落。設一艦上飛機降落速度爲每時八十哩，若使此降落速度增加爲每時九十哩，則翼面積每呎司可多增載重量十磅，平均一驅逐機翼面，約達二百方呎，則可多載二千磅重量。

此二千磅重量中一部，可利用改換大馬力發動機，俾可增加時速及爬升率，另一部可利用增添武器及鋼甲，其餘一部可多帶汽油，俾可增加航距。由此可見如果艦上飛機易地而改爲陸上飛機，則時速，航距，火力及防衛鋼甲，均可增加。縱使艦上飛機此後有改良之點，而同時陸上飛機，亦當同樣改進，故上述陸機優越各點，永遠不能改變。有時某一艦隊飛機較其他艦隊飛機優良，然無論如何，附屬於艦隊之飛機，受各種束縛限制，絕不如陸上飛機之優越。

此外另有一種重要因素，吾人須爲念及者，即經過此次戰爭之經驗，知航空根據地之安全，在於疏散，凡飛機及其設備散布愈廣，則愈不易受敵人之襲擊。航空母艦明明違背此種原理，集中所有飛機及根據地於極小空間，有一炸彈命中，則全部波及，或飛機升空之後而母艦被擊，則飛機無法飛回。在西西里島海岸外之顯赫號母艦，即遭過此種情勢。設母艦受襲擊甚重，則飛機亦將同歸於盡，例如在直布羅陀之皇家方舟號被魚雷炸沉，而同時所有飛機亦葬於水底。再則航空母艦須逆風而行，俾飛機容易起飛，因之常被襲擊易於命中。若受敵逼迫，改變方向，則已起飛之飛機又常不能返回根據地，而失迷路途。

現在飛機航距，仍有限制，因之在大洋區域，仍有陸上飛機所不能達到之地位，在此種地位，勢須有海軍飛機以抵制敵人海軍飛機。將來飛機航距增加，可逕直飛越海洋，海上浮站必有淘汰之日，而艦上飛機之功用，較諸陸上飛機，更將泯沒無聞。

世界上各國海軍，力主有海軍飛機，猶之海軍須自己有槍砲有魚雷者然，惟此種立論，萬不能抹殺陸上飛機之眞實力量。緣主張有海軍飛機之立論點，係根據航空母艦，可以隨艦隊駛進，一有需用，即可起飛，陸上飛機，縱然戰鬥力量較强，然常有鞭長莫及之嘆。然而此種立論點，在陸上飛機未達十分距航以前，固屬振振有詞，然一旦陸上飛機能飛至海岸任何區域之時，則艦隊絕不敢無陸上飛機之扈衛冒險前進，蓋此時隨艦之海上飛機，一遭遇從陸上起飛之敵機，則絲毫無濟於事。

海軍航空祇能在陸機短航距至長航距之過渡時代中作一種臨時補救之計而已。

（6）空中武力之攻擊半徑，須達於戰區之最長距離。

此種問題，可從此次戰事各役中之戰果，作一相反之例證。希特勒飛機航距短小，爲德國空軍之最缺欠，例如在挪威之役，德國不能制止英國佔據沿海各域；直至德國空軍距各該城相近以後，英國始行退出。設希特勒有長距飛機，則自戰役開始，即可控制挪威全境。而在英國方面言之，英國亦不能保持在挪威之情勢，其最大原因，亦爲無相當航距之戰鬥機，致無法取得空中優勢。

德國欲使其空軍攻擊之距離，達於英國本土及其海外之生命綫，必須攻荷蘭侵比利時並佔有法國後始能達到此種目的，為攻擊英國之海軍，必須移其航空根據地於歐陸之邊界；為向地中海前進，必須經過羅馬尼亞保加利亞直至移動空軍根據地於希臘為止。希特勒為攻擊一重要目標，不得不逐國侵略，以達其空軍可以攻擊目標之距離。如希特勒有適當距離飛機，則可跨越，無用兵各國之必要。至在蘇俄境內，希特勒因飛機航距不夠而受制之處尤為顯著。

空軍根本優點為速度甚快反活動自由，為有機動的性能，然在活動半徑之極限，則機動性漸漸縮小，直至機動性失去為止。在前進飛行場正在建築之際，在新交通綫正在補設之時，在新補給物件正在儲備以便飛機再行起飛之日，此時飛機在地面停留，與其他地面靜止目標易受攻擊之情形相似。故空軍一經超過攻擊半徑以外，則其速度與航站及地面設備移動之速度相似。

世之談航空者，常以為飛機之航距，無須增加可達到環繞地球一週之必要，觀於上文所述，必將瞿然覺前此理想之非是。此後軍事航空發展，必將公認最大之空中武力，係從國內設備齊全總根據地起飛，可不必停落前進航站，能逕直攻擊陸海任何一處之敵軍。蓋前進航站，原係補救飛機航站之不足，如將來飛機航距增加，則此前進航站，當在取消之列。

浮站及航空母艦，為活動前進航站，此種活動前進航站，如在陸上飛機活動半徑以內，必遭毀滅，而固定之前進航站，在陸上飛機活動半徑以內，亦將與活動前進航站受同一之命運。

一飛機航距及載重量，成反比例，換言之，航距大即攻擊力量較小，航距小攻擊力量較大。

設有航空武力相等之兩國家，則前進航站，無論屬於何國，必將落於最靠近之一國手內。設歐洲某一國家，在西印度羣島設立一前進航空站，欲攻擊美國，則該前進航空站，因靠近美國，必將被美國佔領。反之，美國在歐洲附近選擇前進航空站亦然。不過英國能長此支持不敗，則美國在冰洲及亞速爾羣島，可以建設前進航站。

前進航站，為航空之踏足石，係為飛機航距不足時救濟之法，而該種航站，距離總站補給太遠，欲求發揮戰鬥效力，實非易舉。故在此種情況之下，其優勢必將迅速被陸上飛機能從國內根據地起飛者所獲得。

在今日英國已儼然成為聯合國家航空前進根據地，此時雖有美國幫助，及英國國內之大量資源人力，然而此種根據地之保護維持，殊非易易，英倫島國，極需外來接濟，較之自給自足之大陸國家，已處於不利之勢，（德國需要大量油料及其他資源，以便自給自足，侵略蘇聯及近東，即是此意）

上述之英國已為聯合國家前進航空根據地，苟非英國早蘊之資源人力，佔有優勢，則談前進根據地，必將毫無裨益，斷不能實際應用，且藉空運之力，又能有強大之空軍衛護，以接濟補充根據地，並藉空軍之力能以維持當地之制空，故此前進根據地之空中武力與德國人之空中武力，得以平衡。蓋保護一地點之空中力量，不在區域之大小，需視敵人之空中武力若何而斷。因之欲保護與敵人毗近之一航空前進根據地，所需之空軍力量，與完全擊滅敵人空軍者相等，因之，與其周折間接保護一航空前進根據地不如直接消滅敵人空軍之為愈也。證於空戰事實，及其理論，可知最後之空中戰爭，均將從國內根據地起飛，彼時機械進步，飛機航距十足，則所有之前進航站，均將一一入於淘汰之列。

上述之原理，自一九四一年十二月七月太平洋戰爭爆發後，益覺深切著明。在大西洋區域，美國須佔格林蘭，佔領冰洲，始能推進空軍以抵制德國在大西洋上空之勢力。在太平洋方面，美國空軍益覺距離過遠，美國轟炸機可以飛夏威夷，飛威克島，飛關島，飛菲律賓羣島，然祇能作單航程，而無往反之力。欲求在西南太平洋羣島上取得制空，則美國轟炸機及驅逐機須有往反攻擊力量，凡自夏威夷至日本本土間任何羣島，均為美國空軍活動半徑所能達到。如果無此最低限度之空軍，則美國在太平洋上必將多方滯礙。如果已獲得此種長距之空軍，則又可不必用此迂迴戰略，擴張戰事至全太平洋，不如從阿拉斯加及阿留申羣島，直接進攻緣阿拉斯加及阿留申羣島仍在美洲大陸，即可作為總依據地，可以全部空中武力出擊日本。總之，現代之軍事若在某一戰區，無極大攻擊半徑，則無異實空中武力。

（7）空中戰爭之決定性，飛機之質量重於飛機之數量

飛機重在質重量而不在數量，希特勒及戈林欲以飛機數量壓服英國空軍，致不能取勝於英倫天空之上。英國飛機時速多二十五哩又加優越火力，故在英倫上空之空戰，英人總取優勢。

如果飛機速度較敵人為强，則接敵離敵，可隨意之所至。主動全在掌握，能在適合狀況之下進攻敵人，且能在任何時間離開敵人。次於飛機速度之重要條件，即為火力。在空戰之際，一旦取得優勢地位，是否能以襲擊，則全視有否優越火力為斷。如一飛機無優越速度及優越火力，而僅有轉動靈敏性及爬升率，亦僅能作防衛之用而已。

在轟炸機最重要因素為載重量及防禦火力，速度則在其次。設轟炸機帶有大量炸彈，長距離

及爆炸機防火力，則可在遠距離完全破壞敵人目標，擊退敵人驅逐機之攻擊。且轟炸機防禦火力，再加以屬從驅逐機之火力，故防衛武器極爲強大。關於轟炸機之重要問題，德、法、美軍事首長完全茫然。故在不列顛之役，納粹之轟炸機，紛紛墜落在另一方面。初期之空中堡壘，亦因火力不足及其他措施不當，致極易受敵人襲擊。

美國空軍在太平洋上之不幸，並非若一般人士所推測因日本飛機衆多所致。根據新聞報導日本飛機有一六七五馬力之發動機，並除機鎗以外尚有二公分機關砲兩尊。較諸美國適用之P-40驅逐機，則敵機多五百馬力，即等於性能之普偏優越。此外P-40驅逐機復毫無機關砲之裝備，致敵機上之火力復爲增強。如美國飛機有相當優越性能，則敵機雖多，亦必能殲滅也。

一空軍之効力，視質量與數量如何，亦即有多數之飛機，又加以優良之質量，不獨飛機質量須爲優良，即人員質量亦須優良，此理盡人皆知。如飛機或人員中有一質量爲零，則空軍無論有若干飛機，而其効力必等於零。

飛機數目，盡力增加，而所有飛機均千篇一律，一成不變，以爲如此可以增強空中武力，實爲思想上之錯誤。

飛機進步極速，新陳代謝極快，舊者不適用，即需調整使適於特種用途，並須設法勝過新式敵機，使無所施其伎倆。是必須在製造設備及製造技術上，能在適當範圍之內，具有伸縮性質，然後始能爲飛機之及時改進。故能迅速改進飛機，較諸實際製出飛機，尤爲重要。例如英國建設空軍較遲，然英國亦正因其較遲，獨得其利。蓋英國較德國建設空軍爲後，故能將航空動力之最新學識，製入所用之戰鬥機。而希特勒則早在數年以前依一貫成法製造大批飛機。是以在製造上數量質量並重之下，應取折衷辦法。一面能製造飛機以供急需之應用，一面須以飛機改進眼光，爲各種研究便利裝置。

（8）飛機之構造式樣不僅需適於一般戰略並須顧及適於某特種戰場

依現在戰爭之經驗，益覺特種飛機適特種用途之原理，尤爲顯著，爲求飛機各種式樣，不致繁多，而又能應付各種戰備之需，當然以通用飛機爲宜。惟在某一種戰場，爲適合戰鬥上需要，則特種製造之飛機，宜深切注意及之。

在一軍用飛機之重要因素，爲速度，航距，高度及載重量，欲求某一種因素力量增加，則須犧牲若干其他因素力量。設攻擊某一重要目標，則須因該種目標之性質，必須設計某特種飛機，增加某種力量，以求達到最大限度之軍事効能。例如一般轟炸機之標準航距，如攻擊某一種目標，則該航距，容或超過事實上之所必需，此時即可將載油重量，改裝炸彈，然欲多裝炸彈，則飛機容位必須加寬，而小機件亦必須添附，結果機身加大，空氣阻力增加。然轟炸機如果需要最長航距時，則上述製造之法，又屬大謬。是以製造飛機時，欲在某一種任務及某一種距離以下，得最優良結果，則必須犧牲若干某一種性能，而增強某一種性能。

德國亨爾及都尼爾式飛機爲通用式轟炸機，曾用以炸多威爾倫敦席特藍羣島。因知破壞英國首都之重要，不惜犧牲二千三百架飛機，結果無效。如德國建造特種飛機以担任此特種任務，則製造經濟，且產量加倍而適於用。

從製造特種飛機原則之內，可知在製造上不但勝過敵人而在思想上亦須勝過敵人。吾人必須認定，即使爲某軍獨目標，如在軍事上有重要性質，亦應爲該目標製造特種飛機。故在一般軍事首長，既須有戰略及戰術上預先計劃，而在機械設備上，亦須有先見之明，即已知將來作戰上之戰術趨勢，同時必須依此作戰趨勢，而預計特種適用之武器。

（9）惟能準確轟炸，始能消滅敵人勇氣

在昔日均以爲轟炸平民，所得之效力極大，必能毀滅敵人民勇氣，使其神志失常，增高反戰情緒。而在此次戰爭中所得之經驗，此種立論，頓覺失所依據。蓋平民對於轟炸所表現之行動，實有出人意料之外者，無論性命財產若何重大損失，而一般平民，均能忍受，蓋平民激於愛國熱誠，甘心作戰，必能對於恐嚇犧牲，善爲措置。按實際立論，武裝軍隊較諸非武裝平民，更易受空中恐嚇而失去勇氣。（若平民炸盡，當然戰爭停止，盟國所舉行大規模轟炸，距此種限度尚遠）專門轟炸城市，以消滅一般民衆作戰勇氣，在戰術上結果，糜費既多，而所得之效力極微。故空襲目標，不集中於城市平民，而集中於軍事設備，無計劃之轟炸，應變爲有計劃之破壞，凡電力廠、航空工廠、船塢設備、及重要公共設備，以及其他同樣性質之設備。均爲重要之轟炸目標。

關於轟炸不設防城市，在戰爭之際，在所不免，然此係爲戰術上之需要，並非專爲轟炸平民而實施。例如德國傾機空襲倫敦，係屬挑戰性質，用意在引出英國全部空軍以爲殲滅之計。日本之轟炸馬尼剌，用意在戰術上目的，益爲顯明。在當時麥克阿瑟將軍部下之很少空軍，已分爲兩部分赴馬尼剌城南及城北，俾協同陸軍作戰，麥氏不欲再加重此僅有空軍之担負，乃當機立斷將馬尼剌改爲不設防城市。而日本仍照常轟炸，亦欲激怒美國使分其僅有之航空兵力，以保衞馬尼剌之天空。

設麥氏不中此敵人狡計，則東京將大事宣傳，認爲美國空軍，不但無用，且對馬城人民之遭受，竟漠然不動於心。由此可知一般人民宜使了解空中戰爭原理，俾能知某目標加以防衞某目標不加以防衞，其中均含有戰術道理存在。有時集中空軍兵力以保衞設有重要工廠之城市，而其他城市則不加以空中防衞，在此時期，居於不設防城市之人民，苟不認識戰術上之重要性並以愛國情緒減輕一切他念，則未有不對軍事當局此種漠視，引起忿怒者。

總之，欲以轟炸以恐嚇人民，使此恐嚇心理，徧布全市或徧布全國，其結果均屬徒勞無益，若依毀滅人民戰爭意志之一點設想，則需破壞人民生活上所需物事，如食物，避難處所，水，電，及其他衞生設備等而後可，是則必需轟炸準確，不宜隨便投彈，蓋從空中轟炸，務宜嚴格採取空中封鎖方式，以有次序之計劃，破壞普通生活上所需之用具及交通，直至戰爭意志及戰爭能力消滅爲止。

本章所述最終結論，即工業發達之社會較諸工業不發達之社會，易受空襲之害。緣城市居民之生活，端賴公共事業若水，電，以及自外運入之食物及其他需要物件。故較依田地爲生之居民，易感空襲之後，束手無策難以爲生之苦。故凡工業設備，實爲敵機完全集中之目標。

（10）在陸海軍所公認統一指揮原理，應施用於空軍。

空氣並非地面上或海面上一部分，乃係另一原素，截然與陸海鼎足而三。或有將空間分為兩部，為經過陸地之空間及經過海面之空間，此仍係依陸海兩面作戰戰略而強為分析，此種人為分析之法，致將一國空軍強分為陸空海空，如英國及其他某某國家之空軍，均可反映此種分析之結果。然在注重空中武力之國，已無此種分析，此後是種人為分析，將不復再見於世界之上，蓋此種分析，實不適於戰爭實際。

「空海」包圍全球，毫無間斷，徧布於山川海沙漠冰洲之上。有普通常識及普通戰術之經驗者，絕對公認空軍務須統一指揮，在軍事當家亦深識空軍分析，必致不幸禍害。假如依地面形勢，強將空軍指揮分隸陸海軍之下，直與在天空畫一粉筆界綫無異。

地面作戰之第一條件，應先征服空中，此種不易之論，想已為人所深悉，亦即空軍作戰，在另一天地担負另一種任務，故必須為指揮上之統一。在空軍協同地面軍隊，係屬特種局部作戰性質。至若當為取得制空權而作戰，則空軍縱橫長空之內，與地面之海陸地形絕無關係也。

陸軍海軍空軍須各有自轄獨立之機構，然後始能盡量發揮其威力，始有最適宜之裝備，始有互不侵擾之最優良戰略。蓋每兵種依自己所轄之範圍內，能以充分發展時，然後始能在作戰上為有效之協調。

（11）空軍須有空中運輸

空軍依地面之遲緩運輸以為補給之需，此乃反常現象。空軍有三百哩或三百哩以上時速，而依恃每時十海里或十五海里之運輸，詎非可笑之事。再則空中武器最大優點，係在能祛除地面一切壁礙，如果在補給更換之際，倚仗地面運輸，是損壞其優良之點。此種情事，在今日太平洋戰場已經發生，美國空軍全賴遲緩不能依期到達之海運，致空中武力大受損傷。

德國在空中戰事用空中運輸，日有增進。在挪威運軍隊，運裝備，運補給物資。在克里特島，所有軍事上行徑連同運輸軍隊，完全係用飛機。在北非亦以飛機運輸補給，裝備，汽油及輕坦克車等。

夏威夷及菲律賓防禦上之一大缺憾，即係缺少迅速確實之運輸。設在夏威夷戰事時，如有相當空運，則可在七或八小時以內，即可增強夏威夷之防禦兵力。

美國航空實業界及飛機設計專家以及航空學生在較近數載內，屢提議陸軍當局早爲長距運輸機，長距驅逐機及護航戰鬥機之計劃，蓋該各種人士已早識空中運輸達海外屬地之重要。然而此種陳述，均被視爲牽強附會，棄置不用，甚至以此種懷疑陸海軍不能應付運輸問題，爲一種褻瀆之議論。

待至今日，空中武力須能自給自足之理，益爲顯著。蓋空軍須有自已之空中運輸，俾在任何時可以運輸裝備，運輸補給。甚至在需要時，亦可運輸軍隊。

本章所述理論，容或有一二例外，可以爲反駁之地。惟在此次戰事中，因空軍裝備之不適當，致不能發揮空軍之効能者，不知凡幾。而同時因舊思想軍人具有一種成見，致無意中在所作之報告書內，曲解戰事實況，又不知凡幾，即使此種曲解，作爲無誤，而空中武力之重要性及此種教訓條文應增入教科書內，依然有需要之價值。總之，關於某某一點之吹毛求疵，事極容易，然無論如何，全體大綱，固顛撲不破也。

第七章　海軍之沒落

第一節

凡孕育於海軍傳統思想之人，對於海軍武力有極端之重視，有對於海軍武力懷疑者，其中必發怒有如玷其私人之名譽，該種人士之陳舊思想，甚至鬥必遇上之迷懵，不欲有新式武器佔其從古獨霸之區域。此直如溺愛之父母，不知其子之缺憾，而他人早已洞若觀火。迷信海軍武力者，亦須經過多少重要戰役以後，最後始默認航空現已代替水面上之艦隊重要任務。

美國陸軍航空兵團中有某高級將領，曾著航空之任務一文，內中曾將自古至晚近陸海軍之發戰役，如自馬蘭松，薩拉米各戰役至馬倫及朱特蘭各戰役均一一列入，並謂：「無怪乎陸海軍人員對於空中武力之主張多所懷疑，並使此新隸屬者在戰爭中安心於隸屬地位。」

從此可知在陸海軍中有若干人員之奇異態度，以國家生死存亡之問題視同兒戲，不知若干戰艦須擊沉以後，始能喚醒海軍之老頑固，使其確認海軍武力將移為空中武力，不知經若干時日陸軍官僚派始能將歷史上之自尊觀念袪除，而應付實際，不依戰略及武器上之觀點立論，縮由之以

「新隸屬者」及屬員地位之名稱，即使未安心有碍於國家之大計，然亦殊為滑稽可笑。有若干陸海軍將領熱心於保持自已之威權，而全忘該軍生存之理（意指有空軍陸海軍始能生存），所謂愛國所謂各種理由，無非為保持其勢力，不使稍有減損。今余亦敢言無怪乎此新隸屬者對於陸海軍之主張，大為驚訝不能容忍之勢。現在世界戰爭，全軍均在火線，關於權勢及位次問題，均應袪除淨盡。所謂周拉松戰役，所謂馬侖戰役，已不能作為現代戰爭之依據。

自一九三九年九月以還，戰事移在空中後所構成之戰爭原則，吾人均歷歷在目，海軍之各任務，均難一一達成，在往昔海軍可以控制之情勢，而今則艦隊趑趄不敢前進，强大海軍之國家，而今則受制於無海軍之國家，昔日海軍之任務，而今則移付於空軍之手內，至在此次戰事中，海軍仍如昔日佔有重要位置者，其理由不外：

（1）該戰場在陸上根據地空軍航距之外。

（2）敵人空軍不適宜，或處於劣勢或完全無有。

至於在其他情勢之下，海軍則退處安全距離，或在陸上空軍保護下作戰，戰艦駛入敵海，則須在與敵相等或較優於敵之陸上空軍掩護下前進，否則必致覆滅。惟一思及此種掩護，既不經濟，復不邏輯，此種情形直與大砲掩護機關槍作戰相同，緣以一國家既有空中武力能以掩護艦隊駛入敵海，何如逕派空軍直搗敵國之心臟。

海軍不復能稱霸於海上矣！海軍之威力已受限制，且在某某方面，完全失去威力。海軍某某部份可以保留，在空軍掩護之下，担任輔助工作，某某部份仍可令其揚威於缺少空軍之落伍國家。至若其餘部份，尤其戰門艦一部，已成不合現代之武器，可送入博物院與弓矢同列。

海軍在昔日認爲國防上重要並能自立之兵種，現已泯然無存。所謂海軍武力爲一國之「外國防禦」及「第一線防禦」，現已成過去言論，昔日吾人深信此種此種口號，以爲可恃，而其結果亦猶之法人倚恃馬其諾防線相同，凡未深識自有空中武力後對於軍事學之改革者，將視海軍第一線戰艦無用之說，未免言過其實。然而一考其實際，知余所述者，均爲此次戰爭經驗得來之決定。

在前章空中武力教訓一篇，曾述及海軍已失去攻擊戰略之任務。即使在防禦方面，海軍亦受限制，總須退避在空軍攻擊距離之外，一旦飛機航距增加，則海軍仍須繼續向後退避，從此可以推測海軍將有消滅之一日，如果空中武力能直接經過海洋，則海軍最後將不能爲戰爭中之重要因素，是時海軍武力將變爲空軍武力之輔助，而海軍亦祗能留存担任附屬任務。例如一國之海上商務，既須存在，則海軍可用作爲海上巡邏之需，然此種巡邏之保持及商務之安全，仍須有制空以爲保障。

當全世界認爲大西太平兩洋爲隔絕航空之際，而在余則深信至多五年之後，將有圍繞地球之二萬五千哩航距飛機出現，彼時此飛機可攻擊地球上任何距離及任何方面之目標，此時海軍任何重要性之戰術任務，均將歸納於空軍任務之內。其實余在前文已經述及有一萬五千哩航距戰門機，約有六千哩之活動半徑，其空中武力即可稱雄世界。緣此種飛機即可攻擊世界上各大國之都城及戰略上之工業中心。

第二節

前文所述事實上之眞理，不能高呼海軍歷史上光榮之事蹟足以掩蓋。蓋一事之論斷，出於理智絕不出於情感。現在最顯著之事實，即海軍艦隊絕對不能前進有優勢空軍防護之敵人海岸。億自若干世紀以來，海軍重要任務，即爲將戰爭移近敵人，攻擊敵人外圍壁壘，攻擊敵人海岸及港口，不論其爲消滅敵人海上武力之戰略，抑係爲登岸進攻敵人之階梯，均爲海軍任務。而時至今日，此等任務已移由空軍執行。

美國艦隊對於納粹管轄之歐洲任何部分，均不能取攻擊手段。除在英國皇家空軍制空情形之下，海軍艦隊須退處安全距離。至距離之遠近，則依敵人空軍之航距以爲決定。不論英國海軍擴張至若何程度，而此種原則，決無更變。總之關於攻擊有相當空軍防護之敵人海岸一舉，已出於海軍能力之外。

不列顛戰役，即爲英德兩方之陸海軍消失能力之明證，彼時英國空軍如不能獨立支持，則雖竭盡海軍之氣力，亦不能挽回英國之厄運。當時美國空軍保衛英國上空，轟炸敵人目標，即希特勒之潛艇根據地及進攻港口，亦均由英國空軍單獨爲有次序之轟炸。阻止手百萬德國機械化軍隊渡英倫海峽者，非英國之陸海軍，乃係英國之空軍。

一種舊思想之深入人心，難以打破——「海軍爲國家最大之防衛」一語，在英國自古相傳，至今仍佔有極大勢力，直至空軍確實爲英國之所利賴，而英國仍依舊習慣作此陳腐語套。試一設想英國空軍如果失敗，則無一艦可以返抵英國，則斯加基拉克及喀德加特海峽上空納粹獨霸之事必將重演。而英國戰艦亦將殉命後仍不能抵制德國之侵入。

英國在北海之海軍武力，爲德國在挪威根據地之空軍所擊退，此外英國在地中海之艦隊是否能以停留，非在乎艦隊之大小及運用之靈敏若何，保持英國或德國何方取得制空權爲斷。設墨索里尼之戰艦已全部被英國擊沉，而希特勒取得全部制空，則戰勝之英國海軍仍不保持原勢，必將者在北海時退避敵機之威脅，或若在克里島時之束手待斃。

在克里島戰役，爲強大海軍與強大空軍之對抗，在此戰役中兩軍壁壘之界綫極清，最終則爲空軍勝利，此爲鐵一般事實，不容曲解。在太平洋戰役，亦有相似之事實，日本之略侵菲律賓，亦以菲律賓之守軍，不能控制天空，設當時美國有大量艦隊駐紮該地，亦不過爲敵機之適當目標而已。

於在大西洋方面，大西洋之東部爲德國轟炸飛機所能達到之地，成爲空中交戰之區。在此種戰場德國所用之大式福克武夫機仍比較少數，然根據一九四一年四月華盛頓公報知在大西洋船艦全噸位之半數，均爲納粹飛機所擊沉。在大西洋上空凡有德機威脅之區域，逐漸由英國皇家空軍保護運輸而少用護航艦。

美英深識大西洋戰役移於空中，乃設法爲天空之掩護，開始在商船上裝置戰鬥機，遇有敵機即由甲板上之彈射器飛升，是以颶風機能依此種方法攻擊德國四發動機福克武夫轟炸機。在颶風機攻擊完了以後，有時降落海面而自己之性命亦不能保，或仍有相當航距，即可飛回最近之海岸。」且戰鬥機航距增加，可敷應用，則可直接由陸上根據地起飛，以攻擊敵人轟炸機，完成大西洋上之制空。

一九四一年五月六日美陸軍部長史汀生曾在廣播中形容英國處境之困難，史氏謂「英國已受空中攻擊及海上封鎖之威脅，內虞饑饉外受攻擊，大不列顛之生命綫，將被切斷，緣德人正十分努力於攻擊供給英國之海上運輸。」此種情形絕非馬罕時代之所想像。凡偏重海軍武力之國家均將被無海軍而使用空軍之國家封鎖，以致死命。在此種情形之下，各兵種之最新相互關係，不容漠視。現在戰艦遭逢空中之敵，非水面軍艦所能衝破。戰艦之攻擊力不能達敵人海岸線，而空軍攻擊力則可經過敵人海岸，其攻擊之易及所獲之戰果，在水陸上方，均無二致。

設想像此後飛機作戰半徑，增加三至五倍，此種想像在以後數年中定可實現。彼時大西洋則儼如斯加基拉克。任何海洋部分。儼如狹窄之北海易受空軍之襲擊，美國海軍除非有陸上根據地起飛之優勢空軍保護，必將遁跡於大西洋之上。彼時美國處境必將如今日之英國三島，大西洋即如英倫海峽，而大西洋之控制，亦將與現在英倫海峽之控制無異，需視空軍之比較力量何若。由此可見能以飛機為迅速，經濟及有効之攻擊，決不用渡洋遲緩之軍艦，此理至明人盡可識。

現在美國海軍四萬五千噸主力艦約值二千五百萬鎊，依此種數字能製造一百架轟炸「飛機」至歐洲目標投彈而飛回美國。每架飛機約能載二十噸炸彈，即等於德國俯衝轟炸機四十架所載炸彈重量，是此種轟炸機百架之攻擊力量，即等於德國四千架俯衝轟炸機。依此數字可知有此攻擊力量之百架轟炸機之費用，僅能造被日本擊沈威爾斯親王號較大之一主力艦。是造機較造船經濟情形，可顯然易見。

此種問題愈為研究，造機經濟之情愈為顯著，一九四一年九月美國發表海軍預算為十七萬萬五千萬鎊，其中包括建造十七艘戰艦，十四艘巡洋艦，十二艘航空母艦及其他各種海軍建造，設使建造戰艦巡洋艦航空母艦費用，為七萬萬五千萬鎊。如依此數字，製造飛機，依每架五十萬鎊計，可製出六千五百架重轟炸機，有六千哩作戰半徑（此種半徑可攻擊歐亞兩洲任何大城市），且每架飛機至少可載五十噸之炸彈。

一千五百架之大轟炸機編隊，可載七萬五千噸炸彈，猶憶英國科芬德雷被飛機炸平，祇用二百五十噸炸彈。是此種六編隊力量增加三百倍。若用以集中轟炸或分散三百處如科城者轟炸，其效力亦將增加三百倍矣！

今請再論航空母艦之價值，在美國平均一新式航空艦，所有裝置完成後，需費一千二百五十萬鎊，可載七十五架俯衝轟炸機或七十五架魚雷機。在作戰時，約三分之二起飛作戰，剩有二十五架，通常係戰鬥機，作為保衛母艦之用。至五十架俯衝轟炸機攻擊力量，為五十噸高爆性炸彈或五十個魚雷，

同一千二百五十萬鎊，至少可造長距魚雷轟炸機二十五架，如此可在七處海洋上任何地點，輔助海軍作戰。此種飛機每架可載五十噸炸彈，或一千二百五十噸魚雷。是以製造一航空母艦之費，改造飛機而其作戰效能，可二十五倍於航空母艦。通常炸沈一軍艦，需五個魚雷，而此大轟

炸機破壞能力，可炸沉二百五十艘軍艦，故既能製造長距飛機，而反將長距任務，付於航空母艦，豈非不通之甚者。

航空母艦之缺憾，猶不止此。從此次戰爭經驗，深知航空母艦為海軍隊中最易受攻擊部分。一彈擊中，全艦沉沒。至於從陸上根據地起飛之二十五架長距魚雷轟炸機，當然亦有損傷之可能性。惟是數目既多，如有相當戰鬥力量，仍可繼續作戰。從此可見一航空母艦之費，改造長距陸機。其作戰價值，既增加二十五倍，而其戰鬥之生命亦能持久。再則航空母艦上飛機，不敢冒險進入有陸上根據地飛機防衛之海上，而重轟炸機則能戰鬥前進直達目標。此種事實，絕難掩飾。如果本文內所載價值數字，有未確當，而無論如何，造機絕對經濟。除迷信舊說無法救藥者不計外，必可排除海軍思想上之一切惰性。

在退一步設想，上文所述飛機之價值，或許超過五十萬元一架，然現在載重二十噸炸彈之遠式重轟炸機，及馬丁轟炸飛船在大量製造時，每架有二十五萬鎊。若依一九四一年九月建造軍艦，重巡洋艦及航空母艦之費用，則可製造此種飛機三千架之多，並可有六萬噸炸彈攻擊力量。若按一架航空母艦費用改造飛機，則可製出遠機B—15或馬丁飛船五十架，並可投擲一千噸炸彈。

不論以造軍艦之費或造航空母艦之費，改造飛機，結果費用經濟，效力增加，而現在不此之圖，仍維持不合時宜之戰略，豈不怪事。

論者有謂航空母艦，雖有種種缺點，然該種母艦隨艦隊前進，至少能隨時聽候命令。頗有得心應手之勢。此種理論，在不遠陸地起飛飛機襲擊之海面，固屬正當。惟是飛機一旦機械上十分發展，則無不遭襲擊之海面。此時艦隊非俟友機控制完全海面以後，不敢冒險前進。此控制完全海面之飛機須能在全部海洋之上晝夜警戒，俾艦隊推進至敵人海岸，然此決非航空母艦上飛機所能勝任。對於母艦上飛機缺憾之點及母艦之易受攻擊，前文已經敍明。但使被攻擊之國家，有少數飛機防衛，則進至敵人海岸之舉，絕不能實現。

普通以飛機攻擊敵人，在防衛者方面祇起戰鬥機應戰，而轟炸機則不出動，且有地面被空襲之可能，若攻擊者之空中武力，移於航空母艦，則攻擊方面大爲不利。緣在此時防衛方面之轟炸機亦將出動，且爲有利之防衛武器，一經將母艦擊沉，則所有攻擊者各式飛機，均爲消滅。

設一母艦載一百架飛機，此百架飛機若在空中，則須以相當之武力升空抵抗。而此百架飛機在航空母艦，則一架轟炸機即可將母艦擊沉，而艦上全部飛機即失其效力，是一架轟炸機或魚雷機效率百倍於天空驅逐機之效率。

尤有進者，在前章已經述明。空中武力始能抵抗空中武力。惟在空中武力移於航空母艦之時，則情勢大變。此時防衛方面水面上及水底下之武力均可毀壞母艦，阻礙攻擊者之空軍，總之，空軍與空軍相鬥時，防衛者祇用其空中武力之一部，僅以驅逐機應戰。而空中武力移在航空母艦時則防衛者之全部防衛武力，若戰鬥機、轟炸機、戰艦、潛艇、魚雷，均可利用作戰。且在母艦上之空中武力，須一部留作保護母艦之需，致攻擊敵人之力，亦爲削弱。

依航空母艦飛機以掩護軍艦，殊不經濟，運用笨重，効果毫無，因之無論距離如何，祇有從陸上根據地起飛之飛機逕直攻擊，始有制勝之望。現在無論如何，海軍無陸上根據地起飛並相當於敵人空軍之飛機爲之掩護，決不能攻擊敵人海岸。則此時海軍卽使有助於戰爭，亦祇能作附屬任務，蓋空中武力如能掩護海軍者，則更可迅速獨立攻擊敵人。

余現在並非主張廢除海軍，緣以非至航空武力確實成立以後，海軍仍繼續佔有重要位置，例如目前英美海軍，仍在英國供給線上極爲重要，惟須知英美海軍保護商船，或封鎖敵人能以順利完成任務者，係在敵機航距之外，如一旦飛機航距逐漸增加，則海軍之行動亦漸受限制。

惟須在此處申明者，此種消極防衛工作，保護英國供應線之任務，加諸海軍之身，係屬特種情勢，緣以英國本土幅員較小資源及食料缺乏，需恃國外輸入，設英國能以自給自足，如美國然，則英國海軍在今日將失去重要性，可無保護供給線臨時重要之任務。論者有謂在英國三島容有一部海軍可以裁減，而在美國地勢，海軍極爲重要，其實正爲相反。設想英國版圖如與美國相似，經濟資源能以自給，則無須再恃海外存亡所關之生命線。現在美國對於保護海上運輸任務已不需要。故美國海軍無論如何強大，而在空中爲戰爭決勝之時（不列顛戰役卽其先例），亦將在置而不用之列。

近有美國軍事評論家曾在某雜誌上發表論文，維護海軍傳統之理論，謂：「英國爲歐洲大陸過近，致不獲得海軍上最需要之安全根據地，緣現在飛機已使世界亦離相近，而在美國周圍環有大洋，有安全根據地，因之美國將來之強盛，需視海軍武力」。

此種評論錯誤之點，係認定航空永遠停留於現在之情勢，未能認清世界之距離，將因航空上之進步而日益接近，最終美國亦與今日之英國相同，至遲不出三年，美國大西洋海岸，卽可爲他國陸上飛機所逕達之處，不出五年，美國太平洋海岸即爲他國陸上飛機所逕達之處。而在此三年五年之中，亦正爲此軍事評論家所信任海軍建設完成之際。總之，現在空軍之航距未充，所以能使美國成爲海軍安全之根據地，然而此種卽謂爲海軍存在之條件，顯然日見削弱。

諸君不見湖水乎，在水將排盡之際，有魚群聚湖之中央，漁人一舉而網獲之，現在空中武力進步，猶之排湖水然，驅海軍於一隅，待水排盡，再無處逃避空中之襲擊，現在海上武力，已證實衰落，而在他日亦恐再無海軍所造之歷史矣。

第三節

在已往所謂軍艦抵制飛機之陳腐舊說，似已永無談論之價值，惟軍艦被轟擊後立即沉沒抑能在六個月後修好復用，論者各有不同。惟自此次戰爭開始以還，英美船廠堆積被空襲殘廢之船，不知凡幾，直至威爾斯親王號，卻敵春名丸及阿里祖納號在太平洋沉沒後，所有以前之疑問辯論，亦隨之無聞。緣威爾斯親王號爲最新式軍艦，有專家曾言此種軍艦絕不能沉沒，而一遇敵機，亦遭同一之命運。故已往評論，均匿跡銷聲，惟是在已往評論過程中，曾有數事可記者，茲爲述之於左：

在二十年以前，余曾侍米歇爾將軍 GENERAL MITCHELL 爲機械顧問，伊曾言及在紐博得紐斯港口外，表演飛機轟炸軍艦，確可使軍艦沉沒，待此事報諸最高軍事當局，則以爲被炸沉之艦，本已陳舊廢棄者，遂率然駁其建議，當時米氏認爲將來軍艦上固可多裝置防衛武器，再加彈避彈甲板而飛機之攻擊能力及性能，亦將改進，且其進步，尤較軍艦為速，故米氏彼時即建議製造長距重轟炸機以備抵抗強敵，直至此時米氏之說，始為世所公認，而米氏之建議，已擱置約三十載之久。

自從米氏建議之日為始，凡遇飛機及軍艦作戰表演後，舊式軍人，總合一身未在場之舊式軍人評判其價值，在表面觀之，似覺彼等遵照軍事教科書所指示者而加以評判，其實彼等內心中未能融化新穎之經驗學識，蓋狃於舊習之人，對於不合彼等理想之一切事實，均認為非是，而在深識航空者，絕不能尋出軍艦不易受空中襲擊之正當理論。

在米歇爾時代表演飛機炸沉軍艦之際，祇從極低高度投擲一個二千磅炸彈，一則因彼時飛機一遇載重較大，即不能升高，一則因彼時瞄準器尚未精良，不合於高度之用，惟是此兩種缺憾，早在此次戰爭之前，已經消除。

現在臨準器之精確性已大為增加，並仍在改進之中，在理論上凡臨準器誤差達六分之一度者，則在三萬尺投彈，落於地面後不出目標一百尺以外。在戰時高度，即在高射砲射距之外，除臨準器誤差再加人事上測度誤差，總計約達半度，是彈落之處，其目標不出六百尺直徑圓周以外。若從高度兩萬尺投彈，則目標不出二百尺直徑圓周以外，約合軍艦或航空母艦船樑寬幅 The Width Of the Beam Of a battleship Or Carrier 兩倍之數。是以三架轟炸機編隊，在正當時間一齊投彈，不難命中目標。

從海上目標易受空中攻擊之觀點研究，仍有一事須為注意者，即現在重轟炸機之體積加大，投擲炸彈之方式，不止於前進之縱長方向，而且能投擲於橫寬方向，例如B-29重轟炸機，翼展為三百尺，約於現代軍艦或母艦船樑寬幅之兩倍，是以將炸彈載於機翼之上，在一齊投彈時，炸彈所投中之處，可橫達一百呎。至投彈前進之長度，則更可隨意之所至。如此在往昔須成隊轟炸能完成任務者，現在祇有一架飛機即可完成。設此一架所轟炸區域為一百呎寬六百呎長，可完全包括一現代軍艦之面積。

再則從米契爾時代以後，炸彈之重量及效能，亦大為增加，飛行堡壘可載若干炸彈，其中有八千磅者，從高度投擲，而此四噸炸彈以每秒降落一千一百尺速度，轟炸軍艦，可發生一種可怖撞擊之力。B-19投擲炸彈總數，約達二十噸，是達四萬磅之多。最近計畫中之飛機，可載五十噸，是投擲炸彈總數，可達十萬磅。如此大量炸彈，而投擲落下速度，又達每秒一千餘呎，即以流線形體內裝磚石，即可將軍艦上之機件摧毀，完全令其殘廢，若以炸彈轟炸，則軍艦立即沉沒更毫無疑義矣。

至於轟炸軍艦及母艦方法，則有水平投炸及俯衝轟炸兩種，而每種各有優點及劣點，故必須適合特種戰術情勢，而分別運用。俯衝轟炸機普通對於較小較速之艦隻轟炸，頗有價值，現在炸彈載量雖有限制，而此後定有增加之望，即以此次戰事經驗而論，除現代戰鬥艦及巡洋艦而外，其餘各軍艦尤直接命中者，無不立即沉沒，而戰鬥艦若直接命中一二炸彈，亦可使之殘廢失用。雖此種殘廢原因，並非實際上受有損傷，係戰鬥艦上重要精細機件炸毀，致失戰鬥效能。再則俯衝轟炸，可發生奇襲效力，且在低度轟炸時，軍艦很少逃避機會，惟其缺憾則易受高射砲射擊。

此外則有載魚雷之飛機，現在因平飛轟炸機不能裝載敷用炸彈，故空中魚雷成為攻擊軍艦之致命武器。此種魚雷飛機飛經水面頗低，依次投擲魚雷，此魚雷一經挨近水面，即自動向軍艦前進，同時沿軍艦之旁，放出烟幕，能以增加奇襲之力，在此時軍艦上射手不能確識飛機從某某方向投下魚雷，而飛機亦可從烟幕中飛去。

現在海軍武力未落之根本原因，即任何軍艦實際之構造，均不能抵抗現代空軍之襲擊，水平轟炸，俯衝轟炸及魚雷襲擊。猶憶在米歇爾將軍力求美國成為一眞正空中武力國家之時，海軍中之頑固派，曾戲言伊等停留任何米氏所欲炸之軍艦上而不去。是猶諸往日在汽車創行之始，而乘馬車者對於汽車懷疑之情形相同。在米氏時代，迷信海軍之武力而懷疑航空者，姑不舉例，茲就晚近此種迷信海軍懷疑空軍之例證，略舉如次。

海軍上將機拉特於一九四〇年五月十二日對海軍人員廣播謂「一軍艦裝甲如是之厚，在一炸彈衝及之時，其爆炸力向上，因之不能傷害軍艦」，海軍上將伍德我在一九四〇十月十日在報紙發表論文謂「海軍全體均相信軍艦仍在海上佔有最高地位，凡有轟炸機能以轟炸軍艦過甚之詞，均應極力闢去」似此種論文例證甚多，大抵均意在保持海軍之顏面，致將經驗事實抹殺。

在太平洋戰事初起數月中所給予之慘痛教訓，仍不能袪除海軍頑固家之幻想，彼等對於新式武器之懷疑及憤恚，出於情理之外。而自從太平洋海軍損失而後實已確定無論任何戰艦，如無友機制空則絕不能執行何種任務，惟是制空一經我方空軍取得以後則又何取於海面軍艦之力，凡軍艦之所能為者，即戰勝之空軍又何不能迅速達成。不論目標為敵軍艦，為敵砲台，為敵海岸，均能由空中武力攻擊，且較海軍既經濟而且迅速，且空軍不但攻擊海上目標，且能攻擊敵人空軍及敵人內地之各種目標，此係軍艦能力所不能達到者。

總之天空控制亦可稱空海控制，此實爲戰事核心，爲決定戰爭最後之因素，無論某一個國家或聯合國家能稱雄於空中者，始能執世界牛耳，猶之往日能控制海上者然。

第四節

英國政治家，亦嘗以爲海軍勝過皇家空軍，例如在達蘭圖攻擊意大利海軍及攻擊德國戰鬥艦畢士馬克號，均爲海軍之成功，在畢士馬克號已被魚雷擊中不能速駛後，或始由皇家空軍擊沈，是英國空軍對於轟炸最新戰艦之威力，頗少機會試驗。如果自戰爭開始不久曾有此種試驗，則英國決不使威爾斯親王號及卻敵號冒險在太平洋作戰。

德國乏軍艦，且深知英國軍艦不能爲德國佔領區域進攻之威脅，是以不特別急於轟炸英國軍艦，此正德國不欲使聯合國家知其倚靠海上武力之錯誤。是英美兩國愈依恃軍艦，愈墜入希特勒之詭計。緣德國海軍力量較諸英美，直等於零，即使英美再增加海軍威力，而德國海軍與其形成之比例，決不能再小於零。

反之，英國空軍力量之加强，最終有制空之威脅，是爲德國之所長懼。故德國絕不願英美務其海軍經濟力量而建設空軍。緣英美海軍頑固派一旦驚醒從來觀念之非是，對於德國無利而且有害，是以英美之力爭擴充海軍，而不注意建設空軍，是即以空中武力爲主體之國家所用戰略之勝利。

英美迷心於海軍戰略，正合於軸心以空中武力雄霸世界之途徑，故希特勒絕不願驚醒英美此種之迷夢。

關於希特勒詭計，余開始識破，即在余目覩英艦在地中海被炸之照片，從此照片中知德國投擲十至十八炸彈，以攻擊水上目標，在一飛機上載如此多量之炸彈，信非大口徑者。余知此種炸彈係意在損傷主力艦，而不欲令其沉沒，此純係納粹一種宣傳作用，俾使英美仍擁護海軍戰略而輕視空軍。

直至日本加入戰爭，始打破此種宣傳，日本有海軍實力，且急於收效，不能待緩緩削弱英美海軍力量，乃依正式策略應付英美之主力艦。

余等敵人，除日本而外，實際均無軍艦。而余等乃竭國家資源以從事於無目標可擊之武器，此等事實，真有令人難以置信之勢。且海上戰爭，從日本攻佔太平洋各島直至進逼澳洲，極少用軍艦作戰，除春朋丸會加入戰爭而外，其餘日本戰艦總未露面，可見海上戰爭，與往日大相逕庭。而我國軍人仍有謂如希特勒戰勝全歐，將依歐陸及英國製船便利設備，建造強大海軍，以抵抗美國，而一般政治家亦羣相附和此一九一四年心理軍人之理論，海長諾克斯對於此種理論之答復，亦為建設美國強大又強大之海軍。

上述理論似頗動人聽聞，然果一深究，則覺非是，設此種理論以一部成為事實，即希特勒佔領英國，然希特勒本身實無真實海軍，則其戰勝英國，必借英優勢空軍，換言之，即不願英國海軍如何稱霸，必不能阻止希特勒之佔領，是即海軍與空軍勢力相遇，海軍即無能爲力之推測。據此種推測，如希特勒戰勝英國，則希特勒絕不能缺乏普通常識，反倏然移其目光於戰敗之淘汰之海軍武力。反之，彼更將信仰空軍，鄙視海軍，將更以擴充空軍爲惟一之意志。

美國海軍方面，常作公開演講，均不外海軍傳統思想，海長諾克斯在印地安那州演說，警告人民不可專恃防衛思想，並謂此種純防衛思想，即馬奇諾防線之變相，此語足見惟馬奇諾氏演說結果，仍不脫馬奇諾防線之變相，彼謂「吾等須封鎖納粹於鋼圈之內，在海軍武力鋼圈之內，納粹必致覆亡」此語與法國參謀總長論及馬奇諾防線之詞大體無殊。

法國參謀總長之言論及美國海長諾克斯之演說，均未嘗念及不論所作之圈或係鋼鐵製成，或係混凝土製成，不論其厚度若何高度如何，決不能免去天空之威脅。在法國則思利用防線固定之圍牆，以衛護自身，在美國有若干人士則思利用軍艦活動之圍牆以圍困納粹。兩種戰略原則相同，而錯誤亦無二致。法國傾數百萬金錢以達建築強大堡壘之混凝土馬奇諾防線，美國則傾數百萬金錢以達建築強大海軍之鋼圈，是兩種不同之點僅在物質上之差別。一則善用混凝土，一則喜用鋼鐵而已，而兩種意志及心理則完全相同。美國若不恢復正當知覺，則其結果將與法國無異。

第五節

在最近將來大部分海上任務運輸有用飛機而不用船艦之勢。在實際上評價，大依載貨重量評價，渡海之空中運輸勝於海上船艦之運輸。即以現在而論，大部美國轟炸機，均以自身飛渡交貨，至於驅逐機苟非秉國防之責者狃於偏見，亦易於改進飛渡自運。蓋此種改進方法，早有人提議，然均認識謬說被斥。

現在戰事演進，對於飛渡自運之說，已不容有猶豫之地，如早有長距之驅逐機，可以救夏威夷，可以救菲律賓，每一思念及此，不得不對於執政諸公之矇昧，慄慄為國防危懼，在最近將來，不但軍用飛機飛渡自交，即陸海軍所需之補給及人員補充，亦將由空中輸運。美國航空工程家之先進羅蒂發表論說，對於渡海空中運輸之經濟及軍事便利之點，分析頗詳，蓋謂「在最近一定時期，軍械，軍隊，人員，以及各種軍火，均須託由空運，以求制勝於大西洋戰場之上」

據現在估計英國每日須二萬五千噸進口食物，五百架飛機若達式者，每架可載五十噸，若用以供給英國食料之需，則較任何船運為速，且在必需要時，早晨自美作好之食物，晚間送至英國，仍有熱氣，設食料為去水分者，（若菜，果，牛奶，雞蛋，干肉等）則祇有原重量五分之一至七分之一，是以用去水分方法時，則每日供給英國食料五百噸已足，以一百架飛機即敷運輸之用。

現在對於英國航空運輸如上所述，尚未能實現者，並非航空機上之不能負此任務，亦由於根深蒂固頑固派之態度所致，以此種辦法有懷疑海上運輸之能力，恐航空侵犯海軍之權限。

即使仍用遲緩之海上運輸，亦須由空中防護，較諸用軍艦護送之効力，實不可以道理計，凡航綫運輸，均須有友機護送，始能前進無阻。至若陳舊思想，以船護船，以軍護軍之法，現已根本錯誤。在今日無論陸運海運均須以飛機保護，如英國船上備有戰鬥機即其明證。

因從前依恃海軍武力之戰略思想，仍繼續存在，致成為新第一國防綫完全發展之障碍。凡未能確實認識現在之人，卽不能握住現代世界之國防問題。現代之陸軍航空已經奪去海軍之攻擊任務，已致海軍於戰略上無用之地，此誠爲戰史上之一大分野，亦爲各大國間威力比較上之樞紐。自今日以後之歷史，將因之而有澈底之變更。

在從前有屬地之國家，第一恃優勢之海軍武力。而現在各該國政府及海軍首長諸人仍未能坦白承認此點應行改革。其實此種改革趨勢，已經達於極點。縱一國祇有强大海軍，則無論國內本土及海外屬地，不能以爲安全。且各該地域，如在敵人空軍航距以內，則不論有如何强大海軍防護，均易受襲擊。

欲求國防安全，惟有航空武力能應付敵人航空武力始可，在每一國防前衞之區，均須能立卽派遣與最近敵人相等之空軍衞護，始可稱有安全保障，在今日尙有許多區域比較不受敵機威脅，而在他日均須爲空中武力所達之地，以資防護，依據此種不易之理論，一國家不可再似已往依恃海軍，迷信海軍，必須依恃空中武力爲是。

一國之版圖有如一大式宮殿，表面看似極爲堅固，然深識者，已知殿內木架已有乾朽蟻蝕之勢。欲挽救宮殿之傾頹，惟有改換强力鋼架支撑。例諸海軍，有如宮殿之木樑，已不能支持新壓力之增加，必須代以空中武力之鋼鐵支架。在現在戰爭日益緊張之際，此種武力之代替實屬毫無疑義。

卽使馬罕海軍上校對於海軍武力理論，有所取裁，亦應知馬氏曾將海軍武力分爲兩種，一則爲防衞式艦隊，一則爲攻擊式艦隊，此種攻擊式艦隊，卽預備至何區域，作攻擊任務，是可稱爲眞正國防。馬氏曾謂凡能逼敵人退取守勢者必勝。依此推論，能逼敵人退取守勢祇有採取攻擊，惟是現在海軍已完全失去攻擊任務，最好亦祇能用於防衞式艦隊。至於攻擊式艦隊之任務，已包含於空中武力之內。緣現在僅有空中武力能超過自己防衞線進入敵人天空，且此種武力不僅止於敵人之海岸線，且能超過攻擊敵人之心臟。

現在海軍仍能與海軍對敵，然須各備有海軍防空，惟是此種航空不能視爲眞實空中武力，時代愈演愈進，海上武力一語，已失去眞正意義。蓋有陸軍戰爭結果，均將視空中武力之强弱，以爲決定。而能注重空中武力者，自能控制海上，因之空中武力內容含義，應同時包括陸海武力。此後海軍將不能爲獨立作戰單位，最好亦祇能作爲空中武力中無關重要之附屬品，是則余所敢預定者。

第八章　列強航空之失策

第一節

在此次大戰爆發前之最緊急數個月中，余在法國時，曾屢次與彼邦領袖人士，討論防禦問題。余嘗設法證說馬奇諾防線戰略之荒謬，及盲從一九一八年所建立之戰略型式之危險。余極力主張，如空軍對戰線後方之要點，作直接之猛擊，則地形上之障礙，殊屬毫無用處。並設法說明，備有一第一流之空軍，足能打擊德人之生活及工業者，則更無其他辦法，能應付即將來臨之危機。一般法國之領袖人士，對此頗爲感動，有時且深爲信服。但至最後，則仍回返盲信其前輩不可思議之智囊之一途。

實則彼輩將謂君之所言，似極合理，但吾人總參謀部之卓越人士，對彼等自身之工作，當知之更深。彼等爲世界最偉大之軍事參謀。自必詳知何以將巨萬之法郎，擲於堡壘構築之上，及何以將所有一切，孤注於防禦戰略之上。

現在吾等當已詳知，彼卓越之法國軍事頭腦，究曾如何長面於已往之戰略型式，而不能自拔於此種極陳舊之思想之中。普通人士對於官員及公認之專家不可思議之智慧，均有一種幼稚之信賴，即在吾輩之中亦有知識人士及輕信之軍人，摒棄其自身之論理方法，而樂於輕信官方敷飾之詞。總之，彼等倘不知其所作之事，則決不至令其担任此項工作。

大多歐洲人士，經過此次慘劇，始驚覺其戴銅帽（意謂無用之物——譯者註）之愚昧。而不得不相信彼等官員，對航空生活之實質之認識，一般多屬不合時宜，甚有陳舊不堪者。

在此次大戰爆發之前，余在法、德、英、意及其他各國之航空界中，耗時約七閱月之久。余不但研究當時之抽象情況，並設法向歐洲推銷美產飛機。因此得與自部長以下之航空軍官，製造廠商，設計者及飛行員等，作密切之接觸。余自謂不特已得瞭解其航空設備之方法，且亦深窺其內心素養及社會推動力之一般。

回憶當時，空軍業已不發一彈，而贏得數次勝利。西方之民主主義者，在備受即將動用此種新式武器之恐嚇下，而屈服投降。在一九三五年，意大利在對驕傲之不列顛帝國事件中首次獲勝。當時英國爲阻止墨沙里尼在阿比西尼亞之冒險，更在地中海集中一強大之艦隊。但墨相宣佈其將以空中武力摧毀此項艦隊，英國經一番驚疑之躊躇後，終於對法西斯之軍隊讓步。其後不久，阿多夫希特拉復僅略揚其空中之拳，在一串不戰之接觸中，屈服英法，終使慕尼黑不榮譽之投降，則世之最強陸軍國與最强海軍國，均曾若是而屈服於空軍先進國之前，

即在此種空中權勢之背景下，余目擊歐洲大陸及英倫三島之航空情況，倘將英法之對舊式武器之自動信賴，及「照常做生意」，「照常官場習氣」等，與軸心之動以空中武力爲恫嚇相對照，自更令人驚嘆。

在「不能攻破」之堡壘後，法人生活在一似若安全之愚人樂園中。在此樂園中，幾人人奪取

肥厚之回佣及進行複雜之交易，藉誇耀其某種愛國心而分得紅利。慕尼赫會議曾驚醒政府及社會上之一部份人士，使知防禦措置之必要，但大部份之準備工作，仍只是漂亮之紙上空談而已。

軍事航空係獨成一部而組織。但只有名義上之獨立，仍屬不足，空軍之名爲獨立自足之一部，並無若何價值，除非其在精神上及心理上有自信心，全國上下均毫無遲疑認空軍爲一羽毛豐足之角色，而與其他各兵種相平等。不幸余發覺法國之空軍，在陸軍之陰影下，極爲卑謙，甚至屈忍，而陸軍之聲勢，則不僅占有優勢，且屬壓倒一切。而空軍則只有屈忍，有時空軍之爲政治上之把戲，似較其爲國防上之要素爲甚，既無效率，又乏紀律。而其尤甚者即無一明確之空軍總戰略。舉凡飛機之製造購置，接收或退閒，均無一精確之計劃以資依據，以保持法國之制空權，及征服可能之敵國之領空。

自法國崩潰以來，其空軍之無能及貪鄙，已有不少事實爲世所週知，但其缺點尚不止此，均由法之全國上下，對空軍之應佔國防第一線，不能認識所致。航空事業循不重要之途前進，有時且被引入歧途，其主要原因爲其被視爲非特別重要是也。在現在世界中，倘有一國，不能認識新式武器之來臨，則其無可藥救之程度，實與在另一世紀中，而不能認識火藥之重要者，毫無二致。

參觀法國航空工廠時，其遍地污垢及缺乏現代設備，其頹敗之機件及不適宜之燈光及通風，頗使余震駭。時時可見工人與工頭就藍圖而討論，批評其設計，機械士往往任性修改其工作物，以適合其藝術脾胃，而不切實依照藍圖而作。午餐哨子過後，余見工人將其工具任意放置精細機件之中，而使機器在不安定之地位停住。

在政府當局中，其人員之選用，多因其政治背景，而不以才能為標準。半由幼稚之愛國心，半由顧慮國內之實業，因而乃有對國內外某數家工廠之優先待遇，及對外國航空工業之奇異偏見。總之，法人之歧視外國飛機，並非因其較國產為劣，實因其確較國產者為優，恐因此而暴露其國內產品之缺點，及政府人員之庸懦所致。

因此而使余之兜售美式飛機，經各種官樣文章及重重困難，而費時達數週至數月之久，而此式飛機為或能挽救法國於萬一者。為保護法國之航空工業，以與外商競爭起見，或於交易時討好於所寵袒之外商起見，而有樂於吹毛求疵，或偽造試驗報告之無恥行為。

例如賽佛斯基式(Seversky)戰鬥機，極易上升達三萬呎之高度者，而法國試飛員則報稱不能上達二萬呎。甚至不經試驗速度，任意捏造一數字向上級呈復，而有意令此數字稍低於法國戰鬥機之記錄。其他如武裝配備，安定性等等亦均經兩樣之捏改。例如，有一年青而著名之法國飛行員，奉空軍之命試飛此式飛機，降落顯極良好。向余行近時，顯出極抑鬱之神氣，並大呼曰：「但君之飛機極不安定，幾無法降落」！現則均知其為一種外交上之飾詞，用以保護其早經選定而性能較差之型式者。至今，亦已有人知道，美軍曾採用此式飛機八十五架，在各種天候下飛行，在各種地形上降落，均極成功。

此種滑稽報告，空軍常以官場習氣接收之，絲毫不加批判，直待余設法使上下院之議員對此項爭議加以注意時，始允余親加復試，所有儀表均有密封，於是此種驚人之大騙局，遂真相大白

試歸根結柢，此種由官員所犯之騙局，其害者，不獨美國之製造商小，而殃及自身之祖國及人民之安全實大。[illegible]

余雖然如此設法，但此卑污之壁壘，仍難通過，所余所得者，亦仍空軍部長有體之道歉而已。彼請求吾人，對此種飾詞，不要介意，因其為對外國飛機普通歧視之言詞也。當余請出，要延美國飛機，其性能顯較余所推銷者為劣，而法政府何以忽無排外之偏見，而訂購相當數量時，彼部長閣下，聳肩而無語可答。彼結利欲之網，而自陷其祖國者，其網索竟遠達大洋之彼岸，[illegible]此種前所未聞而流傳極廣之騙局，又經空軍部長而得奇特而令人沮喪之證實，此等駕駛員及官員確係偽造報告而自欺欺人，而如此做法，彼正以為乃「忠君」於法國之航空工業！彼斷拒絕採用較良好之飛機以救其祖國於萬一，而反以陳舊之機種充斥其間。夫至，彼等竟將此，是係出於「愛國心切」之故！而妄恐對此種為如此崇高之理想，而寧願自欺欺人者，事作譴責乎？[illegible]

噴火式飛機之速度，每小時在三百六十哩以上，米式機之速度，約為每小時三百五十哩，雖己均為彼所週知，而法人則仍熱烈生產其無用之莫蘭式(MORANE)戰鬥機，甚至擴大生產，而其最高速率則只有三百八十哩。彼等在陳舊之確證上加以掩飾，以自認為滿意或別出心裁，一如在以後數年中，美國官員之掩飾陳舊式美國飛機然。（三）[illegible]

[illegible]關於法國航空無希望之事實，如此陸續傳來。彼邦人士，對於較其他任何事物，更與其未來之命運有關之武器，顯取輕忽之態度。在放棄其作戰之前，余往訪法國空軍首長瓦立命（Vuillemin）將軍。余雖只請作片刻之詳談，但仍密談數小時。彼為一英俊人物，但對無年時代之酒在歐

力，則毫無所知。例如當余提及遠程戰鬥機時，凡立命將軍對其可能之用途茫無頭緒，因此余乃描述一在法屬突尼斯及敍利亞可能發生之戰爭，說明有數千哩航程之戰鬥機之如何有用。將軍終而似漸明白，繼而面呈沮喪之色，嘆曰：「但此種飛機，吾人可能從何處得之乎？」余當即告彼：「現正有此種飛機一架，在君之維拉可白雷（Villacoublz）之機棚中，君之部下當必已告君以有關余之飛機之一切矣。」

將軍即向余鄭重曰：「但此事決不可能，關於君之飛機之報告正在此：……在各方面均較法之標準為低。」

彼自桌中取出另一因「愛國心切」而偽造之報告。此種飛機極安全之三千哩航程，已被竄改為九百公哩，或約六百哩，原有機槍五挺，而官方之記錄中只有三挺，其速率本較當時之任何美式及法式飛機為高者，被竄改至較法之莫蘭（Morane）式戰鬥機為低。當余分析此項報告之片刻，將軍靜聆不語，繼而慘然低聲曰：「余信君，但余亦無能為力，余不能與全空軍部作對。君現正在英國，待君得英國之試飛結果，而證實君所提出之性能時，可再回此，余等或可設法使此案在眾議院通過也」。

但彼發言時，似不甚樂觀。彼確曾一再設法，以求在謊言及自欺之叢林中，開闢一通道。無論如何，此種全空軍之首長，受偽造數字之蒙蔽，而不能得應有之最佳設備之事實，在余之記憶中，印像至為深刻。雖然彼等明知其國內所產之飛機，在英國之標準之下，或甚至除武器外，較通行之美式機為劣，但終因為民族之自尊及利益而使法國不能購買外國飛機，或購買外國設計之製造機。法國雖名為接受現代化而有一獨立之空軍，但其真心則並不在此。迨其全國上下，驚覺其航空之需要時，則為時已太晚矣。

同時法之政客及政論家，譏誚德國之空軍為虛張聲勢，而互欺該國。余嘗自所謂消息靈通之人士處，聽到對納粹空軍作種種想像之缺點之鄙夷述說。法國之「專家曾密告余謂：「希特拉之飛機，將因支持動作而陷入泥沼之中，發動機將在空中爆裂，一百架飛機中，只有一架有飛行錶表，納粹之代用品已註定其必敗之命運等等。」即使余告彼等，余曾參觀希特拉之軍事航空，及並未見其所藉口之各種缺點，亦屬徒然。總之，法人寧信各種神話，藉能在馬奇諾防線後之愚人樂園中，勾延其片刻之殘喘。

第二節

在英國發覺其對德國威脅之認識，遠較為清楚。納粹之背棄慕尼黑協定，使英人所受之打擊，更為銳利而深刻。英國之軍事及航空界人士中，對空軍之未來任務，亦頗了然，此為在德國外有所不能多見者。但此種意識之大部仍為二種阻力所抵消。

第一種為全英國上下對其光榮之海軍，頑固而慣常之信賴心，此種所生影響最大。如發表懷疑海軍保護英倫三島及其帝國之能力之意見，則極易破壞友誼，而使人人見而遠避。雖或可動之以微言，實則此種信賴心已成為陸空二軍之發展及正當配備之阻力矣。每當對戰爭之恐懼一度高漲，即有更多之經費撥交海軍，而其他兵種所得者，為數甚微。

「余以為卽僅就性能及軍事特性而言，則英國之飛機當為世界第一。但往往因設計不良之故，製造困難而耗費大。工人之技藝，雖遠較法國為優，一般仍在美國及德國水準之下。但論速率武器裝甲與其訓練及紀律，則皇家空軍可保持首座。其所缺者當在數量。此一獨立之空軍，就其經費而言，實屬難養餓之。

會參觀英國工廠時，其工人之合作精神，令人欣慰，可與法國工人之故作憔悴之態度，作一對比。英國工人們極熱心學習，而對增產亦極感興趣。各航空工廠，額外人員極多，顯係欲以人力補救對大量生產經驗之不足，及進行計劃及工具之不適。但就其整個情形而論，極可樂觀。各處均呈未來有秩序生產之景象。」

英國空軍，因其內部之發展，未受其他兵種之妨礙，故較其他各國，更能表現空軍之為獨立兵種之認識。此種認識，於不列顛羣島，危難之秋，始大顯效用，而使希特拉遺恨無窮。但由於英人以其自身之安全，幾全部仰仗其海軍之故，以致其他軍備，非常缺乏。而更主要者，為皇家空軍以外之軍事思想，均無純粹空中戰爭之概念，而此種空中戰爭，亦卽彼等不久卽在不列顛之戰中遭遇之者。此種有力之軍事思想，非至被無情之事實所壓迫，不肯放棄其假定，以為無論如何大空軍總稍較次要，而非在防禦之第一線。此種阻礙思想，使空軍在數量上，大受限制。

阻礙英國軍事航空之第二種力量，其根源在英國之商業界，卽一般飛機製造商及其財政及政治上之後台。此種團體，雖明知國內之生產設備不足以應付增長極速之航空需求，但仍不能改變其對未來戰爭結束後，國外之競爭及國內工廠之過分澎漲之恐懼心理。彼等對在加拿大，澳洲或紐西蘭增設新廠之舉，較自美國購買飛機，更爲恐懼，因美國之競爭，可從相當時期排除之，而自治領之競爭則永無休止之時。

余及余之戰鬥機樣品抵英時，當局極爲合作。航空官員表示殷求最優良飛機之精神，而不論其原產之國籍。彼等樂於自外國之成就學習，與法人迥不相同，遠程戰鬥機之新概念，立刻引起其想像，因彼等能見到其在彼帝國廣大之空間中之用途也。

余在英國之試飛航空站，爲時約一月，余之美式飛機亦於其時經各種試驗。此航空站工作極有效率，亦與法國者不同。站上人員樂於担任額外之艱難工作，有運動員之精神。彼等對時時舉行之空襲演習，頗表愉快，而在法國則尙未見有此種演習。舉行各項試驗時，均絕對忠實，絕無絲毫不信任外國飛機之意。所有經美國試飛而得之各項數字，均經證實，而其中數項，英國之報告中，且超過美國所提出者。

彼等設計噴火式機時，曾遭遇關於副翼之一小困難，而未能解決，故對賽佛斯于式戰鬥機於俯衝時仍能保持不變之襟翼桿壓力，特樂於研究。空軍部免除各種官樣文章，而立卽准余試飛噴火式機，以期對此項特殊問題有所建議。余乃駕英機升空，於臨界高度時，核驗其速度，於是乃益深信，如德機起而與噴火式相遇，則必爲其難題無疑。

但此種軍事熱忱，一再爲航空工業之領袖及財政支援者之謹愼計算所抵消，後者之意圖可自其政治上之心腹之態度上見之。如因事勢所迫，則彼等願令政府購買外國教練機，甚或次級作戰飛機之如海岸巡邏機者。至今基本作戰飛機，則以爲必須在國內製造。其技術上之藉口爲外國飛機之海外交貨為不可禁也。而其實際則為「照常做生意」。

在英國時，余特別強調余之單座及雙座戰鬥機之長航程之優點。一九三九年八月八日，致空軍部之備忘錄中謂：「余等以為此項特點，對不列顛帝國之殖民地保護，有極大之價值。由於缺乏之機場，及各機場間距離極大之故，殖民地空軍，包括戰鬥機在內，須有較長之活動航程，極屬必要，如伊拉克，加爾各答，新加坡等各基地，更將因此而蒙益非淺，長航程戰鬥機，在掩護轟炸機以對敵海軍作戰中，將更顯特別有效」。

最近遠東情勢之發展，當可證明余之論點。再者，余嘗指出，一如戰事發生時，所有飛機數量之重要然，戰事發生後，較敵方更速之飛機生產能力，將為一決定之因素。因此，余嘗建議培植在不列顛帝國內，敵方飛機航程以外之供應來源。余並謂如此種飛機，倘在加拿大製造，則可以其全軍事載重飛達英倫三島，立即參戰。信中並謂，在作戰時期，飛機之運往殖民地，應藉其自身之動力由空中運送，空軍不應依賴海運，因其在下次大戰中，雖非絕不可能，亦必非常困難。

此種在英倫三島以外，製造遠航程飛機之理想，受空軍部誠懇之接受。新聞紙亦引以為題，而加以相當之討論。但在商業界中，其反應卻屬相反，此後不久，確會有一有名之英國飛機廠商，強邀余在一旅舍之接應室晤談。

彼謂「君所提出之自殖民地及自治領，以空運輸送飛機一事，確為一偉大之思想。但決不至實行。倘君欲與吾國交易，不如以忘卻此種思想為愈。君何不一思吾人將於戰後如何處理此一綫端賴大之航空工業乎，君當知吾人必須保留吾人之市場」。

此後不久，危難卽波及英倫三島，余當詫而欲知，當此國難嚴重之時，彼製造商及其友人是否已自悔其過。倘於彼時長程自運之航空工業，已在加拿大開辦，則當其祖國急需之時，必將有一串安穩而有決定性之戰鬥機及轟炸機，飛經北大西洋而來。又倘在彼時開始其國內航空計劃，則澳洲當能於斯時遏止日本在太平洋之兇焰，不至如今日之同盟國，仰仗經數千哩極脆弱之交通線，以獲得增援。但利欲之心勝過一切。欲使帝國之外部在經濟上依賴英倫三島之衝動，較其他爲強。自一外人之私人經驗中，此不過阻礙無限之空中發展之方式之一例而已。

第三節

在德國余見到世界規模最大之飛機生產設備，及一獨立之空軍，其地位不僅與其他兵種相平等，且有超過之處。由於海軍幾等於零，以及被禁訓練一强大陸軍之故，彼邦之創造能力及軍事思想，早在納粹獲得政權以前，已向航空方面發展。至一九三九年初，德國乃下決心，以爲戰爭已不可避免，並以特別澈底之精神，努力準備。

飛機工廠均甚寬大而有效率，工作之進行均經訓練，自製造之經濟及有效之保管立場而言，各種特別設計，均甚可稱讚。工人之技術不亞於美國。雖缺乏數種原料，但有數種代用品，確尚較原物爲佳。

自軍事性能而言，余覺德機顯較英機爲劣。德人顯已決定，以爲將其命運委諸質量，不如委諸數量爲佳。雖明知將使敵人佔有相當之質量優勢，但爲大量生產起見，仍從容在競爭之初，將其設計固定。彼等之計劃，在必要時，將全藉所有配備之數量以壓倒英國。其理由爲，倘握有足量之飛機，可應付較大之犧牲消耗，即以三四架換得敵人一架，仍能獲得勝利。

德國航空之正面，即其數量上之力量及精密組織，曾極易爲航空視察人員所見到及瞭解。此爲可在表面見到之一面；戈林上將及其參謀人員將此點向訪德之美國航空界人士誇耀，頗爲自負。其反面，即質量上之缺點，則不能在一瞥中見及之。亦不能憑空而得，須與其他各國之相當飛機比較始可。再者，如欲認識其缺點，並見到其可能之結果，則觀察者須有個人之作戰經驗，或至少須對空戰之原理有澈底基礎。

例如適有一批美國訪問者前往參觀，其中數人，在航空界地位頗高，爲德國空軍之堂皇外觀所攝服，竟不能見到英國質量方面之重要，而作確當之估計。

回憶某日，余被邀參觀富麗之亨格爾（Heinkle）工廠。不僅規模甚大，即其設備，建築及工人之娛樂設備之富麗，亦足使人驚疑，嘆爲舉世無匹，即美國最佳之大量生產工廠，亦勿如也。機器及工具，與美國當時所用者同。並有各種小巧之設備，例如自動銑床及爆發鉚釘，美國航空工廠其後亦加採用。所有建築均有地下層，備有避彈室及不漏氣之防毒室。

廠之外側爲已成之轟炸機，成排而列之兇器，均漆以作戰顏色，似有一得命令，即行衝升天空之概。陪余同行之各高級官員，面現自負之色，似頗沾沾自喜。而余則於視察中發覺一奇異之事實，就純粹之軍事觀點而言，則已因此而破壞其動人之外觀矣。

此等轟炸機，為最新之航空工程之結晶，但均極缺防禦武器（一如余曾在討論不列顛之戰中所解釋者）。在第一次大戰時，吾人已曾用雙機槍以保護飛機之後側，而在此二十五年之後，亨格爾式機竟事實上為毫無防禦。余以一戰鬥駕駛員之身份，對此種不可解而又不可恕之錯誤，即德人對轟炸機在作戰時所處之戰術地位，不能認識之過失，大為驚震，而尤使余驚恐者，則為此一偉大之工業，被導入歧途之情景。因余已曾駕駛噴火式機，故對亨格爾式機之將為英機之犧牲品，極為了然。此亦非僅為職業之恐懼，因余轉而念及美國之飛機，亦為外觀優美，而缺之必須之戰鬥能者。

當余逼及余之感想時，主人作神秘之微笑。

余復於特許參觀製造米薩斯密特機之來比錫（Leipzig）工廠時，見及極精美之工廠，訓練及生產，但火力及速率方面之缺點，仍極顯明。汽油箱地位極壞，係在駕駛員之後，頗易受來自後方之攻擊，同時對0.3吋口徑之子彈，能自行封閉，但遇較大之子彈，即無此能力。經此次參觀後，余深信米薩斯密特機將受制於英機之噴火式戰鬥機。余復對英國噴火式機之較速每小時二十五英哩，及有較大之火力，略作暗示。余之主人復微笑而不答。

余當時以為此種微笑，或係保藏秘密。彼等或另有新式戰鬥機，而不能允余參觀；或另有代替通用機關槍之新式武器；或另有其他更有效之火力，隱藏於轟炸機可收縮之砲塔內。殆至戰爭第一年，始真相大白，此種微笑，純係對其數量上優點之過份自信而發，而實則大謬不然者。

大體上，德人並不以其鄰人法國為對手，而以疑懼之眼光，展望與大不列顛一較高下之可能性。彼等並不熱望戰爭之來臨，但如已至不可避免，則亦欣然接受。凡與余晤談之人均預料將有一場極艱苦之戰爭，生命與財產之損害，極為重大。余發覺彼等當時已計劃四發動機之長程轟炸機，以攔截遠離歐陸數百哩外之英國船舶。彼等已認清海軍主要職務，必將由空軍起而接收之。此種認識，在當時其他各國無一能達到者，即在現在，亦仍有不能達到者。納粹航空領袖，於無意中討論及橫斷大洋之「商業航空」，最後發展至環球航程飛行一節，給余之印象極深。則在此次談話中，不難見其以空軍控制全球之野心。

德人已起而認空軍為一獨立自足之兵種，遠較法人為甚，以為應予以配備，以應付其獨立之戰略，而無須陸海軍之助。德國空軍之任務有三，與地面部隊及坦克協同作戰，與海軍之聯合行動，及完全獨立之戰術行動是也。德國之空軍，不僅在行政上及名義上為獨立，並含有藉部隊給養之空中運輸，而使空軍成為能確實獨立支持之兵種之深意在。由於此種對空軍獨立存在之認識，遂使德國較其他各國為強。

但此種計劃仍有微瑕，仍有型式上偏見，蓋一陸軍之偏見也。德人之具有陸軍心理，一如英人之具有海軍心理。其明顯之結果為過份著重適於地面部隊協同之飛機是也。吾人早曾注意，因不能將空軍之威力發展至其自然之限度，納粹之航空機構，遂在征服不列顛羣島之天空之最大試驗中失敗。因其航程不足，缺乏攻擊力及防禦武器，並無對此種任務之適當戰術，而其主人似仍不覺有此種缺點。

吾人當可回憶，納粹之戰略計劃早在數年前即已製定，而以不足之作戰數字為根據。中國，阿比西尼亞，而尤以西班牙，均曾為其試驗場所，以表示並解決其戰術上各種問題。但在此等戰事中，並未發生任何决定性之空中戰爭，而足以使一班較胆小及較缺想像力之航空專家信服。即如戈林及密爾撒（Milch）之流，亦有恐負其傍若無人之空戰思維之責任之可能。無論如何，彼輩之計劃已足使其國家有一宏大之空軍，以提高其對敵人領土作逐步佔領之舊式戰略，但仍缺少一空中艦隊，足以向在長距離之敵人空軍挑戰，而控制「空海」。

意大利之航空，一如意大利其他事物之外觀，頗能使人誤會。余嘗承認，不經意之參觀，曾使余對墨沙里尼之空中武力估計過高。所有工廠之建立及維持，均頗良好，工人亦經訓練而有效率，與極有大量生產之希望。但即至今日，亦仍留有希望！意大利之航空，在過去各階段之戰爭中，未曾出所全力。其飛機之設計相當良好，但其構造多為木料，故顯示其易為敵方全金屬機之火力所犧牲。雖顯較德英及美機為劣，但在性能上仍較法機為優。蓋墨沙里尼之建立空軍，其初意原在對抗法國也。

有一點意大利頗與其鄰邦法國相似，即對較其國產為優之外國飛機幼稚之妬忌是也。欲使法西斯航空官員，承認在其國外有較意國所產為佳之事物，實非易事。彼等堅持意大利之飛機及發動機為世之最佳者。彼等不願購買外國飛機，即其盟邦德國之飛機亦然，而此等飛機係或能使其免於屢次之羞辱者。最後彼等邀余在意製造賽佛斯基式戰鬥機，以為愛國心之最大讓步，而仍拒絕購買在美製造之飛機。

意大利之轟炸機頗能攜帶大量炸彈，但其武器配備極劣。總之，法西斯飛機將極易為英美戰鬥機之犧牲品一節，甚屬明顯。

凡稍知美國航空之情形者，上述各節，當可使其明瞭，美國航空之各相當方面，不幸與戰前歐洲情景之最劣各點極爲相似。

第四節

美國一如法國，幾無一略如空軍總戰略之暗示。海軍之思想稍較陸軍爲活潑，其使用飛機之原理及計劃，爲使空軍成爲較大事業之補助品，即爲其舊式海軍之引伸物。陸軍則更不如，直視空軍爲「飛行大炮」，或「較有效之偵察者」，以爲適用軍事教程律令之改良。海陸二軍均不知此種教程中之律令已不適用。法國有獨立之空軍而無空軍戰略。美國（在作者寫此時）則併負責或主持發展此種戰略之機關亦無之。不論海軍與陸軍中之心境如何卓越，亦只能予吾人以空軍爲輔助品或附屬物之卓越計劃而已。

與英國相似，倘提出對海軍担任「外國防禦之傳統任務之任何疑問，則幾屬冒瀆神聖。英國與法國已準備重演一次上次大戰。法國勇猛之陸軍阻住德國之前進，同時英國以海軍封鎖之使其窒息。就現有之配備而觀，美國之戰略似亦準備重演上次大戰，惟稍加近代之變化而已。

就絕對數值而論，美國飛機之航程尙長，但如就吾國之地理位置而論戰略，則仍屬短程，並當仍與地面部隊相關聯，自更無於任一舊式兵種所不能到達之區域，作「單獨使用」之深切考慮矣。

美國似準備對抗一假想之海軍，其理論根據爲：現無海軍而一切進行極順利之國家，將放棄其自己之經驗，返而信賴海面之艦隊。美國之軍事領袖，對長距離航空之爲一「捷徑」，即與馬奇諾防線相當之海軍主力艦，空軍亦可置之不理之事實，仍未十分悟解。

德國之空軍發展，曾略受陸軍心理之優勢所阻，法國空軍受其阻礙更甚。英國之空軍發展，則受海軍心理之優勢所阻。而在美國則兼而有之：空中力量被分爲兩半，其一隸於陸軍，另一則隸於海軍，二者且起而爲統轄權而競爭，實則雙方對此均爲門外漢。

德國之主要錯誤，爲固定其飛機之型式，以求大量生產。而美國則更易犯此種錯誤。爲大量生產而固定型式之舉幾全出自動。一般美國人士仍以爲飛機不過飛機而已，而只以數量估計之，實則彼等應試問：何種飛機？適合戰術要求之程度若何？吾人之研究工作較此式飛機前進若干？吾人之航空工業設備留有若干餘裕，以備未來之發展？

不幸美人對數量之統計，更較質量之指標爲感興趣。美國業已將若干架飛機移交英國之消息，亦較所交飛機在出廠時已趨落伍之另一消息，更能動人聽聞。在作者寫此時，不知一般人士何以仍未驚覺其大量生產型式落伍之飛機之荒謬。

美國防禦計劃中之顯要人物，多爲產業人士，而非富有創造力之戰略家，從此種事實，即可見到美國失敗點之所在。此點並非對私人之惡意攻奸，乃係對全國所採之態度之善意評論。彼等或係產業天才。但不幸其普遍而適當之威望反以其增產之天才限制進行中之計劃：彼等威壓戰術改革家及發明天才，以其理想足使現行出品成爲落伍故也。就某意義而言，一如將製造廠之生產經理之地位置於總工程師或設計人之上是也。飛機之型式當由軍事專家所選定，但其在生產時所予之重視，尤指研究及空中戰略所佔之經費，則全受此全國上下對量之固定觀念之影響。美國之國防，亦有多處受限於對外國型式之偏見及恐懼。明知某種美國飛機較其同類之英國飛機爲劣，何以吾人仍繼續盡量製造？總之，倘以可得之英國設計圖及工具，以開辦此種既定型式之製造，則必較將現有型式作改頭換面之補綴爲省時。至少其中之一部份原因爲，此種落伍型式之負責官員之一部，仍高踞要津，而其心中極不願其自已之成就成爲落伍。彼等不願認錯，更不願接收外國設計而顯露其自承錯誤。

美國曾珍視落伍之飛機而大量生產之，雖均知其在戰術上毫無價值，而仍以虛僞之宣傳粉飾之，與法國之曾堅持存積落伍之莫蘭式(Morane)戰鬥機相似。法之不合實用之戰鬥機以其空軍宿將莫蘭(Morane)之名名之，而美之落伍飛機則附以其創始者大名，則後者當不能知前者之可不負責任也。

戰鬥機所用之液涼式發動機，現已被認爲係美國軍事航空之骨幹，但經五年之實驗，仍只能產生一一五〇馬力之發動機。且倘非完全可靠者。至一九四二年下季，始因情况過份嚴重之故，民族之自尊心大爲讓步，而引造輸入之羅爾斯羅賽(ROLLS ROYCE)式發動機。但可惜其馬力仍未超過美國自行設計者。倘有英國二千馬力納比爾薩泊(Napier Sabre)式發動機，已證明其極爲優良，在數月前已可資吾人之利用，而何故竟輾轉遲延而終至被阻乎？其惟一似乎合理之解說爲。

新建而較優之發動機來源，於戰爭危機過後，與現有之發動機廠競爭故也。與歐洲相同，對戰後之商業情形之顧慮，頗出煩言。何恐慮未來者之衆，而均忘，倘吾人不對主要工作埋頭苦幹，則恐無足爲吾人憂慮之未來矣。

一如法國，美國人士常喜將其自造飛機之性能加以誇大，謂有奇異之軍用特性，甚有反以其缺點作爲特殊之優點者。例如因歐洲飛機之採用機關炮，而更顯示美機大力不足時，乃一面公開促使工程學上之努力，同時將某幾種機關槍改名爲機關炮，便算了事。

吾人同時亦有喜低估敵國之力量之傾向，法國曾以德國之裝備缺乏效率以自欺。而美人則信日本之裝備爲不堪使用者，以爲日人倘輕舉妄動，則必遭空中之慘敗無疑。但經菲列濱作戰一星期後，官方承認制空權全在敵人手中，頓使全美人民呆若木雞。

美國之航空工業就大體而言均心境高尙而愛國，並隨時準備犧牲。其航空學術之各方面與歐洲相較亦有過之而無不及。然生產軍事領袖所規定任何型式之飛機，備有戰術家所要求任何型式之配備及武器。所以歸根結底我國航空事業之過失，其根源實在最高軍事官員之思想落伍。非至美國空軍之指揮統一由目光遠大經驗學識並豐而確能計劃眞正之空中戰略者領導，則在此嚴重時期美國航空工業仍不能獲得官方必要之指導。

同時此種「照常做生意之風氣，曾使法國受困而終至覆亡，並使英國危難萬分者，在美國亦屢見不鮮。自私及惟利是圖之心理（各項工業中均有）在軍事航空脫節而不穩之狀態中從中取利，彼等以劣等軍用品魚目混珠。此等軍用品雖毫無國防價値，但藉此而獲之利則極豐。全因因循之後將平時之商業慣例絲毫不變而沿用至今，但此種競爭辦法在現時各種工業設備已負担過重，而未來數年中仍將負担過重之時機，實屬毫無意義。

不久吾國必將覺察，許多在平時受人仰慕之商業天才，在緊急之時不但無用且屬有害。不願新公司或新單位參加製造一事，在競爭時期，相當合理。但在為國家之安全起見，而必須求得最好之結果及最速之擴充時則無理再行襲用。低價傾銷以打倒競爭廠商，有時甚至其貨物之質量亦稍差以求減低成本，通常亦認為商業上之一種可用辦法。以更能引人之物品，消滅較小之廠商。此類手使一般經營人員，在平時獲得額外之紅利。但在國難時期，則以上種種商業行為，即不復合宜。倘以其能使國家失去必要之工具而論，則實與奸逆相去不遠。法國已受「照常做生意」「及「照常官場習氣」之害，則前車之鑑美國實不應再予姑息。凡因各種經濟上之理由，使美國之中部及南部戰略物資供應地之開發停頓者。自空軍之立場而言，實為大錯。就吾人所知，此種新武器必須以基本根據地作戰，即自給自足之根據地是也。美國一任其自身仰賴於遠在萬哩以外之供應地，以獲得橡皮及錫等之主要物資。則無異在現代戰爭中自削其力量。故今日之急務端在開發國內各種航空必需資源，並同樣積極開發南美各主要資源。例如巴西及其相鄰各國，其蘊藏資源之豐富，足使西半球能自給自足，則自空軍之立場而言，應使其與美國本身之工業努力打成一片。英國由於恐懼市場之失去及產生戰後競爭者之故，未能在其殖民地及自治領建立第一流航空工業。此種斤斤較量之顧慮，不能使其有損美國之為空軍基本根據地之地位。

再者，負責國防資源供應之官員，甚至一如法國，因其內部卑汚之之秘密過多，故僅作澈底之清除。美國航空之落伍，據吾人所知，並非因缺乏航空技巧及智能，實因高級人員之不能勝任目光短小及姦奸姑息所致。故清除之時期稽延一日，卑汚之秘密亦多留一日，有時因新政策之採用，確能使舊政策之愚昧顯見無遺，遂使負責之人員更有保持一切「照常不變」之傾向。

因彼等倘不如此做去，則無異於政治自殺。軍事上之明察為政治上之彌縫所混淆。有時一切努力做至已使過去軍事過失及罪行感受威脅之時卽被阻止。航空事業遂如此而為因循自私及愚昧無知等之故而長留於舊轍之中。

英國在戰爭開始後，深感生死關頭情況之嚴重，乃將其全部軍事樞機中之供應官員作一澈底之清除。彼等覺察，在事業之進行中，卽使只有少數無知而有礙之徒，則亦須從新做起而不能希望卽從此輩應負過去錯誤之咎者身上，得到改良辦法。此輩人士曾在平時舊式商業及政治風氣流行之時工作，則無疑仍將在戰時保留此種風氣。故美國之供應機關必須有一番極激烈之清除。所有過去一切之罪行均可如此一掃而清，而新任負責人員，亦可對其熱心之工作放胆做去，而不致對各方面之利害，再有所顧慮。

總之，美國人士實無對法比之短視及因循作過份無情批評之資格，或譏英人何以迄未覺醒。事實為，卽在第二次大戰第三年之今日，美國對此種新武器及其與國防計劃之關係始終未十分明瞭。其建造兩洋海軍之精神，實與法國之構築防線堡壘之精神相同，並未顧及現代戰爭之尺度為何。不承認新軍事時代之來臨，而勉強航空作為舊兵種之配屬，以平靜籲請建立眞正空軍之煩擾；勉強建立一「假空軍統一指揮部」以壓到批評者，並大事展覽飛機，殊不知許多飛機之售合，並不一定能成爲空軍之理。此種新式器之擁護者，倘不能顧全各陸海將軍之自尊心，則將被認爲神經錯亂，而以擾亂和平者對付之。

自戰事發生以來，其各重要事件之大略，如以前各章之所述者，不但均被誤解，且隨時爲解說者所故意歪曲，以替陸海軍之見解「保全面子」。通俗之理論家，曾設法以二度平面適用之碼尺以度量三度空間之事件。熱烈證說海軍爲至高無上決不至對空軍讓步，而陸軍則已註定其永爲戰爭之決定因數之叢，曾發表不驚人怪論。所謂專家曾爲保護此種傳統假設而奮鬥，一若與其私人之榮譽有關然。

率直而論，美國雖爲現代航空之發祥及培育地，但其軍事航空則仍在幼稚時代。此種說法不能以統計數字推倒之。因空軍並非爲一數字問題，而爲正確之戰略，戰術，對空中戰爭之適當心理態度，及正當之軍事組織等等之問題，而以上各項則均須以適宜之裝備實現之。凡已把握眞正空軍之意義者，業有一明顯之工作亟待其推行，即日以繼夜喚起全國之明察，卽受人厭棄亦所勿顧。蓋吾人必須設法使全國上下有所覺醒也。

第九章　美國空中武力之檢討

第一節

在此次世界大戰中，空軍所居之地位，陸海空軍最近相互關係，以及舊日沿襲之軍事觀念應行改革，在前數章中，已爲論及海軍武力之迅速趨於末落，拘守成法之軍事學家驚惶失措，亦在前文列舉往事以證吾說。彼英法戰爭慘敗之事實，余曾平心靜氣一爲闡述，以作爲吾美國之殷鑒。

本章所欲論及者，即欲將吾美國在此次世界戰爭爆發以前及爆發後美國尙未參戰二十七個月中軍事航空情形，據實檢討。須知此時空軍情形，距離吾人理想，實不可以道里計，惟因其如是，更宜坦白直陳。果能將從來認爲美國不能戰敗之迷昧感想，愈能早爲袪除反而求諸事實詳細狀況，則美國將來愈能益臻強盛。昔日之誇張文飾，非現代之所宜晉，須知艱鉅當前，在勝利途中機械上及心理上之阻礙甚多，正宜猛省而思有以克復，吾人須戰勝自己，然後始能戰勝敵人。

現時無可諱言者，美國一般趨向，常忽略美國空軍之缺憾而誇張其成功。普通民衆迷於舊貨式之宣傳，認爲美國之軍用航空不但與世界任何國家空軍並駕齊驅，而且較任何國家之空軍爲優，沉迷此說引爲自慰者，已歷有年所。其實美國空軍設備之退步，在昔日身列空軍人士已盡知其詳！在今日一般民衆亦知其梗概，而在一九三九年秋季美政府所辦之某一雜誌中猶有一文，標題爲「美國空軍最爲優良」然一思念實際，此等虛僞宣傳，眞令人不寒而慄。所謂優良者亦不過爲容頗靜之法最優良而已。

此種催眠方法，在歐洲戰爭爆發後，美國飛機之缺憾已有所暴露之時，仍依舊繼續使用。在一九四一年初間，接倫敦新聞報導在「假戰爭」之際，美國飛機頗優，然此種假戰爭結果，詎足爲憑？英國對於美國飛機之論斷，固足以慰美國人心，其意至爲可感，然而一飛機在實際戰爭後之論斷，經過空戰之結果，並非僅由新聞通訊員所報導者，始足爲憑。美國飛機在實際戰爭時，論劣各點極爲顯而易見，有時本爲美飛機顯明之缺憾，而竟認爲最優良之特點。例如空中堡壘僅能在極端高空作戰，不能在低空作戰，而在新聞紙上之記載，反給予讀者誤認爲此乃美國飛機可以自矜之特點。

此種自欺之危險，猶之敵人之攻擊。現在美國既加入生死存亡之戰爭，自應全國人民視同一體。在已往承平時代，以商業以利益爲最高主義，而在今日則須以戰爭爲重。珍珠港事件未發生以前所謂「賺錢生意」及「圓滑政治」之各種方法，現已無存在餘地。處於今日若仍對於國防大計冥頑不靈或視若無睹，更不能爲可容恕之瑕疵，實已躋於叛逆賣國之罪。

余認爲將已往愆尤據事直書，不加隱諱，實爲吾應盡之責，明知此言一出，牽連極衆，然爲美國安危所係，實不能安於緘默，且此種問題決非攻訐個人，或揭發前愆，意在究已往謬誤淺見之由，而思有以改正。全國人民，應根據舊日經驗及新得敎訓，重行組織，俾全國竭力應付戰爭之秋，人人能盡其所長，而無絲毫遺憾。

現在一般普遍意識，均認為納粹空軍數量之大及威力之猛，洵出乎世界各國意料之外，致無備之國家驚惶無措而迅速被納粹所屈服，而在美國之空中武力退步，亦假此以為藉口。按諸經過，多非實際。蓋德國所用之飛機及所用之戰爭策略，早在戰爭爆發前，已為航空專門人士之所悉。

納粹飛機在西班牙作戰，為第二次世界大戰時空軍之實驗地，早已為航空人士所共見，納粹之空軍演習及航空展覽，亦為航空人士所共覩，納粹之軍事及航空雜誌，亦為航空人士之所深悉，所有世界各列強政府包括美國在內，莫不接到納粹軍事飛機發展之報告。

在戰爭不能避免之最後報告得到以前，德國曾在法國邊境附近為軍事演習，余知此種演習詳細報告，在法國參謀總長手中已得到法文譯本。在此種演習中德國已預示如何超越馬奇諾防綫及如何使用俯衝轟炸機及坦克車聯合作戰計劃。是後戰爭爆發，德國即使用前此衆目共覩軍事演習之成法。

德國對於新生力量之滋長，且將用之於實際戰爭，從來毫不掩飾，所謂全面戰，所謂閃擊戰，早在德國軍事書報中公開討論，甚而至於廣播，因之各國眼光敏銳之軍事專家對於德國之戰略及武器，尤其對於德國機械化部隊及德國空軍，曾為詳細之著述。

在戰事開始以前數載中，希特勒對於其空中武力，不但不保守秘密，且亟於使世界知悉，蓋德國政策欲藉此以威嚇世界大小國家，令世界人士聳然驚懍然畏德國空軍之盛，美國及他國飛行人員以及飛機設計當家，德國均予以機會使其參觀納粹飛機並鼓勵其宣傳各地。

依上所述，華盛頓軍事當局當完全明瞭德英及其他各處戰鬥飛機進步之情況，決不能諉爲不知，况美國航空實業人士及眼光遠大之軍事人員，亦曾對於美國飛機劣於英德飛機各點條陳當道，思所以改進。

現時一般理想，因動於文飾之宣傳，舉以爲戰爭後，美國始憬然空中武力之不足，始發見主管航空軍事當局之謬誤，始覺該軍事當局之措置在該軍人時代本屬適宜，不幸在此次戰爭均屬無用。其實此種理想均屬子虛，毫無根據。緣以各種錯誤中有屬於極幼稚者，新入航空人員稍一留意，即能見及，至其他錯誤，如果負責航空人員對於第一次歐戰中空戰知識稍有心得，亦不能蹈此咎戾。

輓近以來，飛機體積加太，速度加快，炸彈載重加多，航程加遠，攻擊力量加強，然在第一次歐戰中所得之戰術原理，仍有大多數可以爲現代之應用，而在美國一般軍事航空之觀念，證諸此次戰事爆發之始美國飛機之裝備，不但忽略第一次歐戰之戰術原理而且蔑視第一次歐戰之戰術原理。

試以美國軍用飛機與德英軍用飛機相比較，優劣之懸殊，有時極爲明顯，非有意忽視，決不能漠然不顧。美國當時爲何頹喪至此，而不爲戰爭之預備，爲何軍用飛機之製造，未能與英德相抗衡。

在美國並非缺乏飛機設計及嫻習製造人士，觀美國航空國防計劃中早經指明某某數點，應行改進，是可證明航空人才，並非缺乏，再則美國商業航空之極端發展，益可證明創製人才並不稀少，決非致美國軍用飛機退步之由。即使作退一步解說，設美國苟能仿製英德飛機，則美國相形見絀情形亦不能若是之巨。

美國飛機數量缺乏，尚可稍相當之解釋，蓋美國既鑒戰爭不能立即爆發，同時又無侵略他國野心，固無須為大量飛機之製造，然一念及美國飛機質量之低劣，實難為正當之索解，決無相當理由製造有缺憾之飛機，並仍拘守不合時代之戰術原理。

美國航空經費，常感不敷正當支用。是或者因美國空軍規模不大，故預算不多，然決不能因此致他國驅逐機有八架機槍而美國所訂購之驅逐機僅有兩架機槍，他國之飛機有堅固鋼板而美國飛機則毫無鋼板，他國飛機油箱周圍，則有避彈避漏等裝置，而在美國飛機則無此項設備，英國轟炸機上則有堅强的砲塔，每塔可安裝機槍四架，而美國轟炸機非武力裝備不足，即製造不良，不能發揮其全部火力。即使航空經費支絀，亦不能為此種錯誤之掩示，蓋製造一優良飛機之價值，與製造一較劣飛機之價值，相差無幾，蓋美國通行各種航空雜誌中早將歐洲所使用之優良飛機，詳細說明，固無所用創造研究之經費也。

設美國仍盲然固執成見，使飛機武器不足，鋼甲不設，各種最緊要戰鬥性能缺乏，是則余美國人士患心理上之痲痺，組織上構成，及心理上環境均不利於航空之發展。在英德兩國空軍初期發展中，即不歸陸海軍管理，而使能適應航空進展之人員，居重要職位，以計劃飛機裝備及空軍國防。故能從各方面研究發展空中武力之力量，而不受任何干涉窒礙。

反觀美國軍事航空，則在不表同情之人管理下，而謀發展，陸海軍首領對於現代之航空風氣及人民之空中武力要求，均極力延宕，非至不得已時，不予接受，有如航空一事爲一種不正當之風尙，凡對於航空舉措，有所允許，似視爲開恩特准，非認爲當然應辦之事。此種新興事業，付諸頑固人士之手，雖有時談及航空將來，然亦不過口頭禪而已。

即以目前作戰情勢而論，空軍居於主要地位所表現之事實，不一而足。然舊式戰略家及批評家所筆書口述者，仍認爲軍事航空爲陸海軍之附屬物，彼等對於此種新式武器之能主宰天空即能主宰世界之重要性質，似從心理上不能承認者。

此時所欲發明者，即服務於軍事航空人員，並未低估空中武器之力量。且其中大多數既選擇此種職業，即已衝破舊日陸海軍思想之束縛，當彼等翱翔天空之際，必將念及美國之空中武力，均受舊式傳統思想者之牽掣限制。

處現在空軍聽命於陸海軍情形之下，凡眞有航空獨立思想之人，均難擢升顯要，因之升官秘訣不在於有航空天才，而在於有政治手腕，最重要者須一面顧及航空事實，一面顧及陸海軍偏見，一面顧及國防所需，一面又保持個人利益，是無怪乎能在官僚政治之下而躋高位者，均對於航空之改進爲溫和淺見人士，是蓋政治機構所使然，成此必然之趨勢。至於能默察空軍之重要性，又能彰明維持此說者，均對於官途，不能急進，反之握手言歡，拍肩獻意，能在政治上活動者，類能掌握大權，而此種人又缺乏軍事及航空天才，最後陷於兩難之地，一面受航空人員之壓迫要求優良之飛機，一面又慮及陸海軍之傳統主義。

現從各方面觀察，軍事航空人員無論分隸陸軍或海軍者，對於空軍之束縛，已被激起憤怒，須知美國空軍人員，爲世界上最優良之選，不顧生命以飛越海洋大陸，凡所舉措，足以限制飛機之進步及空軍戰略之發展者，均能銷沉美國空軍人員之士氣及美國國防之安全。

此種航空人員對於官僚氣息狹隘心腸軍事首腦之抵抗奮鬥，已寫成一部痛心歷史，就中最英勇最傷心角色，厥爲米歇爾將軍之被譴，惟從米歇爾將軍而起者大有人在，不顧舊勢力之强盛，仍認爲吾美國應保有空中優勢，而且能據實直陳，然終至上峯飽怒，非被迫解職，即調離開任。

米歇爾將軍之受軍事裁判，可爲當局之强硬手段，然其精神已感動其他直言敢諫之士，仍努力堅持對於航空有所建議，此時箝制恫嚇之法，其道正多，然全體航空人員，仍毫不鬆懈繼續奮鬥，以求美國空軍之解放。

第二節

美國飛機設備之逐次改進，未嘗非「幸運失敗」Fo'tunate Disoste's 之功，蓋常常發現失敗，即不得不予以救濟。在失敗悲劇之下，航空舉措常遷就下情，待衆憤甫平，而主管軍事者之冷酷故態復至。

飛機上無線電及有關機器設備之不良，而致「幸運失敗」之事實，茲撮舉如下：在米歇爾巴德禮克兩將軍解職以後，美國航空兵團日趨腐敗，效率日低，飛機上缺乏現代重要設備，在陸軍管理之下，飛機裝置無線電及其他機器均不合用，無機會練習盲目及儀器飛行，迨至郵務長法雷

Farley 與政府取消郵航合同以後，航空兵團如在睡夢中倏然被總統召醒，令其担任郵便飛航。總統，法雷以及美國民衆均未料及美國空軍從未預備此郵便飛航之工作，蓋陸軍部向未注意與地面軍隊通訊之重要，遂認為飛機上安置無線電為例外之虛靡。至後迫不獲已，始安裝陸軍通訊隊所選擇之無線電，然該種無線電係用於海面上標準品類，此陸軍人員不知用於地面者不適用於空中，蓋陸軍心理最大之考慮，厥為一種標準設備適用於各兵種者為優。

無論陸軍人員不識地面無線電機用於空中之危險，抑或認為飛行當與命運，總之此種裝備均為陸軍所主辦，結果服從命令之勇敢飛行員七人即因裝備不合，殉職於官僚政治之下。猶憶不久以前，陸軍部長史汀生會謂陸軍部對於航空各種管理，極為謹慎，而此殉職七人在地下有知，必將駁倒此說。

因此郵便飛航意外失事，致關於無線電及其他儀器裝置，始不堅持前議，故今日在美國飛航員再受命担任郵便飛航，絕不再存窒礙。在此次戰事初起之際，美國飛機雖在其他方面，有若干缺點，獨對於盲目飛行殊為傑出，幫助英國極多，成效頗為優良，余相信如航空人員亦能許對於其他方面若鋼甲，若軍械，以及其他軍事需要設備，能參加意見，則其成效，亦將能與盲目飛行相若。

可惜飛機之鋼甲，炸彈，機槍等，均非郵便飛航之所需要，故此種種缺點，仍隱匿不見。且無「幸運失敗」之事實，以解除陸軍人員之把持。在航空兵團材料處軍械科長，仍為陸軍人員而非空軍人員，故完全以地面作戰心理而控制飛機作戰之性能。

此種可憫情況，航空實業家及航空兵團中眼光較遠之將領，均知之甚詳，然猶必須經過此次世界大戰多少悲劇後，始能明其真相。蓋從此次戰爭中始暴露美國雖有第一等性能之飛機，然實無軍用之飛機，如對於作戰必須之基本性質均付缺如之飛機而號稱軍用飛機，實有污辱此名詞意義。

此種過錯當然航空實業界不能負其責，蓋陸軍部年來盡為肆行無忌陸軍之意識的支配。余美國工程人員及兜售飛機商人早知如有建議，必將招致陸軍首長之不悅，甚而影響公司之經濟安全，否則公司主事人員將視為擾害治安而受警察之干涉。就中較有膽識者亦將告以祇售飛機不必問及戰略及戰術何若，「買主永遠是對的」一詞，豈非作生意者第一應守之金科玉律乎？

俯衝轟炸機本為美國首先發明，然必須待希特勒使用後，美國陸軍似始識其用途。蓋俯衝機似可與平射砲及其他步兵武器相抗衡，故在陸軍中不甚需用，而對於偵察飛機認為「軍隊眼目」之伸長，仍極力製造，其實在近代戰爭中，偵察飛機已不適用已。

在此次歐戰爆發幾達二年後，余美國陸軍航空兵團仍繼續製造此偵察飛機，足見戰鬥思想之落伍。須知在第一次歐戰將近結束之時，偵察飛機悠悠然飄過敵境，正與砲兵陣地傳訊之際，而自身已被擊沉。祇有快速戰鬥飛機，始能衝過敵境觀測，且可有機會執行偵察任務，惟此種落伍飛機仍繼續製造，猶記在一九四零年五月間航空兵團發言人曾向參院預算支出委員會報告：「美國有偵察飛機三百六十架仍可為作戰之用，因今日偵察飛機之用途與往日無異」

不但此舊存之偵察飛機，仍繼續在空中使用，且仍舊繼續製造同樣之飛機。

此外飛機作戰因素，受步兵心理之影響，其荒謬眞有不可思議者，例如歐洲各國加入戰爭之始所用飛機上之武器，均爲自由射擊機關鎗，自一翼端起至另一翼端止，其間排列輕重機關鎗共有八挺之多，而在美國依官僚派命令之規定，則須將機鎗位於駕駛員眼目十四吋以內，是直以飛機上機鎗視同步兵肩上所用之步鎗，詎非可笑，故美國軍部規定機鎗均裝於機身而屢次拒絕裝於機翼，俾盡量靠近駕駛者之眼目。

尤有甚者，美國飛機上機鎗僅限於兩挺，均經由螺旋槳射出，以爲此種裝備適合於步兵心理，其實此種射擊方法，因螺旋槳之旋轉，機鎗火力備受限制，因之軍械攻擊之力量，大爲犧牲，同時高爆炸彈在此種裝配下，亦不能使用，雖航空人員公認爲此種舉措毫無意識，而「顧主」之要求，依然如故。

在戰塲中，機鎗可從一面裝進彈，若在飛機上，則一面進彈法，既不需要，且不適用。至後幾乎需要國會之力，強迫軍械處准將飛機上機鎗從兩面進彈。是時可憐之美國飛機設計家，須絞攪腦筋強改圖樣，俾適合步兵子彈匣而作一面進彈。

在一九三八年德國及其他各國訂購美國飛機者，力求在翼上增加機鎗，此種前例，仍不能改變陸軍成見之毫末，直至一九三九年美國陸軍所訂購驅逐機中，仍依舊需要兩挺協調機鎗，尤有不可解者，前此驅逐機中之輕炸彈架，亦於是時不再訂置。

在第一次世界大戰末期，盡人皆知在作戰中某種情形下，惟驅逐機能在晝間担任一種輕轟炸任務，因此戰鬥上有炸彈架之裝置。此次世界第二次大戰，旣證明是種教訓，毫無疑問，德英兩國當因戰術上之目的，將驅逐機改充轟炸機之用，例如在里比亞，英國颶風號飛機即裝有炸彈架，轟炸地面機械化部隊時，佔有重要位置，而反觀我美國陸軍部對於空軍設施，不但對於目前之現象不明，且對於前此歐戰時空戰之歷史，亦毫無認識。

美國軍用飛機又受一種所謂奢華錯綜心理 Luxury Complex 之障礙，蓋海陸軍主辦航空者，不從作戰需要設想，而從舒適上設想，故美國戰鬥飛機因增加過於安全之設備，致戰鬥性能降低。例如某次有飛行員因不慎在降落時，飛機翻身殞命，因之作戰飛機正在駕駛員頭部之後，添一器立結構，形如溫室，因之重量增加而時速減少，我勇敢之飛行員，強自身之平安程度，經此種改變，有所增加，而實反對此增加重量之拖累。總之，在戰鬥情況之下，駕駛員最終安全在於飛機之性能，並非在於構造之美觀及過度之安適，試觀英國驅逐機祗較德國米式飛機之時速超出二十五哩，即能戰勝數量優越之德國空軍，益可證明吾言之不謬。

余不欲為嚴酷之批評，然念於身亡有責，又不能不為此批評，美國飛機之設備落伍，其幼稚荒謬，有如故意為之，主管航空人員，對於極簡單及舉世所知之原理均屬茫然，有如安心為惡，故意壓抑吾美國之空中武力者。例如增加機槍，保護油箱等種種舉措，無須有深奧空中戰鬥知識即可瞭解此旨，而美國主管航空者之各種奇異設施，真令人百思莫解者。

第三節

美國雖富有創造技能之人才富有製造上之領袖人選，富有優良之航空人員，然美國航空仍未能臻成熟時期，是皆由於受軍事機構之束縛所致。余願舉事實，以證實其說。然為避免其他設計家或製造家有所牽累，僅將余自身經歷及親手所存案卷中事實縷述，余知同此情形者，正不止余一人也。

對於飛機戰鬥性能之改進，余不欲緘口無言，極願依從前身為駕駛軍人之經驗，將戰術心得製入最新式飛機。

余對於飛機上火力之限制，極力反對，憶第一次歐戰余曾充任駐波羅的海驅逐隊隊長時，余深知飛機上武備之重要，當時我方所用之紐波得式 Nieuponts 祇有一挺費克斯機鎗，斯巴得式 Spad式飛機有兩挺費克斯機鎗，是種火力既不敷用，而且協調式裝備又不能永遠依恃。余始在翼頂上裝一自由射擊路易式機鎗，始得到戰鬥優勢。此種優勢火力之原理，深印於余之腦際。時經多年以後，余曾為吾美設計及製造第一防綫戰鬥機，余當然亟欲增加飛機上火力。

余當時曾向軍事當局建議多裝機鎗，且為附和主管軍械人員之意，提議在機身內裝置機鎗四挺，以協調機構放射，此外提議在舊有之賽彿思基 P.35式 Seversky P-35飛機上增加機翼機鎗。余之建議既可使火力增加一倍，同時翼內貯油容量擴大，復能增加一倍航距，如是製造二十一架飛機，每架飛機，祇需美金一千八百七十九元，或僅作一部分試驗時，則其需美金一萬五千元，俟得陸軍部覆函謂所提價格過高，竟致不許。其次於火力之重要事項，厥為驅逐機之應急航距 Emergency range 此種應急航距之利甚多，可以使驅逐機在晝間保護轟炸機執行轟炸任務，遇有受威脅區域，驅逐機易於集中，則內線交通不受任何阻礙。而尤其重要者，即此輕驅逐機可依自已航距能力飛至任何戰場，以上所舉各點，在最近數載戰事經過，已證明所言之不謬。

在千九百一十七年，余部下兩大戰鬥機隊駐紮歐塞爾島 Oesol Liland 之南端，一在滋列爾半島 TZEREL PENINSULA 一在阿崙堡 ARENSBURG，當時兩大隊之任務為扈衛轟炸機轟炸里加灣 GULF or RIGA 南岸 沿波羅的海 庫爾鑑岸 COURLANL COAST OS BALTIC 之德國各港口，惟余等所用之戰鬥機航距不夠，祇能扈送轟炸機經過友軍海面，而在經過敵人海面正需要戰鬥機保護之時，而余等驅逐機反不能執行任務，是時余即開始研究戰鬥機航距增加問題，且併有飛行中加油計劃，此後證諸西班牙內戰及最近日本與中國開戰，益使吾說增强」余曾以極端熱誠勸吾美之陸軍部在驅逐機上增加油箱，在一九二八年六月二十五日余曾致函當局謂：「關於翼上增加油箱以增加有効航距一事，余知主張頗不一致，惟查現在歐亞戰爭中以驅逐機保護轟炸機，已證明確切需要，現擬請由航空兵團 Air Corp. 舉行驅逐轟炸聯合作戰試驗，俾決定此種長距離聯合作戰之利。」致余函後又親至航空兵團長辦公室詳加解釋，結將余之建議擯棄，甚至笑為幻想耶說，並告余將來轟炸機速度若是之快，驅逐機難以追及，甚至轟炸機上之軍器裝備為可完全犧牲，以便增加轟炸機速度。

至關於利用內線以求防衛成功，The utilization of interior Lines for Successful defense 余早見及因空中武力進步，美國將有一日縮成如一海島，四面盡被敵人包圍，是時美國之情勢，亦不過一大型之歐塞爾島 Oasee Island 而已。此時美國之驅逐機必須有飛達最遠國境之航距，如此始能在任何地點任何時間，可動員足量驅逐飛機而無所貽誤。

一九三八年六月余曾函呈陸軍部謂「增加油箱可以增加驅逐機航距，能使驅逐隊自美國此方海岸至彼方海岸集中，不必中途降落，此種需要在最近空軍演習，已證明其價值」，此議上後，軍部仍置若罔聞。

最後余又念及驅逐機，須有相當航距直達美國海外屬地之重要性，復向某陸軍人員負責此事者建議：

驅逐機增加航距在作戰時，頗爲重要，如果此論非虛，而空中武力具有極重要性，則在戰時，以海軍護運軍用飛機一舉，决不可恃，因之必須設法能使飛機由美國直達海外各屬爲是。最好即飛機須有應急航距 Emergency Range 俾在戰爭之時，得依自身力量直達任何屬地，明知如此辦法，在中途或因機械故障，有小部分損失，然較諸以運輸艦起運，則危險性較少而可恃性較多，在航空兵團必須完全脫離海運之倚賴性，而自身設法補充供給」。

余書既上，軍部對於飛機增加航距一事，極不重視，雖小數初期試驗費用，亦靳而不與，因之余私人公司乃自出試驗費，且决心作驅逐機之長途飛行，最後余曾由紐約飛至洛杉磯，並由紐約飛至哈瓦那，創造長距離紀錄，而在航空兵團人員對於此舉，不認爲戰術上有益之心得，而僅認爲展覽競賽者之新紀錄。

余作長途飛行後，航空兵團中人員甚有譏余備至，而更輕視此舉之眞正意義者，蓋彼等以爲此舉非余莫辦，故有人謂「以賽佛斯基之經驗，帚柄均可飛行，」又有高級將領謂「以一航空公司之經理駕飛機破紀錄，毫無足奇」，余爲抵制此等無稽讕言，余乃挽一新進女飛行家名柯蘭者，作長途飛行，柯蘭經數次試飛後，乃駕一全載重之賽佛斯基式驅逐機，從洛杉磯直飛克里烏蘭得 Cleveland，計程二千哩，途中大半以儀器駕駛，因之在本的克斯熱烈競賽 Bendix Race 中得以獲勝，然而此舉仍不能移動航空兵團之偏見。

余對於美國驅逐機之長距建議，愈形堅持，而愈不爲總部所歡迎，事隔兩載，安諾德將軍 General Henny H. Arnold 在其所著空中武力一書內，曾謂工程人員「瘋狂似的」致力於護航驅逐機，其意謂美國無此種驅逐機，乃係天經地義由於此種飛機之不能製造，並非由於官僚政治之蒙昧所致，其實如果主管航空者，在三載以前對於航空不致漠視，則在此時亦不致「瘋狂似的」作迎頭赶上之措施。

余今試更舉一例，以證明在戰前之航空兵團有不可思議之頑固，如 P—35 式驅逐機祇裝兩架機鎗，載一千磅炸彈，航距逾一千哩，致該種飛機之能力，未能盡量利用，殊爲可惜，然在此種飛機出口售與他國之時，可不受軍部之限制，同一飛機稍一改變可裝四架機鎗，可載二千磅炸彈，以同一時速，可飛行逾二千哩，是此同一之飛機，出口者之戰鬥力量較諸代軍部所製者爲高，至爲明顯，至其他美國各種軍用機情形，亦與 P—35 式驅逐機無異，在製造上均受淺見者所規定式樣之限制。

關於飛機上之新意義，新設備，新戰術，航空兵團材料處及航空兵團總部均已恍然大悟，惟各種之新計畫一送至航空兵團長辦公室內，在參謀長及陸軍人員勢力之下，終不獲通過。設此最高機關稍抑陸軍政治之偏見，而熱心於空中武力，則在夏威夷事變後，美國即能立刻派遣長距驅逐機屋送轟炸機長渡太平洋已。

美國陸軍部拒絕增加驅逐機航距乙端，即可表明與日本宣戰後數月間美國在太平洋上趨超不前之狀。蓋此時夏威夷關島威克島中途島以及菲律賓等處正需要直達驅逐機以拯危急，而美國之驅逐機仍裝箱無運，其間受敵人潛水艇及飛機之威脅者不知凡幾，而一般民衆尚不知此種失敗非係受航空工業之限制，乃係由於淺見軍人之誤事。

在太平洋戰事爆發前數載，在航空工業上早有可能長距驅逐機護送轟炸機至美屬任何各地，如此事早見諸實際，則在太平洋上來往於菲律賓及新大陸者均為美國運輸兵艦，而不見日本兵艦已。

最可怪者，即在余此時執筆之際，尚有負責當局不知驅逐機增加航距之可能性及重要性，觀于一九四二年一月海軍當局對於參議院預算支出委員會報告即可為此事之明證，根據報章所載海軍部長諾克斯曾述及美國戰鬥飛機達到太平洋戰場之難，並指明此種難處，不但驅逐機本身有戰術上之缺憾，且因此而佔用運輸船隻。

諾氏在參院預算支出委員會所報告之驅逐機，非僅指舊有者而言，且指計劃中之大批驅逐機行將製造而因此請求預算者，是諾氏內心已確認驅逐機不能直達戰場祇有多建造船隻運輸，終於向國會誤行報告！如諾氏明瞭事實，則應向該委員會作下列之陳述：

「因前此錯誤，致舊有驅逐機均須拆卸裝箱運至太平洋前進地，此種錯誤，須急為補救，將來之驅逐機均以能自運為是」而諾氏竟不出此，且明認長距驅逐機為製造上之不可能，是在此戰爭正在進步極難之際，仍有舊式思想束縛美國空中之武力。

第四節

戰爭在海外爆發之際，所有美國國內人士均知美國驅逐航空之低劣，由於陸軍採取飛機發動機政策，關於此事不可索解之問題，將有一日在衆目睽睽之下爲徹底清查，茲僅檢查出重要數點略述如下：

液涼式發動機爲人所不重視者，已歷有年所，而在陸軍方面採取液涼發動機政策，忽然達於極端，直至今日此種原因，尚難明晰，惟在航空兵團長辦公室內嵩意於液涼發動機，凡任何戰鬥機上非液涼式發動機不用，今捨液涼發動機之功用不談，惟所有飛機產特裝一種發動機且靠特集一淵源供給，盡人均知其非，猶憶在第一次歐戰最後階段，戰鬥飛機至少須能裝兩種發動機，且須能完全換裝。

余心中既有此經驗，且知是時美國有兩大發動機工廠，一爲在康奈卡脫者哈特佛得是之普拉懷得尼工廠 The Pratt and Whitney Plany，一在紐澤塞省帕得森萊特航空工廠 Wright Aeronautical Shop in Paterson New Jersey，余深感覺驅逐機之製造，亦須適合汽涼發動機之裝置，俾一驅逐機既可裝萊特廠所製之發動機又可裝普拉德得尼工廠所製之發動機，俾其中有一工廠被敵人炸毀或發生怠工之時，全部驅逐機不致擱淺，在一九三六年初期，余曾製一低翼全張臂式全金屬驅逐機，以爲賽會之用，同時余曾向政府報告：

「是機上可拆卸之發動架，及換裝裝置，極爲重要，繼以在實際戰爭之際，不但所指定某一種發動機或能發生阻礙，不切實用之處，卽製造該發動機之工廠，亦有時被敵人全部摧毀，在各種情況之下，則耑恃某一種發動機飛行之驅逐機，將毫無作用，故設計一驅逐機而耑用一種發動機之人，洵爲愚蠢之尤者。」

書旣上，而航空兵團長辦公室，仍昧於此種重要戰略原理，在一九三八年不但將換裝發動機意義，完全屏棄，且更進一步，將所有驅逐機均裝置液涼中某一式之發動機，且此將發動機待致處試驗之處正多。眞使余不信一國國防大計，竟若是鹵莽滅裂從事。且液涼汽涼之發動機各有利弊，多數航空工程學者，均與余意見相同，而當局祇一意使用要立生汽涼發動機，詎非怪事。

余常窮究汽涼發動機之整流罩及流淺型體，實與水涼發動機相同，而汽涼發動機則爲舉無所證明之優良發動機，且其馬力較諸當局所心愛之水涼發動機馬力，增加兩倍，在一九三八年六月四日余曾建議製造一種飛機，裝置普拉懷得尼工廠R-2800式二千四馬力汽涼發動機，其能力在近日常作戰之低同溫層高度Substratospherle altitude 時，有三百二十哩時速，余之計劃係在機身後部裝配一渦輪式增壓器，如此在塞佛斯基P-35式飛機上之駕駛員，能保持適宜戰術高度，余所建議之點航空兵團人員頗爲重視。

航空兵團材料處對於此議，極表同情，惟余俟得非正式報告謂華盛頓方面對於汽涼發動機之驅逐機，不願考慮，余欲力辯，乃於一九三八年六月二十四日復上書云：

「液涼式發動機之使用在現在時期，似覺日臻昌盛，惟深覺在國家有事之際，能以隨時得到適用之發動機，則應製造汽凉與水凉發動機均能利用之飛機，矧驅逐機在國防上至爲重要，萬不可專恃一種發動機以爲應用，否則該項發動機，一經因故停止供給，則全國將陷於無空防之勢，正宜此時試製十種單發動機之飛機，能裝置最大馬力汽凉或水凉發動機者」余恐書上被駁復續謂「去歲敝公司對於此種設計之飛機，曾爲繼續不斷之研究，風筒橫型已經造成，並詳加檢討，模型飛機業已製就，直至今日敝公司因設計此種飛機而耗費者，已達五萬美金，計試驗步驟及初期工作已告一段落，不但證明性能極高，而且關於航空力學上機械上及構造上各種問題已完全滿意解決，即可見諸實施，茲特將設計圖樣呈閱」

在上述之設計飛機中並包含保護發動機及螺旋槳機構之鋼甲等。

余數次往華盛頓，並以軍事常識建議謂裝置汽凉發動機之飛機至少應創製一種，俾備水凉發動機因故不能供給之時，得爲應急之需，然余終碰到官僚頑固之牆壁，不得行吾所是。乃時至今日舉世皆知，昔日當局所最善之發動機已不復需用，陸軍執政者遲至數年以後，始被迫亦採取汽凉發動機，在昔日未能迎合意旨致被消除訂購合同之公司，而在今日又向該公司大量訂購，幾使該公司有應接不暇之勢。

在曩昔曾有一口斷定者謂經數載以後，汽凉發動機之驅逐機，將不復見聞於世，而在輓近則忽一變其口吻，在大庭廣衆之下，對於可裝置汽凉發動機之新共合號 RuPublic（即從前塞維斯基式）P-47，又備極贊揚，憶其在最近演說中，提出貝爾愛科布拉 Bell Airacobra 及勞克希德 P-38 Lockheeo P-38兩種飛機後，繼謂「凌駕此兩種飛機而上者，即爲新製之單發動機共合號P-47B式飛機」。在此種宣傳意謂官方在驅逐機中，又有嶄新表現，其實此種飛機在一九三七年開始設計，在一九三八年已呈送航空兵團考慮，祇以未能採用官方所喜之發動機致被擯棄，是以遲至一九四一年始開首製造，此宣傳之官吏，即從前反對製造之人，無論在宣傳中，如何措詞，均不能掩其延誤三載後始行製造此種飛機之咎，根據特魯滿委員會Truman Committee消息，此種P-47飛機非至一九四二年年終，不能大量交貨，非至一九四三年相當時間，產量不能十分發展，若一溯往事，此種飛機，早可於數年前在前線作戰矣。

總之，美國空中武力之發展，或受政治思想，或受商業思想上之阻礙，而尤其甚者，則由於新式戰略之茫然，以致驅逐機增加航距不許，增加火力不許，換裝發動機不許，增加汽油箱鋼板不許，陸軍各首長，不能把握戰術上需要，對於航空兵團視爲蠢子，而不加以重視，明眼之飛行人士已早知其不可，而一般人士則尚未明眞相，直至世界大戰再起，所謂「幸運失敗以後，前所隱匿而不能暴露者，始大白於民衆之前。

此次戰爭力量，已使美國軍事航空，離開官僚政治之軌道，前之落伍，近已大半暴露，在一九四二年一月特魯滿委員會Truman Committee曾列舉於事實於國會之前，曾謂美國之飛機祇有百分之二十五堪與外國最優良飛機相抗衡，尙爲眞實之言，因是在余執筆之際，美國飛鷹隊仍駕駛英國之旋風號及噴火號飛機，明知吾美國健兒亦願冒險駕駛美製飛機以便增加吾美國飛機之信仰，然戰術所關極爲重要，不容有此舉措也。

P40號飛機——英人稱之爲多瑪霍克機（Tomahawks）——曾一度被人讚爲吾等第一線在

天空防禦之飛機者，其實在大西洋之此一邊綫，其動作低劣之累積佐證早已使人表示不滿。在飛機生產方面，此事對於美國人之實際見解不啻已作一度測驗。飛行人員所先見到P40號機遠較英國之戰鬥機爲劣者，美國報章已予以證實。英國雖値戰爭之生死關頭而在迫切需要戰鬥機之際，運至英國之P40號機竟有數百架擱置數月而未裝配者。蓋此種飛機已被視爲陳舊，惟有暫行儲存備作不重要之用途故也。當其中數架被裝配爲教練機用於協助陸軍部隊時，美國宣傳却稱已用於英國上空之正式戰鬥部隊中。

英國對於此種飛機不知如何處置者幾及一年之久。最後送往里比亞，在該處已證實可與意法兩國之陳舊飛機對敵。在一九四一至四二年冬季英國在北非發動攻勢時，P40機被用爲驅逐攻擊混合式之飛機，低飛以對司徒卡式俯衝轟炸機及其他軸心國較爲低劣之飛機，結果尚屬良好。以前被宣傳爲吾驅逐部隊之脊幹者，至此僅證明可在有限制之範圍以內輔佐陸軍部隊而已。至布累特將軍（General George H. Brett）在倫敦招待記者時所稱：「現時在里比亞之戰爭至少應能證明吾儕在戰場上所有物資之優越」一節，實僅爲對於此機無誠意之稱讚；其用心無非欲以冗言贅辭掩飾其用於訓練假作戰爭之事實也。在米斯施密特，颶風及噴火三式飛機裝砲，再行增加其火力以後，P40機遂被宣傳家認爲最迅速而最經濟之飛機。彼等又將美機上所裝之機鎗重新命名爲砲。不幸敵人早已知其區別矣。

在一九四二年五月十二日安諾德將軍讚美陸軍驅逐機時殊覺富於熱情。彼在華盛頓全國婦女民主聚樂部中對衆宣稱：「余可報告諸位世間最迅速之飛機之一，毒蛇號，現已在美國生產中。

此非常飛機之命名頗爲適當。在今日而處於現時代，吾國作戰之飛機與其敏銳機警之駕駛員必須能迅速爬升至高空——其高度遠在敵國轟炸機以上。此種效能吾等之毒蛇號可以達成。』六個月以後，在十一月二十九日，有鞻栽彼之演說詞內稱：『在驅逐範圍內，吾等對於單發動機 Bell P-39 式毒蛇機已達成大量生產之時期。此機已經表演可以一萬六千呎之高空爲噴火及米斯施密特式飛機之敵。』

換言之，所謂能迅速昇至空中，遠在敵轟炸機高度以上之驅逐機尚不能昇至一萬六千呎以上。由於防空火力稠密之故，現時所有一切重要戰鬥及轟炸俱行之於一萬六千呎以上之高空中，卽俗人亦能知之。是則雖然自行誇張，吾國最優良之驅逐機似仍不克與米斯施密特及噴火兩式飛機相等。在低空中有相等之效能並不足以自慰。安將軍又何以不將毒蛇機與米斯施密機在地面作一比較，如此豈不或有更可自矜之結果乎？倘從設計與手藝兩種觀點上言，毒蛇機確爲美國工程及製造廠家所可引爲得意者。但惜其性能已爲馬力不足之發動機所減低——此則不得不歸咎於吾國補給計劃之錯誤焉。

夫發動機之缺陷原非不可補救者，愛力森式發動機既不能達到吾等之期望，自應坦然採用他國出產較優之型式代替之。英造奈皮爾式（Napier Sabre）二千匹馬力之發動機，既已用之於噴火颶風兩式飛機而卓著效能，自可立予採用。不幸吾陸軍當局見不及此，竟然採用與愛力森式馬力相同之茂林式（Rolls Royce Merlin）者。足見當局在計劃上判斷之一再錯誤而不自覺也已。假使毒蛇機能裝用奈皮爾以代愛力森及茂林式之發動機，其性能未嘗不能與他國之型式比較。蓋英國之戰鬥機因裝用該種優良發動機之故現能攜帶二十公分之砲四門或機鎗十二挺以超過四百英哩之速率在高空作戰也。

在記述史事之時代中尋實勝於空談，徒自掩飾其錯失有何補益哉？徒以民心體度向來保證美國自行製造之驅逐機實較世上任何型式為優又將何所補益哉？製造廠家所捧成之宣傳資料竟將現有飛機之速率提高至每點鐘五百英哩以上。其驚人之俯衝速率亦從而知其不甚追率。此項宣傳材料並引起大衆對於機上鎗砲林立之幻象。P-40-D式飛機之性能優越情形曾被解說為百分之六百六十七——此數殊極動人，以後吾等始知所引為比較對稱者過為已廢棄之P-36式。倘與一九一四年出品之德帝斯JZ式比較，則百分率更有可觀矣。P-41式鎗原較有望，不須過於吹噓。然而宣傳家竟形容該機裝有機鎗十二挺及三七公厘而與螺旋槳協調施放之砲四門。此言當然純屬無稽，因該機根本未有此種武裝設備也。

此等虛妄之言對於愛聽好消息者固極悅耳。然其結果除使人對於虛稱之成就保持自滿外可謂一無所成也。

第五節

在轟炸機中。情形亦覺良好。依照個人之意見，結合式B24機，雖然其裝備與吾國他機相同而缺少充足之火力，可為各種出品中最有希望之飛機。無論如何在其基本設計上有良好之設備希望，所幸者其在構造上之表現及其在空氣動力學上之組合成分可以容許改進，故能重新調整其武裝設備而使之成爲强有力之轟炸機也。

然而在吾國各種轟炸機中被宣傳最盛者乃爲飛行堡壘——此爲一優良之飛行機而其定名最易使人誤會。此機之航程確實遠大，所能攜帶之炸彈亦多，又有良好之速率，故常視之爲優美之飛行機。吾敢以爲得意亦自有其原因在。但在『飛行堡壘』四字所包涵堅固不破之意義上言，此機尚多缺陷。在此碩大飛機上之防禦武裝設備甚至少於小型單座之噴火或颶風機。且其砲位之佈署已使此機在戰術上感覺嚴重之不便。在任何一個方向祗有極少量之火力可以應用。在事實上直至最近此機尚未裝有早爲英轟炸機標準設備之後鎗塔。

飛行堡壘缺乏戰鬥火力之責任不能歸之於設計製造者，因彼等不能担負飛機在純粹軍事方面之責任也。此種武裝之欠缺應直接歸咎於速率可爲轟炸機最好防禦之見解。此項錯誤觀念已爲戰爭所爆發。英國之司透靈式（Sterling）轟炸機雖較飛行堡壘之速度爲差，但在鬥爭中絕對宜用司透靈機因其載彈量較大，航程較遠且有較大之防禦火力也。

美國之轟炸機，倘能採取幹練人物如安德儒（Andrews）將軍之建議，當有顯著進步。在一九三六年安德儒將軍指揮下之空軍部隊曾向航空兵團補給部建議補充四發動機之轟炸機。安將軍辯稱該項轟炸機較雙發動機者有更大之攻擊，戰鬥及防禦力，而對於每一元錢之費用皆可有其在防禦力上更大之價值。補給部——當時係由不諳飛行之陸軍人員主持——竟爾拒絕此項建議。

在飛行人員中，陸軍不肯採行遠程飛機發展計劃已成公開之秘密，所懼者航空兵團將因此而擺脫陸軍所認爲空軍之最大職責：直接協助地面上之步隊。轟炸機發展之延緩可以說明吾當準備不覺之所以然。所奇者，不願停止奮鬥之軍官而以少數人之意見呈送報告者終被降級。彼抱定騎驕態度，對於航空兵團四發動機轟炸機之補給從不加以援助者，在該項飛機之發展上現反得到實際之尊榮。

飛行堡壘及P-40機上之宣傳均足使美國大衆不明瞭事實。隨意之批評有謂飛行堡壘之高度高至三萬五千呎者。另有一報告內稱因此轟炸機飛行極高雖在日間地面亦無法見到之故，結果使德人在心理上受到莫大之害。日間及夜晚攻擊時，在目標附近之人不克見到飛機之情形相同，何以白晝不能見到之飛機更能使人在心理上感覺不安，文中並未加以說明。依照羅伯赤(Roberts)氏調查珍珠港事件之報告，最新式之無線電偵察器可偵到飛機之位置於百哩之外。是則在三萬五千呎之高度尋覓飛機之蹤跡當不致有何困難也。且飛行高度之愈行增加即使轟炸命中之準確程度愈行減少。在每年當中可以由該項高度中察見目標而施行轟炸之日數比較稀少，此所以該機在一年之大部時期中皆置不用也。綜觀飛行堡壘之所以不得不爬高至此種超等高度者，蓋以該機在武裝設備方面慘缺，故不能不希求避免與驅逐戰鬥機遭遇焉。

宣傳不能用為作戰性能之代替品。是故在一九四一年十二月份之軍事工程雜誌中，安諾德將軍不能不承認飛行堡壘B-17在任何高度中已不再能避免驅逐機之攻擊。原文內稱：『在最近之數次任務中，B-17機皆由駕駛員飛至三萬二千呎及以上之高度，但在到達目標之上空時已發現有若干米斯施密特機等候，有時機數甚多攻擊甚為猛烈。』以前既又據官方宣佈美國最優良之戰鬥機在一萬六千以上之高度中並非納粹最優飛機之敵，是則吾國轟炸機之出動不能不由英國戰鬥機保護之矣。

在一九四二年內所產生之飛機吾人至此已不能不承認其整個作戰性能之低劣。但若停止製造，愈足使大衆感到以前之盲目。為今日計，惟有繼續不斷製造直至趕上他國之型式出現，然後再將過時之型式正式宣佈作廢，如果則對衆較易解釋耳。

對於此等措置，當其事者或以吾國並無其他較好型式可以代替為詞。其實既如是，何以不停止製造業已陳舊之型式而製造英國之噴火機？此為通常公認最優良之驅逐機而在作戰三年之後迄今仍為成績卓著者。從以前各章中吾等已見飛機素質之重要——此機如何由英倫三島之戰中救出英國。盟國在西南太平洋之最初大部由空軍之脆弱。在前人多解釋由於日機在數目上之優越。實吾等若有噴火機之素質作用以代P-40機者，其最初或有迥然不同者。無怪在澳洲指揮馬來亞各軍之本內特（Henry Gordon Bennett）少將在一九四二年三月八日之廣播演說中要求盟國給予澳洲以『素質較優之空軍援助』也。

P-40類之飛機仍在大量製造中。同時以前所被認為空防骨幹之飛機，由安諾德將軍在一九四一年十一月二十八日所作之言論中已可見到觀念之漸次改變。彼云：『吾人不再認為P-40優於良好之驅逐教練機矣。』雖有此言，但對於由製造中排除此機迄尚無所舉動。就吾人所知者，在慣常之教練飛行中P-40之偶然速率較諸其他為陸軍製造之任何驅逐機為大。由是在平時教練飛行上所有之死傷殆與在作戰飛行中所有者相等。此事則又證明其不適過任為第一等之教練機也。況若僅為教練之目的而耗費大量金錢於繼續製造此種飛機之上亦未免背理而滑稽矣。

對於吾空軍落伍應負責任之人現仍顯然為其主持者。此輩倘不希圖避免坦白承認已往之錯失則較富有人性矣。在官家研究室中研究之綱領，私人之計劃，與高級軍官之見地妥協，及對良好意見之公然不顧或故意以冷淡之態度處之因而鑄成大錯之處實覺太多。此等對吾空軍脆弱應負責任之人等與制度一日照常存在，吾等欲為世界空軍之領袖決不可能。甚至此輩應受譴責者反而有時在軍中之地位愈高。新進人員既須在彼等指導之下工作，是則不論如何賢能而努力決不能滌除已往之錯誤而造成真正之進步也。

以前久被擱置不顧之計劃現又顯然重新提出。此乃其顧全臉面辦法之一部。在此輩已被空軍失敗之鑿個歷史辨認明白之人仍居指揮地位之日，彼等亦自將繼續此項敷衍辦法。在此等情況之下，可見以宣傳辯論其錯誤判斷有時占在勇於改過之先，當非偶然者矣。

吾等開始採取防禦計劃之後，空軍並不需要善於兜攬生意之人。其實機數供不應求。然而廣告宣傳運動照常進行不止。其工作誠能無中生有而給與美式飛機以稀有之榮譽。人人被其欺騙——大衆，新聞言論者，無線電批評家——惜乎希特拉及日本人深知內情而未受愚騙也。國內所給與吾國飛機之理想性能並不能使日本之天皇從攻擊吾國之戰事中灰心。

當彼參議員特拉曼（Truman）主持下之委員會發覺吾國飛機在素質上落後時，航空商業會主席佐愛特（John Jovett）對於事實應可充分明瞭。不意彼竟竭力以含糊之言辭辯。其言曰：『軍用飛機優劣之唯一測量標準在乎其於實際鬥爭中之性能表現。在目前之每一戰場中吾美國設計建造之軍用飛機，包括驅逐機及轟炸機在內，每與敵機搏鬥時皆已顯出其卓著之優越性。』

在佐愛特先生作此言之同時，盟國在各線上之空軍，除在英倫三島外，一律處於劣勢之地位。以意度之，彼或已將飛行員熱烈之作戰情緒與飛機之性能混爲一談矣！其言果指戰鬥員之熱烈情緒則固無可厚非也。此外，彼所言僅爲片面之事實。實際上担任次要任務之飛機已被視爲美國空防上之主要武器。英國能設法將吾國之飛機配備於各種戰術計劃中，而使其本身較爲優越之飛機可以担負更重要之任務，實可表明英人之老成深算。倘若吾等所供給者爲雞公車而非飛機，而在里比亞之戰爭中此車頗爲有用，吾等亦將譽此車爲防空第一線之飛機乎？所慘者吾等所洋洋自得之飛機已被發現僅可適合於可恥之次等任務。其尤慘者，此事所含之眞正意義因被愛國思想之遮掩以致秘而不宣也。

一九四二年三月十二日，外國記者司徒威君（Leland Stowe）在其緬甸所發之通訊中曾摘錄某美國飛行員之談話如下：

「一旦吾等能有在各方面俱與德日兩國所有者相同之飛機，吾等確可造成若干紀錄。若將來吾等所得到之飛機能較優於日本或納粹作戰之飛機，吾等自更樂於駕駛作戰。實告君，使用優式之飛機作戰實一大趣事也。但惜此種時期不能迅速來臨。此事之進行必須使之較任何美國曾有之事件爲速。余望上帝能使國內之人明瞭此事對於吾等在此作戰者意義之如何重大。」

此爲對於空軍素質改進上較余更有辯才之請求，並爲吾等在空國素質上非常落後之證明。余念及例如此一飛行員之精神及美國之寶貴生命俱因空軍裝備低劣而頻危或至銷耗，委實令人傷心。

吾人應停止誇張其飛機優越之時至矣。若再以出乎事實之辯論欺人自欺，前途絕對無望，吾等愈速停止其矜誇自詡之態度並澄清空軍之內部則愈接近勝利。安諾德將軍於一九四一年在華盛頓對婦女民主俱樂部談話時曾要求對於吾空軍之組織暫緩批評。其言曰：「余對於彼不明事實、觀念錯誤而以厚度之眼鏡窺察、認為航空兵團無望；航空兵團未有適當之訓練與裝備；不能使之及時準備作戰；且其所得到之飛機亦較英德為劣之預言不祥者不能再事忍耐。」其實安將軍所忽略者正為「預言不祥者」之並未錯誤也。

在不久之時期以後於太平洋之戰場中已有事實證明。例如在一九四二年三月七日合衆社由瓜哇所發出之消息中、有數句頗能表現事實。茲特轉錄如下：

「飛機、特別美國之重轟炸機已到、該機已被證明為驚人之武器。然因缺乏戰鬥機之充分保護、機場上之保護、其價值業已繼續減低。實際上現有之美國戰鬥機並無充分性能可與優式日機抗衡之事實業已特別感到。由是不徒重轟炸機攻擊之威力減少、其在作戰中之冒險性亦愈加大。」

安諾德將軍演說結束之語句如下：「吾等確將及時有一空軍出現。現時尚在準備中，需要時即可準備完成。」不幸敵人並不顧及吾等、亦不依照安將軍之樂觀程序。在吾等尚未準備完成之前彼已進攻，且已證明安將軍所言之空軍並未及時出現。「預言不祥者」所希圖警告之落伍情形至此居然屬實。

不幸事件已追及彼徒知保護機型機架於官家研究室中者。國會令由俄海俄州議員哈特（Harter）召集之委員會在一九四二年正月間之報告中突然說明檢討空軍之整個而悲慘之事實。在表面上此報告讚揚空軍之進步，而有此種願望與思想之報章認為此乃慰問也。然此報告內明明指責在第二次世界戰爭開始之前數年內吾等本應健全空軍，而空軍之代言人竟然向國會妄報吾空軍之實力！哈特評告指出一九三九年中頁吾空軍之純然落後。此報告又證明吾等缺乏火力及其他軍事必要條件，甚至已忽視純粹由美國發展之俯衝轟炸機及自閉氣箱等。又謂：

「一切如是，而在事實上國會中之委員會不時收到報告內稱吾國當時所有之飛機較諸任何家者為優。」

此一報告對於向國會謊報軍事情況一節已採取如是溫和之語句指責之。不幸在指責以後並未跟蹤坦白調查何以有此種事件發生，此等事件有無繼續發生之可能，此項事件之負責人已否調往他處藉以免除類似事件之繼續發生。最近在納爾遜氏（Donald Nelson）請求提前運輸飛機而被陸海軍軍火部拒絕時，美國人民對於現時之情況曾被引起注意。其實飛機之運送不但後於戰艦及坦克車，有時甚至後於載貨之卡車！兵艦上用以製椅之鋁料所得到之優先權較諸飛機用鋁為高。納爾遜先生反對陸海軍之意見時當然可以得到公意之擁護。

現時之顯然需要在於先行尋出吾空軍落後之原因然後以不顧一切之心力消滅之。一部官僚自然將反抗空軍機構上之澈底澄清與改造。蓋此舉所暴露之缺點過多，而又使其官僚惰性及其特權受創過深也。吾空軍中之作戰人員深知對於吾機低劣之實況固保機密者現仍處於主管之地位。此種知識自難使其作戰情緒提高。吾總統可為而最能激動此輩之作戰情緒者莫如依照英國之先例由空軍之上部清理之——不必及乎戰備單位，祇須在戰爭前直接負責補給飛機之人員中施行滌清之工作已可發生效用矣。

參議員特拉曼及其同僚之報告既能及睹吾國飛機之戰鬥力，其勇氣及其坦白之態度值得吾等之祝賀。此事重新證明在緊急時期中美國尚有力排衆議之領袖。美國轉向事實及預爲改正錯誤之習俗，若在戰爭之初期中行之，將使吾等不致爲之哭泣而於事後搜尋代人受過者如在法國所發生之情況然。

第十章　空軍之解放

第一節

關於空軍是否應獨立而與陸海兩軍並列，成爲三大軍權之爭論，以前曾有過分激烈及感情衝動之現象。實則事非偶然，亦不足以驚呼，蓋辯論之激烈適足以表現此問題之重要性也。外界人士應知此非一般爭取權利之事可比。反之此種爭議所包括之問題直接涉及戰爭科學之核心，其解決對於吾等之勝利及民族之生存皆有莫大關係焉。

對於一般美國民衆，空軍要求獨立自主似覺完分合理。其思想並不因陸軍方面之狡辯及政治習慣而趨於複雜，彼可從事實上得到普通常識：在不同之素質上發生功用之新武器當然須有一特種組織以適應其在效能及遠牽方面之需要也。空軍顯然已在數戰場中單獨作戰而不需要地面部隊或海軍之助力，例如在英倫三島及克里特島之戰，海軍實力，包括戰艦在內，若冒險進入敵方以大陸爲根據地之空軍轟炸半徑以內，不啻等於自殺，此亦同樣顯著之事實也。最使人注意者，德國空軍係設空軍專部以管理之。日本在太平洋戰爭初期之成功——在珍珠港，菲律賓，薩拉瓦克，及在馬來亞附近擊沉英國無畏艦兩艘——俱應歸功於其空中之武力也。

然而一般生性退讓之美國人現竟有自行猶豫其對於本題之普通常識者。本人注意研究此項問題已在二十五年以上，可以保證常識實爲良好之指導。外界人士之誠意研究此問題而無根深蒂固之成見者，自然較彼由陸軍培植或富於海軍之傳統思想者，易於了解基本事實。蓋彼等不難剔除任何虛僞之知識或習慣，其感情作用或其對於所屬機關之忠實態度，不致影響其正確之思想故耳。

有人竭力作不合邏輯之辯論，用以反對空軍脫離其現有之羈絆而獨立自由。某陸軍發言人甚至以法國雖有獨立空軍而仍迅被擊敗爲引證而不信任空軍。本此同一邏輯，吾人可主張終止美國陸軍之獨立自主，因法國雖有獨立之陸軍而不免于潰敗也。又有人謂意大利固有獨立之空軍，而其所表現，殊屬平淡，引以爲佐證。其實莫索里尼之陸海軍亦未表現有較好之成績。簡單之眞理迺爲空軍之分立並不能保證爲提高陸軍成績之奇術，不過爲現代戰爭中成功之最低先決條件而已。

其他反對之聲調可以視爲冥想。據謂如將航空事業統一於獨立組織之下，是等於將軍權集中，如在集權國家然，對於美國精神固多牴觸云云。實際上在美國民主組織之中究竟涵有奧妙成分，永遠不許新武力獨立自存乎？倘如是，則當初海軍又何以能免除永受陸軍之節制耶？

所幸者，反對之論調完全出諸空想。所謂集權似與本題不甚關涉，蓋其對於空軍之貼切情形與陸海兩軍等耳。在同一民主組織之下既已有兩種軍事機構獨立存在，第三種之建立生存，當不致有着何困難也。

此類幻想之辯論實乃由於最高統帥權問題之誤解而起。在未有飛機之前，德國原亦有類似統帥之設；但在空軍發展成熟以後，即行增設空軍部而使其組織與陸海兩軍部並立。在美國各軍並立之情形不同。然而綜理而維護各軍者爲陸海軍總部，此項組織在空軍分立之後，將自動變爲陸海空軍總部而無疑。是則空軍獨立之爭論，實無理由可與統一指揮問題混爲一談也。

事實之進演將迫使美國採取組織各軍參謀總部之原則進行戰爭。空軍之急迫需要既已無疑的使各軍並立問題趨於複雜，必然促使此項方法之早日實現。爲爭取勝利起見，務須使此三種主要因素——海陸空——完全立于一線之上。顧在百年前，僅有其二也。在汽力，電話，及無綫電等未發明以前，生活遠較簡單而容易，戰爭一項亦隨時代之進化愈趨於機械化而益形複雜。然而吾人決不能否認有戰爭上第三要素，空軍之存在，藉圖減少戰爭方面之複雜性。如此辦法，直若將火車頭塗作馬狀以使運輸事業返于昔日之簡單矣。反而言之，今若愚蠢的將空軍分裂爲陸上空軍與海上空軍，在方法上實亦複雜多多也。

空軍分立問題與較大之各軍統一指揮問題之混爲一談皆遠離事實。卽依照歐洲方式創立一最高參謀部，對於空軍現有地位之統一指揮問題亦不能解決也。且更有進者，在其各種會議中除非空軍至少亦與陸海有等量之代表參加且有等量之權力，此部雖設亦覺毫無裨益也。一個最高指揮機關下之原素中，倘無一眞正而統一之空軍，其組織自無意義。天空之問題最好由兩種訓練不同，大部裝備亦不相同之空軍各自辦理爲較妥。

高級指揮部原應選擇而合併各種軍事成分，如畫家之配色作畫然。畫家皆知如無基本顏料，作畫殊屬無望，卽有之，如其不克配合，仍無濟于事。最高軍事指揮機關若無主要之陸海空軍可供調遣當不能發生功用。依照現時情況，空軍業已分開且與陸海兩軍混合，是已無法另行混合調派矣。

凡深信須有此種指揮機構之人，應知空軍分立而與海陸軍處于同等地位，實為一種必要之豫備步驟。高級指揮機構之設立，一經決定，越宿可成，因只須選適當之人而賦予適當之權而已。然空軍組織機構之充分發展，需要相當時間，故須預為籌備勿延也。

另有一批反對者之言論，由于誤會空軍獨立後之權力範圍而起。彼輩以為空軍設部後，勢將強制管理一切飛行事業，其陷于謬妄前提而發為此種言論者，不啻吉訶德之與風車搏鬥也。其實不論空軍之將如何組織，陸海軍及在邏輯上及戰路上所需之一部份飛機，皆不能奪去，亦不應奪去，正如海軍之有陸戰隊及其他附屬單位——嚴格言之此為陸軍部隊——與陸軍之有運輸艦及其他航海的輔助設備也。是則陸海兩軍，本其特種目的，仍將繼續保有一部份之飛機，無庸置疑也。

「隸屬」與「協同」之名，須加以明辨。例如美國海軍陸戰隊，隸屬于海軍，但陸軍部隊在戰術上協同海軍，時或亦受海軍將領之命令，則僅為與海軍協同作戰海軍自有之戰隊，不論載于艦上，或駐于海軍根據地，皆隸屬于海軍。至若陸軍在沿海地帶之戰隊，目的雖在協同海軍禦敵，則亦僅與海軍協同而已。

同理，某種協助飛機，須應隸屬于陸軍海軍，而為其一部份。此事對于空軍之自給自足，能在空中克敵且能協助地面作戰之廣汎問題，無有影響。至于某種特殊空軍劃為海軍或陸軍之一組成份子後，則較能得更佳之發展，抑或作空軍之一組成份子，必要時施以特種訓練，則較能得更佳之發展。對此一點當然意見並不一致。在海軍與陸軍之關係上，亦有類似之問題發生。即步兵之管理與擴展，應屬于海軍，或海軍之管理與擴展，應屬于陸軍是也。但亦無人敢堅持一偏之論而不知通變也。

艦上飛機必須屬於海軍，不論從母艦抑由戰艦上起飛，其主要目的在能於以大陸為基地之空軍所能到達地域之範圍以外作戰。無論在形式上或戰術上，此種飛機均應運於海軍而為其一部份，其隸屬於海軍而為其一部，適與潛艇，海軍礮隊或烟幕設備相同。

惟以海岸為基地之飛機（包括陸上，海上及水陸兩棲之飛機在內）依理應屬於獨立之空軍部。似此之空軍並應包括曾受特種訓練而可給與海上船隻以最大助力之各部隊——正如德國受有特種訓練之飛機在大西洋之戰爭中，遠飛至該處協助其海軍艦隊達成任務然。

陸軍亦可保留少數必須附帶之飛機——例如為某種空運及局部偵察所需者。但在大規模之戰爭中陸空軍俱為參加作戰之大單位時，步兵不能再有管理飛機之理由，正如空軍並無理由可以管理步兵或坦克軍師團然。某一戰役之指揮權應歸陸軍或歸空軍，須視戰爭之性質而定。作戰之成就如何，應視每一參加單位在其本身範圍內之如何善為發展，及各單位之如何聯合訓練以為決定。吾人在準備此種戰爭時，倘使空軍之發展受制於陸軍之思想，則吾等對於飛機之潛力不能希望再作最大限度之利用，其結果將與陸軍受限制於海軍思想而不能充份發展者相同。

海軍所用之飛機與協同陸軍作戰之飛機有重大之區別。

艦上飛機在構造上，即與標準式樣不同。此等飛機不但幫同海軍作戰，且須依附於海軍。彼等由艦上起飛，而仍須飛回降落，故常與海軍同處。協同陸軍達成共同任務之飛機，則係由正式機場起飛作戰，由空軍人員管理維護，且其油料軍火亦由空軍供給。在構造上，此種飛機與空軍之一般標準相同。至協同陸軍作戰之飛機，祇有在戰術需要之短時期內出動隨同工作，其餘時間則與空軍同處而且歸其管理。

在作戰時，參與部分必須常將高級指揮或總司令之意向加以攷慮。不徒陸海兩軍如此，獨立之空軍亦復如是。任何軍事參加部，分在戰時不能依照其本身之幻想動作。然所謂各軍並列，並不需要吸收或合併其內部之組織。每一機構可利用其特殊之人員，本其對於職責之意識，及其在不受外界思想支配下充分發揮效能之力量，以造成整個之作戰方針。

指揮之對象若爲自給自足之空中武力，其任務當較便利，蓋此時空軍可解脫陸海軍之羈絆也。有效合作之眞正原則，需要各合作份子有眞實之獨立與平等。倘使空軍受制於海軍，則海空兩軍當無並列合作之可言，誠以在此種形勢下，只有海軍發令，而空軍盲從而已。

第二節

羅斯福總統在一九四零年五月間曾發表言論，反對空軍之獨立。是項言論顯係依據其軍事顧問之意見。其言初謂「作戰之效率須賴指揮之統一」。此固自明之理，不但爲眞正空軍之辯護人所同意，亦卽所以促使空軍分立之主要原因也。歐陸之閃電戰爭可由陸軍之戰術家指揮之。蓋德國陸軍在此種戰爭中係用空軍在天空支持陸軍作戰故也。至若英國上空之戰，因祇有純粹之空戰，須具特殊戰略頭腦，適合此種空戰之特殊性者始可指揮。希特拉之空軍部長戈林所以自行担負該處之指揮者即此故也。但英苟若無獨立之空軍，該次戰爭將由何人主持？究宜因德方轟炸之目標在地面而歸陸軍指揮乎，抑或因居中之主要障礙爲海峽，而歸海軍指揮乎？抑或應由該兩軍抽籤決定指揮之優先權及管轄範圍乎？

美國在相同之環境下而依照現時之組織，自將遇到同樣滑稽而又進退兩難之境地。是否應由陸軍所屬航空隊將炸彈遞交沿岸海軍所屬航空隊載運過洋，然後再行交還由陸軍航空隊攜往敵國中心地帶，對準目標作決定性之轟炸乎？在空中能不能劃一界線，作爲『互不侵犯』之標記，免使兩種服裝不同之美國飛行員發生錯誤乎？在繼續不斷之戰爭進行於不可分裂之大海空中，穿陸而又過海時，指揮官應由何人担任，步兵將領乎，抑或海軍將領乎？

日本空軍在一九四一年十二月七日發動太平洋戰爭，向我海陸目標襲擊時，其在天空所加于吾人者，爲陸軍之任務乎？抑爲海軍之任務乎？此項攻擊本爲一種簡單動作，然有兩批空軍起飛至天空作戰——其指揮，訓練，戰術，裝備，以及心理俱各不相同。翌日民衆聞知日本船隻爲美國之陸軍飛機，海軍飛機及海軍陸戰隊飛機所攻擊——同一目標而以隸屬於兩不同機構之三種飛機所搜尋，而又爲該兩機構之本身所難於接近者，美國整個之空軍中，露出任務重複，實力分散，及權責不明之現象。

海陸兩軍曾於數年前成立君子協定。在該協定中，陸軍飛機允諾不飛出離海岸三百英哩以外。此似不可信，然確屬事實。有時陸軍飛機亦能飛過海洋距離，有時海軍飛機翱翔於大陸與海洋之上空，其職權之重疊不清殊覺可笑。

天空，不須重複贅述，為陸地與海洋以外截然不同之另一種境界，另有其空間關係，另有其法律，另有其問題，繼續不斷，環繞全球，在戰略上言之，每一國家之劃分及每一陸上及水上之區分，皆不自然且無意義。」

接連不斷之空鬪，須要空軍指揮之統一，空中裝備之一致。在必要時，可隨時隨地給與或取得陸海軍之合作。但此三者俱應個別組織並發展成為獨立自主之單獨武力。作戰成功之第一條件當然為指揮統一。不幸吾人現在只有分裂之空軍，而並無為美國空防獨負任務之空軍。

此種原則為羅斯福總統言詞中所忽略者。總統又稱：

『在海上戰爭中，飛機為海軍作戰之一部分，其性質與潛艇，驅逐艦及戰艦完全相同；在陸地戰中，飛機又為陸軍戰爭之一部分，其性質亦與坦克車軍團，工程隊，砲隊，或步兵完全相同。是故空軍應為陸軍及海軍之一部。』

一加攷察即知羅總統之語調係出於軍部之見地。此等軍事思想使兩個單位混淆不清。無人否認陸海兩軍部俱需要其範圍內之號令統一。此應包括督導指揮各屬，以及為達成某項規定任務援歸指揮之其他單位之權力。假定空軍之唯一功用係為陸海軍之補充，羅總統之言當然十分正確；其實對於最重要而有決定性之單獨作戰空軍，不幸已被完全遺漏而未加以攷慮焉。

羅總統之陸軍及海軍顧問未能說明空軍協同他軍之動作僅為其次要功用者，因彼等自身亦未把握到此項觀念也。空軍之主要功用在毀滅敵國之空軍，在經由遠距離直接打擊敵人——要言之，在奪取並保持天空。此為一種截然不同之任務，猶如往昔海軍之征服並控制海面也。在事實上、空軍之重大發展已另開闢一可供征服之新世界——空間。此種任務所需要之戰略，戰術及裝備，俱較以前為複雜而專門。此事已將戰爭勝敗問題轉移至一嶄新之媒介物上矣。

倘使空軍之發展依照羅總統之程式，是不會為陸海軍增加一種附屬品，而吾等亦永遠不克有真正之空軍矣。羅總統所述各點未能分清一方面之戰術合作與另一方面之獨立行政及發展。反對空軍分立者之意見，當不致欲使戰術上共同工作之各部分融合為一，蓋如是則現時已有各軍事部分獨立之地位幾亦全被抹煞也。

對於各軍事部分本身範圍內劃一指揮管理之需要，無有爭論——在地面，海上，或空中俱應如此，但此事與強使陸軍之發展與行政受制於海軍，或海軍受制於陸軍，或陸海兩軍受制於空軍，——或空軍受制於陸海兩軍因而達成一種不自然之統一，完全不同。倘因某種奇祕之原因，每一軍事部分必須另由兩部分支配限制，是又何以獨使空軍有此特殊現象乎？空軍之年齡最幼，不能成為歧視之良好理由，蓋吾等現時所欲檢討者陸海空軍間之實際關係而非敬老之問題也。

空軍在今日為能使敵方空襲失效之惟一武力，為能接近吾國海岸以外敵人之惟一武力，為支持陸海兩軍時之惟一武力而不可少者，但其本身被迫在海陸兩軍所不能達到之處，單獨作戰。何故使此至高無上之武力分裂？為何剝削其人人所同意為作戰成功所必要之統一節制權？為何將其實力分散於其他軍事部分而使之僅能作零零碎碎之發展？

在事實上言之，如將海軍分開，或能遠較合理。海軍上將馬漢曾謂『現實艦隊』——意謂其艦隊在理論上應隨時駛往任何地點，而担負必要任務——現已不能駛入陸地航距以內之洋面矣。

時至今日，此項名稱似應轉贈空軍。如是則迅捷之巡洋艦與潛水艇或可依照德國空軍在大西洋面已有之辦法，由空中協助而指揮之也。其餘海軍，卽馬漢將軍所稱之「堡壘艦隊」，大可撥歸陸軍而置於沿海砲隊鞏固防護之下。此項艦隊將包括担任保護海岸之戰鬥艦，因該項戰艦畢竟類似射程較遠之沿海砲隊也。

作者自不願建議作此項實力之分散。但余確欲不顧一切而聲明此種辦法較諸分散空軍實力，結果使空中之指揮不克統一者稍近情理，而對國家安全之危害亦較少也。

陸軍部，因鑒於民衆要求空軍分立之壓力繼續增長，在一九四一年春末曾作較小之改進，然其對外表示彷若大規模之改組焉。該部宣佈將其所有空軍統一於新番號所謂陸屬空軍之下。向國會報告其計劃時，陸軍部長強調新組織下之「獨立自治」及「統一指揮」。

此種口頭點綴最爲不幸。其言似乎說明陸軍在空軍自治之問題上已行「妥協」，大衆乃受其騙。實際上所謂改組僅係調整陸軍所屬之一部，而仍保持其附庸地位如故，所宣告之「統一指揮」並未觸及空軍辯護人所提之基本問題。陸軍航空機構內部之改善無人出而反對，但若以各機關常有之內部改革，冒充空軍之獨立，藉圖欺騙國人，則吾人自有充分理由，堅决反對也。

在此種改組之下，陸軍照舊以空軍爲附庸。陸軍所屬空軍之命運照常在於陸軍將領最後之判斷。陸軍方面所有空軍發展之記載委實不能使人樂觀，此項記載不論如何華美，所述空軍之任務終不免受限制於特殊之戰略觀念及陸軍將領之特種思想。所有改善僅可在口頭上使人樂聞而已——所最不幸者，此等口頭改善易使美國民衆之見解誤入歧途也。

同樣使人徬徨者爲陸軍在其他方面所表現之事實，在形式上似已趕上新空軍時代，但實際在戰略上仍屬落後。譬如指派幹練之空軍軍官在各戰場上負責一節，此項措置在初宣佈時，曾大吹大擂以作軍事將領承認航空重要之宣傳。實則無論在戰略或戰術上，有關各區域內之戰事應由空軍軍官指揮本有充分之理由。所提出之區域當指現代空軍以其現有受限制之航程可以用爲天然戰場之地區而言。

一般人認爲指派空軍軍官至卡利濱海及夏威夷羣島等處，足以表示空軍在該處之戰略重要性。在無形中已不啻賦給空軍以適當之權力可以連帶指揮其他軍力；實則此種想象並未實現。空軍軍官因被委派之故，可以由陸屬空軍而變爲在前線負責之軍官。以彼等之學識才力，當然能利用前線上之空軍裝備遠在彼不善飛行之將官以上。但彼等仍對陸軍負責，且亦必須在陸軍戰術及陸軍概念之範圍以內工作。彼等並無權力可以指揮其轄境內之海軍。彼等被派，除以對於空軍情況較諸其他陸軍將領熟習外，是直等於將彼等由空中取下而釘之於地面也。

爲欲使事理較爲明顯起見，茲假定菲律賓係屬於海軍作戰職權範圍，然後再假定該羣島防守戰爭情況之演變已絕對成爲陸軍問題，因此決定必須施行陸軍戰略而派麥克阿瑟將軍爲總司令。現若再行假定將麥克阿瑟調歸海軍節制，使之必須接受海軍將領之命令而必須依照海軍之戰略思想作戰，事之混亂不自然更有甚於此乎？此種辦法究係承認陸軍之權力，抑係海軍干涉陸軍之權力乎？今既派令空軍人員爲指揮，而却由空軍中調歸陸軍，使之接受陸軍之命令；其不自然之情況幾使吾人有同感焉。

爲求陸海空軍間之妥協及迎頭趕上世界上之新而合理之作戰機構起見，改組一節爲短期內所不免。前於波蘭戰爭之後，吾等須有約兩年之時間始見到俯衝轟炸機之重要，又需約三年之時間，始能摹仿德國作戰機構之一部形態。但摹仿則以儒怯而有限的妥協爲基礎。在一九四二年三月九日以後生效之陸軍機構改造，仍未出乎原有陸軍機構之外。就地面鬥爭之現代化及其修整方面而言，無疑的已更有顯著之進步。但就空軍而言，此種新變化與以前組織並不發生關係。

吾國之參謀總部確已予空軍軍官以平等之代表權；各占半數之辦法應能使陸空協同有更良好之效果。參加之空軍人員既曾受陸軍之訓練，自頗了解陸軍之問題，而在兩軍合作之努力方面亦自多貢獻。然而陸軍方面參加之人員，未曾受有空軍之訓練，故在純粹之空軍戰略上不克有所襄助。彼等反而成爲航空思想之制動力，並爲不時干預之淵源。是則空軍之緊繫於陸軍戰略者更較以前爲甚矣。

美國至今仍無眞正之空軍可言，空軍之實力照舊分爲兩部，配備以不同之飛機分授陸海兩軍，下次及以後之陸軍改組，不論其提高陸軍效能及陸軍戰略之有效程度如何，如祇爲陸軍之改善，自空軍之觀點言之，仍將同屬無意義。

在海軍方面，海軍飛行家金氏海軍上將被任爲全海軍之首領，在大衆心理中同樣創造一種重視空軍之幻象。（實際上海軍調整情況略勝於陸軍，陸軍在三月間改組時，全軍之參謀長仍爲毫無空軍背景或訓練之陸軍人員。）

金氏之委任可以保證附屬海軍之空軍作較機敏之利用。因氏爲空軍人員之故，海軍之效能在其英明之指揮下當可提高。但此等提高又與眞正之空軍無涉。且空軍將被更確定的織入海軍之花樣中，與在陸軍之情形相同。金氏曾坦然對於空軍獨立之戰略作有力之反對。彼爲道地之水手出身，故決不願亦不能承認空中武器担任較陸海軍之工具或其輔佐品更重要之工作。其對空軍之全般態度可包含於其下列之言論中：

『空中目標幾乎等於烏有，故雖極端熱心空軍者亦承認其不易達到。空軍既必須依賴於陸地「陸軍」及海洋「海軍」上之實力，故空軍最大之用途在能爲陸海軍之構造成分……。海軍所屬空軍之功用直接由海軍之功用而來。海屬空軍之性能與努力，亦均在於直接增進海軍之效率而設計，使海軍能達成較優良之功用。』

讀者至此，應可洞悉其言論之不正確。在情感上既爲盡忠於海軍之一人，金氏對於委派之職可稱適當。在美國高等指揮官中，彼可爲一良好之合作人員。但至今在上層指揮官中，仍缺少一第三合作者能代表在戰略上獨立之空軍——顯以吾等迄尙未有此種空軍故也。給『水手飛行員』以海軍之主要位置與在各戰場上給『兵士飛行員』以指揮之位置相彷彿，其用心卽所以含糊掩飾空軍之統一問題而不予以解決也。

第三節

反對美國空軍獨立，官方之宣傳有誤引歐洲之航空事實，以爲印證。此種誤引行爲，不論出諸眞實無知，或政治熱情，其影響所及，將使美國目今戰事蒙害無窮，則如出一轍。

據本人直接研究德國航空之結果，敢正言美國民衆悉被牽引附會之宣傳所蒙蔽。海軍部長綜合其專家之偏見，在一九四一年之秋，發表論文，謂「德國之空軍，不可謂眞正獨立，因該國陸海空皆同在一最高指揮之下也」。次月，馬歇爾將軍亦發表類似言論，謂「德國空軍並不如一般所想像離陸海軍而獨立。」此外尚有不少同樣意見，發表于報章雜誌。

事實如何？如謂德國無獨立空軍而屬實，則謂德國無獨立之陸海軍，亦應屬實。彼批評我人不能依德國經驗，設立空軍部者，何不以同一邏輯，而昌言海陸兩部之獨立，亦應取消耶？

德國空軍之基本事實——余可據研究以證明之——爲完全分離而自主，其情形與海陸軍正復相同。惜乎美國民衆爲訛傳蒙蔽無遺也。分離與獨立二字，被混用而分不清。而獨立之自由組織，自由管理，自由發展的意義，又往往被混淆于戰略的與戰術的獨立之意義，而莫之能辨也！

德國空軍之分離于陸海軍。正似其陸海軍之彼此分離也。但此三者中無一矗立于最高指揮之外，猶美國陸海軍，受制于統帥及國會。德軍之每一部門——陸、海、空——皆有其有限的範圍與權力。在此權力範圍之內，可獨立發展，致其最大之效能，求其最佳可能之配備，採取其最適當之戰略與戰術，然同時仍力求海陸空彼此間之協同一致。

海軍對空軍獨立思想，有一種攻擊，謂德國空軍之某種部隊，在許多方面，與海陸軍之合作遠過美國。其旨雖在反對空軍之統一，而適足反證空軍之可以獨立。彼其深恐獨立空軍之難于與海陸軍爲有效的合作者，觀于德國空軍之事實，亦可以覺悟矣。

有時陸軍列舉各種問題，通知空軍，而空軍即供給以工具人員戰術而解決之。有時空軍通知陸軍，說明在地面須要何種合作——如必要的前進基地——而陸軍即供給人力武器，以遂成指定之目的。

抑有必須明了者，德國三面戰爭之經驗，尚不足以作圓滿而肯定之實際研究。在法國，未遇有空中對手，對方空軍幼稚，不能使空軍與空軍對打，天空自始即爲一方所控制。故俯衝轟炸機及他種與陸軍合作之飛機，得縱橫天際而無阻。

但如德國侵略空軍，一遇對等之空軍，吾人當時定可目擊頭上與地上皆爲爭奪制空而苦戰。俯衝轟炸機與其他協同作戰之飛機，當時必有雙重行動——上與空軍戰，下與陸軍戰。此等飛機或受夾攻于上下二戰場之間。地面部隊則欲其最大可能之幫助，而爲本身之成功與生存，又須仰賴在其上空之僚機之合作。此種雙重任務，非有一獨立強大之組織，則不可能。解放空軍之評論，因情況之例外與不完全而爲之減少。德國在積年經驗之後，仍不以協同于陸軍之空軍改屬於陸軍，只此一事實，亦可使反對空軍獨立之諸君子，思過半矣。

英國空軍部之種種情形，亦可作爲反對空軍獨立者之談助。

英國因最先使空軍獨立，故空軍之收編機隊獨多。正因其開始闢路，故亦犯過不鮮，曾將純粹海屬空軍，劃歸皇家空軍管轄。在不遠之將來，當以陸地爲基地之空軍能飛達一切海面時，航空母艦——今之浮動根據地——自將衰退。英人多年前將海屬空軍隸屬皇家空軍，彼時即早已料有此種發展。迨一九三七年始曉然於空軍控制海屬空軍之無理，而以之歸還皇家海軍。

此一轉變，由空軍獨立之人士觀之，自屬完全合理，彼等指明英國採取此種變動，係在平時而非因戰時情勢逼迫之所致。但海軍發言人，却大加利用，謂此直等於承認皇家空軍獨立之失敗，謂此爲在戰爭中鑄成大錯之結果。

凡此種種，自非屬實。根據空軍編配上之錯誤，以取消空軍部，其理由並不比根據英國陸軍屢犯之種種重大過失——或吾國陸軍所犯者——以取消陸軍之獨立，更爲充分，誠以陸軍所犯之過失，確足爲取消陸軍之理由而有餘也。當耶納爾海軍上將在某大雜誌上發表稱「英國在戰略上發生連續錯誤後，將海軍所用的空軍，歸給海軍」氏眞十分糊塗矣。蓋彼所引之錯誤事實，係發生於一九三七年之後，而此種空軍之歸屬於海軍則早在一九三七年。此二件事實，不相關連。此次戰爭中海屬空軍之任何過失，分明爲皇家海軍之咎，而皇家空軍無與焉。倘有多人，亦作此種論調，對於時間同樣的從未判明。

美國官方發言人，且更指出皇家空軍配備之落後與不充份，不足與地面軍隊協同作戰，且指出皇家空軍數量過少。

空軍部對此自先承認，但仍不影響空軍獨立之觀念。飛機之缺乏非空軍部之過失，蓋彼自必籌措經費，以謀擴充部隊。於此可見不列顛之重海思想致減少陸軍及空軍之經費，至戰爭吃緊時，始明瞭其以往之疏忽。

耶納爾海軍上將之文中，曾稱「人亦有言，統一之空軍係對軍事航空及其較良裝備之一種鼓勵，但戰爭初起時，英國皇家空軍之情形，對此兩點均無裨益」。

保守軍人之譏刺皇家空軍如此。數量缺乏顯非空軍部之過失。在今日之戰爭裝備，以不列顛飛機之素質最爲優異，至爲顯明。皇家空軍飛機始終爲世界之最優秀者。對於獨立空軍之讚美無有逾于此者。

皇家空軍亦缺乏陸軍輔助飛機，反映出英人傳統的輕視陸軍。雖有獨立之空軍部，但不列顛却無令人滿意之空軍與陸軍合作，簡明的理由即無有力之陸軍之故，有適當之陸軍空軍者其惟德國，德國固以其獨立之空軍部以發展其空軍者也。談到皇家空軍，馬歇爾將軍稱「最近彼等臨時成立若干大隊與陸上部隊更密切聯繫」，彼以此爲反對獨立空軍之藉口。皇家空軍今後與陸上部隊聯繫，亦即說明正在擴充與陸軍協同部隊如德人前經如此實行者，甚爲注意者，則馬歇爾將軍之軍隊配有航空部隊，近以德國空軍爲模範，開始訓練其俯衝轟炸機以與陸軍合作。其事較晚于皇家空軍耳。

對於皇家空軍之海岸指揮部不無可置評論之處，此種評論見之於邱吉爾首相於一九四〇年所宣告者。首相謂：海岸指揮部之飛機將大增其數量，在作戰方面則置於海軍指揮之下。但邱吉爾首相並無反對獨立航空部之意——此特爲美國陸軍人員曲解事實耳。英人從未將海岸指揮部交於海軍，而仍爲皇家空軍之一部，於海戰時與之合作，情形正與在另一環境之下，容可與陸軍或皇家空軍轟炸指揮部協同作戰，如同一轍。

此爲一正當且必要者：海岸指揮部之飛行員應通盤熟悉各種海軍之活動，而海軍軍官亦須通盤熟悉各種航空業務。因陸海空軍之疇範，彼此均有牽涉之處，故此種雙重之智識實不足爲異。譬如海岸要塞砲兵之主要任務在擊退敵人艦隊，自應通曉海戰，而海軍人員亦須通曉彼等所進攻之海岸防禦。

當然不能依此推論下去而過甚其辭，如幾許反對空軍者所指陳：主張一切海上駕駛員應係海軍人員，俾能辨別海上各種艦船之型式與國籍；此種議論正無異要求所有艦長均為空軍人員，俾能辨識天空飛機之種種型式與國別。

二者之間須有分別：即何者為專為與其他兵種合作而施行之訓練，及何者為其他兵種之一部？

即在美國參戰之前，經政府授意之對於皇家空軍之攻擊盛行一時，目的乃為攻擊英國之獨立空軍，以解除對於英國應有獨立空軍之輿論之壓迫。此種放肆運動，僅可以解釋為一種愛國熱，此外則無以自解。

英人之處境極難，一方面不願與美國高級人員爭辯，一方面對於美國之譏笑皇家空軍殊覺不快。迨一九四一年十一月十日，英人於廣播中慎重答覆，但仍遭一美國退伍海軍將領耶納耳之反對。耶氏之言論，大體上即係諾克斯，馬歇爾，伯德生，與其他諸人之舊說。顯然倫敦方面，感覺在政治作用上，向一退伍之海軍人員進攻，較之與政府當局衝突，自為得計也。

攻擊皇家空軍言論之一，為皇家空軍拒絕海軍之請求，未派轟炸機飛出英國本土，攻擊敵人潛艇及其他海軍目標。耶納耳此種指責，倫敦廣播答覆之曰：『此點完全不確，皇家空軍之飛機曾對德國潛艇攻擊三百次以上。』

有時皇家空軍不能依照海軍之情報，搜索潛艇或海上其他目標，理由乃因目標太多，工作太忙，非皇家空軍同時所能負担。至於對法國沿岸潛艇根據地之轟炸或轟炸，用以進攻英國空軍敵人所結集之空軍部隊，或對羅爾區域重要工廠之轟炸，竟否比較轟炸船隻更為重要，此乃繫於指揮當局之判斷，若以此作為皇家空軍無能之證據，未免歪曲事實。

關於皇家空軍因不能與海軍密取連絡致有克來特島之慘敗，此一故事亦為爭論之源。於此美國評論家賓睐於邱吉爾生所肯定——「陸海空軍在克來特島之合作及連繫已達於最高度。」前章曾述及克來特島之眞正困難，乃由於戰前之準備偏重於海軍，在空軍方面，即根據地之數量，亦不足以供皇家空軍作戰。所有少量戰鬥機隊，其航程又太短，不能於三百餘里以外之菲洲根據地來此作戰。

實際上其他一切對於皇家空軍之攻擊，亦均無充份之理由，假如皇家空軍而有過失，此等過失定非由於組織上之獨立而來，蓋此等錯誤，大都由於起初忽視空軍，數量過小之故。此外英人（美人亦如此）缺乏最高指揮機構，因此造成混亂局面，此點亦不容忽視。

第四節

一般反對獨立空軍之人，以為美國既在陸海軍監護之下建有航空部隊，自可加以無限制之改進，今若於陸海軍航空之外，創立第三種空軍，將使局勢愈趨複雜。

答覆是：目前美國並無眞正空軍。美國有各種雜牌飛機，良莠不齊，但並無如本書內所指之眞正空軍。如果一月六日總統所宣佈之十八萬五千架飛機生產計劃全部實現，美國亦並無即有眞正空軍之希望，因此種飛機不足供統一的空軍指揮部之統一的空軍戰略之用。此種飛機仍僅爲陸海軍之兵器，但一個獨立空軍絕非所謂第三類空軍，而爲真正之空軍。美國目前保有各式飛機，成爲頭等之海軍兵器，又有一大堆陸軍飛機，潛力亦頗偉大；但此等附屬品，無論數量如何衆多，仍爲陸海軍之兵器，無論如何不適於純粹空戰之任務。

事實上以空軍爲海軍航空——依照海軍之需要及海軍之戰術原則而養成者——則即非真正空軍。凡能使飛機成爲「世界最優良之海軍航空」之事物，每減低可供純粹空戰之價值。幾許技術上之限制，常使艦上飛機劣於同一設計之陸上及海上飛機。

在一切技術困難之上，須記取真正空軍所需要之設計及其觀念，從頭即被海軍之意見及海軍戰術思想所影響。自然之趨勢不得不爾，空軍而爲古老遲緩之海軍所束縛，即無發展可言。猶如將一座大馬力汽油引擎或重油馬達裝置於馬車之上，雖省力多多，但車則仍爲馬車而非汽車，其性能也永難超出馬之能力之上。

艦隊空軍爲優良之海軍空軍，因其爲海軍本身所無有。於此吾人可以設想，苟農林部而有農林航空，藉飛機播藥，驅逐害蟲，豈非美事！當飛機用作飛行警車以搜索罪犯，則理應屬之警察局。同樣情形，當飛機作爲陸海軍之附屬，此亦自當劃歸陸海軍管轄。

凡上所述，與作者心目中之獨立作戰空軍毫無關係。空軍所需要者，爲能航行於自有之領域，依照自有之戰鬥規律自由發展，有時獨立作戰，有時與陸海軍共同動作。吾人已目視空軍之領域，吾人已曉然於空軍領域之無限發展，安可固執成見，墨守舊章，限制空軍之滋長，以自取危亡乎？」

馬漢海軍上將曾於十年之前描寫正統陸海軍首領之懦怯心理，曰：「戰術之演進未能隨兵器之變化而演進，且二者之間時間之相隔過長」。此種現象，無疑的發生於以下諸事實：兵器之改進爲一二人之努力，而戰術之改變，必須克服守舊派之惰性。但此乃係大錯。欲矯此弊，惟有坦直承認每種改變，仔細研究新式艦船或新式兵器之能力與限制，並設法使適應其新特性。歷史告訴吾人，軍人通常不願作此研究，但願作此研究者，則必將有利於作戰。

此莫大之利益，美國軍人棄而不顧，雅不欲改變其思想。馬漢上將之文作於空軍發明之前，但彼之理論，明確適用於空軍。設彼而在世，吾信其必爲米契爾將軍之擁護者。

反對空軍解放並反對統一空軍之每一議論，似多少亦可適用於海軍。例如常常被人所提出之「空軍不能佔領敵土是已」。但如敵人遭受吾天空之澈底打擊，因而無力反攻，至此已無須加以「佔領」。假此之土地，除供吾人之懸吊外，多年不能利用。再者，海軍亦不能佔領敵國，佔領惟陸軍能之。又所稱海軍能運輸陸軍一節，如今亦非正確，今日之海軍已受空軍之阻礙，未必能在敵國登陸，而空軍反能運輸佔領軍，如在克來特島所表現者。戰事之最末一步，有時須仰仗步兵之力，試問何人可藉此堅持海軍應附屬於陸軍。

吾知時至今日，已無人作此主張。今再推溯在一七九八年海軍尚未獨立之前，十八世紀末葉，關於海軍獨立設部之辯論。此種經驗最足發人警省。讀者須知，爾時陸軍部用以控制海軍之理論與現在用以反對解放空軍者如同一轍，讀者更須明白爾時主張眞正海軍之言論與今日為獨立之空軍部辯護者所持之論據亦相彷彿。

讀一七九八年四月二十五日之議會紀錄，彷如聽取目前反對解放空軍之高調。例如議員李文斯登以譏笑態度攻擊獨立海軍一事為庸人自擾，其言曰『充其極，不但需要設立獨立之部，並需設立多種小部，砲管部長，艉嘴部長等等亦須成立』。吾人時受同樣之嘲笑，海軍中人不乏以亦需成立潛艇部海軍砲兵部等見詢者！

議員馬剛指出：『彼信軍艦之製造大都係遵照船長之指示，指揮亦歸彼等。』二百年之後，現代的馬剛，辯稱雖無獨立之空軍部，但發展航空者仍為飛行員。近人主張，獨立空軍之設立多少與美國之憲法相抵觸，此種情形一七八九年時代卽已有之。據紀錄，議員威廉士警告曰：『在政府內增設一部，為憲法上所不能考慮者。』近時議論，以為獨立皇家空軍乃為英國紛擾之源，議員李文斯登早時卽已宣稱：『歐洲之方式證明其為不良之方式，與歐洲各國之海軍同一失策。』

在另一方面，如議員渥資斯卽其一，主張：『陸軍部與海軍部之職務完全劃清。以陸軍人員領導海軍，則猶之商人當律師，律師當醫生，木匠當泥水匠，泥水匠當木匠。』議員西華爾又稱：『政府官員或有頗熟悉陸軍者，但對海軍則為門外漢。』反對空軍獨立之海軍中人，當能憶及在投票取決成立海軍部之時，衆議院之票數極為接近，四十七對四十一。

當今美國之基本戰略計劃，建築在陸軍及海軍之單獨活動及協同動作之上，陸軍中之空軍人員，不過如其他補助兵種，同為點綴品而已。敢說此等計劃，無論如何美妙，一遇敵人以陸海空軍為根據之整個戰略時，必致失敗。除非賦予空軍以天空攻擊及空中防禦之任務與權力，則我人之計劃在觀念上仍為平面之戰爭，必將在立體戰爭時代遭受致命之失敗。

戰爭之技術理論，進步絕速，舊式領導者之思想每不能追隨。今日之戰術理想，必須與機械理想相配合。軍事首領應能預見新兵器及此新兵器與戰術之關係。惟有具有創意思想之人始能邁進幾步，看到技術的戰術形態而不致落伍。彼對航空有素養之人，尚難推測明日之空軍，而謂未習航空者而能武斷空軍之戰術地位乎？其所以需要切實計劃，將此新兵種脫離舊羈絆者以此。空軍係新軍事技術，決不能受舊式軍事首領之束縛利用，亦不受舊式軍事觀念之支配，如仍不予解放，將因疏忽而致戰敗。作者並非指摘陸海軍之戰略家之智力或其愛國心或是否稱職，作者不過就自然而不可避免之事實，說明步兵及海軍首領永不能完全放開胸懷為空軍設想。如同法國參謀本部準備重演一九一四至一八年之戰爭，我美國之軍界首領，亦在預備與一九一七至一八年相仿之戰爭。彼等不將戰略配合空軍，而將空軍配合戰略。祇有十足之空軍人為能設想並澈底執行十足之空軍戰略。

第五節

今日一般之言論，以為空軍人員雖服役於陸海軍中，但空軍之實際計劃，則掌握於空軍人員之手。無人懷疑具有天才之空軍人正被陸海軍所利用，然熟悉軍紀與軍隊組織之人，皆知最高軍事首領之見解，存見及軍事定策，通常可以左右一切。

雖非明令規定，高級將領之意見每能透達於下層各級。高級首領，可用服從命令、忠於長上，及渴望提升等以施行其微妙之壓力。須知祇要空軍見解有礙於陸海軍或對空軍之效用有所懷疑，即將使空軍之發展受阻而漸致夭折。目前行徑乃爲但求適合於舊觀念之需要及惰性。軍隊，如同其他一切有生之物，天生具有向現實束縛奮鬥圖存之意志。

當一個獨具天才之空軍戰略家或航空設計家工作於不正確之既定之戰略計劃之下，則不能盡量供獻其所能。無人可以否認軍隊中紀律之重要，空軍軍官向其長官有所建議之後，雖然彼痛心於所深信之見解被擱置遺忘，但彼自覺不能多所瀆陳。就大體上言，高級軍官近年來之言論已比較過去爲坦白，但對空軍問題之討論，仍諱莫如深。

密歇爾將軍之受罪，常存於空軍軍官之心中。彼等熟知譴責密契爾將軍之政治勢力依然有力，願不問此次戰爭之事實已完全證實密契爾將軍見解之無誤。率直言之，每個在空軍服務之人，皆知倘敢反對軍事統治階級之意見，將發生何種後果。美國社會信空軍中不少密契爾將軍因擁護主義而犧牲。航空實業家亦噤若寒蟬。彼等須與陸海軍將領往來，且須誓守秘密，因此對空軍政策不能有實際上之批評。今引海軍備忘錄中之語以見一斑：

『陸海軍官之略具軍事智識者，皆知空軍爲陸海軍之重要之一部。且呼籲在現有航空部隊之外，設獨立空軍之人，皆不在陸軍或海軍中，並亦非瞭解政府戰略，國防大計，及現代戰爭科學之人。』

空軍發言最多之人，何以不在海軍或陸軍之中？此其理甚明。此等個人之悲劇，特爲美國空軍受制於陸海軍之大悲劇之小節目耳！

決非過甚其詞，每個具有創造能力之空軍人，自來所遭遇之實際情形確屬如此。總而言之，已有一種猙獰之反動勢力存在——一種不曾爲剪截美國空軍鷹翼之陰謀。如非解放空軍，別無補救之法，亦無妥協之方。故欲使美國之空軍躋於第一等之空軍國，此種責任，此種機會，必須移於對於空軍具有經驗，信心，及熱誠之人之手。

美國並不缺少此種之人，作者估計，至少有一千人，本其二三十年之經驗，從事於軍事航空各部門之科學與技術。美國航空工業界之設計與生產稱雄一時，所缺者無官方之領導耳。空軍戰門員，如使空軍獨立而與陸海軍並立，則士氣可大爲提高，非到此境地，美國空軍人員——世界最優秀之戰士——將常感地位之受限制。

士氣之重要，盡人皆知，無須贅述。今所指者乃對共同之意識及地位重要之認識耳。空軍人員如果同隸於爲全國所公認之同一團體之下，必更爲熱心。彼等經常犧牲性命，士氣之提高須從個人之責任觀念及本軍之榮譽而來。

目前之情形，足使空軍人員生濫竽之感。空軍不自然的分配於此種退化分裂之舊系統中，戰門人員，因深知空軍之重要，自然而然生出反感，譬如彼等讀到『陸軍』在非列濱海面擊沉日本運輸艦多艘，『海軍』在太平洋大獲全勝，彼等固明知此種戰果，純粹爲空軍所造成者。

試翻閱英國公私戰報，便可發見飛機及其駕駛員，無時無地不居於重要位置。在美國，情形正與之相反，步兵，水手，海軍陸戰隊，甚至海岸守備隊，每居前列，而空軍人員則常自處於補助兵種之地位。

以上所述，雖屬瑣事，無關宏旨，但可窺見一般軍事航空人員與陸海軍之磨擦。彼乃一海軍飛機駕駛員或陸軍飛機駕駛員，而非空軍飛機駕駛員——問題即在於此。故從士氣而論，獨立空軍部之設立，實爲一有效之鼓勵。

即令最崛强之海軍將領，通常亦抽象的承認空軍之前途無量，但遇到爲空軍之前途作實際的打算時，陸海軍將領之理想，便爲自身之猜疑與恐懼所麻醉。

陸軍航空領袖安諾德將軍在最近討論空軍一書上，承認世界各國航空部隊最後必將脫離陸海軍，彼之言曰：「此一步驟，須經過愼重計劃致慮，而不可徒做澈底改革之熱心，此應以逐漸進化之方式解除束縛止。」但彼在同一著作中自相矛盾的謂：「倘美國改組獨立空軍之舉，出之以比較和緩之方式，或出之以準備而非鬥爭之方式，亦國家之幸也。」

此種自相矛盾之言論或爲對識者所道之眞理，同時亦不致冒犯陸海軍中人。安諾德將軍作此言時，定知吾人已到鬥爭之時，已無逐漸演化餘暇。彼十分明瞭從密契爾將軍首先要求空軍獨立之時開始，至今已有廿年之躭擱而毫無進化。現進化程序亦可以人爲之限制而滯遲不前。

安諾德將軍目下已不能鼓起勇氣，明白採取行動，而僅將言詞搪塞，使空軍依然如故。其他空軍人員亦有如此者，彼等故善爲其詞使羣衆認爲彼等乃係擁護空軍獨立之人（如同彼等心中所認識者），但仍永遠拖延下去，不使之實現，結果益愈紛亂。倘高級空軍人員因政治壓力而不能坦白發言時，反不如緘默之為愈。如安諾德將軍一類之權威人物，對問題且摸稜兩可，則其他次要人員言論之被壓制，不難想像而知。

總之，其所以反對真正獨立空軍者，實因見解不清之故。評論界於現有空軍器材與空軍戰術之外，無法窺見其遠大之潛力；彼等不明飛機之進步；彼等本現有之智識設想空軍。大部份之歐洲國土及民族自由於過去三年之內被犧牲於此種見解之下。

空軍係廿世紀之兵器。試想一個小小之島國四面八方完全籠罩於海軍砲火之下，讀者當可明瞭荷一強大之國家全部為優勢之空軍所攻擊，情形又將如何？故主張分裂空軍而置於陸海軍之下者，其人非愚即妄。空軍之最後從附庸地位解放而獨立，為必然之事實。解放之後，人才輩出，士氣大振，而美國之空軍終於獲得自主之機會。

同時，延擱一天，即為限制解放一天，亦即將勝利延遲一天。

第十一章　制空應有之機構

第一節

海軍沒落，空軍抬頭，我人之思想與計劃之重點，應由舊兵種移置於新兵種。大部份之軍用資源及精力應用以建設遠程空軍，確立眞正之空中武力。顯然一種特爲配合此中心工作之機構已不可少。

爲達成此目標，必須具有相當之智識經驗技能——尤其重要者——權力。空中戰爭不但影響戰略，並日益左右我人之日常生活——從建築之方式到衣食方面，所涉若是其廣泛而緊要，故須卽時成立空軍部，由空軍部長綜理一切。

此空軍部，與陸海軍部完全處於平等地位，爲取得世界空軍領導地位應有之步驟。國家之安全事非簡單，亦已非立法機關所能保障。不少設有獨立空軍之國家相繼滅亡，與不少設有獨立海空軍之國家同樣滅亡。適當之機構果屬重要，但空中防禦問題未必即因之解決。種種問題例如精審之計劃，徹底之研究，優秀之人選，戰鬥部隊之完善機構等等，在空軍脫離陸海軍而設部之後，仍須加以努力。爲解決以上種種問題，終非有此種機構不可。

從目下分裂紛亂之空軍轉變而爲眞正統一之空軍，其間須要陸海空軍大元帥——總統——及輿論之絕對熱心支助。選任之空軍部長應負起至鉅之責任。此人必須經驗豐富，卓具天才，確能擔任此重大工作之人。

此外，其人在政府及同人中之聲望，須足以行使職權而無礙。此時陸海軍應明白自身必須仰仗空軍以資防衛，故必合作努力。但人類之天性難改，陸海軍人或許因傳統之利益而與空軍鬥爭。過去之惰性亦須加以克服。故此一人選必須具有絕大魄力，前進之軍事意識，及旺盛之想像力，庶能應付此環境。

目前美國空軍不自然之分裂現象，每為陸軍與海軍間誤解及鬥爭之根源。此種錯誤糾正之後，可使陸海軍及新生之獨立空軍成為三位一體，互信自信之心大增，連繫可較密切。海岸陸軍飛機可以任意飛出海外，不致與海軍航空發生防區之問題。關於遠渡重洋，轟炸敵土之遠程陸軍飛機之隸屬問題，亦不致再有無謂之爭執。對於個別目標之轟炸，應否屬於海軍陸戰隊？或海軍空軍？或陸軍空軍？亦已無爭辯之價值。

現有之陸海軍會議勢將改為陸海空軍會議。此會議組成最高參謀部，直隸於大元帥——總統。但總統得設立個人之參謀機構或戰略會議，集合陸海空軍諸首領，再補充以政府及民間各部門之代表，以備咨詢。至此最高指揮機構諸問題業已解決，與獨立統一之空軍一事不生影響，因既有空軍部之組織並有獨立空軍，最高軍事指揮部之形式如何可置不問。

空軍部長挑選許多具有能力之專家，部長之下設一空軍次長，主管空軍作戰部隊之發展及部隊人事與補給；另設一民防次長，處理全國之防空組織及空襲準備事宜，並得設其他次長一二員，如民航次長之類。

民用航空應否歸空軍部管理一節，可公開討論，但商業航空之發展應與軍事航空密切連繫，則毫無疑議。民用航空應不爲軍用航空所妨礙，美國民航事業爲世界最大之非軍用航空，仍須使其依商業動機，有繼續發展之機會。同時，爲國防安全起見，民用與軍用航空之連繫必須確保。空軍必須利用商業航空設備，二者之無線電航行方法及器材應求其劃一。空軍駕駛員應聽其任意利用民航設備作盲目飛行及盲目降落。同樣民航駕駛員遇到緊急之時，亦須知道軍用設備。空運規則及航空站降落設備如跑道標誌，航行標誌及其他站場設備，均須適合於空軍作戰之用。

常人每有此誤解，以爲商用機之製造可着眼於以之改造爲軍用機，爲免除紊亂起見，此種觀念必須加以糾正。將旅客機改爲轟炸機，固與將郵船改爲戰艦同樣容易，但現代戰鬥裝備，如裝甲武器藥炸架等等，乃係軍用機基本設計中構成之一部，不能於造成之後勉強附加上去。軍用與商用飛機乃天空飛行動物一母所生之兩子，雖大魔術家亦不能羊以易牛。

至於軍事運輸則爲另一問題。旅客機可隨時用用以輸送軍隊，運貨機亦可利用之裝運軍用品。此種利用並不需要軍用控制民用，因商用機與軍用機不同，本係依據「最低成本之最大效用」一原則而製造。

總之，作者認爲雖然民用航空在技術設備方面應與軍事航空合作，但對於民用航空之經營及管理不需横加干涉，而無論政府之監督方式如何，其飛機型式之設計，人員之訓練，地面之部署，決不可不顧到軍事上之最大價值而與之密取聯繫。

第二節

擬議中之民用防空署，將行使與陸軍管轄下之河港統制局相彷之職權，惟規模遠大。國內建築事宜，住宅、工廠、橋梁、隧道等等，及交通事業，此後亦須顧到防空之立場，民用防空署卽本此立場監督審查一切民間之建築。民防署並須籌畫預防空襲方法，策動全國，盡可能準備天空之被襲。

空軍本身則歸一空軍上將階級之人指揮，渠之階級與地位與參謀總長或作戰部長相等。渠有自己之參謀處，由一空軍中將主其事。此外並有空軍中將多人，分掌空軍各部門，如出擊空軍，防禦空軍，空軍給補及軍械，或其他主要部門。空軍上將及其中將階級之最高僚屬組成空軍會議。職銜一層，非關重要，以上所舉不過爲方便而任意採用之耳。

爲使空軍之階級更合於空軍之精神與戰鬥區分起見，階級之制定應有別於陸海軍。或許英國之現行制度頗投合美國人之氣味，卽分爲空軍上將、中將、少將、上校、中校、少校等，其間不妨依據皇家空軍之經驗與美國之特質而加以修改。

空軍部應將現有之陸軍航空部隊全部吸收。海軍管轄下之一切海防組織部，除作爲維護及訓練艦上飛機用者之外，亦須移交與空軍部。現有之航空署仍爲海軍之一部，其職權只限於發展、建造、艦上機暨海軍補助機及其人員之訓練，其餘應全部移交與空軍部。也許有人因爲遠程海岸巡邏機爲現階段海軍不可少之一部，故主張仍舊隸屬於海軍，但須知此種遠程巡邏機，只因廣協之洋面上空不受侵擾，故有工作之可能，一旦天空佈滿敵之戰鬥機羣，偵察即轉爲空戰，而空戰無疑的爲空軍之任務。

海軍陸戰隊空軍可仍舊作爲海軍之一部，歸航空署節制，但陸戰隊所有之飛機只限於艦上機，其他一切之陸上站場、器材、人員等統屬之於統一之空軍。海防航空隊同樣的亦應歸併於統一空軍之下。

任何現代空軍組織，均無加以保留之價值，除非其真能供給範圍廣大之研究及實驗之便利以達到實驗儀表、油料、發動機、機場、武器及建築材料等之真正發展及製造。故今日之急務首在組織廣大之政府企業，並同時竭力鼓勵私人企業。任何政治及理論上之阻力均不應任其存在。吾人應時刻毋忘：任何國家在軍備質量上所作之巨大進展，可一舉而使空軍力之均勢改觀，而不論其數量上之比例如何。

倘突然發現一種新油料，輕而且濃，能解決航程問題，則將如何？倘越日而以反動律推進原理作同溫層飛行竟成爲事實，則又將如何？倘發明一種新合金，如鈹或更輕者，能適用於航空工程，則又將如何？倘發動機之効率能突予增加，而使耗油量減至原來之數分之一，則又將如何？在不久之前，余尚以巡航時每小時每馬力耗油○七磅之發動機飛行，而今則余之遠程戰鬥機之發動機，其耗油量僅爲○三五磅，效率增加百分之百，亦即航程增加一倍，或攻擊力增加一倍，或兩者俱有所增。倘發動機之効率能再如此增加一倍，則不難使納粹康達式 Condor 轟炸機，其航程原爲五至七千哩者，一舉而增爲一萬至一萬四千哩，即輒心以現有之航空設備，亦足以轟炸全美國各地而有餘。備油料之比重減低一半，則亦可得相同之改變。誠如是，則斯特林式哈里法克斯式及蘭卡斯德式轟炸機，均將成為能以其自身之動力而到達全球各地之武器矣。

時至今日，世人方知納粹有利用火箭原理以發射機使轟炸機起飛者，此種辦法可使飛機能以極大之載重起飛，意即能大量增加航程或增加載彈量，增大速率及其他性能。此種火箭起飛法，使飛機可在島嶼中機場狹小之前進基地起飛。既知空中武器之特質，則可預期其進步之速，不但能自A至B，且能自A至Z。革命性之裝備變化，可在一夜之間完成，但從事此種事業之組織則須經過相當之時間。就此點而論，有一獨立自主之空軍如英國空軍者，實極得其便，因其所處之地位，使其能立即應用各種科學之新發明也。

將全國航空顧問委員會（National Advisory Committee on Aeronautics）及其設備，與在萊特場（Wright Field）之材料部（Material Division）合併，成為「空軍」部之研究及開發機關，似屬合宜。此項極重要之工作，應由一第一流之航空科學家長之，此人並須為一對軍事航空具有卓見及創造力者，且須使其成為空軍幕僚之一，因裝備與戰略為不可分者故也。新式飛機及武器可產生新戰術，而新戰術需要裝備之改進。空軍參謀部與研究機關之工作，必須確切協同。航空研究設備亦必須與實驗計劃直接聯繫。純粹理論機之編纂應與大胆之實際進展合而為一。

有數家航空製造公司，業將其實驗部門，自主要生產部門分出。為國家之安全起見，此種趨勢頗值公衆之鼓勵。每一大公司應有一實驗工程部，並在可能範圍內，使其有專用之工場及工具，其研究亦不限於新飛機之型式，並作新生產方法新材料及新飛行原理等之研究。此種半獨立性實之研究努力，將與空軍部之研究單位保持經常之接觸，以獲得最大之合作及官方協助。

航空工業常受人苛責，以爲獲利過巨，彼等皆未將應補償之巨大研究及實驗費計及之也。實驗單位之從主要生產企業分立，將獲得公衆之補助，而不阻碍有創造性之私人努力之自由。

在各大公司研究事業之外，更宜時時補助能力卓著之工程師或設計家之獨立實驗廠。如此則此等獨立工廠之成就，可供現有最宜於担任此項特種工作之公司之應用。此種實驗工廠曾在德國對航空有極大之貢獻。亨格爾（Heinkel）及米薩希米特（Messerschmitt）均曾經此種小額生產從事於飛機型式之發展及改良之小公司，而由他人另作大量生產。

在空軍史之現階段，當各國正竭力於環球戰爭之裝備競賽之時，研究及發展爲極端重要之工作。吾人必須永遠保持作戰武器在功効上之領導地位。

非至所有軍事航空，經一獨立自主之空軍部，歸併而成一單一之機關後，上述各種活動，即想像中，亦無一爲有實行之可能者。

第二節

眞正創立空軍部及其獨立空軍，實爲一大規模之舉動，余亦不欲謂其小，但同時在未至認不淸何者應爲而急爲之時，亦毋須將困難過份誇張。能在一較早之時期，即當吾人之航空規模尚小，且無國際危機之存在時，從事空軍之改組，固遠較合理而方便。最佳之時機，莫若在米撒爾將軍（General Mitchell）犧牲其軍事生涯力爭空軍獨立之時。但吾人應正視現實情形，認清再事延宕僅將使改進之困難加甚，而非減少。

爲減少紛亂，無謂行動或鉅大錯誤起見，余特介紹一種航空製造家所熟知之步驟。吾人在眞正製造一新飛機之前，多先構造一工業上所謂模型。在改製眞機之前，所有缺點及工作上之困難，均在此精製之假設計上，予以解決。此種概念，亦可適用於現所討論之問題。

逐一而論，則制定此獨立空軍部組織之法律，當規定必需之經費，及立即產生一空軍部籌備委員會之職權。此委員會理應由一已被選定爲未來航空部長者長之，其左右則以有部次長之資格者佐之。預擬之空軍元帥及其幕僚，亦應同樣由未來担任實職之人員組成之。

此委員會當進行全機關詳細組織之編製，所有人員均用眞實姓名及階級。各項設備亦各表明其正當用途。如是吾人乃在事實上有一「模型」空軍部，各部份逐一開始活動，以至全部動作。其部長應與總統之閣員並列，爲一當然委員。空軍元帥則爲陸海軍會議之當然委員。所有選定之官員均當參加有關作戰之各種活動及會議。

此「模型」空軍部當與陸海軍樹立關係，並擬定所需人員及裝備之移轉書，及依照國會之決議，擬定組織，必要之調整。凡有困難及抵觸之處，均將如是先在計劃上盡量予以消除。迨全部計劃，以至最後項目業經定出，並經大元帥之批准後，始可將各項細節決定。

有人深恐在作戰時創立新軍事部門，或將有礙作戰努力。此種顧慮並無根據。因新組織係不受一切慣例官樣文章，及舊部門在一世紀以來積習之束縛，故一經成立，便能現代化有效率而工作順利。新空軍部因採用現代商業界之管理方法，其行動如是之迅速而有效率，故吾人之空軍在移交及統一之過程中，稍有脫節及延擱之處，均將立受補償。當空軍籌備委員會，進行機構與人員之編組時，同時並着手計劃一以空軍爲主幹之新國防戰略。所擬定之空軍戰略自當呈候最高軍事當局之核定，並須與一般計劃相配合。

詳述戰略中任一特種計劃，非本書範圍內之事。在戰時任何出版物均然。至多亦僅能略陳作者認爲致勝戰略應有之一般原則而已。此種原則在以前各節中已加論列，今但再予概述。

戰略應依據下列事實，即就攻勢而言，主動之海軍已不再能接近敵岸施行封鎖，或保障我方之交通線是也。此種工作之大部或全部，須由空軍担任之。爲便於計劃起見，應先假定美國業已成爲一島，爲一敵意之世界所包圍，亦即爲一强大之空軍所包圍。在此種情形下，吾人陸海部隊，遂無法行動，以致局部或全部失去效用，直至吾人能消滅或至少抵消敵方之空軍，以突破此包圍圈爲止。

吾人必須有妥善之準備，以防禦來自任何方向，對我全國之空中攻擊。我國之空軍及人民，均應在身心兩方有抵抗空襲之準備。並須準備自美國本土對敵作眞正全面空戰。吾人之攻勢，即應爲設法摧毀所有敵方空軍，然後再加敵人以三度空間之封鎖——其中對敵人內部之交通線及經濟中心，作不斷之轟炸，亦爲各種手段之一。

倘欲佔領已受空中封鎖之區域，則空軍更須有寬大之空運設備，以運輸兵員及裝備，並担任增援及供應線之維持。大規模進攻，則可由海面船隻繼之，因此時已獲得制空權，可自由行動也。

上述之眞正空中戰略，雖頗簡略，但已足使與新現實相符之組織及武器，易于見及。而軍之最要者，厥爲準備抵禦來自任何方向之攻擊，並同樣準備自任何方向攻擊任一敵人之心臟。日本及德國均與我隔洋相對，而二者復皆可經北冰洋而來，故兵力之應作圓形配置，自極顯然。吾人之空軍準備即應以此圓形原則爲依據。在今日就空軍而論，各國均應自擬爲一完全受敵包圍之戰鬥者，準備在任一方向接戰。

在計劃空軍組織時，應將傳統之地理式軍事組織，受地面戰鬥特性之限制者，棄置一側。因全國將成爲單一目標，昔日地面所習用棋盤式之區域防禦區，已失去其意義也。負我國空防之責者，將不受昔日地理概念之束縛，不顧地面之形狀，僅惟經度緯度及高度是論。彼等將以環球之空間，爲一不分界限連續一片者，以代替繁複之地理概念。

同心圓式及輻射式之組織，最能與此種概念相吻合。空中防禦將爲環狀式，空中攻擊則爲輻射式。爲便於管理及局部作戰起見，自難免仍有區域組織，尤以特種戰略目標之防禦爲然，此點將於後文論及之。但就戰術而論，則吾人應有一能將空軍立即集中於一處之機構。一攻擊部隊，自東而來，於完成其任務後，固可自原航線回返，但亦可繼續西航，或轉一直角，經地極而安返根據地。

吾人之空軍總司令部，應在我國地理中心之處，且自當爲一交通便利之地。但不論其在何處，均應爲一無法攻破之城堡，爲保護我空軍神經中樞之一地下世界。其中當有參謀桌，信號勤務及情報交換設備，以全空間之準確情況，不斷供給總司令。

我國陸軍航空兵團現用之四大地區分區法，每區有其自用之各式飛機者，已較昔日任意之分區法與現實相接近。但仍難與眞正空中戰略相配合。倘就吾人將現有之空軍分隸於四區而論，則頗似各色冰淇淋之合成數冰淇淋塊然。當應用時，吾人每有僅需巧格力或香草冰淇淋一種者。倘各色冰淇淋係固定合裝成塊，則用時將難以分出。空軍之情形亦然，因戰術之要求，爲能將任一型式之部隊，同時向任一方向全部出動也。

第四節

既已提出一與空戰特性相符之組織原則，吾人當再一論欲求戰事之順利進行，其裝備之型式應如何。

空軍獨立後，其最大優點，爲能樹立一較廣泛之空軍戰略。空軍之活動將不以與海陸軍相協同爲限。如作者之所曾指陳者，將爲一自空中解除敵人武裝之戰略。先將敵人之武器擊落，使其無能爲力，然後乃能以空軍轟炸之，使其饑饉而投降，或以陸海軍進擊，令其束手就縛。

各型飛機之性能及設計，胥視總戰略或使用時之任務性質而定。吾人在戰爭中所得教訓之一，即爲飛機型別之專業化不僅應依據一般戰略，且須依據其未來所担任之特種任務。現在因戰事已蔓及全球，故吾人之目標應爲執世界空軍之牛耳。故可就此目標，略述裝備應具之要點。

但余亦並不主張過份專業化。現在美國正在作戰，除航空界所週知之情報外，其他自不能使之公開。當余所建議之裝備及航空改革，有非現在航空常識範圍內者時，余深信讀者當能知其並非無稽之空談。因余之建議至今已無不可實行者也。如余前曾指陳，謂常人視爲幻想之事物，在專家之眼中，往往極其平常。在以後各節中，凡余對某一航空或武器問題，有所建議之處，均爲余經數年之研究，確已獲得解決辦法，而深望其付諸實施者。雖其中數項，似有被攻擊爲「幻想」之可能，但其實均係經余之周詳策劃，切實可行者也。

理想之空軍應有能遠達全球各地之攻擊航程，而飛機之發展，終將達到環球航程，亦無可疑。爲目前之應用起見，一五〇〇〇哩之航程則已足夠。此航程之百分之四十，即六〇〇〇哩，爲有效攻擊半徑。自美國之邊界起飛，六〇〇〇哩之攻擊半徑即可將所有各主要國家之要點包括在內。於是吾人乃有一與戰場最大寬度相等之攻擊半徑。

防禦空軍之航程應有若干哩？防禦空軍出而應戰時，其離基地應有若干哩？在航空科學之現階段，可得一大致確定之解答。因航空器之速度航程及軍事載重等因素，係互相關聯者，攻擊力必與距離成反比例。故防禦空軍攻擊半徑之合理極限，爲敵方基地距離之半。在此中途線以內，我方空軍之防禦力，因距離縮短之故而增强。換言之，防禦用飛機之航程理論上應爲攻擊用飛機航程之半。

但須注意者，即當燃料更變輕或用之更經濟之時，此種防禦方面之利便，亦將漸趨減少，因燃料載重在總載重中所佔之比例減少故也。倘飛機能不用燃料飛行，則防禦與攻擊空軍間將不復再有分別。其實力對比將全視質量及數量而定。

至此似宜對失敗論者，有所論及。彼等以爲短程飛機既較遠程飛機爲有效，而美國之所需者則爲遠程飛機，以是認輸屈服。其不合理之處，實與在海權時代，因假想敵之海軍强大之故，而

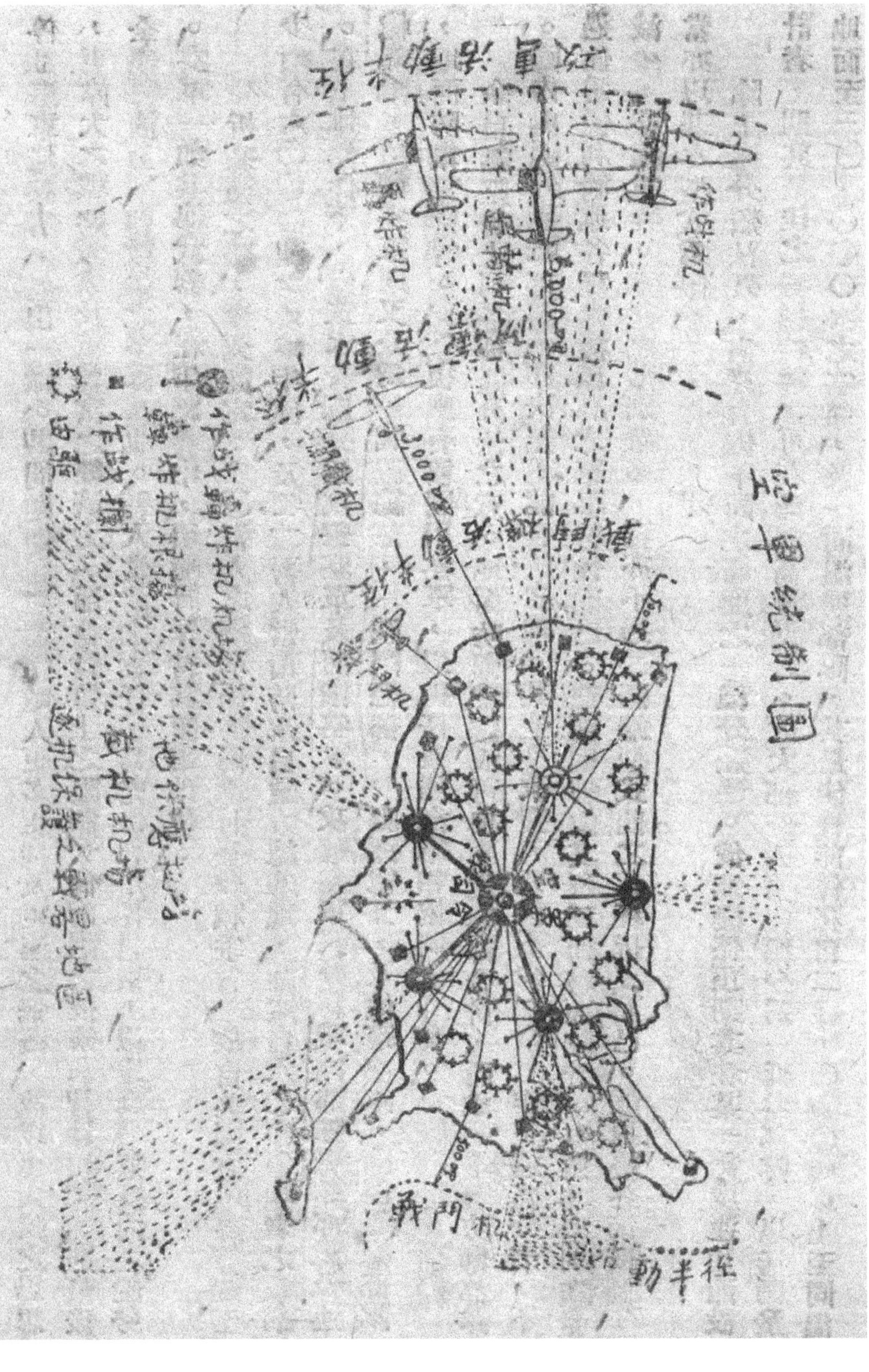
空軍統制圖

停止海軍建設者，如出一轍。其問題即在建造較敵人更多更佳及更速之飛機，並以更大膽之思想，更偉大之戰略天才及更豐富之經濟力，補救實質上之限制。倘兩國之技術及智慧相等，則最後全視經濟力，即數量之多寡是也。吾人當前之責任，爲充份利用各因素，以達到毫無疑問之優勢。空軍一如其他武器，在爭霸賽中，須隨時保持其領導地位。

分析裝備之時，應先認定：(一)吾人之空軍係準備應付全球戰爭者，故自美國之邊界算起至少須有六〇〇〇哩之攻擊半徑，及(二)吾人當預防來自敵方總基地，如遠自六〇〇〇哩者之攻擊。在上述條件下，空軍本身應分爲攻擊空軍及防禦空軍。攻擊空軍又分爲戰鬥部隊轟炸部隊及運輸部隊，防禦空軍則又分爲一攔截總部，一戰鬥總部，一驅逐總部，及偵察部隊，國內運輸部隊，地面防禦部隊等。此外復應有協同用空軍，以担任與陸海軍相協同之任務。

余自無堅持上列各種區分法之意。地面防禦部隊或可與驅逐總部合併，而成一空襲防禦部隊。國內與國外運輸部隊，亦決無不能合併之理。其他可改變者亦復不少。余之作上述區分者，不過僅爲便利論述各種飛機應有之軍事特性而已。飛機固須依其特種任務而設計，但將其型別盡量減少，亦極重要。飛機之型別雖多，要亦不過二極端型式間之各種折衷而已。故以後各節所論，當亦以基本型式爲限。

除上述分類法外，尚應有依不同之高度之一種分類法。倘飛機係預期其在某一高度運用而設計者，則其最佳之機械性能，可在此一高度得之。故大部份裝備，應分爲一低空部隊，以活動於地面至三〇，〇〇〇呎之空間，及一同溫層部隊，其最佳性能係在自二〇，〇〇〇呎以上至同溫層者」。

・攻擊空軍（Striking Air Force）・

此種部隊將包括戰鬥飛機（Battleplanes）及作戰轟炸機（Combat Bomber），其混合編隊可稱為遠程轟炸部隊，再由適宜之驅逐機（Pursuit）及護航戰鬥機（Convoy Fighter）伴行之。在戰爭之第一階段中，此等混合部隊之任務，為在空中擊潰敵方空軍，並破壞其地面之一切設備及補給來源。

空軍攻擊戰隊，如僅有極大戰鬥力量，防禦者可不起飛應戰而置之不理。故空軍攻擊戰隊必須亦有轟炸力量，予敵方空軍之地面部份以極嚴重之威脅。因此敵方將被迫起飛應戰，否則即受慘炸而毀滅。與流行之概念相反，第一次之轟炸並非為轟炸之終結，而為誘敵應戰之舉動。

至此余必得對數年前意大利空軍大戰略家杜黑 Douhet 將軍之理論有所異議。彼之理論曾為若干此種問題之作者所盲從，其見解可總括之如下：

「此種部隊雖可由轟炸機及作戰機（Combat Planes）合組而成，而轟炸力及戰鬥力實可合併於一機之內，稱為戰鬥飛機（Battle Planes）。此種飛機並非以轟炸力加於戰鬥機而係以戰鬥力加於轟炸機而成。如斯可得一軍事及心理上均屬有利之作戰個體，同時具有轟炸及戰鬥二種性能，以替代由轟炸機及戰鬥機合組，而極易失散之編隊羣」。

倘杜黑今日尚在，則當可承認其理論已為近日之戰事所推翻。理論上，如一架飛機能同時合最大之轟炸及戰鬥性能，自極理想，但事實上則不能做到。除非航空科學能將現在飛機所受工程學及氣動力學之限制打破，則爲戰鬥力起見，轟炸量必須犧牲，反之亦然。再者現在之飛機，因有機翼操縱面等等之故，不能在各方面均有最大之火力；缺乏保護之死角仍將存在，而不免爲敵人所利用。此外，作轟炸任務時，所採用之航線，動作及編隊隊形，自戰鬥之立場而言均屬極不相宜。

轟炸與戰鬥功能之分立，現在尚無一足以代替之辦法。但此並非轟炸機不能有戰鬥力或戰鬥機不能有轟炸設備之謂。第一次對敵出擊必須採取戰鬥方式，而以帶有挑戰性轟炸力之部隊担任之。因此適與杜黑之主張相反，余以爲空軍之主幹應爲戰鬥機而附有轟炸力者。再者此種轟炸機亦應以純粹之戰鬥機保護之，如此方可免中途之干擾而逕往轟炸目標。

防禦工作既由一分立之單位担任，自可依戰術之需要，自任何方向掩護轟炸部隊，正如驅逐艦掩護戰鬥艦以防魚雷之襲擊然。此種護航戰鬥機可視爲「活動砲堡」，因其不但能向任何方向旋轉，且能環轟炸機之任何地位移動。

作戰轟炸機及其隨行戰鬥飛機，均爲型式相似之飛機。其主要分別爲戰鬥飛機因其不帶炸彈故可具有極大之火力，而轟炸機則犧牲其火力以求存放炸彈之地位，使敵人不得不採取防禦措置。此等飛機上之火力應使其能向任何方向盡量集中。

一俟敵方空軍潰敗或消滅後，重轟炸機卽行出動。此種飛機之設計，以能携帶最大之炸彈量爲主，其戰鬥任務則全委諸掩護之作戰飛機。當其携帶大量炸彈，前往數千哩外之目標，以執行重要之任務時，應予以充份之掩護，而勿使與敵方戰鬥機作戰，以致中途滯留或繞道迂迴，徒耗有用之時間及汽油。

重轟炸機與戰鬥飛機之混合編隊，適可稱爲封鎖部隊，因其任務爲破壞敵方內外交通線，消滅其航空及其他軍事工業，並摧毀其生存所必需之設備也。當敵方空軍實力日漸衰落時，前此未能利用之中間基地即可作爲前進機場，以供短程轟炸部隊之用。如此則可施行必要之不斷轟炸，在最短期內使敵人蒙受最大之損失。

前文尚未有提及戰略偵察部隊之處，因敵方之空軍如仍存在，則決難有自由偵察之可能也。以爲飛機仍能在敵空徘徊自如，實爲原始航空時代之遺毒，現在則偵察僅能由最速及最有力之部隊爲之，並隨時須準備爲獲得情報而戰鬥。故戰略偵察亦將由戰鬥飛機担任之。

此等戰鬥飛機之發展仍在初步。事實上此種嘗試，至今僅有 Bell YFM-1A 式，或愛拉就達"Airacuda"機一種。頗可藉此說明美國工業方面之創造天才，爲軍事方面迷亂之戰術思想所阻礙。愛拉就達式機，業經數次之重行設計，而仍未確定其型式。官方恆認其爲遠程驅逐機，或護航戰鬥機，雖二者之軍事性能，實有天淵之別。因愛拉就達式機之火力大部均向前方，決難成爲一有效之護航戰鬥機也。

戰鬥機之設計，以留空持續力爲主，使其在機翼或操縱面之一部份受損時，不致失去浮力或穩定性。此雖極易做到，但注意及此者，則爲數尚少。

現用活動操縱面以維持平衡之方法，當可由動力操縱取而代之，以使一旦飛機之任何部份受損而失去平衡時，可用人工方法重新分配壓力以穩定之。

能抵抗燃燒之安全燃料即將發明。能同時使用重油及高辛烷數汽油之燃料噴射式發動機當即可出現。於是吾人可將高辛烷數汽油貯於飛機之裝甲部份，以供起飛及戰鬥時之用，而其他往返行程則使用不易着火之重油。射手可不必定在砲塔之內。槍砲打火之操縱及協調，可自若干視界極爲良好之作戰崗位爲之。因此武器可任意配列，以減少死角，而同時並不稍減修理及整備之便。

作戰飛機，既可無須容納炸彈之地位，故直可將所有發動機，乘員，爆炸物及高辛烷油料，均裝於一鐵甲之機身內。

螺旋槳可用遠距操縱液壓傳動或傳動軸轉動之。倘正螺旋槳被毀，則可嚙合「備份」螺旋槳以替代之。其實，倘能如近來進行中之實驗所示，則將螺旋槳一併取消，亦屬可能。

同溫層飛機當用鐵甲之機殼，其內部則充以增壓空氣。

余以爲未來之飛機其鐵甲將不復爲後加之物。鐵甲將爲飛機本身結構之一部，而非機身之外加物，因此可節省不少重量。

關於巨型機抵禦短程機之能力，曾有不少疑懼之論，其實並無根據。蓋大抵飛機愈大，則裝甲亦愈厚，槍砲之數量亦愈多，口徑亦愈大，而有效射程亦愈大。一較大之飛機，其砲架亦愈較穩便，其複雜之射擊操縱亦較現用驅逐機之瞄準器爲有效而準確。通常驅逐機將極難穿過超級巨型機之長射程火網而衝至足能使用其槍砲之距離。

總之，一旦雙方飛進入對戰之狀態，優勢之火力即能決定一切。故一架設計良好而有適宜之

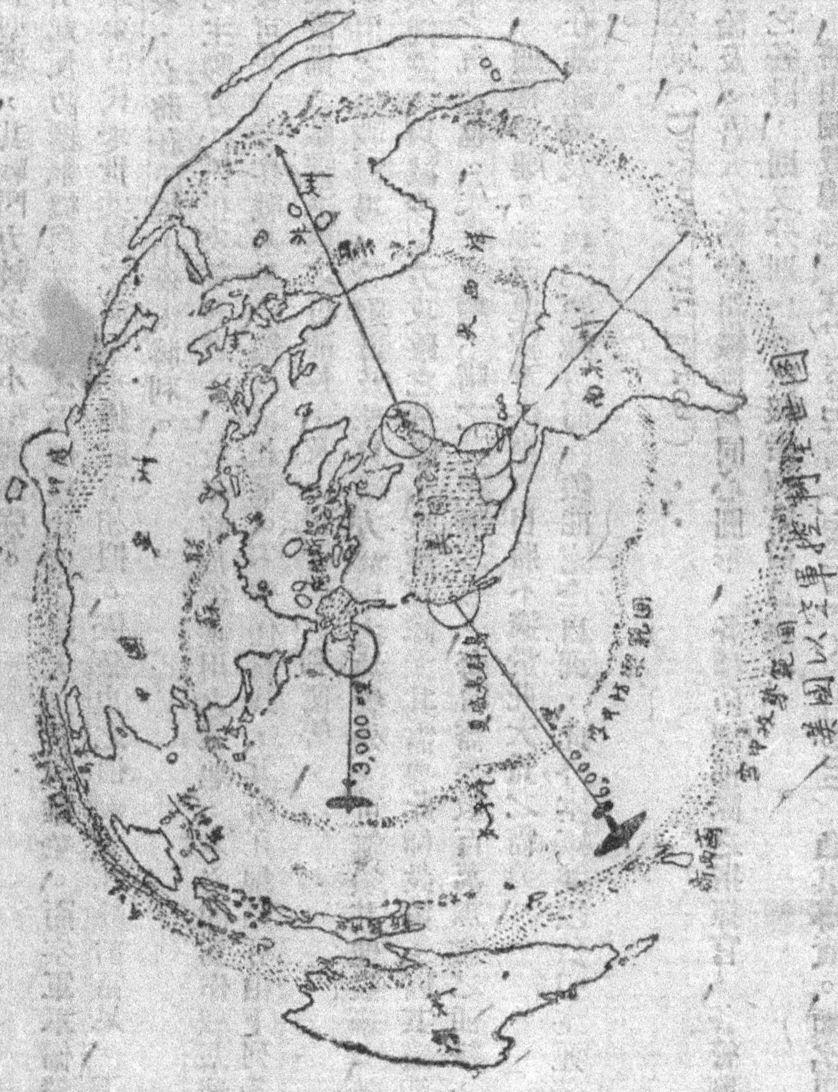
美國以空軍控制全世界圖
空中攻擊範圍

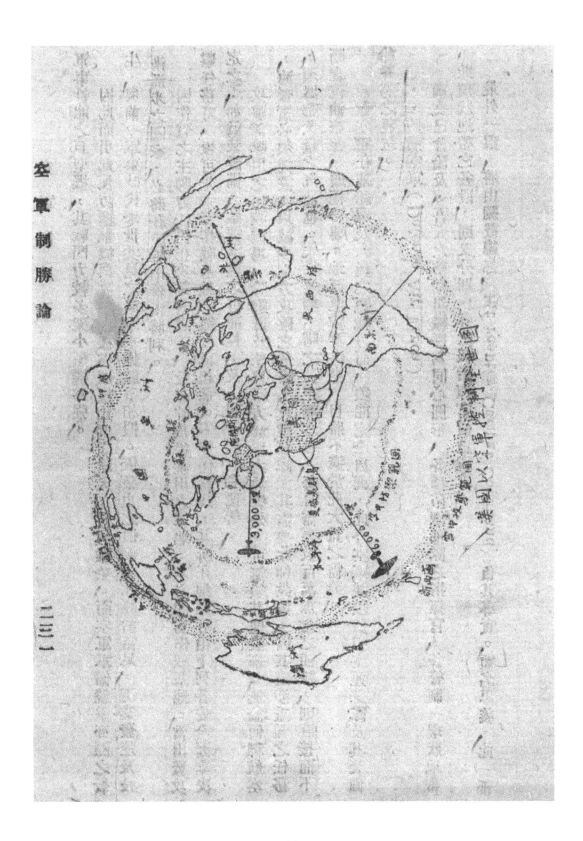

軍事性能之巨型機，其戰鬥力較多架小型機爲强。

因此而引起使防禦飛機與攻擊飛機作同樣比例之增大，當所難免。而空軍軍備競爭亦隨之發生，與前一軍事時代舉世共見之海軍軍備競爭相似。依歷史之慣例，凡經濟富足，工業發達及技術進步之國家，必將在競爭中獲得勝利。

因作戰之主動力，係在攻擊者之手，故存貯及維護用之基地，不必即爲作戰基地。當出發攻擊任務時，極可先飛至作戰基地，然後再起飛。不作任務時，其所在地點可由下列各安全因素決定之：如僞裝設備，敵機進襲之可能性，及上級管理之利便等。

攻擊部隊用之作戰機場，除跑道及來自遠方油庫之油管外，可無須其他設備。無論何種航空油管實必須舖設，以減少上方攻擊之危險。攻擊部隊尤其需要此種設備，因其遠涉重洋之任務須攜帶大量之汽油也。未來連續不斷之長距離空戰，每日需要數百萬加侖之油料，則直接而不斷之汽油來源，顯極必要。地面運輸及供應，自將不適於此大量之需要。

攻擊空軍在補給品及人員之運輸方面，須能完全自理，此外空軍並須負担空運部隊及其裝備給養等之運送。

：：防禦空軍（Defense Air Force）：：

前文已曾論及，吾人之防禦組織應爲同心圓形，各種防禦部隊之指揮官，各管制一環狀地帶，此環狀地帶之各段，則又分別由各次級指揮官員負責之。

最外一環，將由攔截總部（Interceptor Combat Command）負其專責。顧名思義，此一部隊將有能遠離本土搜索並擊潰敵方進襲空軍之裝備。因敵方之空軍，可自不同之高度來襲，故此部隊與攻擊空軍相似，亦應並有低空及同溫層兩種飛機，並幾應全部均爲戰鬥式飛機，其航程爲七五〇〇哩，攻擊半徑爲三〇〇〇哩，自不待言。

此部隊飛機之基本型式，約與戰鬥飛機（Battle Plane）相似，但較小而其武器裝置亦異。戰鬥飛機需要各方均勻之火力配備，而攔截機則可犧牲其後方火力，以集中其主要火力於前方。此種飛機將爲高速及極靈活者，以盡量利用突擊，主動攻擊及選擇有利距離及地位各要點。所應注意者，即攻擊空軍，應有最大之防禦火力，而防禦空軍，應有最大之攻擊火力，爲一不易之真理。

此種部隊因居防禦之最外圍，負不斷警戒及遠距攔截之責，故需隨時施行巡邏。當發現敵人後，須立加以攻擊，藉以確定其進襲之兵力及機種。再者，全環狀地帶，均應隨時有應戰之準備，因敵人之攻擊雖可僅自一方而來，但其退去則毋須仍循原路。全國之四周，均應保持機敏之警戒，不僅注意易受威脅之地區而已。全攔截部隊，應由空軍總司令部作統一之管制，以便運用靈活。其組織應富於彈性，以便應戰術之急需，隨時集中於任一地帶。

倘敵機已進入至距美國邊界約五〇〇哩處時，則將由戰鬥機總部（Fighter Command）應付之，其飛機與現用之驅逐機極相似，不論其爲單座或雙座，單發動機或雙發動機，均應有極優良之性能。此第二環狀地帶包括自邊界起以迄伸入海中五〇〇哩之地區。其機場應接近海岸。此地帶之空軍亦應由空軍總司令部統一管制之。攻擊半徑雖僅有五〇〇哩，但應急航程仍應達三〇

○○哩。有如此航程，可使戰鬥機可無須重行加油，而飛達美國各地，由是遂可充份利用內線作戰之利，隨時可將戰鬥機部隊之兵力，立即集中於任一急需之地區。

最後當論到保護或國內防禦空軍，余曾稱之為留守驅逐總部（Captive Pursuit Command）。此名係因其為短程飛機及固定配屬於指定地點或目標之事實而來。當敵方攻擊部隊進入我領空而向其目標前進時，留守驅逐部隊即起而迎擊。此處自可不必再拘泥於同心圓之原則。各地所配屬之兵力，將與其所保衛之目標之重要性，大小及脆弱性相稱。事實上，吾人將於各工業中心，動力廠，行政及軍事中樞，城鎮人口集中處等地，配置一串強有力之防空隊。

國內防禦用之飛機須有極高之爬升率，極大之速度，及非常之靈活性等，並應有能放射大口徑砲彈或飛雷之武器。換言之，寧求動作迅速以發出少數致命之打擊，而不欲與敵連續接戰。敵方之作戰飛機，當遠離其根據地，遭遇長時期之對戰時，自需有不同口徑之槍砲，大量彈藥及大量油料等，其所佔之地位均頗大。而留守驅逐機，因即在其基地上空，可隨時降落加添油彈，故能比較輕巧，可與近海內之魚雷艇相比擬。

其實亦可將其比擬為高射砲彈之一種，不過多一對機翼，並由一有智慧之人指揮其彈道而已。此種部隊理應與高射砲氣球網及其他消極防空設備合併，如此則任一地區，所有對付空襲之防禦，均可由一指揮官完全負責之。彼自當隨時獲得敵方或我方部隊進入之報告，以及空戰進行之情況。

為便於管理起見，地方防禦部隊應區分為數區，各有其適宜之修理及供應基地，以維護裝備之用。留守驅逐機之航程，可不必在五〇〇哩以上，二〇〇哩之作戰半徑，已足供爬昇攻擊及回返之用。

在敵空之戰略偵察，應由戰鬥飛機（Battle Plane）爲之，前已加以解釋，因偵察卽爲戰鬥也。但防禦性之偵察，則將由專爲此目的而設計之飛機担任之。爲求高速起見，其他各項均可犧牲。一旦發現敵機後，應能在上空繼續監視，一面則仍保持在敵機射程之外。因偵察機旣無須戰鬥及轟炸力，故能有極優越之速率，以達成上項任務也。

國內運輸部隊，將達成以飛機沿國內各線運送供應品，部隊及兵員等。經常運輸及應急運輸均如此。偵察活動則與攔截活動相密切連繫。

••協同用空軍（Co-operation Force）•

與陸海軍協同用之部隊，因其爲在目下之戰事中，最爲美國人士所瞭解之空軍部份，故可毋須詳細論述。一部份人士，因對此種空軍之印像過深，以致其對空軍第一功效之理解力，爲空軍之第二功效所蒙蔽。

所有在此一系統之下之飛機及人員，須能隨時與任一軍團或艦隊，在任一戰場出動。如此便能富於彈性，並能隨時隨地使用其全部打擊力。將其固定配屬於一指定之陸軍或海軍單位，一指定地點，或一地面指揮官，均將使其運用不靈活，故均所不取。

余以爲協同空軍之訓練組織及配置，應以能奉命隨時出發協同任一軍團或艦隊爲原則。將此種部隊固定配屬於一指定陸海部隊，作爲該永久組織內之一部份，則其不經濟與不適宜，一如將一驅逐艦或巡洋艦固定隸屬於一戰鬥艦，或將海軍之某一部隊完全隸屬於一陸軍部隊或海岸砲台然。總之與陸海部隊協同之空軍，須爲在總空軍組織下之一獨立空軍單位，有適當之裝備，準備在任何地點與任一陸海部隊同作勤務。高級指揮官可自此組織中抽調所需兵力及軍事特性之空軍，以協助解決所遭遇之特殊戰術問題。但一經指派之後，此部份空軍，自當完全受混合部隊之長官之指揮。

以空軍支持海軍作戰，除艦隊及陸戰隊自有之飛機外，將由此協同空軍總部派遣之。

被派担任此種協同勤務之部隊，其與海軍之關係，將與現在海軍與陸軍共同作戰時之關係相同。以空軍支持陸軍作戰時亦然。其實，協同空軍將爲介乎空軍（以另一方式作戰者）與陸海軍間之合擊部隊，極似海軍陸戰隊之爲介乎海軍（以軍艦作戰者）與陸軍間之合擊部隊。

此一部隊將包括短程及長程飛機，專爲供支持陸海軍作戰而設計及訓練者。其軍事性能將與現有飛機相似，但火力擲彈量及活動半徑則大爲增强。爲鄭重起見，至此不妨再一提各交戰國，因其協同飛機之航程不能與戰場之寬廣相稱而所付出之代價。因須不斷爭奪中間基地之故（如里比里戰場），曾使世界各處之作戰努力，受阻不淺。此點各國均不能免，惟日本或爲例外。日本之戰鬥機及魚雷機，在南中國海寬廣約七〇〇哩一帶，處處顯出其航程足以支持轟炸機及進攻部隊。此即說明其飛機之續航力爲一八〇〇哩。

俯衝轟炸機，爲協同空軍中之一重要機種。應配備以各種槍、砲、魚雷、飛雷及炸彈等武器，並使其能攻擊各種目標，如坦克堡壘及戰艦等。

為與海軍担任聯合任務而訓練及編配之飛機中，應有長程魚雷機，以支持遠洋海軍作戰。即專家中亦多有未能實察飛機能較軍艦投放更大而更致命之魚雷者，因飛機僅須將魚雷投下，而軍艦則須將其發射也。因此就對付海上威脅而言，陸上機魚雷之威力，可較驅逐艦或艦上機所發出之魚雷為大。擊沉却敵號及威爾斯親王號之魚雷機，業已證實其為陸上起飛者，或可說明魚雷之破壞力。

海岸防禦總部，自將與協同空軍相配合。實則與艦隊協同之飛機，即構成一海岸防禦部隊。

來自陸海軍之偵察軍官，當為空軍參謀部中之固定人員，而海陸軍參謀部中之空軍軍官亦然，自不待言。

余之提出上述改組美國空軍芻議，主張有一獨立之空軍部及獨立之空軍軍需及補給者，並無有自以為十分完備之意。余之目的不過欲予讀者以一真正空軍之概念，而以適當之裝備表達之而已。

第五節

攻擊與防禦武器之競爭，戰史中在在皆是。攻擊武力方面一有重要進步，防禦思想立即受其刺激而有所應付，反之亦然。一如鐘擺之往來於兩端之間。任何國家方以為其防禦之固，可無被侵之虞，而攻擊此種防禦之武器及方法亦即行出現。

空軍之發展過程亦非例外。在第一次大戰之末，以防禦爲主之戰鬥機，似已稱雄空中。其後不久，轟炸機之裝甲及武器改良，使驅逐機相形見拙。因此之故，杜黑等遂以自給自足之轟炸機爲其戰略空軍之主幹。但在第二次大戰前之數年中，戰鬥機已獲改良，形勢開始轉變。至今則此攻擊與防禦武器之競爭，已達其最高點。

不論驅逐機與轟炸機，其武器方面之進步，均較氣動力學方面之進步爲落後。轟炸機因體積巨大，其裝置較大而有力之榴砲可能性亦大。驅逐機爲競爭起見應使用砲以外之武器，以保持小巧靈活之特性。僅就機關槍砲而言，現用之戰鬥機，實已達其最高點，可以機翼中裝置機槍十二挺輕捷之噴火式機爲證。再者，因相對速度極高之故，射擊之時間極短，可謂轉瞬即逝。在最短時間內，能發射最大破壞力之武器，遂爲攻擊飛機所希求。故驅逐機應備有一種巨型彈，向目標直射，一如驅逐艦之以魚雷攻擊一戰鬥艦然。

早在一九三四年四月，余曾在美國雜誌中撰文稱：「驅逐機攻擊轟炸機之方式，必須完全改變。完全不同之武器應予採用」。余曾特別推舉魚雷。但此並非指現由飛機低空投放以攻擊海面目標之一種海軍魚雷。而係指在空中放射以攻擊空中目標之魚雷。爲免混淆起見，余曾名之爲「飛雷」。

文中同時並提倡採用非連發七五至一二〇糎口徑之大砲。數年前余確曾製造並發射八二糎口徑之大砲。戰鬥機如裝用此種大口徑砲或再裝「飛雷」，則確將成爲「空中之驅逐艦」，準備一旦穿入防禦火網後，「擊沈」較其本身大若干倍之轟炸機「戰鬥艦」。彼等將採用與驅逐艇對付戰鬥艦之同樣原理，以應付巨大之作戰機。戰鬥機寧願利用其速度及靈活性以接近敵人，在短距離內施放「飛雷」或其他可射擊之武器，然後遠引，而不與敵方以砲對戰，因轟炸機利在砲戰也。

作者草此文時，已有關於蘇聯發明以火箭推動之「飛雷」以對付坦克之報道。此種技術將毫無疑問引用於任何高度之空中目標。作戰機將在空中中雷，一如船舶在海中中雷然。苟美國空軍軍械，仍仰賴於陸海軍，則此種發展，仍將為保守及短視所阻碍。自陸海軍手中解放空軍之軍械，並將其統一於一獨立之領導下，將加速戰鬥機新武器之出現。

其他重要之創造努力亦然。本章中已略有所提及。空軍界思想之不受牽制，終將成為可能；而將此種思想，迅速付諸實施之機構，亦終將成立。

在此次戰爭中，敏銳之觀察家，均能覺察，所謂真正空防並非僅為一飛機及槍砲問題，而與國民生活之各方面，如工業之是否分散，防空室之是否合用，建築物之是否牢固等，休戚相關。

礦場及工廠，鐵路及運河，橋樑及隧道，均須合乎防空要求。學校，劇場，油料與軍械庫及其他各種建築，均須顧及遭受空襲之可能性。

工業及動力來源之過份集中之危險，極為顯然。倘戰事爆發後，在美國之轟炸瞄準器製廠，精密航空儀器製造廠，及飛機發動機製造廠中，倘有數廠不幸為數噸炸彈所命中，則即可使全美之飛機生產立告停頓。故不顧經濟上之犧牲，疏散所有工業，尤其軍事工業，為勢所難免。而此後計劃工廠構造時，疏散及天然與人工偽裝之價值，均應予以計及。

軍事及國防工業，當不應仍任其依賴大規模之動力來源。因其面積巨大，易被一擊而毀也。各種工業均應分成較小之單位，疏散於全國各地，各能自給自足，其自備之動力廠須深入地下，非敵彈所能及。各備以鐵路側線多條，及防彈倉庫多所。貯存大量原料，以備一旦交通被阻時之需。應急補助用之航空運輸，亦屬必需。

非軍事之建築物，亦難免受航空時代之影響。屋頂及其他建築材料，逐漸以能否抵禦爆炸及燃燒彈為選擇標準，居屋之位置亦將逐漸受轟炸威力之限制。余敢斷言，公共場所之無須日光者，如電影院跳舞廳及多用於晚間之宴客廳酒排間及會議室等，均將築於地下，以作天然空襲避難所。此種趨勢再加以空氣調節及通風設備之進步，極可能改變吾人所有之建築概念；「摩天樓」將向下發展，以代往日之僅向上空之發展。

關於現代空軍軍備之若干要素，已略述如上，可見空軍部之應着手此等事件，實屬急不容緩。惟具有航空頭腦之人，對此等問題之解答，始覺自然而不勉強。亦惟彼等始能予空中國防問題以完善之解答。各種建築材料，均須經空軍部之認可，各種公用事業，蓄水池及公路等之規章，應特別嚴格。

此外，空軍部並當負責以空軍各種問題，及遭遇空襲時人民應作事項，教育美國人民。此種使每一美國公民具有航空頭腦之工作應在平時即從事之，至今則更無暫緩之理由矣。一部份軍事領袖，因力圖阻止成立空軍部之故，甚至於貶抑空軍之重要性，並使人民引以自滿。例如當OCD力請預防空襲，並徵求志願人員時，即備受陸海軍發言人之譏評。今後航空教育，應自小學開始且須深入每一家庭。正如衛生之被認為一種公共事業，深入私人生活之各方面。故與全國安全有關之空防，更應與羣衆生活打成一片。

余已曾屢次鄭重指出，吾人應從新將輿論導入正軌，並實施技術及組織改革。海陸軍之威望至高無上者，已有數代之久。尤其依賴海軍之心理，自搖籃時代起，即已深入每一美國人之心。此種情緒，祇能與當時之軍事現實相符合。但現在則新時代業已降臨，一般心理均須改正，予空軍以榮譽之地位。所以需要如此者，並非出於幼稚之虛榮心，實因人民對某一武器之態度，能直接影響其發展之故。空軍當局，應激發青年之想像力，應引導創造及發明天才進向航空界，並應吸引最優秀人員參加航空各部門，如研究，管理，製造及作戰等。

羅馬帝國，當其全盛時，稱雄於陸權時代，羅馬人人均為戰士。不列顛帝國稱雄於海權時代，真正之英國人，縱彼從未航海，亦莫不具有水手之情緒與忠誠。今美國，在此空權之新時代，正當以無敵之空軍稱雄於世，美國人民，不論男女老幼，亦均當具有航空員之頭腦。

第十二章　空軍致勝

第一節

太平洋之戰爭，最後勝利雖必屬同盟國，但其開端時殊爲不利。珍珠港馬尼拉香港新加坡瓜哇柯里幾多爾（Corregidor）等地之挫折，使執迷不悟者逐漸清醒。對日本軍力及機智估計過低，尙爲錯誤之較輕者，而其最重大之錯誤，厥爲對海軍所能担任之工作估計過高。夏威夷被襲後之數週內，太平洋上東倒西歪之盟方及日方作戰艦隻，除少數外，均係爲飛機所炸毀者。耗資四萬萬美元之新加坡海軍根據地，咸爲馬奇諾防線之第二。優勢空軍之進攻，既非海軍所能抵禦，亦非陸軍所能擊退。來自各方之求援呼籲，所要求者既非艦隻，亦非坦克，而爲飛機，更多而更佳之飛機。

但此種錯誤見解極爲根深蒂固，或尙須更多之打擊以清除之，如不顧一切認此次戰爭爲一海軍戰，以爲舊式保壘能保衛帝國之前哨，及以爲第一次大戰時代之庸常戰略家能處理現代全面戰爭等是也。此慘澹之數月來，其可怕之損失，倘能有助於肅清聯合國家領袖心中破産軍事思想之殘餘，則亦非徒然。

吾人能於何時獲得決定勝利，端視吾人能於何時把握現實，而確認空軍爲現代任何有效戰略之骨幹。故在進行動員及利用人力智力及武器以求勝利之前，此種軍事思想之革命實甚重要。

認此次戰爭爲一海軍戰之認見，在一九四一年十二月七日之事件中，受一極深刻之打擊。最高法院法官勞勃脫氏（Roberts）所主持之珍珠港調查團報告中，疏忽及缺乏協同各項尚非所指陳各點中之最嚴重者。因此等均爲人類之通病，而能立即予以糾正者。其眞正重大過失，顯爲負責之軍官，並不以空中攻擊爲可慮，指揮人員甚至認珍珠港駐有強大艦隊一事，爲對空襲之保障，蓋當時彼等均尚不知惟空軍能與空軍作戰之理，而現在則已家喻戶曉矣。彼等亦不知戰鬥艦之駐防，無異邀請空襲。作戰初年，彼等未能覺察海軍與空軍競爭之淸晰情形。全球各地海軍受空軍之無情追逐，而當空軍追及其獵物時，即獲得決定勝利。

以上種種倘僅爲夏威夷少數官員之心理，則此事殊不足慮，吾人固可視全部經過爲一不幸之事件也。但不幸此種心理實爲全美陸海軍一般思想之代表。對空軍估計過低，及不能瞭解戰爭中之空中教訓，在整個美國軍事界之言行中，均極明顯。

此項教訓之並未深入正統軍事思想者之心，吾人於珍珠港事件後一月，又得一新證明。當向國會提出追加數百萬萬之預算時，一高級海軍軍官宣稱：除其他事物外，此項投資將使美國在「毀滅敵人之海軍後獲得制海權」。此種論斷其結果僅爲一種頑固戰略思想之公開自承而已。但仍爲吾國之立法家，新聞界及輿論所接受，而未遭抗議。

爲指出此種平凡海軍諾言之空洞起見，吾人僅須假定敵人之海軍確已爲吾人所消滅。然後再試問，此種奇蹟在事實上能否使吾人獲得制海權。

吾人之作戰艦隊將能勇往直入日本海面，而轟擊天皇之港埠，潛艇根據地及海岸要塞乎？必不如此。當日本尚有相當有效之空軍之時，貿然進入其海岸空軍活動半徑之內，實與自殺無異。

如日本艦隊業已除去，吾人將進而截斷日本與亞洲大陸之交通線，一如能在昔日爲之者乎？吾人得勝之戰鬥艦隊，將冒險進入日本海狹窄之台灣海峽及日本佔領下之中國沿海一帶之海面乎？倘吾人之海軍上將尚能知彼等將遭遇敵方陸地空軍，因而招致毀滅，則決不貿然出此。此得勝之艦隊，將能恢復菲列濱馬來亞，荷印及澳洲附近各島等地區之損失乎？其答案仍爲否。倘敵方空軍堅持以上各地，則吾人之艦隊，無論如何龐大，均將無法進入其附近之海面。蓋

其實，當日本海軍潰滅後，倘仍握有足量之空軍以制空時，則吾軍仍將滯留於現在之地。蓋吾人壯麗之海軍，不得不對敵方空軍控制下之海面，保持相當之距離也。

自航空母艦起飛之飛機，將無法使海軍壓倒真正以陸地爲根據之飛機，因此運用海軍以獲得「制海權」之諾言，遂爲毫無意義。惟能先得制空權，始有制海權可言。而事之難點亦即在此，蓋一旦吾人已得制空權，則日本海軍即將隨時隨地受吾人之攻擊，而終被完全肅清，一如卻敵號與威爾斯親王號之被襲擊然。

但此當非擁護自主之空軍者，切求「廢止陸海軍」之謂，亦非空軍在現代戰爭中已得卓越之成就之謂；更非現代戰爭之主要及有決定性之戰場已不在陸海，而在天空之謂。凡不能把握以上種種基本原理者，均不配計劃現時代致勝之戰略及配備。

必要之空軍戰略，不能希望出自頭腦頑固者之流。彼等僅願以空軍爲舊式陸海戰略之補充，而吾人則須一消滅敵人空軍及獲得整個制空權之全般計劃。在爭取空中優勢之前提下，其他一切

均爲決要之步驟。

卓越之步兵將官，其不適於解決純粹空軍戰術問題，猶之卓越之牙醫不適執行腹部之手續。陸海戰略家，當其進入現代航空範圍時，自承菲所素稔，決非體面有關之事。真正戰略所需之人員，其對空軍之信仰，須與標準海軍將官對其海軍之信仰，同樣澈底。

吾人容有自慰之危險，即以爲一舊式之軍事頭腦，能加以改良以適合新局面是也。此舉當爲一極有害之自欺行爲。全新之戰略決非謬誤不適之舊戰略創立人所能創制及執行。總之，軍事思想之取捨，決不若衣着之更易以適應寒暑之輕而易舉。

戰略爲個人內心之表示，爲其整個軍事哲學及信念之具體表現。在全新之情况下，重新研討致勝問題，即含有新思想在內。因此，與其由勉强改其素志者爲領袖，不如由熱心之新人物担任之爲佳。

凡與舊戰略有關之輩，即使彼等自願，亦決難因克里特島之役或不列顛之戰及珍珠港或新加坡等地所發生之事，而突然改變其思想。吾人須要新人物及新組織，並使彼等能充份發揮其創造能力。

第二節

當戰事之發展遠較出版物之印刷爲速之時，分析目下戰局，確屬一爲難之事，但仍可對戰略形勢，作廣泛而概括之檢討。

吾人與日本之戰中，令人不解者，厥爲敵人之本土及其心臟與美國之距離，雖較其蔓延之肢體爲近，但吾人自來卽與其肢體相扭打，而不直搗其心臟。吾人與日本在菲列濱馬來亞及蘭印各島上相肉搏，總計其迂迴之安全供應線，則竟達七千至一萬二千哩以上。此舉顯屬忽視敵人距美國之後門，僅有上述距離數分之一之事實，卽距離阿拉斯加不足三千哩，距離阿留申羣島根據地則僅二千哩是也。

將相距三千哩之戰事，變成遠在一萬二千哩以外之戰事！則向者固易致敗，而將來亦難必勝事之最令人沮喪者，厥爲吾人之所以不能經最短距離，迅速直擊敵人之故，並非由於作戰技術上之固有缺點，而爲目光不遠大所致。吾人早曾重申密契爾將軍一九二九年之名言：「阿拉斯加實爲全太平洋之關鍵。」由於航空方面之種種進步，上述預言之明睿，卽囿於傳統謬見者，亦覺其日趨明顯。

爲使戰略局勢易於明瞭起見，設日本爲一巨大鱆魚，其本體及要害均在日本本部各島，其觸手則伸展至數千哩以外之中國，馬來亞，荷印，菲列賓，關島，威克島等地。更有伸向澳洲及紐西蘭等者。

倘吾人能在日本本部，予此蔓延之惡獸以一致命之打擊，則其伸展之觸手將立卽殭化，同時放鬆其所攫得之獵物。但因吾人缺乏此種革命性之勇敢，以準備適宜之戰略及武器，故吾人不得不逐一攻擊其觸手，而無其他辦法。

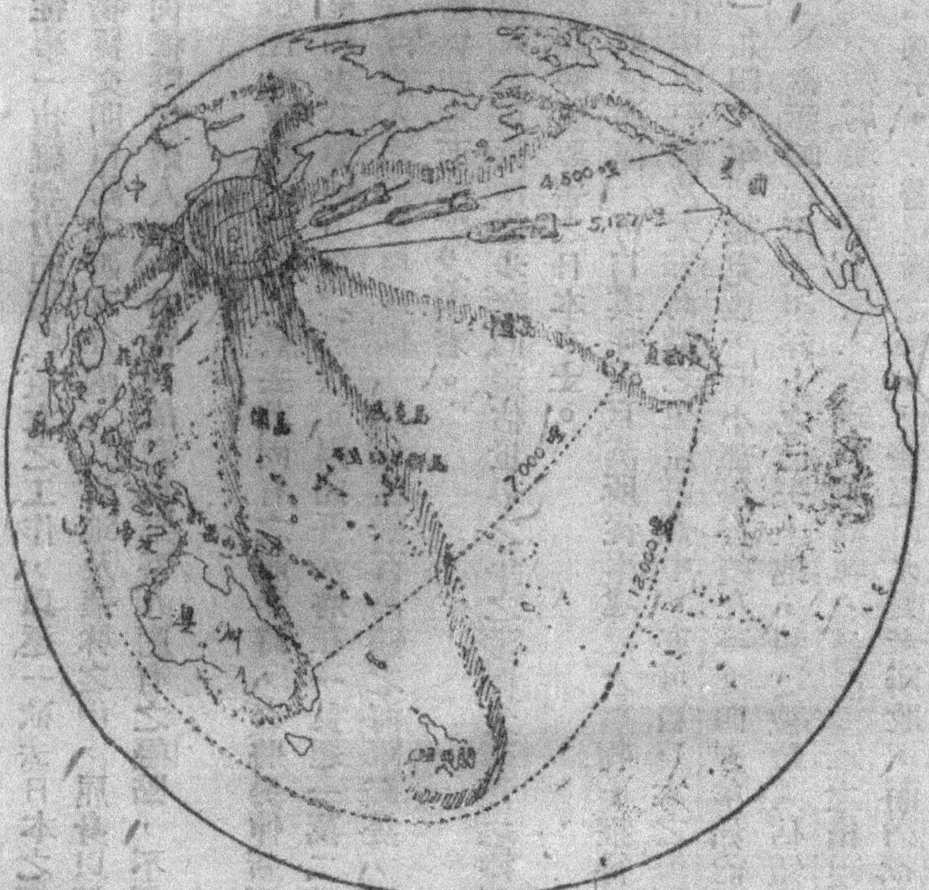

空軍不理鮮且之國手
直搗其心臟

吾人現正從事一複雜費力而犧牲重大之工作，以逐一砍去日本之觸手，生命及物資之犧牲均甚重大。素以物質文明自詡之西方各國，在沼地及叢林之中，屈身以原始之武器作戰，一人對付一人，以白刃肉搏壓倒敵人。一若吾人故意放棄吾人應有之優點，不用代表吾人工業及技術優勢之武器然。

吾人雖頗知日本瘋獸，當吾人砍去其固有之觸手時，必將另伸新觸手，但自下最大之希望，似仍為逐島逐里砍去其伸展力量之一法。因此吾人將在一長達一萬二千哩之戰線作戰，所用之呆笨戰略，須有數百萬人之軍隊與配備，及價值數百萬鎊之海軍艦隻，更須有成羣之飛機掩護之，此種飛機原為應協助地面部隊之需者。

事實上，吾人確正設法逐步奪回幾佔世界之半之整個太平洋之控制權，以包圍日本，然後再準備將戰事加諸此鱆魚要害之日本本土。

聯合國所採取之途徑，可自其耗費巨萬所從事建設之事物上推得之。此種途徑寓於龐大之陸軍與大量機械化地面配備及大隊商船之生產計劃中。亦可自巨大之海軍造艦程序中見及之，其中之大部份須待一九四八年始能完成，而小部份亦須在一九四五年始能服役。

此項計劃，顯欲逐哩收復太平洋上之已失土地，對已被敵人佔領之區作逐島逐地之征服。吾人之軍事領袖實不知馬漢海軍上將之舊式戰略範，已因空軍之出現而失去時效，而顯尚欲從事逐一解脫日本之觸手。一若弓箭之師，已為使用火藥者所敗，而猶欲望藉發射更多之矢，以求收復失地然。

余以爲如此作法，毫無意義。故能愈早修正此項戰略，準備對敵人之心臟作直接之空中攻擊，則愈佳。（自對羅斯托克（Rostock）魯柏克（Luebeck）科隆（Cologne）及埃森（Essen）等地之空中攻擊判斷，則此種「捷徑」，在對德作戰中，正極受重視。）同時，關於目下戰局，應任吾人盡量予大戰戰略家以指導。殆所謂，既因無砲而受挫，則吾人必常盡量善用較原始之武器，但仍不應使吾人之新武器製造有所停頓。

現在所用迂迴而不當之戰略，並非不能倖獲成功。敵人與吾人相似，尚未將新武器發展至最大限度。當夏威夷，澳洲，及新西蘭等前進據點，尚在我手，以供日本陸地海軍航程以外之交通線時，吾人仍可經萬里左右易受敵方海面及海底攻擊之旅途，繼續增援吾人在日本觸手末端之軍力。爲避免與日本空軍相遭遇，則須迂迴而行。但當作者草此文時，軍事形勢仍未許十分樂觀。倘現在擴充舊武器，以執行舊戰略，所用之物力，人力及智力，能有一部份轉用於真正空軍，則吾人即能獲致勝之捷徑製造機械及充實組織。

有人非難此種提議，爲「前途不明之冒險」，爲以作戰努力爲賭博。其實，因襲之戰略家，一惟陸海交通線是賴者，實爲真正之賭博者。彼等將整個太平洋戰爭，孤注於以號稱橋頭堡及交通線之方式以擊敗日本之希望上。彼等豈不知，其自身之前提及準備，已先承認倘號爭失敗，則整個戰事即將失敗乎？

在彼等有限之見解範圍內，誠可以爲倘吾人失去此等橋頭堡，因而不能將陸地航空以船舶運往時，吾人將立覺美洲已被隔絕而孤立。則根據戰爭之始末均將惟陸海交通線是賴之假定，對船船及短程航空之巨大投資，必將成爲完全損失矣。

由是此項工作乃不得不由空軍担任之。則立即開始以空軍擔任此項工作，豈非簡單之常識乎？凡力圖阻止空軍之準備者，不論其動機及心理如何，均爲不顧危險之賭博者。立即從事道格拉斯（Douglas）B-19式及格林馬丁（Glenn Martin）飛船大小之超級轟炸機之製造，尤爲適合匯當前之要務。此等型式均有八千哩左右之航程，而日本則在自阿拉斯加出發三千哩之半徑內。此種空中艦隊之航程，有充份之餘裕以應付在目標上空之操縱及戰術活動。現有之B-19式及格林馬丁式均係數年前所設計者，未曾利用近日航空學上之新經驗，故在軍事性能方面，尚留有極多改進之可能。但其製造中所得之經驗，同時在氣動力學方面之進步，及空軍戰略家在此次大戰中所得之教訓，均將使設計者及製造人員能立即生產此式飛機。當此等轟炸機出廠升空後，則眞將成爲空中無畏機隊矣。

美國航空工業現已能超過世界各國，一九四二年二月馬丁（Glenn L. Martin）先生在其公司之辦公室中談稱：「本公司如應需要，能在任何時期製造重二十五萬磅之飛機，能以三百哩以上之速度携帶八十噸炸彈或貨物前往歐洲，初步設計早經完成」。試請細思「如應需要能在任何時」一語之意義，則可立知，吾國之所落後最甚者，並非航空工程技術，而爲戰略思想耳。

人類之心境，極易爲非所素稔之事所困惑。人之不以製造價值一萬萬美元之戰艦爲特殊或極端者，對製造價值一百萬至二百萬美元之超重轟炸機一事，便不知所措，雖自工程之立場而言，後者實遠較前者爲輕而易舉。現所討論之超重轟炸機及超級戰鬥機，一待其開始製造，必將不再被認為「幻想」或「奇異」之產物矣。

此種轟炸機自阿拉斯加之基本根據地起飛，而隨行之保護戰鬥機則自更西千餘哩之阿留申基地出發。故開始時，護航作戰機之航程自可較短。此兩類型式飛機即組成一配備平均之出擊部隊，有以前各節所述之軍事特性，宜於攻擊日本，不作迴避動作，但求決戰，一如航空未發明前之大海軍艦隊然。

倘此種空中攻擊部隊，在一九四二年即開始製造，則必可在一九四五年參加作戰。又如能予航空工業以種種缺乏之材料工具及人力之優先權，則整個程序，不難大量加速。倘有海軍界領袖人士認此為「緩不濟急」之舉，則請其勿忘彼等自身逐島戰鬥之造艦計劃，更非至一九四八年不能達成。倘戰爭能在途中勝利，則吾人既不致因一九四五年之遠程空軍計劃，亦不致因一九四八年之海軍造艦計劃，所作之投資而惋惜不置也。

即使當上述以現有航空型式為根據最低限度之空軍計劃進行之中，製造至少應有一萬哩航程之轟炸機，及有適宜航程之護航或戰鬥機之第二步工作，亦應開始進行。於是，空中作戰機隊可自美國本土直接起飛，當其飛經阿拉斯加及阿留申群島時，與當地起飛之額外掩護戰鬥機相會合，共同進擊日本。而成為吾人之第二道空中防線，更形加强空中之安全。然後吾人更將進入第三步，此時以擁有一萬五千哩航程之飛機，聯合國即能稱霸於全球之天空。此為與戰爭以俱來之事物，而使全球均在其掃蕩範圍之內者。

余極自知此等建議雖附有極切實用及詳盡之說明，但想像力薄弱之輩，仍將懷疑不信。回憶當初余初倡製造完全自動之轟炸瞄準器時，有人確告余謂此乃不可能之事，因彈道表非圖表或機械方式所能複製者也。但其後竟告成功。

當余第一次建議以低單翼飛機作爲教練之用時，卽有人確告余，謂此實不可能，因學生將易於失事而不切實用也。但今日美國之教練，莫不以單翼機爲之矣。

當水陸兩用機每小時僅能飛行一百二十五哩時，氣動力學則指示可製造每小時超過二百哩者，卽有人確告余，謂此事決難做到。但余依此原理構造，而復由余自行親駛之一兩用機，在一九三五年以每小時二百三十五哩之速度打破世界記錄。

曾有人斷然告余，謂裝置星型發動機之驅逐機，不論其馬大如何大，均極難有每小時三百哩以上速度之可能性，因發動機本身之阻力已極爲可觀也。余當時卽進行此種飛機之設計，而今日能以每小時四百哩以上之速度飛行之。

一般航空工業界人士及軍事航空人員，當其欲設法克服保守及頑固思想之障礙時，往往備受譏疑。上述余個人之經驗，不過其數例而已。吾人之機會，均因此種譏評，而輕易失去。試請彼等回顧下列諸事：德國之閃電戰計劃曾如何爲法國馬奇諾防線派之總參謀部認爲怪誕不經，克里特島之役曾如何推翻地形戰略家之主張，以爲空軍不能征服及佔領土地。飛機不能炸沉戰艦及新加坡爲牢不可破之主張，曾如何被證爲並非確實。再請彼等細思英國空軍上將特蘭却（Trenchard）子爵最近之言論。彼謂德國之力量，係得自下列事實，卽「彼等曾斷然摒棄陳腐之海陸軍傳統思想，曾在其作戰計劃中，予空軍以應得之地位，及曾重新改製陸海二軍之技術，以適合航空時代之需要」是也。

第三節

立即準備對日本及最後對德國作直接空中攻擊，並非即停止以現有之武器作戰之謂。獨立自主之新空軍組織，亦將使吾人能令現有之配備及已計劃之飛機更爲有效。由於思想落伍之故，吾人現已被罰不得不循舊式之線路以戰鬥。因吾人之武器均甚拙劣，吾人只得防禦暴露於敵人攻擊之每吋土地，以替直入敵巢，而切斷其作戰力量之源。但即使如此作法，亦可設法增進其利便。

空軍部當其正在推行遠程戰鬥部隊之計劃時，最重要而能立即着手之事爲放棄現有空軍依賴海面運輸不合時宜之制度。將飛機拆開裝入船中，然後在來自水底，海面及空中之不斷攻擊威脅下遠渡重洋，以今日之航空科學水準而言，實極滑稽。

此同一飛機，極易改良，而使其能自行飛運往夏威夷及冰島，或經數站而至非洲。大部份現有及首批製造之戰鬥機，只須極少之改裝，便能使其作三千哩之不着陸飛行；而現有之轟炸機中，亦無一非能配有額外之應急航程者。美國計劃在一九四二——四三年中生產之飛機約有三十萬架。倘其中大部份及已造成之飛機之最短航程能有三千里，則今日無法通行之區，必將成爲康莊大道。而吾人負担過重之船舶之可怖損失亦將告終矣。

以船舶運載能藉其自身之動力飛行之飛機，其愚殊屬令人不解。由於飛機體積龐大之故，貨船噸位之可供利用者，僅爲其一部份。據寬大之估計，一萬噸之貨船，能裝運驅逐機百架。爲運輸之安全起見，須對來自海底海面及天空之極多威脅，加以適宜之防護。航行時，須有全副武裝之作戰艦隻護送，由海軍之「浮動根據地」起飛之防禦飛機尋保護，而「浮動根據地」則又須以自中間根據地起飛之陸地飛機以保護之。

少數之飛機向某一作戰區域迂緩而行，而由一較其所載物之總戰鬥力不知大若干倍之護航艦護送之！倘參加此種工作之海軍部隊，以母艦為根據地之飛機，汽油，人力及其他一切能轉變而為直接攻擊之空軍，則吾人之所得者，將不僅為較大之攻擊力，且為能直接猛擊敵國之要點之軍力。

因此所有能用之飛機，係用於遠離吾國之地者，顯應盡可能使其有一自行飛往之航程，然後即可依需要之多寡，如數藉其自身之力量，自裝配廠直飛前方基地，如夏威夷冰島等地。於是大量噸位之船舶遂得節省以供其他用途，而航空之運輸亦可較迅速而安全。且運輸飛機所用之方法，亦適用於所維持作戰之主要物資，因其大部份固亦可以航空運輸者也。

吾人應以現有之武器，對太平洋及大西洋二戰區進行中之戰事，作同樣之維持一事，顯極重要。熱心空軍人士並不願戰事趨於平靜。航空人員尤極望能常使軸心忙於應付，使其各種努力均轉向另外方向發展，而同時吾人則適力建設必需之遠程攻擊空軍。作者草此文時，吾人最有利之點厥為日本及德國手中均充斥較短程之飛機，此種飛機倘不能延緩，亦可阻礙其將努力集中於直擊遠程空軍之建設。此項便宜係自聯合國佔優勢之生產能力，資源及財富等得來。

總之，即現用之戰略亦因善用空軍原理之故，而大為增加，使其成為一延緩作用，以為吾人爭取有用之時間。但吾等航空人員並不以此種戰略為獲得最後勝利之方法。

太平洋中逐島式之戰爭，其中有相隔達一千七百里之遙者。以陸地為基地之飛機，倘欲其參與作戰，則須有二千哩左右之活動半徑。但此數已達自阿拉斯加直接攻擊日本所須活動半徑之百分之七十。故如能以更大而更直接之目的物為目標，自屬更有意義。倘終須建造遠程飛機以作二島間作戰之用，則何以仍拘泥於此一萬二千哩之迂迴戰線，而不直接指向極易開闢之三千哩戰線乎？即使迂迴曲折而進，當吾人已達日本之最後一站時，仍須打破一海面之難關，而所需之飛機，其航程與阿拉斯加日本間相差亦不遠。

總之，現用之戰略並未計劃及如此長程之航空。顯欲藉艦載航空之助，收復各羣島，在初期，當日本遠離其國內基本根據地時，此種程序或能稍獲成就。但當吾人前進接近最後之目標時，則必將受敵人陸地飛機之全力打擊，尤以其陸地魚雷轟炸機為甚。

任何以艦載航空征服敵人之可能，可無庸討論，其理由業已加以分析。不管一心自願之海軍上將如何在理論上將有利之點歸於己方，吾人之地位，在吾人仍須仰賴艦載飛機以應付敵人陸上飛機時，則仍無法改良。

任何致勝之計劃，任何不以防禦及被動戰術為限之計劃，均須以空軍之基本原理為根據。空軍必須首先出動，以担任控制，運送空運部隊，及以其自身力量運送各種必需之空中增援。海軍及陸軍則乘機追隨而上，以確實佔領方式確保其勝利。此項辦法不論其為中間基地或最後目標，均可適用。

德國侵入斯堪的納維亞半島之役，曾向集中挪威海岸之英國海軍艦隻挑戰，使之受到有效之打擊。此一打擊，使海軍人士如夢初醒，對納粹在此役中所採取之陸海空三軍協同方法，未能或忘。以爲卽非戰術上之革命，亦必極爲新穎。故其處理太平洋戰事時，亦以德國在斯卡基拉克海峽及挪威之方法爲藍本。實則僅知模仿而不知斯卡基拉克海峽極狹，故德國易於控制，而太平洋則極爲廣大，僅在吾人之空軍能控制太平洋上踏腳石間之海面時，其情況始能相似。

不論在大西洋或太平洋，最後吾人終須進擊敵人作戰力之源——卽日本及德國本部是。中間各據點之局部戰爭亦爲重要。因吾人業已預見，橋頭堡之如澳洲者，倘若失去，則將使吾人無法而進。又希特拉如佔領英倫三島，亟速爾羣島及冰島等，則吾人之大西洋方面，亦將被封鎖，尤以後二者與吾國相當接近，促希特拉有以現有之飛機攻擊吾人之可能。但主要問題則爲覓取一進攻敵人心臟之途徑。

空軍元帥特爾却著文論及英國本部之問題時稱：

「除非吾人能堅持攻勢策略，並堅決集中力量建立一轟炸部隊，則空軍將無法盡其所能以使吾人獲勝。此種轟炸部隊，在支持其他兵種作防禦戰時，可隨時出動；並有適當數量之合宜飛機及有訓練人員，以支持對主要敵人之攻勢，自內部擊破德人之抵抗；並於盟軍攻入德國必需之情況一舉中，担任主要工作。」

上節所述，對美國實更爲適切。以遠程空軍戰略爲根據以作戰時，吾人之地位，至少可與軸心相等，而吾人之豐富資源，則可使吾人踞居優勢。若以現用之因變戰略作戰，則吾人之處境，實極不利。日本與德國均以陸海之內線交通線作戰，可依情況之需要，隨時將軍力集中於一地。聯合國則在外線作戰，無此便利，故在各戰線均須配備相當之兵力，因此所需之陸海空軍兵力，較敵方者大至數倍之多。

故無論以何種立場，體察吾人之處境，立即準備直接進擊敵人基本根據地之舉，不僅殊爲適宜，且爲吾人唯一之希望。吾人目下之工作應爲以最少兵力阻止敵人之進展，以保護資源，同時將人力及物力全部集中於決定之空中全面攻勢之準備。

上述見解，誠不易爲軍事界本性保守且好猜疑之人士所立即接受。時至今日，此等人士僅在受敵人之驚人舉動及吾人挫敗之打擊後，始稍稍心動。吾等是否確爲衰疲之民族，以致不顧自作打算乎？豈模仿敵人落伍之武器而大量生產之，即是使吾人躊躇滿志乎？吾輩之中，豈無英勇有爲之人士，足以負執行前進而新穎之戰略之全責者乎？豈吾人無著手前人所未爲之事之勇氣乎？嗟乎，凡此種種均爲使主動永在敵人手中之故！

戰事之進行，事事予極頑固者以實現之教訓。無畏艦爲飛機所炸沈，使戰艦不懼空軍之謬論，消聲匿跡。當制空權落入敵人手中之時，英勇之地面防禦部隊，顯屬一籌莫展，遂使對陸軍之傳統信念，爲之動搖。但際此存亡之戰之關頭，此種嘗試與錯誤之方式，實屬緩慢過甚。故民主國應設法澈底掃除心理上之障礙。

吾人現用之作戰計劃，大部以過去之成法爲根據。此種成法在彼時確屬十分正當。但時至極端危難之今日，吾人對本身及全人類，實負有從新檢討其是否合乎新情況之責。錯誤戰略之變本加勵，並非補救之道，蓋吾人如不對準方向而行，雖加速步度，亦無法達到目的地也。

例如，倘戰鬥艦顯已失去其原有之重要性及傳統之主動性，而吾人仍固執製造之，則其成就實無異於零。吾人必須自問，現所從事之巨大生產努力，其方向是否錯誤。吾人是否確應由於固執及憚於改革之故，而繼續製造更多百萬金元之目標，以供敵空軍毀滅之用乎？吾人是否仍應堅持荒謬背理之主張，製造保護海軍之飛機，以使海軍或能有所工作，而此種工作由飛機直接担任之，實更迅速，經濟而無須其他兵種之支持者乎？

吾人應集中意志，依理智而行動，不以挽救過去之失敗為已足。此事不僅為一更換新武器之問題。倘吾人仍囿於成見，吾人之領袖仍屬舊式，則將無補於事。余所鼓吹者，非為軍事制度之小改變，而為一澈底之大改革。

第四節

美國人民之原有常識嘗令其及時將吾人之主要戰略，改以現代戰爭之翼為依據，可無疑議。如太平洋戰爭之展開，如德人遠離歐非進佔吾人大西洋中之前進更據地，如德人重行東進，欲設法以德日之鉗包圍亞洲大陸等等，當均可使一般人士漸趨明瞭，即世界大戰正轉變為先爭制空權之戰也。

而在此明瞭之過程中，彼等亦必將深切體認制空權為勝利之真正保證。

即徘徊於失望及消極之間者，亦將立感其未曾啓用之力量之巨大。正因其為以空戰為主之戰爭，故聯合國能佔優勢之事實，使彼等驚喜不置。陸海二軍挫敗之報道，其結論爲戰事之勝敗繫決於空中，而其更重大之意義則爲最後勝利，必屬於我。

願值在此重提者，美國尤爲空中武器之聖手，故爲技術競爭中之必勝者。彼等爲空中武器之發明者，而並不用之於破壞，但今日他人既用之以攻擊我人，則必將恢復其技術上之優勢。我人爲機械時代之驕子，非其他各國所能及，一旦盡量利用其所長，即可奪取得戰爭之主動權，而決不務坐待敵人之驚人擧動，或爭讓敵人着着佔先。彼及其同盟國將決定大膽之道路，並任用目光遠大思想靈活之人士以執行之。

戰爭情況當由陸海軍之立場觀察時，確極使人焦慮，但一旦自眞正空軍立場觀之，則暗淡之景象卽行消失。無根據之樂觀爲一種痲醉劑。如美國偉大軍事理論家李洪模（Homer Lea）於一九〇九年所云：「一國不自知其眞實軍事力之程度之增加與其實在作戰力之減低成同一之比例」。但由何者將爲及如何做法之清晰概念而得之樂觀，則大有助於作戰力之儲備。

於不能擁護受限制及自給自足空軍者，始有樂觀之資格，亦惟彼等始能藉工程師之決心及戰識以達成其希望。彼等深信海軍之戰已爲歷史中之最後一次，故並不因陸海軍之無能及挫折而沮喪。亦深知陸海軍之損失均爲暫時之事，而最後仍須待空中之戰力決定之。而目前之事爲與最後成敗有關之挫折，亦不足使其沮喪也。

持此見解之軍事專家，時發可怖之警告，如某某等謂，若軸心佔領，則聯合國卽歸失敗等語。聽者、雖聞之已厭，但仍呶呶不休。彼等之恐懼，確係出自衷心，因彼等認爲海軍即爲爲力，以戰爭加諸軸心本土，則其結局之黑暗及無希望可知。但此等軍事挫折，決不能使吾儕航空人員喪志，蓋吾人認其爲全球戰爭中之已往一階段也。當吾人仍握有空軍以爭制空權之時，戰爭決不能即行結束。故未來之結局，仍惟吾人準備必需之空軍戰略及空中武器之智勇是賴。

本書各章所述，大部均爲錯誤短視頑固及因襲之事實。但其精神則並非消極；反之，且富有熱烈之希望在焉；故總括而名之曰「空軍制勝論」。

美國之航空潛在力，顯較軸心者爲大，故在空中之爭霸賽中，勝利實有把握。但吾人必須牢記者，即當德國及日本着手於新資源之開發時，此種差別即將立趨減少。故當吾方仍在極佔優勢之時，立即行動實極重要。稍待或將成爲一勢均力敵之爭；而現在則吾人在物資生產力及學術各方面之優勢，仍足爲成功之保證也。

空軍爲美國之武器。吾人但能解除空軍所受之束縛，並立即予以自由發展之便利，則空軍決不致令吾人失望。余所謂吾儕航空人員深感受人爲限制所阻撓一語，係代表美國航空界之全體同人而發；彼等包括英勇之飛行員，設計者，工程師，製造者，空軍戰略家及卑微之航空機械工人，尤指熱於此空權時代，而委身於航空之數百萬青年。吾儕切望有所供獻且已準備行動，僅待親愛之國人發言耳。

作者小傳

亞歷山大塞維斯基（Alexander Seversky）少校，一八九四年生於俄羅斯。十歲時入軍事學校，繼入俄國海軍專門學校；一九一四年畢業，任爲海軍少尉。一九一四－一五年冬季，在俄之波羅的海小驅逐艦隊見習後，被選担任海軍航空職務，並送往克里米亞（Crimea）半島之塞佛斯托波爾（Sevastopol）港軍事航空學校深造；以軍事航空員之資格畢業。復回至波羅的海，完成其海軍航空之研究科目；得海軍航空員之學位。此後即被派至波羅的海海軍航空隊服務。此後三年中，均在作戰部隊服役，初在轟炸部隊，後在驅逐部隊；一九一七年被任爲波羅的海驅逐航空隊之司令。一九一五年出發轟炸任務時曾因傷而將右腿截去，但彼仍不顧一切於假腿裝妥後，回服現役。由於其英勇之軍事功績，遂成爲俄國海軍航空之王，並得其祖國所能賜予之各種榮譽，包括金劍及聖喬治最高軍事勳章。

一九一八年，因其對航空技術之改進有所貢獻之故，被選爲赴美海軍航空代表團團員。及俄國退出歐戰後，彼乃改在美政府工作，並被任爲政府之航空工程師及試飛員，直至停戰爲止。一九二一年前密契爾將軍試驗飛機能否炸沈戰艦時，彼担任顧問之職。由於其工作上之成就，復受陸軍部長之命任爲陸軍部顧問工程師，爲一尚非美國公民之青年之極大榮譽。一九二七年入美國籍，次年並被委爲美國航空兵團預備役特業少校。

塞維斯基少校曾設計全世第一具全自動轟炸瞄準器。一九三一年創立塞維斯基飛機公司，即現在之共和航空公司，歷任董事長及總經理達廿年餘之久。該公司曾承造一部份美國最佳驅逐機。彼爲全世界最速之水陸兩用機及美國陸軍航空兵團第一架低單翼基本教練機之設計及製造者，並爲美國現用驅逐機型式發展之負責者。並發展及製造渦輪增壓氣凉式發動機戰鬥機，而首創高空戰術。對防空亦有不少之貢獻。其關於航空設備技術進展方面之前進思想及遠大目光，在此次大戰中，得到充份之證明。

塞維斯基少校曾創造不少世界速度記錄。並因其一九三九年在航空方面卓越之成就，在一九四〇年十二月羅斯福總統特贈以衆所渴望之哈爾蒙勛章（Harmon Trophy）。現被認爲最偉大之空戰戰略及戰術專家之一。彼之才能可由其對於此次大戰之預見之準確見及之。而其對戰爭爆發之時期，英國抵抗侵入之能力，克里特島之役，德俄之衝突，及太平洋戰場之分析等之公開預言，尤爲特出。

葉廷元先生譯著集

下卷

葉廷元 譯著

鳳凰出版社

飛機之分析試驗

葉廷元

飛機進步之速，月異而歲不同，即以去年所製之飛機與本年所製之飛機，一爲比較，在一般人士，如祇觀其外表，似覺如出一轍，無所差異，而在工程專門人員，悉其內蘊者，則知現製之飛機，與去年所製者，更有大相逕庭之勢，亦猶之無線電新式短波收音機，異於舊式之笨重器具，且現在飛機結構進步之速，迥異尋常，近有某工程師謂一飛機在繪圖設計之時，縱屬新穎，而在飛機開始製造之時，則此甫成之圖樣，又覺陳舊，不合於最新之發明，由此可見飛機構造式樣之猛進，實有出人意表之外者。

設將現今全金屬製機翼，撕開外皮，一觀內部究竟，則昔日所用之巨桁 Large girders ，以及箱隔式之笨重翼樑，Heavy Box Bars 則毫無所覩，沿機翼翼邊者，亦祇有如紙薄之金屬製翼樑而已，以如是脆弱之骨架，似有難勝重載之勢，不知現在承重部分，匪獨當恃骨架，即金屬外皮，亦加入其載重之力，最近航空工程學者，並擬創用整個空機翼，Hallow monocoque wings 內部並無何等支柱，因之翼肋及翼樑之重量及費用，幾幾乎可完全免去矣。

總之，繪圖設計者，正致力於機重較輕而載重較安之飛機，現有一新製飛機，其結構之各部分厚度，除有護鐵之部分外，其餘均較昔製少八分之一英寸，而其安全及堅固度率，均較數年以前所製者爲強，用十八部重量汽車壓於該機翼之下，該機亦能承受。

凡一飛機之安全因數，均須經過嚴格試飛，然在試飛之先，航空工程師早將該種飛機之最大承重限度，試驗詳確，即如在芝省三他摩尼珈之達格拉司飛機公司 Douglas Airplane company in santa monica，california 有靜力試驗處，Static Testing division 該處工程人員，常門將新飛機拆卸，試驗各部，直至各部損毀爲止，例如翼肋，則爲撲折，堅固之翼樑，則彎曲改觀，機翼之上，則用鉛條及砂袋，漸漸堆積，直至機翼屈曲爲止，昇降舵之力亦經靡揣試驗，均較在空中所用昇降舵之力加多，至於地架亦載以重物，代替飛機向地面作屢屢跌落之試驗。

達格拉司公司祕書馬克穆罕氏，曾謂此種分解試驗，並非隨意爲之，均須經過深長之考慮，然後始能爲精細之試驗，俾可知各部堅固度之確實何若，在靜力試驗處之工程人員，耑門作新穎之試驗，彼等惟一之目的，卽欲使重量減輕，安全度增加，如此兩項需要，果爲合而爲一，則飛機構造可稱進步，緣以飛機如果過重，則飛行遲緩，飛機過輕，則有摧毀之虞，是以一飛機之堅度如何，允宜預爲明了，是誠極關緊要之事。

凡一飛機機翼，須在飛行時能承受目力不見之載重力量，Invisible loads 此種目力不能見之載重力量，惟用數學之法，可以計出，例如飛行撲下 Dive 之時，猝然拉起 Pull up 彼時時間之速，駕駛者常因之暫時失去知覺，然而駕駛者必須知機翼堅度甚強，無論如何飛行，絕對不致摧損，計算此種震力，須將機翼倒置，然後將重量物品安放，此種物品重量，與所受震力相同，再將翼端之偏斜度 The deflection of the wing tips 測量，卽可決定翼之堅度，是否能承受高速飛行，然後將試重物品除卸，再察其平時承重部分，大抵普通試驗其承重之力，須達於飛機全部重量之三倍，若作分解試驗，達於損壞程度，須達於飛機全部重量五六倍之數，然後機翼式樣，漸漸改變形狀，如此機翼承重力量，始可敷用。

在昔機翼外層覆皮，祇爲包覆翼架，使成爲流線形體，至於近日所製翼皮用途，不僅爲包覆翼架，且須能有過半載重之力，因之在近日對於薄金屬翼皮，亦須測驗其強度巳。

在一新飛機合攏之前，所有飛機各部，均須經過試驗，一俟每根樑肋，一一經過試驗，其堅度實可敷用，然後再將其合攏，爲全部之試驗，例如全部機身完成後，將其夾置於鋼木架 awood of steel structure 以內，再用週旋器 Turn buckles 旋緊，直至機身某部折斷爲止。

發動機架試驗之時，卽將該架，用法拉開，以測其堅固程度，是否可以勝利，其節制各面，亦以重壓之法試驗，直至該機堅度所承受之重量，確能超過飛行時所需重量數倍爲止。

油桶中堅輕者（堅度高重量輕之謂），以達格拉司郵便飛船所製爲最優異，該種油桶，以單手力量即可提起，則其輕巧可知，然其所載油量，則可達角噸之數，（即四分之一噸）若在普通油桶，如承載若許重量，必將扭曲改觀，即在該重量半數之際，半桶氣油之時，因油質波盪之力，油桶亦將摧毀，蓋此種油桶內部，襯以蜂房形阻動鐵片 Baffle plates 因之氣油震動甚緩，油桶即可不受震動之力。

飛機上所用各種螺釘，事雖細微，亦均經由航空力學工程師之研究，在往昔製造飛機，均用較重之大螺釘，以爲輕小螺釘，易於發生罅隙，近則將較小螺旋釘熱融後，Heat treating 儲放於堅冰之上，如此螺旋釘能保留柔韌性質，直至用時爲止，在用後一小時，始完全十分堅凝已。

現在製造飛機之最大問題，不在於飛機飛行之速，而在於飛機飛行之緩，誠以世界最速之飛機，苟降落速度不能安全，亦頗難見諸實用，現在運輸飛機所需降落速度，合每小時六十五英里，或仍較此爲弱，現在翼後簷所用之撲翼，即爲工程師最近發明，以解決此降落問題，是以在此種撲翼製好以後，即送至靜力試驗處，受普通試驗，以考察其堅度，是否能抵抗大翼下空氣衝進之力。

除上述各種試驗而外，復有摔落試驗，The drop test 此種試驗，即等於不良降落試驗 Poor landing，在此種試驗之時，即用一種機械，將新製飛機提起，然後用力將其摔落於水門汀硬地之上，最近有一架滿載重量九噸之飛機，曾經舉行是種試驗，雖其構造似覺脆弱，然經此試驗而後，該機全部，並未損其毫末，俟後又用一種運輸機，將雙輪縮入，舉行摔落試驗後，機身之外皮，並未撕毀，祇稍有數處痕線而已。

最末後緊要試驗，則爲震動試驗，緣在工程家眼光觀察飛機在空中震動，較諸安全度減少時，尤爲危險，設有橋樑遇軍隊經過，將其震動，則此橋樑即有塌倒之可能性，據最近航空工程家研究，在過去十年中，飛機損壞原因不明之時，大都係機架在空中受震動隔離所致，大凡在飛行時，飛機各部震動，均有一定時期，是以欲增加構造上之安全，即使機架毗連各部，不致同時震動，使其分期震動，則安全度數，可以增高已。

至於震動試驗之法，亦用一種機械，上附有電力試震器，以備飛機上震動試驗，例如將此試震機，安於方向舵之上，最初震力微小，該方向舵似不受何種感應，設將試震機速度增加，達於相當度數，則方向舵即開始感受震動，即依此種試驗，則全飛機震動情形，可於地面概見。

在飛機廢棄之時，（約飛行五十萬英里後即至廢棄時期）工程人員亦曾作各種試驗，以查其究竟，即在美國之海陸軍內還有成隊飛機，達於廢棄時期，即取其中數架，將機皮撕開試驗，並將結果所得，與最初試驗比較，其驗釘眼穴，則查其震動之結果何若，金屬配件，則查其是否銹毀，據此種試驗結果，並未發現使用過度弊病，不過因有新式較速飛機，復行製出，因之該種飛機，遂覺陳舊，不得不在屏棄之列已。

法國添造航空母艦

據評論報載稱，法國將添造最新式一萬二千噸之航空母艦兩艘，該艦速度為每小時二十海里，各載飛機六十架，一艘駐大西洋，一艘駐地中海，該艦可禦空中之攻擊，惟僅備高射砲，故不能視為戰艦，不過一種海上之飛機停駐場耳，其建築費則由海軍預算之航空費項下撥支。

美國本年海軍會操記

葉廷元

> 美國本年海軍會操，與往歲大有不同，蓋曩昔演習，大部依照舊日成法，改革之點頗鮮。本年會操舉行，則均依新式戰略，大部係年來軍事學家研究所得，爲實地之試驗，綜觀此次會操，海軍航空隊種，活躍甚力，就中尤以母艦航空隊爲最重要，此外偵察航空隊，戰鬥艦航空隊，巡洋艦航空隊，亦均有專門職務，雖出蕪語爲未盡。然其動作綱要，亦頗可窺其梗概已。

美國海軍會操，歷年舉行，在民衆爲興之際，啜茗休沐之餘，閒覽報章，一讀會操新聞，必將以爲無他，亦不過例行演習，視爲尋常之舉，不知身臨其境實行參加會操者，實一年以來工作艱辛達於絕頂時期，蓋此次會操，在軍事動作方面、則欲將年內研究所獲，納諸實地練習之中，在器材方面則欲試驗飛機，是否適合海軍之用，在人員方面，則欲考查平日教練，已否熟習，此次美國艦隊會操開始動員之時，則在本年四月九日，自西海岸駛行，停於科侖灣，Colon Bay 再進卽以加勒比安海 Caribean Sea 爲會操之根據地，將艦隊分成敵我兩軍，以演習攻守之勢，待會操既畢，至西印度港，稍事停留，而達紐約，再由羅斯福總統校閱。

在此次會操期中，海軍航空隊演習攻守戰術，居其大半，是誠在海軍歷史中之所僅見，此次會操，飛機爲數甚多，偵察飛機在出發時，卽由三的哥 San Diego 沿岸，飛至巴拿馬，再由巴拿馬，飛經加勒比安海，達古巴及海狄 Cuba & Nhaiti 卽在古巴海狄設根據地，與加利比安海中之艦隊聯合作戰。至二艘航空母艦若薩拉托加號若雷辛頓號若郎雷號上之飛機，亦在出發時，由三的哥飛行，直至東岸，始爲降落。綜計此次會操在海面飛行鐘點以及飛行英里之數，均達於數千以上，飛行之人祗有恃其優良之發動機，及純熟之航行技術，然後始能在燃料未盡之先，再返航空母艦之上，至若發動機發生阻礙，則駕駛者將有墜落海中之虞，幸而飛機上安設遇險浮輪，Emergency floation gear 及救生設備．因之駕駛員得免於性命之危者，爲數甚多已。

在戰鬥艦上及巡洋艦上之飛機，則由艦上之昇起機 Catapult 射入空中，以翺翔天際蔚成異觀，總之，此次會操，於無垠海面之上作搏擊馳騁之形，駕駛之人既須熟於飛行之術，又須深於航海之學，風浪夙習，始能有濟，否則即使陸地最優之駕駛員，亦鮮能担任海面飛行之工作巳。

海軍航空由各航空隊種之所組成，各航空隊種，亦均負有耑門任務，巡邏航空隊 Patrol Spuadron 則担任遠距離之偵察，及轟炸之任務，母艦航空隊，則担任攻擊之任務，並因護衛艦隊避免敵人襲擊起見，亦担任偵察巡邏任務，戰鬥艦航空隊，則在交戰開始之時，擔任偵視射擊目標，規正本軍炮火，巡洋艦航空隊，則在艦隊之前，出發甚遠，偵視敵軍所在區域，查看敵人軍力及其配備，在此數種航空隊中，母艦航空隊爲最重要，緣其本身勢力，極爲雄厚，且獨立組織，甯接聽命於海軍總司令，與艦隊有密切之聯合，成爲艦隊中之一部分巳。

上述三航空母艦，以撒拉托加號及雷幸頓號之戰鬥力最強，甲面寬闊，飛機架數甚多，一經飛入空際，攻擊之力甚爲偉大，然而此二艘航空母艦，均爲美國最後製造，故其艦體巨大，至於最初製航空母艦，則爲郎雷號，該航空母艦，在千九百二十二年，自朱比德號煤船所改造，現仍堅固可用，該母艦甲面雖小，然而海軍航空先進以往之努力，或則爲光榮之成功，或則爲壯烈之失敗，出於該母艦者獨多，是以現在母艦之發展改良，勢力增大，如果一溯其原由，又不能不推重郎雷號爲成功之母矣。

曩者在千九百二十七年李福思海軍上將 Admiral Joseph M, Reeves 在日內瓦會對各代表等，發表意見，以爲航空母艦將來在軍事地位之推測，李氏在海軍航空，經歷甚久，故其所言頗能中肯，李氏之言曰「邇十載以後，以母艦爲主所組織之空軍，必爲海軍攻擊力量中之主要軍種，」現在屈指，甫及七年，而此預言，已經實現，是以美國艦隊中之海軍航空隊，以母艦爲其主幹，故能成爲強有力之空中艦隊，因之全部艦隊，若戰鬥艦，若巡洋艦，若驅逐艦，若潛水艇等之戰鬥力量，大爲增加，對於敵人艦隊及空軍之襲擊國境，既能爲有效之阻止，並且同時對於敵人海軍之根據地，亦可予以不斷之威嚇。

航空母艦之功用，依年來研討所得，實爲長距離攻擊敵人目標之惟一武器，誠以自本國之根據地，而欲爲遠距離之動作，則舍航空母艦以外，實無他屬，且亦惟有航空母艦，能在各種天氣之中，飛行海洋之上，得以維持其高速翺翔能力，此種特長，對於艦隊，極有價値，緣以在其他軍艦上，縱有起升機Catapult以備飛機飛升，然一遇天氣變更非常之際，卽不能令飛機飛行，彼時空中勢力，得以僅存者，亦祇有航空母艦，緣以母艦上之升降甲而甚高，且不染潮濕，在他種飛機不能飛行之時，例如巡邏飛機Patrol planes彼船身縱然偉大，機翼縱然極長，亦祇能在普通天氣不變之時，遊飛海面，非若母艦上之飛機，無論遇何種天氣，猶能昇降如故己。

在此次操演之時，航空母艦之活動力，較諸昔日，大爲增加。一從該母艦等自西海岸三內哥飛至巴拿馬後，在海上共計十二日之久就中有八日飛行，在此八日之內，母艦上之偵察航空隊，均在清晨出發，飛行艦隊前面，母艦上之戰鬥隊，則環繞艦隊上面，時時注意於敵機來襲，俾得收截擊之效，母艦上之重攻擊機 Heavy Attack Forces則在母艦甲板上候命，一俟得有長距偵察機報告，卽可得有命令，隨卽趕緊出發，轟炸敵人。

自每日清晨爲始，直至日暮，天色昏黑之後，航空母艦，均在待命期中，在偵查機巡視之際，攻擊機候命之時，航空母艦上似入於岑寂閒暇之狀，其實該母艦上之人員，正在聚精會神，靜候出發命令，一俟命令記號發出，則所有攻擊機，將飛翔空際，執行攻擊任務，或有時空中飛機，發生障礙，或降落於母艦之上，或降落海水之中，均須由母艦注意援救，

在天氣微明之始，航空母艦上發動機及座艦蒙布，早經撤除，所有飛機，均預備「開機」命令，航空母艦此時，與艦隊軍艦成隊排列，故在黎明之時，似有迷蒙莫辨之勢、惟毗近航空母艦者，則爲驅逐艦隊，因之，依其船體之大小，卽可辨別清晰，孰爲航空母艦巳。

航空母艦清晨之開始移動，則須待旗艦表示「開始演習，佔好地位待飛，」命令記號，至時航空母艦，卽離開艦隊前行，而此時驅逐艦隊，亦隨之移動，此際浪花怒濺，高

過艦橋，且在旋轉衝入浪凹 trough of the sea 之時，波濤滾滾，狀至奇觀已。

此後航空母艦上再發號令，即爲「開動螺旋漿」表示，在數分鐘以內，全艦之上，所有螺旋漿完全旋動，風烈異常，並有八十架發動機聲響震耳，再有旗號表示距離，已駛行二十六海里，後面則驅逐艦隊緊緊跟隨，破浪乘風，前後相隨駛行之速，實有如獵犬競逐者然。

航空母艦上，隨即又發號令標示，第一批飛機即開始出發晨曦映射，飛入長空，經時而後，即飛回母艦，第二批飛機又復出巡空際，待至最後長距偵察，已偵敵之所在，此時始爲攻擊機出發之會，有時敵人遠在一百餘英里以外，果能確悉其地點所在，則在瞬息之間，敵人已入於窘迫情勢之下，緣以各母艦上之聯隊，合成威力強大之空軍，以從事於攻擊任務，是以能對於自己之軍隊，予以極大之安全幫助也。

上述會操程序，經過多次演習，就中以四月十三日之演習，幾乎發生不幸事件，設非有轟炸機人員援救，則一戰鬥機駕駛員將有沉溺海中之勢。

在四月十三日，適值星期五日，雷辛頓及撒拉托加兩航空母艦上之攻擊航空隊，聯合出發，向敵軍攻擊，彼時攻擊目標，距離約逾一百英里，待至完成任務以後，甫行飛回母艦之際，有駕駛員濟寧駕撒拉托加母艦上之攻擊機，因發生障礙之故，勢不得不關閉發動機，向海面強迫降落，待至甫達水面，飛機完全失去能力，立即向下沉沒，即機上所帶之遇險浮輪 Floatation gear 既無暇用作救濟之需，而所携帶之救生筏 Life Raft 亦無暇除下，充貯氣體，以爲渡濟之用。

此時有巴當中尉，駕單座戰鬥機，俯見濟寧正在海面掙扎，乃欲將自用之救生筏，向濟抛擲，然巴氏隻身駕駛，苟不自已停機降落，則救生筏不能向下抛擲，際此急迫時期，益覺無所措手，其餘之飛機，則開足馬力，疾向最近之艦隊，以爲呼援之計。

在攻擊隊後方，則有重轟炸機一隊，緩緩向母艦飛行，隊中有鮑力滿中尉者，由無線電話，得悉當時情況，乃開足速力，偕隊疾飛，待至出事地點，鮑力滿藉同乘機員葛愛及賁齊二人之助，得將機上之救生筏打滿汽量，抛向潛甯，俾潛可以游入其中，稍釋危急之阨，此時葛愛猶以爲未能澈底拯救，乃自前方座艦爬出，沿機身至座艦後面之器具籃內，將四人所用之大救生筏抽出，並打滿汽量，斯時飽力滿駛機適於正當地位，葛愛將大救生筏向下拋擲，恰落於潛寧氏之旁，而潛寧氏之生命，得於呼吸之頃，再慶更生，卽藉救生筏之力，飄蕩移時，由派遣之巡洋艦救出。

海軍飛行人員遇難之時間甚多，因之保護人員之法，亦極爲周至，除在海面飛行時，有浮標及救生筏等，以資救濟，卽在母艦起落之際，亦有維護之方，緣以在飛機昇落之時，駕駛偶有不愼，則有沉溺海中之虞，且母艦速度極大，難爲立時之救濟，因之在飛行動作之時，常有驅逐艦兩艘，追隨母艦之後，俾遇飛行人員，有強迫降落之時，得以有所救濟已。

在駕駛人員飛升之始，多有阻礙發生情事，有時發動機發生障礙，而節制失速，彼時飛機半毀，輾轉水中，飛機母艦又復疾行不顧，所可幸者，驅逐艦自後尾隨而至，戛然停駛，於水花飛濺之中，救生船 Life boat 已擲水面之上，在瞬息俄傾之際，墜水之飛行員，可安居船內，卽已損毀之飛機，亦可拖曳船尾，依是敏捷巧妙之準備，卽在遇險之飛行員，亦可告安然無恙矣。

際此時期，前行之飛機母艦，當曉然此事之發生，亦卽撥轉艦首，立卽將遇險人機，提上母艦，又可隨艦同行，如一究其拯救之力，則所賴於驅逐艦之力者實多，艦上人員奮力救護，其工作亦實非易易，緣巨體之母艦，在水面前行，安穩駛渡，至尾隨之驅逐艦則無時不在洶湧波濤之下也。

現在海面飛行遇險之事，已經逐漸減少，是均由於年來機械上之研究，及設備上之進步，始有此愜意快心之成績，卽綜年來母艦飛機遇險統計，較諸已往減少五十分之二，例如此次潛寧之遇救，大都由於機械上及設備上完善所致。

美國海軍上將司坦黎 Admiral H Standly 爲會操時之總指軍，對於此次海軍航空之實際作戰演習，大加稱譽，司氏之言曰，「此次海軍會操，關於航空之執行務者，約佔全部百分之十，僅僅在兩日以內，計飛行之次數，已達千數以上，而所執行之任務，均能完成無誤，並無一次發生不幸事件，卽由此可確切證明海軍航空飛行之能力偉大，益可證明海軍艦隊與海軍航空連合作戰之切要，而海軍航空人員所需之學識技術，較諸一般普通任務飛行之所需要者甚高，例如在飛航之際，忽遇敵機，此時須斷定敵機，屬於何種，有時卽視敵機側面黑像，亦須能爲飛機種類之判定，此外敵機隊形，飛行方向航行速度，敵機目標以及機鎗威力，均須判斷清晰，待得到消息而後，卽須用密碼報告地面總指揮，且須依據已得之消息，再進行偵查，視其有否急遽之變更，有時須闖過敵機，以偵查敵人眞正意旨，如敵人艦隊配備，遇有變更時，亦應立卽報告。

「地面總指揮接到報告以後，卽須按照敵情將自己軍力配備妥協，務佔優越之勢，俾可對敵人從容應付，待配備妥適，各艦應停泊地方，業經停妥而後，卽須在自己艦隊未達火線以前，派遣攻擊航空隊，轟炸敵人船艦及敵人飛機，在此攻擊隊之駕駛員，須能依船艦式樣大小，判明爲何種敵艦，然後始能直接飛過相似之船艦，而轟炸眞正之目標也」。

「上述船艦之判明一事，必其駕駛員平日夙有訓練，且曉然如果未能轟炸眞正之目標，及執行特派之任務，則偵察之報告，艦隊之配備，所有精密預定之計劃，均有失之毫釐差以千里之勢，設遇敵我兩軍艦隊開火之時，則飛行員之職務，應以無線電規正我軍砲火射擊，有時彈落地點，或嫌太過，或嫌不及，或偏於左，或偏於右，均須爲明確之報告，總使正中目標爲止，有時十餘艘軍艦，均向目標射擊，此時爲射擊之規正者，實非輕而易舉之事，勢必須關於海軍交戰學識，夙有研究，尤必須有實地經驗，然後始能有濟」。

「總之在海面作戰之飛行員，必其航行學識，饒有經驗，無論在何種情形之下，均可成隊或單機飛回母艦，緣以母艦航速之力極強，有時在飛機飛回之際，而母艦已離飛機始昇地點一二百英里距離，是以飛行人員務須對於海軍軍用無線電碼十分熟悉，且須對於海軍學識，海軍訓練，海軍沿習，均能完全領悟，然後始行克盡厥職，而無舛錯之弊，是以現在美國之海軍航空人員，均自海軍人員中選拔己。」

高射砲射擊新法

葉廷元

飛機之製造日新，而高射炮射擊之法，亦愈爲改進，曩昔歐戰時之「阿奇」，（德國最初之高射砲）已成過去之陳蹟，不適於現代之需，現在所發明之高射砲，命中效率激增，誠爲飛機一大勁敵，逈非若往日飛機之對於高射砲，視如無物者可比。

將來再有戰事發生，欲以飛機之力，襲擊一空防嚴密之城市，則勢有所不可，緣以近日高射砲射擊之法精良，飛機實難通過已。

在昔所用砲口徑爲七生的半，而現在所製高射砲，製造新穎，口徑加增，或爲三英寸，或十五生的半　不但高射砲本身製造，如是改進，而射擊瞄準，及目標尋視之法，亦爲精進，較諸昔日耑恃耳目之力者，實有大相逕庭之勢，在往昔歐戰之時，即精於射擊人員，欲求一發中的，而其所耗費之時間，至少亦須十六分鐘之久，即使射中，亦不過儌倖之程度，多於瞄準正確之程度，至現在高射砲之射擊時間，已減至十秒鐘之久，昔日多恃儌倖者，今則因機械上之改進，已可達射擊正確之程度。

現在高射砲命中效率增加之原因，即以機械之力，代人耳目之能，瞄準之人，不必以目力尋視目標，所有射程，方位角，高度，以及其他射擊需要事項，均可由機械之法傳達，能使高射砲射擊線，永不能離開目標，直至射落目標爲止。

此種高射砲隊，根本設備，共分七部：

（一）尋聲器

（二）探照燈

（三）校正器

（四）指示器

（五）發電機

（六）高測器

（七）高射砲（四尊）

以上七部，大別之可分兩組：一爲校正組，一爲指示組，校正組中之發電機，置於重車之上，可以移動，以備供給探照燈及尋聲器電力。

尋聲器用擴音機合成，有大喇叭四，置於牽引車Tra-iler之上，當飛機來時，即可將飛機螺旋槳聲音擴大，管理此種部分者，有兵士二人，俾定飛機之方位角及高度，待測定以後，注於記錄板上，藉機械之力，即傳達於校正員，由校正員校正後，即將該記錄傳達於八萬萬燭光探照

校正組圖

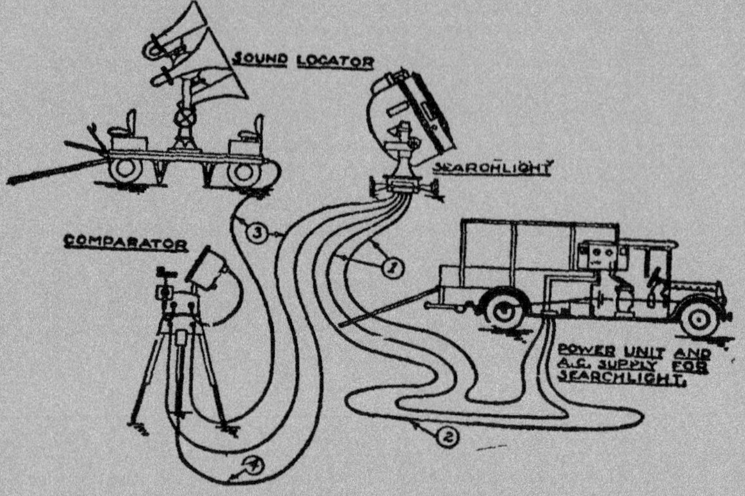

說明 （一）發電機至探照燈之電線
（二）從變電器供給探照燈之交流線
（三）向校正器傳達記錄線
（四）探照燈遠距離電力操縱線

指示組圖說

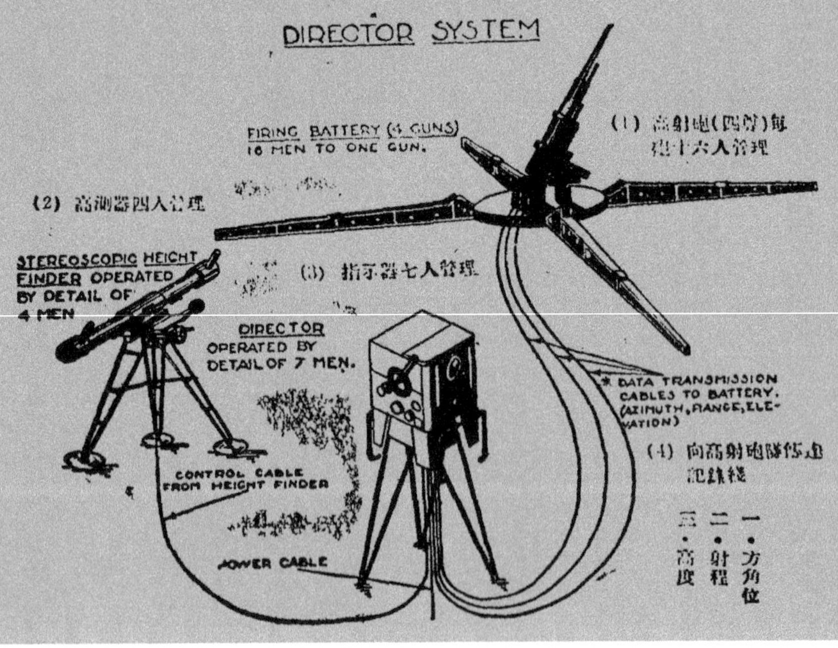

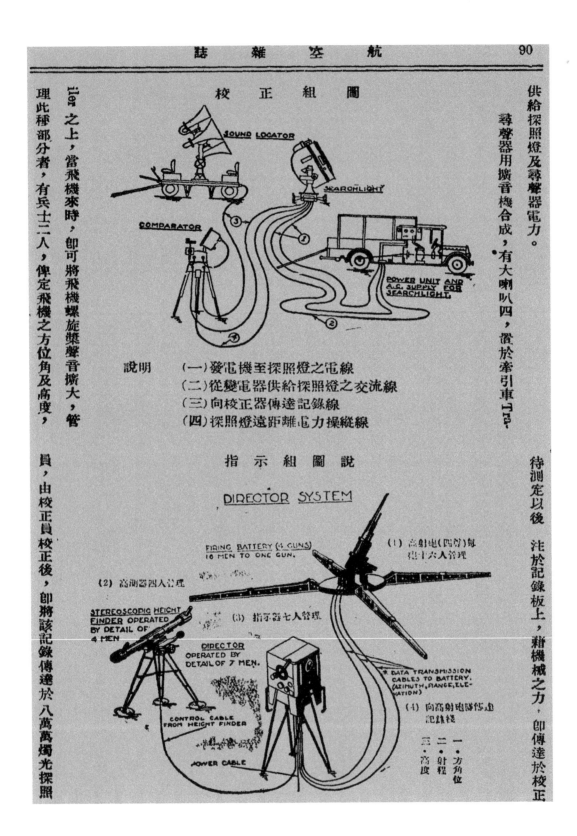

燈部分，因之管理探照燈者，即依測定之方位角，及高度，直向該機探射，同時管理高測器之兵士四人，即用高測器測定飛機高度，趕即通知指示員，一如飛機高度隨時改變，亦應隨時測定報告，一即由指示員藉機械之力，操縱砲位，及安置信管，如是槍銃可正對目標射擊，且能隨飛機移動方向，連續射擊，直至飛機打落，或至飛過探照光界以外為止，此種高砲射射程確能命中界限 The Limitof Accuracy of These guns 約達二萬英尺。

設在一城市周圍，駐有此種高射砲隊，深可資為保護，避免敵機襲擊，若敵人轟炸機飛行高度，在二萬英尺以下，斷難完成其轟炸任務，因之破壞之力，即將大為減少。

現在每一高射砲隊，有四尊高射砲，每分鐘可直射一百發，每發均確有破壞之力，設在一大城市周圍，安置此種高射砲一二百尊，則五十餘架之成隊飛機，絕難僥倖飛過。

至於輔助大砲之用途，以抵抗低飛之飛機時，則有〇、五〇口徑之高射航空槍，該槍射擊之時，亦有指示器及高測器等，不過較高射砲所用者，形式較小，至於使用時原理，則毫無二致，每高射機關槍隊為三小隊組成，每一小隊有機關槍三架。

英國海空軍演習作戰

英國空軍對海軍之大規模演習、業於十月二日舉行、參加者有軍用飛機一百十二架、及三島本部艦隊全部軍艦大小三十一艘、計鐵甲艦三、巡洋艦五、驅逐艦十六、潛水艇六、及航空母艦一、上載飛機五小隊、演習主題、係艦隊企圖攻入樸資茅斯及波特蘭兩處海軍根據地、海岸及內地防務完全由飛機隊担任、按本年夏初以來、英國海陸空軍已迭次舉行大規模演習、可與此次演習合看、英國目的係在制定新空軍政策、準備各種攻守措置、以補安全保障之缺陷云、洛克希得公司對於單發動機飛機尚用木製硬殼機身，二發動機者則概用金屬硬殼機身。

至歐洲方面以硬鋁製造硬殼機身者則除法德兩國有極少數外，其他殆不可觀。荷蘭之福卡公司依舊用銲接鋼管製造機身，不過對於鋼管之組成方法，略加變動而已。

英國則採用以帽釘 Rivet 連接鋼管之方法，再在外部張以布料或層板。

翼之構造亦與機身有同樣之傾向。凡用硬鋁硬殼機身之飛機，莫不採用外張硬機薄皮內以硬鋁爲骨骼之金屬翼。

又有以薄片木 Veneer 製成之整片翼，採用者亦頗多。如美國之洛克希得公司，荷蘭之福卡公司，德國之哈音開爾公司，英國之愛佛羅公司等均用之。

美國海軍則用寇蒂斯賴脫公司康得爾式以金屬爲骨骼外張布料之翼。

此外尚有採用美國鋁業公司之一七ST及一七SRT鋁合金製造之翼者，亦頗不少。新式飛機則用強度更強之所謂二四SRT新輕合金。以此製成之翼，其重量當可有相當之減少。

至以前所用之波形硬鋁皮翼面，現已不

霧中飛行之法

葉廷元

飛行之阻礙，無過於盲航Blind Flying，盲航之最著者，又無過於重霧。夏時風雨，冬日雪霜，以及天氣陰霾，自然之現象，各種變動，雖均對於飛行有所不利，然若揆諸重霧瀰漫，咫尺難辨之情況，猶有難易輕重之別，故現今之所謂盲航多指霧中飛行而言。昔有謂夜間飛航，亦有盲目而行之勢，然而星辰在望，燈號當前，固爲赫赫之目標而無方向迷失之苦，絕非若在霧中飛航之時，一種難言之苦況矣。

霧中飛行既爲一難能之事，然而猶未爲極難能之事，所謂極難能之事者，不在於霧中之飛航而在於霧中之降落。即例諸以往事實，每有駕駛人員，在飛機初發之始，縱有重霧漫溢，然而一躍登機，開動電門，鼓輪而上，毫無遲迴留戀之色；是蓋知飛航終點所達之地，天氣清明，並無降落困難之苦，是以敢於飛行，而無遲疑之態。質諸多數航空人員之心理，大抵皆然。於此亦可證明飛行於重霧之中，已難而尚未難，非若降落於重霧之中，已難而又難也。

大抵駕駛靈敏之人，均可於霧中飛行，達於十五英里至二十英里之距離，可無差誤；所難者，惟在降落之際，能不觸於山巖，跌於樹頂，墜於深淵，然後始可稱爲傑出之士。晚近歐美各國定期飛航，日臻發揚，其間搭客飛航，尚有時以天氣之偶變，致緩飛行。至於郵便飛航，大都依期飛行，絕少延緩之事，中經各種變動天氣，時有所聞。據最有經驗之駕駛人員所述，謂在重霧中飛行，確爲一極可能之事，不過安全降落之設備，須爲極完善無疵已。

盲航一事，苦之者由來已久，有志航空者，未嘗一日忘以機械上之能力俾戰勝其困難。猶憶在千九百十八年時，一般人士多以爲指北針及速度表Compass and Tachometer可用以爲盲航之具，蓋以指北針非僅表示方甚多覲，如意國飛愛脫公司之勃列塔式及德國容克公司之高速度飛機均已改用光滑之硬鋁板。

裝於飛機外面之金屬皮或金屬板，其接合方法亦已與前不同。所有帽釘均係採用埋頭帽釘 Countersunk Rivet，藉以減少空氣抵抗。

又如接壓發動機，變距螺旋槳，及裝有減速裝置之高速度旋轉發動機，在旅客機方面亦已漸次使用。蓋裝有接壓發動機之飛機可以在相當之高度爲高速度飛行，現代之旅客機確有此種需要。如再裝置變距螺旋槳及附有減速裝置之高速度發動機之後，對於離地起飛之性能卽可藉以改善，而同時巡航速度之燃料亦可因之減省，是於改善性能方面實裨益不少。

同時以性能改善之結果，對於設計方面，及計算方法，亦不得不隨之改進，俾可使飛機具有耐受高度之應力。美國方面對於速度在每小時一百五十英里以上之飛機，訂有特別檢查方法，以防不虞。

向，並可以作爲傾側之表示；而速度表亦非僅表示速度，並可作爲昇降之表示。彼時誤於此說者，正大有人，徒以當時未述，遂致不傳。而據千九百十五年時，有某英人飛行紀述一則，亦可見當時之指北針及速度表，不可恃以爲盲航之狀況矣。

『余（英人自述）飛行前進之際，遙望黑雲層疊，矗現天表。憶余出發之始，曾奉長官命令，如遇天氣不良，卽可降落。彼時有同出發之二機，猶自前進不已，余以不願露畏葸態，亦踵之前行。未幾黑雲較前益加濃厚，雨意濛濛，余毫不之顧，仍鼓機而進。約十分鐘後，現象益劣，余乃依指北針方向，轉向海上而進。此時黑雲四合，風聲吹鋼絲呼呼作響，所謂指北針者，搖擺不已，速度表亦完全失效。余機有時作撲落之勢，有時作側滑之勢，有時作失速之勢，余身處其中，已失節制之能，一任其飄降而已。最後至高度一千五百英尺之際，始出雲底，纔見地面。余定神俯視，不見海面，幸此時指北針恢復原狀，余乃依之前進。未幾，卽見洋洋之海岸矣。』以上爲某英人自述在雲霧中飛行之狀況，至後千九百二十九年，更有美人柯厚者，亦曾述其生平雲霧中飛行事蹟，與某英人略同。依以上所敘事實，可知彼時儀器固未臻美善，而不可恃以盲航而捨去儀器之輔助，欲以一身之感覺，以求盲航之正確，則尤萬萬不能矣。

近有歐克耳中尉 Lieut Ocker，對於盲航一事，極有研究，尤深信吾人感覺之能力之不可以恃，乃發明一歐克耳盲航練習之法，以證明感覺之錯誤；並以優良儀器之運用，以矯正感覺之錯失。故凡從歐氏學習飛行者，無不先授以盲航訓練之法，以繩其感覺上之謬誤也。

歐氏盲航訓練之法，卽將學生之雙目，用布蒙蔽，坐於駕駛試驗椅上，撥之使轉，並示其所轉之方向及至椅停止旋轉，則身受試驗者，猶以爲椅仍動轉如故，不過其所轉之方向，則與最初之方向相背。待至雙目睜視，始知椅靜身停，適之所感覺者，盡屬錯誤。經此試驗而後，復令其坐於試驗椅上，旁附置各種盲航儀器，令其看視，更將椅旋轉如前，此轉儀器所表示之方向，仍覺與心理感覺上所想象之方向不同。如是經屢次試驗，直至明瞭感覺上之錯誤爲止。依歇氏盲航練習之法，常爲訓練，則駕駛者自然對於感覺上之謬誤，完全消滅。且於無知無識之中，自能依儀器之表示，以爲轉移。如此訓練成熟，始可作盲航飛行。此外在盲航中猶有最要之事，即儀器愈簡愈妙，最好能將各種需要之儀器，合而爲一，則舉目無周章之勞，自操縱有裕如之勢矣。

現在最近所用各種飛行儀器，固難稱盡美盡善，然而駕駛優良之人，亦頗可恃以爲盲航之具，是以近來所自定期飛行，但能知重霧瀰漫之限界，及深曉降落之地點，並無天氣變化；縱在濃雲重霧之中，未嘗不登機前進也。現在所用以作盲航之器具者有二：一、爲自動旋轉計，gyro Jurn Indicator 一則爲重力傾側計 Lgavrty Bank Indicotor。一般航空人士，對於是兩種儀器之談論，各有不同；有稱其優美，有謂爲未善。若平情而論。果能運用純熟，深識其微，實可稱爲優良之品；不過該傾側計常受離心及重心兩力之影響，遂致有時不能表示飛機傾側之準確。例如飛機已成懸側 Steep Bank 而同時飛機復作旋轉之勢，則此時傾側計所表示之情形，將仍作飛機平行之表示矣。

上述之重力傾側計　既有缺憾，因之最近又有昇側計 Climb and Bank Indicator 之發明。計爲沈克氏 Carl Schenk 所創，沈爲德人，對於德國徐栢林飛艇及潛水艇上之旋轉儀 Gyros，饒有經驗，因之創造此計，其感應之敏捷，出於他種傾側計之上。計之構造，爲一風動之旋轉儀 Wind-driven Gyro，附有直柄 Verticalsheft，外覆以半圓形之玻璃面，而上畫有經緯度線，柄端所指之度數，即可知飛機之傾側及上昇度數。

此種昇測計特異之點，即在旋轉儀內置有衡平具 Bolance Device，因之重心點之位置，可隨旋轉之速度而轉移。是以旋轉儀之動作，常可爲正確之表示，不過飛機傾側之度以達於七十度爲止過此，則該計即不能表示矣。

美人開斯氏 W. E. Case 服務於西岸航空運輸公司 West Coast, air Transportation Company，共計飛行時間約有二千三百小時，經驗極富，嘗謂『盲航所需者爲空速表一只，傾側計及旋轉計循合而爲一，如此飛行之時，一望可及，不必於儀器板上，來回尋視。』是以在飛行之時，宜用沈克氏昇側計置於面前，昇側計之後面，再安置自動旋轉計其空速表及指北針亦宜安置於最近之處，俾得一目了然，不致有往返尋視之苦。依此設備齊全，以便習於盲航，則定期飛行，益覺無何阻礙，重霧濃雲兩莫能禦，安全信仰，深中人心，吾知商業航空必臻昌盛之域矣。

機翼結冰之實驗

葉廷元

機翼結冰一事，飛行者苦之已久，最近美國國立航空顧問委員會，欲以科學方法，以戰勝此飛行之障礙，乃在郎雷飛行場，備置風箭，風箭之上，更安附巨形之散熱器，可發生極寒氣流，吹向機翼之上。

美國國立航空顧問委員會研究之本旨，意在發明適用液體在離地上昇之前，塗附機表，俾嚴寒冰結之患，可以袪避已。

凡在飛行之際，一遇冰結，則其危險情形，殊難名狀，重量突然增加，固與飛行有礙，而尤其甚者，則其變更機形影響於航空力學者甚鉅，浮力則為減少，阻力則為增加，震盪過度，駕駛失節，機翼鋼絲支柱等部，均為受影響最烈部分，任航空工程師者，亦曾為袪除冰險之設計，約其方法，別為二端，一則為阻止之法，一則為免避之法，所謂阻止之法者，即在機表設想，並加熱度，使冰無自而結，至所謂免避之法者，即在所沿航空線路，設有適宜之氣象報告，並有適用之飛行儀器，俾使駕駛者，得以停落地面，或則高飛風雨區域以上，或則環飛風雨區域以外，亦可免除冰結之險。

惟近日航空郵件，無論所遇何種天氣，總宜直達，是以阻止之法，實為近世所需；機翼鋼絲支柱，以及其他部份之上，不致再受冰結之苦，因之，欲戰勝此種困難，仍宜取決於航空工程以內，惟是此種問題，苟一詳為研討，則其困難之點，較諸未行考慮之時，複雜實甚，極有賴於深切之研究，況且水之本性，因溫度之昇降不同，即可變幻於俄頃之際，飛機一入寒冷區域，不能立即停飛，而其速度既高，寒冰於霎時之間，即可發現於飛機之上。

大抵機翼結冰，所遇之天氣，計有三種；一則為溫度之轉變 Temperature Inversion 一則為和緩之寒度 Mild Supercooling，一則為嚴冷之寒度，High Super Cooling 茲為縷述如左：

(一)溫度之轉變

溫氣轉變，常發生於霰雨之際，所有外露部分，立見冰結，此等冰質光滑，表面與玻璃相似，凡駕駛汽車之人，遇在天氣惡劣溫度低降，空氣潮濕，見風擋上所結冰形，即可推想在溫氣轉變所結冰式，結合頗強，難於除拂，有時雜以冰雪，即現起伏之勢。

在溫氣轉變之時，空間之溫度高低不一，有時雨水落於外露部分之上，亦可結成冰質，其最著者，即爲降雨之雲，在高空氣候較溫之區域，而在下面空氣之溫度，已達於冰點以下，因之在氣候寒冷中，外露部分結成冰質，自屬當然之事，如飛機飛行此種天氣，則機翼前簷部分結冰甚速，易爲隆起，前簷加厚，將經過翼面之平滑氣流衝破，致使浮力減少，阻力增加，必須立即降落。

惟是飛經此種天氣，在機翼面上之冰堆起極速，有時駕駛之人，欲昇不可，欲降不能，危險莫可名狀，此種天氣常見於美國北部及坎拿大地方。

(二)和緩寒度

所謂和緩寒度，即空中雲霧在冰點下一二度時，所發生之情況，蓋在此種和緩寒度之時，水點之分子最極強，可以制勝凝結之力，惟一飛入雲霧之中，遇雲霧之細微分子，立即凍結，其光滑之狀，與霰雨結成者相似，不過凝起遲緩，不致於瞬息之間，即將飛機之表形改變。

設飛機飛入寒霧之中，駕駛者尚能繼續前進，毫不覺其危害，惟在此不覺期間，冰已漸漸堆砌粘著於機翼鋼絲之上，駕駛者始覺飛機搖盪節制不靈，已不能維持現有高度，在此種狀況之下，如欲爬昇避免，爲時已覺太遲，其危險之情形，亦爲至鉅已。

(三)嚴冷寒度

嚴冷寒度之情形，即空中雲霧在冰點下數度時，所發生之情況，郵便飛航駕駛人員，常爲記述此事，蓋在此種情況之下，水之分子量，已達嚴寒程度，飛機一遇此種水氣，立即凍結表形似雪，其實並非眞雪，不過一種白色晶堅之冰質而已，粘於機翼前簷之外露部分，前簷成爲薄削之狀，飛行之人，一遇此種天氣，即無能爲力，因之駕駛中有志之士，或則研究新法以求嚴寒冰結之難成，或則發明儀器以爲飛近寒區之警告，惟儀器發明終難使飛航之客貨按期抵達，是則欲袪除此憾，仍以研究冰結難成之法爲上乘已。

曩在數年以前，在馬庫克飛行場 Mc Cook 設立小式風箱一具，該風箱與冷氣室相連，以備考查鋼管上結冰之情形何若，惟以所備風箱，不能作全部飛機之試驗，遂致結果所獲，未能爲滿意之研究。

繼此之後，有康奈爾大學紀爾博士及司哥德博士 Dr. W. C. Scott 曾製出一種套覆器 Overshoe，扣拴於機翼前脊之上，該器以橡皮製成浸以特種油料，俾使冰質，不易於粘附橡皮之上，在套覆器之內則有氣道，加以空氣伸縮之壓力，如是該套覆器，一凸一凹卽可使冰質滑離，此種套覆器之取法，與冬日冰地所用之橡皮車輪相似，均可使冰雪不易粘附已。

現在在郎雷飛行場，復舉行塗敷試驗，（卽在機翼表面，塗以油料或其他液體之試驗，）以爲阻止結冰之法，惟此種塗敷質料，不能增加飛機及其裝配物之重量爲準，因舉行此種試驗，備有氣冷機翼風箱，專爲考查塗敷試驗之用。

此種風箱設備頗爲煩難，須使氣流冷度達於冰點以下冰寒相似之水噴入氣流之中，同時有大式螺旋漿，使氣流環流極速，至噴向氣流之寒水，則以四個噴射機噴出，俾使與空中雲氣及雨水相似，如欲似雲霧之氣體時，則噴出極細微之水點，至於雨點，則以各種空氣之差別及噴射機之水壓不同，所噴射雨點之大小亦可隨意規定。

因此種之試驗，可以作成各種結冰式樣，並且關於天氣之雨雲霜霧，均可隨意製出，然後於各種做造天氣之中，以試驗各種塗敷質料。

所用之塗敷質料，約有兩種，一則爲難溶解之混合物，例如輕重滑油，粘油，以及油蠟等是，其另一種，則爲甘油糖漿攙入綠鹽鈣，或硬糖漿液，或葡萄糖漿液，將此種塗敷質料刷於機翼鋼絲之上，置於冷氣風箱之中，做造各種天氣，以察其結果何若。

在第一次舉行試驗之時，知滑油，黏油，油臘等質料，並無阻止能力，在試驗舉行之前，多數飛行人員均以爲冰質難粘於油面之上，及至結果所得，無論翼上有油與否，遇水依舊結成冰質，因之難溶解之混合物，遂致屏而不取。

次即試驗可以融化之混合物，結果功効頗優，雖不能禁其結冰，然亦可袪其粘附之力，即如糖漿 Sugar Solution 可使凍冰不致凝附，然而漿液濃厚，用時甚難，葡糖漿 Glucose 亦有不利之點，不過依工程標準局 Bureau of Standards 所述用法似為正當，亦可減除冰結向外隆起之勢，因葡糖漿而聯想及於穀漿。遇在冷風吹揚霧雪交加之際，可使凍冰不致結黏於機翼鋼絲支柱之上，其阻止冰結之力，較任何物質為強。

在此種試驗之際，所有想到物料，均經一一試驗，自肥皂凝油以及糖漿，遇在天氣極寒時間延久之時，無一種物質可以完全抵抗冰結之力，至於滑油油蠟，以及油漆等屬，則更毫無効力，其中惟葡萄糖漿及穀漿 Corn Syrup 遇天不極嚴冷之時，尚有阻止冰結之勢，且在塗敷以後，機形不致變更，而敷粘之力，亦頗堅固，是以飛行人員，遇在冬日天氣不定之時，可將飛機依法敷以穀漿，即可袪除冰結之害。

此外凡收濕物料，遇在冰冷天氣，亦可有阻止冰結之力，如甘油 Glycerine 植膠素 Pectin，化學糖等，均為是例，不過質料過雜不適於用。

總之此種天氣之研究，實為開創之舉，若果逐次發展，必有一日可以任意飛行不受天氣之阻礙矣。

挪威旋翼機之長距離飛行

挪威國飛行員白愛爾湼比氏，最近駕駛旋翼機(Autogiro)自曼都斯特至奧斯羅，以十二小時半飛行一三九五哩，作成旋翼機長距離飛行紀錄。

新發明之轟炸練習法

葉廷元

美國各航空隊，近因節省經費起見，對於一切設施，均求改革，練習轟炸，則有「雛形射場」，「暗室照攝」，「裝砂炸彈」等法，練習射擊，則用航空照相槍，練習成總飛行，則用模型飛機，此外飛機之推進，發動機之運送，大都以機械之力，代替人工，既可免除靡費，復可增加效能，事無分乎巨細，術不計於淺深，務使求其精進，苟有所得，便可獲益，斯所謂行健弗息，立國者是尚已。

抛擲炸彈之法，亦須預為學習，然後始能增加命中效率，最好學習之法，當然用眞正炸彈學習，不過所費過奢，勢難實行，因之發明一種轟炸練習之法，分成一定步驟，依次練習。

在最初步驟，則為地面學課，關於轟炸使用之各種機件，先為之解說明析，例如炸彈架之構造，以及抛擲器，Release mechgnisms，瞄準器 Sights 之如何使用，待至解說而後，卽由學習者仍在地面練習使用瞄準器之法，直至對於該瞄準器，完全了解，毫無疑問為止。

瞄準器了解而後，卽帶入一轟炸練習室內，室中高處有特製小房間，練習員坐於其中，在兩膝中，安置標示器，在室之地板上，則有假製大地 Imagingry Earth 練習員一經俯瞰，恍如置身天上，距離地面有數千英尺之遙。

此種假製大地，普通稱為雛形射場 Miniature Range 場為帆布所製，上繪農屋，城市，鐵路，橋樑，大路，航站，敵人軍火庫及交戰之軍隊，此雛形射場，並安置旋轉關鍵，永久移動不停，因之轟炸練習員俯視之下，與實際飛行者，毫無差異。

在此時期，卽令學習者向某一定目標轟炸，例如欲轟炸鐵路橋樑，則俟該目標入於標示器交叉線時，此時學習者，卽開始轉動曲柄 Crank 以儀器計算地面速度，擬儀計算地面速度總使射擊之目標，永現於交叉線之上，直至自動標示 Automatic Signal表明速度確定爲止。

待瞄準確定，俟飛機再經過瞄準器之第二點，此時學習者卽拉動拋擲杆 Release Handle，卽表示炸彈已經擲下，在拉動拋擲杆之際，卽發生一種記號，下面記錄人員Scorer，卽依預計之高度，以爲炸彈落下所需時間之計算，設預計高度爲八千英尺，則炸彈落下時須二十三秒鐘之久，待該預定時間終了之際，卽按捺電門，此時卽在假定命中地方，發現亮光。

此時轟炸初步學習已經完成，標示器如何調整，炸彈之如何拋擲，以及是否命中，均已一一學習，如是學習者對於轟炸之事，漸漸熟習，自信之力，亦漸爲增加，而所需練習者，則實爲減少。

雛形射場，雖能練習，然換諸實際轟炸，仍不免諸多缺憾，緣以在此種練習之時，既無旁逆風力，亦未有混亂氣流Bumps，更無雲令阻礙，尤其最爲缺憾者，卽駕駛人員與轟炸人員，互相合作之力Teamwork，故雛形之射場，卽可謂之三R初步學習矣，Reading, Rotating the mechanism & Releasing the bombs

小型室內炸程圖

在雛形射場練習畢業之人，復經深一步之練習，此種練習器具爲暗室照攝法Camera Obscura此法爲一小屋Hut，達於二百英尺圓線中心，卽等於目標圈的Bull's epe。

在小屋屋頂上有靈視鏡Lens一面，飛機飛過之時，能映於平面圖上Charl.至Charl. Room內，幾乎完全不透光亮，僅能容下記錄員一人，跡飛機所至，卽用鉛筆畫一記號，在圖案上有一定點，代表圈的中心小屋之所在地。

此時飛機內駕駛員飛到之方向，全憑轟炸學習員之指揮，轟炸學習員與駕駛員間，以電話傳達，例如「右轉」Turn right，「停」Stop「穩」Steady「向左」Left「停」Stop

等：均聽由轟炸學習員之指示，一俟標示器交叉線表明已達拋擲時間爲止，此時轟炸員，卽開始放射，然所放射之物，並非價值甚昂之炸彈，實爲一種無線電電力標示，既無傷害之性能，更無金錢之耗費，此無線電標示傳達於小房下面之紀錄員，紀錄員聽到放射標示已後，仍繼續紀錄該機飛行方向，直待二十三秒鐘時，（此爲預定高度拋擲炸彈時降落所需之時間）紀錄員卽在機影照攝之處，畫一×記號。

設轟炸命中之時，則該×記號卽落於圖上小屋一點，在每次轟炸以後，記錄員卽須趕緊跑出小屋以外，在轟炸一點，鋪設白布標示，以表明轟炸之結果，是否能確爲命中，並可幫助其第二次射擊練習之改正。

此種暗室照攝法，經數星期之練習，直至純熟以後，然後更進一步作一百磅重炸彈之練習。

糊模頭鏡整修

在「雛形射場」及「暗室照攝法」兩種練習，縱然極爲純熟，猶未能盡轟炸之能事，緣以在實地轟炸之際，例如炸彈所遇之空氣阻力標示器之同時動作，以及拋擲炸彈時心理上之估計，均爲實施轟炸時之重要事項，是以在暗室照攝法練習而後，仍須送轟炸靶子場Bombing Range實習，在此種轟炸練習時所用之練習費用，亦極端經濟，例如通常練習時，均用一百磅重之炸彈，而此種炸彈殼內，並不滿裝火藥，祇用二磅至四磅重藥量，能以冒出烟氣，指明所轟炸之地點，已足應用，至炸彈殼內空餘部分，均用砂子裝滿，達於適當之重量及平衡度。

設遇練習之際，附近有適用池沼，則可用浮動目標，彼時因節省費用起見，所用之炸彈，完全不必裝藥，可在低度拋擲，祇看水花濺起，卽可知轟炸是否命中也。

待至轟炸練習成熟，卽開始練習空中射擊，而此種練習，亦以極端經濟之法，俾又節省軍火彈用，至所用之練習器具，則以照相槍為主，此種照相機關槍之操縱法，實與眞機關槍無異，上有後標尺及風信標尺，可以使射擊人爲速度距離及方向之調整，不過槍內應置藥包，均以軟片代替，設將機關槍按捺，則該照相器之開關 Shutter 及頓片，卽同時動作，卽可將射擊情形映出，知其是否命中。

此外復有成隊飛行練習之法，緣以飛行人員對於成隊飛行時所應取動作，未能事前明了，遂致在空中練習時間過多，因之近日發明以模型飛機教練之法，其法將模型飛機安於紡型棍棒 Spiudee 之上，作成各種隊形，並可指示隊形變換之法，因之駕駛人員在空中得到隊長所發出變換隊形標示之時，卽可胸有成竹，取得適當之地位，（在隊長行將發出變換隊形標示之前，及正在發出標示之際，或在發出標示之後，飛行隊員應均員相當動作。）

以上所述，若轟炸練習，若射擊練習，若成隊飛行練習，均極力採取經濟之法，此外關於一飛機隊內所有各種動作，亦力求簡便節省，例如堆積炸彈 Heaving Bombs，昔時需用人工者，今則代以載重車牽引車及起重機，昔日飛機推進棚廠需用三人至二十人者，今則以小式皮輪牽引車拖曳，此外復有牽引車上，安置起重機，以備運輸重發動機之用，可省拆裝時間。

轟時發動機起運，大都從鐵軌運輸，而人員練習重轟炸機時中，常載砂袋，現在則依教練情形許可之時，炸彈架內，卽安置發動機，運送至於他站，如是發動機既可不必從鐵路運輸，而人員亦可練習重轟炸機飛行，此誠一舉兩得之法。

美國軍用飛機最近採取之趨勢並對於戰術之影響

葉廷元

現在轟炸機速度增高，因之驅逐機速度，亦有被迫增高之勢，事理相因，毫無足異，近有英人旅美多時，深悉美國空軍近狀，謂「美國 Boeing P-26 式，如果無軍用載重，在平飛之時，每小時可達三百英里，新式諾斯羅普飛機，在撲下之時，可達每小時五百英里，」猶憶曩時，美國航空當局某曾謂「凡一國能得世界航空最高速度紀錄者，即其國之航空，必可執世界之牛耳，」現在美國對於改進飛機速度孳孳不息，鍥而弗舍，眞惡能量其所致已。

(一)單翼飛機及雙翼飛機之代興

在飛機剏興之際，飛機製造，大都以單翼式者爲多，俟後雙翼飛機，始行接踵而起，英國第一次海峽飛行，距今已二十五載，溯其所用飛機，則爲單翼式樣，英國空軍創興而後，單翼及雙翼飛機數目，已趨平均之勢，繼以單翼式機翼，易於破裂，遂由政府布禁暫停製造，而雙翼飛機，乃得獨自發興，嗣後禁令雖弛，然迨至晚近以還，英國繪具圖說之工程學家，仍多趨重於雙翼飛機一途，是否由於曩昔禁令影響所及，雖不可必，而其最大原因，則爲皇家航空軍所用之飛機，盡爲雙翼所致。

(二)最近美國陸軍航空趨重於單翼飛機

在英國空軍所採取之軍用飛機，完全以雙翼式爲主，已如上述，而同時最近美國陸軍航空隊內所用之飛機，則又偏重於單翼飛機，是蓋英國鑒於已往單翼之多於損壞，而演成雙翼飛機獨用之情形，而美國則注意宏載高速之飛機，遂浸成單翼代替雙翼之趨勢，蓋美國軍用當局，近擬製造載重較宏而速度較高之飛機，因之美國航空製造公司，遂不得不另闢蹊徑，改雙翼飛機爲單翼飛機，而美國軍事當局，對於此種變更，並非冒然承認，是以在新式飛機製成之後，必須爲十分透澈之試驗，待至試驗無憾，然後始行大批製造，現在所有各式單翼飛機，均經美國軍事當局試驗，極爲滿意，故美國現在國內航空隊中，已完全改用單翼飛機，不見雙翼飛機之蹤跡已。

(三)英國採用單翼飛機之有待

美國近以單翼飛機，製造改進，陸軍航空隊中，業經普遍採用，因之英國航空軍是否亦步武美國後塵，亦代以單翼式飛機，實爲目今最重要之疑問，不過欲答覆此種疑問，絕非一二言所能解决，蓋以內中應行研究之處甚多，諸須研討，然後始能爲最後之判定，雖在去歲，英國曾經製出數架單翼飛機，然以其尙有缺憾，故未取以爲軍事之用，緣以所製之單翼飛機，較諸同等之雙翼飛機重量太大，如果將來改用縮收之落地架，則以單翼式爲良，此外攻擊視界，飛機運轉性能，以及長度尺寸，亦均須爲改造單翼飛機中應研究之各種問題。

(四)美國改易單翼飛機後轟炸機速度之猛進

美國陸軍航空，自經採用單翼飛機而後，就中最大之變更，厥屬重轟炸機一種，在未經改進之先，驅逐機可以將轟炸機包圍，使不得逞其轟炸之力，既至轟炸機改製而後，驅逐機無論擇何種方向，均不能距轟炸機迫近，亦祇能尾逐而已，雖在空軍會操之際，關於此點，已經確切證明，當時有單驅逐機一隊，欲向下面一隊轟炸機撲攻，彼時轟炸隊隊長，即將油門大開，增加速度，待至驅逐機擬升 Zoom 而後，而轟炸機早又遠離數英里而外，緣以昔時轟炸機每小時祇飛行一百三十英里之速度，而現在則增加至每小時二百二十英里速度，是以欲依舊日戰術，以當此新式之轟炸機，當然有扞格難操之勢。

(五)美國除轟炸機而外其餘各種飛機之是否變更依其需要之情形而爲取决之標準

上述轟炸機因其速度變更，遂致戰術上發生極大變化，而驅逐機本以攻擊轟炸飛機爲其正當任務，現在轟炸機既然速度增加，驅逐機亦不得不設法增加速度，以爲恢復原有任務之計，此外偵察及攻擊飛機，同爲美國陸軍航空隊內軍種，亦不得不同時改進，故現在美國陸軍航空隊中，所有轟炸驅逐偵察攻擊四種飛機，均已改用單翼，此外所未改者，祇有教練機及運輸機兩種，惟在運輸機中，有一部分，改用單翼飛機，至於運輸機改用單翼理由，則以單座軍用飛機，組織成隊，未能多載人員，因之此種運輸飛機，即預備在需要之際，運載機械士至各隊內，以爲急切補充機械人員之計。

(六)餘剩雙翼飛機現時之分配

美國國內軍用飛機，既均改用單翼，因之在陸軍航空隊內，雙翼飛機，已經漸爲絕跡，至於雙翼飛機，何時再爲興起，實在未定之數，惟美國在單翼機使用之先，幾經試驗，然後始見諸實用，故其現在所製造者，其精進之點，已超於最初計畫之外，故單翼飛機，此時在方興未艾之際，不過以一國空軍機數之衆多，欲其一時爲完全之變更，在經濟狀況之下，亦實有所不許，是以將餘存之雙翼飛機，盡令駐於國外屬地，例如斐律賓巴拿馬夏威夷等處所駐之航空隊，尙屬雙翼飛機，此外訓練學校之教練飛機，亦爲雙翼飛機，至於國內空軍之精銳，則盡爲單翼飛機，以備抵制敵機來襲之用。

(七)美國軍用飛機中最初製之單翼轟炸飛機

美國陸軍中最初之單翼飛機爲達格拉司B-7式(Douglas B-7)有六百五十四馬方克梯思康克樂發動機兩架 The curtiss "Conqueror" 爲蒲里斯東涼式 Prestone cooled，該種飛機有伸縮落地架，有鷗樣機翼，且在機翼中有"V"形空間，能使駕駛員向機後四顧，發動機籃，則爲流綫形，位於機翼下邊落地架上邊，至機身旁邊，及尾翅外面，則均包以鋼板，機翼則用平常翼皮，此種飛機，爲輕轟炸機，可以載二千磅炸彈，及機員三人，至關於該機之性能，則仍在祕密，尙未發表，約計每小時可飛行一百七十五英里，翼長六十五英尺，翼寬爲十英尺二英寸，第三十一轟炸隊內均備有此種飛機。

(八)美國第二種單翼轟炸飛機

美國所製第二種單翼轟炸飛機即爲佛克耳B-8(Fokker B-8)爲General Aviation Corporation 所造，該機機翼尖削，高與機身平齊，發動機籃在落地架之上，安置於機翼以內，籃內放置克梯思康克樂發動機兩架，其落地架，則爲伸縮式，可以電力活動，在發動機籃下面，有輪貯器，雙輪收縮時，卽放入此間，與達格拉司B-7式相同，該機機身尾翅及機翼等，均屬於輕轟炸機一類，表面用機皮蒙護，機鼻之處，則圍以鋼板，該機可載機員三人，座位前後排列，現時美國第三十轟炸隊，均備有此種飛機。

(九)美國最近之單翼重轟炸機

美國單翼重轟炸機爲Boeing B-9式，製造頗優，該機為全金屬半圓體，Semi-Monocoque 機翼為低翼式，有六百四馬力何內德SGIR—1860B，Pratt and Whitney SGIR—1860B）發動機兩架，放置於機翼以內，其安放之處，正在伸縮落地架上面，該機特點，即安置一方向副舵 Sevo Rudder，如此駕駛員在節制大式飛機時，感覺吃力一層，可以減少，至關於該機之各種性能，發表於此者極微，據聞該機速度，為每小時逾二百英里，裝滿軍用設備及二千磅炸彈之時，其航行高度，可達二萬二千六百英尺，該機重量為萬三千三百五十磅，翼長為七十六英尺十一英寸，機長五十一英尺九英寸，機高為十一英尺七英寸，翼之最寬部分，為十五英尺，現在屬於第二轟炸大隊內之某一臨時中隊，即用此種飛機。

（十）美國馬丁轟炸機

當美國陸軍航空隊極力改製高速轟炸飛機，馬丁公司製有兩種飛機，一為B-10號，一為B-12號，可稱為轟炸機中之傑構，該兩機表面形狀相同，內部構造稍異，每種有六百五十四馬力雷得賽克隆發動機兩架，安放機翼以內，載重二千五百磅重炸彈，每小時可飛行二百二十英里，該種飛機等機身機翼樣式，十分新穎，其機身為緊殼形，Restrained Shell 極為堅固，而其重量，祇約抵圓形Monocoque機身之半，此外該機等特點，則為前面射擊員周圍，有透明射擊台 Transparent Turret 因之射擊效率極宏．為高速飛機中之所僅見，（據現在最近包爾頓蒲勒公司 Boulton and Paul 所製之歐斯蘭德飛機 Overstrand 其機頭前射擊台尤為進步）當落地架縮起而後，其飛行景象，恍如魚泳空際，該種機翼長七十英尺六英寸，機長四十四英尺，機高十一英尺，寬十一英尺三英寸，第九及第十一兩轟炸隊，均備此種飛機，據聞一俟多架製成，仍有其他兩隊，亦將為此種轟炸機之採用。

（十一）美國鮑應P-26式驅逐機

在驅逐機中單翼飛機之最著者，首推鮑應 P-26 式（Boeiug P-26），P-26為窄低翼全金屬單翼飛機，正在大批製造，政府訂購之數，有一百十一架，其第一批所製，則為三十四，七十三，九十五，各驅逐隊之用，以替換Boeing P-12 E式飛機，至其餘之驅逐隊，亦將採用該種飛機，一俟第二批製出，即將逐漸更換，該P-26式機體，為流線圓形；Streamlined Monocoque外有薄鋼皮圍護，機翼外亦有薄鋼皮包覆，與機身相同，翼上有自動橫槓，Cut-omatic Slot依其自動，可減速至每小時五十英里，惟亦可依照駕駛人之意，隨便節制，該機落地架不能收縮，發動機為瓦斯浦Wasp式，有六百匹馬力，該機最高速度，每小時逾二百二十英里，該機即因轟炸機速度增加，始有此種製造，翼長二十八英尺，機長二十三英尺七英寸，機高八英尺八英寸，翼寬六英尺，翼仰角四度，惟該種飛機之機輪，現又改擬為伸縮式，因之速度又復增加，此種伸縮輪之飛機，名為P-29式，現正在試驗中。

（十二）美國克梯思P-31式飛機

克梯思P-31式飛機，名為司威福特Swift，現亦正在試驗之中，該機之發動機，為康克樂V-1570（Gonqueror V-1570），有六百七十五匹馬力，該機為低翼全金屬罩座單翼驅逐機，附有自動橫槓及減速翅，Gutomatic Slots and flaps至駕駛座艙，則圍以透明體蓋護，Transparent Hood 在高速飛行之際，視界不致蒙蔽，翼長三十六英尺，機長二十六英尺。

（十三）美國現在之雙座驅逐機

美國驅逐機現雖趨於單翼飛機一途，然而雙翼式者，仍在繼續製造，近有五架 Detroit P-24已經製就，交付政府試驗，該機為低翼全金屬，根據 Lockheed 飛機式樣製造。機身為流線圓形，Streamlined monocoque 每小時速度，約逾二百英里，現在在第九十四驅逐隊所用者，為BJ.P-16式，此外又有Consolidated P-50式為P-25式改製，洵為最近產品，該機有七百匹馬力康克樂發動機，至其性能現在仍守祕密，該機仍為低翼式。

義。國新發明之變氣壓氣艇之模型

義大利航空之情形

葉廷元

航空事業。日見發揚。若法若英。固可稱爲航空先進之邦。於航空學識。多所發明。卽義大利對於航空科學。航空工程。亦多有所創造。所製之陸上飛機。海上飛機。半硬式氣艇。皆爲世界列强之所讚羨。緣以義大利之人材濟濟。是以在航空界內。亦可享有盛譽。以言乎航空機械之人才。則有柯魯克上校Col. Crocco、柯思坦季上校Col. Costanzi、李克爾多尼上校Col. Riccaldoni、阿那思塔西歐教授Prof. Anastasio、巴那笛教授Prof. Panetti、蓋多尼教授Prof. Guidoni等。以言乎設

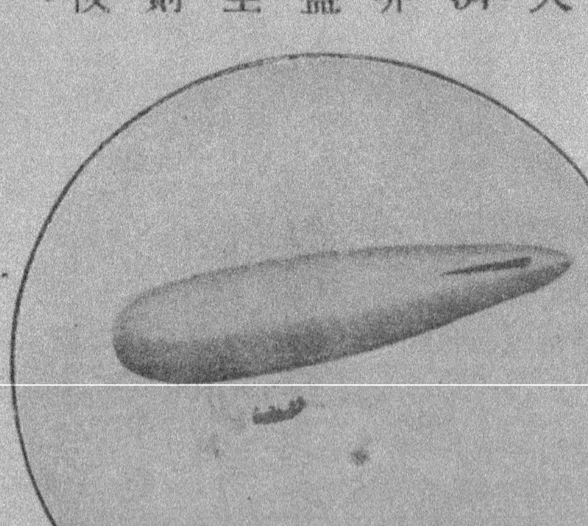

義國著名小氣艇"S.C.A"式

義國撒威亞第五十一式水面飛機

義國撒威亞水面飛機

計之專門人才則有羅薩德里 Rosatelli、康富倫德 Conflenti、托尼尼 Tonini 馬齊地 Marchetti 佛拉尼尼 Forlanini 喀巴 Cappa 諸人。即在歐戰期中所造就之航空實業人才。計有五十萬人之多。待至歐戰告終。航空實業猶蒸蒸日上。彼時毗連義大利之各邦咸引義國爲航空之勁敵。然而時至今日。歐洲各强國盡已成立各處航綫。惟獨義大利國境以內。尚不聞有何種商業航空之成立。及軍事航空之發展。義國柯思坦季上校 Col. Tug. G. Costanzi 爲互賽會議時航空會議之代表。並爲巴黎協約航空委員會義國航空技師之代表。曾著義國航空論說。言極痛切。意謂義國之航空退步。咎在於政府之未能提携。而反取消極之政策。在大戰甫息之後。舉凡英、法、比、德、荷蘭等國。不惜出其全力。以維持航空實業。並將軍事航空改爲商業飛航。而在義大利政府則在戰事告終以後。不作積極籌備之思。反爲清理結束之計。凡戰時所設之航空機關。多改他種名稱。以爲他項機關之用。此在政府方面。雖乏於提倡之術。然而該國公司所製之飛機。多有出口轉售他國。反爲異國人士之所重視者。試取歐洲地圖以觀。綜横錯雜。大抵皆英、法、比、德、瑞士、羅馬尼亞、俄羅斯之空中航線。而義大利雖

義國大氣艇「羅馬」號

號稱强國。尙未聞有何種航線。是眞不可思議者也。近日英國報章。載有英國將籌出鉅款。建立一飛航公司。以爲英國埃及及近東各地間飛航之預備。據此以觀。是英國欲擴張航空勢力於東方。已毫無疑義。如此則歐洲東南部航空勢力。不屬於附近之義大利。而反歸諸於孤懸海外之英吉利矣。是以義國報章。近曾發表意見。勸告政府。允宜提倡商業飛航。以爲保持航空權利之計。且商業飛航。爲萬國交通之急務。宜順世界潮流。俾使航空事業。飛騰發展。如此始不至落於各國之後。綜觀以上義國報章所言。是航空事業。實爲不可緩之要圖。彼義大利。猶强國也。苟不思所以提之。尙有人擬乘暇而有以擴張其勢力。返觀我國。能不思所以自全之道乎。

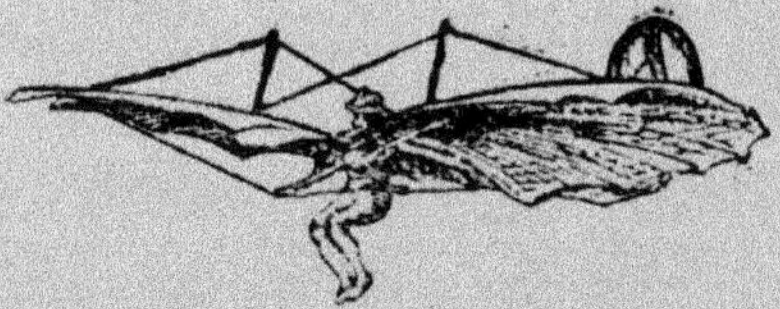

空中之無敵者

葉廷元

歐戰時飛行的英雄。在法國有顧乃梅、馮克、杜林查、普德。在英國有畢紹、普馬克、登福拉德、烏里德馬隆、韋金森、羅司維、黎德里、包爾。在美國有羅佛貝、黎肯巴克、甄內德、伊梅爾、滿包伊克、黎祖風。而其中最卓卓著名的。則惟有法之顧乃梅、馮克。美之羅佛貝、黎肯巴克而已。顧乃梅以一亭亭玉立之靑年。祇因出於愛國之熱誠。竟致披堅執銳。戰死疆埸。不獨法國人士。提起顧乃梅三個字的。爲之潸然。卽非法國人士。凡具有愛國之同心的。亦爲之欷歔不置。曾記蒨君弔顧乃梅云。負天翎翮。絕雲岑。豪氣如虹。空古今。遙想巴黎花似錦。六街猶望羽仙臨。是其生前之豐功偉蹟。死後之遺愛在人。已溢於言表了。惟顧乃梅之一生事蹟。我已經在他報敘說過。本無須再把他的名字提起來。祇因爲給顧乃梅復仇的人。就是馮克。

馮克

FONCK

馮克固然是在歐戰時立了許多的戰功。而替顧乃梅復仇的事。更是馮克知名的絕大原因。是以欲敘述馮克的事。不能先不把顧乃梅的事情再略爲叙述一下子呢。

馮克在歐戰時。與顧乃梅同在法國最有名的仙鶴飛行隊一起服務。馮顧二人的交誼。那是最好不過的了。自從顧乃梅被衛思滿擊落以後。馮克時常懷雪仇之念。果然有志者事竟成。不及兩禮拜的工夫。馮克竟把德人衛思滿擊落。既替祖國立功。復爲至友雪恨。這總算是難得的吧。總計在歐戰期內。馮克擊落敵人飛機。多至五十餘架。時常有敵人把他圍起來。在旁人處其境者。絕無倖免之理。而馮克出入於敵人之中。竟如天馬行空。夭矯自如。不但不爲敵人所擊傷。反能將敵機一一擊落。卽敵人之未受創者。亦將望風而遁。不敢與馮克一決其雌雄。在千九百十八年五月之某日。馮克在空中偵察之職務。飛至索愛森地。突遇敵人之雙坐飛機三架。馮克用鎗向之射擊。不及十秒鐘的工夫。敵人之飛機已有兩架燒着在地上。繼而馮克復遇德人戰鬥飛機一大隊。馮克發鎗擊之。當時打落了敵人飛機三架。其餘的也就七零八落的逃回去了。在此事以後。馮克復於某日飛過戰線之時。於二十秒鐘以內。擊落敵人雙翼飛式大機三架。馮克在歐戰期內。身經百戰。然而他的飛機。從未着敵人一彈。實在是他運轉的靈便。駕駛的純熟。描準的準確。非旁人所能企及的了。現在馮克在法國中算得起惟一無二的飛行員。並且人人都稱他爲「空中之無敵者」。我很盼望我們中國飛行界將來也多出這一類的人才。爲我國增光纔好呢。

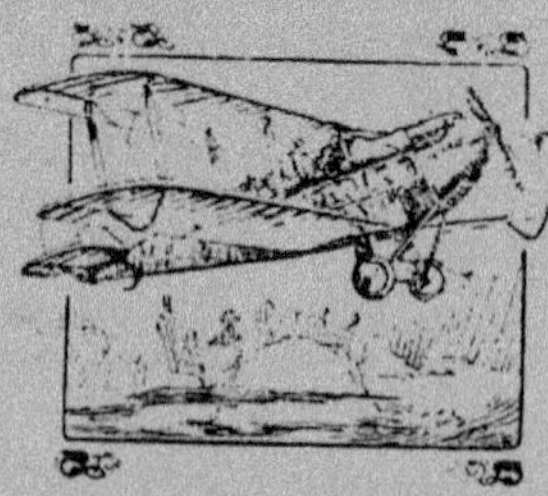

不用人駕駛之自動飛機

——可驚可駭之未來軍器——

葉廷元

航空學術。日異月新。彼人力駕駛之飛機。興不十數年。而近日又有不用人力自動駕駛之飛機出現。自駛之飛機。即不需人力駕駛之飛機也。此等飛機。在歐戰期內。已經有所發明。然而事屬萌芽。尙未臻於實用。近者美國航空局費數年之心血。慘淡經營。造一自駛飛機。試驗結果。極饜人士之望。然而在航空界內雖生面別開。而在戰爭之時。又多一殺人利器也。

美國航空局所造之飛機。爲一小式飛機。翼闊二十英尺。冷空氣之發動機二十斤。能載有用重量二百五十磅。可飛昇至預定之高度。飛行平適。能保持左右之平衡。毫無側滑之弊。即在雲霧之中。其飛行之平穩。與飛行於天氣晴明之時。毫無差異。較諸人力駕駛之飛機。更覺平妥無碍也。

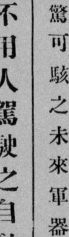

在千九百十一年之時。司普雷旋轉儀公司 Sperry Gyroscope Co. 即試造自駛之飛機。在千九百十三年已試驗成功。在千九百十四年。曾在法賽會。得有獎金。彼時賽會飛機之數極多。惟司普雷之製。優於其他之飛機。可見自駛之飛機。已早濫觴於美洲大陸也。

最近美國所製之自駛飛機。爲軍事上之用。機上有旋轉儀二架。旋轉儀之運用。由於生電器所發生之電力。而此生電器則與發動機相連。飛行之方面。或前或後。或上或下。則視旋轉儀之挪動。而旋轉儀之力。所以能達於飛機者。則藉蒸氣之力。故旋轉儀則猶人之腦筋也。蒸氣之力則猶人之筋肉也。而氣弁氣管引蒸氣達於飛機者。則猶人之神經也。此種飛機載以炸彈。直百發百中矣。

近日美國航空局發出通告。略謂昔日飛機之運轉。在於飛機上之節制機關。而此節制之機關。在乎人力之旋轉。近日發明一種節制機關。不用人力。純恃機械上之運用。其飛行之穩妥。較諸人力駕駛猶有過之無不及。近曾試驗多次。備得滿意之結果。曾飛行九十餘英里之遙。無論何種飛機之上。皆可安置此種節制機關。且遇天氣不良、雲霧迷濛、或風雨簸盪之時。較諸人力駕駛之飛機。尤覺妥適。在此次試驗節制機關所用之飛機。爲一小型飛機。翼闊二十英尺。附有六十馬力之發動機。載二百五十磅。在飛昇以後。其飛行之高度。與預定之高度。毫無差異。且附有此種節制機關之飛機。可飛昇至極高度。並據識者稱。此種飛機之上。可載以炸彈。無論在水在陸。行至目的物之際。卽可自然拋下。並可發生極劇烈之破壞力。至於他種軍事上之用途。亦行將發現云。

最捷速之交通器。當推航空器。
最銳利之軍用器。當推航空器。

史薈

航空史

航空最初之歷史

葉廷元

古希臘之神話

航空器之盛行。纔數年間事耳。然其理實爲天地間所固有。試觀飛禽之翱翔空際。往復上下。無不迴旋自如。人爲萬物之靈。其能力之高出於飛禽者。何止萬萬。則凌空終必有術。又何疑焉。

希臘神話。有達大盧 Daodals 及其子伊喀盧 Icarus 曾從希臘至克列時。不幸見怒於國王。二人恐甚。乃以蠟粘鳥羽作四翼。駕空逃去。伊氏好勇。凌虛近日。蠟爲之融。羽毛散而墜於海。其父老成持重。安抵於西西利島 Sicily 焉。

此神話之事蹟。本虛無漂渺。血流漂杵。豈可盡信。而論者至此。亦不過備考證之資。見上古洪荒之世。已有從事於航空思想者。彼時以爲大地離日。相距匪遙。致有飛近日邊之說。若識距五十英里即入眞空。而距九千萬英里之遙。始近於日。再知斷不爲此飛近日邊之荒唐之說也。

術士西門之事

當羅馬尼羅 Nero 之世。稱有術士西門 Simon 欲假一廣大之平面。作凌空之飛行。初試即墜落而死。

撒拉森人之事

至十二世紀中。復有撒拉森人。欲自君士坦丁 Constatlnople 某樓頂上升。亦跌斃焉。

中世紀製造飛機失敗之原因

此後歐洲中世紀謀乘空之計畫者。代不乏人。而前仆後繼。終歸于敗。蓋於物理之定性。及駕駛之法術。未克深知。不然。飛機氣艇氣球等。層層迭出。早見于中世紀前矣。

十四世紀之初。關於航空學之物理原則。始逐漸發達。有意大利人羅那多者。Leonando de Vinci 長於各種藝術。舉凡油畫雕刻及哲學諸學問。皆號稱專家。始爲物理上之研究。以爲飛行之準備。視前此西門及撒拉森人。純以術數逞其材智者。則大相逕庭矣。羅氏著述飛行大旨一書。所發明之意義。尚沿襲至今。著有效驗者。

飛行家始爲有理性之思想

羅氏創有飛機。飛機中有架。上可跨人。附於架旁兩翼。迴若鳥形。下動則闢。上動則闔。闔闢則向空逆行。速度極慢。闔之則反是。

羅氏之飛行機

羅氏之別種發明。則有下落傘。Parachute 及直落飛行機。傘自羅氏時已爲世用。相傳至今。至直落飛行機。則曇花一現。後竟無聞。良以缺憾正多。實難一一試用。總之能以航空學術之原理。以製造飛機巧妙之形式者。羅氏爲第一人。此固斑斑可考者。

賽蘭郱之幻想有助於航空

紀元後一千六百四十年。法人有賽蘭郱 Cyrans de Bergerar 著書。稱有遊人乘烟泛月。此純乎幻想之詞。其意以爲大地空氣。直逼月球。故人可因烟氣而上升。事固極於荒誕。而理則近於平常。即烟氣上升之說。已足資後人之助。吾人今觀氣球上升。多藉烟氣。或瓦斯氣體。孰非因賽氏之說而倡大之歟。夫賽氏之說。本出於理想之臆度。不知後人即可因其烟氣上升一語。而製造氣球。是以天下事偶有爲幻想家一時快心之談。而竟爲後世實驗家偉大發明之資。此非獨前世爲然。即以今日言之。設有幻想家之所言論。安知不爲二十一世紀普通之事理。故吾輩論及往事之臆說。及近今之言論。應分別其眞僞是非。果屬無稽之談。自無研究之價値。苟可以事實證明者。則又當別論也。

今設有人造作言語。謂有一物焉。運動至千萬世而不息。固可斷言其妄矣。如更有他說。謂是物之不息

美國測量空氣溫度之法

弗蘭納氏對於航空之新言論

鳥形飛機之始

也乃藉地球運動之力。也乃借潮流之力。也乃借新發明燃料之力也。或借某種原力。尚未爲吾人所發現者。如是之言。未可斷言其妄。蓋科學昌盛。日進月精。如以爲今時未發現之事。其言論皆不可盡信。則吾以爲現今之無線電及埃克司光線等。尤奇於未經目覩之事也。

猶憶數年以前。謂駕駛重於空氣之航空器爲荒謬之事者。頗不乏人。爲是說者。蓋於空氣之壓力。未能一究心研察之耳。返觀賽氏抵月之說。吾固知其妄矣。而所以知其妄者。則由於學問上之考察得之。蓋空氣愈上愈爲稀薄。而壓力愈減。吾人自平地上升。陡至天空。其空氣濃薄之比較。有不可以道里計者。吾人懸想其大概距地五十英里之遙。猶可爲氣球遊行之界綫。過此則非各種氣球能力之可及。何況人乎。昔美國觀象臺欲測量空氣之壓力及溫度之高低。乃以輕巧測量器。附於下落傘。用多數氣球。升諸天空。球皮質極薄。有靭力。空氣愈稀。則球體愈漲。直至內部所含輕氣之壓力爆裂。因下落傘下降速度極弱。得以緩緩測量空氣溫度。高下等差。皆有標示證明。而此次氣球所升之極度。幾逾二十英里。

紀元後一千六百七十年。弗蘭納 Franris Lana 欲以銅球助飛機上升。球體極大。將球內空氣抽盡。意以爲空氣既有重量。抽之使盡。則球體輕而上浮。不知球之表面。每方寸仍有十四·七(二七·?)磅空氣壓力。以洩其上升之勢。然弗氏物體輕於空氣則可上升之原則。與賽氏烟氣有上升力之說。皆足以提携後人而垂不朽者也。

一千六百七十八年。法國有製鎖匠貝斯尼爾 Besnier 始創四翼之飛機。翼用手足之力。可上下開闔。而終未見成功。然後世鳥翼形之飛機。則又嘗以貝氏爲鼻祖。

此後諸人皆欲步貝氏之後塵。而專功鳥式之飛機。然舍貝氏之意。皆無所新發明者也。

繼此復有孟氏兄弟。兄曰史担芬。弟曰周斯福。Josephand Stephen Montgolfier 居愛威農 Auignon 之安那尼。Annonay 於千七百八十二年。始致力於航空之術。識烟氣既可上升。二人即欲因勢利導。以求駕空之術。是年十一月。其兄史担芬造一絲質球。內約輸四十立方尺容量之烟氣。初試於室內時。升觸屋頂。至後又升諸天空。約高七十五英尺。

自此次而後。孟氏兄弟復造一較大之球。容量六百五十立方尺。圓闊約三十五英尺。於次年四月三日。欲一試其飛升之高度。而爲風所阻。因之成效未彰。繼復於月之二十五日更試。球可升高一千英尺。並盤旋四分之三英里之遙。

是時法王聞其事奇之。乃於是年六月五日。三試其技。球質麻布內襯以紙。緣二人復業紙商也。球圓約三十五英尺。燃燒草木輸烟球內。迨滿後放諸空中。升高約七千英尺。盤旋往來。計佔一英里半之面積。

是年九月十日。更試藝王庭。王后亦臨視。球載鷄鴨羊各一而上。旋繞空間二十分鐘之久。始降落於附近之樹林。所載之物。毫無傷損。而此次所用之球。則大於曩時。高五十一英尺。圓闊四十一英尺。

氣球載重始於孟氏兄弟

縱觀以上所可注意者。即氣球可以載重之事實。此爲孟氏兄弟之始創。

氣球始用輕氣

一千七百八十三年八月二十七日。羅巴特氏 Robert 與查理斯氏 Chasles 始以輕氣充滿氣球。飛升於空中。始試於法京巴黎。前美總統弗蘭克林曾親見其事。

氣球始用蒸氣

是年十月十五日。羅茲爾 Pilatre de Rozier 乘氣球上升。下端繫以長繩。球內純用蒸氣。即他書中所

氣球始載人自由飛行

氣球飛經英法之始

氣球始用於戰事

南北美戰爭用之氣球

徐柏林識氣球之重要

謂湯氣也。並携火上升。所以便熱氣源源不絕。此次升高八十尺。在空中盤旋者久之。

是年十一月二十一日。羅茲爾氏復與爰蘭的公爵 Marguis d Arlandes 製湯氣氣球。上可載人。自由飛行。昔人欲以機械之法製造飛機而不成功。一般人士早已心懈。不復從事於斯。而自此自由飛行而後。世人又移其心力而研究氣球之術焉。

一千七百八十五年一月七日。英人加富來博士 Dr Jeffries 及其友希蘭卡得 Blanchard 自都謂而 Doyer 經海峽。至法喀來 Calais 地。而氣球之實用自此始。

一千七百九十四年。弗陸魯戰事。Fleurus 始用氣球偵查奧人軍隊之調遣。而又恐其漂泊也。下端繫以多數長繩。爲因名此種氣球曰不自由之氣球 Captive Ballon 當一千八百六十一年南北美戰爭之始。氣球學者羅伊氏 C. S. lowe 服役于林肯馬那薩斯之役。北軍得以不失地勢者。羅氏之力爲多。是年一月二十四日。始組成氣球隊。隊有長率官弁五十人。發氣機二。運氣球車二。載酸素車一。次年氣球隊復編入買克克蘭軍。五月四日。更校閱其偵察之能力於約克城斐爾歐克司之役 Fairoaks 北軍之調度。盡恃氣球爲耳目焉。

南軍知氣球偵察之重要。欲製造氣球以相抗。然苦絲質之缺乏。乃求諸宦紳婦女。故當時多有舍其絲質之裙。以供氣球之用。球成於六月二十七日。始於利齒蒙得 Richmond 偵視北軍。然被俘虜焉。當戰事時。人稱德徐柏林伯爵 Count Zeppelin 曾於北軍戰線上乘氣球作壁上觀。始識飛機於軍事上偵察之重要。

氣球用於戰時通外界消息

十八九世紀氣球之區別

氣球純借風力

法人基發始欲借機械之力助氣球逆風而行

喬其蒂雷製汽機事

一千八百七十年及一千八百七十一年。普法之役。法京被圍。而能與外界通消息者亦氣球之力也。

統觀以上經過之歷史。知十八世紀末。氣球始能飛升於空中而能任人意飛行則在十九世紀之末矣。

前言氣球任人意而行。然亦有不可如人意而行者。蓋順風而行則可。逆風而行則難也。乘氣球者苦靜立於空中。下視地球。返退而疾走。亦如人之乘火車者同。蓋氣球純借順風之力前行。身在其中者。反不之覺也。

此後知氣球飛行猶不自然。乃欲求以機械之力。逆風而行。然當時前進機器重量甚大。事不果行。直至一千八百五十二年。法人基發得 (Giffard) 造長圓形氣袋。長百四十英尺。圓徑三十九英尺。袋下挂一車。載三馬力重四百六十二磅之汽機一具。以今日每馬力只需一磅有零者較之。相差何啻天淵。然彼時即最低重之馬力也。此汽機催動螺旋前進機。每小時可行六英里半。較之昔日隨風漂泊者。固大有進步。然此乃行於風力甚微中之效果耳。蓋駕駛者於微風時每小時可逆行三十英里。遇烈風只可行六英里半之遙。若依此計算。今於微風時只行六英里半之遙。則遇烈風時。其比例又當何如乎。

在基發得氏以前。十九世紀初。曾有致力機械飛機者。前已言之矣。今欲回言喬其蒂雷 (George Capley) 事。當一千八百零九年時。喬氏曾製一機。其平面有三百方尺。令其左右動轉進行。一洗從前直進之法。以便減少空間之阻力。機重五十六磅。可載重八十四磅。然當時惟以無輕便之發動機相助為用。終不過為自高而下之一種直落飛行機而已。後此機復自高墜損。於是喬氏之功亦至此而止。　(未完)

亨孫氏飛機模型之缺點

文哈母氏謂翼長須

史薈

航空史 續第二卷第三號

航空學之發達

葉廷元

自該索林 Gasoline 汽油機興而飛航之道顯設輕便之汽機不待近世發明則飛機早見於百年前矣。故昔時發明家欲以飛機顯而未竟其用者非諸人理想之妄特無輕便汽機爲之援助耳。

飛機之興歷有年所而可望有成功之計畫者則首推英之亨孫氏 Henson 時一千八百四十三年也。亨氏謀製空中汽車車有雙翼展開時約一百五十英尺面積四千五百方尺車有尾面積一千五百方尺重三千磅用二十五馬力之汽機催動二十英尺之圓綫螺旋槳以駕駛前行然卒未成功因之論者紛起有謂需三十馬力者有謂需五十馬力者有謂需六十馬力者甚至有謂需一百馬力一百一十四馬力二百四十七馬力七百零一馬力及四千五百一十馬力者

一千八百四十五年亨氏與其友司特凌費羅 String Fellow 復製一模型飛機重三十磅兩翼面積共七十英尺。然所製與物理學上之定性 Stability 多有不合故亦未能一試飛也

一千八百四十八年司特凌費羅更製一模型飛機翼長十尺以極小之汽機駕駛雖可飛升然不過欵欵而行若蜻蜓點水而已。

一千八百六十六年復有英人文哈母氏 Wenham 曾發明機之雙翼長須較闊尺寸極大然後可適

用言之固甚確鑿。亦曾見諸實行。然當時持論。亦有與文氏相反者。蓋謂翼之前後尺寸較大。則可減少前行之阻力也。（較闊尺寸極大）

一千八百八十四年。非立布氏 Phillips 創造飛機。曾得有特許權。機有翼五十。皆作彎曲形。前後相疊。距離各二寸。每翼長二十二英尺。寬一寸又半。共佔面積一百三十六方尺。雖可上升。然未能穩行。終憾事也。（非立布之飛機）

同時復有法人的思三得氏 M. Tissandier 造一附有汽機之飛機。以一馬力又半之電氣發動機催行。每小時可行八英里。（的思三得氏之飛機）

一千八百八十三年至八十五年。法蘭西雷那德氏 Renard 及克列布氏 Kreb 二上尉。製固定機 dirigible 長一百六十四英尺。圓綫二十八英尺。內可容六萬五千六百立方尺氣體。外有六馬力發動機催行。此飛機上升七次。而落原處者五次。法政府以其能返原地。始爲重視。而造成各種飛機之計畫。遂以此爲濫觴。（法政府重視飛機之原因）

後當一千九百零一年十月十九日。有巴西少年都蒙得 A Santos Dumont 旅居法京白羅堪堡 longchamps 飛行繞愛非樓 Eiffel Tower 一匝而歸。杜遲氏 M. Deutsch 奉之二萬圓以酬其功。都氏此次飛行二刻之久。往返二英里。至次年夏。都氏飛行數次。皆失敗。至第七次。復乘固定機繞前行路一週。較先時又逾數秒鐘之久。雖都氏此次未蒙工藝上之特獎。然其苦心孤詣。擘畫周詳。亦頗得賚賜云。（都蒙得氏之飛機）

一千八百七十二年。法愛得氏 Cader 製鳥樣飛行機。二翼長約二十六尺。須借人力以上下開闔。製成（愛得氏製鳥樣飛行）

機借人力以行力有未逮愛得氏復造蝙蝠狀飛行機

重五十三磅即識其不能飛行蓋愛得氏最初之計畫未免望於駕駛人之腕力過奢也。

數年後愛氏復造一蝙蝠狀飛行機重一千一百磅上備二十至三十馬力之汽機翼前有四扇螺旋槳 Four-bladepropellers 一具可用汽機催動翼之面積共計二百方尺昔有人言此機曾飛行五百英尺之距離。然耳食之談未經目覩不知其究竟若何至一千八百九十七年一月十四日此機墜損法政府官員親見之。

昔時飛機墜損之原因

飛機墜損大半原於飛行中漂泊無定致蹈顛覆之禍。蓋製造之時於物理學上之定性未能一探索無憾。直至近日此物理學上之缺點始能免除往昔所製猶有存者。今則科學發明此種飛機已不適於用矣。而今日之飛機製造之缺點則多在下降之際及螺旋槳所發生之危害。蓋螺旋槳旋轉之速度每分鐘自九百次至一千五百次人若當之手可立斷。果製造時駕駛處逼近輪機則其害有不堪言者。

李林茲爾氏於航空學多所發明

德人李林茲爾氏 Lilienthal 於航空學多所發明自幼即究心於此術然不爲孟浪之舉好問愼思謀定後動雖進步極遲而其法後人多珍視之當其發軔之始不過製兩輕翼試降於高阜之上始則數尺繼則十五尺漸進爲二十尺。

飛機於無風時或順風時較易於逆風而行此固人人盡識者。然李氏則始終以弭此缺憾爲懷故平日總試行於逆風中所製各種降落機色色形形無所不有蓋欲於此中求其最簡單適用者每一機成先由最低之高處試行待至手足嫻熟運轉靈便始自漸高之處飛行也

李氏潛心攻術之日在一千八百九十一年至其沒世爲一千八百九十六年試驗飛行之時築土爲山

高五十尺。基長二百三十尺。以求自高飛降之用者。

山成李氏屢試之因之頗有心得嘗稱飛行中兩臂挂於機上不動而以下身之力運轉之機傾斜者可使之平。又可以任意之所至行之有日李氏頗得此中三昧果使天假之年其發明更當有可觀者乃不幸於千八百九十六年時飛行中遽遭風殞。可哀也已。

朗雷氏始作固定之翼

當諸人正茫茫從事於飛機事業毫無成功之日華盛頓司米思左尼恩大學教授朗雷氏 Prof. S. P. Langley of the Smith Sonian Institution 始以科學上之考察作根本上之計畫嘗以爲鳥翼上下開闔。此乃天成。斷非人力果欲執鳥之兩翼爲飛機之模型將見用力愈多而成功愈遠於是始作固定之兩翼。適似今日飛機兩翼之形。以螺旋前進機催趲而進。

朗氏曾製一大旋轉輪用以考察各種進行機大小形式種種不一以各種速度一一試之因之蘊奧盡宣優劣畢現并以比例排列一目了然自此次試驗而後始識從前之舊說未可盡信也。

蒸氣最適用於發動機

一千八百九十一年朗氏刊行曠代僅見之書即關於航空力學之實驗一書是也書中稱由自身之經驗飛機可見諸實行以當日發明之機足可供構造飛機之用惟最難之點亦在選擇合宜發動機一事壓迫氣也炭酸氣也電力也彈簧力也弦力也撚力也皆一一試之而最適用者仍爲蒸氣。

朗氏之飛機能免顛覆之故

後模型飛機成重二十七磅以湯氣汽機飛行於華盛頓之普陀馬河上者三次自半英里至四分之三英里而止所可注意者即朗氏對於物理定性素有研究故此機飛行時疾徐適中毫無輕欹之患當落水面時成銳角形旋轉而下後美國陸軍部欲竟其功許以五萬圓資助其試驗及製稍大載客飛機之

歐克達弗查牛特氏爲航空始祖

費。當時朗氏之助手滿雷氏造一輕便五汽缸該索林汽機。以備朗氏用。惟汽缸環列凸出。勢極不便。滿氏意若置汽缸於發動機內。則架可不用。而贅累可省。終以不便於用。朗氏復變發動機爲汽缸形。安置架上。以免架凸出之患焉。

朗氏昔製之模型汽機。本借弦力(彈簧力)以昇於空中。然彈簧力只可用於飛機之小者。稍大則彈簧之力微而不顯。朗氏所製大飛機。成於一千九百零三年時。仍依前法。以擿其飛行。兩次皆失敗。機亦破碎。自是後朗氏囊橐既空。而飛機復損。亦只徒喚奈何而已。後數年卽亡。有稱其因報章訕笑之故而痛心致死者。

朗氏死後。其所發明頗有可采。後之學者頗能證其所言之是。果使有餘貲研求此術。成功當可必也。

一千八百九十六年。歐克達弗查牛特氏 Octave Chanute 始試行降落機於芝加哥附近地。共製有五機。而形式分四種。一曰多翼式飛機。二曰三翼式飛機。三曰李林茲爾氏飛機。四曰兩翼式飛機。歐氏經驗既廣。嘗以所得告雷氏兄弟。Wright Brothers 蓋雷氏兄弟當時始着手於航空學。後歐氏在伊立牛省立航空會。Aero Clubo fIllinois 被舉爲第一任會長。今人常稱歐氏爲航空學之始祖云。

英人馬克茲母氏 Hiram P. Mexim 亦素究心於禽鳥之學術者。日久聞見甚廣。知飛行愈速。則升度愈高。先此朗雷氏亦曾識之。故馬氏亦以製一種輕便發動機。極爲適用。法用雙蒸汽機。每方寸加以三百二十磅壓力。可得三百六十三馬力。機重三百四十磅。汽鍋重一千磅。故每馬力合四磅又半也。較當時所用固定汽缸冷水發動機。其輕便實相伯仲。馬氏所創汽鍋。卽水管之變象。以油質燃料助水之蒸發。此馬氏蒸汽機構造之大略也。至其飛機。亦實偉大。長約百尺餘。重約及四噸。翼之面積。實夠四千方尺。有十八尺之圓線螺旋槳二。以助其前行。此螺旋槳可隨行二千磅重之物者。

馬氏機既成。不欲輕於一試。恐蹈損裂之覆轍。乃築軌道以驗其飛升之力。又恐其中途離軌。乃上護鐵欄。以備不虞。不意一千八百九十四年七月三十一日。飛機終破欄而出。墜損於地。

此機工費浩繁。所費不下十萬元。想成績當有可觀。然終未能飛行之故。其或因朗氏自出心裁之計畫未盡適用。及於物理學上之定性有所缺憾也。今人常稱朗氏飛機若付諸今世老於駕駛人之手。必可在空間飛行。此說雖未敢盡信。然其耗磨心血多年。始克製成此機。則此機之價值。及朗氏之名譽。自當有可取者。

馬氏之異於朗氏者。以馬氏處處於科學上之考察。不如朗氏也。若以馬氏之法求成功。不若以朗氏之法轉省也。今航空之術。已發達極處。前此缺憾。雖掃除無遺。然駕駛者猶必須教練而後可。反觀前人從事於此之際。既欲求各種機械（如發動機汽機等）之精良。復須求駕駛之新法。其難易爲何如。彼時各種機械不盡完善。定性未全脗合。加以風力飄忽。方向無定。亦未能求可以抵拒之法。是以前此數年研究航空事業之危險。自屬當然之事耳。

（未完）

航空史續 第二卷第四號

航空之成功

葉廷元

雷氏兄弟所製飛機本於氣體動力學之原則

威伯雷特 Wilbur Wright 與歐威雷特 Orville Wright 爲與西歐達坦之自動車修理者。於十九世紀纔查牛特之後。從事於航空業。始注意空中駕駛之術。其後製一雙葉平落機（無發動機之飛機）於三年內。在北加羅林那之海岸計飛翔千次。又效查牛特氏所爲。擇近水沙磧之地。常以其機逆風而行。機長度約六百尺。若飛行值巨風時。可停留空中多時。勿移於平落機之平衡及駕駛皆得其妙。蓋本於種種氣體動力學之原則也。

雷氏置機翼於一角端較低於機之中部。藉以保持其側面平穩之一定。此種製造法與朗雷馬革茲母李林塞諸氏所用相反。然實際上則獲同一之效果。在雷氏機中其雙翼斜向下方成兩面角。名之爲負號之兩面角飛機。彼等既習航空術後。製一十六馬力加鎖林汽油之發動機。其汽缸與機平行。以減少其前進之抵抗力。更以二鐵鍊聯之於兩前進機。機以反對方向運動中一鐵鍊爲被橫截。以鋼鐵之管引之。

雷氏之始用此鐵鍊以導力也。致多數人之非難。然其靈效遠過於所期兒者。且雷氏先時之機。僅以微少馬力飛行。實可證明其於多數前哲所完全忽略之問題。予以正確之解答也。

第一次以較空氣重之飛機飛翔者。即用此十六馬力雷氏所製發動機。地在北加羅林那克魯笛威丹士。時千九百零三年十二月十七日也。在每時吹二十二英里之風力中逆行四十尺後。昇高十尺。更行十二秒鐘之久。其後試驗。更爲時間較長、高度較高之飛翔。有於五十九秒鐘昇至八百五十二尺者。雷氏兄弟於是遷其業於達坦。且於一千九百零四年之秋季。完成其第一次空中事業之段落。初雷氏兄弟之飛行。外人罕能證明之。而關於伊等才智事實之流傳。尤不見信於一般社會云。

當其時美國政府不知注意於航空。雷氏兄弟乃獻一每小時速度三十英里之飛機於法蘭西政府。代價二十萬元。法人疑其成功弗實。遂拒絕其供獻。雖然、此一飛機之獻也。引起社會上對於航空之注意。且得知飛行之實現。固指顧間耳。

値其時著名之固定氣球家山圖士 Santos 達孟特 Dumont 在法蘭西致力於以機械飛行之問題。其第一次之功效。爲可行三十尺之短距離。時一千九百零六年九月十三日也。是年十一月十二日。伊爲一七百尺距離之飛行。得法蘭西航空會許多之奬譽。以此次之成功。法人始瞿然驚起於其空中駕駛之行程云。

一千九百零七年之十二月。美國之偵察隊徵求能以飛機載一駕駛員、與一乘客、並載有可行一百二十五英里之燃料。能飛行一小時之久。其速度不得減於每時三十五英里。於是雷氏兄弟應徵。製一飛機。如所徵狀。且其速度每時達四十英里。價二萬五千元。

法蘭西某公司欲以一百萬元買收雷氏之特許權。稱伊若能兩次飛行。有每一小時行三十一英里之速度。載一駕駛員與一乘客。備行一百二十五英里之燃料者。卽可得所定金額。威伯雷特乃赴法備試驗。同時歐威雷特亦盡力備美國之徵求。及一千九百零八年八月八日。威伯雷特以如法人所求狀飛行獲獎。且爲新記錄云。是年九月二十一日。伊以一小時三十一分之時間飛行四十二英里。又於十月十日。伊與一乘客飛行一小時餘。此次飛行其高度達三百八十英尺。及十二月三十一日。伊以二小時二十分鐘行七十七英里之遙。距離之遠。時間之久。前無逾於此者。

雷氏爲長距離之飛行

航空一事由此乃發達甚速。引起多數之機師與科學家。皆因此多次之飛行。信飛機之利用。關係於將來甚巨。此種注意以在法蘭西爲尤甚。伊等以其想像力與熱心。欲一新科學之發達。亦其一般國民特性之一端。故其中多成世界之善飛行者。

魯意布羅特之飛行

法蘭西之工兵隊中。有魯意布羅特 Louis Blériot 者。於一千九百零九年七月二十五日作成一事。可以垂諸史册。爲航空界之一大成就。蓋是日曜日清晨。伊於法蘭西海岸試驗飛行。於十五分鐘後。達英格蘭海岸。同時一法之破壞艦受命渡此海峽。俾爲臂助。以備不虞。

布羅特瞬即飛越此艦而近都威爾之英格蘭白堊岩而行。旋爲風吹遠其航線。然彼卒達英之海岸至都威爾。且降落於都威爾附近之城堡。於此事伊被許可受倫敦某新聞紙之獎勵。當其在倫敦與返巴黎時。皆受極盛之歡待云。

哈貝特萊森之飛行

哈貝特萊森 Hubert Latham 氏於同時兩次努力於此海峽間之飛行。其第一次在七月十九日。當其起行赴英也。其飛機乃昇至一千尺。然以發動機停止之故。伊不得已降入於水。距岸約七英里。其第二次在布羅特飛行成功後二日。此次以其發動機之失敗。降落於近都威爾軍港一里內之地。

自此布羅特飛行後。不啻爲英格蘭與大陸之衢索。其成功如百年前加富來與布蘭卡得之以汽球度此海峽也。故自飛機來往英法間。英國與大陸交通日便。頗難稱爲獨立之島嶼。宛如與歐洲大陸毗連者然。

一千九百零九年七月三十日。歐威雷特於華盛頓附近之佛特梅耳與一乘客飛往距離五里之阿替及耳以每時行四十二英里之速度而返。以應美利堅合衆國政府之試驗也。

葛蘭克提斯賽會得勝

第一次戈當本內特萬國飛行賽會舉行於一千九百零九年八月在法蘭西之萊姆。葛蘭克提斯 Glenn Curtiss 以每時四十七里之速度來往於十基羅邁當之路程。於此會獲勝。魯意布羅特次之。僅較克提斯遲五秒鐘耳。

哥雷黑米懷特賽會得勝

一千九百一十年之戈當本內特飛行賽會。舉行於紐約長島之背孟特公園。以五基羅邁當之路程。（一三英里餘）爲二十次之往返（六十二里）爲英人克勞德哥雷黑米懷特 Claude Grahame-Wnite 以每時六十一英里之速度獲勝。

威門賽會得勝

一千九百一十一年之戈當本內特飛行賽會舉行於英格蘭之義斯特車爾遲威門 P. T. Weymann 氏代表美國以每小時行七十八英里之速度飛行一百五十基羅邁當之遠。在此數年中。緣賽會。故飛行學術。進步極速。一千九百一十二年。此賽會舉行於芝加哥。爲法人如來斯威林斯、Jules Vedrines 以每小時行至一百零五里之速度獲勝利云。

如來斯威林斯賽會得勝

在歐戰前舉行最後之戈當本內特賽會。於一千九百一十三年。在法蘭西飛行。其極速者。至每小時行一百二十五英里。據現在傳述。在一千九百一十七年春季。軍用之快偵探飛行機。乃至每小時行一百四十英里矣。

倫敦巴黎之飛行

一千九百十二年四月十二日。派律普萊爾 M. Pierre Prier 乘布羅特式飛機。自倫敦至巴黎。爲無間斷之飛行。只需四小時之久。

一千九百一十四年七月十一日。倭魯特布羅克 Walter L. Brock (美人現爲國立空中會秘書) 獲首選於自倫敦至巴黎往返之競賽飛行。法蘭西著名駕駛員羅蘭凱魯居第二、此環行需七小時。較倫敦巴黎間用快車快船所行之時間。尙不及其半也。布羅克曾證明謂早餐於倫敦。茶點於巴黎。再返倫敦就午餐。爲可能之事云。

空中旅行空中運輸始識爲可能之事

自英法間之飛行開始。識者始知空中旅行空中運輸。爲可能之事。商人以爲能用八小時由芝加哥飛往紐約。如威克脫加魯斯陶姆 Victor Carlstrom 與密斯露士鵝 Miss Ruth Law 之所證明者。實爲貿易上無上之便利。蓋以最速之鐵路。自芝加哥至紐約。尙需二十小時。較之飛行八小時之路程。是二又二分之一倍也。

飛行技術之發端

法人配高德 Pegoud 於一千九百一十三年以布羅特式單葉飛行機作環轉之飛行。驚傳世界。以彼證明之結果。於是空中運動界瞬起一絕大之爭論。有謂此僅爲遊戲之舉。於飛機之實用上。毫不可行。同時更有謂此機若昇至適當高度。爲一明智之飛行家駕駛實用之時。必不至顚覆跌落於地也。

輓近戰事實用。卽包含此種環轉之飛行。及許多巧妙之飛行。如老於飛行之人所能之各技。以經驗可知如此巧妙飛行。於躲避敵艇時。甚爲有用。或在運轉時。保持其固定地位。以加射擊於敵人也。在一千九百一十四年內一大飛艇亞美利加號。爲克梯思飛機公司所製。爲羅德門文內麥克 Rodman Wanamaker 用以作經過大西洋之飛行者。其一切裝置既已齊備而歐戰突發。此機遂運英爲海軍之用。

近來以航空之發達。飛行家以超越大西洋之飛行。實必可能而無疑。今日一般社會。皆謂此種飛行。果能計畫周全。設備詳密。成功當不在遠也。

航空學術。既經此次戰事發達非常之速。將見此敏妙之飛機。昔僅爲軍事所利用者。將轉而用於和平時種種之事業。商業航空之發展。吾輩將有觀成之一日矣。

不久航空必發達爲一種工業。已無疑義。今日航空界諸人。其心中所欲研究者。卽商業航空上之諸問題也。　完

商業航空之研究

葉廷元

居今日之世。以商業飛航爲運輸之事業者。結果必遭虧折。想非余一人之私言實天下之所共認者。但余所謂虧折。非永久之虧折。乃在商業飛航萌芽時代而立論耳。緣以飛航上之各種置備需用浩繁。且其消耗損失爲數亦鉅。在今日創辦之期。定遭虧折。毫無疑義。惟在各國雖私家有倒閉之勢。而公家出資助之。故能一意進行而無中輟之慮。今欲求商業飛航之進步。即不得不求商業飛航上之根基。然而欲謀飛航上之根基。即不得不先除飛航上之障礙。茲舉障礙最著之點四端而一申其說。

(一)一般人士猶未養成飛航習慣也。現時人民對於飛航一事。猶不免有危懼之心。是皆飛航上安全之點猶未得大家之信仰。

(二)商業猶未信任定期飛航也。商家貿易。信約最先。飛航有時即爲天氣所阻。此又飛航上之難恃者。

(三)飛航之收費太昂也。現時搭客飛航之客票。倍於火車之客票。載貨飛航之貨票。則五倍於快車之貨票。而八倍於尋常火車之貨票。固然飛航之速度。視他種運輸之法爲敏捷。則取值較昂。亦屬當然之事。而一般旅客多安於故舊之常。而貨物往還。亦難出此巨大之運費。故飛航收費大昂一事。實有令人趦趄不前之勢。

(四)飛航之旅客難以安適也。航空器上地方狹窄。安適之處不及火車。且旅客隨身行李亦難攜帶。設使客人由飛航搭載而行李以火車運輸則旅客往還諸多不便。假如客人甫至某地又欲他行則行李一層倍形困難。此飛航安適之點。是不可不注意者。

以上四大障礙今特再究本窮原而一一推論之。

(一)飛航安全一事既起一般人士之疑難而起一般人士疑難之因則具有下列數端。

(甲)飛航事業興不數載昔日危險事蹟猶深入於人心。此所以一般人士猶有遲徊度隴之念也。

(乙)近年以來飛航事業始露萌芽。而假有意外即聳人觀聽。一經報紙流傳羣衆皆爲注目。然而究其實際所發生之事實有原不屬於商業飛航之範圍者。或練習飛行。或試驗飛機。或軍事飛行。即或商業飛航偶出意外亦僅千百失一。而耳聞者遂怵於心甚以爲空中危險烈於電車之遇禍。余意欲挽回此恐懼之懷。則莫如將一年所飛航之里數。所搭載之人數。遇險之次數公布國中。此法雖由航空當局已經辦理而徧傳不廣。識者尙鮮。莫如將此統計登諸報章並應加以特別注意記號。俾人一望而知。此外並須設法証明。飛航運險之次數並不較他種運輸之法多見也。

(丙)飛航之强迫降落時有所聞。因之旅客咸有戒心。雖有經强迫降落而並不以爲意者。然而多數人士總不欲再蹈覆轍而乘業萬一之險。考强迫降落之原因大抵不出兩途。一則因機械上之缺憾。一則因天氣中之困難。今舉强迫降落之事數則。然後再述解决之法。

(一)有自巴黎至倫敦之飛機誤入克恩李 Kenley 附近之山區。緣該駕駛者欲降落于克恩李航站。只以低雲徧布。誤入歧途。遂致强迫降落。而其實不數英里之遙離倫敦附近之雲以較克恩李地之雲爲高矣。

(二)與(三)有兩次飛機飛過英倫海峽時。因霧氣彌漫。復被指南針所誤。遂致失其方向而强迫降落于海。

(四)有兩發動機之飛機甫離航站之時。一發動機隔離。因之此飛機遂致旋落。

(五)有飛機經過河流時。發動機發生障礙。因之該飛機全部毁壞。

(六)有某飛機在空中發火。飛機因之毁壞。

(七)有某飛機因發動機發生障礙。跌落於航站附近。

以上一二三例。大抵不出天氣之困難。而致强迫降落之危。或因低雲。或因濃霧。且在(一)例之中。設當時駕駛者。曉然前面之雲距地極高。可以平安降落。則吾知駕駛者必將鼓力前行。出此難境而至倫敦末站降落也。

總之以上一二三例。皆足以表明航空器上。有安設無綫電話及航站安置無綫電方向識認器之必要。果當時無綫電傳達之法。妥備無遺。吾知此三次飛行。皆可免强迫降落之厄。

固然現在飛航公司多家。以極欲求機上安設無綫電。叱咤之間。即可舉辦。所難者。惟地上傳達之組織而已。即使國內地上之設備。已經備辦。其如外國無地上之設備何。況且國內所設備者。不過粗具大綱。未臻完善。故余意此時。正宜督促航空部。念商業飛航之緊要。務使再求擴充。期爲完備。並應一面勸導外國。亦爲同一無綫電傳達之設備。至於將來航空製造各行。亦宜與無綫電專家。爲極力之聯絡。俾使圖說式樣各適機宜運用敏捷。不稍隔閡。此無綫電話一切之設備之不可少者。今更証諸(一)例則準確測高器具。亦爲不可緩之圖。以便知離陸離海之實在距離。此種器具是否可以裝造。尚不可知。而果有發明者。吾斷其必爲飛航上重要之具也。

(四)(五)(六)(七)諸例。大抵皆因發動機之障礙而致飛機之危。然此發動機一事。非一二言所可罄盡。待下端論發動機事。再爲一道其詳。至於航空器之製造。堅實材料。穩固航空器之製造圖說者。與發動機之製圖說者宜力求聯絡。務使十分圓滿。不含些許微疵。飛航安全之點。有完全之証明。然後始能促一般人士信仰之心。而成一般人士飛航之習慣也。

(二)飛航之所以難恃者有二焉。一則因種種障礙而致晝間飛航之困難。一則因夜間飛航未興。而飛航速度之効力未易大顯。故惟今之論者。宜於已舉辦之飛航求其所以去障礙之方。而於此時未能興辦之飛航。求其所以擴張之法。是則於晝夜兩種飛航不可不一探討之。

現在晝間飛航雖已舉辦。而商賈遲迴。旅客猶豫者。則在飛航不定一事。雖在去冬之期。飛航日數極多。而因霧因雲因雪因視像不明。而不克飛航者亦爲屢見。甚至有二日接連發生此種障礙。而不克飛航因之一次飛程動隔數日。揆諸商人心理。與其乘不定之飛航。遇天氣變動之時有躭延之恐。而誤火車輪船行駛之期。尚不如直接由水陸交通之法載運。因之飛航運輸。遂難呈發展之象。然考其發生障礙之原因。不外三種。是則吾人應研究而求所以勝之之法也。

(甲)因天氣劇烈變動而不能離航站飛昇者。

(乙)因霧氣迷漫而不能昇落者。

(丙)因飛行中因天氣之變動雖有天氣報告而駕駛員不能確知前面之情形者。

以上三種障礙之中第一種則現時之航空器較諸往製已具有禦風冒雨之力然而吾意以爲仍須求精良之航空器完備之發動機俾使飛航者除遇極劇之烈風而外皆可飛昇。

至霧氣一層則殊爲飛航上之惟一障礙而無關於他種之運輸者然而近今無綫電方向識認器以及轉向表明器豈不能表飛航之方向示飛度之高低乎然此等問題則非製造航空器諸人所能助其萬一是在航空科學研究委員會從各方面考查而思所以補其缺憾也。

飛航中遇大氣變動之時而滋駕駛員之疑慮者則在駕駛員未能悉前面飛行之情形所致果駕駛者曉然於末站之情勢則吾知昔之路程不克完全飛航而中途有强迫落降之虞者可以無患矣然此則專恃乎無綫電話及無綫電方向識認器似不待煩言而鮮者。

晝間飛航障礙鮮決之點既如上述茲再論夜間之飛航夫貨物之載運郵件之運輸是皆宜於夜間之飛航果能實行則如英法飛航可由每日晚間由倫敦載貨物郵件於翌早至馬得里德。madrid

羅馬 Rome　普拉革 Prague　維也納 Vilnna　栢林 Berlin　科本哈井 Copenhagen

當夜間飛航之始總在商家休沐之後而至夜間飛航之終又在商家貿易之前蓋商家寄外函件總在晚間工作之後此蓋從商業上之趨勢已不得不而然者。

夜間飛航一事果能實行則航空於交通一途不獨爲他種交通之輔且可以獨立飛航與輪船鐵路鼎

足而三日有夜間飛航則飛航之速度始著不然鐵路交通日漸改良且歐州大陸稅關阻礙之點亦將免去則飛航之速度與鐵路之速度相差無幾則吾恐一般人士萬不肯出多數之旅費而只買得數小時之捷便也。

夜間飛航一事。既在所必行。然而維持之不易。及可恃之難。能比諸晝間飛航尤為不易。除晝間飛行所有之障礙諸點而外復有降落時之障礙。是則應由政府設法提倡試行各種燈光以為夜間降落之用。至於航空製造諸家亦宜為切實之研究俾使夜間飛行之航空器得以降落而無礙。

(三)飛航之消耗須與飛航之收入相較。此固為運輸上計算之常理。今即以倫敦巴黎兩地之飛航例之。取各種航空器及發動機而比較其費用。取為飛航上之準則。則其消耗之數目大略可識矣。今設定巴黎倫敦之航綫。所用之飛機。計共六架。每年以三百日計算。共飛行一千小時。則依以下之公式。 $\frac{6\times1000}{300}=20$。 每日應飛航二十小時。而每架每日應飛之數為 3.3 小時。然而以每日二十小時之計算準巴黎倫敦航綫之路程。則每日可用四架往返。計共飛行八次之路程。而每次需用二小時又半。然此乃依速度急快飛機立論。若速度不强之飛機猶不能在此時間之中而完畢其路程也。

今依以上之計算。將各種飛機發動機之費用以及各種消耗列為一表。以便識其大略。致於大式飛機之製備以及一切消耗。固然較小式飛機多至數倍。然而大式飛機載重既宏。則搭載客貨之數亦較小式飛機多至數倍。故其消耗之多寡則無甚懸殊也。

甲表第一款第二款。所以表明發動機之架數馬力。第三款第四款。則分述發動機。及飛機之價格。惟飛機及發動機內有數種。本爲軍用之機。而此估計之價格。則仍依商業飛航所用之製造法計算。第五款。則爲發動機及飛機合成全部之價格。第六款則爲全部六架之用費。第七款之發動機備用部分合全部發動機數目之三分之一。第八款飛機及發動機。備用貯存之數。合全部之數二十五又二分之一。第九款則爲航站上運輸車輛之費。第十款則爲飛航末站工廠費用之數。第十一款則爲開辦時之經費。第若置購材料給付工餉。以及其他費用。第十二款則爲資本用費之總數。第十三款。第十四款所以表明飛機之速度。一則爲固有之最高速度。一則爲實地飛航之速度。前種之速度總較後種之速度爲强。不能見諸實行。緣以飛航之際。用盡十分速度。必兆崩裂之禍。此所以復有實地飛航之速度也。第十五款則爲搭客乘滿之人數。惟在爰爾科九號。及第十六號之飛機。只能搭載客人。並無擱置何等行李之餘地。至在其他各種飛機。則除客人單身而外。尚可携帶手提行李。第十六款第十七款。則表明飛機所載貨物之容量。及所載貨物之重量。第十八款則爲各項雜費。見乙丙丁附表。第十九款則爲檢儲費用。共分二種。(一)爲工人費用。(見戊表)其多寡不均之數。皆以發動機之多寡爲比例。(二)爲備用部分之費用。則以全部機械價格之數百分之二十五計算。雖其估計之數不無微多之嫌。而現在之支出實難得其詳確。所差者要亦在毫厘之間而已。第二十款則爲駕駛員及駕駛員薪工之數。駕駛員之薪俸。則本於現時之成規。助手之工資則取駕駛員薪俸之半。大抵飛機上附有兩架或多架發動機時。始須助手之幫助。至於附有一架發動機之飛機。則駕駛員一人即可照顧周備。不必助手在其左右也。第二十一款則爲氣油之價格。以每加侖四先令計算。然此乃依最高最近之價格而言。第二十二款則爲航空器之保險費以航空器之價值百分之十五計算然此數目較諸現在所保之險有稍昂者有稍低者。此不過取其平均之數而已。第二十三欵則爲添補飛機及發動機之費今所估計之數目大抵飛機之年限以二千小時計算發動機之年限以三千小時計算論者有謂此種年限未免期之過奢且證諸各國飛機使用之年限有爲四百小時者。然而此種期限又未免過爲縮小即以近日英國所製造飛機發動機而論現已有用至八百小時之久而尚無損壞者。假使表中所定年限過久然而亟圖改良俾使更爲堅固是在製造家之責也。第二十四欵則爲資本利息第二十五欵則爲六架飛機飛行六千小時之總費。第二十六欵則爲每機每小時飛行之費用。第二十七欵則爲每機每英里之費用。第二十八欵則爲搭客每英里之費用。第二十九欵。第三十欵。第三十一欵。第三十二欵。第三十三欵所支出費用。皆見附表無甚異同。第三十四三十五三十六三欵所以比較載貨重量之費據現時所載重量能載滿之時絕少大抵在百分之七十五及百分之五十之數。第三十七欵則爲在英法航程每機每立方尺所支出費用。航空器上之容量務宜較大然後可能適用否則如愛爾科九號之飛機雖能載重五百磅之多而容量甚狹。若儲以尋常之貨物不及三百磅者即將倉房充滿揆諸實情頗多不便。將來航空器之製造。是不得不於此道加諸意也。第三十八欵及第三十九欵則爲倫敦巴黎飛航之費用與鐵路輪船費用之比較。惟須知代理飛航賣票之人須於所得飛航之收入提出百分之五。或取百分之十以爲代理售賣飛航票之費也。

◇商業航空之研究（續）

（葉廷元）

以上所計。皆本諸一時之推測。比較之數。仍有不克得其翔實者。例如機械損失費用一項。表內所載。並無多少之別。無論其為單發動機之飛機。雙發動機之飛機。以及三發動機。因發動機之飛機皆以一定之比例計算。因之附有多數發動機之飛機。雖表見其優長。而附有單數發機之飛機。亦可以藏其拙劣。即以布里斯特勒式之三翼飛機言之。該機附有四架發動機。則其飛航可恃之點。自優於他種之飛機。而出險之時。自較他種之飛機為少。因之保險費用機械損失費用。自較他種為輕。惟以此種可恃之處。難以據實証明。因之估計各種費用之時。亦不敢臆造而確定多寡之數目也

舉航空器每小時飛行之費用。與每英里之費用相比較。則飛機容量之計算容有不同。

保險費用及機械之損失費用。已如上述矣。而猶有可議者。則每英里搭客飛行之費用及每英里載貨飛行之費用。今先舉每英里搭客飛行之費用而言。例如愛爾科九號。愛爾科十六號與愛爾科十八號。皆以搭客大數百分之七十五計。（見三十款）、一則行二十四英里、需十七鎊十先令。一則需十三鎊四先令。一則需七鎊四先令。搭客之費用高下懸殊。是可証明近日航空機械已見改良。如愛爾科九號者。則為最初之製。十六號者則為後製。已較優於十九號之飛機。而最近十八號者尤較前二種為良。因之載客人多。費用項減。此搭客飛行之實用之大概。至於載重費用。一層揆諸情理。宜與搭客費用為正比例矣。然而証諸事實。或有不然。即如0400之二號利佩治飛機、每搭客飛行費用（見三十款）為十一鎊八先令。較諸布里斯特勒三翼飛機取載每搭客費用並不稍昂。而至載貨每噸取需費用在 0·400 亨

利佩治飛機則為九十五磅十六先令。而在希里斯特勒三翼飛機則為五十磅五先令如此可知希里斯特勒飛機用於搭載客人時並未十分用盡該飛機載重之量蓋留飛機上之餘地使搭客坐寬舒故搭客所出之費用不僅用於飛航之速度亦復用於飛航之慰貼矣此外復有飛航載重之力雖宏而載重量不大因之飛機上每噸每里載重之量亦難與飛機每立方尺所載貨物之費用為正當之比較至於客貨收費之多少則必以消耗之多寡為轉移收費不宜過昂。復能有餘利始能保持飛航之永久而求事業之發揚。然而即以上表而觀無論其為資本費用為平日消耗皆屬不貲即以載重極宏之飛機復能裝足客貨亦難以有微利之來。是則航空器及發動機製造之改良有不可須更緩者矣。

今先就搭客飛機宜改良之點而論此種飛機最要之點有三一則為安全 Safety 一則為可恃 Reliability 一則為慰貼 Comyrt 如防險之術巨細無遺材料堅實可以耐久是皆歸於安全可恃之中而製造編圖之人早已識其重要。固不必待吾曉曉重為贅述。至於慰貼一層雖有百端例如座位安舒行囊可帶是皆慰貼積極方面之所宜研究者。至於雷鳴之發動機風動之螺旋槳皆足以震人顛目。令人不快是皆慰貼消極方面之所宜研究者。

安全、可恃、慰貼皆為搭客飛機製造之要點。而不可以忽視。此外則無綫電之安置載客容量之加增。速度消耗之縮減無綫電之安置及搭客容量加增可不煩言而解至於實地飛航速度須每小時行一百英里。每次距離可行三百五十英里至四百英里之遙。行程更遠之際。可用飛機輪換之法依站前進每站不宜過三百英里。蓋所無真正慰貼之飛機。則搭客勢不欲久坐飛機之內也。消耗縮減一層勢附極難。惟有用同一之馬力。而能載多數之客人。反言之。即此時果造一飛機。機倍增載重之量。仍用同一之馬力。而復能不變其固有之速度。依此製造。始能減省飛機之消耗也。

搭客飛機製造之需要。既如上述矣。今再論郵便飛機。此種飛機。異於搭客飛機者。則其重要之點。不在於安全可恃慰貼三端。而在於實地飛航之速度。此種飛航速度。至少須每小時行一百二十英里。須每次行四百英里。機上亦須設有無綫電及各種降落燈光及信號燈光。載重之量亦須極安。除上述諸種而外。並須製有一定式樣盛貯郵件器。Container 及寬闊之容量。前者所以備輪換飛航之便易。所以便於飛航中各郵件之類別。尤有一定式樣之盛郵件器時。則可將取應載之郵件。在郵局內裝好。送至飛行場。不必再費何種手續。即將該器裝入飛機。至次站輪換之時。復將此器裝入更替之飛機。如此直至末站為止。既省時間。復免手續。此長途郵便飛航所用之飛機所宜注意者。吾意將來不獨國內之郵便飛機皆需有同一之盛郵件器。即至國外之郵便飛機。亦須取同一之式樣。然後國際之郵便飛航始能捷速而有發達之望也。

搭客飛機郵便飛機。既如上述矣。今再舉載重之飛機。此種飛機。皆為運輸貨物而設。則較諸上述兩種飛機之製造。不無差別之處。速度則可以不強。其實地飛航速度每小時行七十英里。已足。飛行里雖達五百英里即可。載重之量極安。而馬力不宜過多。總比較其運輸之消耗與他種運輸之費不相上下。容量須為極大。總以能與載重之量相稱為宜。此種飛行總宜在夜間飛航。故應備置降落燈光及各種燈光信號。至於同式盛貯器無綫電之置備以及安全可恃者端。亦皆在所不可少者。此外復有一種重要之點則爲升降時之便易緣此種較重飛行距離既不過遠（在城市之中即不用較重飛行）則其航站升落之處不宜窵遠務宜使飛機升降區域愈小愈妙將來漸漸發達能在城鎮中心起落尤爲適宜此誠載重飛機之要點而製造之時所宜研究者

上述三種飛機之製造各有重要之點至於在商業之點觀察之則此三種飛機復有共要之點則爲製造時之資本金額務宜減少是也緣資本金所用既少則保存之費用保險之費用添補之費用亦少然後不至虧折而保持其永久惟吾之所謂減少資本金額者是取製造上精良而復能用極少之資本金也惟揆諸今之情形機械之製造殊難核減無已則用單翼飛機以爲雙翼飛機之代替故近日對於單翼飛機之製造頗有趨重之勢至於飛航之時飛航員之多寡則視乎飛機之體積體積小者則一駕駛員而已足體積不甚大者則除駕駛員而外須一副手以爲之助至於極大之飛機則所謂工程師航行員等皆須全備不得闕一也

綜上諸端不過指明數種飛機之大略需要將來運輸公司若能以實地之考查表列何者宜興何者宜革以爲航空器製造家之指引是更爲吾人之所期望也

以上所言大抵皆論陸上飛機而未言海上之航空器今吾將舉海上飛機（包托飛船而言）及水陸兩用飛機而再與諸君爲一度之討論英國地屬島嶼四面濱海在情勢觀之宜早有海上飛機爲商業上之飛航者矣乃近數年以來並無一海上飛機飛翔其間作爲飛航之用者推厥原因不外以下數種

（未完）

◎商業航空之研究（續）

葉廷元

一則、因歐戰告終海上飛機之所遺留無能以廉價取得若陸上飛機之情形者且其所存亦實不適商業飛航之用。一則近日飛航路綫需用海上飛機之時尚不一見雖自倫敦之中部至荷京阿穆斯特坦可用海上飛機然其結果亦與用陸上飛機無異況用海上飛機之時兩邊末站又須置備滑港 Slipway機棚。Sheds 而現時所有海上飛機又無一適於商業之用於此而欲求其成功恐未能易於見効也、一則海上飛機之消路、不及陸上飛機之萬一緣以歐戰之時陸上飛機製出之數百倍於海上飛機因之研究飛機之製造者大抵趨其心思才力以求陸上飛機之改良因之陸上飛機日益精良而銷路日暢。海上飛機則毫無進步而日漸消沉惟近日水陸兩用飛機已有興起之會將來定可發達以適飛航之用矣。

今試以海上飛機六架每架飛機每年飛航一千小時以來其資本費用及實地飛航之費用而與陸上飛機比較其得失惟以前無可稽故所表列之消耗亦只能依其大略而言也（見附表）

表內所列之資本費用與前表陸上飛機者相同惟陸上飛機之航站（末站）太抵皆由政府建設而此海上飛機末站停落之需則尚闕如因之在資本費用內則須增加此項費用而在實地飛航費用之總數內較諸陸上飛機（以一發動機之陸上飛機與一發動機之海上飛機較）每年須增加三千磅之譜也。

表內第三十項。每搭客行程之費用（路程以二百四十英里計人數以百分之七十五計）較諸陸上飛機甚多。(水陸兩用飛機尚不如是)推厥原因。則以海上飛機之速度不及陸上飛機。今試比較兩種飛機於下。

(甲)同一之馬力海上飛機及陸上飛機。則海上飛機之速度不及陸上飛機。

(乙)現時陸上飛機之製造。遠勝於海上飛機。

吾書至此。意論者或有謂所舉之海上飛機皆係舊式。不知吾所舉者。皆現用之飛機。總之居今日之時。海上飛機實難與陸上飛機相較。必須一方力求精良。一面尋不能建設陸路航站之地。然後海上飛機始有見用於商業之日。惟當此時既無商業公司為海上飛機商業之飛航。而製造家亦難有所依歸。以為改良之根據。然而大抵亦不外安全可恃。慰貼海上適航種種。以及英國航空部此次所舉行水陸兩用飛機賽會時。所訂各項規條。皆須為製造時注意之點。將來若在坎拿大。若在挪威等處。以及其他世界上多水諸區。而人烟稠密之點。皆為水陸兩用飛機善用之地矣。

陸上飛機、海上飛機既如上述矣。今再叙發動機製造宜改良之點。夫航空器內最重要之部分厥為發動機。而發動機之製造在今日已為精良。設吾起而為發動機仍有缺憾之說。則吾知詆誹之言。必如潮湧而至。然須知此時之發動機固較前數年之發動機極為精良。若以為今日之發動機已完全無憾。則吾未之敢信。否則何以發生障礙之時。層見疊出。則其製造上之缺點。必有未盡泯者。

商用之發動機與軍用之發動機迥異。軍用之發動機則利在輕速。而商用之發動機則利於可恃耐久者。則每馬力發動機之重量無妨增加。以發動機之馬力大而重量輕。久能可恃耐久。因為極上而無如此等發動機之製造資本、必爲極高。於飛航上之經濟殊少便益。故不得不降格相求。使重量不妨稍增也。再則爲發動機之開動器 Starter 此種開動器在此數年中多爲忽視。不知無適當之開動器勢必飛航遲緩。而不能依表定時間飛行。此所以開動器之必需要也。

除上述而外。復須設法使發動機不能聲響。緣發動機之在軍用時。嗚嗚作聲。尙無緊要。至於搭客飛航之時。此等情形尤宜注意。然後始能促其安全。增其慰貼。而得一般人士之信仰。

自發動機創製以來。大抵皆用汽油 Petral 之發動機。間時或因經濟上之關係。代用狄塞耳式 Diesel 之發動機。或他動火油 Oil 之發動機。然而仍不適於商業飛航之用。故今之製造家。求適於商業飛航之發動機。是誠不可少者。

燃料費用之昂、觀諸上表。大半佔全部飛航費用三分之一。爲費用中支出最多之一項。實爲商業運輸最大之障礙。是求節用之發動機。誠爲不可少之圖。且現今汽油之價。定有日增之勢。斷無低落之望。此所以於他種之燃料。他種之發動機。誠爲切要不可緩之圖。務宜盡力研究。盡吾人之心思。竭吾人之財力。而求一種燃料。其能力不妨稍遜。而消耗則極減輕。斯爲策之上者矣。

飛機發動機製造之需要。吾人已識其旨。今猶有進者、則爲機械上修理之研究。當飛航之時。飛機發動機。勢必日日修理。則修理之時間、及修理之手續。皆有息息相關。不得不研究之處。即如近日電車而論。當某部分有須修理之時。不必拆卸機械全部。即能立時修治。工費既省。時間復速。電車如此。飛機發動機亦何莫不然。將來務宜研究。使修理之手續便易。即使飛航之際。偶遇機械發生障礙。不致使飛航停頓。或於展轉之間。即修理完竣。或開去兩三關鍵。即代以他機。此誠機械製造於修理時之可宜注意者前述郵便飛機之際。吾曾述需用一定式樣之盛信器。Container 今於機械修理討論之時。吾亦認爲飛機發動機上之各部分。亦須有一定式樣之必要。緣以航空日盛。交通日繁。不獨國內飛航而已。足勢必國際飛航。亦愈趨而愈盛。則飛機及發動機之式樣。亦總以取一致之式樣。始於修理之時。有百千之利益。例如近日阿穆斯特坦(荷京)科本哈井(丹麥京城)間之航線。近日亦與倫敦阿穆斯特坦間之航綫相聯接。所用之飛機。爲愛爾科九號者。某日承辦此線之丹麥公司飛至英京之時。亟需螺蓋 nuts 及螺釘 Bolt 等器具。就近取諸英國所製者。皆不適用。勢不得不仍取自丹麥。而往返之間。竟至躭延數日之久。此非所用飛機器具之不同。爲之厲階。故吾人於今討論之時。務宜使航空器各種部分。皆有一定一式樣。以免發生如前所述之障礙之缺憾。則飛航之道。愈進而愈興矣。然此種計畫之實現。當不在遠。必須國際航空會議爲之提倡。開一會議。以解決此事也

吾述航空器之製造。至此已可得其概略。今吾猶有進者。則爲在世界各地特別適用之航空器。如在熱帶也。則必須用可以抵制濕熱之航空器。可以冷禦之發動機 Air cooled Engine 在坎拿大及歐洲北部也。則冰雪載地。昇落甚難。亦必須有特適之航空器。特適之發動機。惟在此他種交通不發達之區域則飛機之速度。可以稍遲。亦無妨害。例如在非洲之地交通事業不興。則實地飛航速度每小時行八十英里而已足。總之以上所言。不獨爲運輸公司之所宜注意。而製造各家。尤宜取之以爲依據。以備將來飛機製造之需要。果將來見諸實地。改良是吾之所大願也。

甲 表

術	愛爾科9	愛爾科16	愛爾科18	布里斯托勒	B. A. T.	威斯蘭情司帕歐	威斯蘭來恩	馬丁息兹帕歐來得	亨利佩治0-400	亨利佩治w.8.	費克司維梅	布勒衛及查勒布爾適瑪P.8	布里斯特勒三翼飛機
六架飛機每年飛一千小時之資本費用													
	1	1	1	1	1	1	1	1	2	2	2	2	4
	帕馬240	羅斯七號275	來恩450	帕馬240	羅司350	息兹帕歐300	來恩450	息兹帕歐300	羅司350	來恩450	羅司350	來恩450	利皮得400
(英鎊)	500	2400	4500	1000	2900	2300	3000	2500	2800	9000	6800	6000	13500
	350	1600	2000	350	1600	600	2000	600	3200	4000	3200	4000	4000
	850	4000	6500	1350	4500	2900	5000	3100	600	13000	10000	10000	17500
	5100	24000	39000	8100	27000	17400	30000	18600	36000	78000	60000	60000	105,000
	700	3200	4000	700	3200	1200	4000	1200	6400	8000	6400	8000	8000
部分之價值	1275	6000	9750	2025	6500	4350	7500	4450	9000	19500	15000	15000	26250
	2000	2000	2000	2000	2000	2000	2000	2000	2000	2000	2000	2000	2000
	2000	2000	2000	2000	2000	2000	2000	2000	3000	3000	3000	3000	5000
常費)	8940	13120	15540	9385	13525	11415	14169	11560	21165	97820	24635	25115	40110
·	20015	50320	72290	24210	54225	38365	59669	39810	77565	138320	111035	113115	186360
每機每年飛一千小時之費用													
里計)	112	113	125	115	110	115	117.7	125	85	119	103	140	134
里計)	95	95	105	95	90	95	100	105	70	100	90	116	105
	2	4	8	2	4	3	5	4	10	14	12	7	14
	30	80	200	32	36	112	115	36	400	500	300	200	570
計)	500	800	2000	600	1200	680	1100	1200	1800	3600	2240	2000	4400
費用總數百分數													
鎊	18160 32.6	18160 21.7	18160 18.1	18160 30.9	18160 21.0	18160 25.1	18160 20.0	18160 24.8	20500 15.2	20500 11.3	20500 12.9	20500 12.7	21740 8.4
	6680 12.0	6680 8.0	6680 6.6	6680 11.4	6680 7.7	6680 9.3	6680 7.3	6680 9.1	12570 9.3	12570 6.9	12570 7.9	12570 7.8	18160 7.0
計)	1500 2.7	6000 7.2	9750 9.7	2250 3.8	6500 7.5	4350 6.0	7500 8.3	4450 6.1	9000 6.7	19500 10.8	15000 9.4	15000 9.3	26250 10.1
計	6800 12.2	6800 8.1	6800 6.8	6800 11.6	6800 7.8	6800 9.4	6800 7.5	6800 9.3	6800 5.0	6800 3.8	6800 4.3	6800 4.2	6800 2.6
時以	....	....	....	....	....	....	....	....	3800 2.8	3800 2.1	3800 2.4	3800 2.3	3800 1.5
汽油	17500 31.5	27000 32.3	28500 28.4	17500 29.8	27000 31.3	21780 30.1	28500 31.3	21780 29.6	54120 40.2	57000 31.5	54120 54.0	57000 35.2	99660 38.4
十五計	765 1.4	3600 4.3	5850 9.8	1215 2.1	4050 4.7	2610 3.6	4500 5.0	2770 3.8	5400 4.0	11700 6.5	9000 5.7	9000 5.5	15750 6.1
	2200 4.0	10400 12.4	17500 17.4	3700 6.3	11900 15.7	8100 11.2	12800 14.1	8700 11.6	14800 11.0	35000 19.5	26000 16.4	26000 16.0	48500 18.7
計)	2001 3.6	5032 6.0	7229 7.2	2421 4.1	5422 6.3	3836 5.3	5966 6.5	3981 5.4	7750 5.8	13832 7.7	11103 7.0	11311 7.0	18636 7.2
	55606 100	83732 100	100469 100	58726 100	86572 100	72316 100	[illegible] 100	73341 100	134746 100	180702 100	158893 100	161981 100	259296 100
鎊 令先 辨士													
	9 5 0	13 19 0	16 15 0	9 16 0	14 9 0	12 1 0	15 3 0	12 4 6	22 9 0	30 2 0	26 10 0	27 0 0	43 4 0
	1 11½	2 11¼	2 2¼	2 0¾	3 2¾	2 6¼	3 0¼	2 4	6 5	6 0¼	5 10¾	4 8	8 2¾
	11¼	9	4¾	1 0½	9¼	10	7½	7	9½	5	6	8	7
費用機重	11 14	8 16	4 16	12 7	9 13	10 3	7 5	7	7 14	5 3	5 18	8 1	7 1

17 11 13 4 7 4 18 10 6 14 6 6 15 10 16 10 10 11 8 7 14 6 8 15 11 17 10 10

23 8 17 12 9 12 24 14 19 6 20 6

2 11¼ 2 2¼ 2 0½ 3 2¼ 2 0½ … 4 6 8 2¼
9 4¾ 1 0½ 9¼ 10 7½ 7 9¼ 5 6 8 7

16 4 16 12 7 9 13 10 3 7 5 7 7 14 5 3 5 18 8 1 7 1

4 7 4 18 10 6 14 6 6 15 10 16 10 16 11 8 7 14 6 8 15 11 17 10 10
12 9 12 24 14 19 6 20 6 14 10 14 15 8 10 6 11 16 16 14 2
8 2¼ 3 7 7 8½ 6 0 8 4¼ 6 2 4 4 7 11¾ 3 9 5 10¼ 5 2½ 4 2¼

14 42 18 92 9 71 19 100 6 74 1 52 0 0 95 16 44 19 70 13 62 11 50 5

10¼ 4¼ 10 7¼ 10¼ 8 5 10¼ 5 7½ 6¾ 5¼

1 4 7 1 3 11½ 1 4 1 0 8¼ 1 3½ 11½ 11¼ 10 8¼
1 9½ 9½ 1 8 1 3½ 1 9½ 1 4 11 1 8½ 10 1 3 1 1½ 11

8 9¼ 4 0¼ 15 5¼ 5 5¼ 6 4 15 7 3 10¼ 2 10¼ 4 8¾ 5 7 3 ½

倫敦巴黎航綫所定之費用與火車輪船費用之比較

程　　搭客－人復程　　包裹　　貨物
18鎊　18先令　　每磅　1先令　3辨士　　每磅　1先令　3辨士
二等　一等　二等
令　8辨士　2鎊　12　4　7鎊　11先令　14辨士　5　4　8　　每磅收費自[illegible]辨士[illegible]辨士不等　　每磅[illegible]辨士

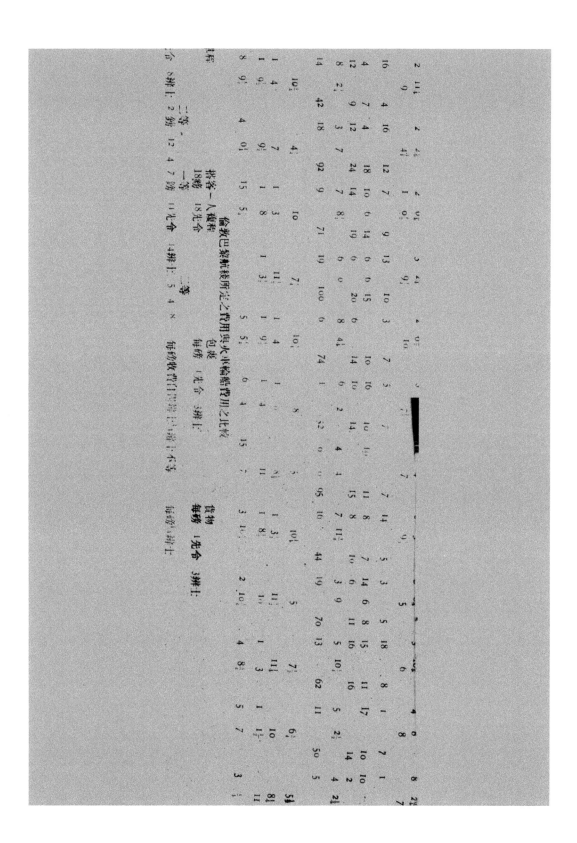

（乙　表）

附有一架發動機飛機之普通費用

人　員

駕駛員長	or Trafficmanager	（鎊）600
航行管理員	Navigation Controller	500
商業管理員及會計員	Bariness and accountant	500
外國航站管理員	Foreign Aerodrome Manager	500
稅關書記二人	2 Custom Clerks	400
末站打字者二人	2 Typists at Terminal Aerodrome	300
外國航站打字者一人	1 Typist at Foreign Aerodrome	200
會計書記二人	2 Accounting clerks	450
雜項書記一人	1 general Clerks	150
		3,600
告白費		5.000
租用末站費		1.500
保存工作之運費	Transport for Maintaince work.	1.000

駕駛員八人保險費	160
工人建築保險費	100
工廠損失以百分之十計	200
文件印刷等費	600
預備其他事項發生修理機械以及各種雜項	2.000
行政費	6.000
	鎊18.100

（未完）

飛機上無線電羅盤航行法（續）

葉廷元

是篇原譯者自蒼君現已他去。未竟之稿譯者受命賡續。至原譯者所命名詞，仍多沿用，俾使讀者不致失去線索！再圖（九）（十）（十一）前均漏登，茲為便於讀者起見特於引證處補入。故圖之次序，間有倒置。譯者識

地磁差

各處地磁差因數，在美國出版航空圖中均已一一注明，此篇以前所推測度數，（見航空雜誌八卷二期）並未按照航空圖內所示之地磁差因數計入，故飛機上所用之磁羅盤，如受地磁力量發生偏差之時，則其影響所及、必使由無線電羅盤所計算之方位，亦發生同量偏差。因之計算無線電羅盤方位之時，必須將磁羅盤受地磁影響而發生偏差之數加入計算。各地磁差之强弱，各有不同。其最强者可使飛機上之磁羅盤發生偏差達二十五度。是以在航行之際，應按照美國印行各地磁差表，分別加減計算，以求確當之方位。至各地磁差之計入，通常總以飛機所臨之區域，不以無線電台所在之區域計算。大抵飛機航行地點，與無線電台相隔不逾一百英里之時，無線電台所在地之地磁差數，可以不必計算。惟遇距離較遠之時，尤其在美國東北或西北區域航行之際，因該區域「等磁差線」極為接近，此時必須將無線電台所在區域之地磁差，與飛機所在區域之地磁差之較數加入計算也。

磁羅盤偏差

在飛機上所用之磁羅盤，通常祗北，東，南，西，四方向之偏差度，已經糾正，至在其他各方向之偏差數，通常於決定後另用一卡片書明，附留於羅盤之上，或放近於羅盤之旁，此種偏差數可大至五度或六度。欲依無線電羅盤求最正確之方位，則此種偏差數必須計入。幷依當時航行方向，分別加減。得到正確之磁羅盤航向以後，再依據之以求無線電羅盤方位之計算。

無綫電羅盤偏差

普通無線電波，均循抵抗力最小之路途前進。此抵抗力最小之路途，即為自發報機至航行飛機（無綫電羅盤即裝於該機上）所成之直線，亦即一般無線電羅盤所遵之週率帶 The Band of Freqnencis。惟是飛機上之金屬電導性最強，Higher Conductivity 能擾亂附近電台前之電波。此種現像，無論遇何種飛機，均難避免。不過在大式全部金屬製之飛機，此種現象，尤最顯著。因之無線電羅盤天線圈，亦受其影響。此時若依天線圈之轉動與機頭所成角度，表現於方位指度盤（見圖七及圖八）者，而決定航行方位，結果必致錯誤。現今製有無線電羅盤測定誤差圖，（見圖十二）可以免除此種錯誤。

第十二圖

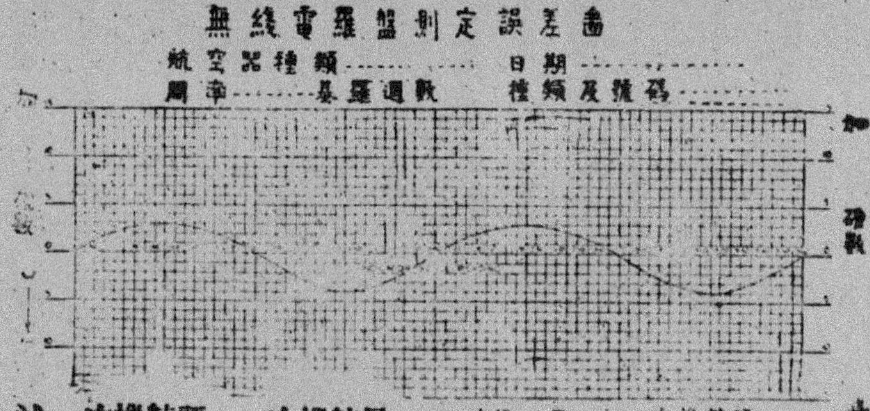

此種無線電羅盤測定誤差圖，應預爲製就，而製法中之最完善者，應以在實際飛行，檢其差誤，製以圖表爲佳。緣以在地面檢製之時，恐受建築物及電線之反應

第十三圖

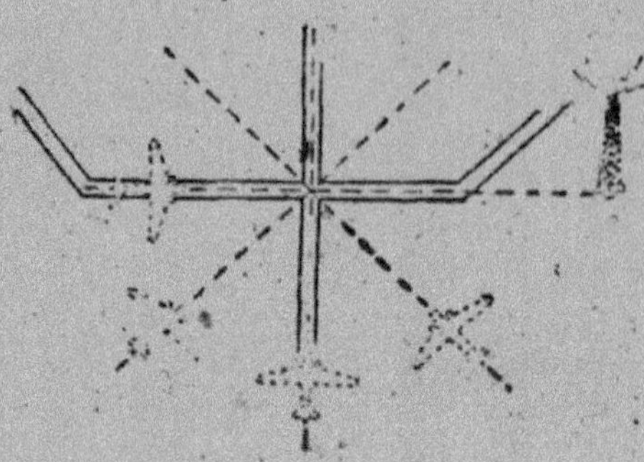

，致使測定誤差，不能完全準確，此外尤有缺點，即飛機在地面時，不能作正常飛行式樣，遇飛機有伸縮架時，更與在空中飛行式樣大不相同。再飛機在地面時，機尾下垂，亦足致發生誤差。最好製此種圖時，應選擇風速每時不及八英里之日，俾免飛行時發生偏流角過甚。此外再選一與無線電台成一直線之大路，用爲製圖之依據點。至在製圖時，由大路飛行之起點與無線電台距離，不得小于十五英里大于五十英里，（見圖十三）。

至實際製圖，須依以下手續：即用一白圓紙盤，粘貼於六位指度盤之上，盤上有應用設備。此時飛機應正順大路飛行。至飛行高度，總以低至不致發生視差Parallax Effect爲度。再天線圈轉動之情形，及儀器上之表示者，務必互相符合（例如指針在正中或聽筒停音等之表示）。幷看方位指度盤上指針所在之地位，照樣畫於白圓紙盤之上。同時將方向旋轉儀Directional Gyro正置於零度之地位。然後將飛機作一轉彎，再飛回向大路上一預定地點（該預定地點，即大路與飛機左舵或右舵成十五度之點）橫過大路飛行。同時再看方位指度盤上所指示地位，再照樣畫於白圓紙盤之上，此種同樣動作，按照羅盤上每十五度，依次舉行。若欲求最眞確數，可將每十五度改爲每十度測定一次。若兩點已經測定，則該兩點中間之測定及補入極爲容易。如白紙製圖完畢，即可照樣另行修製，作一永久堅固之方位指度盤，

以代替平均分度之指度盤如圖九圖十之所示者。

此外另有一製圖法，即飛機仍照上述一法飛行，將飛行時指度盤上之指針確實指示度數與平均分度盤上所測定度數兩相比較，幷將其差數一一記出，俾按照情形分別加減，按照圖十二方式，將此所得之資料，製一無線電羅盤測定誤差圖。遇在飛行之際，每幾換一方位之時，即應參照此種測定誤差圖，以便分別將度差加入或減去，得正確飛行方位。

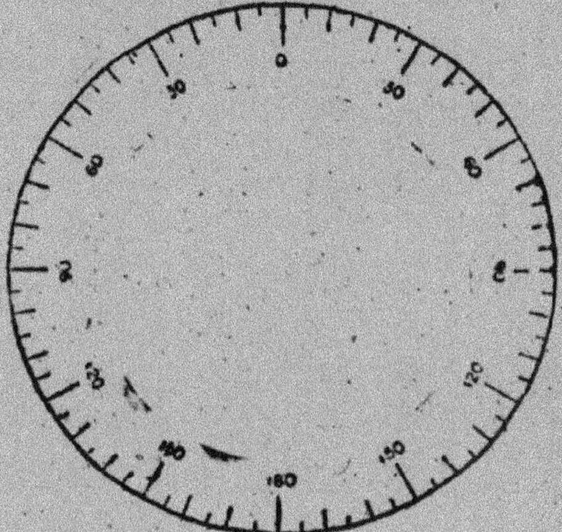

第九圖

此外另有一種自動糾正偏差之法，即在方位指度盤內安放一傳動子 Cam Device 機構。此傳動子可使指度盤上之指針加速或減速移動，俾為偏差之糾正。此種傳動子可依任何種指度盤之偏差製用。即用普通之平均分度盤亦可。不過用平均分度盤時，此傳動子不轉動指度針，祇轉動分度盤，如此即可使盤上適當度數與代表機頭線之準線 Lubber Line 正對。如是飛機正在飛行之航路，適與度數所表示者相符，不必費力計算，即可表

第十圖

兩真實磁方位矣。有時航行人員竟以為用此種傳動子，倘不如用羅盤重示器 Compass Repeater 簡便。俾使方位指度盤之動作，與飛機上之磁羅盤或方向旋轉儀動作相符合。緣該種磁羅盤或方向旋轉儀所指示地位，係因北磁極力量為轉移，不受飛機本身移動或無線電羅盤天線圈轉動之影響也。

測定方位之次序

關於使用無線電羅盤應注意事項，各有不同，雖極細微之點，亦應相當注意。茲僅舉其沿用日久之測定次序如左：

(甲)緊守航路前進。

(乙)得到無線電方位，同時注意正在風行中航向。

(丙)時方位 Time Bearing 之注意。如可能時，雖不及一分之時間亦應注意。

(丁)計算無線電方位與磁方位，以便考查無線電站之與真實磁方位。

以上步驟，不可妄事更張。且關於極細微之點應絕對注意，否則航行方位之錯誤，即可由是而生。例如：指度針及所表示之度數不與飛行員視線成一直線，則發生視差錯誤。此種視差錯誤，當發生一度或兩度之偏差。設飛行航向由方向旋轉儀決定時，則此種旋轉儀應與磁羅盤安放於一盒之內。如有發生錯誤，則在計算無線電羅盤方位，亦發生同等之錯誤。此外再應注意者，即看磁羅盤或旋轉儀所指度數時，不可有視差錯誤。否則亦能使無線電羅盤方位不能計算確實矣。

由計算方位而考查飛機速度時，則時間之計算為極端重要。惟因同時記讀方位指度盤，方向旋轉儀或磁羅盤，故對航空鐘時間之記載不能過求精確。

單台航行法

「單台」Homing 航行法，即飛機藉方向指示器，向航路之某，無線電台飛行，不假助航路以外之電台定位 Position Fixes 之力，如圖(十一)。

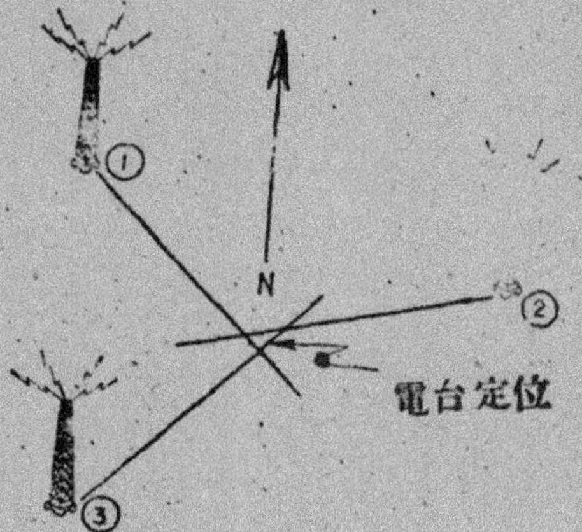

第十一圖

在單台航行時，天線圈面轉動，直至方位指度盤指針達於零度，聽筒則達於停音。若遇使用視覺指示無線電羅盤 Visual indicating radio Campass 則其指針應達於中央爲止。一俟各儀器上達到正常表示，即聽筒停音，或指針在中央之類，如不更變，則機頭必永遠正對無線電台，否則必離開正對電台之方向也。

有時飛行正與航路相背，達到一百八十度時，則有

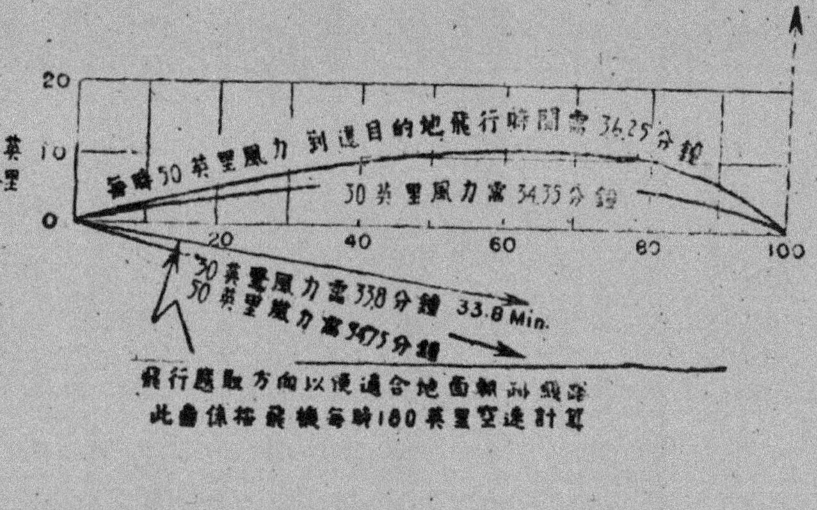

第十四圖(甲)

發生方向迷混 180° Ambiguity 之情勢。關於祛除

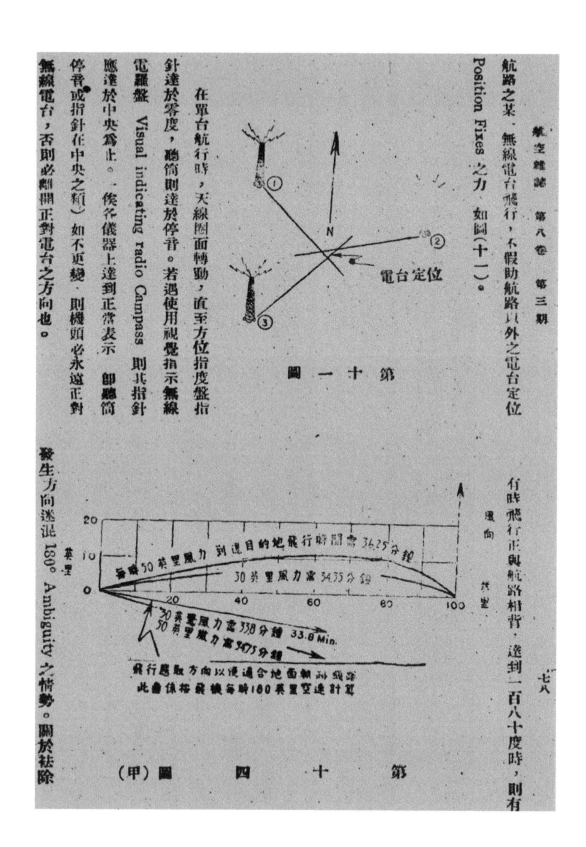

透混方法，約有數端。然對於空中航行員最善之法，則莫若使用無平式羅盤 Auralnull type of campass。此

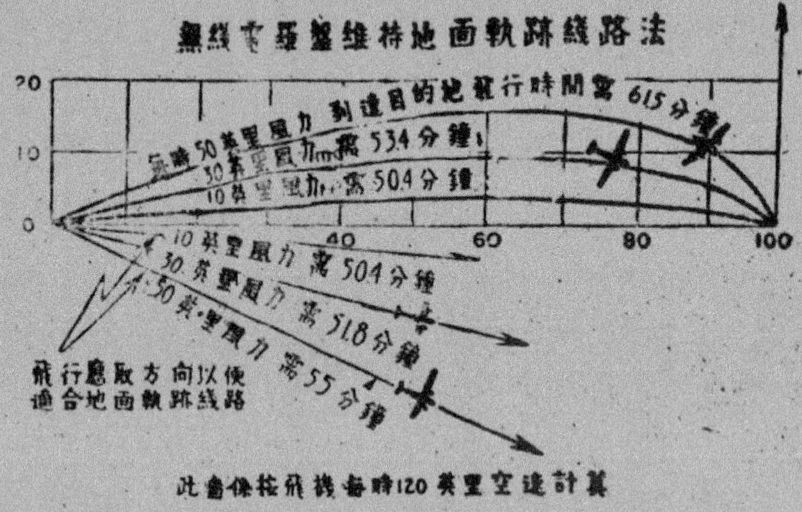

第十四圖（乙）

稱羅盤即按不同角度分別聲音長短記號。至記號之測定，應稍轉動天線圈以爲根據。不過天線圈之方向性極靈，在規定聲音長短時，應十分細心。輕輕轉動天線圈，俾達適當記號。若依此法使向電台方向記號加强，則依「停音」之增減，即可決定是否向電台方向前進。設在飛行之際，維持聽筒停音，方向旋轉儀正指在零度，而航路則改向九十度，照此情況維持數分鐘後，恢復停音，即能證明飛機已進入新聲音記號角度。按照此法，即爲決定飛向無線電台之方向矣。

用視覺指示方式之無線電羅盤，則不適用於此稱單台航行法。縱飛機前進至電台時，如將方向舵向右一操縱，則指針將自右至左移動。若離開無線電台時，將方台舵向右一操縱，則指針將自右至左移動。

在飛行時因風吹力量所致之偏流，在圖十四說明是以在飛行前進時，欲維持地面航跡線路，則應將偏流力式計入爲要。

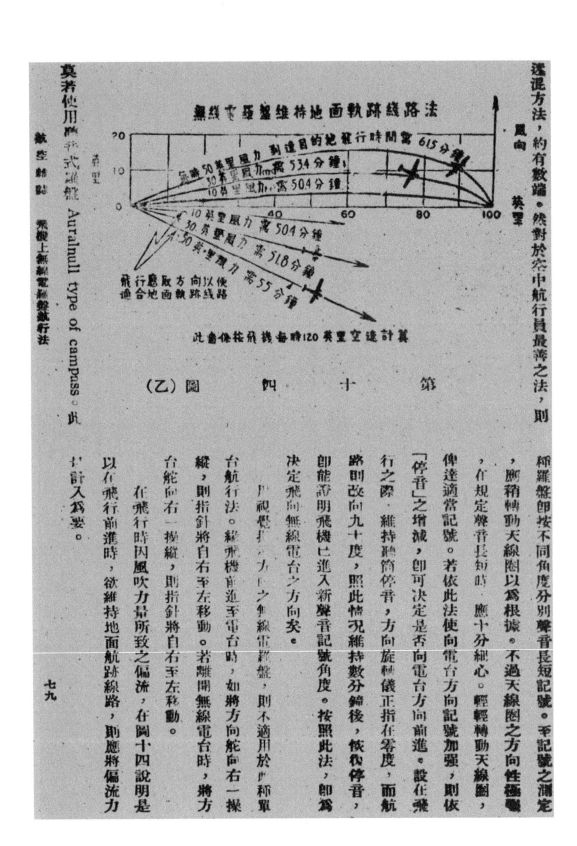

FIGURE 9.

第十五圖

無線電波距及無線電維盤兼顧航行法

現美國制定儀器飛行條例中，規定出發飛機應順無線電波之右邊波帶飛行，至回程之飛機　則可依正航路飛行。在此情形之下，兼之又有風吹偏流之影響，如圖十四所示，故對於無線電羅盤，亦不能完全可靠。至於單台航行法內所述羅盤記號，亦不能作爲倚恃。無線電羅盤之最强方向性天線圈，常在某種情形之下，於每九十度之記號表示，極爲隱微。故現在多數無線電羅盤上，均另裝置電門，可隨意選用環形天線(天線圈)或通常燈塔天線。在每校正九十度記號時，務宜用燈塔天線。不過在校正之時，最關重要之點，即將自動電力操縱電門 Automatic volume control switch 關閉。否則有使電波帶 Beam Course 加寬之可能，且有時能使斷校正之記號適得其反。

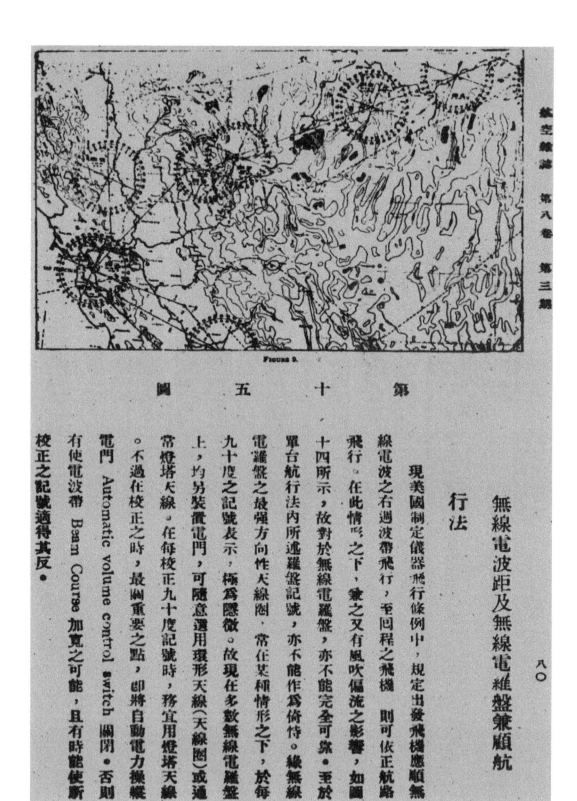

通用之航行圖

自從無線電航行法發明以後，對於測定方位之法頗多，其中最普通之法，即為繪製航行圖（如圖十五）。在圖內表明各無線電台位置。并同無線電台畫一羅盤面，遇航行實習之際，即畫交叉直線，將羅盤面分切，表示無線電台位置，及所欲知之方位。

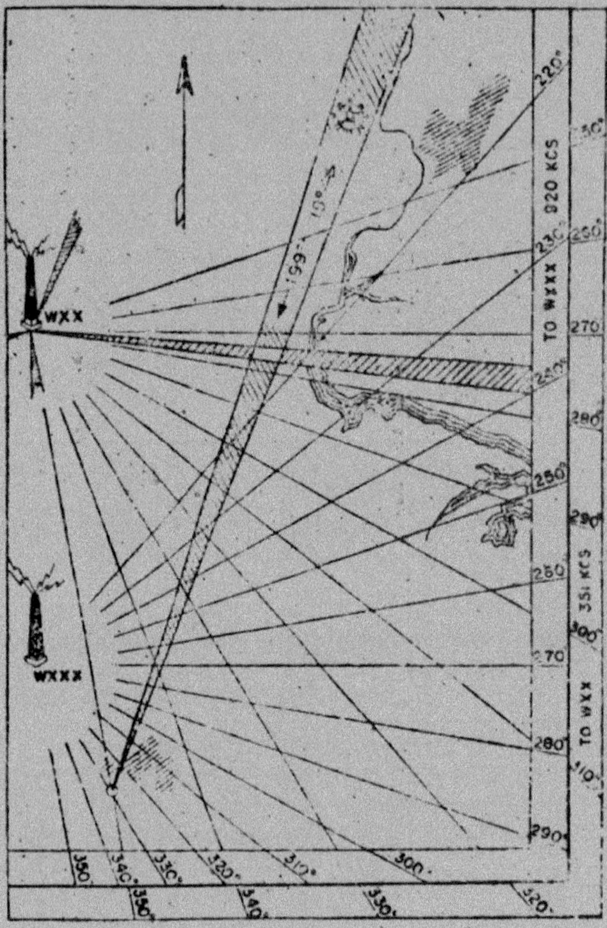

第十六圖

此外另一法，為航行所通用者，即用預製之五十萬分之一地圖，圖上畫無線電台。同電台畫輻射線。線之間隔，依每十度為準。此法可免去繪製飛行發生危難情形時所需之方位線。不過此種地圖在商用飛航員，雖有機會獲得。且在製圖之時，對於某一航路，非實際飛行校準，不能將確切之方位。再製圖之際，對於一航路自始至終之偏差，均應計入，俾可免駕駛員在飛航時煩勞之苦。關於此種標準地圖，即如圖（十六）所示者是。

（完）

橇車。每小時可行八十英里。車上有前進舵 rear runner 及方向舵 Air rudder。兩舵皆以腳踏桿 Foot Bar。動轉之。安氏橇車在前兩年冬季。曾飛行於聖克拉爾湖之上。極爲滿意云。

周恩斯氏之冰上橇車

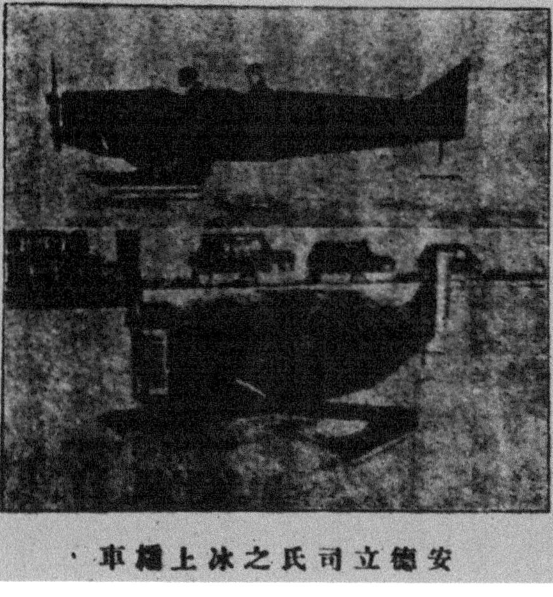

安德立司氏之冰上橇車

飛行之王

葉廷元

你們聽說過顧乃梅事麽？顧乃梅是法國一個鼎鼎有名的大英雄、他死了不多幾年、現在法國人談起他來、依舊深悼痛惜、沒有不說『斯人難再得』的。當他生前有一次在巴黎大操。巴黎的市人將他經過的道路、都鋪滿了鮮花。當走過的時候、幸而有巡警保護着他、他纔走過去了。因爲他的大名轟傳世界、爲國家立了許多的功績、所以他本國的人聽他來了、不但是要『一覩丰采』、並且要『擁抱言歡。』那巴黎市上聚集了如潮如海的人、一個個都是張臂而待。你們想一想他在世的時候令人愛慕欽佩到這步田地、那末一旦爲國捐軀、安能不令人痛煞想煞。

顧乃梅是克比革尼城人、在一千八百九十四年耶蘇誕節的那一天生的。到生成了、雖然是長身玉立、却因爲禀賦不足、身體非常虛弱。認識他的人都料他不壽。他自己於一切野外的遊戲、也不大甚麽喜歡、總是潛心致志喜歡研究機械學。

顧乃梅氏遺像

彼時他心裏惟一的希望、就是入巴黎兵工大學。所以鎮日苦苦的用功、以求達到他的志願。雖然不致嘔出心肝、但是焚膏繼晷、兀兀窮年、他算攻苦到極處了。及至他學的頗有心得、便束裝負笈、一徑往巴黎兵工大學赴考、兵工大學的教授看他身體太弱、恐怕不能畢業、不許他與考。『乘興而來、敗興而返。』他自然是懊惱的了不得。他的雙親百般想着法子安慰他、就勸他到白而里養病。他在那個地方有一年、正遇上千九百十四年八月法國被敵人圍攻危急的息消傳到他的耳裏。他就攘臂而起、也不顧他的病體如何、只覺滿腔的熱血、溢涌激盪、再不能耐一刻、便連次的請求入伍、爲的是替親愛的祖國盡他國民義務。彼時法國正在危急時候、軍隊以內自然是很缺人的了、可是法國的上級軍官不願意白白的命一個孱弱的青年也葬送在戰場之上、所以就婉轉的把他謝絕了。他此時心裏越發難過的很、但終久是無可如何、只得垂頭喪氣依舊又回去養息去了。他眼望着他的朋友們已是一個個激昂慷慨的去赴敵、恨的他一時磨拳擦掌、一時撫髀長嘆、不知怎樣他才能也替國家作一件事呢。

到了末後顧乃梅想起主意來了。他想雖然當兵這一條路、已經絕望、可是現在本國的飛機工廠也正在需人、何妨以所學機械上的技能幫助國家作點事呢、雖然不是衝鋒陷陣殺敵致果、却也不致病榻踟躕、人勞我逸、自覺有愧於心了。於是就去到一個法國飛機工廠自請投効、到立時就被收留下了。不上幾天的工夫、他就聲名藉藉。因爲他所作的無人可及、他的上游很器重地、恐怕大才小用、就把他薦升到前敵一個大軍事飛行塲充當技師。到此時他這纔見着前敵的戰况、但他所作的事情、大半都是在棚廠以內的事、沒有機會可以到前敵去。他心裏却沒有一時不想駕駛一個戰鬥機過敵人戰線。但是他不敢對他的長官說要學習飛行、因爲他恐怕又像前一兩次的請願、又遭駁斥啦。

到了後來在前敵的飛行官長、看他品節高尚、心性伶敏、對於他特別垂青、以爲他雖然是身體不甚強健、但是依他聰敏剛果的性情看起來、若使之學習飛行、必然是一個出羣的駕駛員、因之關於他身體衰弱這一層顧慮因爲用才心盛反忽略了。於是顧乃梅所日夜期望求而不得的事、居然如願相償。他學習飛行的第一天、眞是手舞足蹈、算他平生最高興的日子了。到了千九百一十六年一月、顧乃梅學習飛行畢業、只待飛赴前敵、及鋒一試。

顧乃梅才畢業的那一天、他就飛到戰綫去。這些個飛行長官、就看出他不負所學。他畢業後不到三個禮拜、就打落敵機五架。得了『愛斯』（凡擊落敵人飛機五架者皆以愛斯名）的美名了。他所以奏勛奇速的原故、固然是因爲他的天才卓越、有人所不及的地方、卻也是一半是因爲他身體衰弱、自己知道不能長於人世、與其無聲無臭的死了、不如犧牲此身盡力國事、既可以對於國家沒有愧怍的地方、又可以不負他的才智、但得一日之生命、即立一日之功名呢。但是有一層顧乃梅並不是只知道爲國一死、便任意的蹈危履險、仍然是希望他能夠多活一天、就可使敵人多一天苦吃。所以每天早晨總看他在棚廠裏把他的飛機處處都看到了、甚麼機翼咧、機柱咧、發動機咧、機關鎗咧、一椿一椿總要看到十分仔細、不使有一點毛病、纔坐上去飛到天空、往敵人戰綫去呢。

顧乃梅每逢遇見一個敵機、他心裏總是非常鎮定、去伺取敵機的瑕隙、從沒有臨事倉皇鹵莽滅裂的時候。所以有許多敵機、於不知不覺之際、就被他擊落了。他對於航空一事、已經算『三折肱』的良才、就是空中戰術、也很富有精驗。他總是飛升極高、到看見敵人的時候、他就將機鼻向下、電掣風馳的直衝過去、令敵人措手不及、看着不遠、就開始放鎗射擊了。

顧乃梅雖然是駕駛伶敏、然而死裏逃生的時候也不知凡幾了。有一次在一千九百一十六年九月他看見有一個同事的飛行員、與五架德國佛克耳飛機對敵、那自然是衆寡不敵了。他趕緊就駛機往救、一霎時已至其地、纔到了就打落敵機兩架、那三架佛克耳飛機看了不妙、就疾忙逃走、顧乃梅仍然是拚命的追、又打落了一架、剩下的兩架、顧乃梅仍不甘心、還要打算令他們嘗嘗跌碎的滋味。惟正在向前追逐的時候、忽然的聽見訇然一聲、有一敵彈正在他的飛機之下爆裂、打掉了一個機翼。眼睜著這

顧乃梅氏飛機追襲敵機時之攝影

按顧氏所乘同式飛機之一架現陳列巴黎軍器博物館

架飛機由一萬尺的高空就跌落下來、他到此時雖然用盡力量旋轉他的節制機關、也抵不住下降的速度。越飛越低、越低越快、眼見得飛機要快跌碎、骨肉也要變成虀粉、已是無可疑惑了。不料降至五千尺之際、機身忽然翻轉、也並沒把駕駛員扔出來、就如同有一種神力把這下降的速度給抵住了、慢慢的落在地上。有人把他救出來、雖然是受一點傷、然而也是極輕、並不覺得怎樣。顧乃梅此時破格升授上尉、但是他滿身已經都懸遍法國的十字勛章了。

後來又有一次、顧乃梅的飛機被德人的砲彈給打下來、恰落在兩國壕溝中間交界的地方。德人就向着他跌落的所在雨點般的施放機關鎗。那時在壕溝內的法人看見這種情形、疾忙從壕溝內跳出來、冒着彈雨、不顧生命的把他搶救回來、因之死於砲火之下的已有許多。因爲顧乃梅是一國的靈魂、顧乃梅生便是法國的精神無損、顧乃梅死便是法國的靈氣消亡、所以寧可犧牲多數人的性命、亦是在所不顧了。

顧乃梅氏受賞榮光大勳章時之攝影

顧乃梅功績愈積愈多、所以聲名洋溢、譽滿環球、提起顧乃梅的大名、沒有不知道的了。有一次他的長官命他打四架敵機、中有一架被他打落在法國戰線以內、並且一點也不曾損壞、顧乃梅此時又得了機會、研究這敵機構造、往復的探討才慢慢的看出來、果然敵機頗有些地方、較勝於他所駕的紐波得式飛機。於是他把他的這架飛機也逐漸改良起來、所以在戰時的紐波得式飛機、惟有顧乃梅的這一架、獨與旁人不同。可見顧乃梅堅忍的性情、剛果的意志、綿密的思想、無一時不自然流露。所以顧乃梅雖當戰事殷繁之際、對於機械學上的研究、仍沒有一刻置諸度外咧。

千九百十七年九月十一日此可親可愛可敬的飛機家之末日至矣。當他飛過耶蒲利斯之時、他看見五架德國阿勒巴特羅斯飛機、他就立刻把機鼻一轉向這五架飛機而來、當他正欲向下撲擊之際、陡然由雲中出來四十餘架敵機一齊圍攻、其中有李齊芳的一隊飛機、李齊芳是德國子爵、他這一隊飛機、爲德國最精銳者、當顧乃梅打落敵人飛機五十餘架的時候、名震全球、敵人忌之滋甚、惟想着必須先把他制死、然後始能高枕無憂、橫空蔑阻、於是德人遂把這件第一要緊的事、都托付在李齊芳的身上。那時當顧乃梅被困之際、有幾架比利時的飛機赶來相救、然而離着太遠、待至飛到的時候、顧乃梅的飛機已經落在德人戰線的後方了。在顧乃梅的同伴還希望着他讓德人俘虜了去、仍可有生還之日、不至於一別永訣、然而此種希望、我想顧乃梅是不願意的、大丈夫寧爲玉碎、不爲瓦全、爲國而死、死復何憾呢。德人因爲敬重他、過了幾天、特給法國航站報個信來、說顧乃梅受一鎗彈洞穿頭部而亡、打落顧乃梅的是一個不知名的飛行員、叫作衛思滿呢。

衛思滿寫信到他家鄉裏去、說他現在無論那一個飛行員都不怕的、因爲飛行界的王、都讓他給打下來了。

負天翎翮絕雲岑。豪氣如虹空古今。遙想巴黎花似錦。六街猶望羽仙臨。蒨君讀顧乃梅事感作

馬江航空事務之調查

馬江現設關於航空事務之機關有二。其一爲飛潛學校。直轄於海軍部。專爲培育製造人才而設。於民國七年三月開辦。所定學術程度。與歐美分科大學相等。分普通特別專門三級。普通定爲三學年。講授英文及普通數學。爲入特別級之預備。特別級定爲三學年。講授物理、化學、高等數學、普通及高等力學、冶金學、力學繪圖、機械繪圖、機械策畫、汽機學、油機學、電機學、造船學。專門級定爲二學年。講授飛機潛

製造品。且英國深信航空器上可載轟炸大軍艦之炸彈。故軍艦之功能。皆可以航空器代之。其維持海上之勢力與軍艦相同。故近日英國政策之進行。多本諸此義而極力注重於航空也。現英國載航空器之母艦至少已有四艘。而美國尚無一艘。其英國航空軍之集合極爲捷速。無論何地告警。皆可有航空軍立時之應付。總之英國對於航空。仍在極力擴張。近雖有軍備縮減之議。而獨對於航空一項。一任其自由而無所限制也。

歐季愛氏所述美國空中旅行之進步

葉廷元

去年感謝節 Thanksgiving day 之日。美國長島格登城米齊爾飛行場 Mitchel Fiold, Gardon City, Long Island 舉行蒲里茲爾紀念品 Pultizor Trophy 飛機賽會。是日到場參觀者有三萬餘人。肩摩踵接。幾致傾城。賽會之隆。一時無兩。然而余猶有憾者。則以一般人士。仍以飛機爲軍事之需。而對於商業飛航。仍有所疑慮。設行於市中。執途人而問之曰、『汝喜飛航乎』則必應曰、『唯』曰、『然則明日由紐約至波斯頓之飛航曷不一試。』則必曰、『有他約恐不能如願也。』回憶美國數年前。在航空界上已爲先進之國。只以未能積極進行。而人民復懷遲廻之念。遂致進步極遲。然而將來定有成功之日。得一般人士信仰之時也。

此次賽會第一之人。爲毛思雷上尉。乘美國軍事航空局所繪製之飛機。以每小時一百七十八英里之速度。行一百三十二英里之距離。自經賽會而後。足可證明美國有製造飛機之能力。有繪圖駕駛之人才。亦能於航空界上取得優勝之地位也。近觀歐洲飛航。若由倫敦至巴黎。以舟車起行。則須八九小時之躭隔。若以飛機起行所費之時間。尚不及兩小時之數。免舟車更易之勞。著飛行敏捷之効。爲搭客者。自倫敦某處乘電車至飛行塲。倏忽之間。已身在巴黎城市之內。至於郵件遞寄之速。尤甚於電報包裹遞寄之速。較諸往昔可早達二三日之久。

近據英國航空部統計。載在晚近十五月以來。與法、與比、與丹麥、與西班牙、皆已交互飛航。共計飛行四萬八千次。飛行一百餘萬英里。載客八萬二千人。所載之貨物值一二百萬元。至於遇險之次數。亦極其輕微。視他種交通方法。有減無增。大約計之。合搭客四萬人之中。祇有一人遇險者。

余有女友曾於文德蘇爾 Windsor 中飯畢。乘電車至倫敦。搭倫敦布魯舍勒間之飛航。在比京吃茶。復回至倫敦晚餐。在此半日之間。行五百英里之遙。往返之間猶綽有餘裕。並無須格外之費。俾就尋常之定期飛航。即能享有此便捷之交通。近今在倫敦之人。皆可身歷其境也。常有在倫敦燕會之時。衣最時尙之衣服。就近詢之。始悉當日由巴黎之所寄者。此外如布魯舍勒馬得立得几內瓦各處。日日有定期飛航。千里關山。行同咫尺。空中旅行之便易。無過於斯。

返觀美國。由紐約至波斯頓。其距離之遠近。與自倫敦至巴黎同。惟由倫敦至巴黎。中間隔有英倫海峽。若不以飛航來往之時。則因舟車替換之煩難。須費九小時之時間。而自紐約至波斯頓則不然。兩地交通。可由鐵路直達。較諸由倫敦至巴黎。可省四小時之時間。因之此兩地之飛航。殊不足惹人注意。一般人士視之極爲淡然。此實地利之不同。而飛航致有成功不成功之別也。

美國除紐約波斯頓而外。有可以利用飛航之地者。則爲自克威斯特至哈瓦納。中間有水相隔。亦猶之.

英倫海峽之於巴黎倫敦。以舟行需十小時或十二小時之時間。今以飛機飛渡只需一小時十五分已足。在去年十一月一日、有受羅馬林西印度航空公司 Aeromarine West India Airway Company 創辦此兩地之飛航。所用之飛船。共有六架。每架可載搭客十一人。搭客坐於其中。極其貼適。飛船內置有柳條所編之椅。分置兩行。中間留有空地。可以往來。坐旁安置窗櫺。可以眺望。此種飛船。本為戰時美國海軍部所製。為 F L 飛船。近改名為三他馬利亞 Santa Maria 及品他 Pinta。總之克威斯特及哈瓦那兩地間之飛航。形見蒸蒸日上。吾意凡已經搭載飛船之客人。必不能再舍便易之飛航往來兩地之間。而返求遲緩交通之法也。此外美國航空郵便公司所攬辦之航綫。則有紐約華盛頓間者。紐約至克里烏蘭得及芝加哥間者。芝加哥米尼阿普利斯間者。紐約舊金山間者。此等航綫日日飛行。不受天氣上之障礙。為美國航綫中最可稱道者。吾意自茲以往。一般人士。昔日對於飛機上運回顧慮之念。將一洗而去之。而必可公認空中飛航為最潔最敏最慰貼交通之法也。美國此際於飛航一事。正在萌芽時期。而歐洲各通都大邑。以飛航交易往還。已成習慣。且有夜間飛航之各種設備。勢不得不急起直追。而求其所以發達之法也。

世界第一大飛機之出世

馮啟鏐

義大利有名之航空器製造家喀普羅尼氏 Caproni。專從事于製造大飛機。歐戰告終以前。即辦有三翼九百匹馬力之大式飛機。以供深入敵境襲擊險要之用。其雙翼機之較小者。余曾于巴黎義軍飛行營中試乘之。該機配有發動機三架。共為四百五十匹馬力。可容八人。其軍事上設備之周密。自不必問。

歐洲最近之商業航空情形

葉廷元

歐洲商業航空。極盡蒸蒸日上之勢。惟里數之統計。而欲得詳確之報告。則實爲不可能之事。緣以所通航路。動經數國。且錯綜紛紜。縱橫靡定。甲國之統計既具列靡遺。而乙國亦將表而出之。以爲國內飛航之成績。因之每每航線飛行之里數。若依各國所表列者而統計之。勢必較實地飛航之里數爲多。故是篇內所表列飛航里數。係祇就定期永久之商業飛航而論。至其他各國各種飛行。或爲軍事。或爲遊覽。或一時之商業運輸。則均不採入。亦所以存眞確之義耳。

法國商業飛航之發展。爲近日世界各國中之巨擘。然其發展之目的。不在於平日運輸之便宜。乃在於國防之鞏固。以爲一旦有事。便可盡其商業飛航之經營。轉而用之於軍事之佈置。是其商業飛航之發達。固別有用心在也。

法國飛航公司爲世稱道者。則爲 Compagine Generale d'Entreprises Aeronautiques 在他國亦有稱之爲來替科里公司者。Lateccere Company 此公司在法國中較諸他公司尙具有商業飛航之目的。其所飛航之路線。則自法國之托羅斯 Toulouse 至阿非利加之北部。近又延長至阿非利加西岸之達喀耳 Daker。然猶以爲未足。猶欲爲進一步之計畫。凡旅行至達喀耳者。可乘海輪至巴西海岸之惱龍哈島 Noronha。再由該島乘空而抵里歐的席泥盧 Rio de Jeneiro。終達於必歐斯愛耳司 Buenos Aires。是該公司計畫之偉大。頗有足多者。

來替科里公司之外。又有萬國飛航公司 Compagnie Internationale de Navigation Aerienne 最近又

有稱法羅公司者 Compagnie Franco—Roumaine 該公司所經營之航線。半自於歐洲即自巴黎至布卡里斯近久擬延長至君士但丁而以安果拉爲終點。然以現時尙注力於航線之延長因之固有之飛行。反暫爲停頓。再該公司對於夜間搭客飛航亦曾在千九百二十四年試辦三月亦頗著成効。上述之航線。及著名之英法航線以及其他航線均係商家經營。而須受國家多數之資助。就中將來有獨立經營。不假公家之扶助者。僅拉替科里公司一家有希望而已。

德國國內航綫密接。縱橫四布。大多盡爲雲克爾公司 Junkers Company 及德國航空公司 Deutscher Aero Lloyd 兩家所壟斷。亦多受公家之資助。此二公司近日合而爲一。名曰德國空中運輸公司 Deutsch Luft Hansa A. G. 在辦理合組期間。德國全部之飛航盡爲停頓。直至千九百二十六年四月一日更復重行開航。此外尙有多數受公家資助之小公司。亦擬合而爲一。而航運部製造部則判而爲二。一切開銷。均歸自己籌畫。不相聯屬。

德國政府既受軍備之限制。自不能擴張軍事航空。乃尙注於商業運輸之一道。丹麥瑞典俄羅斯等國。皆有與德國聯絡之航綫。故德國與丹瑞俄皆立有國際飛航管理法。至尙在德國境內之航綫。則實不多覯。因之是篇表內所列德國飛航里數。多根據數國之報告書而統計其總數。不免有張大之嫌。而究其實際。在千九百二十四年中。德國飛航之成績。實僅次於法蘭西。是其航空之經營。固未可輕視之也。

英國尙注意於商業飛航。其對於軍事航空之意見。固不能泯然無存。然實不若其他諸國之嶄露。且英國以商業立國。意欲以商業飛航之力。以聯絡其屬地。俾交通既易。商業自然繁盛。歐戰甫停。英人即從事於商業飛航。且其魄力偉大一鼓直前之氣。爲他國之所不及。從事於航綫者。多爲私人所立之公司。不受公家之資助。然終以私人財力薄弱。不得不仰給於政府之扶助。現在英國所通行之航綫。均得有公家之補助也。如倫敦巴黎祖立西航綫。London Paris-Zurich 倫敦布魯舍勒克羅哥尼航綫。London-Brussels-Cologue 倫敦阿穆斯特坦柏林航綫。London-Amsterdam-Berlin 是皆英國航綫中之最着者。然而英國政府之本意。則猶不在於此成立之航綫。而在於現時籌畫中之航綫。如英印航綫。印澳航綫。印埃航綫。以及東展至巴格達至喀喇之航綫。皆在籌備之中。設使一旦告成。則英倫三島與非亞之屬地聲氣相通。手臂相應。其商務之興。更當有不可思議者。

蘇俄近年以來。航空情形何若。究不克得其眞象。然其幅員寥廓。極利於商業飛航。故其經營亦不遺餘力。近據報告。惱屋哥洛得 Novgorod 莫斯科 Moscow 喀爾科夫 Kharkoff 等處。均有航綫。與基夫 Kieff 歐地薩 Odessa 森夫羅波耳 Simferopol 相聯絡。均匯於莫斯科。復與德俄航綫相連。直達德國之王城。近聞蘇俄政府。更與德國之製造家及飛航公司。會商航行之事務。其結果如何。雖不得知。而實有注意之價值也。

此外歐洲各國着力於航空者。則有荷蘭比利時匈牙利捷克司羅瓦克波蘭等國。其飛航之里數。亦列於是篇表內。惟瑞士之航綫屬於國際者爲多。故其里數之統計。不免有出入耳。

千九百二十四年下半年度至千九百二十五年上半年度全年飛航里數統計表

國名	里數	支出經費數（以元計）（凡以商業飛航論公家資助之數亦包括在內）

比利時	一六〇・〇〇〇	二六四・〇〇〇
英國	八九〇・〇〇〇	一・七一五・〇〇〇
捷克司羅瓦克	一二六・四〇〇	
法國	二・二四九・〇〇〇	六・三二〇・〇〇〇
德國	一・八六〇・〇〇〇	二・三九〇・〇〇〇
匈牙利	二二五・四一〇	
丹麥	四八二・八〇〇	一六一・〇〇〇
波蘭	一二四・二〇三	
蘇俄	二八八・六〇〇	
瑞典	六九・二八〇	
瑞士	二六八・四〇〇	九・六三〇

下落傘之預備。尙爲討論之問題。蓋下落傘之用途。在飛行機械失其駕駛之能力時。機上人員。可利用下落傘以下落至地。減少其猛速之危險。但下落傘能否安然出險。不受他物障礙。尙渺不可知。且用下落傘之機器。其重量必增加。尤爲必然之勢也。英國皇家飛行隊中之小式飛機。均採用之以備不時之需。期收效於希望之中。現時所通用之下落傘有二。一爲從機上躍出用者。一爲迎風而開如張傘落下者是也。

機器上意外之患。重要原因。多爲用推進器以起動發動機。現時預防之法。已有用機械起動機以行之者。但全部起動機尙未發明耳。至於安適方面。凡含有養氣之器械。及能感受電氣之衣服與其他之需要等件。均須注意改良也。

航空照像槍

葉廷元

當美國加入歐戰時。適英國航空員用一種照像鎗。(Gun Camera)鎗本路易機關鎗(Lewis Machine gun)式。所異者惟以長鏡銃身代機關槍之射擊銃身而已。此鎗每次裝藥後。可撮照十二片。惟飛航員在每一次射擊後。仍須將撮照軟片。用手向前挪移。如是者十二次。然後重新裝藥。歐戰協約各國。既誼深袍澤。坦白爲懷。英人乃將此照像槍送於美之參戰軍。復由美參戰軍轉交伊斯特滿照像公司。依其型式另裝一具。

美國制圖說之人。復依英國之型式。而加以改良。此種照像鎗。遂益得實用上之精碻。而練習空中射擊者。亦可恃此爲速成之術。昔時之軍火虛糜光陰耗費之憾。可以一洗而去之矣。在此器未發明之前。練習射擊之術。皆未能與臨戰時之情形脗合。其法大抵以泥鴿爲目標。人立與高阜之上。以機關槍向之射擊。然此種高阜本爲固定之物。與在飛機上之射擊迥不相同。且泥鴿之目標。亦形同木偶。與飛行中之敵機大異。目標之距離。彈道之遠近。皆有一定之限制。而非若戰時射擊之距離遠近。須隨時更變也。泥鴿而外。復有以氣球降落傘紙鳶爲目標者。令該物自高降落。而於飛行中射擊之。然而球也傘也鳶也。皆不能若飛機之上下顛撲。捉摸無定。且其下落速度。亦與戰時之速度快慢迥不相同。

英國式之照像槍上亦有視線 Sight （即合照星照門目標三者而言）與飛機上所用之機關槍二視綫同。故謂非射擊機關槍。直可謂射擊照像器矣。此照像槍之銃身圓徑。較路易式槍爲大。可容十二照片。惟每攝照一次時。須按槍機一次。並須借一機柄 Lover 前移攝照之軟片。總之現在大抵多用照像槍而不用機關槍矣。

當此照像槍送與照像公司。公司某經理即以此英式者爲笨重。不如用一照像器作爲附屬之具。用時再置槍上。較諸英式照像器與槍合而爲一者。可以稍爲靈便也。至後果如其言所製之照像器。可附於槍上藥艙之地。且此照像器每裝一次藥後。可攝照一百張。每一烘發。即現影片。槍機按之不息。則射擊亦不息。

美國所謂第一號照像槍。重十三磅。有長鏡銃身長八英寸。圓徑二寸又半。全體金屬造成。至此照像器之藥艙。則作卵圓形。與機關槍所用之藥包作圓形者不同。艙內藏有軟片。器上並有路易式槍之艙鎖。以爲牢繫藥艙之用。

通常照像槍上。常備有三藥艙。裝藥時置於暗室。設此三藥艙裝足。可供飛行員射擊三百次之用。艙內之軟片與電影片無異。由藥艙小端之鈕子前轉。經進光弇。此軟片可攝入陽光。過此直至藥艙之大端。為捲疊軟片之地。其圓徑五英寸。藥艙共長為十零四分之三英寸。其大端之寬為八英寸

在路易鎗上。凡每一鎗彈發出後。因其回力之結果。所發出之烟氣。擠去空藥包而代置以盛藥藥包。因之欲使其接連射擊。須緊按鎗機。至於照像鎗則可不必藉藥包之力。即用彈簧之力已足。上絃時之柄與留聲機所用者相同。此種彈簧緊繞於搖轉此圓徑五寸軟片之柄。復經由一種機械之力。名曰幾內瓦動力。其力時復斷續。以至長鏡銃身內之閉弇。當軟片向前進行。經由入光弇時。此閉弇倏開倏合。能表明其射擊飛機之地位。當閉弇開張時。恰在子彈將欲放出之際。欲知其概。有如下圖。（圖刊本報第二卷第一號）

欲由此照像鎗使之易為瞄準。則有玻璃片。名曰格來替克勒。（Graticule）亦置於銃身內之焦點板上。與軟片相連。此片上畫直綫橫綫。交互於片之中心。片之中心。畫有小圓。以便瞄準。外復有兩大圓相接近。所以表明此照像鎗所攝影之地位也。緣此交綫及大小圓周。在每次攝影後。亦能現於照片。因之所照飛機之地位。可愈為親切矣。

惟當空中戰鬥之際。飛機速度極高。當射擊開始時。與子彈已及飛機之時。其被射飛機所處之地位。不能完全相同。然而依飛機所行之方向。現於影片者。亦可揣度所發之子彈是否命中也。設此飛機之現影。正向此玻璃片中心進行。或距中心極近。則命中之機。十得其八九。若所現之影雖亦離中心不遠。然

已跨中心而過。則此機速度。恰可逃出鎗彈矣。若飛機受追逐時。其緊要部分。現於影片之中心。則必已命中。下所列圖。皆爲飛行中射擊之影。可考而知矣。

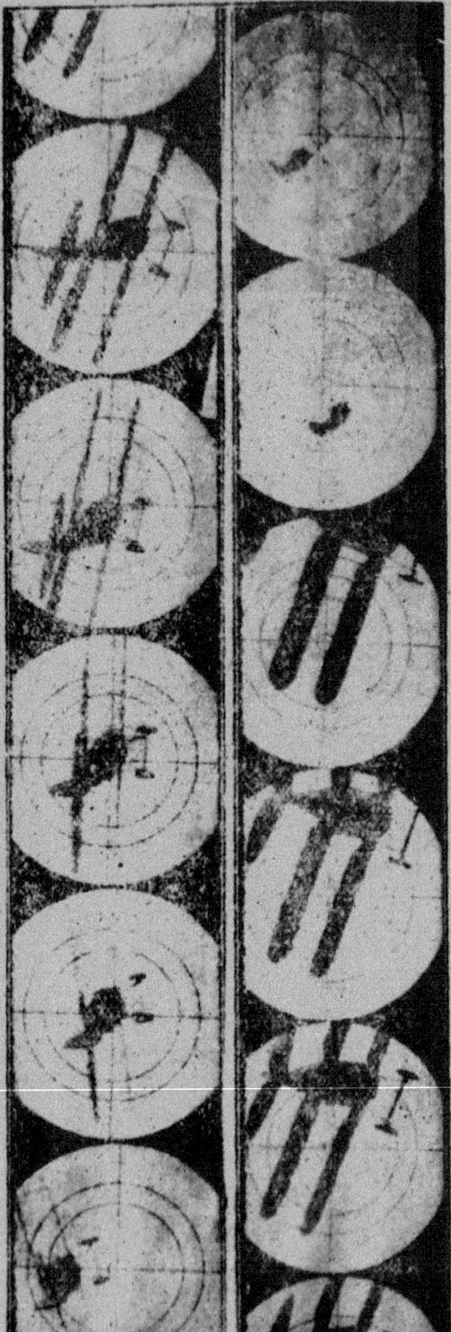

至於此照像器之安置。則依鎗上之視綫爲轉移。先於一定距離處。以鎗之視綫瞄準一物。然後再移照像器令玻璃板上（卽格來替克勒）之交綫。正與鎗所瞄準之物相合。彼時卽將照像器緊附於鎗上。現在更新之發明。又有一種考查時間器。亦可附於鎗上。能在軟片上表明撮照最准時間。能記秒數五分之一。如此可令二飛機員飛昇。令將時間對准。同在空中射擊。降落時可看其記錄。先登記錄於影片者。卽先命中。而爲戰時得勝之人。今所表明之圖樣。尙未附有此種表明。其亦爲鎗之一部分也。

現在伊斯特滿公司。更製出撮照地圖撮影器數種。或用軟片。或用玻璃片。或自動。或用手動。均極靈便。

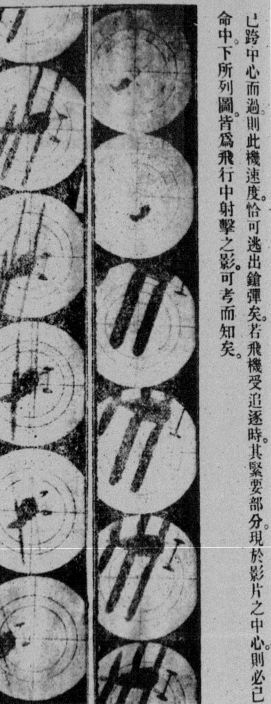

較諸已出之器。又有進步矣。

飛昇高度與人身體之關係

高度飛行致感不快者。厥有二說。一爲法國學派。以人不快之因。惟酸素稀少所致。此派以布爾特教授及李格那德教授爲之魁。Prols Bert and Regnard 一爲意國學派。謂飛昇愈高之時。人感不快之原因。並非純由酸素（養氣）稀少所致。實由人之血液內所存之酸炭養缺乏之故。此派以摩蘇教授 Prof. Mosso 爲之魁。故凡飛行至九千米達尺時。有感不快者。可用酸素供給之法以勝之。若再昇逾此高度。非炭養二及養氣之混合物不能勝之。（百分之十三炭養二百分之八十七養氣即可）

◇英國商業飛航

葉廷元

是篇係敘英國千九百十九年一月至千九百二十年四月之商業飛航狀況。及今已歷四載。其情形不無有所更變。然其由淺入深。循序漸進之規劃。亦頗可作我國參考之資。且現在我國之商航幼稚情形。較諸千九百十九年間之英國。猶爲稍遜。則彼初創之經營。正又資我國之詮鏡矣。

第一章　英國全國商業飛航事項

（1）國際飛航

（2）飛航律

（3）地上之組織

（一）航站事項

（甲）公家航站

（乙）私有航站

（丙）海上飛機站

（丁）河上飛機站

(二)航行事項
(三)標示舉行事項
(四)全國航綫事項
(五)氣象事項
(六)商用飛航事項
(七)關於執照事項
(八)保險事項
(九)蒐集報告事項
(十)航空器分配事項
(十一)航空部舉辦賽會事項
(十二)費用支出事項
(十三)研究進行事項
(十四)各屬地航綫事項

英國航空部商業飛航進行報告書自千九百十九年一月一日至千九百二十年三月三十一日

第一章　英國全國商業飛航事項

(一)國際飛航

商業飛航之發展。視乎國際飛航之進行。萬國航空條約。除日美兩國外。其餘協約各國。已經簽字。至中立各國。對於條文有不滿意者。(例如條約第五欵)現亦為之修改。千九百十九年十一月六日。與瑞士訂立國際飛航條約。於千九百二十年三月一日。開始飛航。現在亦與荷蘭訂立條約矣

(註)美國已於千九百二十年五月三十一日對於萬國航空條約簽字不過附有保留條件而已日本近亦簽字

(2)飛航律

飛航律。擬於此期國會提出。各城鎮辦理航站一項。為提出案中之重要條欵。至前此千九百十九年五月一日所訂之飛航律。雖與萬國航空律無甚出入。然猶未能一致吻合。故此次修訂。既極力再求符切。且凡前此不適宜之點。亦分別變更廢止。至已經習慣施行。並無何等妨碍。各應於修訂時加入作成文法。惟不能對於航空實業上與以何種影響。待經國會議決。即可公布作為國家制定之飛航律。至此次修正之點。列舉如左。

禁航區域　此等禁航區域。大為縮小。並有前此完全不得飛航區域。現亦准予飛航。惟飛航之高度。附有一定之限制。

稅關檢驗　凡所有航空器。(不限於搭載客人裝運貨物之航空器)飛離英國以前。須得有稅關出口執照。

固定氣球之限制　凡關於固定氣球特別之限制。現只施用於每航空站五英里以內之區域。

保險傘之適用　凡關於由空中拋擲物品之平安條例現又另加釐訂。准與依一定規則。使用保險傘拋擲郵裹等物。

除以上所述外至備夜間飛行所用燈塔之佈置及飛航日記簿各種規則亦皆添訂。載入飛航律內。至關於各種遇險調查規則。擬另訂規則公布再凡所有飛航之航空器除試驗飛行而外皆須得有適航証書。

現在所訂一切規則。漸次推行。著有成效。航空製造亦漸精良因之航空器安全條例亦有所依據施行。航空委員會對於商業航空器載重圖說應改良諸點亦已調查明確因之依據其所條陳各款亦已取決一定步驟實力推行關於商用航空器所用之發動機亦爲實地試驗何種發動機可任若何之載重。亦已列成一表以備參考。此種發動機試驗表及上述載重改良圖說不但對於英國商航上有無上之價值即將來國際飛航。亦擬本之以爲討論之具而訂國際飛航之條例也。

駕駛員身體檢查。各種手續。現已從簡並已印有現行身體檢驗章程公布。

當開始檢查之際在觀乎駕駛員之體質能否擔任每日飛行若舉行覆查之時在觀乎駕駛員飛行而後其體質因飛行之關係有無何等影響。蓋關於此種飛行耐勞之檢查。誠於商業飛航上必不可少者。檢查身體中包有飛行運用之術。故關於各種運用之術。亦宜實地試驗。蓋身體檢查之舉。既可以輔助駕駛員自信之能力。復可以增進一般人民信仰駕駛員之心也

(注)飛航律章案已於千九百二十年五月三十一日提出上議院公布。檢驗身體章程。於千九百二十

年一月出版書名商航駕駛航行工程師試驗章程。The Medical Examination of Civilian Pilots, Navigators and Engineers 國立圖書局出版每本六辨士。

(3)地上之組織

國家現對於商航一事思用各種方法以輔助其進行若航站之建設無綫電站台之舉辦於此六月之中皆極見有大進步者。

(一) 航站事項

(甲)公家航站

抗斯路 Hounslow 爲昔日倫敦之末站現復被陸軍部用爲馬隊操場。故現在倫敦末站爲克羅愛登站 Croydon 該站地處通衢氣候亦適較諸抗斯路原站反爲適宜。此外復有林鋪尼站。Lympne 該站爲昔日航空軍之用現已移交於商用航空處 Department of Civil Aviation 矣。以上所舉二站皆爲收稅航站。

克羅愛登、林鋪尼二站皆派有人員(非軍人)駐守直轄於商用航空處處長負有維持站內一切秩序之責並應幫同使用航站之人料理一切事項現在站內所派定人員如左

會計員一人。

無綫電人員及氣象人員以及其他人員共四十九人。

林鋪尼站職員

商用飛航運輸員一人。

庫藏員一人。

會計一人。

無綫電人員。氣象人員。以及其他人員。共二十七人。

全國防險降落場之地址現亦正事調查。可用為防險降落之區者。共一百一十四處。現正與各該地租主磋商訂用事項。

(乙)私有航站

商業飛航既日事擴張。而私有收稅航站。亦不可少。現在私有收稅航站。只一亨利佩治公司所立之克里克勒烏得航站。Crickle wood 該公司與稅務處。Board of Customs and Excise 磋商妥協。由稅務處派一稅員駐紮該站。以備徵收外來貨應納之稅。

(丙)海上飛機站

海上飛機及飛船對於商航之用。日益擴張。故海上飛機站。現亦亟為備置。經過北海之運輸。尤為重要。故現在在裴利克斯托 Felixtowe 永久軍用海上飛機站。設立停泊廠所及浮標等。

(丁)河上飛機站

現在航站。大都設在城外。距城較遠。因之往返航站時間。頗形延緩。惟城市之內。有河流經過時。即擬擇城鎮之中央河流區域。為水上飛機停泊之地。現在倫敦區域之中。有茲冊斯河。THAMES

即擬用該河流在城內適中地點作爲水上飛機停落場。現在有關係之各地方官署。已從事討論。調查此事矣。

（二）航行事項

現輔助飛航進行事項已經辦理者極多。例如在阿失佛得、ASHFORD 息琴、Hitchin 里特息衞、REDHILL 唐布里治 TONBRIDGE 各車站。站房之上。皆書就各該站名。以爲飛航時之指引。至在不能用車站記號之區。則擬用極省便之法。寫出各重要城鎮名稱。現在對於此舉。已開始測量創辦矣。

飛航之利。在於速度。若求十分利用其捷速之能力。則須晝夜並行。當歐戰之時。地面與飛機傳遞消息之法。多屬簡易。且所用之標示不容顯著。而所用人員亦實繁多。至於商用飛航所用標示。較之戰時所用。則有不同。航站之燈光。則無礙於明亮。舉行標示之法。則較昔爲繁。且現在可以以機械之功。代人手足之役。故人員之數。可以減少。

夜間飛行之布置。若航空燈塔發光火號。降落燈光。已於安都威爾站 Andover 開始試行。以便取決最善之法。以助夜間飛航。當在戰事初起之時。在杭斯路站。已經試行燈塔。因之所得經驗極富。現在航站既作爲他用。故所備之燈塔。亦移至克羅愛登。而夜間所用降落齒輪。Night Landing gear 亦擬添置。至關於萬國航空會議所定之氣艇飛航規則。現亦正在研究之中。而欲有所施行也。

以上所言皆爲襄助飛航之法。至此外亦可爲飛航之便利者。則有書籍之編輯。圖表之刊印。例爲航站Aerodome（書名）一書。附有圖說。凡關於英國之內之航站。及降落場。皆載入其中。方向組織。條理井然。間可爲飛航之津梁。旅行之輔助。近復擬訂世界航站航綫字典及航行圖表。以爲無綫電導認方向之用。現在此種航行各種圖表。已與陸海兩部商妥。擬令參謀部製圖科辦理。

此外由英至印至澳至開普城至各外國。及由荷蘭至爪哇各種長途飛航之法。及各種器具使用之法。現亦正在調查進行。至倫敦巴黎間之航綫。雖已成立有日。而其附屬支路。尚未能興辦。故近日對於巴黎倫敦之航綫。更從事調查。以便興辦支路也。

（未完）

◇英國商業飛航（續）

葉廷元

（三）標示舉行事項

標示舉行之法。現已力見進步。航空部所設之無綫電站。關於氣象及無綫電所用之物件。較諸十月間幾倍之。其近日發達之狀況。可概見矣。今將千九百二十年二月一號至三月三十一號由該站所收發軍商兩種消息次數列左。

關於天氣消息發報至里、布革德 Le Bourget 者。計共四百四十四次。由里布革德發來者。計一百二十六次。

關於航路消息。發報至里布爾革德者。計共四百二十六次。由里布爾革德發來者。計共二百十四次。代氣象局所收消息一千二百九十九次。

以上共計二千六百一十九次。

以上之計算。只依航空部所設之無線站統計而言。至於擴充之法。近亦積極進行。俾使無線電縱橫全國。以爲航行之輔助。如近在克羅愛登站。布勞威齒航站。的斯布雷航站。蘭福絲航站等處。亦添設無綫電站台矣。至與外國傳遞無綫電之組織。若法若比。近亦力謀進行。是以無綫電收發外國氣象消息之法。亦在興辦之內。

無綫電話之進行。全國設置已有五處。其與法國所設之飛航無綫電話站台。近亦將建設完備。

飛航之阻礙。厥爲雲霧。然近有無綫電方向識認器。亦足以減飛航之難。此等器具近亦在克羅愛登設置。至在法京巴黎比京布魯舍勒兩處。亦擬爲同一之設置。

關於運用無綫電員任用之資格。現已訂妥章程。凡爲無綫電員。須經考試合格。得有郵務局長所發給之新証書。始能充任。

世界飛航日漸發展。則無綫電之組織。勢必用之擴張。雖無綫電流推布世界之事。其手續未免煩難。然而商用航空處已有國際無綫電會 International Radio Convention 之提議。內中即本巴黎會議議決其大綱。而取決一定手續。擴充世界無綫電之辦法也。

商航事務處標示科 The Signal Branch 近復重新組織無綫電職員及各無綫電布置。大都以商用飛航爲指歸。而對於昔日軍用之設備。則有所變更也。

在已往六月中所有之公電器俱。開作爲公用者如下。

		自歐戰後之共數
電關板 Switch Boards	34	210
結綫 Tie Lines	20	224
交換綫 Exchange Lines	79	568

電話 Telephones 969 3518

關於目力標示舉行之法現已編成一表公布其目力標示訓練規則亦出版公布矣。

(四)全國航綫事項

自上次報告公布以後。羅司米斯 Ross Smith 有由英至澳洲之飛航。黎尼威勒得 Ryneveld 有由英至開普城之飛行。因之關於該路方向圖表。皆已備妥。分送各有關係人員。至由開羅至開普城之航綫。爲消息傳達之捷速起見。亦擬添設電台。故經此屬地飛航以還。所得經歷。極有價值。例如行經熱帶之際。其氣候與溫帶氣候又不相同。航站之設備。發動機之動作。又須因地制宜而有所變更也。開羅開普城間航路之調查。經費則由商用航空處負擔。惟非洲之地屬地羼雜錯綜不一。皆由各該屬地政府磋商一切。而保持其飛航之航綫。開羅喀喇其間之航綫中所設無綫電及有綫電之各種布置。已見進步。至開羅及布什爾兩地間。已有無綫電站。爲消息之傳達。中經拉穆雷白格達巴斯拉各站。喀喇其班的阿俾司及察巴爾各處無線電站之布置。現亦着手辦理。除上述而外。復沿路設有較小之無綫電站。

馬勒他Malta地當要衝。正擬於該地設立航站。以爲英國埃及飛航銜接之處。聖勒昔耳 St Raphael 皮薩 Pisa 間之航綫。現亦擬改其路綫。由科塞喀薩的尼亞至馬勒他。以便與地中海內之英國屬地相聯絡。現已在馬勒他地選擇航站基址矣。

(五)氣象事項

氣象總局 The Head Quarters of the meteorological Office 於千九百十九年十一月十八日由南根森頓 South Kensington 遷入航空部。若海上氣象。Marine 氣象統計 Statistical 氣象器具。Instrumemt 及雨量觀測所。Roinfall Onganization 皆直隸於商用航空處由該處擔任經費及規畫發展之法。

天氣眞確之報告。爲飛航重要事項之一。現歸觀象科 Forecast 經畫其事。其進行之目的。計左列三項。

(一)與航空軍氣象局連絡進步。(已有成效)每日天氣報告。由國立文書局 H. M. Stationarg Office 印就。由觀象科分送。此種辦法。自一月已開始進行。

(二)各地方設立氣象觀測分所。以便報告各該區域之臨時發生各種氣象。此種計畫雖未克完全告成。然設立之地。計已十一處之多。

(三)英國東南部氣象報告之法。宜求完備無遺。以便依各國航空會議附約。(庚)爲英國與歐洲大陸間之飛航。

千九百一十九年十二月以還。英法間及英比間航綫氣象報告。皆於飛航之前夕。送登報紙。至臨當日飛航時。另有兩次臨時報告。一在上午九時三十分。一在下午三時。

國際飛行。漸形發展。因之國際飛行氣象報告。亦在所不免。現在國際間。已有以無綫電傳達簡單消息。如英航空部之無綫站。每日可收瑞典、丹麥、荷蘭、法蘭西、瑞士、意大利、各國之氣象報告。而英國航空部。

亦與海軍部商妥由阿布爾丁 Aberdeen 用海電傳達氣象報告於那威、瑞典、丹麥、荷蘭、法蘭西、瑞士、義大利各國。

觀象科既以傳布氣象報告爲天職。故凡有詢問氣象者皆宜答覆。凡氣象圖表。氣象報告。皆宜宣示之。現在猶待解決之一重要問題即爲依各國航空條約附約。(庚)訂定氣象圖表簡明記號。以備頒行。然現尚未能立時頒定者。厥有二因。一則爲氣象報告站事屬草創。而沿海方面職司其事者。皆爲海軍士兵。他種事務已不勝其煩。故此圖表之訂定因之乃形遲緩。一則爲氣象報告所用電碼。在陸海方面皆須一致。而航空條約附約庚對於此事亦未完全有所規定也。航空氣象局所屬其餘各科亦積極進行。不遺餘力。大西洋及東印度洋之航海日記格式則另爲修訂。雨量觀測所及統計科則愈爲密切之連絡。受不爾內斯 Shaeburyness 地之彈測考查 Ballistic Jnvestigation 則依舊進行。雨晃觀測所自千九百十九年七月。附於氣象局以來。所司之事。亦仍與前無異也。

利齒蒙得、Richmond 愛斯克達利模爾、Eskdalamuir 本森、Benson 凡蘭夏、Valencia 及南佛息勃羅 South Farn borough 地之觀象臺既爲普通氣象觀測之事。復爲各科學上之考查。若地上吸力 Terrestpial Magnetism 天空電氣 Stmospheric Electricitg 太陽發熱 Solar Radiation 及地震等學。在觀測之內。至於以氣球昇高。(氣球較飛機氣艇尤高)用天氣自量器。Seliregisteredng fInstruments 以考查天氣之溫度及壓力。益較前細密。再則於濃霧之上爲風力之考查。黑夜之間爲熱度之測量。近皆創立新法。一洗舊觀。再則國內各地磁針偏差 Magnetic Declination 各有不同。邇來研究更形進步至大霧與電力傾斜之關係以及用特別無綫電方向識認器以考查遠地風雨之位置皆爲目今之所注意者。

夜間飛行氣象報告之法近亦進步。高空風力亦可預知。凡飛行百五十英里之前皆可確定各地觀測所考查溫度、濕度所用記號圖表現已統一。因之氣象觀測局對於夜間之飛行亦可公布一定記號之格式也。

(六)商用飛航事項

倫敦巴黎間之郵便飛航已於千九百十九年十一月十日開始成立。(詳情見四月二十日報章)英荷、英比、之郵便飛航現已設法進行。且由倫敦或布魯舍勒間之載貨飛航不日開辦。今將專事商航所用飛機來往英國數目。出入口貨物及遇險次數列成統計表。可知自千九百十九年五月至九月以來在此時期之內。平均每次飛航所用之時僅十二分鐘。而與十月以後直至千九百二十年五月在此六月之中平均每次飛航之時間爲二十八分鐘。然此並非飛航速度有遲緩之異實緣所載貨物迥然不同。在此後六月之中所載者始多半係屬商貨。至前此所載者不過爲學校教練物品或教會需用物品而實在商貨則微乎其微矣。再自十月一日後至三月三十一日其飛航之次數及飛航之時間亦遠不及夏間飛航之統計。而其實十月以來所載貨物之增加較諸夏間反不啻倍蓰矣。

自千九百十九年八月二十六日至千九百二十年三月三十一日來往歐洲大陸之飛航所載貨物之價值。計有二十萬九千三百五十八鎊。中有十三萬六千一百一十六鎊爲進口貨物之價值。有七萬三千二百四十二磅為出口貨物之價值。至收稅貨物之價格。有七千六百四十四磅。進出口貨物之大宗。為各樣布疋。此外進口之貨有鐘表電影片。出口貨有五金所製貴重物品。電影片、藥材、香料等。

自千九百十九年五月一日至千九百二十年三月三十一日英國商業飛航統計表

（由英至澳及由開羅至開普城之飛行不在其內）

	自五月至九月計共五月	自十月至十二月計共三月	一月	二月	三月	自一月至三月計共三月	自十月至三月計共六月	自五月至三月計共十一月
飛行之次數	31,250	4,170	542	637	1,222	2,401	6,571	37,821
飛行之時間（小時計）	6,566	1,852	309	333	567	1,209	3,061	9,627
平均每次飛行之時間（以分計）	12	26	34	3	28	30	28	15
飛行英里數	460,285	137,964	21,671	26,400	45,539	93,610	23,574	691 859
搭載客人之數	58132	6,284	793	931	1,800	3,524	9,808	67,940
載運貨物之磅數	45130	22,013	2,644	7,935	25.056	35,635	57,648	102,778

英國航空器來往歐洲大陸次數

（國際飛航於千九百十九年八月二十六日開始）

	八月二十六日至三十一日 往	八月二十六日至三十一日 來	九月 往	九月 來	十月 往	十月 來	十一月 往	十一月 來	十二月 往	十二月 來	一月 往	一月 來	二月 往	二月 來	三月 往	三月 來	總計 往	總計 來
英吉利	9	8	68	64	84	86	54	33	3[illegible]	28	43	33	44	3	65	63	401	353
法蘭西			6	7	15	15	8	10	2	1	4	4	7	6	24	24	66	67
比利時													2	3	1	1	3	4
瑞士															1	1	1	1
其他各國																		
總數	9	8	74	71	99	95	62	4	35	29	4[illegible]	37	52	4	92	89	471	425
	八月及九月總數		83	75	千九百十九年十月至十二月總數				196	173	千九百二十年一月至三月總數				192	173		

（完）

英國商業飛航（續）

葉廷元

來往英國進出口貨物價格

時期	自以下各國所入不收稅貨物 尼茲蘭得	比利時	法蘭西	自以下各國所入收稅貨物 尼茲蘭得	比利時	法蘭西	意大利
一千九百十九年	鎊數	仝	仝	仝	仝	仝	仝
八月						1	
九月			4,425			75	
十月		22	23,389			509	6
十一月		9	18,009	1		2,132	
十二月		145	10,898		2	716	
一千九百二十年							
一月			5,188			1,687	
二月			17,721		5	1,101	
三月	470	208	45,488			1,407	
	470	384	127,618	1	7	7,630	6
	128,472			7,644			

比較表

由英國重出口至法國者	由英國出口至以下各國者 尼茲蘭得	比利時	法蘭西	意大利
仝	仝	仝	仝	
			12	
844			2,146	
1,201			7,270	1
584		7,376	6,555	
615		2,206	2,287	
1,309			1,327	
8,651		4	5,126	
12,528	3,497		6,766	
25,732	3,497	9,588	31,429	1

70,242

飛航遇險

	千九百十九年五月至九月共五月	十月至十二月共三月	千九百二十年一月至三月
飛機遇險死傷一二人者	2	2	
飛機遇險致人受傷未死者	8		8
飛機遇險發傷害他人之性命而乘坐飛機反未受傷者	1		
飛機遇險並未傷人者	2	3	3
總數	13	5	6
飛機若干里數合遇險一次	35,406	27,593	15,601
飛機若干次數合遇險一次	2,404	834	400
飛航若干小時合遇險一次	505	370	201

次數表

千九百十九年五月至翌年三月共十一月	千九百十九年十月至翌年三月共六月
4	2
11	3
1	
8	6
24	11
28,827	21,502
1,576	597
401	278

駕駛員殞命者	2	2		2	4
駕駛員受傷者	6	1	3	3	9
搭客殞命者			1	1	1
搭客受傷者	10		2	2	12
第三人殞命者	1				1
每千次飛行駕駛員殞命百分之數	06	.48		50	106
每千次飛行駕駛員受傷百分之數	19		1.23	15	238
飛行一千小時駕駛員殞命千分之數	51	1.03		65	115
飛行一千小時駕駛員受傷千分之數	92		18	58	234

搭客千人中死亡之百分數	.16		.10	.015
搭客千人中受傷之百分數	.17	.57	.20	.176

註　自五月十二日始由倫敦至巴黎每日有兩次郵使飛行初時每磅收費二先令六辨士現改爲二先令若在巴黎遞送快信再加收六辨士

上表關於英澳間之飛行及由開羅至開普之飛行未入

（七）關於執照事項

在上次報告書之中。已經指明。凡航空器之駕駛員。皆須得有執照。至於航空器。皆須註冊編號。若用爲搭載客旅之航空器。皆須得有適航証書。

在此六月之中所發給之各種執照証書如左

	千九百十九年十月一日始至翌年三月三十一日止六月中所發	千九百十九年五月一日始至翌年三月三十一日止六月中所發者
駕駛員執照	163	484
駕駛員重發執照	129	129
地上工程師執照	113	345
工程師執照	1	1
航行員執照	3	4
航站執照	36	119
航站重發執照	12	12
註冊証書	127	474
適航証書	107	325

（八）保險事項

羅愛得保險公司。現已步步從事搜羅。各種報告。以爲飛航保險之依據。商航事務局。亦許與襄助。准與該公司檢抄航空器註冊証書。並依權限之所及者。供給各種消息。如發給駕駛員執照。公家試驗資格。國內航站各種情形。皆可由事務局示知羅愛得公司。並提議與各航空器所有者及航空器製造人。及航站內得有執照之人、爲切近之聯絡、以便考查個中詳情、尤以考查得有証書後之航空器爲要、將來飛航保險之進行、而求商業飛航之發展、皆於此基之矣。

（九）蒐集報事告項

凡關於國外之各航空消息、皆由駐外航空武官、陸軍武官、海軍武官、調查報告、此外並有國外經商局 Department of Cverseas Trade 之外交領事商業各機關、亦幫同搜羅各種報告。

凡關於所得之報告、若新站或新航綫之設立、或航空會議新訂定各種規則、或關於無綫電氣象報告之進步。分別緩急公布、或直接送至各實業製造所、或徑由英國航空器製造會送達、至於傳達手續、或依期會集各種消息、始爲送達、或因緊要消息、當時即可遞寄也、

國內航空之進行、則亦編記登載、有可公布之消息者、則送登報章、故現在關於商航各種考查、在極力進行之中也。

自飛行員通告發出以後。各飛航人員對於緊要訓令、及關於各種航空緊要消息、皆可曉識、不致有忽略之處。

自上次發出報告而後。現計發出英國航空製造會通告共一百號。每月商業要略共六號。實業紀錄共十四號。秘密實業紀錄共三號。實業撮要共三號。通告共一百八十五號。飛行員通告共三十五號。

（十）航空器分配事項

凡所存之航空器。除已經得經理科允准。送與英國各屬而外。至其餘所存之航空器及航空材料。已經

賣與英國及外國合辦之航空器處理公司由該公司轉賣。

（十一）　航空部舉辦賽會事項

近航空部代表及航空器實業各代表組成一委員會以便制定賽會章程其賽會之主義則以增進飛航中之安全及慰貼為目的故近今英國航空器製造協會對於航空器之製造已取商業飛航安全為要素而較前有變更也至舉行賽會地點則在瑪里司哈姆 Martlesham 及斐利克斯托陸上飛機賽會日期則在八月三日水陸兩用飛機則在九月一日。

（十二）　費用支出事項

千九百十九年至千九百二十年全年已經支出之費用為十一萬九千零八十一鎊而所擔負債務未清者尚多擬歸入來年預算案內結算至支出最大項目如左

商用航空處職員各項薪費	24.306鎊
商用航站職員薪費	9.130鎊
商用航空之工作及各種改革	8.118鎊
航空軍所與之貨物	3.505鎊
自外購來之貨物	2.459鎊
商用航站各項經常雜費	4.608鎊
飛行歐洲大陸經費	9.702磅

開羅至開普城間飛航費用等『人員及汽油等費皆在內』　57,943 磅
除上述費用而外復有由開羅至開普城所負債務及英澳綫測量費用此兩種費用合計約五千二百磅尚未計入本年項下若以此數目加入合全年經費應支出十二萬四千二百八十一磅年由航空軍撥來各物件合三萬八千八百七十七磅之數尙在所記之外云。

十(三)　研究進行事項

科學研究所及商航事商處現已力爲聯絡並與各製造行商酌一致進行以便製出賽會時所用之各種測量器具緣據賽會規則凡各種所用器具皆須爲國產也

現在旋轉識認器色色形形極見進行凡飛行於雲內或雲之上者皆可適用又凡航空軍所用之六分儀 Sextant 及指南針 Aperiodic Compass 及方向板 Bearing plates 及海上航行之大光皆足爲飛航中遇雲霧時之輔助至全部鋼鐵製造飛機之圖說現亦爲之重視矣。

十(四)　各屬地航綫進行事項

國家欲統一商業飛航則所訂之法律勢不得不求其一致若坎拿大若印度現已設立航空署 Air Board 並依英國己實行之法律頒布飛航規則而其他各屬地亦在研求善法以備商用飛航之設施並且設有連絡專員以爲與航空部交換意見而免形勢之隔閡今就各屬地一一說明如左。

(一)澳洲　現有航空委員會 Air Service Commeitte 掌飛航各種事項目今雖未編定各種規則而對於商用飛航各種事項已在計畫之中航空軍退職諸人仲在澳屢屢飛行爲商用飛航之倡故政

府已撥給澳洲之飛機百架以分與諸人爲飛行之賚賜。

（2）坎拿大　在千九百十九年正月間。設立航空署。議案由議會通過。署內人員。以至少五人至多七人組織之。皆由坎拿大總督派選。航空署之職任與英之航空會議相同。Air Council 署內設有飛行監督二人。一司公家所舉辦之商業飛航事項。一司發給各種執照及私人所辦之商用飛航事項。在千九百十九年二月七日科學實業研究會。Houororg Advisorg Council for Seientific J Industrial 所組織之航空研究會。The Associate Research Committ 開第一次大會。以便與航空署取一致進行。至氣象局及無綫電局聯絡之法。亦已闡明。

千九百十九年七月七日。由政府命令禁止危險飛行。在千九百二十年正月十七日頒布商業飛航法律。係依據各國航空會議條約所訂定者。

航空署現對於坎拿大地適於飛航之用途各事。如森林考查。若各種測量。已歸於進行計劃之內。近在魁北克圯正試辦空中照像測量之事。

（3）印度　前此商業飛航禁令已經廢止。並由工商部設立航空署。爲部之顧問機關。及掌管部內議決各種事務。

印度總督依據千九百十一年所訂定之印度航空簡章。編定商業飛航條例。

千九百十九年十二月。工商部依據航空簡章。商業飛航條例。復頒定各商業飛航規則。現已施行。其內容大概與英國現行各種法律同。

(4)紐西蘭島　千九百十九年制定航空法議案通過。該島總督即根據訂定發給執照航空器註冊。及禁航區域各種章程。

(5)南非洲　商業飛航事務現雖暫隸於交通機關。至千九百二十年一月二十五日復開會擬籌善法。以便發展南非全部商業飛航。故關於各種事務現更經由共同政府參定。現在共同政府知飛航事業亟宜進行。故由開羅至開普城沿路各航站在共同政府管轄之內者已經備妥航站之地矣。

(6)西印度羣島及布爾木搭 Bermuda 在該處之英國各商業公司聯合請求殖民政府設立商業飛航。殖民政府因之亦頗注意其事。近巴哈麻議會已經通過暫編航空法草案。至對於某公司所請求。爲巴哈麻羣島間之飛行及爲巴哈麻羣島弗羅利達間飛行之事。現亦正在討論矣。

航空港

葉廷元

輓近以還，航空事業，益形發蔚，航空港之設，在所必需；然而凡百建設，豈唾手可爲，必也，有詳細之規畫，然後收無上之全功。航空機械構造之改進，固人人知其需要，而對於航空港設備之完善，則多有漠然忽視，以爲有場可以降落；有棧可以儲機；有風向旗可以定風吹之方向：有白綫界可以予飛行之目標，僅此諸端，已爲充憾。不知近日商業飛航，風起雲湧，將來航綫之夥，勢必几似星羅。或有一場，而爲多數航綫所公用；或有一港，而爲軍商飛航所兼有。苟有不適於用之點，勢必對於航空前途多所扞格。數年以前，歐美各邦飛機降落之地，祇稱之曰：『場』：(field)而不稱之曰：『港』(Port)。良以商航發揚，有若舟車。將來名城繁鎮，航港之設，亦卽如火車之停站，輪船之碼頭，總宜取通達之區，而不宜擇僻壞之處，此爲選擇港所，卽爲最切要圖。此外，關於飛機到達及離去之設備，搭客貨物之運轉，飛機發動機貯存之所，修理之廠，試驗之處，亦均須如舟車最末站之完全設備。綜計現在使用飛行場所者，約有六種：如國家之陸海軍用飛機，航空公司之商用飛機，私人遊戲或私人運輸飛機，學校教練飛機，商業遊覽飛機，航空製造試驗飛機；以若是多種飛機，而祇用惟一之飛行場所，在鄉市之區，尚可從容應用，若在商業中心，通商大埠，則機艇輻輳，誠恐祇用惟一飛行降落之處，勢必有如山陰道上，應接不暇，故在歐美各邦，在各商業巨埠，選一廣廓之區，設置完備，以爲商業飛航之用。此外，搭客候機，貨物備運，飛機試驗，學校練習，均有特定區域，不能混淆。此等部置，均賴當地市府舉辦，非私力之所能爲。場所既經選定以後，如機場之修理，入城之交通，轉運之手續，氣象之觀測，經濟之維持，法律之制定，在在皆須爲詳密之研究。凡此諸端，均爲專門學識，非旦夕之間所可決定者。設在一城之中，場所不一，則其各處氣象之考察，亦須一一觀測。大抵每十英里或二十英里之圓界，氣象變化極鉅，是以細爲觀測者，須將各場氣候變遷，列成表册；例如：風吹方向，風行速度，濃霧之發生，雨落之時季，以及其他大氣之變動，均須細爲研考。約及一年，始能蕆事。卽或時間短促，亦須數月之久，始克有成。大抵氣象觀測，時日之需，歷時最久。至于其他各端，雖費研究，大都不如氣象觀測之難。至于地勢選擇，總取平川，修塡爲易。至于巒岡起伏，整理爲難，既耗時日，重費金錢，場所選擇，均在屛棄。且據經驗者談，飛行場所宜于稍事傾斜，以使易于洩水；其傾斜度數大抵最小者爲百分之小數點五，其大者爲百分之一又小數點五。其最大者，爲百分之二。再，飛機肇禍，多在離地數百英尺之際，故宜在航空港迎風方向，設備附場，以爲降落之用。至如地上之河流，孔道，鐵路，以及其他地面特形，均可予飛行人易識之目標，使新駕駛者，易于尋覓場所，而已經飛行之人，亦可于天氣不良之時，不致迷濛莫辨，是皆宜存其固有，不可稍事稍動。至于積水淤泥，永宜防範，洪波泛濫，更宜隄防，是宜看其難易，以佈置其洩水之法。大抵輕淺泥淤，即用地面洩水之法，即已足用。若極厚泥淤，則須用洩淤閘門之術。此外，若堅韌之電綫，極高之建築，以及電杆烟突，皆屬危險之物，而且遷移費用甚鉅。再則選擇飛行場地之人，須知土性膠脆，苟遇空氣乾燥，而且長久使用之時，勢必至煙塵障蔽，修理爲難。至場地若在未經開墾之區，一遇風吹，便成霾霧，塵埃所至，俯視爲艱。是以飛行場地之上，最宜覆以草土，長爲溼潤，設使土性太劣，毫無生發之能，則宜覆以灰煤渣滓，或瀝青，小石，三合土等物。此外場上各種建築，若工廠棚廠辦公處所，則須置於場上順風之處，以便飛機飛昇之時，不受阻礙，並須設於運輸地點附近之處。近在歐美各邦，常有於場所附近，開闢公園運動場等。即此一端，即可覘其商航發展之情勢，亦可以覘其任民聚之需求者，無微不至。再則場之面積，若各種飛行事業，用一飛行場者，則飛行場需要五百英畝。(每畝合約中國六畝)若在大城巨埠，需用數飛行場者，則宜區分大小以應各種之需求。其大場之面積，須自五百英畝，至七百英畝，以爲商業飛機昇降之用。其不屬商業飛機者，可用較小之降落場。場之面積，自一百英畝至二百五十英畝。其在較小之村鎮，所用飛行場之面積，自二百英畝至四百英畝，即可敷用。若依經濟方面觀之，則甯可在開辦之始，購置較大之飛行場。緣以無論在何城鎮，創辦之始，地價多半輕廉，易於購入，若以航空發展，始欲擴張，則恐地價奇昂，難以察辨。至於選擇地點，總宜氣象變化較少之區。設在每十英里或二十英里圓綫以內，無氣象變化之時，即可視爲飛行場選擇最善區域。彼嵐障濃霧，黑烟重霧，均爲飛行障礙。選場之時，宜知避忌。再則飛行起落，多宜迎風。故天氣少變之區，其風吹方向，少所變更，即使所選場地，風向有變，則起落迎風之處，所有障礙，均宜剷除。此外更宜於民居稀少之區，以選適當之場。若絕不飛經民居，尤稱最善。且現在城鎮之區，大都定有飛行條例，於飛行相當之高度，始允飛機飛行，故有時飛行場附近此等區處，必有時爲所束縛。是以最善選擇者，距民居雖遠而距交通之孔道極近。蓋以飛機降落而後，果能鄰於運輸便利之區，則可增加商業飛航速度之價值。據近時商業飛航計之，其短距離之商業飛航，若與鐵路之運輸比較，尚無顯然之效。大抵在五百英里，空中搭客之速效始著，在一千里，空中運貨之速効始著。然而運輸之難易，與距城市中心之遠近相關；而距城市中心之遠近，又與地基價格之高低相關。是以歐美各邦對於場之選，兼籌並顧，不敢固執一是而有所偏廢。此外警察之保衛，法律之維持，亦須一一留意。緣以此等保衛維持，固不僅限于飛機場一部。蓋以場之四週，所有補助飛機場之各種實業建築，均應予以保護，亦以秩序安定，有所維衛，然後始能諸凡進行順適。再則電水燃料，電話，電報，汽油，滑油布置仰給之法，以及消防救火之術，均須距場極近。綜計選擇一飛行場（即航空港（應注意之點約有十項，茲列表如下：

（甲）　地勢（即指飛行場地位）

（乙）地形（即指飛行場修理）

（丙）氣象

（丁）飛行場與城鎮中心之地位

（戊）運輸之便宜

（己）是否輪船鐵路電車等接近

（庚）法律維持

（辛）場地附近是否與電氣廠電話電報等接近

（壬）地價

（癸）其餘各點

然而以上十項其重要成分仍有不一，在（甲）項作十分，（乙）項十四分，（丙）項十四分，（丁）項十分，（戊）項十一分，（己）項十一分，（庚）項五分，（辛）項五分，（壬）項十分，（癸）項十分，合計一百分。

凡飛行場選擇最優者，爲九十分至一百分，優者爲八十分至九十分，及格者七十分至八十分，凡不及七十分者，均不能作爲飛行場。表內「丙」項及「庚」項不能少九十分，「甲」「乙」及「戊」項不能少八十分，不過依特別形勢各項佔重要之程度，又有不同也。

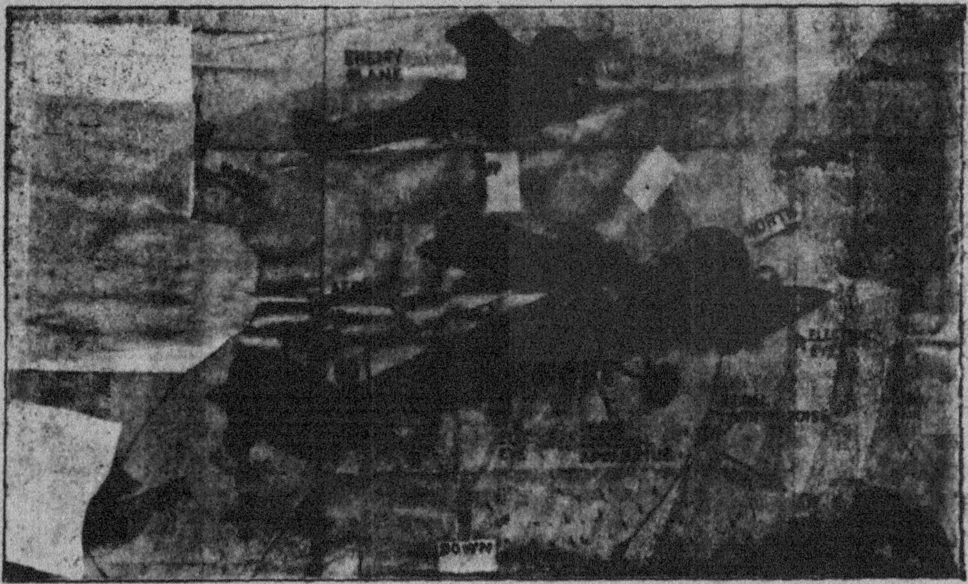

◎航空界驚奇之新發明

葉廷元

飛航奇矣。而無駕駛員之飛機尤奇。無駕駛員之飛機奇矣。而無駕駛員之飛機其能力遠勝於有駕駛員之飛機。豈非奇之又奇耶。此等驚人聞聽之事。行將實現於大地之上。聞者幸勿以爲誕妄而忽置之也。

晚近以來法國政府曾以無線電試演飛機矣。美國亦相繼而起。不待駕駛員之勞。而彼飛機即可上下左右夭矯自如。或作8字飛行。或作各種運轉。皆可極其能事。彼以無線電航飛機固善矣。然猶有一大缺憾。即在地面上操縱之人。與在空中之飛機。不能距離太遠。地上人目力之所能及。即飛航最遠距離之限度。蓋恐目力不及。即飛機之降落靡定。撞碎之患恐難倖免。此誠無駕駛員飛航之最大不便。今欲祛除此弊。則有最近新發明之遠形機在。

遠形機英名Television machine。爲美人甄琴氏所創。即

發明電影上之活門者。甄氏自發明活門。既得一百萬元美金之獎金。復享有世界之盛譽。猶自殫心竭慮。復有此希世發明之遠形機。所謂遠形機者。即借電光之力將目力所不能達四圍之現象。映於簾幕之上。雖地形阻隔而情景畢眞。已在華盛頓城經一次之試驗。當試驗此遠形機時。美政府派代表多人趨往恭觀。甄氏以無線電光射形於簾幕。相距有三十英尺之遙。雖一刀一筆之微。無不畢現於此簾幕之上。因之近更有人提議。將此種遠形機。置於無線電所駕駛飛機之上。則飛機所至之處。即可將四圍之情景映現於地上操縱者之前。則所謂昔時之缺憾。將一舉而盡除之矣。

所謂附帶遠形機之飛機者。即在飛機之上下左右前後六面。安置靈視（即鏡光）六面。而在地面上則安置有帳幕一具。上標明東西南北上下字樣。如此則由飛機靈視上所傳來之影。皆可分射於此幕之上。如此則地上之人視飛機四圍之情景。與坐於機艦之觀察毫無異趣。且此附帶遠形機之飛機。同時可觀察六面之情況。而有駕駛員之飛機。翻不能有此便利。今先就軍事偵查一項而言。即可知其利益之所在矣。

當戰爭之時。偵查敵情極爲重要。駕駛者冒險輕出。多有危害之處。且目力所考查之限度猶遜於此。附帶遠形機之飛機。即使有敵機來襲。此附帶遠形機之飛機。即可發出黑煙以掩蔽機身。俾敵機不得視其飛行方向之所在。或爲運轉或爲退避。皆可上下隨心。或直達目的之所在。以拋擲炸彈。且拋擲之時。極爲準確。緣以附有一種標識。凡飛機經過十字標識之時。即可拋擲。必能百發百中也。即或敵機偪至難以倖逃。此時附帶遠形機之飛機。即可按捺某種機關使之燃燒墜落。亦不能入於敵人之手。較諸駕駛員臨敵而喪其生者。其損失之價值。又何啻天壤耶。

此種飛機不僅限於地上可以施其轉運之術。即或在飛機母艦潛行艇之內。亦可以電力促其飛行。而所得之結果。與地面上無殊。此又隨地皆可施用之最大便宜者也。

總之在軍用時。此種飛機儼然爲行軍之最要耳目。將來擴而充之。不僅用之於偵查敵情。即或用之於戰鬬驅逐攝影。亦足以盡其所長。而無遺憾者矣。

綜上所述。大抵關於軍事方面而言。至於郵便飛航。則掌郵務者。不必用駕駛之人。而郵件即能送至目的地之所在。且不必遠勞。即可坐視飛機飛行時之景況。此祇就郵便飛航而言。至其他運用之妙。則存乎人之一心矣。

古者見飛蓬而造車。見浮木而造舟。由是可知吾人意匠之發動無非觸機。余昔年服務海軍。常見魚雷入水。不用人力而自動如魚然。已深爲驚異。嗣入航空界。因思飛機之翱翔太空。形既如鳥。亦未嘗不可。不仿魚雷之製。而作自動之飛機也。今法美果有發明之者。且其能力遠勝於有人駕駛。甚矣哉。科學進步。巧奪天功。而一在天之涯。一在水之央。可謂無獨有偶矣。韋庭鯤附識

法國衛鋒飛機之發明

幹臣

歐戰時。各國所用飛機。爲偵查。衛護。驅逐。轟炸。及夜間轟炸五種。近又有衛鋒飛機之發明。該種飛機純用鐵質製成。配以鋼甲。堅固異常。腹下裝機關槍四架。前後各二。能在敵線三百米達以下。往來飛翔。繞戰壕射擊。雖以步槍及機關槍禦之。均無效力。甚矣哉。該種利器之可懼也。

年始就、有益實行者得呈明　大總統給予勳章。或聘爲航空事務處名譽顧問諮議、以資贊襄。

第三曰予以發行　私人著述、銷售最難。故其定價常昂而愈難售。經處中審定之後、則不妨令公家之印刷所。按廉價代印。以輕成本。出版後并得通飭所屬機關航站代爲發售。

抑更有進者。航空著作。將爲吾航空界之學者任事者而作乎。則無論何門、皆爲應時之需。若爲普通官吏。普通人民。及軍官兵卒而作乎。則關於航空常識之灌輸。於事勢爲尤急。甚望學士大夫之嗜著述者。先從事於此。

空中運輸之將來

葉廷元

歐戰畢、和議成、而空中運輸之問題起。顧飛航一事。部署綦難。非有擘畫之功能。不足勝此偉大之事業。即以空中運輸言之。若航綫之佈置、氣艇飛機之異點、建造之費用、以及氣象報告法等。皆須分類而研究之。中國通都大邑爲數既多。設立航綫。實爲急務。綫路所經。須有一定之飛行場。高阜之處。則宜樹立標誌。以爲晝間飛行之目標。入夜則須備有燈台。以爲飛行之標的。餘如天氣之預測、氣象之報告、無線電之安置。亦均爲保持飛航安全、及傳達消息之要法。至若飛航所携之地圖。尤與普通所用不同。各地特別之標誌。皆須在圖中現出。凡湖沼河流森林鐵路。以及其他高大之建築物（如宮殿城壘等）皆須一一特定記號。載示圖中。則飛行所至。無張皇四顧之勞。按圖而索。即可知飛航所在。此僅就國內之運輸言之也。將來航空條約批准。東達日本、西抵歐美之航綫。亦應先事綢繆。此航綫之佈置。尤不得不慮及之。溯自歐戰肇端。航空術雖一日千里。然所用者、多爲軍事之飛機。而不及於商業之氣艇。因兩軍列陣相持。以飛機供攻擊偵視及傳遞軍情拋擲炸彈之用。勝負判乎俄頃。故注重於運轉便捷。升降迅速。商業航空器則不然。所載重量須大。且必使旅客安穩。飛程較遠。至若上升之速。飛騰之高。凡軍事上之所需者。於商航皆無足輕重。觀諸近日氣艇。可望載重五六十噸。并有客廳、休息室、吸煙室等。飛航可逾一禮拜之久。較諸飛機之僅以高速著者。固不可同日而語。且氣艇飛行時。既無偏斜之弊。雖於漫霧之中。亦能操縱自如。英國梅特蘭少將嘗乘氣艇 R-34 為第一次大西洋之飛行。致函於英國航空運輸委員會。詳述氣艇之有利於商用。蓋氣艇對於商用最大之功能。早為世人所灼見矣。

雖然。氣艇對於商用飛航。果無缺憾。抑飛機對於商用飛航。果無足取之處乎。殆又非也。氣艇飛航、速度極遲。不但遜於飛機。即以快車比較。亦有時難決其優劣。至於開辦之費。尤屬不貲。氣油消耗。亦為難計。貯藏之棧。建築亦奢。此皆氣艇之飛航所待商酌之特點。若運載極速之郵件。輸送緊急之包裹。或有付特別之費用。至特定之地點。欲求迅速、不誤時機。則可以飛機為空中航運之輔助焉。

又因航空器常有中途遇險之事。由於氣象變更所致者。十居五六。故於飛行之時。凡關於風雨、溫度、壓力、雲霧等。皆應有極確當極詳細之報告。邇來歐美各國。復有極新極有價值之問題發生。卽研究空氣下層有何等變動。可致為雲霧風雨、以及其他關於飛行所發生之障礙。故凡在各飛行場。皆專設有氣象觀察所。以為飛行時氣象報告之用。此氣象報告法之所宜研究者也。

以上數則。純為飛行事業之計畫。至於國家應如何維持飛航事業。提倡民間航空。始可望逐漸發達之效。而收交通利便之益。尤須煞費經營。非一朝一夕所克成功者。

我國航空事業。方始萌芽。將來仍宜擴張民間航行。以補公家之不足。惟此項事業。需費浩繁。欲以累萬之金錢。以作冒險之孤注。不但私人聞而卻步。恐亦非私人財力之所能及。勢必由公家補助、或公家股本、或公家私人分任之。且現在郵電舟車交通極便。故於氣航運輸之始。宜先與他種交通之法、一計其優劣。如關於郵政航行者。則須與電報及新式遞快信法爲遲速之比較。關於搭載旅客航行者。則須與鐵路輪船搭載旅客爲速度之比較。關於運輸貨物航行者。則須能運輸普通商品貨樣。必要時、須能運輸機械、且運輸時較他種運輸之法爲速。兩地間可用空中航運搭載者。設置航綫。以供應用。既受交通之便。又得收入之益。非然者、故亦不能任意而行。以受虛糜之誚。如是、則飛航無蹈空之弊。而有把握之實。然此非謀一次或數次之飛航。更非謀無定期之飛航。所謀者乃有定期之飛航也。考諸昔日飛行航期不可預定。或待霧晴而始敢離地。或俟風息而始能進行。動輒遲延。以商用之運輸事業。而爲時日之坐耗。恐商旅皆將乘坐有定期之舟車。不願乘坐此無定期之飛艇矣。佛克司頓與克羅革尼間、倫敦與巴黎間之航綫。所以發達之原因。皆有定期故也。欲圖航空事業之發展。可不於此加諸意耶。

且夫民間航行之發達。不僅關於科學工商業之問題也。即自國家保障上觀之。亦爲最要之急圖。例以此次戰事。即可知其概略。當歐戰甫起。協約方面。望風披靡。推厥原因。多由德人方面備有航空利器所致。若佛克耳飛機、徐柏林飛艇。以武力戰勝於空中。而英法等國。始知海陸軍不可專恃。乃急起直追。始能與德人馳驟空中。得最後之勝利。中國幅員寥廓。多屬平原。交通設備。不如泰西遠甚。正宜提倡民間航行。無事則供交通上之運輸。有事則改爲軍用。以補助航空軍之不足。此爲國家保障計。亦不得不提倡飛航運輸也。

然而趨事赴功。得人爲要。非有專門學術之人才。不克舉此偉大之事業。我國航空。事屬初創。尤宜以教育人才爲先。研求學術爲本。嘗考英國之從事於教育人才。研究學術。歐戰以還。日益加多。倫敦大學自一千九百零九年已設有航空力學實驗室及航空課程。現設專科教授諾森堡頓專門工業學校。關於航空學術之初步。亦有所教授。此外各大學各專門學校。亦稍備航空課程。其他若物理實驗室、國立航空工廠、英國航空器製造協會。皆爲研究航空科學之所。緣航空學術。與日俱進。苟一追究討論。使覺今是昨非。此關於教育人才研求學術之必不可少者。綜上所言。今謹括之如下。

（一）航空軍之外。宜輔之以商用航空。

（二）航空器實業須積極進行。製造堅固。果有不虞。可用之於戰爭。

（三）國內航空運輸事業。非得國家實力補助。恐不克振興。

（四）商業航空。定有發達之望。然其進步則恃以下之條件。

（甲）一般人民須信認航空器之安全。

（乙）航空器之構造及運輸之手續。須較速於舟車。

（丙）航費勿太昂。

（五）現時商業航空可實行者。約有三種。

（甲）有限制之運輸。

（乙）特別極速之路程。如津京京滬、可一日往返者是。

（丙）快信及包裹之運輸。然此種郵航之傳遞。須兩城之間隔。不可少於四百英里。

（六）在商業航空實行前須集合大資本以備添置降落場設備航綫研求科學發達教育之用。

寇蒂思公司航空製造演進史

葉廷元譯

寇蒂思公司全名爲寇蒂思雷得公司，蓋取美國航空先進中最負盛望之兩偉人名字，成立公司總名，寇蒂思係指格林寇蒂思而言，Glenn Curtiss 雷得則係指雷得兄弟 Wright Brother 而言，該公司成立於千九百二十九年八月，至所屬之分公司，則大別爲三部，一則爲雷得航空公司 Wright Aeronautical Corp 專司氣凉水凉兩種發動機之製造，一則爲寇蒂思飛機發動機公司，Curtiss Aeroplane Motor Co 專司軍用航空器之製造，其工廠在紐約巴斐羅堪穆爾處，Kenmore Plant at Buffallo, N. y. 一則爲寇蒂思雷德飛機公司，地址在聖路易 The Curtiss Wright Airplane Co. St. Louis 專司商用航空器之製造，此外若航空器出口事項，則由寇蒂思雷得出口公司經管，Curtiss Wright Export Corp，若備商用及私人飛機租用航空港事項，則由寇蒂思雷德航空港公司經管，Curtiss Wright Airports Corp、若總理行政一切事宜，則由寇蒂思雷德公司經管，Curtiss Wright Corp 普通股本有（六，七二三，二四七，）六百七十二萬三千二百四十七股，甲種股本有一百一十四萬七千五百六十八股，每股定爲美金一元，其中股本有百分之九十八，爲寇蒂思雷得公司所有，其餘有十萬股，則分散各處，辦理行政事宜之職員，同時亦可充任分公司職員，例如穆爾根 T. A. Morgan 本爲寇蒂思雷得公司經理，同時亦充任工務董事長，史密思，G. A. B. Smith 爲寇蒂思雷德公司首席副經理兼會計處長，同時又爲寇蒂思飛機發動機公司經理，奧拉德 G. S. Allard 爲寇蒂思雷德公司副經理，亦爲寇蒂思雷德出口公司經理。

（一）雷得航空公司（即現時司製造發動機者）

雷德航空公司，最初爲雷得兄弟創立，Orville and Wilbur Wright 時正在雷得兄弟在吉特霍克 Kitty Hawk 初次飛行六年以後，所用資本爲美金一百萬元，至千九百一十五年，雷得兄弟將公司股本出售，翌年即歸併於落磯杉之馬丁公司，Glenn Martin Co. of Los Angeles 而歐弗雷得仍在達田成Dayton Ohio繼續試驗工作，且爲新合併之雷德馬丁公司Wright.Martinn之總顧問工程師。

在歐戰進行之際，馬丁公司知息茲帕歐蘇匝發動機，Hirpano Suiza極適合於戰事之用，是時法國向該公司訂購該種發動機八百架，馬丁公司復以其中之四百五十架，轉向普通航空公司訂製General Aeronautic Co普通航空公司本爲雷德公司之分公司，迨後馬丁公司卽與普通航空公司合併，成爲雷得馬丁公司，其合併主因，仍以法國訂製機件數量過鉅，非單獨一公司能承辦所致，甫經合併之始，鄂罕Guy Voughan卽在該公司服務，現已升充總經理。

美國政府向雷德馬丁公司訂購飛機，則在千九百十七年七月，是時該公司發動機被訂購者，約有一千架之多，均高於息茲帕歐蘇匝乙種，自是年七月直至是年九月，所製之發動機馬力，均爲一百五十匹，迨至是年年終，添造廠屋，增加設備，以備大規模之製造。

千九百十七年九月，美國政府令該公司研究製造三百匹馬力之息茲帕歐蘇匝發動機，至翌年開始之際，研究計劃，已告成功，英法政府亦稱其頗爲適用，千九百十八年五月該公司收有訂購貨單，卽擬爲大批之製造，定爲每月製造發動機一百架，需員工一萬五千四百四十四人，直至戰事宣告停止，此種計劃遂未繼續進行。

千九百十七年九月，計一年所製之發動機價額共爲二百萬元，迨千九百十八年十月一年統計，祇就布郎威克工廠計算，已達五千萬元。

待歐戰停止以後，雷得公司舊有人員擬專事發動機之研究，至於飛機製造，則擬委之旁人探討，因之在千九百二十年開始之時，合併之雷得馬丁公司，遂告分裂，而現今之雷德航空公司，遂於是時開始成立。

是時發動機所研究者，有一百五十匹馬力I式，一百八十匹馬力E式，三百匹馬力H式，新設立之工廠，則在紐基思之巴德森地Paterson N. J.至所研究之發動機，雖仍爲息茲帕歐蘇匝，而經雷得公司改良之點頗多，遂改稱爲雷德發動機Wright Engines'

千九百十九年有托馬思墨司飛機，Thomas-Morse安置雷得發動機，每小時飛行一六三、六六英里，打破世界速度紀錄，千九百二十一年，有馬克禮德中尉，Lt, John Macready 亦乘裝置雷得三百匹馬力發動機之托馬思墨司飛機，參加帕勒茲賽會，Pulitzer Race 以每小時一六〇、七一英里速度，獲得第二地位，同在是年，復創製一氣艇，所用之發動機每分鐘一千四百轉，有四百匹馬力，自開始製圖直至造成試驗，費時九月，即告成功，較諸已往飛艇所用之發動機為鉅，除此之外，復製造一水涼式T式十二氣缸發動機，最初擬製者本為每分鐘一千八百轉，五百二十五匹馬力，迨後繼續增加達六百匹馬力，至最後增加達六百七十五匹馬力。

曩在千九百十四年之際，有羅蘭司Charles L Lawrence 創造氣涼發動機，然均小式試驗之品，有兩個或三個氣缸，彼時正在試驗之際，歐戰爆發，以其不能為軍用之需，遂亦無聞於世，迨後美國陸軍將三氣缸之氣涼發動機舉行五小時之試驗，頗為滿意，乃向雷得公司訂購三百五十四馬力之氣涼發動機，因之美國大式氣涼輻形發動機R—1式，始於此時製就。

同時美國陸軍及海軍復向羅蘭司公司訂製九氣缸氣涼固定輻形發動機，自一百五十四馬力至二百匹馬力，定購大小兩種，至後小式者，未能繼續製成，僅將大式造就，即為J—1 發動機，現在之迴文及賽克隆發動機，Whirlwind Cyclone均為是種發動機改製。

千九百二十二年寇蒂思水機紀念盃賽會時，羅蘭司發動機頗顯優異，雷德公司乃與之合併，並請羅蘭司氏為雷得公司經理，現仍經管氣涼發動機之製造。

此後迴文發動機製有J—3式，較前已復精良，後更有J—4式製出，尤較J—3式優異，在千九百二十六年白爾海軍上將及本內德氏Admiral Byrd and Floyd Bennett即用回文J—4式發動機，自司彼茲布根，經過北極復返回原出發地點，(From Spitzbergen over the North Pole and Back)祇費時十五時三十分之久，是為第一次之北極飛行，而J—4發動機，亦因此聞名於世。

千九百二十五年復由迴文J—4式改製P—1式，四百五十四馬力發動機，後又製P—2式，最後則又製五百二十四馬力R—1750式，是即為現今雷得賽克隆F系發動機之創製，Wright Series F Cyclone

千九百二十六年由J－4式復加改良，製有迴文J－5式發動機，最初爲二百匹馬力，至後復加改良，增爲二百二十五匹馬力。

千九百二十六年J－5式發動機，在斐立法美國航空賽會National Air Races at Philadelphia 四次，得有三次第一獎金，在迪特羅城鄉航空協會紀念杯輕便商用飛機競賽The Contest For the Aviation Town and country Club of Detrorit Trophy For Light commercial planes 時，J－5式發動機，載重一、一四五磅，速度每小時一二一、三六英里，得有第一載重獎金，在迪特羅新聞報所辦之航空運輸紀念盃競賽時，Defroit News Air Transprot Trophy 該發動機載重一、六〇七磅，每小時速度一二一、二八英里，得有載重及速度兩種第一獎金。

千九百二十七年四月十二日，有堪貝林及阿古斯塔 Clarence Chamberlin and Bert Acosta 兩人乘坐雷德貝蘭珈飛機，Wright Bollanca 在空中停留五十一小時十一分之久，打破世界耐航紀錄，該機所用之發動機，卽爲回文J－5式。

自千九百二十七年歲始，直至千九百二十八年歲終之時，雷得公司所製之發動機旣以飛行能力著名當時，因之訂製者日增，而雷得公司遂不得不從事擴充，在千九百二十七年行將歲闌之際，在原有之巴德森廠屋兩旁，添蓋房屋，共計房屋地板面積六十五萬英尺每月可製造發動機五百架，爲世界專造鋁質航空發動機鑄型 Aluminum Castings For Aviation Engines 惟一之所，而試驗新發機之設備齊全便利，亦覺一時無兩，是時所僱用之人員，約逾一千五百人。

千九百二十八年迴文 J－5 式所作之著名飛行，則爲威爾金之北極飛行，Wilkin's Flight Over the North pole

千九百二十九年，雷得公司復應時世之需要，更製造三種新式發動機，一則爲五氣缸迴文 165 式，（Wirlwind 165）每分鐘二千轉，有一百六十五匹馬力，一則爲七氣缸迴文225式，（Whirlwind 225）每分鐘二千轉有二百二十五匹馬力，一則爲九氣缸迴文300 式，（Whirlwind 300）每分鐘二千轉有三百匹馬力。此三種發動機各部，有十分之九大體相同，可以互相更換，待至翌年，是種七氣缸之發動機馬力加增，達二百四十四，因之此種發動機遂改爲迴文240式，(Whirlwind 240)

千九百二十九年至千九百三十年間，雷得公司在美國全境，擇重要城市，設立修理聯站八十八處，以備檢查及修理飛機之需。

在千九百二十九年中所製之發動機成績，亦與前製者無殊，是以自千九百二十九年至千九百三十年間所有之美國空中旅行，National Air Tours 均稱雷德公司所製發動機優異。在千九百三十年時，有韓德兄弟，Hunter Brothers 駕迴文史天孫 Whirlwind Stinson 飛機，得有公家認可之世界耐航紀錄，共五百五十七小時之久。

千九百三十年時，雷得公司復加改良，將馬力增加，其改進最要部分，「即使用新製E式之氣缸頭，成爲全部燃塞散熱特點，且散熱翅空間加密，同在是年，雷得公司復製有九氣缸四百二十匹馬力迴文發動機，曾由台克薩司公司代霍克上尉購買安置於名爲「神秘旅空」飛機之上，Installed in a „Travel Air Mystry Ship Purchased By the Texas Company For Captain Frank Hawks 霍克上尉卽用此機飛行，造成歐美速度紀錄三十次之多，其最著之飛行，卽在一日之間，早餐於倫敦，中餐於羅馬，而復能晡茶於返回倫敦之後，此種速度飛行，頗爲世人稱道。

在千九百二十七年，所製之五百二十五匹馬力賽克隆發動機，復於千九百三十年改成五百七十五匹馬力，爲九氣缸輻形氣涼式發動機，其排氣量爲一千八百二十立方英寸，每分鐘一千九百轉有五百七十五匹馬力。

新E式發動機 New E type Whirlwind 開始製造，在一千九百三十一年。惟經過一年以後，此種新E式發動機，除四百二十匹馬力者以外，餘均由商務部核准增加，九氣缸三百匹馬力者，則改爲每分鐘二千轉有三百三十四馬力。至七氣缸及五氣缸者，則各增加十四匹馬力。一則爲二百五十四匹馬力。一則爲一百七十五匹馬力。最近因接壓活塞之裝置，馬力復有增加，九氣缸者已達三百六十五匹馬力，七氣缸者已達二百八十五匹馬力。

在千九百二十九年時，寇蒂思與雷得公司合併後，雷得航空公司Wright Aeronautical Corp即爲寇蒂司雷得總公司 Curtiss-Wright Corp 製造發動機部，迨千九百三十一年，寇蒂思飛機發動機公司 Curtiss Aeroplane Motor Co，所屬發動機部分，亦併由雷得航空公司經製，自此以往，凡發動機均爲該公司產製，若寇蒂思康克樂D－12式 Curtirs Conqueror D－12，及奮蘭治式，Challenger 均爲合併後產出之品。

寇蒂思D－12式爲十二氣缸Vee形水凉發動機，排氣量爲一千一百五十立方英寸，有四百三十五匹馬力，至康克樂發動機，卽爲該發動機之改製，康機之排氣量爲一千七百五十立方英寸，每分鐘二千四百轉有六百匹馬力，查蘭治爲六氣缸輻形氣凉發動機，每分鐘二千轉有一百八十五匹馬力。

千九百二十三年雷得公司復將康克樂機更爲改進，或用水凉或用普理司敦凉法Prestone均可，普理司敦凉法優良之點，卽佔有散熱面較小此種發動機有螺旋減速齒輪，用直接法，或齒輪式催動法均可，若直接催動，在海平時每分鐘二千四百轉有六百五十匹馬力。若用齒輪時，則在海平每分鐘二千四百五十轉有六百五十匹馬力。

若將該發動機添置接壓器。Supercharger則名爲高壓康克樂發動機，Super Conqueror 此種發動機安有齒輪催動離心接壓器，Gear-driven Centrifugal Supercharger 則在海平時有七百五十匹馬力，在一萬二千英尺時，有六百匹馬力。

千九百三十二年六月，雷得公司又製出賽克隆類飛機多種，均爲R-1820-F式，經商部檢定在海平面時每分鐘一千九百五十轉自六百匹馬力至七百一十五匹馬力，在七千英尺時，則自六百匹馬力至七百十匹馬力，將該種賽克隆飛機，若安置接壓器以齒輪催動，在四千英尺時，每分鐘一千九百五十轉，有七百三十五馬匹力，在七百一十或七百一十五匹馬力時，每馬力重量祇一、二二磅有餘，此種F式賽克隆發動機馬力，依商部檢定，可分七種，用螺旋減速齒輪，Propeller Speed reduction Gears 卽可規定此七種速度，其減速齒輪之比例，有8：15者，或16：11者，16：11之齒輪，爲雷得公司所製，極爲緊密。

F類賽克隆發動機爲現在最新式高速運輸機及軍用飛

機選用之品，計運輸機用F類賽克隆飛機者，有寇蒂思之康都爾，Curtiss-Wright Condor飛機發達公司之V－1式，Airplane Development Corp V－1普通航空公司GA－43式General Aviation GA－43達格拉司空郵飛機，Douglas Airliner諾司羅普之狄達，Northrop Delta聯結公司之福里斯德，Consolidated Fleets r及現在荷蘭製造中之佛克耳運輸機Fokker Tansports均是。軍用飛機中用F類賽克隆飛機者則有馬丁轟炸機Martin Bomber寇蒂思A－12式攻擊機，Curtirs A－12寇蒂思yo－40B，(Curtiss yo－40B) 格魯滿FF－1戰鬥機，Grumman FF－1 Fighter寇蒂思F11C－2戰鬥機，寇蒂思霍克水面飛機，Curtiss Hawk Seaplane諾忌羅普攻擊機，Northrop Attack寇蒂思鷹號機，Curtiss Falcon寇蒂思海軍F11C－3戰鬥機Curtiss Navy F11C－3 Fighter聯結公司巡洋飛船Consolidated Patrol Flying Boats等，美國航空公司用F類賽克隆飛機者，有航洲西方公司，Transcontinental Western Air Inc，東方空運公司，Eastern Air Transport美國航運公司，American Airways橫亘美洲公司，Pan American Airways西方航空速運公司等，Western Air Express

在去年內(千九百三十三年)雷得公司復代美國海軍製一雙排幅形氣凉發動機，有十四個氣缸，排氣量有一千五百一十英寸，在海平時每分鐘二千三百轉有七百匹馬力，在各種高度時有不同之規定馬力，該發動機特點，即最大直徑祇及四十五英寸，並有十一英寸圓徑之分氣扇，Supercharger Impeller該發動機之後面，亦為簡潔，與雙排回文式Double Row Whirlwind發動機所有者相似。

現在世界上用雷德發動機之國家，計有四十六國，備裝置軍商兩種發動機之用，除在美國巴德森工廠製造以外在坎拿大亦已購得雷得發動機製造權，設立坎拿大雷得有限公司，南美之阿根廷政府亦購得雷德發動機製造權，最近蘇俄亦擬購製迴文及康克樂Whirlwind and Conqueror兩種發動機製造權，現正在商洽訂定合同辦法。

現在雷得發動機所成立之世界紀錄，計有札克森歐布林兩氏Jackson and O Brine乘坐寇蒂思羅賓飛機，Curtiss Robin為短距環飛添加燃料之六百四十七小時耐航紀錄，馬稜及鄂克兩氏 Mamer and Walker 乘坐安置過文發動機之布爾飛機 Buhl 作添加燃料不停落之耐航飛行七千二百英里，美國海軍飛機隊駕駛安置賽克隆發動機之巡洋飛船，Consolidated Patrol Boats 自舊金山至檀香山爲二千四百零八英里之不停落成隊飛行。

以上所述均爲最近紀錄，至於已往之著名飛行，由雷得發動機作成者，計有六十次之多，若林白自紐約至巴黎之第一次單人經過大西洋飛行堪貝林 Chamberlin 白爾 Byrd 伊爾哈特 Earhart 及施魯茲 Stultz 威廉及楊息 Williams and Yancy 之經過大西洋飛行，史密斯 Kingsford Smith 之環球飛行，白爾海軍上將 Admiral Byrd 之南北極飛行，經過大西洋飛行，霍克 Frank Hawk 三十次之歐美速度飛行紀錄，林白夫婦華盛頓東京間長途飛行，及林白夫婦三萬英里橫亘美洲之測量飛行，鮑德満及普藍多 Boardman and Polando 自紐約至土耳其之伊斯坦布 Istambul 五千零十一英里飛行，DO-X 飛船自德國經大西洋南部至紐約來往飛行，TWA 達格拉司郵便機，自羅機杉至紐約之十三小時四分鐘飛行，均爲雷德發動機以往飛行之紀錄。

現在雷得航空公司之總經理，則爲鄂罕 Guy W. Vaughan 副理則爲戈登 Myron B. Gordon 協理則爲萊頓，B. G. Leighton 工程助理則爲那特 Arthur Nutt 會計員則爲杜那霄，James J. Donahue 管理員及文書助理員則爲查理斯金，Charles C. king 出售部經理則爲賈步林，George Chapline 總工程師則爲泰勒，P. B. Taylor

（二）寇蒂思飛機發動機公司

寇蒂思飛機發動機公司創辦之人，即爲航空先進之寇蒂思氏，Glenn H. Curtiss 寇氏在一千九百零四年開始研究航空，是時有包爾溫少校 Major Thomas Scott Baldwin 有一氣艇，名爲芝矢，California Arrow 曾倩寇氏製一發動機，以備飛行，寇氏乃製一氣凉發動機安置芝矢氣艇之上，在芝加佛省歐克藍城，Oakland California 完成環繞飛行，時在千九百零年八月，此實美國氣艇航行發軔之始。

自包氏氣艇成功飛行以後，所有擬飛行之氣艇，大都安置寇蒂思製之發動機，美國政府所擬訂購之第一航行氣球，亦交由包爾溫氏承辦，在千九百零五年，該種氣球在紐約之哈蒙司普 Hammondsport, N. Y. 製竣，安置寇蒂思製水涼發動機，在維貞尼亞省之美爾堡Fort Myer, Va. 作兩次飛行。

發明電話之貝勒博士，Dr Alexander Graham Bell 對於飛行一事，亦極感濃厚興趣，在千九百零五年時，寇蒂思與貝勒博士會晤，是時博士正試驗一四翼鳶式飛機，當即倩寇蒂思代製一發動機，以備飛行之用，自是以後，貝寇兩人，即相暌隔，直至千九百零七年，寇蒂思始晤貝勒博士於其白堤之避夏別墅，並晤美陸軍軍官包爾溫塞克迪薩福里治諸人，包等亦爲熱心航空之士，乃集議創設航空試驗學會Aerial Experiment Association 當時貝勒夫人，亦樂爲捐助資金，以輔其成，並推寇蒂思爲試驗理事長，迨至是年秋季，試驗工作移於紐約之哈蒙思普，在最初數星期中，爲滑降機之試驗，Glieler Experiments迨後始決定專爲重空機械 Power Machines 之研究，經此努力而後，最初數種飛機，始爲製就。

千九百零八年，美國科學報 Scientific American捐製一飛行賽會獎盃，須能在公共場所，由公家監視之下，按照規定辦法，能飛行一公里，獲選第一者，始能獲得獎盃，是年七月四日，寇蒂思即取得該獎盃，且飛行遠距，超過規定數一英里，至千九百零九年，航空試驗學會停辦，寇蒂思乃研究在水上飛行之術。

千九百零九年，紐約航空學會New york Aaronantical Society 向某製造公司，訂購飛機一架，時該公司亦由寇蒂思經理製造飛機之事，在是年六月，該機製就，環飛二四、七英里，復得美國科學報第二次獎盃，因是寇蒂思代表美國航空協會，參加千九百零九年八月萬國飛機賽會是時，萬國賽會在法國萊木司舉行，寇蒂思駕駛一新式飛機，有Vee 式水涼發動機，飛行速度第一，得有戈登本內德獎盃。Gordon Bennett Cup,

在以後數年間，寇蒂思更製新式飛機及新式發動機，教練陸海軍人員飛行，製造艦面起飛之飛機，成立寇蒂思飛機展覽公司，並作展覽飛行，在千九百三十年五月三十一日，自阿勒巴內飛向紐約，沿哈得孫河飛行，得美國科學報第三次獎盃，及紐約世界報之一萬元獎金。

寇蒂思早知飛機爲戰時重要之需，在千九百十年，即表明炸彈拋擲，飛行射擊，及空中接收無線電之法，是年在哈蒙斯普創設飛行學校。

千九百十一年一月廿六日，作成水面飛機一架，初次試飛成功後，即於二月二十三日作表演飛行，千九百十二年製就飛船一架，千九百十三年代美陸軍製成引進式JN戰鬥飛機，即爲著名貞尼斯Jennies式飛機之創製，千九百十四年製就OX發動機，此時寇蒂思公司營業大爲增加，英美兩國均以貞尼斯作爲教練飛機，當時赴美之英國軍官，稱道貞尼斯飛機，爲製造飛機以來最爲完善者。

千九百十八年，寇蒂思飛機發動機公司，歸威雷氏及威雷歐木藍公司J.N.Willys and the Willys Overland Co管理，而寇蒂思則仍爲該公司董事會董事長，此時歐里歐爾陸機及賽格爾飛船Oriole Landplanes and Seagull Flyins Boat製出甚多，寇蒂思識見高遠，對於空中郵使運輸，以及旅行探險等事，早已見及歐戰甫停止，寇氏即開始注意於商業飛航之事，此時寇蒂思展覓公司改變組織，易名爲寇蒂思飛行服務社，除製造機件以外，凡對於商業飛行其他一切事宜，該社均極着手計劃。

惟在歐戰甫經停止以後，商業飛航一事，尚未爲一般商業家所注重，因之寇蒂思公司，一面創製商用模型飛機，一面繼續製造軍用飛機，一面提倡航空工業，是時紐約花園城工廠The Plant At Garden City New York設有最新試驗設備，並安置風箱二具，以備應用。千九百十九年，所製之新式飛機，則有寇蒂思鷹號空中郵使機，及Nc飛船，第一次經過大西洋飛行，即爲Nc－4式，此外則有羅立夫氏Roland Rolfs駕駛寇蒂思瓦斯浦飛機，Curtiss Wasp Plane升高三萬二千四百五十尺，造成世界高度紀錄，在千九百二十年及千九百二十一年，寇蒂思飛機製造，依然繼續發展，司克尼德獎盃及帕立兹獎盃Schneider Cup and Pulitzer Cup之競賽飛機，均於是年開始製造，此種競賽飛機，加以寇蒂思公司所製之發動機，遂使美國在以後數年中，獲得陸機及水機速度紀錄，在千九百二十二年，及千九百二十三年間，NBS－1轟炸機，TS－1水面飛機，寇蒂思陸軍驅逐機，Curtiss Army Pursuit（裝置新造之四百匹馬力發動機）以及各種郵使飛機，均於是時製造。

千九百二十四年，著名之霍克戰鬥機，Hawk Fighter(裝D－12發動機)有每小時一百八十七英里高速之福肯偵察機，Falcon Observation 以及雙發動機康部爾 Twin Engine Condor 轟炸機，均於是年製造，以上係指軍用飛機而言，至于郵使運輸方面，則製有鴿載號，Carrier Pigeon 在賽會方面，則美製之競賽飛機，依然獲得司帕兩種獎盃競賽，再東西海岸間之「晨昏飛行」，Dawn to Dusk 亦由慕罕中尉 Lieut Maughem 駕駛寇蒂思驅逐機作初次之飛行。

千九百二十五年，軍商兩種飛機，仍爲繼續改進，四座之百靈號客貨飛機，4－Place Lark 實爲是年製產，在千九百二十六年及千九百二十七年，製出多種發動機以應軍商兩種飛機之需要，如V1550式及康克樂發動機均是。

千九百二十六年之白爾海軍上將北極飛行，千九百二十七年之多次經過大西洋飛行，洵足使航空發揚光大，商業航空，尤覺浮然興起，例如千九百二十八年之羅賓號，雛鳥號，Robin H Fledgeling（雛鳥號陸海軍亦用作爲練習飛機）千九百二十九年之載客二十人康部爾運輸機，20－Passenger Condor Tansport 及載客八人之勝鳥號，8－Pasenger Kingbird 均爲商業之用者，不過就中之羅賓號，則爲寇蒂思羅伯森公司所製，Curtiss Robertson Airplane Co.

千九百三十年七月二十三日，寇蒂思卒於紐約之巴斐羅，Buffalo, N. Y. 從此航空界失一領袖，在千九百三十年，製成二十一座康爾都運輸機，雙發動機之運輸機實以此機爲始，且其飛行慰貼，實合空中旅行之用，同年並代陸軍製造A－3B攻擊機，雙座O1G偵察機，（均用D－12發動機）代海軍製哈帶威爾及霍克戰鬥機，Helldivers and Hawkfighter

自千九百三十一年以還，寇蒂思嵩意于製造軍事飛機，代海軍則製有戰鬥機及偵察機，代陸軍則製有驅逐機，攻擊機，及偵察機，例如在千九百卅一年，製有P－6E霍克驅逐機P－6E Hawk Pursuit四十六架，均有布里斯東涼式康克樂發動機，Prestone-Cooled Curtiss Conquero Engine 以爲美航空總隊之用，在千九百三十二年，更代陸軍製A－8 施萊克攻擊機 A－8 Shrike Attack Plane 十三架，均有六百五十四馬力布里斯頓涼式康克樂發動機，此種爲低翼全金屬飛機，並有平衡槓及減速翅 Slots ar-rd Flaps之裝置，飛機上除載有多數爆花彈及一個大式炸彈外，並裝有機關槍五架，並製有A－12攻擊單翼機四十六架，該種飛機與A－8式相似，不過是種之發動機爲七百四馬力賽克隆式，在去年間更代海軍高冠隊"High Hat Squadron"製就霍克雙翼飛機二十八架，該種飛機有單支柱落地架及七百四馬力賽克隆發動機，此外並代航空總隊製有新式高單翼偵察飛機，裝有平衡槓及減速翅及縮收落地架等，現在已有五架，正受軍用實驗之中。

在去年下半年中，寇蒂思新製一種以電氣節制螺旋距之螺旋槳，此法即以小式電氣發動機，用齒輪與槳葉相連，計爲三六，〇〇〇與一之比例，可以增加爬升航行速度，此外並製有減阻環，Anti-drag ring 久爲世界各國所用。

該公司之總理爲史密斯，I. A. B. Smith雷德T. P. Wright 爲副經理，布狄雷得及萊頓 Burdette and Wriset H B, G, Leighton 爲協理，萊普George S. Lapp 爲會計員，李智R. R. Reger爲祕書，郝雷Joseph P. Healey爲會計助理員及助理祕書，查理斯金C. C. King爲助理祕書。

（三）寇蒂思雷得飛機公司

寇蒂思雷得飛機公司，在千九百二十八年一月開始成立，時本名爲寇蒂思羅柏森飛機製造公司，Curtiss-Robertson Airplane manufacturing Co. 專製造民用商用兩種飛機，寇蒂思飛機發動機公司Curtiss Aeroplane And motor之花圓城工廠製造商用飛機一部，亦歸寇蒂思雷得飛機公司經理，該公司工廠在米蘇里省，羅柏森城，芝柏聖路易兩市航空港之處，Lambert－St Louis Municipal Air-port At－Robertson, Missouri. 佔有十四萬四千英方尺區域，自千九百二十八年設立之日起，直至去年年終止，計算已製造商用飛機一千二百架，價值五百四十四萬八千零四十四元，該公司中大小商用飛機，頗爲齊備，小者自價值尚不及一千五百元美金久尼爾式飛機，Junior（千九百三十一年製）直至載客十五人船員二三人之六萬元美金康都爾飛機，均可在該公司製造。

千九百二十八年第一架商用飛機製出者爲Ox－5羅賓號，Ox－5 Robin爲三座轎式高單翼飛機，在千九百二十九年，已將該機改變，裝置一百七十四馬力新式查蘭治及一百六十五匹馬力迴文式發動機，扎克森及歐布林兩氏，曾於是年駕駛羅賓飛機，成四百二十小時二十一分鐘耐航紀錄，繼有韓德兄弟打破該紀錄，最後加添燃料之耐航紀錄，又爲羅賓號所獲，計其耐航時間爲六百四十七小時二十八分三十秒，此種紀錄，至今留存，尙未有耐航更久之紀錄出現，在千九百二十九年年終計算，有羅賓式飛機逾七百架，由該公司製出，亦可稱爲商用飛機製造中特有之紀錄已。

千九百三十年中，商業頗形不振，摩斯航空公司Moth Aircraft corp 乃歸併於寇蒂思雷得飛機公司，即由寇蒂思雷得飛機公司製造摩斯飛機，此外復製嘗拉士飛機，Thrush 裝有二百四十匹馬力迴文式發動機，在是年年終及翌年年始之時，復製有八座勝鳥號飛機，S placRieng bird。

千九百三十一年，商用飛機之銷路，仍有疲茶之勢，而在威吉打之旅空公司Travel Air Co, at Wichita 復與寇蒂思雷得飛機公司合併，本旅公司所出雙座雙翼遊戲號，Sport三座雙翼之速翼號，Speedwing 四座轎式單翼飛機之寒嬌號 Sedan，及六座轎式單翼飛機，仍然繼續製造，同時寇蒂思雷得飛機公司復製久尼爾式飛機，Junior能在此經濟窘迫狀況之下，尙能製售三百架，亦可謂難能可貴矣。

千九百三十二年旅空公司式之雙座飛機，復改爲輕便教練機，以備私人遊便之用，並製有雙座軍用戰鬥機奧斯普雷號，Osprey 以爲出售國外之需，同時該公司全部技術人員，均致力於新式康都爾之改進，繼該機製出時，翼長八十二英尺，機重逾八噸半，有七百匹馬力萊克隆式兩輪發動機兩架，有伸縮落地架，載旅客十五人，駕駛員二人，郵件行李六百五十磅，在海平時高速每小時一百七十英里，最初一架於千九百三十三年三月交與東方航空運輸公司，Eastern Air Transport 繼有九架復由東方公司訂購，此外美國空運公司，亦訂製康機九架，美國航空總隊亦訂購二架，以為運輸之需美國空運公司，在初次訂購以後，復又添購十架，現正在製造之中，至如瑞士之歐洲高速空中運輸，白爾上將之南極飛行，均用康道耳飛機，惟白氏所有者，裝有浮筏冰撬而已，若現在正在製造中之新式康都爾飛機，均用接壓發動機，Supercharger Engines 其最高速度，在八千英尺高度，每小時可飛行約一百九十英里。

依現在寇蒂思雷得飛機公司之羅柏森工廠製造情形，所僱用員工，需達四五百人之多，至該公司經理，則為達蒙副經理則為步藍威德 G.J. Brandewoide 祕書則為李智 R. R. Roger 會計員及助理祕書則為艾步德G. M. Ebort 裴治 George A. Page 則為總工程師。

寇蒂思雷得出口公司

千九百二十一年該公司成立之始，本名為寇蒂思飛機出口公司，嗣為寇蒂思飛機發動機公司辦理貨物出口事宜，至後寇雷兩公司合併，因之寇蒂思雷得公司之全部出口事項，亦統由該出口公司經管。

寇蒂思出口公司，對於國外貿易情形，既為熟悉，因之對於美國航空實業，各種出品之多寡取舍，均由該出口公司規定，且該公司除代表寇蒂思雷得公司經辦出口事宜以外，若其他公司所製飛機，並非與寇蒂思所製競爭者，其向國外兜售事宜，亦可由該公司經理。

在千九百三十三年中 該公司統計航空材料出口總額，為三百五十五萬元，就中有百分之四十為自美國出口，在去年中，飛機共出口一百零五架，其中佔大多數之飛機，則為霍克單座戰鬥機，Hawk Single Seat Fighter 福背偵[illegible]機，（有賽克隆式發動機） Falcon Observation Biplanes 裝置迴文發動機之訓練飛機，奧斯普雷戰鬥機，Osprey（裝有四百二十四馬力迴文發動機）至發動機之出口者，則多為迴文式賽克隆式康克樂式。

各國之航綫，用寇蒂思公司所製之發動機甚多，例如荷蘭之K.L.M.航空公司自阿穆斯坦至巴達威亞九千英里之航綫，則用賽古隆式發動機，阿威歐航運公司 Avio Linee 自羅馬至祖立喜航綫，Rome to Zurich 瑞士空運公司自祖利喜至維也納航線，Swiss air Between Zurich and Vienna 迪魯夫特航運公司自柏林至莫斯科航線 Deruluft ft Air Lines Between Berlin and Moscow 以及捷克航運公司，中國航空公司，土耳其航空公司，日本航空公司，L. A. P. E空運公司，L. O. T. 空運公司，及坎拿大，墨西哥，阿拉司加，紐基內亞，澳達利亞，南美各國，均用雷得式發動機。

寇蒂思機件出售之處，幾偏於全世界各國，在去年統計以內，購置寇蒂思機件者，則有中國，蘇俄，日本，德意志，西班牙，波蘭，瑞士，法蘭西，荷蘭，義大利，捷克，瑞典，保加利亞，墨西哥，古狄馬拉，Gutemala．洪都拉思，Hondnras 三圖杜明古，Santo Domingo 普多利可，Porto Rico 古巴，伊勒薩拉瓦多，El Salvador 坎拿大，阿拉思加，澳大利亞，斐律賓，土耳其，荷屬印度，以及南美各國。

在國外購有賽克隆發動機製造權者，則有阿根廷之柯壯巴航空工廠，Cordla Aircraft Engine Plant購有賽克隆康克樂兩種發動機製造權者，則為蘇俄，購有霍克驅逐雙翼機及雛鳥教練機製造權者．則有土耳其政府之克西里工廠．Kayseri 且土耳其政府年來所辦之伊坦佈爾及安格拉 Istambul to Ankara 間之航綫，均僱用美人駕駛，週文發動機之勝鳥號Whirlwind Powered Kingbird 飛機飛行。

自去歲年終以還，瑞士航空線公司則購有搭客十五人之康都爾飛機二架，以備組立書及維也納間飛行之用，Zurich to Vienna 此外寇蒂思出口公司，並請由霍克赴中國表演新式康都爾轟炸機，該機除作為軍用飛機以外，倘可作為載運軍隊及救護飛機之用，如改用作救護飛機時，不必另費手續，即可安置抬架十二具，是以用時頗為便利已。

寇蒂思出口公司經理為奧拉德I. S. Allard副經理則為萊頓及戈丁 B. G. Leighton H. W. F. Goulding 克拉謀E. S. Cramer 則為會計員李治 R. R. Reger 則為祕書穆爾根 Thomas A. Morgan 則為董事長。

寇蒂思雷得航空港公司

寇蒂思雷得航空港公司，於千九百二十九年五月間成立，在美國全境，購得港址統計有十一處，在千九百三十年秋間，紐約之北岸谷流North Beach and Valley Stream

N, J·蘭加佛之維磯杉三馬都 Los Angeles and San mateo 伊立諾司之芝加哥東聖路易，馬來蘭之巴提莫爾 Baltimore, Md, 紐基塞之喀得威爾 Caldwell, N, J, 歐息歐之克里弗蘭 Cleveland, O ，威斯康新之米勒勿齊 Milwaukee. Wis; 本西拉佛尼亞之波茲布爾革 Pittsburgh, Pa, 等處航空港，均已設立，且其港址均為寇蒂思所有者，此外在長期租借地上建築航空港者，則有芝加佛之阿拉米達 Alamedor Calif ，紐基塞之新布爾息斯威克，New Brunswick, N, J, 所有航空港內設備，極為完全，例如替換或修理之機件，洩水溝渠之設備，港界燈及降落燈之安設，硬面飛機走路之修造，以及各種應用器具之設備，均極完善，一切建築則用鋼石築成，上有避火房頂，對於地方學校學生及學習飛行學生之設備，亦為繼續添置，該公司在去年下半年，有數處航空港，租與其他公司，現在該公司經理兼會計則為李福特氏， W, A, Leaycraf 副經理則為史米思氏 I. A. B Smith，祕書則為李治氏，R. R. Reger 會計助理則為步拉德氏 W. A. Pollard ，助理祕書則為鄂思氏 Voss 慕爾根 Thomas A. Morgan. 則為董事長。

改進空軍之意見

美國費德Fechet原著
葉廷元譯

一、偵察飛機

㈠偵察飛機隊與轟炸攻擊驅逐等隊不同之點

今人所謂空軍 Air Force. 大都包括轟炸隊，攻擊隊，驅逐隊，偵察隊而言。不知轟炸隊攻擊隊驅逐隊耑以轟射敵人爲其惟一職務，可以名爲空軍，至於偵察飛機之惟一職務，耑事偵察敵人情況，不以轟射敵人爲其職責，祇可名爲空中服務隊 Air Service. 故近世稱偵察飛機爲軍中之眼目 The eyes of the Arnuy.良有以也。

㈡美國偵察飛機之濫觴

最初飛機在軍事上動作，卽作爲空中偵察之用。在千九百零七年七月，美國信號隊Signal Corps內創設航空信號分隊，向雷得公司訂購飛機，翌年雷得公司製就，故美國陸軍中備有偵察飛機，實以此時爲始，迨後陸軍人員，繼續研求，又經數載，終以航空無實作戰價值，識者寥寥，且又爲經濟所限，遂演成毫無進展之勢。在美國參加歐戰之際，祇有飛機五十五架，且均陳舊，祇可作爲練習之用。

㈢歐戰前之偵察飛機

蓋在歐戰以前，列強設有軍用飛機者絕鮮。在千九百十二年，英法始行組織軍用航空；千九百十三年，德國始行組織軍用航空，不過德國在千九百十年時，已早設陸軍飛行學校，培植飛行人才。至航空偵察之創始，則歐洲各國，均遲於美國幾二載已。

千九百十四年時，歐戰爆發，是時參戰各國，飛機之精窳，縱有不同，然均備有航空組織，總計歐戰始終，空中之偵察，均佔有軍事上重要之位置。猶憶在千九百十四年八月，德人以偵察飛機探得協約軍情，報告德國軍事當局，而德國軍事當局，未能利用此種偵察之報告，遂致失去優良之機會，不克擊破協約左翼英法聯軍。迨至時過境遷，德人事後回憶，咸認爲千九百十四年間之軍事最高領袖，未能確識空中偵察之重要已。

㈣現在偵查飛機影響於軍事行動之變更

現在世界列強，已曉然於偵察飛機之重要，以保持偵察航空，以備與陸軍空軍海軍之合作。自偵察飛機創行而後，極影響於軍事行動變之更。其最長者，即偵察飛機將使兩軍之遭遇戰，大有避免之勢；亦即敵我兩軍，未有任何一方面為散兵線之戰爭者。

㈤空中偵察之任務

空中偵察之任務，約計左列數種：

(甲)時時報告自己空軍攻擊轟炸驅逐之目標。

(乙)指示我軍砲隊轟射之目標，並規正炮火之距離。

(丙)時時將我軍前線及兩翼之陣地情形，報告於地面總指揮官。

(丁)時時將敵人軍隊之調動及分配，以及敵人後方之供給補充情形，報告於地面總指揮官。

大抵空中偵察，分為飛機之偵察，及氣球氣艇之偵察。前者屬於重於空氣者，後者屬於輕於空氣者。是篇所論，祇限於飛機之偵察已。

㈥偵察飛機隊之組織

凡每一偵察飛機中，隊內有飛機十三架，官長三十一人，士兵一百一十三人，計其分配如左：

(甲)飛行小隊	飛機四架	小隊長(上尉)	官長共八人
(乙)飛行小隊	仝右	仝右	仝右
(丙)飛行小隊	仝右	仝右	仝右
中隊長	飛機一架	少校職	官長共二人
參謀及其他人員			官長共五人

依上表內，可知每一中隊，有中隊長一人，率領飛行小隊三隊；每小隊有飛機四架，每架有官長二人。小隊長則以上尉官充任，此外連同參謀等人員。是一中隊內有飛機十三架，官長三十一人也。

㈦偵察飛機大隊部之組織

偵察飛機大隊，包括偵察飛機大隊總司令部，飛機中隊部，偵察飛機中隊四隊，空中特務隊一隊。

㈧美國偵察隊所駐地

偵察第九大隊，駐紮紐約米齊爾飛行場，該大隊以第一第五第九十九偵察中隊，第八第十四攝影隊，及第六十一空中特務隊組織之。

偵察第十二大隊，駐紮台克斯布洛克昕飛行場，該隊以第十二第二十二第八十八偵察中隊第一攝影隊，及第六十二空中特務隊組織之。

第十五偵察中隊及第五攝影隊，駐紮伊立歐省司格德飛行場。

第九十一偵察中隊及第十五攝影隊，駐紮舊金山格里西飛行場。

第十六偵察中隊之各飛行小隊，駐紮於威珍尼亞省之郎雷飛行場，北客羅那省之布來草堡，甘薩司省之來壘堡，歐克拉省之希勒堡，喬其亞省之本甯堡。

第四及第五十偵察中隊，駐夏威夷之路加飛行場。

第七偵察中隊，駐紮運河地帶之阿勒布魯克飛行場。

第二偵察中隊，駐斐律賓之尼古剌飛行場。

(九)航空偵察隊在戰時之分配

在戰事時航空偵察隊之分配如左：

(甲)全軍總司令部，應撥航空偵察大隊一隊。

(乙)前綫各軍司令部，每處應撥航空偵察大隊一隊。

(丙)前線每師團，應撥航空偵察大隊一隊。

(丁)每師團之航空偵察大隊，分成中隊，撥歸各師；遇有某師不赴前線作戰之時，則該航空偵察隊，亦可被派撥擔任普通任務。

(十)各種航空偵察大隊服務之異點

航空偵察大隊所受指揮之官長，愈屬高級，則其所觀測之區域愈遠，入敵人之區域愈深。緣以長官所欲得之消息，各有不同。例如一軍之軍長，常欲得敵人後方實業區域情形何若，以爲軍事上之措置。若前線每師指揮官，則僅僅得前線之消息已足。因之偵察飛機約可分爲二種；一爲軍部偵察飛機，一爲師團部偵察飛機。

(十一)軍部偵察飛機應有之性能

此種飛機，須爲三座飛機，一爲駕駛員座，一爲偵察員座，一爲無線電座，機上須有接壓式supercharger發動機兩架，若油門全開之時，須能自五小時飛達七小時之久，以備清晨高度遠飛之偵察，或爲全軍總部之偵察，或爲前方軍部之偵察，或爲航空軍之偵察，或爲沿海巡視之偵察。若機上不用分氣門，再予稍事改變，即可用於夜間之偵察飛行職務。例如佛克耳O-27(Fokker O-27)即可爲軍部偵察飛機模式，是種爲高翼單翼飛機，裝有寇蒂思康克樂發動機兩架．有伸縮落地架。達格拉司O-35（Douglass O-35）式亦可爲軍部偵察飛機之一種，有輻形氣涼式發動機兩架，現正從事研究者，即擬將偵察飛機於瞬息，俄頃之際，即可改成輕便轟炸飛機；反之或將輕便轟炸飛機，換成偵察飛機亦極容易。蓋此種計劃，於經濟上戰略上兩有裨益。惟此種改良之飛機，其本身之性能及飛機上之布置，須合乎左列條件：

(甲)在飛行高度逾一萬五千英尺之時，須其高速High Speed不減，並易於飛入敵境，俾察得敵情回歸自己之戰線時，不致被敵人之驅逐機所窺見而被其攻擊；且能減少天空暴露時間，以減輕敵人高射砲之轟射，至其速程Speed Range．亦極重要，俾使彼敵機驅逐之時，得以改換速度或前或後，以迷亂敵機之目標　使之不能俯擊dive正確。

(乙)機上所有人員各方之視線，亦爲極關重要之點。惟無線電員，雖同時亦爲射擊人員，然其視線之重要，尚在他種人員之次，再則機上抵抗氣流之法，亦不可稍事忽略；尤其職任觀測射擊之人observation gunner, 對於抵抗氣流之點，尤宜深切注意。設在機之下面洞視穴，備照相飛行時爲駕駛員下視地面之用。如是則駕駛者可以直達所欲照攝之地。故近日偵察飛行之飛機屏除單發動機雙座式，而多用雙發動機之座式者，亦以後者之視線較前者之視線優良，爲其取舍之一大原因也。

(丙)偵察飛機之平衡度stability宜高，俾使偵察機可以作長時間雲中飛行。以達於所欲觀測之地，而不受敵機之追襲及高射砲之轟射。若其運轉性能之何如，則與偵察式飛機無甚重要已。

(丁)依現在戰事之推測，偵察飛機之遠距Radius. 可達三百英里者，即可敷最遠偵察之用。

(戊)現在發動機有水涼式氣涼式Prestone cooler,或黑油式．逐漸改進，均有優良之點。是以偵察機上之發動機，固不必耑耑以選擇何者爲善也。

(己)偵察機上之軍器，備有〇，三〇．口徑之活架「布朗甯」機關槍，在前後機座中，各置一架。有時因便宜計，用雙架者亦可。至於攻擊軍器，若炸彈等，則不須裝載，蓋偵察人員在不得已時，因自衛計，始行射擊，決不先向敵人作攻擊之行為也。

(庚)在前座機鼻地方，置有照相機一架，可為直垂照攝之用；若欲照攝重要地圖，俾知敵境內某某特定區域之時用，可改多鏡照相機Multi-lens Camera.

(辛)中號波遠無線電報機，且其電距可達二百五十英里。此種電報機，現正由美國信號隊倡製，以備軍事偵察之用。

(十一)師團部偵察飛機應有之性能

師團部偵察飛機，祇用於清晨飛行，入敵境不深。此機須輕便敏速，單發動機雙座（駕駛及偵察員）無分氣置備，在油門全開時，須能飛行自一小時半至兩小時半之久；或在航行速度能飛二四小時之久。現在師團部標準之飛機，則有下列各種：

(甲)托馬斯穆斯O-19E有四五百十四匹馬力輻形氣　涼發動機。

(乙)達格拉司O-25C有六百匹馬普里司頓　涼式發動機

(丙)達格拉司O-38B有五百二十五匹馬力輻形氣　涼發動機。

(丁)寇蒂思O-40A有五百五十匹氣　涼發動機。

師團部偵察飛機之性能，及置備之需要，有如左列：

〔A〕高速度為最緊要之點，俾可避免敵人驅逐飛機之攻擊。例如有偵察飛機最高速度為每小時一百八十英里，飛行敵人戰線十英里以內，如敵人之驅逐機速度每小時可行二百英里，則偵察機在距敵機二英里之時，即可受敵機之威嚇，因之偵察機在敵機未能追及以前，已進自己戰線達五英里之地，即可緩緩飛行，俾誘敵機入於砲火線以內。此種飛機之速程與其自衛能力，均與軍部偵察飛機相同，惟須具有慢飛行速度，俾使偵察員欲偵察某特定地點之時，得以詳細偵察也。

〔B〕現在此種飛機之圖樣，已經改變，對於駕駛員及偵察員之視線，已較擴大。在後座偵查員之前視界及下視界，極關重要。

〔C〕爬昇速度，須能於臨時小飛行場飛升，至升高極度，則無關重要。緣此種飛機偵察之任務，多在高空一萬英尺以下。不過美洲橫亘飛行之時，須能經過美國最高山嶺爲要。

〔D〕在離近地面之時，須能運轉靈敏，俾使偵察員得以免敵人地面射擊及防空砲火。

〔E〕偵察員在座艦內，既須從事地圖工作，因之避免氣流之法，須爲注意。

〔F〕偵察員任務所需之時間，除規正砲火距離任務以外，其餘所有任務，約需一小時或不及一小時之久，若規正砲火距離任務，則需用一二小時之久。在油門全開時之燃料，可敷用一時半者，則在低航行速度時，可支持三小時飛行之久。如是之油量，對於執行任務時，即可敷用。

〔G〕師團部偵察飛機，既常受敵人步槍射擊，因之該種飛機鋼甲圍護之法，須爲深刻之研究。現在此種偵察飛機，因多加鋼甲之圍護，遂致性能之力，極爲減少。

〔H〕師團部偵機飛機之發動機，以氣涼式爲最宜，因其在比較上不易受敵人槍彈之洞擊，蓋有散熱器面頗大，可臨時爲遮蔽敵人槍彈之用。

〔I〕現在雙座偵察飛機，有〇，三〇口徑之機關槍一架，置於駕駛員之前，且其彈道可穿過螺旋槳環。惟此在新式偵察飛機，即將機槍安於機翼之上，以便射擊時，出於槳環之外，至偵察員則備有雙架路易式機關槍，或單架布朗甯式，均備有活動槍架，如將來雙布朗甯7—2槍架製出敷用時，即將換用此新式者。此種偵察飛機既不以攻擊爲其任務，故不必載炸彈已。

〔J〕K-6式照相機，在斜向照攝之時，以此種照相機爲最優良。現在均將照相機安置於槍架之上，不過此種裝置，遇在戰爭之時，頗不適用。緣彼時因自衛計，機槍須常爲射擊之準備，因之現在在機身旁出安置照相機之計，已正在着手進行中矣。

〔K〕空中地面彼此傳遞消息，有如左列：

(1)無線電

(2)投下文件

(3)地面標誌

(4)自地面鈎取文件地圖等

在所用之無線電機，為SCR.—134式，重約一百磅，電話波長三十英里，電報波長一百五十英里，現在信號隊已經製有五十磅重不或天線之無線電機，用於偵察飛機上，極為適用。

⑬偵察飛機之成隊飛行任務及單機飛行任務

軍部偵察飛機隊，遇有照攝地圖任務之時，可派遣三架至五架成一小隊出發。除照相任務以外，其餘所有任務，均以一架飛行為正式原則。不過在練習期間，亦須予以一定數量，成隊飛行之教練。緣以偵察飛機有時須同轟炸隊出發，以便照攝轟炸之紀錄，或有時可同驅逐隊同飛，以便得其保護也。

⑭美國陸軍航空隊之數量及與他國空軍數量之比較

美國：內及其所屬地之航空隊，（可立時作戰者）計數如后：

偵察隊　十四中隊

攻擊隊　四中隊

轟炸隊　十二中隊

驅逐隊　十七中隊

第十九國防航空隊（均為偵察隊）

右述皆為美國最近常備航空隊之數量，若與他國常備航空隊比較，則美國空軍之勢力，仍較他國為弱，例如法國之每中隊飛機數量，約合美國每中隊三分之二，然在法國之偵察隊，則有七十四中隊，轟炸隊則有三十中隊，驅逐隊則有三十八中隊。據此以觀，則法國之偵察隊，較他軍種為多。不過法國之偵察機，多為貝利蓋式及包台茲式兩種。就中貝利蓋雖用於偵察，然與晝間轟炸機大致相似，誠為一種堅固飛機。機上所用之發動機為李諾特式 Rebnault. 或四百五十匹馬力斐林的特利壓式 Lossaine-Deitich. 設美國在偵察隊內，多用O—27(B—8)式或O—35(By—7)式之遠距偵察飛機，則美國與法國之偵察隊，應有均衡之勢矣。

法國所以用轟炸式之偵察機，其中頗有隱情。即以彼國近日駐紮所屬殖民地航空隊伍而論，盡屬於彼所謂之偵察飛機。在旁觀者方以爲法國國會同聲高唱人道主義，不准在所屬之歐蘭Oran，司太弗Setef，喀薩耳Kasser，塞得Said，胡森迪Hussin dey，以及俾路特Beirut各地駐紮轟炸部隊，不知偵察隊人員正用其炸彈機槍，以恐嚇土人，並未作該處之空中偵察任務也。

日本陸軍航空，共計二十一個中隊，內有偵察隊十一個中隊，

美國陸軍航空共計一百零三個中隊內有偵察隊二十二個中隊。

至於英國之皇家航空中，勢力極爲雄厚，然而在三島以內，多數轟炸攻擊隊中，祇有五個中隊，撥與陸軍合作者，且輔助國防之空軍中隊，亦盡爲轟炸機也。

二、魚雷轟炸飛機（因可拋擲魚雷亦可拋擲炸彈故名）

㈠空中拋擲魚雷之始創

在最初時，美國海軍軍官費思可氏，Breadley A.Fiske曾將空中拋擲魚雷之法，力求改進，發明魚雷拋擲器，曾於千九百十二年七月十六日取得專賣權，是爲空中拋擲魚雷一法最初之萌動，惟際費思可氏取得專利之時，航空尤極幼稚，尚在試進時期，萬難承載魚雷之重量，而在魚雷方面，亦難承飛機遲速之震盪，在拋擲之際，既經危險堪虞，而飛行高度，亦難離危險之界，飛機人員，均爲可慮也。

自專門魚雷轟炸機發軔以後，直至今日，其中進展經過，逾二十餘載，果稍一思及其發展之情況，則其進步神速，固有大可驚異者。

曩在空中拋擲魚雷未能實行以前，美國海軍軍官目覩航空之進步，遂思及空中拋擲魚雷之法，以爲殊深慮遠之計，惟是此種努力，終以飛機之飛距不遠，（因彼時航空母艦未與飛機須自海岸根據地起飛直至母艦發明後始不受飛距之限制）裝載魚雷之力未充，拋擲之具未備，遂致計劃空談未能實現，卽作轟炸之用者，亦以載重力薄，炸彈架及瞄準器未備，同一未能實現。

㈡美國各種魚雷轟炸機逐年之改進

千九百十七年R-6式雙翼飛機，爲最初魚雷飛機之用，是機爲寇蒂思公司所製，有水掠寇蒂思V2式發動機，

共有V式氣缸八個，迨後千九百十九年，該機之發動機，改換自由式，Liberty因之該機遂改稱為R6-L式矣。

千九百二十一年之魚雷飛機，又改為單翼飛機，有發動機兩架，復經屢次試驗，倘可應用，翌年達格拉司公司製造DT及DT-2式（有自由式發動機）魚雷飛機兩架，均為雙翼，是魚雷飛機復由單翼而又易為雙翼式矣，DT及DT-2式，均為雙座，每小時速度一百一十五英里，可載一千七百磅重之海軍魚雷，嗣後復製DT4-及DT-6兩架飛機，所用之發動機，不用自由式，而又改用雷得T-2式，及帕卡得2500式矣。

千九百二十三年，寇蒂思CS雙翼飛機，（有六百四馬力雷得式水涼發動機）出現於世，機與馬丁SC式，大致相同，是時美國海軍訂製大批轟炸機，均為馬丁公司所製。

千九百二十六年及千九百二十七年中，T3M-1及T3M-2式之新飛機出現，一則有雷得發動機，一則有帕卡得發動機，此式飛機，製出頗多，前此所發明之附件裝置，均可載該機之上，並無不勝重之慮。

㈢魚雷飛機始置於航空母艦

魚雷飛機中，開始置諸航空母艦之上，而作飛行任務者，則以T3M-2為始，時在千九百二十八年九月，亦即VT第一飛行中隊乘雷辛頓航空母艦開赴美國西岸之時，此種T3M-2式，亦即美國海軍中最後之魚雷飛機，附有水涼式發動機者。

千九百二十八年中之新式魚雷飛機，則有T4M-1有五百二十五匹馬力之何內特式輻形氣涼發動機，該機之速度，則自每小時五十六英里至每小時一百二十英里，航行高度，可達一萬英尺，且何內特式發動上之許多部分，均可與萊斯瀫式發動機更換，在美國航空母艦上他種飛機之發動機，大都為萊斯瀫式，是以調換極易，而攜帶備用部分，亦可大為減少矣。

㈣航空母艦上特用之魚雷飛機

魚雷飛機始置於航空母艦者，則為T3-M-2，而為航空母艦上特製之飛機，則為T4M-1該機機身重量較諸以前所製均輕，然可載重一千磅重之魚雷或炸彈，及機員三人之重量。

千九百二十年，美國海軍新用之飛機，則有TG-1式，該機與T4M完全相似，至其名稱各異原由，因係兩家公司所製，T4M則爲馬丁公司所製，TG-1則爲大湖公司所製也。

㈤美國現在所用之魚雷轟炸飛機

美國海軍現在所用之魚雷轟炸飛機，仍爲T4M及TG式，此種飛機，可容三人，因之外觀，似覺重量頗大，用作陸上飛機之時，則有寬大落地架，用作海上飛機之時，則有大浮標，此機用作小面飛機之時，其性能較減，然大體之通用也。

㈥美國魚雷轟炸飛機之分配

千九百三十二年度終了之時，美國海軍航空處有魚雷飛機七十二架，第一航空魚雷隊及第二航空魚雷隊，分歸雷幸頓及撒剌託加兩航空母艦，同時亞洲艦隊則撥魚雷飛機六架。

㈦魚雷轟炸飛機之用途

魚雷轟炸飛機，爲航空母艦上最大之飛機，其第一種用途，則爲攻擊敵人之重量軍艦，及敵人之海岸根據地，第二種用途，則爲偵察敵人強大空軍所在之區域，因航空母艦上飛機存放之地位甚狹，故其飛機之能力，不但可爲魚雷飛機之需，且須作爲高度轟炸飛機之用，總之，此種飛機即代替魚雷管或小鋼砲之用，此種飛機上備有機關槍一二架，以備空中交戰時自衛之需，在普通執行工作之時，常有戰鬥飛機爲之保護，不過在飛行密集成隊之時，可以互相保護，敵機難爲正確之射擊，現在防空砲火，日漸進步，因之魚雷轟炸飛機之速度及高度，亦隨之俱進，且在戰術中威嚇之能力，（即攻擊敵人之威嚇）亦堪注意者矣。

㈧拋擲魚雷時之設施

在拋擲魚雷之時，須施放烟幕及艦上之砲火蔽護，如飛機與他種軍隊協同動作時之情形相同，俾飛機可飛在有効射擊區域以內，須知在飛行之際，飛經多數敵艦，且在拋擲時之低度飛行，若使魚雷命中，亦誠危險難能之事，在魚雷飛機之上，須裝有無線電機，俾與其根據地傳達消息，則在該機飛行空中之際，或拋擲魚雷以後，轉而他巡之時，設地上再有任何命令，即可立即執行也。

(九)轟炸飛機用于戰事時之優點

飛機轟炸敵人，與槍砲射擊敵人，均爲攻擊敵人之方法而已，不過軍艦上果備有飛機，執行轟炸任務，則其攻擊之距離較遠，與平常砲火所達之距離相比，可增加十倍之數。

(十)魚雷飛機用於戰事時之優點

魚雷拋擲時之設施，既如上述，至其任務，亦與水雷艇相同，不過魚雷飛機高翔空際，來往自由，至於水雷艇執行任務之時，則艇之本身，以及艇上全體人員，均陷於敵人自衛砲火之下，而魚雷飛機執行任務之時，則軍艦全體，遠在敵人砲火之外，可安然執行工作也。

（未完）

最新式之陶耳尼DORNIER F型貨物輸送機性能

全長	六十一呎四吋
高	十八呎二吋半
翼	九十一呎十吋
翼面積	一一九六平方米
自重	一〇五〇〇磅
翼載重	一四，七五磅
馬力載重	一六・一磅
速度	一五五哩三
巡航速力	一三七哩
降落速度	六二哩三
三千米上昇力	二五分
上昇限度	一萬五千四百呎
航續力	五三〇哩

今昔戰略之研討

美國[illegible]來上校原著
葉廷元譯述

美國航空爲陸海軍附屬，尙未特設帥司，是均由於軍事當局重海陸而輕空軍所致。故慮氏特著是篇以爲當時針砭，識者許之，爰爲迻譯以供參考。

居今之世，研究戰略者甚多，立言縱有不同，然均不免有偏執之弊。崇拜陸海軍之說者，嘗謂戰爭上之原則，歷久不變，新式武器雖日有發明，亦不過戰爭原則之運用，稍有變更，對於戰爭基本原則，不受絲毫之影響。（The principles of war donot change only the oppliootions are Modified as uew weapons are employed）此說一出，隨聲附和者甚衆，而懷私見者，更引以爲藉口之資，遂以爲航空亦不過一種戰爭武器，有如新發明之一種軍械然者，因之自航空興後，平面戰爭改爲立體戰爭絕大之影響，遂致全爲忽略已。

戰爭上之原則歷久不變，若耑在戰術方面立言，固難謂其荒謬。例如在戰爭時，如何襲擊，如何移動，如何警戒，如何進攻，凡屬於戰術上者，其原則當然不變，若謂戰略與戰術混爲一談，遂謂戰略原則，亦經久不變，則此種謬誤，是不可不一爲申辯。

天演競爭，適者生存，此實爲不磨之公例，是以戰略之如何，亦須適合於時勢之需要。在昔君主專制時代，獨攬政權，宣戰媾和，任其意旨，對於民衆心理之趨向，則固毫未念及，因之幾經世紀，所用戰略，均屬於君主耑制時代之戰略，實不合於現代之需。試一觀往史所述，在法國革命以前，歐洲所有戰爭，軍隊數量，比較極微，非若以後戰爭時所需軍隊之衆，且其軍事動作，影響於全國之農工業者，亦至微渺。至後美國獨立，英國徵募軍隊遠征，其當時戰爭情形，亦與法國革命以前歐洲之戰爭相若。彼時交戰之情形，如有一方軍隊敗北，則爲君主者，不必商諸人民，或行割地，或行賠款，即可媾和。是以在此種情況之下，所宜取之戰略，祇設法敗敵人之軍隊，即可盡戰爭之能事。且在天氣嚴寒之季，戰事即告停息。迨至君主制廢，共和代興，交戰情形，倏然為之一變，即以法國革命之時為始，舉國民衆，均欲傾其資產，竭其智能，以供絕大之犧牲。再後拿破崙時期、亦莫不徵全國之所有，以博最後之勝負。迨至晚近時期，歐戰之殷鑒未遠，彼時參加戰爭者，無不竭人衆物力之所有，以為最後之掙扎。繼此以往，將來列強再有戰事爆發，勢必傾全國國民，彼此對抗，迥非往日帝政君主時代之戰爭所可比擬矣。

在共和國家一遇戰爭之時，大都以全國民力及財力以周旋於疆場之上，若其最終之結局，苟非奪敵國國民之氣魄，不足以制其窮兵之念。總之，現代戰爭最要之主旨，惟有先止其好戰之心，然後戰爭始可終了（They must lose their will-to-fight before the war can be terminated）設不依此種戰略主旨，若仍依舊式戰略，而以攻擊敵人前方軍隊為其目的，則其收效甚鮮，矧現在新式大部軍隊，一經敗退，亦不過戰壕移向後方數百碼之距，而在總部戰報傳播，又復輕微其詞，國內人心，絕少震動。似此等延長戰爭．A war of attrition 對於人口繁庶天產豐富之國，欲奪其全國國民之氣魄，實為不易，因之戰事延長，必須經過數載，始可有結局之望。

意大利著名之軍事學家杜黑將軍，曾著一文，討論最近代戰略。伊以為現代戰爭，須首先擊破敵人全國民衆好戰之心，斯為上策，不可耗費時間金錢，仍依帝制時代舊法，首先注意於撲滅敵人地面軍隊。况現在航空發展，已能直接奪敵國民衆之氣，又何必枉道紆迴，以為間接制勝之計？緣以如果依最新戰略辦法，不待大部地面軍隊動員成功，已可向敵人政治及工業中心區域，由空中轟炸，則所欲得戰略之効果，極有顯著之效。

持反對之論者，則以如雨炸彈以轟炸城市，如果一為思及，似與人道主義之主旨，頗有違背。是蓋習於平民迫其先著軍衣而後再餉以炮彈，（此指地面軍隊服務者，亦何莫非由城市之平民徵調，不過徵調後之平民，須著軍服，與仍居城市之民稍異耳。）按諸舊式戰爭之法，固屬當然，若以延挫戰爭經歷數載，所殺傷之民衆，與短時間急遽之空中轟炸所殺傷之民衆，一較其大概，則空中轟炸所殺傷者，爲數厥微，則何者爲違背人道，何者爲不違背人道，則在大戰時之孳婦孤兒，以及受傷殘廢者，均可予以最明確切實之答覆。

在舊日軍事學家之心目中，不但以爲轟炸城市，爲有背人道之主張，且以爲轟炸一大城市之民衆，則其所需之毒氣量及炸彈等，爲數極鉅，據淺見者之所推測，以爲必需大量之軍火．極多之飛機，方能盡其工作。因之城市轟炸之說，遂極爲難以見諸實行之事。其實附從杜黑將軍之說者，並非慘無人道，至於此極，亦不過根據平民易爲震動之心理，祇拋擲數彈，並不必以毒氣致人民之死命，則全城震慴。且一經報章擴大其辭，則將羣相逃避，是損失極微，而在戰略上之成功甚速，至於軍隊，則均帶有避毒罩，且均受有訓練，不易爲震慴之動搖也。

在最近美國陸軍航空軍官中，對於杜黑將軍之論，仍未能窺其奧旨，猶以爲杜氏所言，係耑指轟炸機之優越而言，（見昔譯「空軍改進之意見」中「杜黑將軍巡空艦之駁議」一篇）在彼表面所論者，固關於空中之戰術，其實杜黑將軍最要之意旨，則確認現代民主國家交戰時所應取最要之戰略，果不以杜氏之言爲然者，則吾知舍延長戰爭時所不可避免之屠殺而外，別無良法也。

杜黑將軍所持之議論，旣如上述，何以歐美之秉軍政者，仍不棄其舊日最初目的。擊破地面軍隊之主張？揆其原因，不外二端：一則爲往日戰爭中軍隊缺乏改進之心，無以促工業之改良，計工業一切進行，仍依舊日戰略以爲標準，不思依新式戰略，製造優於敵人之軍器；再則爲軍事耑家，固守成法，以爲往日所用之戰略，旣經有效，遂崇拜之而無疑。即如英國陸軍之福樂將軍 Gen. J. F. C. Fuller 信仰戰略之成規，等於皈依上帝之宗教。凡有以根本改變戰略之說進者，則將疾首蹙額，視爲異說。其實世界進步，思想維新，古時哲學家早有先言之者。

除上述兩種原因而外，尚有一特別原因，使陸軍先進與航空耑家之意見，常相柄鑿，緣以陸軍先進，常本歐洲大戰之成規，以爲作戰之成法，至於航空耑家，則固曉然自千九百十八年來歐洲戰後航空進步之迅速，且鑒此後航空仍在向上發展，有加無已，因之見地各有不同。遂致所取之政策不能融洽。

猶憶在數年以前，秉陸海軍政柄者，類皆泥於舊說，遂致航空作爲協同動作，猶遲遲始行設置，然而時至今日之警戒情報工作，悉爲航空是賴，亦可見泥於成規之萬難爲恃。至現在服膺杜黑將軍之說者，亦並非協同航空隊可以廢棄，緣以陸海軍隊一日存在，即須有航空協同動作以爲補助；尤並非廢棄陸海軍隊，而尚用航空獨立作戰。如果廢棄陸海軍隊，亦須待未來大戰實地試驗之證明，即使實驗以後，陸海軍可以廢棄，亦須經一過渡時代，即航空獨立軍隊漸漸增加，地面軍隊漸漸減少。

自軍事航空發展以還，對於舊日之戰術，已經大加改變，而舊有之戰略，亦已微有變更。例如自航空照相創興以後，大部軍隊之襲擊，縱未能完全失效，然已覺活動甚難。藉照明彈爲空中之夜間照相，則軍隊夜間之移動，亦可被敵方偵悉。至於以飛機每小時逾二百英里之速度，與步行速度比較，則軍隊調動之難，更可不言而喻。

強有力之獨立航空軍隊，有以爲備作進攻之資，不適於酷好和平之國，祗求防衞設備，完善無缺，即覺快然自足。其實戰事一開，有強大之攻擊力者，始有制勝之機會。例如敵人備有轟炸飛機，並有大式商用飛機，於瞬息間，即可改作轟炸之用，處此被敵人脅迫時期，最好之防衞方法，即須以空軍深入敵境，毀其工廠，破其空軍總站。是以杜黑將軍，曾謂戰爭開始以後，空軍惟一最初之目的，即須將敵人之航空建築，就所知者，儘量摧毀，如是則在平時培養航空人才，擴充航空設備，俾使戰鬥力效率增高，均在太平無事，加意維持，戰事初起時之重要任務，絕非臨時組成之航空隊所能達到，緣阻止敵人爲內地城市之轟炸，是均在宣戰後數小時內之緊急工作也。

美國現在所亟需者，允宜創設航空獨立機關，俾得執行戰略任務，以備國防之需，斯爲善矣。

倒轉飛行之說明

柯萊保原著
葉廷元譯述

倒轉飛行一事，如果從嚴格立論，本不屬正式飛行練習以內，無如駕駛之人，遇在飛行之際，各種意外之事，在所難免，有時處於情勢所迫，不得不倒轉飛行，此時駕駛之人，苟非夙有倒轉飛行練習，將至手足無措，是以倒轉飛行，亦頗爲重要，且可爲臨事應用之預備也。

正式飛行之圖体說明，散見書籍，而倒轉飛行之說明尙付闕如，如欲學習倒轉飛行者，可用一模型飛機，（附有活動之方向舵及活動小翼）置於脊背之上，以懸想倒轉飛行情形，及在空中倒轉節制之法，如是經過數小時後，即可能領略其大概巳，倒轉飛行之動作，務宜格外純熟，且其所用之飛機，須較普通練習機爲優，不過倒轉飛行中，有數种技術飛行，亦可用普通練習飛機動作，是篇所論，均依特種飛機立言，（即專門練習倒轉飛行之飛機）遇有何種動作，可以用普通飛機者，當另行述明，俾讀者知所適從，不致有謬誤之虞。

在倒轉飛行之第一步，即爲選擇優良堅固之飛機，機上之飛行鋼絲，務宜堅強，節制機關，務宜靈敏，每有節制機關移動之時，該機須立即表現相當動作，至於第二步應辦事項，即係將飛機內之發動機安置妥當，能在倒轉之時，可以開動，或用一氣油唧筩，或用一小式油桶，置於機身之下，或繫於落地架之上，其滑油油桶，亦須置備妥當，俾滑油確能流入發動機以內，其他散置之物件，及工具等，以及墊褥等物，均須搬出機外，俾飛機倒轉之時，不致有何物件墜落。

再次所宜注意者，即須有優良堅固之安全帶，Safty Belt若一駕駛員倒轉之際，如在座位上挪移僅一英寸，則此時駕駛人，即感覺行將顚出機外，設繫帶安穩，駕駛人在座上毫無移動，則此時駕駛人恍如機身上固定之一部分，因之每種旋轉，均極易於動作也。

在第一次倒轉飛行時所用之飛機，其發動機或倒轉開動或不倒轉開動均可，然總以能倒轉開動者駕駛較易，在飛機選擇適妥，即擇一清明天氣，地平線視界淸爽之時，預備飛行，再看保險傘及飛機，均布置停妥，然後開機上升，達於較高度，約及五六千英尺之時，即可開始作倒轉飛行。

倒轉飛行之法不一，然而最安全易行者，則為小翼半滾之法，Aileron Half Roll 此法即在飛行之際，注意機頭與地平線平齊，確實平直飛行，猛力推動左邊或右邊小翼，當飛機旋滾過四十五度時，即用上邊方向舵，Top Rudder 仍使機鼻與地平線相齊，當飛機旋滾，業經完全倒轉，即停止再用小翼及方向舵之力，同時須將駕駛杆稍稍向前推動，俾使機鼻揚起，設發動機停止，則可稍作倒轉滑降，其滑降比 Gliding Ratio 與正式飛行時相同，設發動機依然開動，則可平直飛行或倒轉爬升。

在空中飛行之時，宜永久注視地平線，俾不致有撲下Dive之勢，緣駕駛杆一經向後拉動，則撲下更為峭直，是以遇有撲下太速之時，可將駕駛杆慢慢向前推動，待至感覺所繫之安全帶，壓力增加，即向上爬升，直至速度漸減，與正式滑降時 Normal Glide 速度相同為止，或則用發動機平飛亦可。

第二種倒轉之法，即飛機先作撲下之勢 Dive ，俾使得有餘速，此時將機鼻起平，再開始作旋滾，Roll使飛機倒轉，緣以機鼻平起後，再行旋滾動作，較為容易已。

在一飛機倒轉後，可以平飛，可以滑降，駕駛杆向前推動，則飛機向上爬升，駕駛杆向後拉動，則飛機即為撲下，用右方向舵，則飛機向右旋轉，用左方向舵，則飛機向左旋轉，各種節制，出於自然，毫不費難，惟在倒轉時在節制中最易迷惑者，即將駕駛杆向左推動，欲作傾側之時，而右翼反致傾下，將駕駛杆向右推動，欲作傾側之時，而左翼反致傾下，是蓋緣於倒轉之際，小翼之動作相反，設在未行飛升之先，用一模型飛機，加以研究，則此種節制改變狀況，即可明了，蓋在倒轉之時，翼之上面，即等於翼之下面，翼之下面，翻等于翼之上面，是以將駕駛杆向右推動，則小翼即斜下，使右翼升起。

各種節制，一經稍予練習，則在旋轉傾側之時，自無何種困難，若由倒轉飛行，再恢復正式飛行所用之正當之法，亦由旋滾而出，緣以此種辦法，不致多失去高度，在欲恢復正式飛行時，推動左邊小翼，則此時飛機可向右面旋滾而出，再用上面方向舵，使飛機恢復平直狀況。

第二種恢復正式飛行之法，即將駕駛杆向後拉動，作半斗旋，Half Loop 動作，不過此種動作，須有一千尺至一千五百尺高度，始能恢復，有時再欲恢復正式飛行之時，常有所餘高度，已不敷用之虞。

第三種恢復正式飛行之法，即將駕駛杆向前推動，蹬方向舵，並稍作倒轉急遽旋滾即可， To do Part of a Snap Roll Inverted

倒轉飛行時節制機關之動作，應詳細研究，如是倒轉飛行時，各種技術動作，當然易於了解，在滾入倒轉飛行，或恢復正式飛行時，因其震動力不大，無論何種飛機，均可使用，即使在倒轉之際，遇有發動機拍拍作聲，或竟停止之時，不必心志慌亂，緣以發動機一經在恢復正式飛行時，即又可照常開動也。

當在倒轉飛行之際，對於滾旋，多作數次練習，然後再作滑降，爬升，旋轉，傾側，各種動作，直至節制機關，完全熟悉，且須一切感覺與正式飛行時相同，並無何種不適之狀，如是練習，始爲純熟，惟空中尚有須注意者，即倒轉螺旋 Spin 之恐懼，如果一旦發生，常有不能遏止之勢，是以在倒轉之時，不可使飛機失速，其謹慎預防之般，亦恰與正式飛行時，未深悉螺旋之動作辦法以前之情形相似，是以倒轉螺旋動作之說明，亦極關重要也。

倒轉螺旋動作時，將發動機關閉，將駕駛杆向前推動，使飛機失速，所用之失速角度與正式螺旋時所用之角度相同，當駕駛杆向前推動，機頭初落之時，應蹬右邊方向舵 此時該機即向下降落，成右螺旋，Right Spin 不過在最初練習之際，足蹬不甚熟悉，未將方向舵移轉，即將駕駛杆拉回，彼時飛機即立刻停止螺旋，並可恢復正式形狀，待經多次練習而後，駕駛之人，已有勇氣可賈，將駕駛杆向前推動，立意使飛機入於螺旋，不至因發生膽怯之故，未待實際上螺旋，即將駕駛杆拉回，在實際上螺旋之時，祇在第一個旋轉，最感不適，在第一個旋轉以後，則應力即爲勻停巳。

在飛行人倒轉螺旋時，最初心理，常發生顛覆機外之驚惶，其實有堅固之安全帶，足可保障無虞，待飛機經過兩個旋轉以後，即須決心停止螺旋，用力將駕駛杆向後拉，使方向舵恢復原位，此時飛機停止螺旋，同時完成半斗旋之正翻矣，To Complete Half a Loop Right-Side-up

倒轉螺旋，及由螺旋中恢復正式飛行之法，已如上述，然而此種倒轉螺旋，尚非屬於正式，是不過練習膽略以爲正式倒轉螺旋之預備　至正式倒轉螺旋，並不將駕駛杆完全拉後，祇令其恢復正中地位，並非全用相反之方向舵，一俟飛機停止螺旋，即將駕駛杆向前推動，又成倒轉半飛姿勢，不過此種技術，須經過長時間之練習，然後始能行之無舛。

倒轉螺旋後，又入於倒轉半飛，此爲倒轉飛行中之正式技術飛行，繼以倒轉飛行中之各種技術　須以倒轉飛行行之，亦猶之正式飛行之各種技術　須以正式飛行行之也。

在倒轉螺旋練習純熟以後，知其救濟之法，則一切恐懼之念，可以消除，亦可有飛行自信之能力，誠以在倒轉飛行中所最可懼者，厥爲倒轉螺旋　既識其改正之法，當可毫無疑懼，總之，在倒轉時應爲注意者，果駕駛杆向後，則絕不致有螺旋之發生，亦猶之正式飛行時，駕駛杆向前，絕不能有螺旋之發生相同，因之駕駛杆拉後，變成螺旋之疑慮，宜完全消釋，並須記明由螺旋而入於正式飛行時，仍須將駕駛杆向後拉動爲要，

近有多數飛行人員，作倒轉螺旋，先將飛機拉起，作成斗旋，Loop 將駕駛杆拉後，並蹬方向舵，其實此種螺旋　實爲正式螺旋，並非倒轉螺旋，故在此種螺旋時小，幾個旋轉以後，即可曉然此種姿勢，純爲正式螺旋已。

大抵意外危險發生，均由於缺乏螺旋學識，設依式作成螺旋，並依普通常識，以爲輔助，則不致有何危險事件發生　作此種倒轉螺旋，須用優良堅固之飛機始可。

倒轉急遽滾旋 Inverted Snap Roll 之法，即將駕駛杆向前向左推動，並同時用足蹬右邊方向舵，待滾旋作成以後，飛機式仍爲倒轉，在此種急遽滾旋，須注意節制機關地位之變更　及小翼動作之相反爲要。

倒轉落葉 Inverted Falling Leaf 之法，即將駕駛杆向前推動，向左傾滑 Slip 之時，則用右邊小翼，及右邊方向舵向右傾滑時　則用左邊小翼，及左邊方向舵。

倒轉伊美爾滿之法，即倒轉俯沉，（倒轉機頭向下）

Inverted Diving 以求餘速，將駕駛杆向前推動，向上爬昇，極力作外斗旋．At the top of an Outside Loop俟飛機翻轉又恢復正式姿式之時，再作一半滾旋， Half Roll 即可完成倒轉伊美滿技術飛行。

此外又有一種倒轉伊美爾滿之法，即在倒轉飛行時，將駕駛杆向後拉回，一俟恢復正式姿式，復行滾旋，又作倒轉式樣，在此種最末後滾旋動作，不用發動機之力，惟此種飛行，並非眞正所謂伊美爾滿之技術飛行矣」。

在倒轉飛行中之技術飛行中，以外斗旋Outside Loop一事，尙爲最難，眞實外斗旋之作法，即在普通速度，飛機勻平之時，將發動機關閉，駕駛杆向前推動，作一實地圓圈，待達底面之時，再將發動機開動，向上爬升，即恢復飛機正面形勢，此種技術，需用極優良飛機，及極優良之安全帶，當作圓圈達於底面之時，速度之增加甚強，彼時駕駛人員，恍如拋擲機外，此時安全帶所受之壓力，約達一千磅重力量，此種外斗旋，所需高度，約達三四千英尺，此實爲眞確之外斗旋飛行。

此外復有一種外斗旋，作法較易，即將發動機關閉，使飛機失去速度，當機頭開始向下之際，即將駕駛杆向前推動，待至所作之圓圈達於底面，將發動機大開，藉發動機之力，即可作所餘之斗旋圓線，當斗旋作完之時，所得之飛行速度，並不增加，安全帶之壓力，亦覺大爲減少，飛機震動亦輕，是種外斗旋，祇逾五百英尺高度。

総上述之各種技術飛行，均能動作純熟，則其餘之各種技術飛行，均可易於學習矣。

盲目飛行要義

英國航空練隊盲目飛行教官羅樂賓原著
葉廷元譯述

(一)盲目飛行之起原

蓋自歐戰以後、軍用飛機之發展，因戰時材料過賸，遂致無形停頓。迨至千九百二十五年，美國軍用航空，漸萌進展之勢，汽油載量，已為增加。航行距離，較前漸遠。此外郵便飛航，既奠發軔之基。商航運輸，亦動萌生之始。直至今日之發揚光大，均以是年為航空發展之濫觴。

在商業飛航開創之始，飛航時間較短。而飛航之日，亦祇在天氣許可之時。迨後航行歷時較久，不良天氣時有遭遇，此時視界縱然極狹，然而駕駛者，亦不得不鼓機前進，因之盲目飛行之說，隨之以起。而個人以經歷所得，對於盲目飛行之意見，亦不能盡為一致。

(二)盲目飛行之定義

有駕駛者，能在視界不清之際，但能有時偷窺地面，即可向前飛行，或則爬出雲表，亦可不發生何等障礙。持是說者，均以為視界迷濛之際，即可依感覺Feel之力，以為飛行標準。有駕駛者，遇在低雲之際，即失節制之能，勢不得不借保險傘以為維持生命之計。是以解決盲目飛行之爭辯，應將節制失效之原因 先為一一分晰，然後再將盲目飛行中所應知之問題、詳為說明、俾駕駛者可了然於胸中、自無失措之患。

在詳述盲目飛行之始，應先了然於盲目飛行之定義。蓋盲目飛行者，即駕駛員遇在飛機以外，無論何種目標完全不能看視之時，而能駕駛前進，方位不失之一種技術。且此種盲目飛行，不宜與雲上飛行相混。蓋在雲上飛行，實飛行中常遇之事、斯時縱然不能下視地面，然而依天與雲之間隔，即可成立一假定之地平線、Ealse Horizon 方位即可維持。際此時期，亦祇依儀器以為飛航，故此種飛行，可名之為儀器飛行、Instrument, Flying 或稱盲目航行 Blind Navigation 俾便別於盲目飛行。Bilnd Flying 蓋在盲目飛行時，不但須借儀器之力，以為航行，並須利用儀器之力，以決定空中與地面方位間隔之正確。

(三)飛行人員對於盲目飛行之意見

自千九百二十五年至千九百二十八年，其間飛行人員，對於盲目飛行之意見，大別之可分四項。一則以為依感覺之力，即可作盲目飛行。一則以為非有儀器，決難作盲目飛行。一則以為即有儀器，而未學習，亦難作盲目飛行。一則根本上認定，無論有否儀器，絕對不能飛行。在駕駛員中，附從第一說者，為數甚多。對於儀器之練習，翻致發生厭難之態。且存一種普通心理，以為一經使用儀器，是則飛機感覺之能力缺欠，自然飛行之能力低微已。

(四)純依感覺不能作盲目飛行例證

持第一說者，附和雖多，然一自布魯克斯飛行場Brooks Field發生危險事項以後，遂致主張第二說者，頗佔優勝之勢。在布魯克斯場飛行失險之時，正為歐克耳少校及克蘭中尉Maj, Ookar & Lieut, Crane創始研究盲目飛行之際。至其失險發生經過，玆為概述如左：台克薩斯省布郎威爾航空港The airport at Brownsville Texas開始成立之日，林白上校自墨西哥城Mexico City至布郎威爾港，作首次郵客飛航當時布魯克斯飛行場；欲參加慶祝典禮，乃派「地海佛侖」飛機五架成隊飛行，飛往布郎威爾參加。

當時飛行中有某中尉駕「地海佛侖」照相機一架，居隊中之最末位。機上之飛行器具，亦祇備磁電指北針及空中速度表二種。行至中途，突逢低霧。有隊長某飛掠樹頂，恐觸地面上之障礙，趕即停止前進。某中隊適在隊尾，亦恐與前機相觸、亦戛然停止前行。此時被霧包圍之某中尉，不敢將發動機關閉，緣以飛行高度甚低，恐有降落觸物之虞，乃將發動機開動，向上爬升，意在出於雲霧之上，或前進仍向布郎威爾飛行，否則回布魯克斯原地。緣某中尉明知出發地點，天氣清明，可以平安降落也。

某中尉飛經數分鐘而後，見機上之指北針旋轉甚速，同時見空中速度達於每小時一百一十英里，意以為機頭太低，乃將駕駛杆向後拉扯，再看空中速度，仍然繼續增加。某中尉此際驚惶萬狀，乃欲竭其各種節制之能，以收平直飛行之效，然而結果，竟無所獲。最後某中尉確認失去高度極速，決意由機躍下，乃自坐藍站起，招同乘之照相士使下。惟上士因以驚駭之故，已失動轉之能。某中尉招之無效。最後不得不速爲離機。當其降落傘乍開之際，耳邊即聞飛機觸地之聲。依此失險之例，飛機跌損，上士命殤，是均無盲目飛行儀器之設備所致。

（五）飛機上有儀器設備而未從事練習亦不能作盲目飛行之例證

有某駕駛員於夜半之時，駕駛郵便飛機自維斯安格里斯飛行場向芝加佛貝克斯飛行場 From Losangles Field Bakersfield, Calif, 飛行。貝場爲郵政飛航第一降落航站。在飛機出發之始，已經得貝場天氣報告，謂該處晝間微雨多時。當時同乘之客，尙有某君，坐於前面座藍以內。既至遇險之後，某駕駛員縷述其經過事實如左：

「當某君與余預備登機之時，余等即將降落傘束於腰際。及至離場以後，升高達於一千八百英尺，余等入於雲內，擬爬出雲表。當余盡力爬升之時，約五分鐘以後，即達於三千八百英尺高度。余以爲達此高度，可踰好萊塢山嶺 Hollywood Hills 以外。此時余突覺有風吹余左頰，余以爲飛機或向左邊滑側，及至看視傾側旋轉計，Bank and Turn Indicator 使余大爲詫異者，即旋轉傾側之表示，均向右偏。蓋依儀器所指，是機之右翼向下，有向右旋轉之勢。余之指北針則表明正確之向，絕未向右側滑，其所指示者，亦正與余風吹左頰之理想相似，余乃盡力昇余左翼，俾機身歸於正軌。既至結果所獲，毫無成效，且風吹之力，較前益強。余乃思及前行速度太低，已失節制能力。余乃將駕駛杆向前推動，以增加速度。迨至此時，余始覺飛機向左尾旋。Left hand tail spin 余乃閉發動機，擬使飛作正式滑降 Normal Glide 結果亦歸失敗。余乃向同乘之某君，呼之出險。

同乘某君服務航空，歷時頗久。當亦知出險 Bailout 二字，即跳下飛機之義。處此情勢迫切之際，如某君果已耳聞者，想當不致誤解。當余呼險之際，某君回首視余。：又呼之跳下。余不知某君是否已聞余言。斯時速度穩加，風聲厲吼，余驚駭萬狀，深恐碰觸好萊塢山頂。蓋此塢是山高度約自一千七百英尺至二千八百英尺。

余解余之安全帶，足登余之座椅，手扶前邊座畫後方之橫背。余更以首向某君示意，某君已了解余旨，乃轉向機身前進，向門倚立。此時余乃躍出機外。

當降落傘開啟之時，余已聞飛機墜地砉然破碎之聲。又約逾十五秒或二十秒之時，余始落地。當在飛機破碎以後、余身繫空中，猶高呼某君，意以為傍余不遠。最後捲余之降落傘，有人代余覓車，坐至附近某站，訪當地警察局，詢問一切。警察局告以某君之事，未得報告，惟已經派遣人員，探尋飛機下落。此時余覺精神稍復，警察局以車送余返舍。余自信余實竭盡力之所能，以保全飛機及余友某君之性命已。

(六)飛行員應注意最要兩點

上述兩事，皆以天氣不良，因而遇險，是不過由多數之報告中，擇其兩例，俾使飛航者須注意最要兩點。一則為飛機上必須裝置正當適用飛行之儀器。一則為裝置飛行儀器以後，尤須有純熟之練習，然後始能為儀器正確之認識。飛機可全，性命可保已。

(七)平常駕駛時所需之感覺

凡欲明事理之果，必先求事理之因。飛航者在天氣不良，視界蒙蔽，多因節制失效，致遭危難之阨。然則節制失效之因，必須一尋其究竟，以為詳切之分晰。欲究節制失效之因，則又須先思及飛行人員何以在天氣清明，能為正式之飛行？如欲答此問題，必云彙人身各部感覺之刺激，為正確之理想。從此正確之理想，然後始能發出正當之節制。至駕駛員所需感覺各部，有如左列：

(1)視覺

(2)聽覺

(3)觸覺

(4)筋力感覺

(5)耳螺旋感覺

駕駛員需用視覺以為飛行之節制者，為處甚多。例如：機頭與地平線間之位置，以及旋轉時傾側之角度，均須以目力視察。

聽覺在駕駛之時，需用之處較微，常為輔助視覺之用。例如：駕駛者在座艦以內，精神耑注於考查地圖之時，忽聽發動機及鋼絲聲響加大，則駕駛者必須看視機鼻，然後再爲節制之改正。絕不能祇憑聽覺之表示而遽改變節制也。

觸覺之表現時，即在飛機側滑之際，駕駛者面上所感覺風力之何若。惟駕駛者在轎式飛機 Cabin plane 以內之時，則其觸覺之力，大爲減少、再關於觸覺之另一種利用，即爲氣流抵抗節制機關時之壓力，可依觸覺所感，權其輕重。

筋力感覺者，即指筋・腱・骨骼・關節・以及內部各官因激刺所生之感覺是・例如：速度之增加或減少，以及離心力之測驗，均屬筋力感覺。是種筋力感覺與視覺相合，成飛行中重要感覺。是以經過十分訓練之飛行人員，筋力感覺頗爲發展。且能憑筋力感覺，爲多數節制正確之規定。

除上述各種感覺以外，則爲耳螺旋感覺。是種感覺之功用，即規正視官及筋肉之位置，以適合於頭部之移動，如此即可維持身體上之平衡。

(八)盲目飛行時各種感覺之難恃

設在霧中飛行之際，視覺已失功用。所可恃者，即爲所餘之四種感覺，以維持飛行之方位，以規正飛機之節制。然而聽覺，本恃飛機音響之刺激，以爲視覺之補助。若單恃聽覺以規正駕駛之節制，則斷不可能。至於觸覺之發生，則祇恃氣流之感觸，亦不足恃爲規正節制之根據。至於筋肉感覺，在受有經驗之駕駛員，視之甚爲重要，然一經視界蒙蔽，筋肉感覺，亦有難恃之勢。

(九)耳螺旋可給予駕駛者與事實相反之強硬感覺

綜計上述，即可下一斷定，凡在飛行之際，視覺蒙蔽之時，駕駛者之聽覺，觸覺，以及較優之筋肉感覺，均未能恃以爲節制之據，然則所可獨恃，果爲耳螺旋感覺乎？吾知斷無是理，不過在飛行之際，他種感覺失効之時，惟耳螺旋可給與駕駛者一種與事實相反之強硬感覺已。

(十)耳螺旋之構造

耳螺旋本爲內耳之一部，其另一部，則耑司聞聽之用。耳螺旋有極厚帽形骨座，四周有液體圍繞，以為保護之需。每一耳螺旋有三個半圓形螺旋管。Semi－Cir cular Canal 一為平置，一為豎置，一為斜置，所佔之平面不同，因之頭部無論如何移動，均可感受刺激。

在每半圓形螺旋內部，有流動螺旋管液。Wndo-lymph 在每螺旋管上端，則有極細微之毛質神經細胞。Hair cells 細胞頂有膜蓋，cupola因螺旋管液之移動，可以將膜蓋催動。

耳螺旋之機能，影響於身體平衡確實狀況，現尚未研究詳盡。不過現在所公認者，半圓螺旋管之受刺激，由於在頭部移動之時，螺旋管液具有惰性，未同時移動所致。迫螺旋管液移動，即催動膜蓋，因之刺激神經細胞，以達於總神經系，即可為視官肢體之規正，以求適合頭部新移動之位置、因之半圓形螺旋管，可稱之為身體上維持平衡之動力機官。因其對於移動有反感之機能，且能立為視官及四肢之規正。

（十一）耳螺旋發生「幻旋」之說明

耳螺旋之組織及機能既如上述。玆再續述其在飛行時如何給予一種與事實相反之幻旋。Illusion of turn 欲表明此種幻旋之理。即可用巴勒尼氏旋椅Barany Chair證明。是椅與普通座椅，無甚懸殊，不過備有足橙而已。凡受試驗之人，即坐於該椅上、上身直立，迥如駕駛時相似。當座椅旋轉之時，無論向左向右，即能將所受轉動之半圓螺旋管（因三個螺旋管所佔面積不同之故）予以刺激。是以在旋轉進行之際，一見受試驗者，兩目急急搖動，即為螺旋管已受刺激之表現。設現在將受試驗者雙目蒙蔽，完全與外界亮光隔絕，疾轉數次，或左或右，令其依旋轉之感覺，報告旋轉之方向，則此時受試驗者，不感何種困難，即可報告正確之方向。設將椅之旋轉速度減少，而椅之旋轉方向未變，則此時受試驗者，必謂座椅已停止旋轉，或則謂倒向旋轉，此種幻旋狀態即易見於盲目飛行之際。

受試驗者幻旋時間之久暫，縱有不同。然而平均計算約自十二秒鐘至十五秒鐘左右。可見幻旋之感想並非暫時，即可消滅：其時間之延長，實足以團困駕駛者，入於煩難之境。

（十二）幻旋理論之解釋

當受試驗者初置椅上之時，其受轉動之螺旋管液，因其具有惰性之故，向後停留，故能感覺正確之方向。設旋轉之力，一經阻止，則此螺旋管液，因其前進餘力，仍向前催動，因之遂有倒向旋轉之感覺。

設在試驗之時，不將光線隔絕，令其開目睁視，當其向一方旋轉之際，螺旋管液停留不進，則受試驗者當然知其所轉之方向。設旋轉之力被阻或停止之時，則覺螺旋管液發生一種移動，與自身之方向相反，因此相反之感覺，卽以爲向相反之方向旋轉，此種情狀，全由於兩力相反之主觀感覺所致。普通所謂眩暈 Vertigo 者是。

在座椅試驗之時，祇能刺激一個半圓螺旋管。若在飛行之時，上下左右前後均能移動，故無論何種方位之半圓螺旋管，均可受移動之刺激。或三個螺旋管同時受移動刺激已。

在飛行之時，三個半圓螺旋管，縱然可以均受移動刺激，惟如果駕駛員在霧中飛行之時，能完全維持其飛行直線，則眩暈之感覺，無由發生，而駕駛者亦不致倉皇失措。不過飛機之上若無旋轉傾側計，Turn and bank Indicator或正當儀器，或雖有儀器而未練習純熟之時，均難以維持飛行直綫也。

凡人困於風雪之中，或迷於樹林以內，時發生環繞 Mander in Circles之狀。有時行經數小時以後，又復返回出發地點，此種情況，大抵盡人皆知。近斐利法田步勒大學生物門沙佛耳教授 Prof. A. A. Schaeffer, Department of Biology, Temple University, philadelphia 曾對於環繞情況，爲深切之研究。現已將其研究所得，印成小册，公布於世。茲擇其要者，敍述如次，庶可對於研究盲目飛行之理，益覺有明顯之解釋已。

沙氏之言曰：「凡自動之有機物體，若其領導感覺 Guiding Senses之機能消息，則必發生環繞而行狀況。經多年之觀察經驗，始知此理已經確切，下自極小之黴菌，上至於盲行之飛航員，均不能逃出此定理以外。

設有人在視界蒙蔽之時，或行於道路，或游於水中，本擬向前直行，適三百步長度之時，則其所行之蹤跡，已成普通鐘錶上鋼條螺旋之勢。在視界蒙蔽，駕駛汽車之時，所得結果，亦與行路或游水之情形相似。在行路或游水環繞之距離，雖不一致，然依其螺旋直徑計算，約自三十米達至六米達。至駕駛汽車則自一百米達至十二米達。至螺旋之傾向，或左或右。總以發軔之時爲據。

此種螺旋狀況，並非由於人身腿部或其他發生動力各部不相勻稱所致，有如左右手之習慣然。（此指慣用右手者，則左手持物不便，反之，慣用左手者亦然，此卽左右手不相勻稱）。有時同一之人，在行路，游泳或駕駛汽車試驗之時，或則向左螺旋，或則向右螺旋。甚至在一次試驗之時，其左右螺旋之方向，亦不一定。蓋此種螺旋之情況，不論男女之性別，年歲之老幼，或左右手習用之分，均毫無不同之處。

螺旋並非屬於知覺之事，是以在視界蒙蔽之人，於行路或游泳時，已成螺旋之狀，而自己猶知覺以爲向前直進，惟試驗之人，若其心思不耑耑注意於每步向前直進之槃念，而思想有他屬之時，則其螺旋之界限較小。

凡吾人於風雪之候，重霧之天，以及深林之內，遇有迷失之時，必致有環繞而行之勢。緣以在此時期，辨別方向之感覺失効，而螺旋機關翻爲進行之領導。The orienting senes are not functioning and then spiral mechanism guide the path 例如兎，狐，羚羊，等屬，被人獵逐之際，因恐懼結果，遂致辨別方向之能力消失，而螺旋機關卽導之作環繞而走巳。」

以上沙氏所言純爲螺旋機關引導之明證。然此猶祇就行路或駕駛汽車迷向而言。至於此種迷失之差，亦祇有左偏右偏之異，非若駕駛飛機者之迷失，有三種方向，是其困難增加，固可不言而喻者巳。

（十三）旋椅上安置儀器作盲目飛行試驗之情形

盲目駕駛某驗，巳有如巴勒尼氏之旋椅，然椅上並未裝置飛行儀器，設再將旋椅上裝置儀器，以爲盲目試驗，亦可覘駕駛員之反感何若。至試驗之時，與前述之法相同，不過多設一不透光之儀器匣，內裝旋轉傾側計，匣上有透光小孔，可以令駕駛員看視。

此種儀器旋椅之試驗，爲美國航空總隊歐克耳少校 Major Williarn C. Ocker 所創，用以爲教練盲目飛行之具。近時此種教練，推行甚廣。有時儀器匣備有燈光。在坐椅旋轉之時，由教練者之意，可將燈光啟閉，俾便受試驗者，可以於必要時，看視儀器。再匣上之小孔，應與受試驗者之面目正對，如是除儀器匣以內可以看視外，餘毫無所覩見已。

在受試驗之時，先將儀器匣之燈光關閉，毫無所見，然後再為旋轉。設向右旋，當告以右旋。及至所受轉動之半圓螺旋管感受刺激，則受試驗者，當可知向右旋轉。並宜聲明向右旋轉。此後將旋轉速度減少，則受試驗者必云椅已停旋，或因眩暈之感，必云座椅向左旋轉。在此時期，即將燈光開啟，則受試驗之人，必將驚詫儀器之所表示，乃向右方旋轉，然後教練者，可令其舉目四望，則彼時受試驗者，始知確係向右旋轉。依此種練習，然後盲目飛行之時，始敢依恃飛機儀器之表示，不致再依自己之感覺，以為飛行之標準已。

(十四)盲目飛行遇險之原因及平時訓練應知事項

(1)無儀器設備之時，絕不能作盲目飛行，恐駕駛者因耳螺旋之感覺，致受幻旋之感應。

(2)設有儀器之設備，而未訓練純熟，亦將有失險情事。緣駕駛者仍依自身之感覺，以為判斷。即使所感覺者與儀器所表示相反之時，仍有憑恃感覺而不憑信儀器者。

(3)凡練習盲目飛行之駕駛員，須根據儀器表示，以練習與事實相反之幻旋，必須遏制自身之感覺，以求儀器之表示。待至練習純熟，然後可免失險之虞。

(十五)盲目飛行所用之標準儀器

現在盲目飛行所用之標準儀器，有旋轉傾側計，及爬升度指示計，Jhe turn and bank Indicator and the rate of climb Indi cator 為盲目飛行中重要儀器。製造頗為簡單，並且堅固耐用，飛航時深可憑恃。茲將該種儀器之功用概述如左：

旋轉傾側計之表示，均由於旋轉儀Gyroscope之催動。旋轉儀置於不透空氣之盒內。盒中空氣放出，則用錐形流出管。Venturi Tube(此管入氣甚難)盒之另一邊，更有噴入管。jet 遇空氣壓力發生，則外邊空氣，可由噴入管擠入盒內，即將旋轉儀轉輪 gyro Wheel催動。此轉輪轉速甚快，每分鐘可旋轉一萬次。

旋轉儀之螺旋軸Spin axis與飛機之橫軸（即左右軸）Lateral dxis平行。螺旋軸有支撑架，亦能旋轉，其轉軸與飛機之豎軸（即前後軸）Horizontal dxis平行由此可見旋轉儀可依兩軸旋轉。一則爲橫軸，即螺旋軸是。一則爲豎軸，即撑架軸是。Frame axis至該儀所少之旋軸，祇爲直軸Vertical axis而已。（直軸，即飛機在轉灣時，所依之軸線。Juming axis）

此旋轉儀縱然無直軸旋轉，然而具有一種特別性能，亦可藉螺旋軸之力，以爲直軸旋轉之用。例如：飛機向右轉灣時，則此旋轉儀催動螺旋軸，成爲直軸旋動巳。

旋轉儀之螺旋軸，既安於旋轉支撑架Rotable Frame上，因之遇有飛機轉灣之時，則旋轉儀之扭力，Torque可催動支撑架，爲同一之旋轉。借支撑架旋轉之力，即達於旋轉傾側計表面之垂針，即可表示飛機左旋或右旋之方向矣。至表示傾側之圓球，則爲一鋼質之球，置於有液體之管中，可來往移動。

爬昇度指示器所以表明飛機升降之比例度數，不可與普通飛行時所用之伏仰指示器Pitch Indicator相混。如在飛行之時，機鼻揚起，成爲尖銳角度，然而該機同時或有失去高度之虞。在此種情形之時，伏仰指示器祇能爲飛機爬升之表示。而現爬升度指示器，則可依該機之確實性能，爲下降之表示。

爬昇度指示器用不通空氣盒一只。盒內有薄膜囊。Diap hragm囊之內部，置有較大之通氣管，通於外邊。至於盒之內部與外面通氣，則用極精微之毛細管，Fine Capillary Tube空氣之流通極難。

設飛機在一定高度飛行，則空氣之壓力，當然不變，因之薄膜囊內之氣壓，與空盒內之氣壓，無有差異。設在飛機開始爬升之際，則氣壓較小之氣流，當立即流入薄膜囊以內，而空盒內部（即薄膜囊之外部）之氣壓，因細毛管之關係，仍與高度不變時之大氣壓相同。是以飛機在爬升際，薄膜囊內外氣壓，永有差異。

此種氣壓之差異，即可表明飛機爬升停恰當之度數。當氣囊因氣片較小，而致縮收之時，則此縮收動力，即可達於爬昇度指示器表面之活針，依針指之度數，即可知飛機升降度數。當飛機爬升停止之際，則薄膜囊內部之氣壓與空盒內部之氣壓，又恢復相同之狀，則指示針卽轉到零度地位。若飛機降下之時，則又因囊與盒氣壓之不同，薄膜囊又復縮收。不過縮收之方向，正與爬升時相反，而表示針亦依相反之方向，而表示下降之度數也。

（十六）盲目飛行儀器排列之標準法則

盲目飛行各種儀器之排列，亦爲極關重要之事，在巳往飛行之時，將所有飛行儀器，隨意放置座艦以內。例如：指北針則置於翼亭。Center Section傾側計則置於駕駛員兩足中間。空速計 air S peed meter 則置於儀器板一隅，大有被機蓋Cowl蒙蔽之勢。

昔時美國航空總隊攻擊機之儀器安置，大抵類如上述，以致在盲目飛行或長途飛行之際，頗感使用困難。最宜按照附圖所表示者排列，則於飛行時，極爲便利巳。

旋轉傾側計，在飛行儀器中，最爲緊要。緣以是種飛行儀器，可以表明飛機直軸（卽飛機轉灣時）及竪軸（卽飛機傾側時）之移動。是宜置於儀器板中央。正對駕駛員前面。磁石指北針則須置於旋轉傾側計上端。若備有方位自動計時，Directional gyro 卽應置於旋轉傾側計下端。如此將關於方位所用之儀器，成一直線安放。如是駕駛之人，可以同時看視，省卻來回尋視之力。

爬升度指示器須安放於旋轉傾側計之右邊爲宜。然時見有安置於旋轉計之左邊者，若從看視便利一點觀察，則安置左邊者，殊未適當，緣以在正式飛行之時，其針指之方向，總向該指示器圓面左邊指示，如將該指示器置於旋轉計右邊，則駕駛之視距，較諸置於旋轉計右邊者爲近巳。

空速計則須置於旋轉計之左邊。俾在航行速度正式飛行之時，則其指針向旋轉計平指，與地平綫在一條線上，亦可看視敏捷。如依此法安排，遇油門不變，飛機開始爬升之時，則爬升度指示器，及空速計之指針，均向上移動，此時爬升度指示器，卽爲飛機向上爬升之表示，而空速計則爲速度減少之表示巳。

若在機頭低於地平綫以下之時，則爬升度指示器及空速計之指針均向下移動，一則表明失去高度，一則表明增加速度。至高度表，則須擇最近地位，置於指北針之旁為宜。

儀送標準排列圖

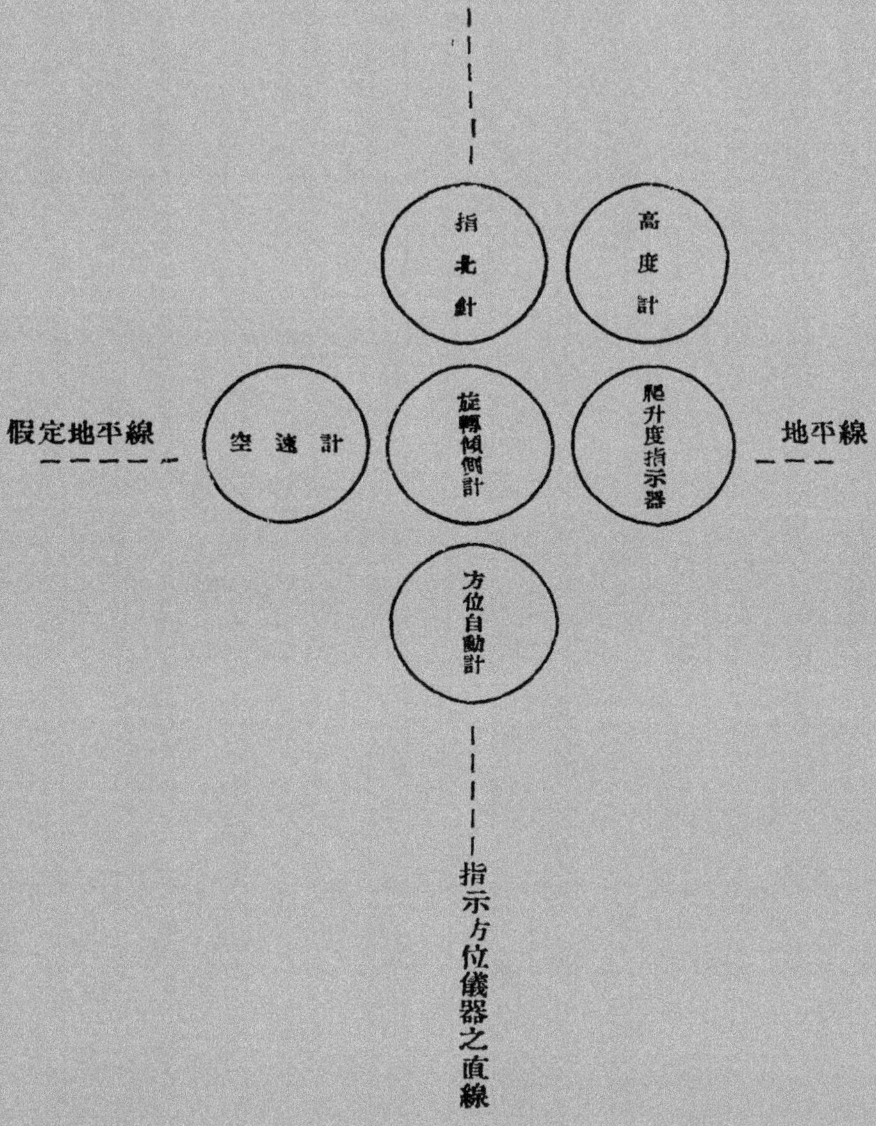

（十七）磁石指北針使用之困難

除上述儀器而外，現在所欲討論者，則為磁石指北針。當飛行人員初次試行盲飛之時，對於指北針使用，頗感困難。緣以地面直接磁吸之力頗低。是以在飛機旋轉之際，指北針所表示者，不甚正確。惟在平直飛行，且經過少時以後，始能為正確之表示。

在飛行時指北針之方位而Compass Card受有四種影響，一則為惰力，Inertia 一則為餘力，Momentun 一則為離心力，Centifugal Force 一則為地面磁吸與北極磁吸合成之力，The vertical Component of the earth's magnetic Field anb the attraction of the North Wagnetic Pole

自上述四種之力，遂致指北針常見迴旋之像。是以習盲目飛行者，遂感困難。在盲目飛行教練倘未實行以前，大抵飛行雲中者，即見指北針為疾遽之旋轉，遂以為雲氣亦具磁吸之力。直至晚近，始知指北針旋轉，全由於上述四種力量結果所致。是以在飛行之際，若向南飛行之時，較諸向北飛行頗易。故在行經霧中之際，無論已得高度或失去高度之時，最好向南飛行。

大抵北極旋轉度差。Northly Turning error無論何種指北針，均不能免避。例如：飛機向北飛行，欲向東面或西面正式傾側旋轉之時，（傾側度較小）Properly Banked Turn則指北針亦隨之斜向，此即由於旋轉時發生離心力量所致。在此種情形之時，地心磁吸之力銷失，祇北極磁吸向下之力。指北針旋轉方向與飛機旋轉方向相同，而旋轉度數亦均相似，是以駕駛者欲儘恃指北針旋轉，則似乎毫未旋轉已。

設在中傾側medium Bank作九十度轉灣，自北向東飛行之時，則指北針最初將向左旋自十五度至三十度為止。待飛機旋轉進行之計，指北針始回正北方位，在該點停留，直至飛機轉灣已逾七十度時為止。當飛機已經轉過向東直飛之時，則指北針倏然搖動過正東方向，然後再恢復正東方位。

設飛機在尖峭傾側作一百八十度轉灣，自北轉東向南飛行之時，則指北針在開始之際，即向西面擺動，可達三十度之遠。惟在飛機此種傾側急遽，已經轉過東面之時，而指北針尚未回持正北方位，則此時指北針即不循飛機所轉之方向，由東而南，將循捷徑，由西面轉至南面。故駕駛員遇有此種情形之時，若依指北針所表示方向，將以為向左旋轉而非向右旋轉已。

（十八）盲目飛行時計算旋轉度數之各種法則

在盲目旋轉之時，須依飛行指示器爲準。Flight Indicator 迨至飛機平直，指北針停止搖動，然後再看指北針之所表示。因之在盲目旋轉之際，須計算其旋轉之程度，然後待指北針停止搖動，再考證其有否錯誤。

旋轉度最速之計算法，可依時間之久暫，亦能決定，不過須稍事練習，始能應用。至時間之考查，可用飛行錶爲憑。惟今日儀器板上，常不安置飛行用錶，因之在旋轉之時，即須聚精會神，看視旋轉傾側計，及爬升度指示器之表示巳。

此外亦有計數轉灣之法，頗爲適用。即在轉灣之時，由駕駛者默記數目，由起首轉灣之時，即開始默數，俟至恢復平飛時，適恰數到正確之數目爲止。此種所數數目之多寡，依傾側計度距，（即針移動某距離等於某度之謂）各式飛機，以及飛行速度而異。在經驗豐富之飛行人員，確知在九十度轉時，默記數目之確數，如是在一百八十度轉灣，或二百七十度轉灣，即可根據九十度轉灣時數目加倍。

（十九）盲目飛行中駕駛技術

（一）設在盲目飛

飛機上通話器發明之經過

王錫綸

飛機在飛行中因有發動機之爆音及螺旋槳之聲響，乘者耳中之鼓膜久之感度逐漸遲鈍，終至暫時陷於聾啞者狀態，故欲於飛行中通話，實爲一困難之問題；抑且聲音之傳達，係藉空氣之疏密而有強弱，飛機愈向上昇空氣愈形稀薄，因之聽覺亦愈昇而愈惡。目前在飛行中通話之法，惟有賴筆談及傳聲管二者，始可達到目的。惟筆談僅限於近坐之旅客間，而非偵察機上之偵察者及駕駛者所能辦到，當使用傳聲管之時，亦必先減少發動機之旋轉數，俾爆音低弱，傳聲始較清晰，但在空中戰鬥之際，因速度之低下，勢必引起非常之不利，抑且傳聲管係藉橡皮管傳導，動作頗不自由，均不能謂爲理想中之飛機上通話方法。世界各國對於本問題加以研究而求解決者，實繁有徒，但迄今已告成功者，要以日本星野醫學博士發明之『機上通話器』爲第一。

星野行恒醫學博士 *Dr. ukitsune Hoshino M. D.* 係於一九一八年畢業於日本齒科醫學專門學校，曾在長崎開設齒科醫院，因研究患者對於治療牙齒所用電氣機振動之默認理由，發現牙齒對於聽神經之聲音傳導，非常敏銳，於是乃着手研究如何由牙齒聽得聲音之方法，以供教育聾啞者之用，遂停業而入京都帝國大學之耳鼻科爲研究生，積五年之心得，始達所期之目的，一九二七年出研究室發表其論文『由牙齒傳達聲音之研究』提出於大學醫學部教授會，一九三二年五月得博士學位。

星野式牙齒傳導聽話器係由增幅器及以備發聲用之傳話機 *microphone* 與供聽話用之聽話器構造而成。聽話器之數不等，視需要之情形而定，聽話者祇須將其乘牙製成之部分咬於口中，即可聽得所發之聲音，無毫不減行之時，如果雙翼十分平衡，則飛機決不能爲過度之旋轉。設若機翼有一邊低下，縱然未曾用方向舵，則此飛機將繼續轉灣，直至用節制機關，阻止其旋轉爲止。

在旋轉時之感應最敏最確者，厥推旋轉計之指針。最好遇有旋轉情形，卽當恃旋轉計指針之表示，以挪動駕駛杆爲要，此種辦法，固然與該儀器用法說明不合。然依長時間經驗所得，極著成效。是以在飛行之時，總設法使針下垂，永在中線之上。如指針向右移動，則須先用正當方向舵，然後再將駕駛杆左拉，卽可將指針移回於中線原位。

，與兩耳聽話時完全相同。

然星野氏對於此種發明尙不認爲滿足，更進一步而有飛機上通話器之發明其原理雖採自上述之牙齒傳導聽話器，但其構造略有不同。今年自一月至四月間曾於日本飛行第三聯隊作數次之實驗並逐漸加以改良，至最近殆已完全成功。

當第一次試驗時發聲係用傳話器，受聲則牙齒傳導，惟當發聲之際，傳話器恆將所之言語與發動機之爆音，同時傳入，致遭失敗但牙齒傳導之受聲方法則大體已告成功。

第二次試驗時遂棄傳話器而不用，發聲亦改用牙齒傳導，惟以所發之聲音常在空中發生變化，故不得不再加改良，

第三次試驗時發聲器乃採用喉音振動傳導之方法將應用聲帶之傳話器懸於咽喉處，於高空中作業大爲便利，惟又以機上應用之通話器與聾啞教育用之聽話器其效用不同，卽聾啞用之聽話器係專供聾者之用，故其牙齒傳導之聽覺，以完全不用鼓膜時爲最大，最好將兩耳緊塞傳免雜音混入，但在飛機上則駕駛者須以兩耳辨別發動機之聲音未免將發生矛盾之現象。

故當第四次試驗之時對於此點，復加改善，卽發聲仍用喉音傳導，惟受聲則兼用由鼓膜傳導音波之放音器 *Loud Speaker* 及牙齒傳導之兩法，視需要之情形而決定單用複用，如當鼓膜感度良好之時，則由放音器聽音，當鼓膜感覺疲勞之時，則兼用兩法，此項機上通話器經迭次改良之後，無論在短距離飛行或長距離飛行試驗中，均已大告成功，據博士自述，此後對於增幅器及電池之重量方面，尙須使之減輕，以期適合於航空之用，並擬更進而研究利用無線電使機上與地上通話之簡單方法，使飛機上之通話問題，益臻便利也。

（2）旋轉計下傾側球之規正。則須藉方向舵之力。例如向右旋轉，傾側球亦向右邊，則須用右足踏蹬，使傾側球回移中線。若在右旋，而傾側球向左之時，則用左足踏蹬，使傾側球回移中線，惟在規正傾側球，使用方向舵時，則旋轉針之表示必有變更。是宜用駕駛杆以規正旋轉針至當位置。如此駕駛杆及方向舵，同時均爲正確之動作也。

例如飛機向右旋轉，須側球向右移動、此將傾側太多，使用方向舵太少所致。應踏右邊方向舵，使傾側球歸向中位。則此時球轉針距零度度數增加，應用駕駛杆，改正

旋轉針距離零度適當之度數。如此同時藉駕駛杆及方向舵之力，即可規正錯謬也。

近常有飛行人員，對於傾側球過於注意，是亦爲一種錯誤之點。蓋普通旋轉傾側計所用鋼球，常有飛機稍爲傾側，或機翼祇低十度，未能容飛機轉灣之時，該鋼球即已移至管之盡端。總之、此種傾側球未移至兩盡端時，其飛行之錯誤，固不算甚爲重要巳。

（3）欲進行轉灣時，須輕用駕駛杆及方向舵，欲阻止轉灣時，則須重用駕駛杆及方向舵，以便克制眩暈（見前（十二）幻旋理論之解釋）所發生之弊病。

（4）在普通飛行正式旋轉之時，如傾側已達峭度，則駕駛者當然使用上邊小翼，以爲節制，若在霧中飛行駕駛之，對於機之傾側，是否已達尖銳角度，無從看視，則須於必要之際，忽忘用上邊小翼節制爲要。再在旋轉之時，外翼所經過之空間，多於內翼，而所用之時間，則與內翼相同，故外翼旋轉，必較內翼爲速。

外翼旋轉既較內翼爲速，則外翼之浮力，亦較內翼爲高。若不將此種浮力克制，則傾側漸漸增加，成爲尖峭傾側。如是在以前旋轉時使用之方向舵，將將使機頭下傾，空中速度　必然增加，駕駛者一見此種情況，必用升降舵救濟，如此飛機在發動機開行之中，即變成螺旋鼻墜，Spiraldive 於迅息之間，即可失去高度。

（5）尖峭轉灣動作，除駕駛杆方向舵以外，還須使用升降舵，且在此種轉灣時，旋轉速度增加，頗足使駕駛者發生眩暈之弊，除在特種教練之時，總宜避免此種動作。

在飛行旋轉之時如欲避免尖峭傾側之弊，則須依旋轉計爲憑，勿令該計之指針距離零度太遠。最好使用之先，將該計之「距度比」規定。通常規定凡指針離零度之寬距較指針微寬時，即等於三十度或三十五度之傾側表示。該計上有S規定器，用以規定距度比巳。

（6）在（5）項所述尖峭轉灣，總宜設法免避，惟有時不能免避，須使用升降舵，則務須在飛機轉灣停止或將停止之時，其旋轉計之指針已在零度或極近零度之時，然後開始用方向舵爲要，如果使用較早，旋轉速度，[illegible]增加，而機頭愈爲低落。

（7）若依（5）項規定之距度比以爲旋轉之時，則度數默數之法（見前（十八）項內）應爲使用。設飛機上有方位自動計Directional gyro之安置，則默數之法，可以不需，緣以方位自動計之旋轉，與飛機旋轉完全相同，不受任何氣流之影響，惟方位自動計無子午線方向，仍須同時裝置指北針爲要。再則該種器常有前移差，Precession每飛行十五分鐘，應重爲規正一次。

（8）在撲下Dive或峭爬Steep Climb之時，則須知空速計及爬升度指示器之惰性爲要。例如：飛行之際，從撲下成峭爬以後，又恢復直飛之時，即須改正節制，不可待該兩種儀器表明直飛後，再行規正節制，否則在恢復直飛之時，將有劇烈之旋動，惟此種矯正甚易，在飛行者受有兩三次經驗，即可知該兩種儀器性質，然後在直飛之時，即能敏捷平穩已。

（9）飛行之人最後所宜知者，即不可耑耤儀器之表示，以觀察飛機之情況，必須節制之動作，恰合於儀器之表示。緣以耑注於看視飛行情形，則節制之運用不敏，動作遲緩，且有節制失効之弊。

（二十）盲目飛行中疲倦之原因

（1）在普通飛行之時，祇依自然地平線以爲飛行，（祇恃視覺已足）若在盲目飛行，則須恃各種感覺之激刺。

（2）須使各種儀器，適合當時飛行之情況。

（3）須明了各種儀器之表示。

（4）飛機每種之動作，全由於理想後所致，非若普通飛行時之易。

（5）耳螺旋感覺之遏止。

（6）盲目飛行中之兢恐。（例如發動機障礙，氣油減少，離開航路降落地之視界不清，飛行倦怠，節制失效等等。）

（二十一）盲目飛行之類別

盲目飛行大別可爲三種，一則爲起點及落點之天氣，均極清明，而中途猝遇雨霧，處此情況，常使飛行之人，愈飛愈低，因欲尋視地面，常有觸於山巖之際，是宜爬升達於安全高度，或依舊路進行，或折回至出發地點。一則爲起點及落點雖屬平原，而中經山脈起伏之區，則盲目飛行知識，極爲重要，一則爲起點在天氣昏黑之時，且有雲霧迷濛，而降落之點，則知其天氣清明，易於降落，在此種盲目飛行，對於儀器之使用頗易。

（二十二）美國航空總隊盲目飛行教育之法

美國航空總隊材料處曾設立盲目飛行及盲目降落訓練班，Bliud Flyiug and Lading Course con ducted in The waterial Division of the dir Carps, at Dayton,Ohio.現在第二班已經畢業，訓練之法，頗爲簡便，即將飛機上之駕駛坐蓋蒙蔽，駕駛者用無線電方向器，與飛行場播音站傳達消息。待駕駛者確知已近播音站時，再與飛行場之第一引導站傳達消息。該引導站離飛行場外一千英尺，待飛機經過此站，則儀器板上即現燈光，飛機即順風飛行。再與第二引導站通信，第二引導站離飛行場八千英尺，此時飛行員即將方位自度計放置零度，（即平直飛行）待經過第二引導站，約有六百英尺高度即作一百八十度轉灣，逆風向飛行場中部飛行。此時飛行高度，漸漸低落，再回經第一引導站時，飛機高度約及二百英尺，即呼向場中滑降，在臨近降落或降落之際，均依靈敏之高度表 Altimeter爲憑，此種學校雖未敢稱爲世界之冠，然在美國亦可稱爲巨擘矣。

空中戰略及戰術

續第八卷第三期
英國少校司德華Majors Sewart著

葉廷元譯述

第四章　飛機隱蔽的法則

在上一章已經述明驚擾的價值。並表明打算驚擾敵人。必須要知道敵機的舉動。隱蔽我們自己飛機的舉動。如何去觀測敵機。如何去推測敵人的情形。已經詳細的敘述了。

在這一章敘述是自己的飛機或飛機隊隱蔽的法則。所以飛行人知道上一章觀測及這一章隱蔽戰略去驚擾敵機就可以成功了。按着實際論起來。觀測敵機及隱蔽自己飛機是同時並進。不可以分離。不過因爲敘述明了的關係。所以分開兩章來說。

飛機隱蔽最容易就是在長空萬里沒有絲毫雲色的時候。因爲是去觀測的人。沒有方法去記憶他觀測的地點。並且要完全或最多一部分天空。是要詳細的觀測。設使有人在汪洋大海尋一微小的木塞。至少他曉得定在海面上去尋找。可是在長空去尋敵機。不敢必在天空那一層去尋了。

欲從飛機上爲眞確的觀察。去尋視飛機。必須立刻上下左右前後都要看到的飛機上發動機聲響。可以使地面上高射砲手知其飛行之所在。若是發動機沒有聲響。在地面的人要尋找這個飛機時候。祇要仰面去尋就可以成了。不要像飛行人還須俯瞰。所以在地面上的人所尋之視綫圜界恰抵飛行人的纔半。可見飛行時的尋視不易了。天空隱蔽之憑藉。迴與陸地不同。並無牆壁遮掩其機身。亦不能像船行有地平線爲之遮護。至多不過距離極遠。視線所不能達罷了。可是空中隱蔽的可恃實在是與陸地上有牆壁遮護的一樣。

上面已經說明天空觀測的界線極大。並且祇能用視官不能靠着聽官去尋別的飛機。是以觀測之難。即是隱蔽之易。除去上述以外還有兩種原因表明空中之隱蔽是可能的。

第一種就是飛機的自身。其形勢體積使他易於隱蔽。一架小式獨坐戰鬥機。從很遠就可以看見大式轟炸機。轟炸機觀測員不能看見戰鬥機。所以當轟炸機發現於天空望着似一個讀點 Full stop 時候。戰鬥機是絕對不能被轟炸機上之觀測員看見的。(以普通視官之能力而論)

再說就是凡仰面望着飛機時候。可以看見他的兩翼。是兩面展開。並可以看見機體及機尾上之尾翼。若是俯瞰之時其觀測之情景與仰面看的時候相同。可是自前後望着似乎看見飛機全部二分之一。或三分之一。其實祇二十分之一而已。

設現在有飛機用沉俯的方法向汝來撲要攻擊的時候。距離即在不遠。你祇能看見他的機鼻像一個圓點。此外就看不見甚麼了。等到看見機翼的時候。已離着很近。所以如此看起來一個飛機不但是因爲形式小可以隱蔽自己。不讓別個大式飛機看見並且能現露極小的部分隱蔽極大的部分去飛近別的飛機。(飛機之隱蔽弧線界 Blind arcs 見第二章戰術第五甲乙兩圖)

在敘述實在隱蔽的法子以前。還有須講明之點。就是飛機移動很速。將來還許比現在更要加速。每小時飛行一百五十英里。恐要成尋常的事情了。在攻擊時候。每小時飛行二三百英里也是時常有的。所以兩架飛機在正式戰爭情形之下。合兩機之速度，彼此的接近。總要每小時飛行四百英里之速度。因此飛機從極遠的距離。需極小的時間。就要彼此接近了。

一個駕駛員在最初觀測之際。不見有敵機的影子。就許探身旁視。看看地面上炮火。是在何處射擊。須要知道在此偶爾旁看的時節。就許有敵機突然飛在後面距離纔五十碼。就要開鎗射擊了。等到這個駕駛員轉過頭來。那個敵機就許又過去了。

一個飛機從一絕對隱蔽的地方去撲近別個飛機。祇在剎那的工夫。被撲飛機之駕駛員他的雙目之敏銳。須異於常人。否則沒有不被驚擾的。

還有一個要點須要記住了。就是單座機去驚擾雙座機。比去驚擾別架單座機快。還有去驚擾成隊飛機。比去驚擾一架飛機快。

有許多經過戰鬥的駕駛員。常以爲雖然是一隊瞭望的人多。可是驚擾一隊比驚擾一架飛機容易。這種的論調看着似乎不合其實是很對的。且畢紹普 Bishop 曾云去驚擾一隊四五架飛機。此一二架飛機尤易。

在此章內已經極力表明凡在完全極好天氣之時。則飛機隱蔽愈覺着容易。因爲普通一般人及未曾經空中戰鬥的人。都以爲既無牆壁又無不透光的障礙物。總以爲飛機在空中。能以隱蔽。是於理不可解的。

現在要舉兩個例以實空中可以隱蔽之說。在歐戰時。一個隊長領着一隊飛行。時常帶着一個新手。當這一隊飛入敵隊之中。並且混戰有數分鐘之久。等到戰事完畢。這個新手已經失蹤。回到飛行場時這

個新手已經降落了。問他看見敵機否。他說一個敵機也沒有望見、

第二個例比較上述的例更可以見得空中動作的敏速。及空中不易立刻望見飛機了。時常英國的飛行隊。俱是有經驗的隊長帶領着。常有德國飛機混入其間。隨之飛行。髣髴英國隊內一架飛機到後來考查各人的筆記。沒有一個人看見這個敵機隨着飛行了許久。都是後來纔看見的。

驚擾的成功全仗着隱蔽 Concealment 及觀測 Obsersvation 兩樣的事情在空中時隱蔽與觀測可以合而爲一。以下即述明如何合作的法子。

第一樣要說的就是要打算驚擾成功忍耐爲最要緊的事情。畢紹普 Bishop 常云「驚擾敵人在成功以前須有無量的忍耐及失意」。

在空中有三種事情很多。就是注望 Watching 耐候 Waiting 失意 Disappointments 可是一個駕駛員若想着成功。必須像旁的耑門藝能一樣。須要很久的工夫。很熱列的工作。就以在空中潛躡敵機的事情說起來。兩隻眼睛就要十分的賣力氣。誠然是一種又受凍又不耐煩的工作。有時在二萬英尺或二萬英尺以上之高空。費半小時或一小時之時間去注意看老遠的兩個黑點。可是至終攻擊的機會也許至終沒來。雖然沒有成功。然而這一種的經驗也須要把他記住。然後一種秘決就自然而然的曉得了。

馬克登 Mc Cuddeu 說過「余潛隨此蘭普勒 Rumpler (德機名)約一小時後始與之交綏」。此次馬氏之時間並未虛耗。因爲敵機被馬氏擊落。其攻擊之准確。決非是沒有耑門技術所能奏功的。

設現在余等隊長或余等駕駛員已經看見一架敵機。從他運轉的樣式及高度可以推想他是砲隊。觀測飛機。（推想的法則見上章）就是雙座後邊還附有射擊員的飛機。

這一個砲隊觀測飛機必然飛的很低。並且內中的駕駛員總要仰望去看有無余等飛機飛行在他的上面。因爲此等情形。我們的飛機總要在敵機的下面就不易讓敵機看着了。等到我們飛近他時也要到我們的戰線上面。（因砲隊觀測機總沿對敵戰線上偵查）這時有敵人的防空砲火向我們射擊。敵機上駕駛人員。當然知道有對敵飛機飛近了。

敵機曉得以後。我們的隊長或駕駛員就須趕緊離開敵機。向日光處而行。一邊往前進。一邊往上飛。直至視線達不到敵人爲止。然後在太陽與敵機中間一上一下的飛行。過幾分鐘以後。敵機絕不會再看見我們的飛機在何處了。

我們的駕駛員總要看着敵機。等到敵機飛行的路程已向我們的戰區極近。然後再爲最末後之偵察。看敵機上面有無他機。再將機鼻向下一直的向着敵機衝進。以後交鋒的事。就要歸在戰術去講。不在戰略之內了。

設現在我們的駕駛員看見一隊敵機的時候。以上章推論的法則。說的是單座戰鬥機。來作攻擊的職務。遇見此種敵人。務須格外留心。然後能操勝算。第一最要的事情。就是飛行要高。設使敵機在我們上面。我們的飛機就要往回飛。然後再急力的往上昇。並且要飛回的距離。出於敵人視線以外爲止。不然的時候。我們往上飛。敵人也要往上飛。我們就不能去攻擊了。

若敵機在很遠的時候我們已經看見並且一定知道我們的飛機沒有被人看見。我們就可以飛至相當的高度去攻擊敵機了。（所謂相當高度就是可以迅速攻擊敵人爲準。）

我們得到相當高度以後或由日中或由敵後去攻擊敵機。

設現在所遇之敵機係轟炸隊。並有單座戰鬥機在上護送時。我們的飛機可以離着遠的時候在轟炸機下面隱蔽。可是不要在轟炸機下面離着太遠。因爲若太遠。等到攻擊時候來到要費許多時間了。因爲飛機上昇與降落比較起來。上昇總是要慢些。

在敵機下面隱蔽之法。總是在敵機下面微前一點。因爲是轟炸機及其他飛機在前端下面都有視盲點。Blind spot（就是視線不能達到之處。見第五圖。）

遇着敵人轟炸隊去打算從敵機下面仰攻是在時機緊迫。沒有時間去得到飛昇高度。纔可以用的法則。若是有富餘時間還是得到高度以後依着遇見敵人攻擊隊 offensive patral 隱蔽之法。去先襲擊敵人之戰鬥護送隊 Escort single seater 爲是。

此外攻擊敵人他種飛機隊所用的法則。均與上述沒有差別。茲再將隱看的戰略約述如左。

一個隊長往上飛昇所行的方向。總使一隊所處的地位。不能被敵人襲擊。或是向日光飛昇所行之方向。不易使敵人看見。在空中稍待。然後再爲攻擊。在空中稍待時。要離開敵機。其距離之遠度。以自己之視線僅能看見敵機爲止。

在敵機下面仰攻之法。須在時機緊迫的時候。始爲可用。例如敵人飛機隊已入我戰區。須立刻要把他擊退。否則總以在敵人上端去俯攻爲宜。

高度 Height 在戰略上是第一要緊的事。因爲是飛行高的時候。易於衝近敵人。絕對不能受敵人攻擊的要是一架飛機在他一飛機之下。萬不能很快迫近敵人。必須往上飛昇。那就很遲慢。尤其是一架飛機將抵最高極度時。更顯出遲慢了。

一個駕駛員能從老遠的看出敵機。不致把他失迷。或臨近敵人不致於被敵人所見。皆須要常久的歷練。始能達到恰好的地步。此外還有要緊的事。就是要耑心致志 Intense Concentration 所以在自己戰綫上面之時。單獨一架飛機去驚擾敵人很容易奏效。因爲是在自己戰綫上。對於自身之安全可以不致分心過爲顧及了。

若是在敵人戰綫上打算驚擾敵人有效的時候。那就須成隊飛行。因爲隊長要驚擾某一架敵機之時。其餘的隊員就可以防止餘敵來襲。那時隊長亦可以耑心致志去作他的事。不致於再有其他分心之處了。

此外關於隱蔽的問題。尚有許多瑣細的地方。例如砲隊觀測飛機。飛行一定的路程。在飛機內的人。至少須有一個人觀測砲彈轟擊的情形。所以每逢砲隊觀測飛機到了。觀測地點時。差不多衹是一個人去偵察天上的敵機了。

像上述的這種細微的情形。均與隱蔽戰略頗有關係。飛行的人也應當曉得的。此外最要緊就是有經驗的戰鬥員。在天空時。是待時而動。就是忍耐待時。總要一發而中。不是輕易浮動的。（未完）

空中戰略及戰術

續第八卷第五期

英國司德華少校著
葉廷元譯述

禁轉載

此外還有一種攻擊汽球的戰略。就是攻擊的人在自己戰區以內。飛行高度務要極低。大約總需在五千英尺以下。從很遠距離就要看準汽球昇騰的所在。然後飛過戰綫。亦以靠近地面飛行。總使飛行的高度比汽球昇騰的高度要低。就可以從下面逼近汽球。此種從下面攻擊汽球法則發生之原因。就因爲是從汽球上面攻擊時候。時常在飛機達到可能攻擊的距度以先。這個汽球就要引落。，to haul down 至若從低度飛行去攻擊汽球。亦須有各種戰略之預備。不過此種預備與旁的攻擊戰略比較起來。是很簡易。因爲是此種低度攻擊飛行。從最初看見汽球之際。直到攻擊的時候。這個汽球總矗立空中不能夠引避的。

攻擊汽球的駕駛人員。須要靜待合宜天氣。Suitable weather 因爲是雲氣之厚薄高下多寡均與攻擊汽球時之隱蔽及觀測 Concealment and observation 有相當之關係。若是不願靜待合宜的天氣。那祇好將驚擾的戰略擱起。就用低度飛行的法子。或是用此章最初所述明的戰略。也可以在汽球引落之先。去達到攻擊可能的遠度。

攻擊汽球的法子。除了飛機上攻擊的人所應知戰略以外。還有附屬戰略。subsidiary Strategy 此種戰略就是扈送攻擊的人所應當曉得的。

時常是攻擊汽球到了最終攻擊的時候。總是一架飛機去作。因爲是汽球周圍。總有高射砲隊及機關鎗四面圍護。所以一架飛機所能辦到的事情。就無須用多數飛機去冒險去。除非是在低度攻擊之法。

Low Flying method 有時用一架以上之飛機均去作攻擊的職務。雖然是如此的說。可是在相當的情勢。若能攻擊的人有相當之保護。不至於受敵機襲擊的危險。還是一架飛機容易成功。所以有時有多數飛機耑司扈送之責。去隄防敵人的飛機。耑令一架飛機安心去作攻擊的職務。省得多數飛機均任攻擊。反到各各一半分心去作汽球的攻擊。一半分心去為自己的防衛。不過在攻擊汽球之扈送機。其保護攻擊的人安全之任務。以攻擊事竣為止。

關於扈送的戰略。也是與雲霧有相當之關係。不過此時要下一個斷定。就是從高度攻擊 Final attack is to be made by a dive 的時候。扈送飛機是可以利用的。若是低度攻擊。（從汽球下面攻擊）扈送飛機是不適於用。不但不能得其攻擊上之便宜。反到為攻擊之障礙。

當飛機從高度攻擊的時候。扈送的人總要飛行在担任攻擊飛機之上面。不過飛行高度。不要望不見被扈送的飛機。當攻擊的人衝擊汽球之時。扈送的人不要跟着往下去。要在旁看著他。除非是攻擊的人已經與敵機交戰。或是將欲交戰。而立於不利之地位時。這個扈送的人。可以不要守望。趕緊飛下去救再護送的人。因為是不要對於攻擊的人之攻擊機會有些微障礙。所以必須十分謹慎。並且飛行時之運轉。亦宜十分注意。總以有利於攻擊人為要。

攻擊汽球的法子。已經述其大概。現在對於攻擊汽艇及夜間攻擊之法。還要稍事敘述。以便把攻擊戰略完完全全的作一結束。

汽艇積體龐然。一望而知為近世運轉敏捷戰鬥機之最易俘虜品。若汽艇升空之際。因其積體偉大。速度微小運轉不便很容易受驚擾的遏制。關於攻擊汽艇的原理。與前述各種戰略大致相同。所以不必再爲贅敍。

有許多歐戰時駕駛員。當以爲「飛機作各種運轉以爲驚擾之准備」。如驚擾之目的物。爲一汽艇。則所有運轉之准備。等於徒耗時光。此種言論與德徐柏林齊名之英上尉魯濱孫 Capt. Robinson, V. C. 亦曾道及。在歐戰時汽艇在晝間升騰。實爲鮮見。恐將來戰事。汽艇更難爲戰時之用。

現在所要敍述的就是夜間攻擊戰略。可是現在要實在說起來。夜間攻擊尚沒有專門的戰略。簡單言之。在夜間一遇見敵機時。若是據有相當的情勢。就是立刻去攻擊他。那是很勝算的。（所謂相當情勢。就是我們攻擊的飛機。與敵機平行。並且距離敵機甚近。或是在敵機上面）夜間攻擊敵機。雖然沒有精微的戰略。可是在夜間能以偵察出敵人之所在。也有一定的法則。總在戰略範圍以內的事情了。

現在在夜間普通偵查敵機的法則。共有三種。第一種就是用望遠燈 Searce light 去探照敵機。第二種就是法國發明的法則。在上邊已經說過。就是用許多寬角度光綫 Wide-angle Beams 鋪徧於天空。有敵機經過時。就現出黑影來。我們的飛機。就可以考察其飛機之所在。此種的法則。在英國業已仿製。並且在畢斯雷 Bisley 曾經試驗。第三種的法則。就是用無綫電。不過此種尚未達十分發展的程度。

現在駕駛員所應當知道的。就是夜間偵察通行的法子。及目力之敏銳而已。將來再有戰事發生。夜間攻擊的戰略。也要發達像現在晝間攻擊地步。不過此種的懸測議論。以及夜間攻擊發達的步驟。不是本書範圍以內所應敍述了。

航空攻擊戰略到此已告結束。還有一句要講明的話。就是此種戰略與旁的戰略一樣。都須要心思縝密去細細的領會。然後始可以成功了。

第六章　防衞戰略

在前幾章對於攻擊的人如何去驚擾敵機。已經大致敘述。在這一章所講求的。就是如何避免被敵機驚擾的法子。以及關於防衞戰略所應當曉得的事項。

許多戰爭的駕駛員。都有這種的經驗。就是飛行人在飛行中。時時刻刻的四圍張望。還有時在無意之中。條聞機關鎗聲起自後方或起自下面。飛機機皮即立刻有洞穴的形像。這就是雖然駕駛的人隄防萬分。仍不免有意外驚惶的去處。

凡一架飛機。在前邊已經說明。是時常不易被敵機驚擾。此種不易被敵機驚擾之原因。一半因爲是獨飛愼重的結果。因爲獨飛的駕駛人。知道他的安全祗靠着他自己。不會作如是想「現有某人偕行。有何種意外。我雖然看不見。他必能看見。」

一個駕駛人。在一駕獨坐戰鬥機內。有許多事體去作。他一面要尋着可以攻擊的敵機去攻擊。一面還須要隄防別的敵機來攻擊他。可是他除了如何的運用戰略戰術以外。並沒有旁的去分擾他的心志。他也無須想到現在隊長是在什麼地方。也不要競競去維持他的行次。也不要擔心去怕撞碰同行的飛機。所以法國有名飛行員馮克常說。(余喜動作完全自由。因爲這就是余成功最要之法)"I like" said Capitaine René Fonck, "Complete liberty of action because it is Essential to the Success of my system."

指揮者。其數只限於六時乎今日各飛機間無線電話通訊之法。雖已完全而六機定數。仍未可以加多也。雖然。列隊飛行其原則原因亦不因定數而無效。而且據此原因於行攻勢戰鬥之時。此事日見發達。例如兩隊飛機。或兩隊以上之飛機。彼此接近而協同動作。此種協同動作。欲求完成。以何法爲最妙。實爲空中戰爭應行解決之第二問題也。

當地上一軍從事攻擊之時。軍隊之各有大團體者其前面左面右面後面。均宜設防。勿令人襲於不備。彼野外戰事之設有前衛側衛後衛者。職是故也。至於空中用武之第三方面名曰深面。亦即上下兩面。因有此面。故不必設側衛後衛。宜設上衛以代之。上衛可以兼任側面後面之職也。獨一飛機隊出而接近協同動作。或數隊出而接近協同動作。上衛誠不可以不設。獨隊以兩飛機或兩飛機以上保衛之數隊。則以其一隊保衛之。職在保衛之飛機。當飛於大隊上面左近之處。或直在其後面。或層列如梯。以飛於側面之一面。大隊實行攻擊戰鬥。上衛則逍遙於大隊之上。以防敵人之襲擊。（未完）

空中戰紀 續第二卷第二號

美國黎肯巴克著　葉廷元譯

第二章

職事殷繁。環境萬象。意想遠在故鄉之父老戚舊。必不熟諗其狀。即此航站片土。飛機升於斯。降於斯。收置修理於斯。駕駛員寢饋於斯。跂望赴敵者之返駕亦於斯。凡此諸狀。雖可冥思而得。然非耳濡目染。亦猶未能知其親切也。

諸君試幻想有一委原。覆以蔓草。在城鎮或孔道附近。面庄形矩。邊長半里。其積可容四隊戰鬥飛機。猶綽有餘裕四隊戰機約有八九十架駕駛員數亦略相抵地之四緣皆近周行於其隅角各設一棚以置飛機。棚可容小飛機十架或二十架猶有餘隙。入夜即入機內。每機皆各有機械師專司檢護。每駕駛員有三機械師爲之保管一切。飛機稍有缺憾之處。必不能逃彼衆目所集也。

其地四圍之八大棚廠皆內向。設極闊門戶。以備飛機運至地上。棚廠附近。爲各隊軍官寢食之所。以每隊駕駛員僅有二十人。故常聚兩隊軍官會食。至於軍士等及機械師汽車司機工人夫役等。則居棚廠後。每隊所需兵士夫役等。約須二百人。故每一航站。並司令部人員。司探遠燈人員。司電話人員。司燈火人員。紅十字會人員。青年會人員等計之。數殆及萬。至於保護航站。防爲敵襲。備擊落航空器之砲手。則不隸屬於航空軍。故不在航站人員之列。

以上所言。於一航站組織。大略如是。但航站地點。不能固定。蓋以凡稍具經驗之觀測員。即可於相距數英里之空中。知航站所在。雖窮思竭力。以圖掩蔽。亦終無益。故航站必於未經敵人覺察以前。即行遷移。以防不測。故余等在威里牛弗航站。僅三週耳。三週中寒威極厲。飛行次數。以余等一隊較爲最尠。於茲有一趣事。至今思之。倍覺捧腹。余將爲諸公陳之。蓋彼時法國前敵諸將。推其肫摯之誠。欲助余等新駕駛員有臨敵交綏之能力。每一二日輒遣法國之飛行名手來臨。携余等之新駕駛員二人飛往德人戰綫。如羅佛貝携余及堪貝爾然。同儕中自無不喜同往者。然此時余等之機關槍尚未運至。空機赴戰。白手臨敵。兩週以還。始爲法引導之飛行家所覺。諸君當知其如何咋舌詫爲得未曾有也。幸敵人未詗此秘。於空中迎戰。否則殆矣。以無武器裝置之戰機。作飛行偵敵之險事。眞視敵如兒戲矣。其行動之滑稽。與英人以木艇鑲德艦。使不敢出港。如出一轍。余思法人於此道。猶門外漢耳。樂極悲生。福兮禍倚。余等竟於此時期喪一愛友。即梅勒上尉是也。上尉爲一指揮官。素得諸駕駛員之愛敬。蓋上尉棄家毀業。從事疆場。以爲祖國效命。性復和易近人。無不引爲良友者。彼待人接物雖極靄然。而敵愾之心實極剛烈。常謂余。伊之大欲。惟振翼長空與敵喋血。使無完甲耳。時值戰事延曠。軍無饜進。彼即握拳透爪。有氣吞仇敵之慨。上尉嘗於愛蘇丹設航空學校。以訓練美國之駕駛員。然殊未嘗意。

彼所急者。惟欲得戰鬥飛機。乘之以向敵耳。

當余於千九百十八年三月四日。初至威里牛弗航站時。梅勒上尉已當第九十五隊指揮之任。然彼無飛機及機上一切裝置。仍無從償其素志。英雄用武無地。悲忿塡膺。殊無以慰其渴望也。及三月中旬某日。有張森哈門兩少校來晤余。以彼等新附法國司巴得式飛機隊。來駐余等附近之航站。二人去後。梅勒上尉。欣然而至。其愉悅之情。匪言可表。謂余張森少校已許其翌日赴伊航站畀之一機以赴敵。今日始遂其夙望矣。

一席之談。竟成長別。初余等以上尉行日之夕。得軍事報告。始知上尉失踪。復數日乃悉其詳。蓋上尉偕張森少校飛渡萊因河。直指阿根尼森林。以入敵戰綫。即前余與羅少校所行故道。入敵綫後。發見敵機兩隊。梅上尉又以所乘飛機之機關鎗。運轉不靈。隻身獨返。上尉遂不見歸矣。而月之後。始有德報通知。謂美國航空軍梅勒上尉交戰被傷。墜落德境。數小時後即身故云。

哀耗驚傳。初逢不幸。余等感懷袍澤。不盡愴然。惟是既事飛航。則在職之日。皆效死之時。豈可以眷顧朋友之私。廢置國家之事。涕泣如雨。嗟於何益。夫惜其未盡之長才。固不如紹其未竟之大志。遠慰英靈。近忠已職。斯可矣。

千九百十八年三月之前。英法協約軍隊。只於偵探敵情佈置防務。並未實施攻擊。而德人此時。則將圖大舉。其計劃蓋欲在美國未調撥援軍助戰以前。奪英海峽港口。以攻英。時德人知余等航空軍隊能力薄弱。種種缺陷。較國人所知尤詳。春日既過。協約國飛在空中者。已不下二萬架。比翼橫空。殆無德機迴旋之餘地。然德人初悍然無懼。仍用其佛克耳飛機。往來於我等戰綫之後。美國飛機無出拒之者。及三月二十一日。德人於北方大舉進攻。余等常得英人被俘之消息。又謂德軍近攻。殊爲神速云云。種種謠傳。固不盡可信也。時威里牛弗航站距戰綫只十八英里。我戰綫後方之觀測氣球。於天空泬寥時。已顯然在望。砲火之聲。震動天地。至三十日。余等受指揮命令。移於愛比茲航站。距戰綫三十英里。時飛機應用之機關鎗。猶無有也。

郝爾與斐特森兩上尉。皆爲有名之駕駛員。在愛斯喀得李拉佛意得時。並著戰績。此時將來加入第九十四隊。余等久震其名。不必侯謦咳親聞。早已慕懷丰采。窮蹙無聊之際。得此二公。如仙露醍醐。始勃勃有生氣。無不鼓舞歡欣。彈冠相慶。諒二公不獨壯我軍聲色。且足以廣惠嘉謨也。居一二日。倏聞有飛機聲。摩空而至。群出望視。則一紐波得式飛機。懸吾美旗。將次降落。余等知此非余等伴侶。即郝爾或斐特森上尉也。機既平落。輪已摩地。其機鼻入汚泥中。機身忽一翻跌。首尾反向。余等亟往助此未諳如何降落之劣駕駛員。一時衆議沸騰。訕謗如潮。謂軍事長官遣此庸庸將胡用者。不知彼仰臥强作笑顏者。即赫爾上尉也。幸伊毫未被傷。余意上尉於此必不以爲意。且使此諸盛氣少年知雖飛行名家猶不免萬一之失。懲其覆轍。平我驕氣。使上尉思及。或且以爲樂也。

郝爾上尉既下機。即就余謂在威里牛弗站尚餘飛機一架。欲移之至此。命予乘摩托車往。限翌晨以機還。余即應命與余機械師起行。時及深夜。余等至蔡倫城南馬尼河畔之一小村。條於車炬光中。見村人狂奔不止。皆倉皇驚懼。若臨大難。余乃停車止一老者。詢其究竟。老者喘息指天言曰。布歐克（協約國稱德飛機之名）臨頭上矣。抑君胡猶不熄此車炬。余躍之立。閉燈光。時人衆益擾。奔避不知所可。龍鍾老嫗。佝僂而行。稚齒兒童。牽衣攬袂。追隨於後。有已得蔭庇之所。以爲弗安。復奔他處者。有徬徨中路。欲左欲右。不知何所適從者。余諗此群衆心理。必以爲家居兀坐。直如束手待斃。敵機炸彈。將相尋而至。不知禍福所判。與地無關。閉戶安居最佳。何必自擾如是。少頃。余復乘車前行。至一培塿。從之望見前距數英里之喀崙城。方向敵機射擊。探遠燈光。煇燿不定。儵閃旁觀。如在劇場。既而炮聲忽寂。燈光亦熄。余乃復駛車前行。意此劇當告終矣。既抵喀崙。叩旅館門。杳無應者。以指抵門鈴。歷一時之久。所蓄電流將欠及盡。始見店主婦披衣出迎。謂君等必欲入乎。繼見余等非德人。始改容相向。道其歉忱。肅余等入最後進。款待慇懃。余等遂得安息。所覆鵝毛製被。極其溫適。

翌晨抵威里牛弗站。取所餘之紐波得式飛機。機械具完全。設置妥備。余乃舉手與機師別。凌空而起。遄故道飛至愛比茲航站。需時僅三十分。而昨夕之行。則需四小時半矣。此日爲四月十三號。時在前敵者。只余等第九十四隊。（現胡弗爾少校爲指揮長。胡亦拉帶亦得飛行員之一）及梅勒所曾指揮之第九十五隊同由威站移此。皆以無機關鎗故。從未有在前敵交戰者。且第九十五隊雖係先至法境。而從未習用鎗之術。余等第九十四隊。則在此年初間。已在喀祖航空射擊學校肄習一月。故現在不患無人患無器耳。

雲霓望切。忽焉以酬。槍械及其他用具。車載而至。乃使第九十五隊暫返喀祖學校。習空中射擊之術。令九十四隊。由愛比茲東遷托耳備戰。余等遂於四月十日乘紐波得飛機。遷至托耳城東之一舊航站。站本爲法航空軍所用。今姑假余等居者。繼而寢具器物帳幕汽油諸品。亦相續至。余既安置妥協。乃展戰綫之地圖。以備飛行。原此站僅距托耳城二英里。托耳爲鐵路所經。地勢衝要。敵人覬覦日久。常欲以飛機載炸彈惠臨。航站距戰綫十八英里。山勢蜿蜒。森林廣袤。殊爲扼險之地。

南息 Nancg 在站東十五英里。盧尼威里 Lunovill 更在南息之東十二英里。自托爾經南息至盧尼威里之大道與戰綫平行。最易受敵炮火。然河山依舊。雞犬不驚。初無風鶴之警。蓋雙方相拒固守。皆無進取之志。盧尼威里城中商賈。貿易往來。尤爲安堵。人謂有德國前哨沿盧尼威里至瑞士之綫與某法國前哨相遇。二人故舊相識。乃同食同寢。互盡其友愛之誼。自美軍隊至。此等情事稍稍尠矣。然以倭斯格斯山脉。峯巒林總。崎嶇險峻。雖有堅甲利兵。終無所用。至於托爾城之西北則爲瓦爾丹。尤爲德軍必爭之地。協約方面駐軍七萬於此。爲備其地。爲一方重鎮。與他城脣齒相關。即德人軍鋒他指。亦不能稍懈其防。致遺巨患。故此時西歐戰事。托爾左右。最關重要。德人常於此戰綫以飛機攻襲。以謀寸尺之進。而美之航空軍。亦因之可以施其材技。以空中戰績標榜當世。余等第九十四隊。則適逢其會也。

第九十四隊指揮官胡佛耳少校。爲美駕駛員中之巨擘。少校生於法土。從未一履母國。足跡極廣。而未常至用英語之國土。然其語音純正。與生於美者無異。戰事初起。少校已在法從戎。繼復加入航空軍。嘗美未參戰之先。少校已爲法飛行界之佼佼者。時第九十四隊既將臨戰。少校督衆繪飛機及個人之種種標誌。以便識認。少校曰主幟章以國旗爲標誌。軍醫倭爾特少尉首贊成之。衆亦無異議。於是以芝加哥人文特瓦斯中尉專司圖繪標誌之事。飛機側面亦繪國旗於上。自茲以往。德人每遇此種標式之飛機。輒爲之氣餒。美航空軍之參戰。乃開始於托爾。余等即於此後三十日內。戰勝五次焉。（未完）

航空心理

日本文學博士松本亦太郎所述　周德鴻譯

航空心理。日本海軍方面。則在軍醫學校及東京大學心理學教室同時研究。陸軍方面。近日亦已着手。帝國大學所設越中島航空研究所。原以理工科方面爲重。所長山川氏以爲心理及生理方面。亦有研究之必要。特與余商議設立航空心理研究之機關。併於越中島研究所未成立時。先行聘請余同田中寬一博士寺澤巖男君爲研究員。

航空上應研究之事項。除機械外。則爲操縱者之生理及心理。心理研究者。即由心理學上之判斷。以察操業練習之情狀。若就此種研究而區分之。則爲關於知覺之研究。及關於身體運動之研究。即研究人之知覺在空中作用之狀態。與夫在空中時感情方面應生如何之變化是也。例如有昇至一千二百英尺之高度時。則意識呈昏迷之狀態。其原因有由眩暈者。有由恐怖感情影響於人之行動者。若將此等事件研究明白。則空中事故。可以設法除去。即在空中當與在地上無異也。

就近時新式飛機觀之派遣一枝護送隊或隨偵察飛機隊或隨拋彈侵襲隊而同行此法鮮有以爲當意可行者別有一法派遣一攻勢出巡隊或一隊以上預料某某方面必有敵人反攻我軍侵襲隊或偵察隊。使出巡隊赴此方面獨立行其職務。此法之效果佳良遠勝於前法也苟仍派護送隊則此護送隊之首要職務。端在設法使偵察隊或侵襲隊能奏厥功。且僅在實行護送職務時許其交戰。護送隊與其所護送之各飛機。各分一隊。各有首領一人統率之護送隊飛於偵察飛機或侵襲飛機之上其所取之地勢。務求易於目覩各機。視察至明。且無論向何方面活動。皆以極自由爲宜。護送隊之職任有三。今述之如下。

一。敵人結陣反攻。由護送隊擊破之。

二。護送隊阻遏敵人。使其不得以優厚軍力攻擊我隊之一部。

三。我隊之飛機。倘因引擎出險。或他種事變而遺於隊外。由護送隊輔助之。

我飛機拋擲炸彈之時。護送隊當於飛機之上四面飛行作形如環以防敵人自上俯攻。且須嚴行戒備。苟見敵人飛機之阻撓我飛機者。便可下沉以攻之。（未完）

空中戰紀　續第二卷第三號

美國黎肯巴克著　葉廷元譯

第三章

四月十三日之夕。有總指揮令至軍。命上尉白特森中尉詹貝爾。中尉黎肯巴克。於翌晨六時。偵視敵綫。升高萬六千尺。自龐特孟梭至聖米息爾之巡視。飛行兩小時。以上尉白特森爲導。余等讀畢。喜不可勝。

惟法國各城地圖必須熟誌在胸。敵綫內之河流鐵路大道村落種種之目標。尤必瞭如指掌。雖入敵境如歸故鄉。某處爲山。某地爲林。可以一望而知。然後乃可。

龐特孟梭在托爾北十八英里。從之而西。約十八英里。卽爲聖米息爾。瓦爾丹則在聖米息爾北十八英里。龐特孟梭之北二十英里。有米茲城。其地之一小山。爲敵人飛機隊齊聚之所。從之可俯視自龐特孟梭至聖米息爾之戰綫。此綫若値天空清朗之際。殆完全爲飛機活動之區域。余及上尉白特森與齊貝爾皆須於翌日六時起行。堪貝爾中尉及文思路中尉。亦被命於是日自六時至十時。於航站附近爲備。蓋恐敵人沿途來襲。或在余等戰綫內。卒有敵機發現也。

余等晚餐後。齊中尉與余同至白上尉室。討論翌晨飛行之事。上尉卽略示一切攻擊防禦之法。更囑余謂如彼發動機驟生窒礙。或彼遇意外之故。時君卽爲導。必至其時乃返。語畢。卽命一下士。囑彼於明晨五鐘報時。以醒余等。復謂余等可安神寢息。勿爲佛克耳(德機名)夢也。

中心忐忑。寢不安席。輾轉反側者數小時之久。余苦思平昔所學所聞空中戰鬥之術。復念設爲敵困。余將以何策拒敵。使彼等皆奔敗糜碎。以快吾意。思久神倦。乃沈酣入夢境。余夢在空中獨來獨往。所向披靡。擊落一巨飛機。方在快意。頓覺已亦欲墮。一驚而醒。摩挲睡眼而視。蓋彼下士撼枕醒余耳。時已及五鐘矣。

霜刃新試。興采非常。早餐畢。余等囑堪貝爾與文思路在航站嚴爲防備。以余等此行。必將招致包克禮尚往來。怨無不報。德人豈能默受余等之攻擊耶。既、余等入飛行塲。則白霧迷漫。亙空百里。尋丈以外模

美國航空軍第九十四隊於1918年5月5日至7月1日戰綫形勢圖

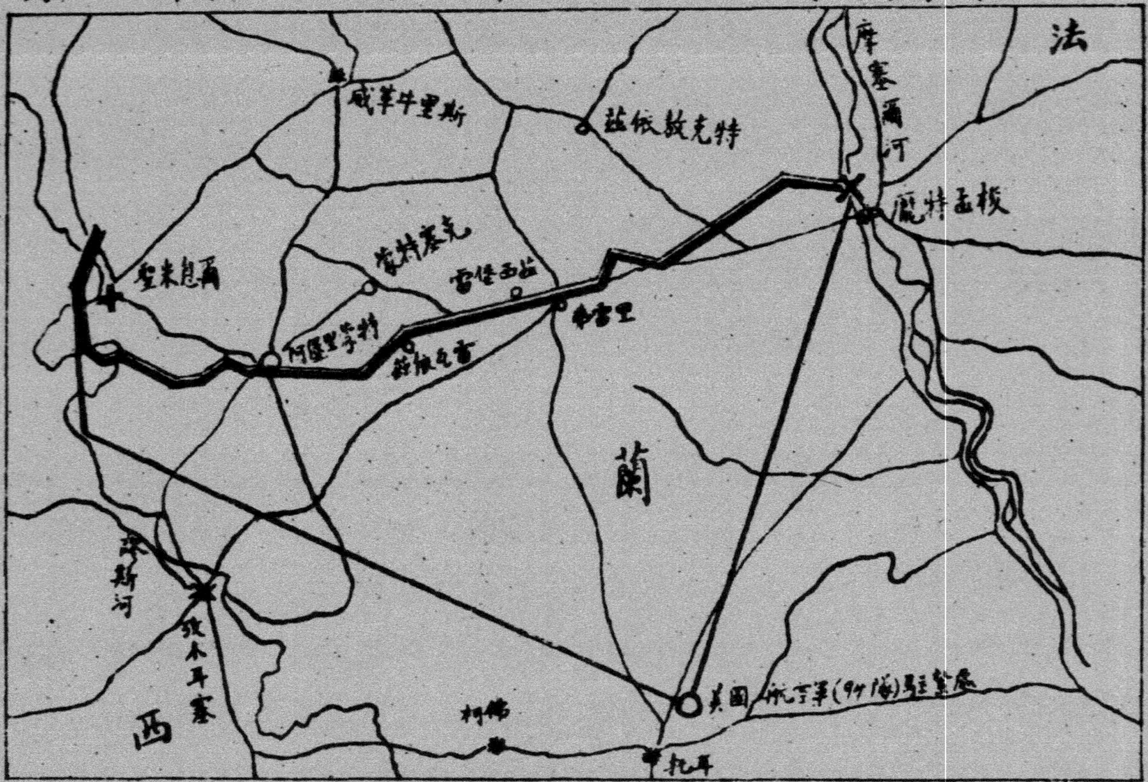

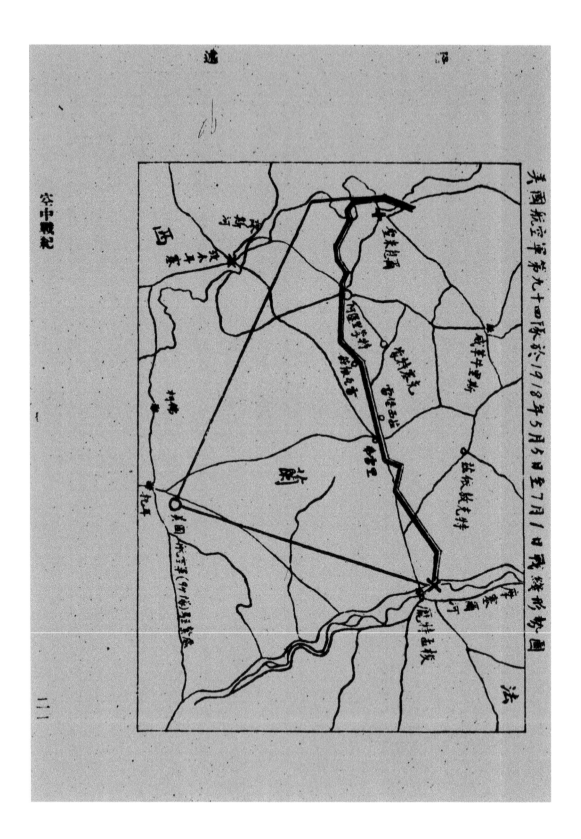

糊莫覩。白特森命余及詹貝爾先入飛機。試升高千五百尺。余等環場數匝。即見白上尉亦凌空繼起。余等乃更升高至一萬六千尺之嚴冷高度。時則見白上尉機復平落於飛行場矣。余知此必上尉之發動機發生障礙。故復降落。余將如彼昨夕所言。代之爲導。乃命詹貝爾曰與吾前經驗未宏。妄爲臆度。鑄成大錯。余尚未知詹貝爾亦惟有盲從。覘余馬首。余等乃破霧而去。

余等循摩塞爾河前行。忽有聲訇然。聞於詹貝爾機尾。知已爲德人所見。阿奇威勢。余已視之藐然。惟不識詹貝爾於斯。亦如余當日初逢阿奇時否。後余詢之。彼謂亦無所介意。然此時彼駕機與余比翼而飛。幾致摩撞。是無異於余汲汲。遂羅福貝時矣。余等既聯翩飛過火綫。自龐特孟梭至畢米息爾。往反數四。惟聞阿奇繼續爆烈之聲。敵機則無所見。余等以已及定時。謀作歸計。迨轉機南向。始知霧氣愈濃。彌望無際。山川林木。皆爲屏蔽。倉皇四顧。無所標識。益以燃料將絕。半句鐘內必須降落。盲人瞎馬。危險可知。余今始識白上尉所以升而復降之故。蹈險至斯。余眞覺不寒而慄矣

噬臍無及。憂心如焚。然亦豈復有他策。余即以機鼻下降入濃霧中。依指南針而行。時詹貝爾亦杳然不見。余猶恐其逐余而飛。則值余機驟降時。必致相撞。幸未如是。心乃稍慰。余遂復平飛而前。距地既近。山川景象。約略可認。然偶遇疑懼之地。則又不得不再入霧中。沈浮長空。升降靡定。今日思之。猶凜然有餘恐也。

禍福無常。天不予絕。驟見一Y形物矗立地表。鐵路蜿蜒。似曾相識。余乃暫作徘徊。思其地爲何所。頓憶往者自愛比茲還托爾時。曾經此土。蓋考木爾塞附近地也。余乃益落余機。直飛抵托爾航站。

白特森上尉前謂余曰汝入霧盲飛眞其愚不可及者此語余嘗謂然蓋余得返航站殊自慶幸及詢啓貝爾消息衆無知者余不覺復生恐懼倘彼萬一不幸則伯仁由我豈能無內疚乎余既易衣乃赴總指揮處報告種切余意數分時內必有以電報啓貝爾於霧中跌斃者方欲執筆有所書作果電鈴琅琅震耳鼓接電員應聲而去余震懼失措體如浴冰齒戰不已側耳細聽則聞接電員謂有包克飛機至電來告警也瞬卽聞飛行塲有機飛起卽堪貝爾及文司路所備者二人之任孰不謂幾等於投閒置散殆無所用而機遇之來出於意外甚矣事之難前定也余時亟奔赴棚廠擬取機爲助未至有兵士前謂余、德機已墜其一矣言已爲示其地余望之果濃煙突起機已被焚方欲舉步就觀驟聞歡呼之聲起於左近亟回顧則其他一德機亦顚墜於五百碼內前者被毀於文思路後者受迫於堪貝爾晷彩未移奇功已奏且適値余等初次作戰之日而雙雙擊落敵機於航站之門是不獨二人之榮亦全隊之光也惟此二德駕駛員被傷極徵斯可異耳

余等詢伊輩何以冒霧而行彼等謂奉上官命飛昇擊二架偵探機於龐特孟棱畢米息爾兩城間追逐霧中至不可尋覓始思返米茲航站飛行經此誤認航站遂致被擊云

塞翁失馬禍福無憑余飛行霧中雖云椎魯不可爲訓然非此亦安能使德機飛蛾赴火自墜網羅使其初循理而行反未必奏斯奇績也法民聞息羣來聲謝握手接吻欽感莫名簞食壺漿充塞道路歡呼之聲震動天地至於舌敝耳聾而後已抑彼等所以喜不可勝者以久困於德機之拋擲炸彈而曾未一見協約國飛機來衛護斯土今聞此訊如降時雨宜其舞蹈欲狂也余等各取德機上細物爲紀念品以其

機架陳列托爾城中。供衆觀覽。城衆爭取其物。此可畏之二包克已四分五裂。不復能於空中嗚嗚自豪矣。傍晚啓貝爾亦自附近航站歸來。舊侶無恙。強敵初勝。輒不自覺孜孜作笑態也

戰勝之訊既傳。獎賀之言備至。盛譽雖隆。受之者殊澹然無動。埃貝爾及文思路中尉之賀電堆積盈尺德律風日無暇晷。觸耳皆道賀之詞。千九百十八年四月十四日之事。快意極矣。此後信足與敵對壘無所絀矣

後此數日天氣不佳。至十八日始有警告。謂有敵飛機已過龐特孟梭。余與啓貝爾請行。長官許之。余等欣然而去。大有滅此朝食之概。而襲擊之術。余已籌之熟矣。此日天亦弗佳。三千尺上。卽近雲端。余等摩雲四顧。竭力巡覓者數十分鐘。卒無所見。警告所傳。殆屬譌言。余等乃破雲下降。俯視地表。以尋標誌。作歸計。猝見大城當前。彷彿南息。北轍南轅。事殊奇特。余初猶謂誤認。諦視果然。蓋余搜敵念切。任意而行卽方向針亦未一顧。遂至於此。余乃轉舵與啓貝爾疾馳而返。計其程途。已出十英里外矣。滿擬此行克成偉績。而長空漫闊。包克竟不相逢。徒勞而歸。殊覺失意。然雖無所獲。而飛行方向錯誤之事。殊足爲我鑒戒。則此行亦不爲無益也。降落後。余卽以未見敵機報司令處

是日有醫院移入托爾。距航站僅里許。其看護婦皆吾國少女。余等遊侶數人入城散步。遂與相逢於途。倩影娉婷。丰姿綽約。以視余等數月來所厭見之法國農娃村嫗。眞覺如天仙化人。於是班荆道故。極盡寒暄。伊等並要余輩開跳舞會。藉示懇親之意。且堅望轉示同袍。無令獨有向隅之嘆。然以鄉環福地。本由余等踪跡而得。雅不欲宣示衆人。分享斯樂。於是相約守秘勿宣。且行且思其所擇跳舞之伴侶。班生

此行無異登仙。視彼兀坐蠢幭以攜蒲爲戲者其趣致不可同日語矣。

會期旣屆機密已暴余等乃空羣而往雖與初志相違稍覺悒悒然持平而論獨樂其樂亦非人情。且故國士女聚首異鄉裙屐往還旦夕談笑謂非臨戰以來之又一快事耶。

跳舞之翌日總指揮李格航空軍總指揮梅齊上校同來勞軍余被命飛翔作空中技術藉表歡迎之意。及余落後見余發動機有損壞處緣此而是日午後四句鐘茲西堡雷 Seicheprey 以北之空中戰事余遂不得與矣聞此戰成績極佳。凡被遣赴敵者無不高唱凱歌而還蓋敵軍方整列前進我軍飛機摩空而至機關槍彈如疾風送驟雨飛機往來。如鷹隼掠空。不可捉摸敵軍無所庇蔭奔避逃散倉皇失措不復成列幾欲覓地隙而入不復知以鎗炮作反攻計矣。

迅速之飛行與射擊之準確余等固已嫻習故步軍當之無不披靡惟在有炮火掩護綫時若施攻擊恐被傷耳余常在一大道當敵人步軍前進之際倏忽而下軍皆四散卽彼等向余射擊而余操縱自如初未見有顆彈中余機者。

乳虎出林雖無網羅之懼然爪牙之鋒不利搏攫之術未精每不免衷心常懷惴惴以之况余隊諸駕駛員誠爲確切常思大戰不已來日方長無時不以生命爲孤注且德人多詐素著於世而駕駛名手所言之種種險境亦豈全屬子虛都不足信常恐一旦天弗予佑則禍且不測雖然此亦不習之故耳使積日累月常往復於敵人戰綫知阿奇之威不足懼包克之巧不難勝使駕駛射擊之術從於心而應乎手遨避之法制勝之道雖千變萬化而嫻習之歷練之使可以臨事制宜待機而動心與神會情與物化其事

雖難習之則不難矣其境雖危習之則不危矣雖爲飛行界之生手亦自易易尚於殺敵乎何有故余得一經驗皆銘諸心積之既久則應付自裕如矣

四月二十三日之傍午余方閒立忽電警謂自聖米息爾有敵機一架向龐特孟梭而行胡少校命余駕機尋之時他人未及備余遂獨往

霪雨纔止殘雲未散飛行不甚適宜而余以五分時即抵龐特孟梭距地面約八千尺時此城仍屬法有然爲敵攻擊極烈偉大建築僅存礫瓦炮火所集皆成灰燼無不一一觸接眼簾有頃余乃復尋余之目的物纔一昂首即見星星一點如黃蜂然迎面飛至余不禁失驚惟當余憑覽景物時已先爲彼覺則彼將先發制我余倉猝應付必將致敗逾二十秒鐘兩機已在言語可聞之距離余諦視之不覺憂心頓釋蓋來者爲一司巴得式機且有法國之藍色標誌幸余未撥鎗機彼亦未發一彈也忽見此法國駕駛員乃欲掠余機尾而上無論彼與余爲戲抑將攻余不備余必不能令其得志乃一撲而下地位較彼所處實居優勝蓋紐波得式機較司巴得式運轉靈巧昇降迅速故余避之極易意此舉必足使彼知余爲勁敵矣而此法機猶迴旋余側躡而不捨似屢欲以鎗擬余者余意豈有同屬協約國軍而不識標誌者彼非有精神病即德人乘所捕獲之法機僞飾以誘敵者余乃以機平行其前使易見機翼上之標誌以試之此法機始捨余他去蓋彼先未見標誌亦疑余爲德機也自茲後余飛行時益小心謹慎不敢輕舉妄動況協約軍中鎗法尤有勝於敵者耶

余與法機以誤會之故迴翔甚久疑團雖釋而余之獵品殆已乘間逃去余復往來戰綫歷兩小時更無

所遇乃懊喪而返纔抵航站全隊之人羣來稱賀謂有包克為我軍砲隊擊落其地正在余巡視區域之中余無此事豈能貪人之功引為己力雖力闢其非而人以余為撝謙猶多不信者至此包克究為何人擊落終無確訊此役余雖無結果而空中戰術余又有所心得卽避彼法駕駛員射擊時之迅速後當更有用也

翌日傍午又得警告謂有包克過聖米息爾余復被命此日陰雲甚低余已屢出無功誓此行必擊落此包克乃返乃僅以三千尺之高度負雲而飛直入敵綫瞬息炮火密集彈丸如雨余曲行趨避遂飛越敵軍砲隊數重矣

余方過聖米息爾卽見一敵人飛機居吾前余計當昇高余機在彼機上行蹤至倭爾丹附近時乘其不備必可一發中的余計既定忽疑彼何以視此砲彈環擊之余機若蔑然無睹且停留不進又何為者豈彼非包克耶然以其機式觀之固屬德機無誤而余欲於未射擊先必欲一查其機項是否有黑十字之德國標誌余乃釋余鎗機更駕余機近之及視其機旁標誌雖與美同然黑緣而中心則為白色此標甚新余從未於司令部報告中見有此種標誌計其必為德機余必擊落之顧彼胡以停留不去若不畏余將以鎗擬之者推原其故頓憶羅福貝少校曾有慎為敵誘之誡則此靜如處女者殆將誘我穽中憬然既悟亟左右顧則已有一黑色之阿勒巴特羅氏式機隱沒雲中當頭而至意在令余上下受敵余急擊旋轉桿疾駛而升僅九秒時已在彼機上矣方以手近鎗機欲發忽念螳螂捕蟬未必無黃雀在後一念及此覺更有無數包克隱伏余上此無他策計惟逃耳

余既還奔。兩包克果追逐不捨。相距僅五百碼。計從之而逐余者。數當更夥。圖敵未成。已反受陷。經驗誠不可以不富。事理誠不可以不明。余此時惟有盡力狂飛。冀脫此厄耳

余且飛且思。人有謂德機不甚可畏。就之則彼不能拒。離之則彼不能追。今此二機其疾如電。雖盡余屈曲騰挪之術。而彼仍踪跡接踵而來。人之好誑。一何可恨。最後余不得已乃攝機雲中。改途前進。約三十分鐘之後。始不見二機之影。余乃出雲循路而還

余甫抵飛行場。即見余二親愛之伴侶佇立以竢。使彼等若知余適所受之驚險。更當爲我憂懷不釋矣機既落。余方欲出塲。貝爾詢余曰。汝其爲鬼物所憑歟。胡不稍遲爾行。乃令余等疲於奔命也。杳蒲滿亦倚余機詢曰。自汝入雲後。遂不見。若若何往也。余等已返站半小時矣。余聞之如夢初覺。始知逐余不捨者。非可謂之強敵。乃可愛之良友耳。嘻。

余沉思約十五秒時。乃推杳蒲滿而下。期期謂之曰。余曾見敵綫某地有一包克。余欲還視之。然恐係視誤也。

（未完）

譯述

空中戰紀 續第二卷第四號

美國黎肯巴克著
葉廷元譯

第四章

余於空中戰術之艱險。漸得一一經歷徵驗。以造詣於精深。洵爲難遘之倖運。若臨敵之始。卽奏豐功。至再至三。不遭敗衄。雖聲名鵲起。頭角嶄然。但未免盛氣輕敵。其戰術必難深造。塗地之禍。夫詎能免。譬彼嘗肥牛之乳。其味至甘。若可鯨吞無忌。一旦遇其皺皮。驟逢奇苦。未有不蹙額者。然則余雖屢出無功。固不足爲憂。且足爲喜。惜彼倖勝者。無斯倖運也。

週復一週。寸功未立。未免辜負時光。然余初無懊喪之意。蓋灌漑厚者。其實必良。經驗宏者。致勝自易。他日固可以一鳴驚人。此際雖若碌碌。不足羞也。且使余初臨敵線。便獲勝利。卽幸得再勝。今亦殆矣。是余之所以屢出無功者。殆天之有以老其才也。世之習空中戰術者。其遭逢有如余者乎。吾知其亦必傳述之。以詔示其鄰里鄉黨也。

法境四月間雨量之富。不亞他地。往往赤日當空。雨雲倏至。陰晴無定。日必有變。飛行之事。殆不可能。及二十九日、凌晨睡起。探首外望。亦復陰雲如墨。無異曩昔。時已三日淅瀝不絕。同隊之人。咸皆兀坐室內。無乘機出巡瞭望者。知出巡亦不能遇敵人也。

暘雨無常。風雲不測。時及正午。曈曈旭日。忽於疎雲罅隙中。闢一線之光。余等飛行之念。遂復殷切。余欲下午卽出巡視。環行棚廠。以待雨霽。是日爲郝爾上尉與余値警。應至六時。方及五鐘。郝上尉得自俾歐蒙特之法國總司令部電。謂有敵人雙坐機一架。過我戰線。向南飛來。余與郝爾本已嚴裝備戰。聞命卽躍入飛機。旋槳欲行。忽司電兵士來謂少校將與同往。遲兩分時卽至。時余昂首北望。果見星星一點。迴翔雲下。意必爲敵機無疑。而少校猶遲遲未至。余遙指之。以示郝爾。乞其立行。恐待少校來敵機杳矣。時哉時哉。不可失也。幸上尉韙吾言。乃命去機輪之阻。開機而升。余等乃比翼雙飛。直向此雲下之一點而去。

五分鐘後。已及我軍氣球觀測線。距戰線約二英里。余機在郝爾之左。從余右方向龐特孟棱望。仍可見此黑點。余用種種表示。欲郝爾注意此敵機。而彼終漠然無動。余乃離之轉向敵機。而郝爾依然懞懂北飛不予從。余亦不復顧郝爾。意彼或欲余獨往。避爭功之嫌也。僅五分。卽追及敵機。余卽旋至其覆尾之下。以取優勢。見彼機爲三座。有機關鎗向後突出。正當余頂。其勢必須先發制人。乃以手握鎗機。備直衝而上。機既升。驟見其機身標誌。頗似熟識。亟細察之。見其機翼下皆有法國符號。不覺嗒然若喪。蓋自在航站。卽已錯認。一誤至今。竟未一先視其標誌。噫。

追逐徒勞。周章無似。若郝爾詢余何爲遺之他去。至五英里之遠。而迴翔於法機之下者。余將赬顏結舌。無詞自解。且亦何面目見郝爾也。且幸彼機非包克耳。設眞爲包克。則不特衆寡不敵。恐余影身前進之時。亦易爲窺破。吾此際當虀粉矣。鹵莽滅裂。良用自恨。余乃復尋郝爾。時伊方在敵綫上。炮火猛烈。烟霧排空。郝爾夭矯其間。與阿奇炮手對壘。縱橫上下。往復迴旋。時而疾如鷹隼。時而翩若驚鴻。與敵人輾轉周旋。不復以戰鬥爲事。時伊已知余誤。意若止以待余。且頻顚簸其兩翼向余。若笑余無能者。

郝爾既自砲火中出忽轉向龐特孟棱而飛余意彼或發見包克余雖不能預決果有敵機與否然彼既轉向日光中行。必有所爲。計惟有從其後行以覘其究竟。

余探首四顧。果見有一偵查機。自龐特孟棱北當路而來。其高度與余等同。行稍近。余見其機似德人新造之發勒茲式飛機。決其必爲敵屬。況郝爾爲飛行名手。必無誤認。仍以其機向日光中飛行。余踵接其後。視敵機猶罔覺也。相距既近。郝爾以其機向下降落。余亦從之。蓋發勒茲式機降落最速。紐波得式則較遜之。敵人若知衆寡不敵。必將飛向彼線謀降落之地矣。

刹那之間。靈機忽觸。余計當郝爾逐彼之時。余不妨仍以原來高度飛向彼方。以斷其歸路。余機方向既易。已爲德駕駛員所見。郝爾時已距之極近。立揚其機關鎗射擊。余恐在彈丸未發以前。德駕駛員猶未必於日光中遽辨郝爾也。時余已在敵機他一方面。敵機猝被攻擊。不及備戰。乃亟返奔。適與余所預計者符。余乃盡開機拴。以極速度逐之。郝爾亦然。包克此際不及施其旋轉逃避之術。直駛而奔。疾如脫兔。轉瞬余距之僅百五十碼。目標既定。乃發鎗機。彈丸絡繹。如線之穿珠。直入此發勒茲式機尾。余復略揚余機鼻。彈道自亦較高。如噴泉瀑布。直注敵機駕駛員座位之內。其機立形敧邊。可知其舵柄必已失人把持。機身如斷綫落鳶。隨風搖轉。頃卽跌碎於地。計當在我軍戰綫內一英里森林附近之處。此即余最初擊落之敵機。但非一發中的耳。

時郝爾與余距敵人射擊飛機砲隊所在。不及二英里。砲火環繞。彈丸滿天。余以既與周旋竟日。不欲過勞主人。已擬鼓翼而歸。然郝爾餘興未闌。反轉柁向敵而去。余乃從之。遙見戰壕之內。槍械如林。無不銃口向天。以彈丸惠顧余難當其厚意。亟出其射擊綫外。郝爾則頗樂與酬酢。盤旋空際盡其所長。其技術之驚人。殆德人所弗及也。後敵人軍火漸難爲繼。郝爾精力亦覺疲倦。始與余翩然而返。

凱歌新奏。良足歡欣。余與郝爾抵航站降落後。同時自機中躍出。互相握手。以表相慶之意。余同隊諸友以及機械師等。皆麕聚致其歡賀之忱。蓋余等未返舵時。伊等已得法電話之捷報矣。余更周視余機。無一彈孔之傷。蓋亦足令余快意無似矣。

余之得勝。不僅受同隊榮譽之足慶。且可令彼畏葸不前。與夫好爲夸大者。知黎肯巴克固非碌碌池中物。終有此一鳴驚人之時。是以同袍友誼。每值勝利慶賀之餘。其感情之融洽。乃益形膠固。但受榮譽之人。每易生驕慢之意。嘗不能保持其勝利之勳績。不招覆敗之禍。故惟不自滿假。謙抑爲懷者。始能永受勳名常膺懋譽也。

余所最感謝而欣喜不置者。爲受較余老練諸駕駛之賀。若得勝十七次之羅佛貝。若最初擊落敵機之堪貝爾文思路等。皆來致賀。自茲以往。余可附於得勝之列矣。

翌日法國第六軍指揮季拉德將軍以法政府名義。贈余及郝爾勳章。但美軍隊從不能收受外國政府之勳章。故此贈與儀式。以格於例。未能舉行。僅由法軍致賀詞而已。

法人之致賀。從不僅及擊落敵機者。凡共同參戰者。亦同致賀忱。蓋例然也。此次余雖爲擊落敵機者。然射擊之時。初無成見。不過信手而發。無意中敵耳。使余獨往。必將僨事。故此役郝爾雖未發一彈。而實爲得勝之主人。余因其力而成此功。亦云幸矣。

第五章

自四月以還。從余日記所載而觀。殆無日不在滯雲霪雨之中。若如法國說部所載、其國土之天氣清明。景物優美之狀。則吾儕從未之見。且其村落隘陋。多爲穢墟。糞土所積。築爲培塿。終歲不知掃除。若以之爲屏蔽門戶用者。道路亦復屈曲坎埳。不便於行。卽在城鎭之中。其街市建造與衛生。亦遠不及吾美。故美軍居此。殊覺抑鬱寡歡。惟在倭司格司城及米幽思城所得之玩物。尙差足快意。而稍殺鄉土之思也。困居無俚。仰屋興嗟。苦雨愁雲。掃晴乏術。蓋一日不能飛行。卽一日益損吾美航空軍之聲譽。況若英若法。其航空軍已臨戰三載。其駕駛員皆百戰之士。視余等之虛靡時日。建樹毫無者。縱晤對之禮貌不疎。恐鄙薄之腹誹難免。思念及此。衷懷若焚。且協約國常預計在四月可備戰鬥偵查機兩萬架。今爲時已屆。而余隊所有。率皆設備不完。余隊之駕駛員。亦皆率意飛行。未經長久之訓練者。然其志自堅。其氣自雄。咸思一旦得盡其長。俾不致遺庸懦之譏。且使協約國知吾美雖以設備不完之飛機臨戰。而功績固不在彼等下也。雖然、將奈此雨何。

在余等擊落敵機之次日。以霧不能飛行偵查。午後有美國新聞家數人至站。與余談擊落敵機之事。復攝余一影。並錄余日記。更要余略試飛行技術。余乃爲之反復上下盤旋約半小時。此日霧氣極重。約距地一英里之高。卽不能辨地上物矣。

五月一日。羅佛貝與余謀獲一汗（卽敵飛機）而不意其結果乃至趣。時羅爲九十四隊駕駛教練官。其技術之精練。經驗之宏富。洵足爲吾輩師法。得其指授。獲益匪鮮。故咸思苟與少校同飛。必可得步趨之益固不獨附驥之榮也。

此日午後五時。余等方在棚廠左右。燃雪茄閒話。忽電鈴鏘然鳴。蓋告羅佛貝少校。有德機過蒙特塞克方臨聖米息爾也。少校既置機。粲然露齒。取其飛行衣着之。余急至其前。詢可與同行否。少校問余將胡往。余曰、亦爲君所之耳。少校本好笑。聞之益吃吃不止。曰、行矣

余既得其允諾。欣喜異常。乃急易余裝。且入機。少校謂余今日或可得一包克。余漫應之。蓋余惟知從之飛行而已。

余等飛過蒙特塞克後。既三十分。卒無所遇。雖霧氣迷濛。難於辨視。然使此道果有敵。則法軍射擊航空器之炮火。必不能寂無聲響。余等既在德線巡視兩週以後。即轉機而歸。高度約在六千尺上方。過龐特孟梭。羅佛貝忽驟落其機。余亟力繼其後。意彼必發見敵機在下。將施攻擊也。終乃不然。蓋其機之螺旋槳已失其旋轉之能力。少校方急欲覓地降落。余距之極近。見彼落於龐特孟梭南泥淖之中。倏又機尾向天。機鼻插入泥中。直立約二秒時。始復平落。余不免爲之失驚。時余距之僅百英尺。意少校見余低飛而過。置諸不問。必將申申而詈也。乃復返機觀之。見其狼狽之形。良足發噱。彼方拖泥而出。向余搖其淋漓之手。示未受傷。余乃加速飛還報告。遣人助之返站。度其降落之地。距敵綫尚不及三英里。亦云險矣。羅氏能持之鎮靜。擇地而落。故得安然無事。若在他人。恐不免受重傷矣。（未完）

譯述

空中戰紀 續第二卷第五號

美國黎肯巴克著
葉廷元譯

事後之第二日。有布魯克倫省人米思尼爾少尉。於正午之時。偕達威司少尉飛行。以保護一在龐特孟梭後方攝照敵軍形勢之法國觀測飛機。此觀測機下降。距地約在七八千尺之高度。悄然作其職務。保護之任。胥賴此美國兩駕駛員。約在觀測機上四五千尺。

米思尼爾少尉。急發見有阿勒巴特羅斯戰鬥機二架自日中而來。且降落且射擊。米思尼爾亟騰挪其機。瞬已在近側之敵機上。然後向敵機機尾開始射擊。然此敵機之駕駛員亦初非易與者。立將其機尾作旋轉之勢。此不獨使米思尼爾難於取射擊之目標。且可以佯欲墜落之態以紿追者。然此種詭技米思尼爾已熟聞之。依然追逐不捨。愈飛愈低。瞬息已落下數千尺。卒以一彈中其氣油缸。敵機遂燃。米思尼爾知已戰勝。乃復昇其機。時距敵綫纔不及千尺。阿奇炮火。排空而至。米思尼爾初不在意。將欲一尋達威司少尉與他一敵機之所在。乃甫一左視。不覺怦然。蓋其機之左翼面。皆剝落。復視右翼。其端亦裂稍再遲延。必將跌落。緣其逐敵太猛。機翼薄脆。不敵風之壓力。以至如是。此時無論墜向何方。戰綫皆爲一死。幾等無別。不過墜向協約軍戰綫。仍可冀受軍禮之葬儀耳。故米思尼爾極力綏其發動機。向我軍方面而行。既過挪滿斯蘭得。又逾美軍之壕溝。米思尼爾仍持其速度與力向。馭此殘機而行。復一英里。乃平落於地。機身已碎。不可收拾。米思尼爾既出機。呆立地上。凝神而思。始知此身猶在人世。且未傷也。此卽米思尼爾戰勝之始末。洵足爲我輩增無量之榮譽。然機已跌碎。僅以身免。亦可謂間不容髮矣。

戰勝之訊抵站二小時。米思尼爾始乘汽車返。於是攝影者。新聞記者。蜂擁而至。要米思尼爾上尉攝照誌勝。米思尼爾時乃如一蒙養園之幼童。不知何適爲佳。且謂擊落敵機。僅余見之知之。何足爲信。而不知彼法國觀測臺。固早於米思尼爾作戰始末瞭望無遺。即米思尼爾不得已而降落之地亦並望及。余等乃拖米上尉強其對照像器爲之攝影。自此以後。第九十四隊之駕駛員。殆無不經此攝影一舉者矣。福禍靡常。憂歡無定。賀筵未畢。凶聞已來。蓋是日白特森上尉飛行偵敵。偕三人出。以一人歸。余等亟詢上尉戰況。上尉謂我軍四駕駛員。與五發勒茲敵機戰。余曾擊落其一。而正在酣戰之際。曾見一紐波得式機全身皆燃。疾飛而過。余急集我軍各機查視。則查蒲滿之飛機已不見云

蓋查蒲滿離此鏖戰。別往攻一在其下之雙座機。不意猶有一敵機踪跡其後。查蒲滿復回機返攻。遂陷於雙座機炮火中矣。益以風伯肆虐。無可施救。於是查蒲滿乃不免。

此爲全隊戰爭以來之第一次失敗。而查蒲滿又素篤友情。想望音容。竟難重覩。益以焚屍之慘。感悼最深。疾首痛心。無時或釋。故後此余等計。若遇不幸機被焚時。則寧躍出機外。墜落而死。猶愈於與機同爐也。

余衆中有梯愛斯TS者。東方淳于之流亞也。梯愛斯非其本名。衆皆以TS稱之。彼亦安焉。其滑稽之行。雖沈憂之人見之。無不破顏者。余等皆喜引與俱。以供談笑。常思若遣之伴我軍士之爲敵所虜者。則以其粲花妙舌。必足以祛煩惱。破岑寂。以解人鄉國之思也。

TS隸此隊已久。在此隊訓練時已至。至未久。即有懸膽名。而TS初不以其怯懦自諱。以是人益誹笑

之。然笑之者亦非全不畏戰鬥。特以有羞惡之心。不欲以畏葸葸向人耳。TS知雖自諱亦屬無益。故常抒臆告人道飛行之危險。談虎猶爲色變。況使入虎穴乎。然其人駕駛之術。頗不爲劣。抑且精神飽滿。體格堅強。初不似碌碌者。而畏葸如是。眞莫由解矣。

TS第一次被命爲某日航站前駐守者。以備萬一之需。偵巡之駕駛員既皆出發。TS即默祝蒼天佑彼無事。方在盥漱。司電話者已至其前。詢今日孰爲守者。TS徐視之。答曰、余思或爲余耳。豈猶將欲余有所爲乎。司機者謂在畢米息爾附近。有德人雙座機二架。過我戰綫。將施其偵察之詭計。言訖。即拱立以俟TS之行。大凡爲守之駕駛員聞緊急報告後。無不立乘機往者。而TS則若充耳不聞。熟視司機者久之。若躊躇未定者。良久曰、善。汝姑告之他人。或將往視。若欲誘余往受擊。則君計左矣。司機者亦無如之何。後指揮官詢其不往之故。TS坦然答覆。謂恐前敵戰綫之阿奇奪其生命。但得避免。即可苟安。且航站內勇敢者正夥。必授命於庸懦如余者何哉。指揮官聞而對之呆視。覺此等人眞不經見。顧其語皆由衷。亦無策以斥其非。思之良久。乃命TS從老練者巡視敵綫。以練其膽。或有不畏阿奇之日。亦不棄葑菲。爲國家儲才意也。

因之值某日午後。復有警告。謂有敵人觀測飛機兩架。過南息北之戰綫。飛行於距地八千尺之高度云云。TS即被命隨郝爾上尉及余赴警。郝爾既爲首領。乃命TS緊隨其左翼之後。而命余隨其右翼。並謂飛行時愼勿散亂云云。

余等即時以V字形飛行。日進且高。及抵前綫。環視長空。杳無敵機形影。乃復前行。抵一英里。忽阿奇砲彈如雨而至。此盖德人詭計。預以射擊航空器之砲隊埋伏於此。而別以飛機誘敵。則余等必以與彼機同一之高度來。彼砲隊乃可得射擊之便也。幸余機未受稍損。而TS機尾之下。則適有一彈爆裂。余見彼立將其機疾升入空。機尾向天懸駐不動。繼乃轉其發動機返奔。疾如脫兔。直向南息而去。郝儕見此。郝與余盡力追之。並垂兩翼示意。欲招此驚弓之鳥重返戰綫。而TS初不左右顧。以極速度逃走。余意彼機之螺旋槳必可於一分鐘旋轉千七百次矣。兩分鐘後乃至望不見影。余等乃不復追。仍返戰綫盡偵視之職務焉。

一小時後。余等乃返航站。覓TS不見。亦無有知其消息者。於是通電前敵各航站。詢其蹤跡。亦復絕無影響。直至晚餐後猶無信息。余等乃决其必以南息至瑞典道路崎嶇之故。誤降落於德人航站矣。不意翌日下午。乃有TS之電話。自南息南之某法航站發來。其地距站僅十五英里。謂不久即將返站云。余等卽詢其既早已安然降落。胡不早爲電告。乃令余輩懸懸於汝。彼謂自經阿奇之震。魂魄幾不守舍。今幸經二十四小時。始覺此身猶在人間。前此神尚未歸。烏能通電於君等耶。

此事雖瑣。而在美國航空軍中。殊所鮮見。蓋凡隸軍隊之人。無不以英雄自命。慷慨赴難之事。皆甘之如飴。若TS者。眞徒遺笑柄已。

第六章

千九百十八年五月六日。第九十五隊之駕駛員。已因在喀祖學習射擊畢業來站。舊雨重逢。胸懷爲之一暢。自此時至戰事終結。兩隊卽永駐一地矣。戰後考美軍在法航空戰績之殿最。亦以此兩隊爲最優也。

第九十五隊所有之設備。大抵與九十四隊互相伯仲。其上尉爲波斯頓人米齊爾米、爲斐易塁馬克斯及哈佛得等學校之卒業生。

崑田羅斯福爲九十五隊新命之駕駛員。彼並不以其閥閱驕人。人亦以其遇人謙退。樂與之遊。今余將一述其懿行。以見其胸懷之坦白。行事之光明。有非常人可及者。羅氏今已死矣。若彼在。余或不述其德。懼人以爲諂也。

羅氏未嘗在前敵飛行。已被命爲指揮官。則或由於彼爲總統之子之故。然羅氏知己不稱職。恐貽覆餗之患。力要退免。而辭不獲允。其長官且命其翌日開始偵察飛行。羅氏乃聚其所屬之駕駛員曰。君等中孰爲最富前敵飛行之經驗者。克德思、余意必舍汝莫屬矣

克德思搖首曰、否。若布佛得、若巴克雷、皆勝余多矣。崑田乃環顧者有頃。曰、君等間容有軒輊。若以較余。則無不勝余者。巴克雷明日可代余爲飛行指揮。作前導。以後指揮之事。君等可輪值其任。余僅當其名而已。故至崑田戰死疆場之日。皆受他人指揮。從未自爲引導也。其第九十五隊中戰死者、更有息威勅因爲敵擊落被虜者、有韓黎克。至其餘有十二人。亦莫不各奏奇功。故第九十四隊外。惟九十五隊之戰績爲首屈一指矣。

五月七日上午八時法軍來電警告。謂有敵機四架。經龐特孟梭而南。時適爲郝爾格林及余當值。聞警即躍入機。速機師旋槳而升。

余等泝摩塞爾河抵龐特孟梭。距地面二千尺。俯察仰觀。皆無敵機踪跡。乃折而西向舉米息爾而退。其地山環水複。林木叢雜。殊難辨識遠望。至瓦爾丹附近。河水蜿蜒一綫不復可辨。余更環視左近。則見在我軍戰綫內俾歐蒙特附近。有物蠕蠕若雙坐之包克諦視。果然。且彼正描準欲射擊在俾歐蒙特後方之美軍。余乃垂余兩翼。以所見告同行者。郝爾亦不期而同。余三人乃共向此包克而行。

行未幾。將近敵機忽有阿奇彈向空爆裂。距我機遠。而距敵機反近。彈丸發出時。有黑煙一縷。與協約國之砲發白煙者異。故決爲敵人所發無疑。彈爆裂後。此阿勒巴特羅斯雙座機即折向德境降落。未幾。又有敵人砲彈爆裂於此雙座機前。其爆裂處適與余等飛機所升之高度相當。此殆地面之砲隊與其空中飛機約定之告警方法。示以有機來襲。且以砲彈爆裂之地。表來機之高度。此種方法余已數見不鮮。憶某次余曾匿雲中謀襲一敵機。而爲敵人砲隊所發見。遂發彈告警。敵機乃得逃免。此種呼應聯絡方法。於作戰上良多實益。故協約軍隊亦仿效之。且此種方法。不獨可使在處危地之飛機知所趨避。且可令其飛機預備隊。望爆裂之煙。而知有敵機若干。及其處所高度。有時並可知爲何種飛機。卽可飛來援救。故每値有此種示警砲彈爆裂後。必將有生力之敵機隊發現。

敵軍砲隊。猶有以砲彈表示對手方面飛機隊形之方法。彼等用極強之望遠鏡。觀察對敵各飛機之距離。例如余等別以一機飛昇特高。以爲攻擊或防備之用。時則敵人砲隊。必於所發砲中。特發一爆裂較高之炮。則其空中飛機。卽知在日光中或雲內。必有欲攻襲之者。

余等旣迫近敵機。忽又有炮聲隆然而還。余敢返顧則龐特孟梭附近。有發勒茲式機四架蜂擁而至。其隊與余等飛機爲對角形。意在斷余等歸路也。

余見之。亟至郝爾前。振余機翼。且稍右向。以促此飛行引導者之注意。使其知將要發見之危險。郝爾乃引余等東行。時將至之敵機。其高度在余等下。此誠予余等一射擊之機會。且余等既在其上。斷不至使敵機得從容至前。其時已在德戰綫內二三英里矣。

郝爾不知何故復轉其機深入敵境。余誠未解其意。豈彼別有所見。抑尚未知此四發勒兹式機已迫近耶。因復至郝爾前。重爲表示。觀其意態。似屬已知。此時敵機更近。不及一英里。余乃側余機翼。直向敵機。預備攻擊。郝爾亦隨余後而行。余益覺有恃無恐矣。

余等皆加速遄行。謀佔地位之優勢。以高度較勝敵機。射擊自易。余即擇最後之發勒兹式機爲余射擊之標的。飛既漸近。約僅距二百碼時。余即按鎗機。彈丸如飛泉。橫空直注敵機。機翼之中。且進且放。至相距五十碼時始止。此敵機已似失其運動能力。浮旋而落。余亦不敢窮追。乃亟昇余機環視四圍。蓋恐當余射擊時。有敵機躡我後者。斯時乃望見百碼外。有一紐波得式機降落甚速。一發勒兹式機尾之射擊殊爲猛烈。余見之極爲驚恐。懼此美機將至不免。不意倏忽之間。主客易位。不知此爲郝爾抑爲格林能如此以敗誘敵。出奇制勝。蓋彼以其機身作觔斗。翻騰而上。此發勒兹式機嚮之在美機上者。今反在其下。嚮之射擊美機者。今反受美機射擊。彈丸如絡繹之珠。每分鐘殆及六百五十。瞬息之間。此包克已被擊落矣。

余意是非郝爾莫足辦此。及余飛近觀之。則格林也。彼亦正矚目及余。此際戰事已告終結。空中已無敵機蹤影。惟最令人狐疑莫釋者。則彼郝爾者何往乎。

余與格林既返棹。經過敵壕。阿奇復爲其應例之酬酢。抵站後。余亟就格林詢郝爾行止。未及聞彼之答。余已憂心如焚矣。格林告我。郝爾降落時機尾旋轉。上翼皆失。迨一包克未得。而機亦損壞。反被敵擊、意必被擊落於蒙特塞克後之森林中矣。

郝爾失蹤之訊既傳。凡與有一面交者。無不義憤塡膺。思創敵以雪此恨。羅佛貝與郝爾最善。聞耗卽易裝向機塲乘機而去。其激昂慷慨悲憤之狀。殆不可以言語形容。彼飛行兩小時之久。深入敵境。始於聖米息爾之北。遇獨座戰鬬機三架。羅氏擊落其一。他二機以逃速。幸得免焉。蓋自郝爾失事以後。凡屬同袍。無不憤慨。無論爲國爲友。此仇皆不可不報。故余知此後必有非常獲勝之日也。

晷影不留。駒光易逝。距此事瞬及一月。倏有一事。最足以釋余等懷友之思而欣喜不置。蓋郝爾有函自德國某醫院寄來。彼以脛折。在院療治。至其受傷之故。迺非若余輩所計謂爲受擊於敵者。彼蓋以降落太速。其紐波得式機。不能當其風力。上翼屈曲。不能復伸。至於跌落。斷其腿骨。彼函謂再經二週。卽可痊愈矣云云。

後於千九百十八年十一月十九日。法國攻克險要。開入米茲。時余隊在崙貝克德航站。隊中人多飛往米茲參觀舉行得勝典禮。余亦與焉。米茲居人以余等爲最初至此城之美人。羣相屬目。余等正值觀禮之際。忽有一居民詢余等知否美國航空員之名郝爾者。衆聞此語。爭引以詢其究竟。彼乃用其德法襍雜之語。謂郝爾初被禁於醫院。數週後復遷入監獄。至昨日德軍撤退。始盡釋其俘虜。郝爾上尉乃於昨日自此往南息而去。彼用一拄杖而行。意途中必可覓代步矣。

翌日余等返站。始知郝爾果過此赴巴黎休養。於是郝爾之老友皆乘機飛往巴黎。以會晤其久別渴念之良朋焉。

郝爾言當日戰況。乃由彼機降落太速。有一機翼。勢將散落。殆將致跌踤地上。彼乃亦如前日米思尼爾所爲擬緩行返站。不意發動機忽停。束手無術。遂至跌落空地。傷及腿骨甚重。時有與余等交戰之一敵機。降落於側。將其捕獲。至其發動機停止之故。乃因中一鎗彈。然竟未爆烈。是亦不可思議者也。此敵機之駕駛員。乃携郝爾至其軍營。當夕敵軍諸駕駛員與其共餐時。卽告郝爾謂今日與美機戰。余等被毀二機。

毀二機乎。一爲格林所毀。余所目擊者也。他一機則孰所毀者。當日余與對敵之機。皆旋轉而下。後余以懼襲。未暇窮追。以爲此敵機必可逃免。郝爾乃謂曾親見此機被燃。已成焦炭。則是爲余所毀乎。此眞余所不及料者矣。

第七章

千九百一十八年五月八日。卽郝爾失事之翌日。余被命爲本隊第一團之指揮。代郝爾職也。余此次擢升。愈覺感奮。敵愾之心。不可遏止。計不待事告終。必更有代余職。如余之繼郝爾者。

余服務航空軍中亦既有日矣。雖不敢謂有所心得。而於蹈危履險之中。亦不無些須之領悟。余前以所爲荒謬可笑之事。無一不足爲借鑑之資。每愈思愈覺愧謬。因之警戒益甚。今既任爲指揮。必以余所經歷脫險之法。告余所屬使多識於趨避之道以免爲敵所阨。卽如紐波得式機機翼之不堅實卽宜念念不忘者也。

猶有宜謹愼者。卽在巡視之後。降落之前。必在航站上迴旋數週而下。蓋若從萬五千尺嚴寒之高空。驟然下降。則空氣之壓力與溫度瞬息判變。人感之極易頭暈。甚至不識方向。難於駕駛。或至有跌落之虞。故必迴旋降落。使空氣之壓力與溫度不至驟變。人之視覺亦可如常。不過費些須時間。卽可無生命危險。況有時藉此餘暇。更可環視四圍。有他飛機將同時降落與否。

余任指揮後二日之下午。余偵巡竣事返站。正在迴旋之際。見余機下有一飛機。向下降落。瞬息間其對面亦有一機降落。其機輪同時着地。余亟大聲疾呼。促彼等注意相撞之危險。顧地位太高。難使聞見。除坐視其相觸外。更無他術。余雖知其如是。終不能緘口不聲也。

此二機果於塲之中央相遇。兩翼攪動。轉如旋螺。更以觸動馬爾式之機關鎗。機子彈四射。瞬息罄盡。余在機艙內俯視此景。宛如七月四日佳節所燃輻射之火花。幸此二駕駛員皆未受傷。自破機中出。互相握手道歉。余機始亦緩緩而降。

翌日詹貝爾與余過敵綫巡視。値有阿勒巴特羅炘機四架。過茲歐克特而來。茲歐克特在敵綫內四英里。敵機隊伍頗整。其高度亦與余等不相上下。余乃故爲左右旋轉之勢。飛行於前。詹貝爾亦依式飛行於後。余等亦皆已有所心喻。夫以寡敵衆。雖云難於致勝。但余等二人以皆屢著戰功。互相推仰。彼此恃爲良助。敵人雖倍余衆。恐無余等相信之堅也。總之此際爲余等試驗膽力之機會。視果能以少勝多否。

航空作戰。與他種冒險之事正復無異。必先知伴侶之爲人與自身之能力然後能臨事不懼。詹貝爾素稱無畏且於飛行之道極其精細。在戰鬬時良可恃爲臂助故歐戰畢後詹貝爾計有七次之戰勝以飛經敵綫之時間多寡論之亦僅次於余而已。

余等既比翼而前卽向敵隊正中開始射擊。此時敵軍實以余二人爲勁敵。或直視爲瘋癲亦未可知。敵機首領時乃忽忙轉其機尾。從之者亦似怯於戰鬥。皆落向敵界而去。瞬息已杳。以莽撞之手段擊倍數之敵機。竟能退敵。是亦非始料所及也已。

五月十二日。天氣依然不佳。陰雲四擁。良足惱人。會米齊爾上校有電來邀余等數人同往祭圖西露耳。祭圖西露耳者爲法國某世家之大宅在航站南約五十英里胡佛爾少校與數軍官於中飯後偕余同往。至時米齊爾上校及郝勒少校已先在。時此第之主母爲一伯爵夫人。款待賓客極稱周摯。導余等遊其園囿。其面積約十英方里。以木板鋪路。整潔可鑑。中有溪水蜿蜒曲流石橋橫架其上魚池獵苑無不具備。余等行未幾卽見有野猪奔竄而過主人謂居祭圖者。無不以射獵野猪爲戲

祭圖之內。巨厦甚多。其閎麗可擬宮殿。遠望有一禮拜堂。或謂建築於羅馬時代云

遊覽既終。賓主閒話。伯爵夫人酬接之殷良足使賓至如歸若還鄉井夫人且囑衆人勿以客自視戰倦歸來。儘可就此休養。余知此地固不獨戰久疲倦者。樂於盤桓卽精神如常者亦必多樂於赴此約也

余等旣辭夫人歸。以汽車至巢蒙特與米齊爾上校晚餐。餐畢復行至三點三十分始抵站。胸懷雖暢。而體倦難支。方欲安享黑甜滋味。詎舉目卽見有命令。命余在淸晨五時引所屬過敵綫偵巡云云時距飛

行時間僅一時半耳。余又倦極不支。如何如何。

翌晨余醒時已十一點。方異司晨警者胡未醒余。即至窗前觀望。則大雨如注。彌望皆水。陰雲如墨。略無漏隙。此殆天有以曲全我也。

五月十五日。爲頒給余隊內勇敢者勳章之日。是日天氣極佳。余等對於頒給勳章。本極漠視。以爲無足重輕。後乃知爲極大榮典也。

法國陸軍第六隊總指揮季拉德將軍。將於午餐後至飛行場。余於午前。力謀避余同儕。以彼等輙捉我。勸我理髮整容。刷靑敷粉。謂凡受勳章者。將軍必與接吻云。米思尼爾少尉與余。皆初膺懋賞。不諳禮儀。心中殊爲忐忑。白特森少校亦爲受勳之一員。但彼已經歷數次。頗無踧踖之狀。更有余等誤以爲戰死之郝爾上尉。及兩週前被敵擊落之查蒲滿少尉。皆在受勳之列。然恐呼名之時。無應者矣。惜哉。

午後纔一句鐘。已有三隊法軍至站前。列爲音樂隊。後又有美國二十六師之步軍數隊。亦附有音樂隊。美軍及法軍乃於航站中央結成方陣。同時余等亦移所有紐波得式飛機。陳列飛行場上。其飛機上國旗之各色標誌。煇耀日光中。極爲奪目。技工及兵士等皆列於機後。以備典禮之舉行。

當余等之同伴欣欣然經余等前致賀之際。余與米思尼爾着新拭油之鞾。兀立是地。戰栗不安。白特森亦在余側。皆俟命而前。法美兩樂隊既奏樂。季將軍及其隨從及自機廠後出現。意彼等隱是地久矣。此時余思潮起伏。幻想叠生。憶及故國之老母。若知其驕子之被榮典。必將欣喜無量。又思季將軍如此偉碩。則接吻之時。余非跂足引領。殆不能及將軍之吻。有余一老友。亦以此詔余。他則無所聞矣。

維時軍樂復奏。歌聲極馴。似爲『薄海歡』。其詞若曰『嘻！』『君謂』『君試觀　衆人聞之。皆起立致敬。樂止。本隊首領米齊爾上校即簡單致其賀詞。畢。季拉德將軍即溫容而進。貌雖和煦而仍有凜然之色。手獎章及功績表。立余等前。以法語聲敘余等之功績。

獎章爲黃銅質。製造極精。懸之於彩綬之上。有星形者。有棕櫚形者。以別爲隊中所獎。抑爲師中所獎。故值某人在隊中有功時。著一勞績。即獎一棕櫚獎章。在法之飛行員。多有獎章。多及腹者。余見法國之大愛斯樊克以曾建二十九次戰功。每值舉行典禮之時。彼即以兩行獎章懸遍胸前。若師中獎章則爲星形。應佩於棕櫚獎章之上。威廉上校即佩二星式章。二棕櫚式章。及其餘他種勛章。

季拉德將軍親以獎章佩於余等胸際。並力握余等手道賀。余等亦答禮。禮畢。將軍即去。始終無與余等接吻之意。五分鐘後。此飛行塲即有隙地。余等即乘機上昇於空中作各種技術。有半小時許。乃復降落復蒙法軍官感謝。於是法美軍隊及樂隊皆整列而去。來賓亦乘汽車歸。技士等乃復若其油褲駛機入機廠之內。

此時米思尼爾立余側露齒而笑曰。黎克、余此時思創敵之心甚熾。欲飛行獲一包克子。意云何。予應曰、善。今日出必不徒歸也。

果也談言微中。適逢其會。余等甫離地。即見一德人雙坐機。似爲蘭普勒式。此式在敵人雙坐機中最能高飛。其高度迥非紐波得機所可至。紐波得式機即飛至極度。而此種敵機仍可岸然在上。拍我軍地勢之照片。且有時可任意射擊在其下之飛機。紐波得式機若值此時。恐其駕駛員必將焦急成癲矣。

余等既見此機。急乘其未得穩固地位以前追及之。彼時敵機頗有驚懼之意。極力昇高而返。頃刻已不可復見。余等復在敵綫偵查。卒無他遇。乃共返站。余二人互相環抱。嗜以奬章直佩至膝下爲祝。米思尼爾曰。汝宜知此綬之値矣。

（未完）

空中運輸發展之趨勢

譯巴黎空氣雜誌　卑爾賀氏原著

在事實上。航空所以迄今不能視爲一種運輸方法者。厥有三重要原因。爲其阻力。卽安全之缺乏。程次之無定。及資本之重大是也。然航空亦有其利。如飛行之迅速。軌道設置之免除。旅客之愉快。皆吾人所嘗承認而不可湮沒者。

吾輩仍欲研究商業航空發展之阻碍。並答復有識者所提出之難問。因彼輩一方面雖虛心聽教。他方面則又爲種種結果所感觸而不能無疑。

現在對於航空問題。得能充分指示者。鮮有其人。卽或有之。亦不敢十分發表意見。蓋恐不可預測之結果與其推量或相違背。要之無論在崇拜航空之人。及嗜好航空之人中。其懷疑而未敢决信者。比比是也。

是以公衆未得充分之指示。且其所得指示。多出自亂雜而欠深奥之敍述。凡此或由有意含混其辭。或因能力之欠缺故也。叙述者爲表示其從事於該問題之第一步研究。輒僅登錄已發生之事實。如競飛出險。及他種偶然之事。並不言及其原因與利益。且不宣布其關係。只欲使其所叙述之種種事實。令人感動而已。

譯述

續第二卷第七八號合刊

空中戰紀

美國黎肯巴克著
葉廷元譯

第八章

御飛行機作空中戰。前此之所未有。則事當草創。爲術必疎。非精研窮討搜其奥妙。必不能應用無阻。齊貝爾與余時以研求新法。呶呶至於午夜。苟有所得。必於翌晨試之。驗其效否。習以爲常。余意德人息甲時之所思。亦與余等攸同也。

五月十七日。司曉籌者遵余囑以四時醒余。余復命之往醒齊貝爾。備飛行。蓋余等欲於晨光熹微之際。昇機入雲。於敵人猶在酣夢時。即已薄其戰線。然後俟有撮影之敵機飛過時。則掩而襲之。攻其不意。必可得志。此策良新。顧人多思不及此。何也。

余等飛過南息。即扶搖而上。達一萬八千尺。於度已滿。而寒威凜冽。亦若在冰點下一萬八千度。所恃以自持者。惟勝敵之念熱於中。遂不覺嚴寒可畏耳。此日天氣清朗。視像甚晰。俯觀城郭都成燼餘。惟見壁壘帷幕。列如繁星。欃槍之氣正濃。洗甲之期安在。兵凶戰危。不其信歟。

余等抵戰線後。往復迴旋。冀於此清晨有所弋獲。乃翱翔已倦。而包克猶無至者。失望如斯。眞非始料所及。所可喜者。謀早起而適得佳日。已臨敵而阿奇未知。凡余等苦心之所籌畫。皆已如願以償。所可恨者。弓雖良而鳥不至。網雖密而魚不遊。斯不能無一簣九仞之歎。雖然。余終不欲徒手返也。

羅佛貝少校常謂逸居高臥。抱膝向火。而思獲敵機。是誠悖想。余以汽油猶敷一小時用。仍可繼續偵巡。

更以憶及羅氏之言。遂不復作回駛念。顧此時寒威砭骨。飢火燒腸。以視安坐餐室向火大嚼者。則余亦良苦矣。言念及此。思緒棼然。及尋詹貝爾已不知何往。四顧空濛。了無一物。意此諸蠢包克必無以破曉出者。雖然羅氏之言。確非空論。此水雖淸。猶近有魚之水。若箕踞臥榻爐火之間。而作求魚之想。眞緣木等耳。

余忽憶一故事。爲一黑人釣於近其居之沼。終朝無一尾之獲。適有白人過之。告彼以此泥沼中固無魚也。黑人謂斯水雖無。然去多魚之所則不遠矣。余以此言良足醒余惑。亟轉機向米兹。度或不復致空垂鈎餌也。米兹在戰線後二十五英里。爲德人優等航站之一。

余機既離地二萬英尺。乃折而東。時曈曈之旭日湧自遠山之後。如巨火球。其光線直射於法境之地表。余即向日而行。經龐特孟橋以東之敵人戰線。其地爲敵人最精偵察之砲隊所在。此淸晨余以極高度過此。此時發動機聲。或已爲彼輩所聞。而吾之機體。彼雖竭其目力。或用極強之望遠鏡。亦不能爲所見。故直至余抵米兹。猶未饗我一彈也。

米兹依河爲城。此摩爾塞河之兩岸。皆懸崖峭壁。險阻非常。殆米兹之天然堡壘也。顧此城雖瞭然在目。惜余所乘非炸彈機。不能向此城之營壘。餽以佳品之炸彈。以不負此行耳。

米兹地屬重鎭。帶甲之士。衆逾數萬。高級軍官多駐於此。其地爲德軍赴米幽司前敵戰線必經之路。故駐軍甚夥。特余距之甚遠。非機關槍彈力所及。亦徒喚奈何而已。飛行一匝。即返機作歸站計。途經弗拉思喀航站。其棚廠皆建於小山之頂。可以俯視摩塞爾河。時亦無飛機欲飛升者。

余忽憶及在茲歐克得。猶有一敵人航站。則今晨之希望未必遂全成泡影。然余機已飛行過久。燃料漸形缺乏。而又在戰線後二十英里之遠。萬一遇險。豈不束手待斃。乃增加速度而行。猶恐落於德界以內。於是益降余機鼻。使飛行益速。風馳電掣。鳥逝雲飛。瞬息間念念在茲之茲歐克得。已現於眼簾之前。乃閉余發動機。悄然平落。至距地萬八千尺而止。環繞之際。見德人航站。乃在城外一小平原。稍間即見有三架整齊之阿勒波特羅斯機。循序飛昇。日南日上。望而知過戰線來者。余乃極力設法隱避。不使為所發見。直至其第三機與余高度略等。余乃折而躡其後。

載翱載翔。瞬已及蒙特塞克。為聖米息爾北之大山。高約三千尺。時敵機已越山而南。余機在山之北。余心欲俟敵機過我軍戰線後。再施攻擊。心有所思。遂不期為阿奇砲隊所見。砰然一聲。已透雲表。余亦無暇視察是否為所擊中。乃亟逐其最後之敵機而去。

未幾復有一警告之彈。爆裂於敵機之前。敵機之首領。乃轉翼廻顧。時余距其最後一機。不及二百碼。余乃極余速度。約可一小時行二百英里之譜。此最後之敵機。峭立而下。欲圖避免。余盡力狂追。至距離五十碼時。已見余機關槍之槍彈。洞穿敵機駕駛員之座。余自開始射擊至此時。不過十秒。此敵機宜左右旋轉。避余彈路。乃竟直飛而落。此為飛行大忌。宜其殪之速矣。

此時余計當余射擊之時。若彼二敵機亦踪跡吾後。如余之躡敵者。則余處地實為至險。總之以寡禦衆。勢有未能。惟有出於逃免一途。然亦視余之轉運如何耳。

余以決意欲得其最後敵機之故。致忘懷於其他危險。故當余擊旋轉竿近余座。欲迅疾飛昇以避敵機時。此紐波得式機之弱點至此乃立見。訇然一響。如迅雷入耳。至足驚駭。蓋以頃間飛行過速之故。右翼已傷。翼上之帆布皆爲風所裂。機既失其平衡。左翼上掀。右翼下欹。遂影響及於機尾。亦失其效用。余雖盡力掣旋轉竿。移方向舵。亦無稍濟。初猶緩緩而行。繼而機尾愈旋愈速。下降亦愈疾。余乃陷於莫可如何之勢。蓋機已如跛如癱。尚安所望哉。

余時雖已至無可救藥之勢。而猶不知彼二阿勒貝特羅斯是否猶追逐射擊。乃兩次回顧。見彼等依然追逐不捨。射擊弗已。余誠不能不笑彼等之判決力太劣。而以無量之軍火虛費於全無能力之跛機也。抑彼或猶以爲余如此飛行爲誘惑之計。則彼等尤爲愚不可及。世固無駕駛員能裸機（無機皮）而飛者。彼等獨不見余機機皮已剝裂無餘乎。

生死難知。憂心如擣。今抵蒙特塞克森林矣。距地幾許。余亦不知。獨念此機將跌爲虀粉與余同盡乎。抑落於樹巔余猶可獲萬一之生路耶。然恐亦不知將折傷筋骨幾許矣。念余所聞知若米思尼爾、若郝爾、皆與遭逢略同。而皆獲免。倘余亦邀天幸。必不致蹈此險。然此際徒思亦屬無益。惟知爲殘廢之俘虜。余必不能免矣。雖然、此不傷余慈母之心耶。

此時以思母一念。余之精神復爲之一振。念萬一余不免。則余母當倚閭之時。開緘而讀我之噩電。其慘痛當何如者。言念及此。萬感俱集。凡幼時啼乳索餅之情景。皆歷歷如在目前。蓋人之疾病死者。雖絕息時。亦多能回憶故事。然入念者亦不過寥寥數端。惟以自不知愼至瀕危難者。則所經歷可喜可戀可哀可怒之事。無不畢現於腦筋。而令人有噬臍嘆也。

余機此時。乃如傷弓之鳥。斷繮之鳶。作螺旋式而落每一旋卽震盪不止。余處其中。乃如駛芥舟於巨浪。駕劣馬於巉巖。動觸頭足。余雖竭全力掣旋轉竿與機舵。而曾無毫末之效。探首外視則自機翼損壞已旋落抵一萬尺。使再落三千尺者。則跌碎必矣。敵軍昂首矚視。萬目睽睽。似皆欲俟余落爭得一臠者。熖已燃眉。危如朝露。爲生爲死。舉任諸天。因復開余發動機。乃覺前進之速力頓增。機尾亦不旋而平。余乃亟持定旋轉竿轉正方向舵前行。但能如此飛行逾五分時。卽可越戰線矣。時俯視敵人若皆以手招我者。

敵人之二阿勒貝特羅斯機。此際已不復見。意彼必以余機已無能力將自跌落故不復窮追耳余機前行極速俯視房舍樹木皆如返奔者。然余不覺爲之一快思更欲昇高爲益善然不能矣

噫、老友阿奇復致其接待之慇懃矣。然余頗視若無物惟視余機幸載余過戰線則余亦將慎爲降落不跌碎之以爲酬。危難之間異想饒多。殊可笑也。

戰綫既過。瞬抵航站時高度約及千尺余乃壓棚廠之頂而落時發動機猶未閉止也。時有附近之法國駕駛員爭來探視。謂是何人斯乃不止發動機而降落後彼等謂余如傷翼之鳥斜撲而落無復翩翩致矣。

余既出機艙。廻思適所經歷誠足駭懼。然此爲飛行家至險之境也。至險之境余復得飽爲經練則更有何事足懼者。

余意貝爾必係棄余獨返。因怒詢其踪跡。不意貝亦未歸。越數分時。乃返。彼怨余不如夙約離之獨行。

致伊亦深入德境。且謂彼出德境時。見二阿勒貝特羅斯機返其航站云。余度其必爲欲以電車往余降落地。收其得勝品者。詢以戰事及余跛飛之狀。詹皆不知。惟以其僅見二阿勒貝特羅斯機之事觀之。則余所擊者。必跌落無疑矣。

翌晨、法人傳來消息。言余戰訊甚詳。余所擊之敵機。跌落於法戰線內約五百碼云。

日本之航空事業

宣永光

紐約時報云。日本欲增其海軍飛行事務一事。吾人已聞之審矣。此既爲該國內政。本無若何可驚異之處。惟據天津發來之公文以觀。實令吾人不能忽視也。因日本現在台灣南岸距小呂宋二百英里距菲律濱五百英里之處。建設飛行場一所。設使該國有隔台灣海峽窺伺中國之心。則應設於台灣西岸距厦門一百二十五英里之處。若在台灣南岸設立飛行場。實距長崎尚有九百英里之遙也。前者已退伍之海軍少將費斯克氏。Brodley A. Fiske (參閱附件) 曾力促政府在呂宋籌設強大之航空隊。以保菲律濱。今再就天津公文觀之。更不能不令美國加以防備矣。

傳聞日本之海軍飛機隊三隊。各有飛機六架。將來可增至十五隊。以每隊六架計之。可有九十架之多。該國航空事業。曾因歐戰之故。略有停頓。一九一二年(民國元年)組成一海軍飛機隊。設司令部於橫須賀。歐戰終了時。法國飛行團抵日。遂與該國訂立合同。辦改編軍事航空事務。一九二〇年(民國九年)又由英美二國購飛機多架。並美國新式發動機多種。近又聘來英國教員駕駛員並技士約百人。彼等前雖爲陸海二軍之官佐。然已與從前之職務脫離關係。每人每月除公費外。可得薪金七百五十

（四）俄飛航員講演錄

施美托講述
葉廷元筆錄

我們大家由莫斯科來的時候。共總是六架飛機。有俄國製造的四架。德國製造的兩架。俄國飛機發動機有四百二十馬力的。有四百五十五馬力的。德國飛機是庸格廠所造有二百八十馬力發動機。在俄機內有叫作阿喀的。是拿兩個工程師的名字所合成的。在我們出發之前。天氣是很不好。朋友們勸不可以冒險。若是中途出了意外。豈不後悔遲了嗎。因爲大家的勸阻。所以本定規早晨八時就要騰空的。這樣一鬧。直耽悞了二小時。等到十時。我們纔自莫斯科動身。可是大家要知道那個時候。天還是陰的是沉雨。還是下的甚大。雖朋友之婉言諫阻。然而我們已具有極强的決心。遂由莫斯科一氣直飛至喀嗎。飛機上代有閃光好似爆竹似的。若發出綠色的光亮。是表明平安的意思。若發出紅色的光亮是表明有危險的事情發生了。我們飛到薩拉泊的時候。有一架飛機的油缸。忽然炸裂。趕緊落在地上。把汽缸收拾妥當。又往前飛行。在這裝卸的時間已經費去許多的時候。至過烏拉嶺時。氣油又不夠了。我們又費些時間。添補汽油。到伊克拉庫次克地方。見沙漠中之艸地。一直順西伯利亞鐵路照直飛行。之那個地方。山高綿亘。若在此崎嶇巘巇之中。出了點危險的事情。不但說機器修理甚難。恐怕性命也難保了。自從莫斯科飛行直到此時。一路之上。陰雨不絕。冰雹交下。濕氣甚低。大霧迷漫。過了伊克拉庫次克。

直到克拉夫雅司克。天氣雖然較好。可是森林遍地。大木參天。在此二千里地以內。時常發火。非烟即霧。瀰漫宇宙。在此無可救濟的時候。祇得在極高度飛行。以便飛機發生障礙之時。可以有工夫找個空地斜行下落了。在這個地方一號飛機機器壞了。好在當時即修理完好。阿喀式飛機汽油不夠也添上油了。諸事修補完備。我們就一氣飛過貝加爾湖。直至伊爾庫次克。後即擬往庫倫。出發之前看看天氣。但見星斗燦然。以為中途可以無阻了。不意甫過兩小時以後。黑雲鋪遍。大雨傾盆。我們六架飛機。祇有二架飛到了庫倫。二架停留在尚屋金斯克。二架復飛回伊爾庫次克。等到六架都到庫倫以後。復向烏得出發。沙漠無垠。虎狼潛處。無物可食。無水可飲。離烏得二百里地。大風飛揚。有一架飛機被風吹落。機尾就朝天了。駕駛的人已擲在機外。同行的人都以為摔落的駕駛員及機工決無復生之望了。余等抵烏得後。當即派人往看。庫倫亦派人來瞧。幸而駕駛員同機工並無性命之憂。並將飛機修好。最後到中國之飛機。即是在烏得以北遇險的呢。此後復由烏得飛至廟壇。有一架飛機不甚留神。落在小溝以內。機器損壞。至今猶在遇險的地方擱着呢。此後經張家口飛抵北京。共計七千公里。飛行時間祇不過三晝夜之多。且此次俄日飛行。計有三大特點。(一)六架皆抵廟壇。(二)飛機多為本國所製。飛行七千公里。而六架合算共飛行四萬二千公里之遠。(三)此次飛行的人。皆是勞工知識的人。

由莫斯科至北京航綫。沿途情形已經調查明確。祇飛行六十四小時。將來蘇聯共和國與中華民國交通愈便了。親善更隆了。這回飛行豈不是開其端嗎。所以這次飛行的道路。就是中俄兩國親善的道路。

民國十四年七月二十七日航空署張代理署長雨樵特請俄飛行家施美托君到署講演。是日航署長官及飛航員等到場者不下四五十人。述者汗流如珠。聽者津津有味。古人云。與君一夕話。勝讀十年書。吾則曰。聽彼一席話。勝學十年飛。蓋因經驗之談。不可多得也。今更讀葉君之記略。不禁感動乎中。夫以俄國之狀況與中國比。則不相上下。而對於航空一途。竟能造成飛機數架。作七千公里之長途飛行。能不令人欽佩耶。吾國興辦航空十餘年矣。不特飛機未成一架。即一校一廠。亦難於維持。良可慨也。復何言哉。

北海附誌　七月三十日燈下

林克教練機之說明

葉廷元譯

林克教練機，爲一種機械上設計，可用以訓練飛行人作儀器飛行，並可用以訓練飛行人使用無線電波範圍，及其他新式飛航之法。此機爲林克及其某工程師等費九年工夫研究所得，機上裝有全部最新式儀器，可作降落，起飛，飛近地面，長距偵察，長途飛航，儀器及無線電飛行等各種訓練。美國陸軍航空隊海軍航空隊及商務部航空處均曾將該種教練機詳予試驗定爲訓練標準器具，此外美國商業航空局經竭力試驗，歷時逾兩年，知以此種教練機訓練及考試飛行人員，實爲最有效方法，且規定關於在空中作各種儀器及無線電試驗時間內，應勻出一部時間當林克教練機之試驗，故此機在今日已經過試驗時期，業經成爲各種訓練之利器矣。

除美國而外現在採用林克機作爲軍事飛行訓練標準器具者，則有英國，其他若阿根廷，澳大利亞，比利時，巴西，坎拿大，中國，埃及，法國，德國，荷蘭，意大利，日本，墨西哥，挪威，秘魯，波蘭，羅馬尼亞，蘇俄，南阿非利加，瑞典，瑞士，土耳其，南斯拉夫等各國，亦常用爲訓練軍事飛行人員器具，並在商用航空方面，世界各國航空公司用林克機以考試飛行員者，亦不在少數。

儀器降落法最近之發展

在已往數年間，新式儀器製出甚多，雖可以使飛機在任何天氣，均可飛行，直至今日，又有儀器降落法之出現，現在美國各航空機關，用各種不同之法，以爲儀器降落之試驗，儀製查所得，現將飛機應賴儀器，以儀器降落試驗成功者甚多，雖尚無一確定之法，可以應用於商業飛航，俾遇任何天氣，均可降落，不過在事實經過之表現者，即在最近期間以內，定可採取一種法則，或集取各種法則之大成，雖在極昏暗天氣之時，均可依以爲降落之用，惟是無一新法之發明，均須受嚴閉訓練，及時常練習，始能正當應用，此種林克教練機而適合此種需用，且訓練時間及經費，均極經濟，同時人員機械亦極少受損傷，自從儀器降落各法發明以還，均依林克機以爲試驗之具，此後無論採取何種法則，均可藉是種教練機爲練習之訓練矣。

林克教練機之式樣

現在飛航所用之儀器式樣，儀器降落法則，以及輔助飛航所用之各種設備，世界各國各有不同，並無一定標準，例如美國則採用無線電波範圍，其他某某國家則以羅藍茲降落法LORENZ LANDING SYSTEM爲標準，此外又有某某國正以重行試驗其他各種法則者，因之林克教練機爲適合各種需要及設備經濟起見，亦有各種不同式樣，惟須知林克機之外表及機械上動作之法，均屬相同，至所謂不同者，即爲儀器上及各種特別裝置而已。

林克機之使用法

林克機表面形狀，與一小型雙翼飛機相似，有機身機翼副翼及尾翼組，底面有方形固定機座，飛機即在機座上旋轉，能旋轉三百六十度，其縱向及橫向移動之角度，亦約達三十度，）至該機之原動力，則爲一電動發動機（二〇弗打，交流。）轉動真空渦輪，再催動風箱系。如是飛行人可以操縱杆（輪）及方向舵開閉氣門，以操縱風箱之空氣，而使此種教練機之傾側，轉彎，爬升，俯衝，螺旋，與真正駕駛飛機時之各種操縱動作相似。

林克教練機在製造設計時，卽注意操縱機關之特別靈敏，故練一般飛行人學習儀器飛行時之糾正錯誤，卽爲過度操縱。可一經學習林克機之靈敏操縱正當而後，則在空中時之操縱，不發生何種困難，蓋林克機不但操縱富靈敏性，而且缺少固有安定性，較諸真正在空中駕駛飛機尤難，常有富於儀器飛行之飛行員，在操縱林克機之始，猶覺發生困難，仍須練達三十分或六十分鐘始能純習，不過一經練習而後，再在空中作儀器飛行時，可有措施裕如之操縱矣。

在蓋艙之座艙以內，有駕駛座，有操縱機關，有發光照明之儀器板，無論在何種林克飛機以內，均裝有正式儀器飛行所需之儀器。若磁針羅盤，空速表，轉彎傾側計，升降速度計，陀羅方向儀，人工水平儀，靈敏高度表，及轉數表，此外亦裝置有通用之無綫電操縱器，聽筒擴音器。及油門。再則各種儀器盤面均係標準樣式，盤面上欲依公尺計數者亦可，凡操縱時之一舉一動。均能使儀器有相當之表示。且與真正飛行時所表示者相同。

靈敏之高度表可在林克機爬升俯衝或航行時表示飛機之高度，如是此種教練機可在預定之高度飛行，並可依儀器之表示，作降落及爬升之練習，至油門之作用與普通氣門作用相同，可以影響於空速表，升降速度計，及轉數表之表示，設如油門開時，則空速增加，而垂直速度計亦可依照教練機所升之高度爲正當之表示，至轉數表則可表示每分鐘正當轉數。磁針羅盤之作用與一旋轉羅盤之作用相同，欲使羅盤之表示與一真正飛機內羅盤表示相似時，特在羅盤正下面，放一小塊磁石，惟此磁石須依方向舵之氣門與縱，如是林克機在每一轉彎之時，卽可感動小塊磁石，因之羅盤所表示度數，可與真正飛行時相同。此外轉彎傾側計，陀羅方向儀，人工水平儀，亦均依照駕駛時動作，而作適用正當之表示」，林克機上裝有亂流器，可隨教官之意旨開閉該器，使混亂氣流發生，或使混亂氣流停止，此外該機上亦安置自動螺旋器，使飛機在失速時，變成螺旋，與空中飛行時變成螺旋之態度相同，若從螺旋中恢復正常飛行，所依正當操縱法，卽可復原，在螺旋中及從螺旋中恢復之際，所有儀器之表示，均與真正飛行時相同，在螺旋時之速度與真正操縱亦大致相若。是爲使飛行人眩暈，故飛行人欲使該教練恢復原狀，免去眩暈，非依儀器改正不可。再則飛機上結冰情形，及結冰後對於儀器表示上之影響。亦均能由林克教練機演習。

教官指導棹之布置

在每一林克教練機均須有一教官指導棹，棹內安放無綫電及交互通信之設備，教官坐於棹前，以雙路通信法或以電碼指導林克機。座艙內之學生，各種手動操縱機關（無綫電光記號操縱，無綫電羅盤操縱，飛行路向指示器操縱，）均在棹內操縱板上安放可由教官用以將必要之記號或表示傳達於飛行學生。在教官指導棹上放有飛行地圖或無綫電波範圍圖，並與飛行自動紀錄器併用，可表明學生飛航方向是否錯誤。

關於訓練「林克」教練機教官所應注意之事項，欲得到「林克」教練機充分效能，必須先于此種教官以適當訓練，因充任此種教官者，不獨須了解如何運用此種教練機，即對於無綫電波範圍及其特性，無綫電羅盤之使用，各種儀器降落法則以及應用儀器之各種學識亦須精熟，此外亦應明瞭美國商務部對於此種訓練所規定辦法。現美國商務部已經設立一林克機教官管理處，對於申請爲此種教官而又有充分之飛行經驗者給與證書，此種教官訓練限期，依申請者之經驗深淺，各有不同，少者爲四個星期，多者爲十二個星期，故訓練方法亦因各人之程度而異。倘有教訓練之實施可以易爲解濟，然無論如何，各人必須入校，受過此種專門訓練，方能善於運用此種教練而得其最大效能。

關於選取此類教官所限定之資格，不必求之過高，曾經充任飛行員者，再令其受此訓練，因屬輕而易舉，然亦不必拘拘於是，在美國空軍方面所得經驗，而知身爲軍官者往往不屑爲此，最好由軍士中有相當飛行經驗或技術經驗豐富者選拔訓練，因此等人員樂利用此機以求上進，定能潛心致志學習。惟此類人員必須受特種訓練，并須在担任教官時付予必要權限，俾能訓練地位較高學員。此種辦法，推行於射擊訓練，照相訓練，亦爲有效。至在商用航空方面充任此種教官者，可由因體格不合退職而富有經驗之商運飛行員，或由經驗稍差之助理飛行員中選錄，此種助理飛行員甚願利用機會以圖進展，定能潛心受訓。凡欲充任此類教官者，必須心地靈活，意志向上，能耐煩勞，同時在品格毅力胆量及教授方法上，亦須有相當造就，始能受學員之欽佩，而願服從其指導。

航向自動紀錄器

航向自動紀錄器置於教官指導棹上，沿棹移動，即可將林克機飛行方向據實錄記於地圖或無綫電波範圍圖之上，該機之每一轉彎無論如何輕微均能錄出，此種記錄器以恆定速度移動，因之時間距離均可精確計出，毫無錯誤。器底面安有三個轉輪均以齒輪銜接於一台拍之電動機，此台拍電動機視教練機旋轉爲旋轉。三輪亦間接隨教練機旋轉以爲旋轉，因之飛機轉彎度數無論多少，或稍爲轉彎或作一九十度轉彎，或作一完全轉彎，均能由三輪立刻表明所旋轉之方向，三輪中有兩輪前進之力，係由兩個恆定速度電動機催動，至第三輪即與墨水器同功，輪上另有旋轉墨盤供給墨水，如是該輪所畫之綫即爲教練機飛行路向。至三輪之垂直軸則安於六個球軸承之上，總之此方向自動紀錄器與教練機之間，並無機械上聯接，完全以電力聯接，在教練時用此種紀錄器以表明飛行確實方向，並可表明學生判斷羅盤方向之輕微錯誤，如是爲教官者之責任可減輕許多，且教官依飛行方向所畫出之線，可確切操縱無綫電記號，學生對於無綫電記號判讀有所錯誤，可依紀錄器所畫之飛行路綫證明，此種證實之解答，在空中飛行訓練殊難辦到，且學生每閱畫出之飛行方向，可以迅獲改正進步，同時教官與學生間對於飛行路向錯誤與否之爭執亦可免除矣。

林克教練機之保管與檢查

林克教練機亦與他種機械相同，須按期檢查，每日檢查法、每週檢查法，均另有書說明，購機時隨送。

林克機之裝置

林克教練機須常設房間安放，房間大小須能使該機自由轉動，且能敷安放教官棹位及其他設備之空間爲準。此機轉動周圍依十五英尺直徑計算，高度在羅盤放下時爲八十八英寸高度，在羅盤開起時爲一百英寸，故安放此機之房間高度不敷時，可將屋頂開洞，以便艙蓋開起，或從三十六吋半之見方地面向下挖深數英寸亦可。教官棹位面積約爲六呎乘三呎，欲求訓練適宜，二十呎寬二十五呎長之房間即可應用，此教練機拆卸時所佔面積爲七呎四吋高三十七吋寬。

使用林克教練機之費用

使用林克機之費用異常經濟，計電力費用每小時約需美金五分，至添換材料費用，按每年使用教練機二千小時計算，尚不及美金二千五百元，此外所需費用即爲教官薪俸。

平均一個有執照合格之飛行員，須有二十至三十小時之空中訓練，始能作儀器及無綫電波光飛行，若使用林克機先在地面作十至十五小時之訓練，而後再繼作五小時之空中訓練，即可與始終在空中作二十或三十小時訓練之成績相等，此種統計數字見於美國陸海軍公報。再則林克機之教練，無論在何種天氣均可施行，且在上下來往於無綫電波範圍之際，並不耗費何等時間，至人員及機件上遇險更爲減少。總之，訓練費用若依前述兩種訓練比較，則後者訓練之結，在某一定時期，可較前者省去百分之六十費用。

上述節省費用，係按照軍用航空方面九十日統計結果而定。尤其學習無綫電波範圍及飛行方向各種問題時，節省之數更爲顯著，蓋以關於各該科目種種問題，均可以教練機教練，至在商用航空方面統計，凡飛行員無論對於常行航路，或變更航路內各無綫電波範圍問題，均可以林克機教練純熟，並不需增加何等費用也。

林克教練機一般裝置

任何林克機表面形式及機械動作，均屬相同，惟儀器裝置及無線電設備各有不同，且任何教練機內均有磁針羅盤，高速表，轉彎傾側計，升降速度計，陀羅，方向儀，人工水平儀，靈敏高度表及轉數表外，並有教官指導棹，裝有兩路通訊設備，（音聲通訊或電碼通訊）及自動航向紀錄器。凡一教練機有如是普通設備，即可練習各種儀器飛行，例如傾側，轉彎，俯衝，爬升，螺旋下降，（即準備落前之動作）起飛以及關於長途飛行各種問題之訓練。

C式教練機之設備

C式教練機當爲使用無綫電波範圍之國家而製，中以美國爲最。機中設備除前節所述一般裝置而外，尚有無線電，羅盤，目視標誌及無綫電波記號所應用之各種必需無線電設備。

各種無綫電波範圍記號及無綫電播音，均由教官自指導棹發出，經由飛行人所帶聽筒傳達於飛行人之耳。無綫電發報器所發出記號與地面無綫電波範圍播送台所發出記號相同，例如A.N. 或A.I. 記號，或航向記號，或站台呼號，乃至各種不同記號或其音量，均由教官用各記號音量盤操縱之。各記號音量盤與近無綫電發音器安放。因之凡關於無綫電波範圍飛行，或關於長途飛行之各種問題，均可做造訓練，教官與學生之間，裝有兩路通訊設備，或由話音傳遞，或用電碼傳遞均可。至練習之呼號，則共備有五種，此外無線電羅盤，須候及成音信器，亦均由指導棹操縱之。

飛航方向之練習

爲練習無綫電各種問題，在教官指導棹上有一無綫電波範圍圖，無綫電波範圍可隨意制定，按比例畫成同中心之多數圓周。圓周中心假設即爲某無綫電台之位置。每一圓周即代表在一分鐘內以規定航速應飛行完畢之距離，在訓練時，教官要放紀錄器於圖上之某一點，此點代表地位祇教官明瞭，不使學生知悉。惟紀錄器所指方向須與教練機所指方向相同，此時教官即發出無綫電記號，如學生飛行位置與發電台之位置一致之時，即可收到無綫電記號，此時學生應解釋記號，與[illegible]飛行位置向無綫電波光飛行。並隨無綫電波光進入，無綫電[illegible]當記錄器經過無綫電波範圍圖，並從紀錄器畫圖上之綫，表明飛機逐漸移動位置時。教官應按學生移動位置發出相當音信之無綫電記號，此時學生如依無綫電波飛行，即可收到此項記錄，凡應用定期郵航圖之長途飛行，均可仿行練習。但在勞光（曲光）標風，室外天氣變動須改變飛行航向者，以及其他各種磁差均可予以訓練。總之，林克教練機對於長途飛行各種問題之訓練，極爲相宜。設教官稍一運用心思，即可分辨別方向或長途飛行中之各種應注意問題，均可仿行訓練。普通所謂「單用或赫與相法」 ARMY ou HENGENBERG SYSTEM 之儀器，進場降落均可以「無綫電羅盤」「目視及口語標燈」及輔用之飛行儀器仿行訓練。

D式教練機

D式教練機係依英國航空部之意見所設計，對于歐洲及不用無綫電周波範圍而有其他盲目降落法之國家極爲適用。在此式教練機內無無綫電羅盤及目視標燈，而代以「航路指示信號組成器」。此機上均有歐洲習用之無綫電記號「E」及「T」。而不用美國無綫電波範圍「A」及「N」記號。在訓練時，教官須明瞭教練機觸度，高度速度，始能發出儀器降落紀號。因之在指導棹內亦須裝有儀器校安放空速表，升降速度計，「高度表及降落航路指示表，與安放於教練機座艙者相同，且其動作一致，如是教練機之訓練範圍增加，不但在開始訓練之際省去多數金錢時間及器材。且學生可常常用此種教練機，學習技術頗難之儀器降落也。

E式教練機

E式教練機爲C及D式兩種教練機之合製品，該機上除標準儀器以外，尚有無綫電周波「A」及「N」記號及電台呼號，無綫電羅盤，此外在指導棹內亦裝有空速表，升降速度計，靈敏高度表及航路指示標燈組成器，並有變換電門，或常使用無綫電羅盤，或常使用飛行航路指示器均可，總之，在此機上裝設各種儀器，對於各種儀器訓練，無綫電波光方向飛行訓練，以及用赫與相法，或用無綫電航路法，盲目降落訓練均可。現在美國採行各種儀器降落法試驗，並採信E式教練機合此種試驗之用。

林克教練機上之普通設備

各種林克教練機之動作，均用110弗打戰相50或60周波交流電力，若用其他電壓頻率或直流時須多加費用。

在標準教練機上裝有操縱桿，若欲用操縱輪時，須多加費用。

標準機上之儀器，均以英尺或每小時法定里劃分，若依公尺制計算者亦可，並不多加費用。

高度表，氣壓調節比例表，可依水銀柱英寸或水銀公厘或耗 MILLIBAR 計算，不必多加費用，若在儀器盤面上另行刻劃某種度數目，或在儀器板上另裝某種儀器，則須另加費用。

以公尺計算之高度表分劃自零至一萬公尺爲止，訓練應用爲總三千公尺，英國用高度表分劃自零至二萬英尺爲止，訓練機用約達一萬英尺，公尺制之升降速度計，則按每秒十公尺劃分，英度量制升降速度計，則依每分鐘二千英尺劃分。

空速表則依左列各種速度劃分。

高速度	航速速度	失速速度
180 m.P.h.	120 m.P.h.	65 m.P.h.
240 或 250 m.P.h.	160 m.P.h.	70 m.P.h.
270 m.P.h.	180 m.P.h.	75 m.P.h.
860 Km.P.h.	240 Km.P.h.	110 Km.P.h.

除上列各種速度外，欲另行劃分者，須外加費用，然因機器對上限制，須先得工廠許可，始可另訂各種速度照爲分劃。

〔●〕

在指導桿上安置電門備發出電台記號，在C式教練機內可發出五個電台記號，在E式教練機可發出四個電台記號，該種電台記號均與現在電台所用者相同，如欲在各該機記號以外另有其他記號者，變換記號導輪 Sigual Cams 即可。計在C式機內可增加記號五個，E式機內可增加記號四個。

標準六十周波紀錄器移動比例，每分鐘爲○，八四五英寸〔·〕，若安置高速電動機，可使紀錄器移動每分鐘三，三七九英寸，此種發電機安御極爲敏捷，爲降落訓練時使用大比例無線電周波範圍圖之設備。

標準五十周波紀錄器，依每分鐘○，六四五移動亦可改換高速發電機，依每分鐘三，○九七英寸移動。

C式教練機座艙內所裝置儀器

磁針羅盤　空速表　轉變傾側計　垂直速度計　陀羅方向儀　人工水平儀　靈敏高度表　轉數表　電碼組　電門(開關)　聽音機全付　擴音機　油門　無線電音量器節制　顯像信標燈

無線電設備

D式教練機座艙內所裝置儀器

磁針羅盤　空速表　轉變傾側計　升降速度計　陀羅方向儀　人工水平儀　靈敏高度表　轉數表　電碼組　電門(開關)　聽音機全付　擴音機　油門　時鐘　無線電音量節制器　降落航路節制器　航路指示標燈組成器

E式教練機座艙內所裝置儀器

磁針羅盤　空速表　轉變傾側計　升降速度計　陀羅方向儀　人工水平儀　靈敏高度表　轉數表　電碼組　電門(開關)　聽音機全付　擴音機　油門　時鐘　無線電音量節制器　降落航路節制器　航路指示標燈組成器　無線電羅盤

指導桿裝置儀器

C式：　自動航向紀錄器　電碼組　聽音機全付　擴發機帶夢　全分林克記號發電機及節制機連同兩路通訊設備內中包含A—N記號導輪及話，報，電門及五個電台呼號　無線電羅盤節制器　和聽標燈節制器

D式：　自動航向紀錄器　電碼組　聽音機全付　擴音機帶架　全分林克記號發電機及節制機連同兩路通訊設備內中包含E—T記號導輪及話，報，電門及五個電台呼號　指導桿內儀器板上儀器全分包含靈敏高度表空速表垂直速度計降落航路指示操縱器　顯像或信標燈指示器

E式：　自動航向紀錄器　電碼組　聽音機全付　擴發機帶架　全分林克記號發電機及節制機連同兩路通訊設備內中包含A—N及E—T記號導輪及話，報，電門及四個電台記號　指導桿內儀器板上全分包含靈敏高度表空速表升降速度計降落航路指示器　顯像或音信標節制器　降落航路指示節制器

儀器及無線電航行訓練時間表(時間以最低限度計)

林克儀器教練　五小時
林克無綫電波光教練　十小時
林克儀器降落教練　五小時
落中教練　五小時
共計　二十五小時

林克儀器教練科目及時間（凡未另註明座艙開啓者均以座艙蒙蔽訓練）

操縱不及儀器之熟習訓練　六十分
儀器操縱轉彎　三十分
羅盤指向轉彎・羅盤指向常習。　六十分
與教官同校正飛行並改正錯誤　三十分
左右快慢轉彎　三十分
氣流混亂中轉彎並依羅盤指向飛行　三十分
螺旋及改正螺旋　三十分
以上科目複習　三十分
共計　五小時

林克無綫電波光教練科目及時間

無綫電波光記號及依無綫電波光進入電台之熟習訓練（座艙開啓）　六十分
依無綫電波光進入電台及校正無綫電聲音之實習　六十分
在方向練習後依無綫電波光進入電台之訓練　一百八十分
橫風規正練習　六十分
各種方向問題之練習及教官對於學生飛行正確及速度之詳細校正　一百廿分
依地圖上一定斷向加以風力偏差及不良氣候中長途飛行訓練　一百廿分
共計　十小時

林克儀器降落訓練科目

無綫電羅盤及儀器降落之實習　一百八十分
使用各種輔助方法及儀器飛行規則之實習　一百廿分
共計　五小時

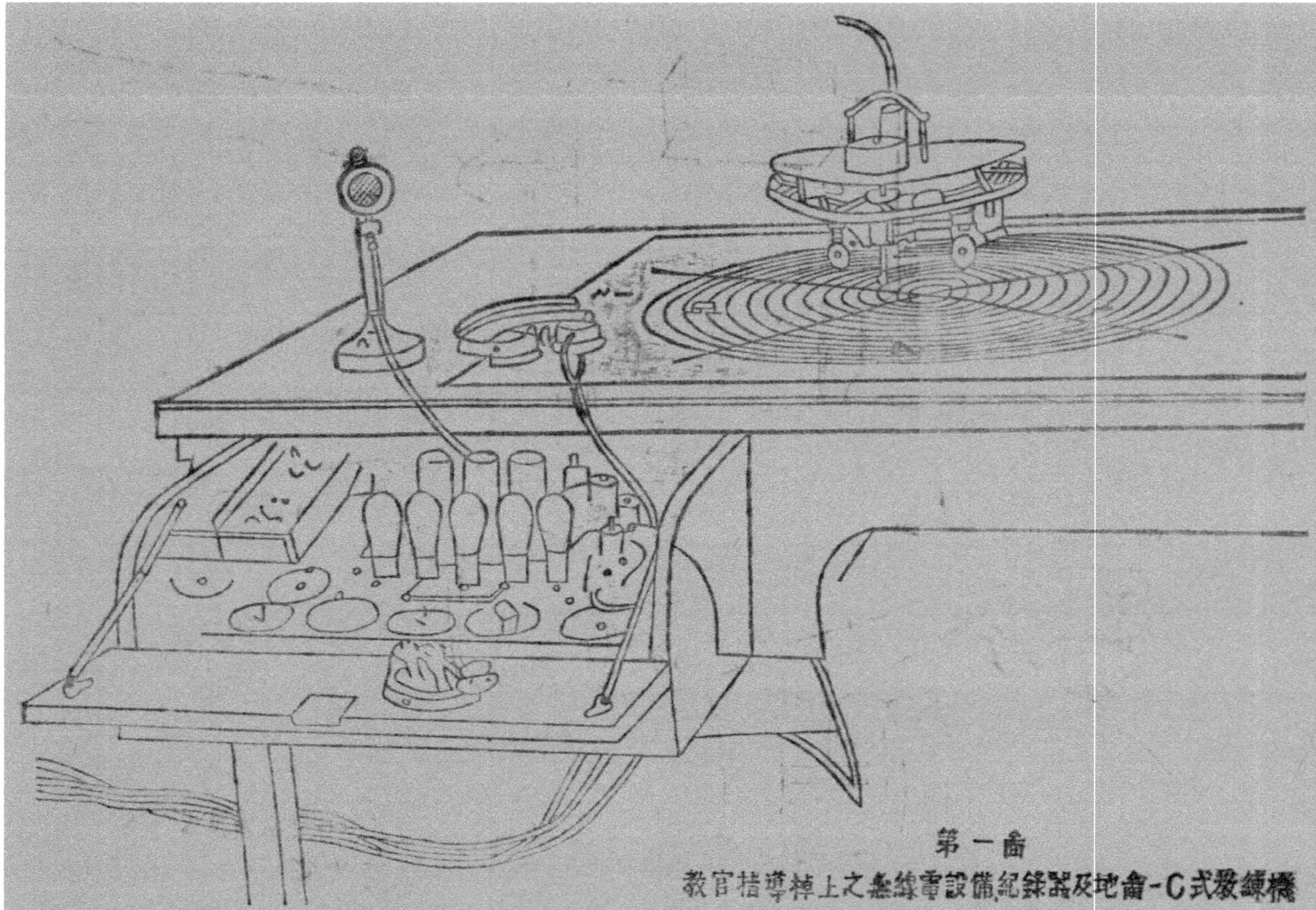

第一圖

教官指導棹上之無線電設備紀錄器及地圖-C式教練機

第二圖
美國空軍所用之教練機在運用中之情形

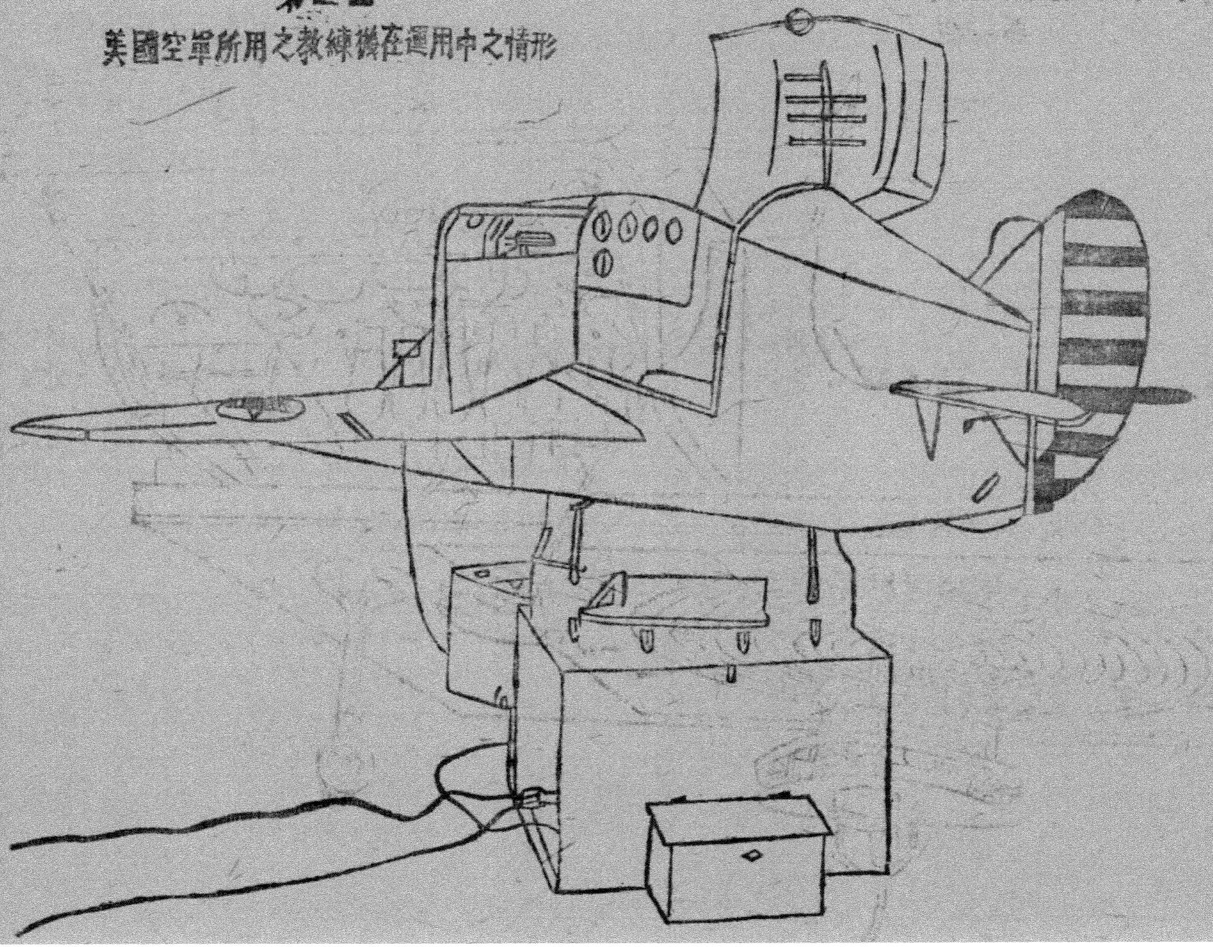

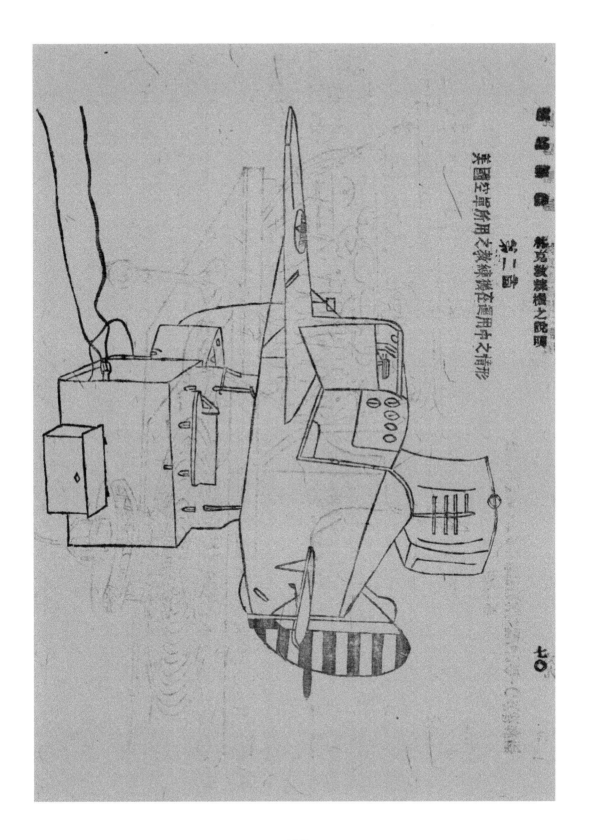

美國對於太平洋之海防

（葉廷元譯）

近美國政府否認與日本將有開戰之事。且兩國之外交家。亦宣言彼此親善如恒。然而揆諸近日美國軍事之佈防。頗可以窺其眞像矣。

美國近在夏威夷島附近。舉行陸海軍聯合大操。共操演五日之久。結果開評判會議。遂有補救左列弱點之提議。

(一)關於海軍最要之點。即爲入普勒港之海峽。宜深其載船之水量。該海峽十五年來產生珊瑚礁。載船水量祇有三十二英尺之深度。現在軍艦至少之入水量爲三十四英尺。故該海峽之載船深度宜達四十五英尺方可。

(二)艦隊停泊於檀香山之外。惟在交戰而後受傷之軍艦。不暇待潮水之至。須立即駛入陸上之停泊廠。再陸上停泊廠之無綫電台。皆足爲敵艦砲擊之最好目標。

(三)陸海飛機之昇落處所。尚不敷用。欲求飛機之速昇速降。實不可能。

(四)飛機有十分之七。俱可在廢棄之列。且無巡洋之能力。待飛機能探得敵艦時。則敵艦不出十二小時已可抵海岸矣。

（五）歐胡(Oalu)祗能作爲海軍永久根據地不能爲陸海軍集合之重鎮。

（六）軍隊重砲及交通之法皆有缺憾之處其海上之防軍須有一萬四千人至二萬五千人之數始可將來襲之敵軍四萬人擊卻在西北海岸至少須有十六英寸口徑之大砲四尊以退來襲之艦隊。

（七）軍隊輸送之道路仍宜力求增進之法否則時有梗塞不便之處。

以上所提出各條美國會議員此次參觀者俱以此說爲然

礦業雜誌定閱簡章

（一）本雜誌季刊一冊全年四冊預定價目表列次

預定價目表　郵費須先惠

項目		一季一冊	半年二冊	全年四冊
報費		五角	九角五分	一元八角
郵費	中國	五分	一角	二角
	日本	五分	一角	二角
	外國	一角五分	三角	六角

（二）定閱可逕向本社總發行所出書後即按期寄奉

（三）定閱者請將報費並郵費姓名住址掛號函寄本社收到後即付收據爲憑

（四）如匯兌不通之處可用郵票代銀元（郵票以半分一分二分三種爲限他種郵票不收）惟郵票概以九五折計算

（五）雜誌費每冊五角外加郵費全年四冊定價二元外加郵費凡預定者照預定價目表扣算

（六）本雜誌總發行所設長沙下坡子街

長空戰紀

黎肯巴克原著
葉廷元譯述

緒言

歐戰事蹟，大有可稱，而長空戰紀一書，尤爲動聞。書爲黎肯巴克自述，其敍從戎之戰蹟也，則有驚濤怒浪之奇。其寫臨事之神情也，則有狀物寫生，妙。凡關於航空心理之處，益覺發洩無餘。黎本美國之歐西歐人，歐戰中之『大愛斯』Ace也。『愛斯』者，航空軍之用語，凡能擊落敵人飛機五架者，皆以『愛斯』名。黎嘗擊落德機二十六架之衆，故有『大愛斯』之目。當美國加入戰團之始，值黎游于英，以汽車競賽得盛名。聞美德宣戰，乃趣返紐約，欲集平日競賽汽車之人，組成一航空隊，以與敵抗。蓋黎既抱飛行之願，復懷自信之心。已汽車之得名，何飛行之可懼，黎意既定，謀於華盛頓當局，當局以爲不可。且財力不給，徒延時日，乃毅然獨從潘甯將軍行，爲將軍御。至法，適伊之飛行機會已至，果派赴前敵飛行。於十八月之間，擊落德人飛機二十六架，博得『大愛斯』之名而歸。至今美國人士，稱頌之不置。然黎氏之所以享盛名者，尤不在其臨敵之勇也。當黎氏從潘將軍至法後，漸升爲第九十四航空隊隊長。責任既重，艱險益深。他人之利害，即己身之利害；他人之得失，即己身之得失。以一身任一隊之安危，既須身任折衝，又須兼顧部曲，彼他人之成功，皆出于黎氏一身所賜。其責任心之重，實有足多者。且也，黎氏身經百戰，未受敵傷，其保全可待之身，以爲國家用，視彼甘冒不測，而一死者，其難易之間，固不可以道里計也。論者謂黎氏不爲隊長，則盡其平生之志，當事飛行，操縱自如無所顧慮，其擊落德人飛機之數，當更有倍于此者。不知隊長之職，固有以限其一身之功績，而未能展其飛行之才也。及戰事告終之日，論功行賞之時，功績之隆，以九十四隊爲最。非黎氏之功，吾誰與之。至今美國派法第九十四航空隊之名，猶膾炙人口。而黎肯巴克之名，亦深入人心。盛名之下，其實副矣。

第一章

晨曦甫破，宿露猶滋，余酣夢初回，忽聞飛行偵敵之令，孰膺斯選，則尚未知；環伺同袍，殆皆有及鋒一試之意，而余爲尤切。

美羅福貝少校者，以飛行術有聲當世。從戎在法，已及四載。擊落德機，至十七架。美既參戰，以少校指揮航空軍。偵敵之令，所由發也。余即隸少校麾下。

羅氏令曰：朝食畢，以機巡洪布革尼戰綫偵敵，余爲其導，言竟，默然環顧者頃，乃謂黎克，（即黎肯巴克）汝偕堪貝爾於八時十五分備飛行無悞。余矯容鎮靜，應曰，唯。

午試臨敵，安危莫卜。余二人既受命，同隊牟來語以慎備禦敵之道，袍澤誼深，籌慮備至。且有謂設君等萬一不幸見迫，至於顛落，務墮我戰綫，當親爲收屍骨者。

時爲一九一八年三月六日，在戰綫後二十英里。威里牛弗 Willeneuve 之地。余以八時入九四號棚廠，覓余機師，機爲法國紐波得獨坐式，附有旋轉發動機。時已預備妥協，然余必欲更爲詳察，俾無遺憾。况少校素以惜陰名，來必準時，余尤不得不早至也。

余詢機師亨利曰：「我第一號飛機如何矣」？彼答謂「自住夕君至。已皆配置妥善，今如故也」。余以將事敬慎，頗不善其答，則命更爲審視，惟有萬一之失，且令出之，並啓其發動機焉。事既畢，余即佇立周行，望少校來臨。余伴堪貝爾已易其冠服，然余雅不欲露張皇態，則燃余雪茄吸之。時同袍偕至，爭進祝詞，羨余得預斯道，且備聆余等飛行之結果如何。

羅福貝少校既至，余乃易衣冠，[illegible]飛行鏡，與堪貝爾各入所操機內。少校喻堪數言，即轉向余。時余則如牙揸待治，不能不切望少校有所指導。然少校所語余者，僅謂務傍彼飛，勿離散耳。長空作戰，從未前逢，膺研新試，亦正憂喜參半。

羅堪二人所馭既已飛翔，余亦繼之。機尾纔揚，余俯視此一片平蕪，不知可能再履。瞻顧徘徊，饒生繫戀。有間，機輪亦掠地而起，直繼堪機之後。彼等疾如電擊，余知殊難為繼。衍未幾，萊因河畔之烽火餘燼，已宛然在望。地既近敵，余念所恃者，惟少校耳。然彼機距余已里許矣。鞭長莫及，惶懼萬端。幸少校諗余，輒遲機相待，意若謂，我在，汝勿懼也。少校駕駛靈巧，難于學步。余刻意畫虎，翻覺可笑。且以力謀銜近前機之故，一切危患，俱為遺忘。機距地已遙萬五千尺之高，敵亦近在萬五千尺之內，反度外直之矣。至于高空嚴冷，雖亦可畏，然司空見慣，過之殊無所動。

余以三十分時間經萊因河，及阿根尼森林中部，叢綠浮雲，長流拖帶，風景雖佳，[illegible]。及偶一迴顧，始得知此間山水，亦殊不惡。森林既過，抵一戰壕，[illegible]已截以遠，而跡依然未變。余雖未[illegible]此地，必知此昔昔原野，亦徒有荒煙蔓草，敗瓦頹垣而已。雞鳴犬吠之聲，殆不可聞。室宇繁華，瞬成墟壘，干戈之禍，何其烈也。

憑弔荒涼，臨風[illegible]，滄桑感切，畏意皆忘。余不知堪貝爾對此云何！若羅少校則于此地，久已迴翔，或可視若無睹矣。此時思潮起伏，瞬息萬千，懷感漸忘，戒懼復凜，頓覺頭目眩暈，力將不繼，時機已升高遙萬五千尺，追羅少校又弗及，維[illegible]風猛，搖搖欲墮，譬彼洪濤巨浪中之舟，例此猶如磐石也。

初試臨敵，眩暈固無足怪。然余必不使為病所制，且知萬一為同袍所聞，必招譏笑，或且勸余赴敵時，攜藥自隨，則留非奇恥？心念及此，神志頓清，則默禱神明，助余[illegible]，決意以追及少校為務，不復置念他事。為時不遠，忽聞大聲震[illegible]，近側機尾，機身亦為簸蕩。余震懼失措，眩暈之病亦失。機翼兩端，皆受擊掠，爆裂之聲，環于左近，如雷，如鼓，欲[illegible]耳鼓，是何因果？若余若斯之[illegible]，余當指[illegible]以察其究竟。

余探首四顧，[illegible]見機尾下方，黑[illegible]之[illegible]，他無所[illegible]

余始知此始卽專射擊航空器之「阿奇」Archy砲也。德人以十八磅重之榴彈，向余射擊。其砲隊所在，余知必在余機左翼下，蘇比城外一里之地。以協約國飛行員，曾爲預告，果也俯視卽是，意彼當視我尤晰，殆將行如雨之彈丸餉我也。

余國之飛行家，常謂「阿奇」者，至可愛之遊戲品耳。彼既不足以損我毫末，而其値又甚昂，屈指計之，以每枚價五元或十元論，則我翺於清晨，在其戰線上稍一迴翔，德人已費累千萬之鉅，可笑孰甚。余時聞之，不以爲誑。及今彈火無情，環圍逼射，體雖未傷，心已如擣。回憶飛行家言，能無切齒。萬一余爲阿奇所中，被傷返國，或裹屍返鄉，則以資之此諸飛行家，而責其言謬，彼等亦當無所置喙。時砲彈爆裂，相距僅在百碼，非余運佳，鮮不爲中，故余其時怒此諸誑余之飛行家之心，較擊余之敵人砲手尤甚！

萬急之中，忽觸生路，頓覺如釋重負，爲生平最快意事。蓋羅少校盤旋而至，余亟步步趨，追隨其後，覺其一往一還，皆如耳提面命，若謂如斯而行，雖險如夷，勖爾勇氣，無怠爾事也。

砲彈爆裂，亦既習聞，恐懼之心，因以稍殺。余卽將余機之旋轉桿，增加壓力，使機身直升向前。此際余不獨全無畏忘，且覺爽懷暢樂，莫可名言。蓋危難之狀，畏葸之心，以至眩暈之疾，皆不過以初試臨敵，未之前遇。今則既成經驗，可以進退如意，上下從心。方之他人，亦未多讓。飛行技術，始竟全功，烏得不令余手舞足蹈也哉。往者余觀他人飛行，薄敵戰線，以爲是非余力所及，及今觀之，蓋不然也。今謂余爲戰鬥飛行員，始可當之無愧矣。然尤有所憾者，則尙未諳反攻敵人之道耳。

凡人之有才技，必驗之實事，然後乃足自信。故余于蘇比一役，沒世不忘。且余覺不獨無可畏葸，更驗知事雖有難工易敗者，而人之能力運用無窮，苟矢其志，靡所不成。世事萬端，余每思盡研究之以爲快。卽以運轉發動機一事而論，余已造其精微，常欲施之飛行，以擊彼驍悍之德飛行員，爲吾光寵。故余嘗作法參預空中戰事，較競賽電車尤爲愜心適意。惟空中射擊之術，尙未嫻習。然此亦非難事，有[illegible]而不[illegible]去，則[illegible]之術，[illegible]。

亦意中事耳。

余時駕機盤旋敵戰線上，極覺快感無窮，忽見羅少校已將導余還駛，隨睇機上時計，已將及十鐘，余等飛行已兩小時之久，燃料漸乏，不得不返。蓋戰用飛機，不能多載，緣於速度及升高有礙耳。

凱歌新奏，故壘重臨，轅轍依然，山川無恙，還憶所經，恐怖憂忿之狀，恍如隔世。余乃翩然下降，輒見坎陽宿雪，尤蹬入觸目也。環場一週，陡側而下。乃速余螺旋槳，駛至棚廠之門。時駕駛員及機械師等，皆額手歡迎，切思一聞余等第一次飛行臨敵試驗之結果，與敵線之詳訊，使悉初試臨敵之事，其艱險究何如也。

舉止如常，神態閒適，余與堪貝爾同，因謂衆「余等俯瞰敵壘，視如無物，飛翔往返，其樂只且。德人雖發彈火，始盡其一枝所奈，其戰鬥飛機，亦無敢出拒敵者。長空天遠，頓覺自維。諸君：此殊豪舉也」。言未畢，羅少校曰：「汝等亦目所見乎」？言時作鄙夷之狀，余驚然不悅。徐與堪答曰：「適空中所有飛機，除余等二架耳，他無所見」。少校又曰：「噫！余故謂君等亦與他人初臨敵者同耳」。余等悲其作，而貴其故。少校續曰：「我等未抵戰線前，即有司巴得式飛機五架，出我等下方，遲十五分時，又有五架過余等之側，其距離皆在五百碼內，君輩未之見耶？幸彼皆非德屬耳，及我等返途，有德之阿勒巴特羅斯飛機四架，在我等前約二英里，繼又有一德之雙坐機，距離尤近，約在戰線上五千尺飛行，君輩亦冥然罔覺耶？後此君等再入敵人戰綫時，務四面細心觀察為要。」堪貝爾與余，呆立對視，赧顏無地，繼余與堪默計，此亦少校視余等驕矜之態，幻爲斯說，以示儆耳，後數週，余等經驗既久，始知非誑。蓋飛行員雖如何駕駛靈巧，明察秋毫，其辨物之目力，不習不成。故「空中視象」The visionof the air 亦由經驗而得，漸無不習而能者。

少校復詢余獲敵彈幾許？余聞之，不禁失笑！蓋少校尤以英雄視我，欲以勞嘉之也。少校示余所乘機上之彈孔，或洞尾，或穿翼，又有彈孔，在穿兩翼者，皆距余位不及一呎，閱者諸君，思余當者何譬也，後余伴侶、有告余當見彈孔時，面無人色，至半小時之久者，余知其斷非寫。後數週，少校導我飛越余德戰線，

譯述

商業飛航之研究 譯英國航空月報

葉廷元

商業飛航一事。豈易言哉。溯自歐戰告終。迄於今日。關於商業飛航之研究。或宣諸筆墨、或騰爲口說。吾人早已目見而耳聞之矣。然一究其實際。則所言者。猶不過太倉一粟。滄海一流耳。今者余不敏。謹就所知。關於商業運輸。缺憾之點。在於何處。勝利之法。需用何方。將挈綱領之大端。而爲諸君一言之。

氣艇類也。飛機類也。皆可用爲商業之運輸。關於氣艇之運輸。梅特蘭氏。已曾爲一度之演講。而發其精蘊。今余所欲言者。不僅限於氣艇。卽重於空氣之水陸兩種飛機。亦欲有所陳說。

航空一事。前無可稽。卽以已往之軍事言之。談航空軍者。欲以昔日陸軍之組織。移用爲航空軍之建設。方枘圓鑿。斷難適合。緣昔日陸軍之成規。若供給之法、命令之方、組織之術等。皆難適於新創航空軍之用。

航空軍之建設。必須有特別之機關。有專門之人才。以主管其事。此航空部之所以設。而航空陸軍航空海軍對於陸海軍而有獨立之性質。

航空軍事如此。卽關於航空之交通。亦何莫不然。欲以昔日舟車運輸之成法。而强附麗於航空之運輸。吾終見其滯不可行。緣航空運輸。事屬創爲。人之能力。物之置備。較他種之需要爲奢。非有偉大精細之籌策。不足以計航空之安全。誠以飛行在天之術。萬難適合於水陸數百年來運輸之成法也。

航空之運輸、計分三種。

（一）有定期之極速運輸。此種運輸。可用以運輸郵件包裹、搭載旅客。爲有定期之極速飛行。亦猶之定期之特別快車然。

（二）無定期運輸。此種運輸。可擇於交通事業未發達之區域行之。

（三）空中觀測。擇交通不發達之區域。爲各種觀測。或偵查森林火警。或修正各城鎮地圖之謬點。或偵查鯨魚海獺及各種魚類等之所在地。

今先就第一種有定期之極速運輸而言。此種運輸。爲一般人民之所最希望、最歡迎。然所以能使一般人民希望歡迎者。必須較他種交通之法爲便。速度必須極高。且必須有一定之期間。然後此種運輸始能蒸蒸日上。故此種飛航。必須不受天氣之障礙。每小時至少能行一百十英里之速度。駕駛之人。必須學識俱優。若飛航中停站無多。晝夜平均。每小時亦須行百英里之速度。近日此種運輸。已紛紛舉辦。而最可取法者。莫如倫敦巴黎間之航綫。由埃及開羅至印度喀喇其。亦擬依法創辦。此專就飛航速度而言。至於飛航大洋。距離較遠。所用氣艇。其速度不妨稍遜。據梅特蘭氏之言。謂氣艇飛航大洋之速度。每小時可行八十英里。

若無定期之運輸、視有定期之運輸。所需要爲輕。惟載重之量較宏。至飛航之速度。則無需其高。飛航之期間。亦無須一定。遇天氣之變更。可待其平靜而後飛航。遇貨物之缺少。可待其裝滿而後運輸。緣交通不便之地。平日往返。動經時日。故飛航無論如何遲緩。較之他種運輸。便利尙多。此所以無定期飛航之運輸。於交通不便之區。而有無上之價値。例如喀土穆 Khartum 大湖、Great lake 間、佛得迦母森 Fort Jamieson 及布蘭台里 Blantyre 間。以及非洲澳洲各地所舉辦之空中航線是。

至於空中觀測之一種。不盡合於空中運輸。將來此種事業發展。必當特設機關。專司其事。此種飛航。載重速度。關係極微。天氣遇有不良。飛機卽可停止。無論何種航空器。皆可適於此種飛航。而以氣艇爲最優。

以上三種飛航。惟第三種、與航空運輸。有截然兩途之勢。故余亦姑置不論。專就前二種之飛航。再申其說。有定期航空運輸、與無定期航空運輸。相似之點頗多。雖有定期之運輸。專重於速度。以減少運輸之時間。而無定期運輸。行之於交通不便之區。可減少運輸之空間。亦卽減少運輸之時間。至以經濟上眼光。考其相同之點。則無論何種運輸。自以中途不降落、不添補氣油爲便。惟飛機飛航路程有逾三百英里時。而欲載此長途供用之氣油。必於載重之力。立見減少耳。

就現時之飛機而言。速度極强。力勝一切阻礙。可用爲短距離之飛航。就現時之氣艇而言。載重極宏。途中無須停落。可用爲長距離之運輸。反言之。則飛機用於長距離時。三四百英里之間。卽須添補燃料。駕駛員及所用之飛機。有時亦須更換。若氣艇用於短距離時。則速度較遲。不便於急速飛航。故飛機氣艇。各有短長。旣無用此舍彼之理。實有相得益彰之効。談航空運輸者。不可不知。

凡運輸之法。就商業觀之。總以能收效安全、而所費不奢、爲二種要義。惟近今之談航空者。一則曰飛航之安全。萬不可恃。再則曰所費太奢。不易舉辦。余將一考其究竟。而思所以救濟之。

關於飛航之安全而加以疵議者有三。

(一)人員之過失。

(二)材料之缺憾。

(三)天氣之不良。

今先就第一種疵議推論之。夫飛航之術。與駛輪船、御火車、駕駛氣車之法。大致相同。不過司其事者。偶有不愼。則空中所發生之危險。較水陸上爲多。故航空人員資格之去取。須較他種爲嚴。然而此種人才。現已蔚然可觀。實無缺乏之慮。例如倫敦巴黎間之飛航。歷九閱月之久。因人員之過失所發生之危險。僅有一次。且非因降落而受之損失。

飛航强半之責任。莫過於駕駛員。故凡定期運輸。航站相隔。不宜過遠。使駕駛之人多所休息。如倫敦巴黎間之距離。長短適中。可爲一站。緣此種距離。若在天氣晴明。駕駛之人。或有餘力賈而前行。遇有天氣不良。則飛航此種長途。已有力盡筋疲之慮。英國天氣。劣於他邦。故英國飛航他國者。已有成竹在胸。自然無所畏葸。此猶就定期運輸而言。至於無定期運輸。更可不必犯天氣之阻碍。故航空人員之問題。在表面觀之。似有繁難不易解决之勢。然其實際。吾敢斷言英國之航空人員。對於此種疑難。則毫無關係也。

今試取第二種疵議言之。夫所謂材料之缺憾。實包有機械之構造而言。然以近日發動機及飛機之構造論。已臻完備無缺之域。果管理得法。維持有術。則關於機械所發生之危險。可千載不遇。惟現今之缺憾者。尙有飛機發動機本身以外之置備耳。例如近今巴黎倫敦間之飛航。四百九十次中因機械之缺憾而有礙飛航者。計有十三次。而此十三次。並非機械之缺憾。實因置備不善所致。所謂置備者。乃對於飛航之組織、飛航之管理、及飛航人員之職務而言。故選機械師者。必擇其精能。而爲機械師者。必盡其責任。關於飛航中之機械檢查各條。應謹愼舉行。須使無一挂漏。且檢查時限。不宜相隔過久。總以檢查之時。愈多愈妙。總之如航空器使用不致過度。且能爲時時之詳細檢查。則所謂材料之缺憾者。亦可無虞矣。

至如第三種之疵議、所謂天氣不良之阻礙。亦有說焉。夫飛航阻礙。惟此爲最。若無此爲之梗。則飛航一事。指日可行。運輸定期之無悞。必有過於舟車。惟以此種問題。關係極鉅。遂爲運輸上之一大障礙。故今日飛航之最關重要者。惟氣象之考查、及氣象敏捷之報告。

然關於天氣之障礙。今日視之亦有減輕者。在千九百十年、及千九百十三年之間。若風、若雨、皆爲飛行之障礙。而至今視之。則已毫無重輕。緣飛機之速度。既日見增加。無論遇何種風力。皆不足以致顚覆。近今巴黎倫敦間飛航。有時遇每小時行六十里之風力。而尙可飛行者。况暴風雨之來。定有預表之現象。自遠地即可見乎。風雨而外。即爲各地氣候之變更。若印度、若非洲各地。或因天氣炎熱。而飛機離地極難。或因霪雨之季。而航站必須鋪石。且熱度達於極點。則木質之翼樑及螺旋板。或爲捲折之形。或呈劈裂之象。吾等飛航世界。此等區域。不容或免。惟有經此地時。或用特種之航空器。或減少載重貨物。或爲他種預防之置備。

關於飛航中最難之問題。厥惟視綫之蒙蔽。致此之因。大都不外濛霧濃雲大雪。惟濃雲距地六百尺之時。尙可飛行無礙。若視此尤低。則飛航者、不得不飛行雲中或飛行雲上。總之關於視綫之蒙蔽。實爲今日飛航之一大問題。緣飛航道路之迷失或降落之危險。胥在乎是。

今之談飛航者。不外二種。一則謂爲飛航之事。非航行於空中乎。然則航行所應知之事。若天氣之報告。航綫之路程。航行之高度。應一一研究探討。加之以指北針定飛航之方向。關於風行之方向。亦應爲精細之考查。如此可飛航於空中矣。一則謂飛航之時。應識認地上特定之記號。而依此特定之記號。以爲飛航之標準。且於航線沿途。置備防險降落場。無論飛行之高度若何。總以能見地面爲準。

今日飛機駕駛之人。大多趨重於第二種之言論。推究其故。緣以近今天氣報告之術。尙未發達。天氣情況。難以預知。即使在二三小時以前。識其究竟。然在天氣善變之地。亦屬無裨實用。故飛航者、寗在低度飛行。下觀地面。偶有不虞。即可落於防險降落場。

夫今日飛航之欲下視地面。亦猶昔日海航之航行大海中。不敢離海岸也。故以上兩種言論。若欲一探其究竟何者最可恃。何者最安全。則仍以第一說爲是。然其所以可恃所以安全之故。則在今日無線電之用途。即能爲迅速天氣之預告。

氣艇也。大飛機也。皆可載無線電方位識認器。隨時可識其飛航之方位。至如飛機之小者。旣無航行員以助其飛航。又無認圖室以測其方位。而駕駛員亦可用無線電話、以探詢前方之氣象。發生危險之際。

亦可由雲中下詢地面之狀況。

自去年八月杪至今年四月始。倫敦巴黎間之航綫。共應飛行四百九十次。因天氣之阻礙而未飛行者。計七十次。約合百分之十四。將來無線電之置備。果見進步。吾知此百分之數。定見減少。且天氣不良之地。大半偏在一隅。萬不至遍漫各地。如駕駛者、知前方天氣清和。於飛行毫無阻礙。雖目前發生雲霧等之阻礙。亦可驅馳而過也。

無線電器具。宜巧小、不宜過大。使駕駛之人。得一手運用。而能在各無線電站。考查飛行之方位。現時無線電器具。已屬可用。果能設置相宜。吾知飛航有定期之運輸。將益見進步矣。

天氣不良時之飛航。尤須知者。即有時須飛行雲中、或飛行雲上。然而雲之厚薄動靜。迥不相同。有時經行雲中。直可安然飛度。至遇山巔濃雲。層層密布。飛行左右之平衡。此時最難斷定。稍一運轉不適。而所謂機翼之傾側。及不平穩之降落。將於是發生。非至重覩地面。不能恢復原狀。

然此種救濟法。將見實行。若飛機之製造。則益行堅固。能使飛機自身。即可正此傾斜之弊。再則旋轉指示器。近已發明。若與指北針互相爲用。亦可祛無故傾斜之弊。再則爲飛航駕駛人員。常時在雲中練習飛行。則日久習慣。自毫無所畏。亦知趨避之方矣。

雲之障礙外。再則爲霧。若駕駛者於霧中飛昇時。無目的物以爲飛航之依據。則恐失其前進之直線。故余以爲順飛航之直向。布置白布長條。或畫有白線。則此種障礙、又可免去矣。

除以上所述外。欲求空中運輸之發達。則夜間飛航。亦不可忽略視之。前此三年。夜間飛行。多半屬於氣艇。至飛機於夜間飛行。則罕有行之者。歐戰將終之時。英法駕駛多人。專門練習夜間飛行。然大都關於軍事用途。而不及於運輸之事業。余以爲夜間商業飛航之成立。須先備各處之燈光。航站附近之燈塔。亦須妥爲安置。至所用之燈光。光度固須極强。然尤以不致眩惑駕駛者之眼目爲要。

至在國家文化開明之區。城鎭電燈、鐵路標示。皆可爲飛航之引示。故於此等區域之導引燈光。Guiding Lights 大可不必安設。至於霧中之燈光。則不可少。緣此種燈光。不獨爲飛航安全之保持。且可爲舟車進行之扶助。

總之飛航安全萬不可恃之說。若人員之過失。材料之缺憾。天氣之不良。不久定有救濟之法。昔日所畏葸而不敢進行之心。可渙然氷釋矣。

飛機安全之問題。既如上述。今再從經濟之問題而一研究之。夫航空運輸。本爲商業之性質。若以商業之主義觀之。則航空運輸之所得。至少須能償其一切之消耗。然凡事莫難於慮始。若無冒險之投資。以爲組織之基礎。則此種商業。萬不可興。不觀乎昔日之輪船鐵軌乎。當其創辦之始。孰敢謂該種事業。必可發達。必可得利。必可償其消耗。而爲一切之証明。故今日之航空運輸。亦與昔日輪船鐵軌之創辦時相等。

所可惜者。今日之資本家。鑒經濟界之變生不測。大都趨重於目前之利。使其資本之流通。而於航空運輸之事業。曾未一邀其顧盼。

航空運輸之消耗。漸次可省。今舉例以証明之。然開辦費若用人之薪金、材料之購置、行政之支出等。則萬不可省。緣開辦之始。偶有挫折。則關於航空運輸之前途。殊多障礙也。

近來航站棚廠氣象報告之組織。政府方面亦已從事舉辦。如此關於航空運輸開辦之資本。則大爲減輕。

今予將舉英法兩京間之飛航。爲航空運輸計畫之梗概。然須知英法兩京飛航所用之飛機。皆爲軍事飛機。移作商業之用。於經濟上不無損失也。

設倫敦巴黎間飛航。每日用飛機三架。各飛航一次。則必須備有飛機十四架。以爲飛機修理時之替換。且須備有X式單發動機之飛機一架。Xtype single-engined Aeroplane 其所用之飛機。須能載一噸重之貨物或旅客八人。每小時能飛行一百一十英里者。

依以上之計畫而略計之。則需欵如下。

附有發動機飛機十四架。合九萬一千鎊。

發動機備用部分。合一萬鎊。

其餘備用部分。合二萬鎊。

運輸車輛器具等。合九千鎊。

工作資本。合一萬鎊。

以上共計十四萬鎊。

據此數計之。則航空運輸所用之資本。較之他種運輸爲輕。在不開化之國。創辦鐵路運輸所用之資本及其收入爲四與一之比。若在開化之國。恐猶不止此數。梅特蘭氏曾謂創設一氣艇之航綫。較之創設一鐵路輪船之綫航爲輕。誠然。

梅氏所言。猶就氣艇之航綫而論。若創設一飛機之航綫。尤較氣艇航綫之建設爲輕。此就開辦費而言。若以經常費比較之。則飛機所需。恐有過於氣艇者。

經常費可分二種。一爲地上費用。一爲空中費用。所謂地上費用者。含有以下數種。

航站棚廠。

氣象報告。

地上之轉運。

駕駛員之平日薪金。

其餘各航空人員之薪工。

保險費。

資本利息。

倫敦巴黎間航綫所需之地上費用。其詳不得而知。然每年除保險費及資本利息之支出。而包含在法國所設立之機關。約合每年支出四萬五千鎊。其中關於航站棚廠、天氣報告等一切費用。俱有一定之比例。至人員之薪工。雖屬稍高。而所用之數頗少。總之以上所言支出之數。依此類推。亦無甚變更矣。

至空中費用。則包含以下各種。

燃料消費。

傷損修理等費。

駕駛員飛行費。

保險費。

設巴黎倫敦間所用飛機十四架。每日用三架飛航。往返六次。每次需二小時三十分之久。每年內於二百八十日實地飛航一千六百八十次。合四千二百小時。則每年每架飛機只飛行三百小時。若依此計算。其空中費用如左。

四千二百小時之燃料費。以每小時五鎊計之。則得二萬一千鎊。

機械修理損壞等費。以百分之五十計之。則得四萬五千五百鎊。

保險費以百分之二十計之。則得一萬八千二百鎊。

駕駛員飛行費。每小時以十先令計之。則得二千一百鎊。

以上空中費用共計八萬六千八百鎊。

此數乃最高之推測。空中費用與地上費用合計。除資本利息外。每年共應支出十三萬一千八百鎊。以一千六百八十次飛航計之。合每次七十八鎊十先令。若運輸貨物。以載重一噸計之。則每磅重應收八辨士。若搭載旅客。以八人計之。則每旅客應納費九鎊十五先令。以載重一噸之飛機。每小時百英里之速度。飛行二百三十英里之遙。只需七十八鎊十先令之消耗。尚不過奢。然以現今所定飛航之票費計之。合每磅重收費二先令。每旅客收費十五鎊十五先令。依此計之。若用爲運輸物品。則每飛航一次。可收入二百二十四鎊。而每年可收入三十七萬六千三百二十鎊。若用爲搭載旅客。則每飛航一次。可收入一百二十六鎊。而每年可收入二十一萬一千六百八十鎊。若用爲貨物搭客同時運輸。以每次一百七十五鎊之收入計之。則每年之收入可得二十九萬四千鎊。如此則收入之利。已倍蓰矣。

以上之計算。按每次滿載貨物搭客而言。故每年須載搭客六千七百二十人。貨物八百四十噸。始克有濟。然此滿載之人數噸數。豈能無缺。故又不得不爲降格之研究。

設所支出之數。加一成計之。則每年支出數約爲十四萬五千八百鎊。而運載貨物旅客之數。僅有前數(指同時運輸貨物旅客者言)百分之七十。若依支出數計之。則每飛航一次。應收入八十六鎊十四先令。簡言之。即八十七先令。然後始能與支出數相符。若以百分之七十之貨物及搭客之數計之。則每次所載之貨物。只有七百八十四磅。而搭客之數。尚不及三人。約合二又十分之八。以此運輸之數。計算每次收入之數。則每磅重之貨物。應收費一先令又一零二分之一辨士。每搭客應收費十五鎊又十五先令。

以上所述運輸貨物及搭客之數。係最少之數。若能三倍其數。搭客約及九人。載貨之重約及二千五百磅。則所獲之利。倍蓰於前。然能否盡如所料。以予觀之。勢可必能。緣近日商人。已識飛航之便利。果飛航可免危險。且通於意大利。通於馬賽。通於西班牙各處之航綫。組織就緒。余知運輸之數。尚不止三倍而已。且以上計算。僅就每架飛機於每年內飛航二百八十日。合實地飛行三百小時之數。此不過按最安全之計畫而言。設使經歷既深。部署合法。則每架飛機每年內亦可飛行四百小時。或運輸極旺。可得收入之宏。或減去飛機而輕資本。此種利益。亦爲必有之事。

地上費用及空中費用。如上述矣。余意地上費用尚不爲奢。而空中費用。則其數較巨。尤以燃料消費、傷損修理等費、保險費三項爲最甚。余再論其如何減輕之法。

以燃料消費而論。燃料之大宗。莫過於氣油。氣油之價極昂。年來恐無減價之望。不過所用氣油百分之多數中。尚可以化學所取石炭油 Bonzol 相代。因之氣油之價。尚有減輕之望。

將來航空器發動機愈爲精進。能使載重速度全然不變。而燃料之消耗。較前爲省。譬如極强酒精之發動機。Poweralcohol Engines 或極多油之發動機 Hoavy-oil Engines 或空中之水輪車。turbines 皆可減輕燃料之消耗。

傷損修理等費。則含有以下三種。

機械之添置。

機械損壞賠耗。

機械之保存。

機械購置之費用。尚難減少。須俟商業飛航日漸發達。購置機械者。日益加多。彼時製造機械。可同時製成多架。則購置之價。自較特製者爲省。至於機械損壞賠耗。在戰時固爲一種之重要條件。而在商業飛航時。必不如戰時之甚。且發動機之製造。近亦逐漸改良。每架可敷五年商業飛航之用。此關於機械損壞之賠耗。可望減輕者。至關於機械之保存事項。如行經雨中。則機皮 Fadric 與螺旋板。必受損傷。行經熱帶。則木質工作。易生劈裂。降落不良。則飛機必受震動之損壞。然此種缺憾。尚有補救之方。如近日之螺旋板。則多以銅鐵製就。而機身全部以鋼鐵製造者。現亦日漸發達。歐里歐式齒輪機座。所以免降落各種擦損之處。至關於發動機者。昔日行經一百五十小時餘。即須完全檢查。而近日之置備構造。亦較爲進步。故今日關於機械保存之研究。果能鍥而不舍。必將大有進步。至於保險費用。將來飛航發達。自可減爲百分之十。依上所述。空中費用之三大項中。傷損修理等費及保險費。有減輕之望。可斷然矣。

倫敦巴黎間飛航之組織。欲與輪船鐵軌電綫爭衡。故所用飛機之速度。須爲極强。始克有濟。至於在交通不便之區。則飛機之速度。可較緩慢。亦不必爲定期之運輸。前已詳述。關於無定期運輸。每小時行八十英里之飛機。即可適用。其所用之資本。須七千五百鎊。有時猶恐過於此數。所載之重量。可二又二分之一噸。至其飛行費用。除空中費用外。其地上費用。僅有資本利息、及駕駛員之薪金。若以每年飛機三百小時計之。則每小時應用十三鎊十六先令八辨士之收入。若以里數計之。則每里應有三先令八辨士之收入。以載重二又二分之一噸。每小時七十五英里速度之飛機。每里僅需三先令有餘。亦不可謂不良之運輸矣。

至於郵便飛航。尤屬事實可行。緣載重既輕。而傳遞極速。不過現時郵政之組織。實不適於郵便之飛航。且萬國郵政協約。亦一時斷難更變。然欲實行郵便飛航。其法計有三種。

（一）指定郵件。

（二）特定郵件。

（三）空中電報。

所謂指定郵件者。即由政府派定郵件之數。准由每日飛航郵遞。所得之郵費。即爲郵便飛航之支出。關於此項郵費。應由政府定之。

所謂特定郵件者。即人民隨意飛航郵遞信件。但必須納特別之費用者是。

所謂空中電報者。即欲傳達信件時。可直接用電話通知航站郵務局。然後由該航站飛航時。將此消息或信件。帶於欲達之地。用電話通知收信人。此種傳達。較現時電報電話之傳達。其價頗廉。然關於電話平日之組織。須臻美滿之域。始克有濟。故此種傳達法。爲交通之補助可也。

去年夏季某委員會曾建議舉行喀喇其開羅間之郵便航綫。然余意尚不如舉行喀喇其君士但丁間之郵航爲便。緣在天氣可恃之區。不生國際交涉之處。始可用郵便飛航也。至於由開羅至喀喇其。屬於軍事重要之區。設置航綫。亦萬不能緩。茲將開羅喀喇其間航綫之費用。一道其詳。

開喀兩地之距離。幾及二千八百英里。可分數站。若科尼亞 Konia 若阿里波、Aleppo 若摩蘇爾、Mosul 若白格達、Baghdad 若布斯拉、Busra 若布什爾、Bushire 若班的阿比司、Bundeabbas 若高的爾、Guadir 其中以布什爾及班的阿比司一站爲最長。約及三百八十英里。若每小時行七十八英里。需用三十五小時之久。專於晝間飛航。只需三日即可。

若以二十架飛機。每年飛航七千二百八十小時。則其資本金及飛行費用。有如下計。

一資本金項下。

飛機二十架須能載一千磅重之貨物。或載客四人。若以每架四千鎊計。共計八萬鎊。

備用發動機七千鎊。

飛機備用部分四萬鎊。

機械之運輸費二萬鎊。

一切器具二萬鎊。

工作資本四萬三千鎊。

以上共合二十一萬鎊。

至於地上之費用。關於航站棚廠等費。可向政府廉價租借。其餘費用六萬鎊已敷應用。

二飛行費項下。

燃料消費。以每小時三鎊計之。合二萬一千九百鎊。

傷損修理等費以百分之五十計之。合四萬鎊。

保險費以百分之二十計之。合一千六百鎊。

以上共合七萬七千九百鎊。連同駕駛員飛行費計之。約合八萬鎊之數。再加地上費用數。合每年經常費用爲十四萬鎊。若依此計之。每小時行八十英里。每年飛航七千二百八十小時。則每里約合五先令之數。若每里收入合六先令。則每年可得二萬九千鎊之利。故依每里六先令計之。則每搭客之費只一先令六辨士。而每百里每磅重之費只合七又五分之一辨士而已。

今予猶有不得已於言者。厥惟公家之補助，夫飛航事業得利既多。萬無賠損之慮。似無需公家補助。緣余之飛航預計。大半以搭客及貨物之量數多少爲標準。苟貨物極少。搭客寥寥。亦不敢必無損失之一日。若公家能爲此萬一之補助。則富家將出其資本而無畏葸之心。待至商業飛航之收入。可敷支出之數。公家可停止其補助金也。補助之法不一。若法國則以粁尺之遠近爲比例。而爲補助金之多寡。若巴黎倫敦間飛航之距離。依法國補助法計之。則每次可補助六十鎊。然余以爲此補助之費。未免太昂。恐於提倡飛航。無益而有損也。

總之補助之法。不外三種。

(一)以飛航里數之遠近爲補助者。

(二)以載重量百分數爲補助者。

(三)由國家派定某數量貨物爲飛航之運輸者。

以第一種之法補助者。則飛航之能力大小。盡爲同一比例之補助。而無所區別。恐於提倡之道。殊有不利。然事屬創辦。爲一般人民之提倡。亦可見諸實行。

以第二法補助者。與公家付一部分貨物之運費同。故飛航費取諸一般人民者，可見減輕。

以第三法補助者。此實爲有限制之補助。由公家定某條航綫而爲貨物上之補助。

以上三法皆可由國家選擇施行。而定提倡航空之政策。俾商業飛航有可恃之實。有生利之望。彼時不必公家提携倡導。而一般人民自爭先恐後。趨事赴功。且商業飛航。不僅爲謀利之資。果使日有進步。則吾國機械師駕駛員。不致有缺乏之虞。即將欲停業之工廠。亦可藉此而復興。海外之商業。日見鞏固。國家與屬地。日見聯絡。其關係豈不重哉。往者軍事飛行。政府人民。皆因疑難太多。置而不問。後乃苦心焦思。殫精竭慮。不避艱難。馴有今日。故欲成此商業飛航之事業者。尤非有昔日不避艱險之氣概不可。

輕氣之上昇力

譯美國航空雜誌

周德鴻

總論

氣艇之上昇力。與船舶之浮力同義。其相關之要件有二。一爲本身重量。一爲排開空氣之重量。亦與船舶之浮力相似。但氣艇與船舶不同之處亦有之。除潛航艇外。船舶在水上常與水保持平衡之狀態。若載量加重。則排水愈多。其水線高低雖不同。而保持平衡之狀態如故。若氣艇則不然。其全部爲空氣所包圍。無水線高低之可言。若外面之空氣變其重量。則艇上所受浮力應變其正負。即應變昇降之趨勢。故氣艇結構上之重量雖曰一定。而其周圍空氣之變化。尚有種種影響也。

上昇力應受以下各項影響。

一、氣艇中所貯氣體之體積。

二、氣體之純粹程度。

三、空氣之壓力。

四、空氣之温度。

雜俎

英國航空委員會討論國家扶助商業飛航之報告　譯英國飛行雜誌　葉廷元

近來英國軍事當局。曾組織航空委員會。討論商業飛航諸問題。而其討論大旨。則依英國現時經濟之情形。國家之利益。以求商業飛航之發達。該委員會依此宗旨討論。而有以下之報告。

當歐戰告終之際。商用飛航之事業。已逐漸推行。吾等所討論者。欲因勢利導。求此商業飛航之昌大。商業飛航、與軍事飛航。同爲時世所需。既不得有所偏廢。而提倡商業之飛航者。又不得不兼顧航空實業。因航空實業。乃航空器之製造所由出。而航空器之製造。尤以能應軍商兩用爲便。

歐戰以還。軍事飛航之進步。大有一日千里之勢。而飛機製造之術。亦與飛航爲同等之進步。然皆關於軍事飛航。而求其製造合於商用之點者。尚不一見。

現時英國所得商業飛航之經驗。既覺淺鮮。而一方面又須顧及軍事飛航。此所以提倡航空之政策。不僅在商業飛航上設想。必須依此委員會組織之本旨。以求國家之利益爲前題。設法爲之倡導。至於商業飛航之發達。多半恃乎人民之自動。果人人信其可行。冒險從事。則商業飛航。不必求其發達。自有水到渠成之勢。而航空實業。亦能鞏固無虞。政府亦可不盡扶助誘掖之責。今以國家之利益爲前題。而政府不得不盡扶助誘掖之責者。厥有四端。

（一）英國版圖遼廓。屬地徧於全球。交通尚有未臻發達之域。此商業飛航之提倡。不可緩者一。

(二)商業飛航。日漸發展。則航空器具之製造。所謂航空實業者。必銷路日廣。製造日宏。而供給於國家航空軍者。必無匱乏之虞。且有廉價之望。反之。若專恃航空軍一途。以爲航空實業之銷路。則航空實業。必日漸萎縮。而航空軍取諸航空器製造所者。反有價昂之弊。此商業飛航之提倡。不可緩者二。

(三)國家欲與外國之交通爭便利。則舍商業飛航之道無由。此商業飛航之提倡。不可緩者三。

(四)歐戰以還。一切航空學識。皆自戰鬥中得之。若無日進之謀。必有日退之虞。此對於保持已得航空之學識。而商業飛航之提倡。不可緩者四。

政府對於商業飛航之提倡扶助。觀諸近日航空部之設施。已爲十分盡責。而收効尚微者。誠以近日之措置。盡屬於間接之扶助。而無直接之資助。故現在之問題。間接扶助。姑置不論。而專研究直接資助之事實。對於國家有何等利益。

國家設法資助之始。須先將航線設立之布置。而一爲研究。庶幾資助之法。有所把握。今就英國航線之設立而言。現時英國航線設立之最要者。莫如由埃及至印度之航線。欲求飛航事業之發達。宜從此處入手。以全副精神注意此兩地間之航線。待明效既顯。經驗已富。然後再從事設立各處航線。以求飛航事業之發達。若揚厲鋪張。同時設立各處航線。則分專注之力。

英倫三島。天氣不良。幅員狹小。欲求商業飛航之發達。頗覺困難。且在文明開化之區。鐵軌縱橫。交通便利。更可晝夜兼行。故在此等區域。欲求商業飛航之興。舍晝夜飛航。不能與快車爭勝。然而夜間飛行。易生危險。非待經驗宏富。地上之組織安全。安可貿然一試。

據以上諸端。欲求商業飛航之設立。莫若從英國屬地着手。或與外國之都會。爲飛航之往來。至於國內可設立之航線。厥惟距離較遠之郵便飛航。然此種飛航。與他種郵遞之法不相上下。故發達亦覺困難也。

考諸英國歷來之實業。大都人民涉險開始於先。以漸臻極盛。如製造機械。設立航線。屬諸人民自動。本其所得之經歷。而爲商業之飛航。至成效卓著之時。吾知英國航空器之銷路。不僅限於英國國內及其隸屬版圖。即世界列邦。亦將聞風訂購。

然而今日以還。航空實業漸形萎縮。航空器製圖諸人。不過拘守成規。以應所求。其現在所求之處。亦不過航空軍、及運輸公司二處而已。且航空軍自歐戰以後。所餘之軍用飛機尙多。而對於商用飛機。則勢不欲購買也。

此時所求之數。既日見其微。則研究此道者。或棄而他就。則英國之航空實業。恐終爲牛後也。故爲今之計。航空部宜設法維持航空實業諸人員。凡有成效之飛機。皆可訂購。使研究者有一往直前之勢。

考諸倫敦巴黎間、及倫敦布魯舍勒間之航線。布蘭克少將 major-general SirS. Brancker 及亨利佩治 Haudley Page 能道其詳確之點。至關於郵便飛航問題。則郵務總局局長馬來氏 SirEvelynmurray. K.C.B. Secretary of the general Post office 所言頗中竅要。關於布氏及亨氏所得飛航之經驗。擇其要者條舉於左。以供參考。

(一)有定期之飛航。其飛機之速度。必須較快。因之飛航之費用亦較高。

(二)無定期之飛航。在天氣變更之時。可以停止飛行。其飛機之速度亦可稍緩。如有適量之信件貨物及搭客。則費用亦較廉。自商業上觀察之。可以持久。

(三)現時往巴黎之航線。頗覺可恃。若以現時之郵便飛航、與最初郵車所載之信件相比較。則現時之郵便飛航。已勝於當日之郵車。

(四)飛航之所難者。即搭客及貨物。不能保其適量之數。緣商業飛航之價值。尚未得一般人民之信仰。

(五)巴黎倫敦間之郵便飛航。頗具失敗之象。然並非關於飛行上之障礙。其失敗原因有三。

(甲)飛航郵便。廣告未能普及。因之知郵便飛行者少。

(乙)飛航郵件。須在倫敦特定之郵局。人民多感不便。

(丙)每一信件。納費二先令六辨士。郵費太昂。

按巴黎倫敦間之函件。由當日寄回信者。尚不多見。其原因亦即以上所舉數種之缺憾。

(六)由經驗所得。須有特製之商用飛機及發動機爲便。

按巴黎倫敦間所用之飛機。多係歐戰所餘之軍用飛機。以廉價取得。移爲商航之用。至欲易以專門商用飛機。則資本金額。又將擴充。修理損失預算。又須增多。而平日飛行消耗。亦須擴大也。

近日考查。在政府方面。對於商用飛航。雖間接扶助。而商業飛航。頗有戛然中止之勢。倘任其無形消滅。

則於國家利益。殊多影響。故以國家利益爲前題。始有政府直接資助之思議。

夫直接資助之事。並非國家永久不變之政策。不過當此商業飛航可進可退之秋。暫爲援助。否則商業飛航。將潛消默化。又豈國家之益。

或謂英國實業。從來盡屬於人民之自動。商業飛航一事。亦何莫不然。政府間接扶助。於斯已足。何必更事他求。不知商業飛航。需國家直接援助者。厥有數端。除以上所舉者外。更欲道其一二。以足其說。

當歐戰以還。國家對於航空事業。努力經營。庶有今日。此時仍宜勿懈前功。暫爲繼續之援助。使商業飛航之基礎。漸臻鞏固。然後停止援助。或將來商業飛航。實無可行之望。再卸去援助之責。此不得不爲暫時之援助者。至對於政府威力。捍衛國防。則猶不能藉口於已往之各種實業。聽人民之自動。而任其徜徉。以待其自然之發展。且果使商業飛航不興。則所得於軍事飛航者。亦將漸爲泯滅。不獨商業上之能力。在平和無事之時。無由與列強競爭。即一旦有事之秋。其航空器械、材料、人員將有不敷應用之勢。蓋平時既不設法保持。則臨時定有竭蹶之患也。

綜以上數端。故政府暫時直接資助之事。勢在必行。政府既設法資助以開其先。人民亦應興感奮發以濟其後。則事可成矣。

暫時資助之法。既若是之必要。而資助之法如何。是又不可不一究其詳。考諸法國。則以飛行之里數、飛行之時間、爲資助之比例。而細繹此種資助法。亦未見允當。緣此種資助。對於航空前途。若機械之功能。運輸之定期。飛航之經驗。皆無所進益。故此種資助法。不敢謬與贊同也。

上述之資助法。既不克施行。乃更求指定郵件之辦法。此種辦法。由政府指定某數量信件為之資助。飛航時須由政府定奪。然再三思之。復有不易舉行之點。且信件之數不足。而由政府代還無信件之郵費。亦非計之得者。

於是更為進一步之研求。而立一始終不變之定義。凡由國家資助之事業。必須對於國家有何種利益。或郵便之傳遞。實較速於尋常。或往來之飛航。實有益於經驗。然後始由國家資助之。據此定義而有以下之決定。

凡由國家資助者。須由國家認定某航線、並指定某數量或全部郵件、為飛航之傳遞。例如開羅喀喇其間之航線。即在可行之列。緣開喀兩地相隔既遠。而經行之地。天氣又少變更。此飛航之事屬可行者。至於英國與歐洲大陸各地之航線。一時尚難舉辦。至倫敦巴黎間之航線。兩地距離。原不過亘。飛航傳遞郵件時間。雖略為減省。然亦無足輕重。此倫敦巴黎間之郵便航線之可不資助者。至於倫敦與歐洲較遠之都城。則莫如羅馬。以兩地之距離言之。似可飛航。然其中天氣多有不良。國際交涉。諸待解決。據此時之飛航程度。尚未能一時舉行。只可待諸異日。故談飛航之資助而擇取航線者。須識此二原則。一則航線之距離不宜迫近。一則為航線之距離雖長。而天氣不良。亦不宜遽於選定。若既無天氣之阻礙。而距離又遠。且承辦公司、得有政府之資助。即有無上之價值。三者備具。而政府資助。始克有成。

資助之法。已略如上述。而依國家經濟問題。資助之金額。亦不得不預為限定。至於資助之比例。則視一般人民用此航線之多寡。以其收入為轉移。其收入多。則資助之數亦多。收入少。則資助之數亦少。依其實在載運之數。爲資助之多寡。則國家不致有空糜助金之憾。而得經驗之實。至於運輸公司、與國家郵務局訂立郵便合同時。必須與輪船鐵軌之交通。立於同等地位。庶免紊亂之弊。

今將資助飛航所應提議之事。分列如下。

(一)資助之金額宜限制也。在千九百二十年至千九百二十一年、及千九百二十一年至千九百二十二年兩年中之預算內之資助金額。不得逾二十五萬磅。

至資助之手續。則每三月資助一次。凡政府所認可之公司。能於三月內至少有四十五日以英國所製之航空器發動機飛航一定小時之數者。即可照其各種運費收入之總額、爲百分之二十五之資助。

資助之數。既依其所收入爲比例。恐有以少報多之弊。故於必要時。應該管之請求。運輸公司、應將一切賬目收據文書呈驗。至於消耗詳細情形。亦應由政府每年稽核一次。則較短量長。庶得其經驗之大略。

(二)資助之航線宜規定也。

(甲)倫敦巴黎間之航線、或其延長線。

(乙)倫敦布魯捨勒間之航線、或其延長線。

(丙)其餘認可之空中航線。若由英國至司堪的那威亞半島之航線是。

以上三種之飛航時間亦宜預爲限定。若自倫敦至巴黎。或自倫敦至布魯捨勒。自此航站飛至彼航站。不得逾四小時之久。至其餘航線所需之時間。應依比例配定。

(丁)英國國內之飛航者。暫不資助。至將來由英格蘭至愛爾蘭之航線。資助與否。亦須待異日解決。

(三)凡某公司有欲爲所定之航線之運輸者。應呈報航空部。果與航空部所定速度時間等條例脗合。即可令其飛航。

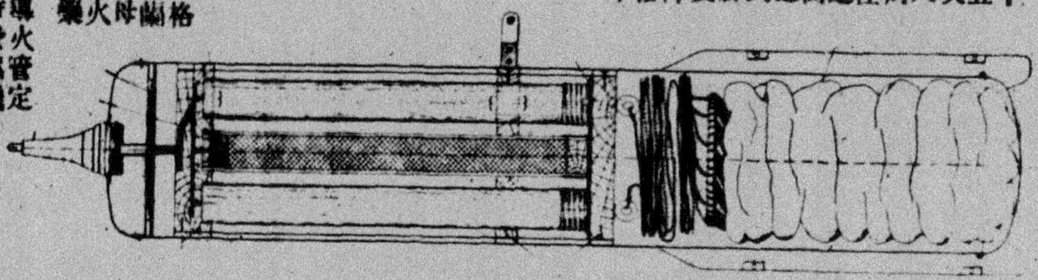

航空器上閃光彈之發燃機

航空器上閃光彈之發燃機

葉廷元譯

發燃機Iguiter之用。爲在空中預定之期間內發燃航空器上之閃光彈flare，此閃光之强有七萬至八萬只之燭光而時期之預計則置有導火管、測量度數表、fuze scale 表上之度數至二十二秒爲止。

此發燃機對于航空軍之用途。極爲重要。尤以在夜間空中偵查或拋擲炸彈時。用此發燃機發出航空器上設置之閃光彈以照射地面爲最相宜。先是將閃光袋全體由航空器上拋下至預定之距離時。此發燃機始將閃光彈燃着。其最大之便宜則爲航空器飛行之地點。不容使地面窺見因之飛行者有下探之能。而無被見之害也。

發燃機之說明

發燃機之大部合成爲下列二種。

甲拉撞針Pull Percussion Striker

乙報時鈴組織 Time Ring System 與八十號導火管相似

發燃機發燃前一切之預備

此發燃機以底面之鐵綫螺絲扣於閃光彈鼻端閃光彈全部及發燃機。可安放航空載光彈器之上。

撲擊針針鼻有穴。用極强之鐵絲或用可移動之環結 Link 穿過鼻穴。即可將撲擊針附置於載光彈器之上。總以用環結爲宜。

報時鈴 Time Ring 置於必需之秒數。將安全針撤出。

發燃時之動作

當閃光彈將發燭之時。撲擊針即因鋼絲或環結之力。向上提起。撞針亦隨之收縮。因其收縮之力。撲擊針與撞針間之鋼絲爪。亦因之脫出。撞針亦借收縮之力。得達於撞帽。撞帽使所載之火藥發燃。報時鈴即發出動作。火藥即燃着。而閃光彈亦燃着發出閃光矣。

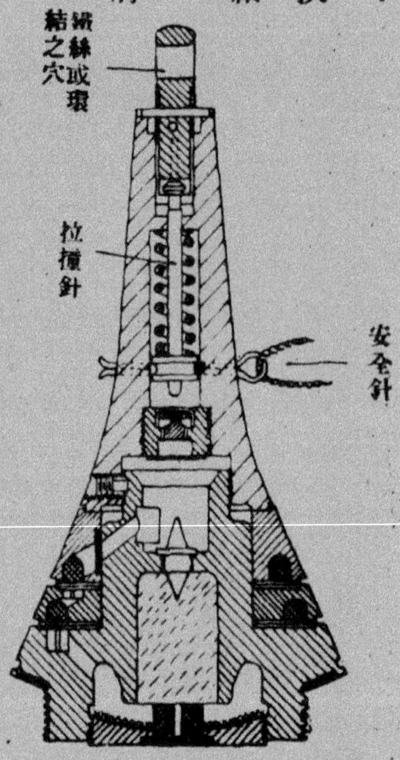

八十號導火管

拉撞針有銅鼻 Brass Nose 與撞針相連。撞針復有鋼絲爪 Spring Claw 與撲擊有 Plunger 相接。撞針之下端有槽。以收納安全針。Safty Pin

銅鼻之底面有撞帽。撞帽置於撞穴之內。穴內置微量火藥。

銅鼻則安置於T，P．八十號導火管之上。Fuze T. P. 80

報時鈴組織 Time Ring System 即爲現時砲隊上八十號導火管上所通用者。無撞擊之彈丸。且撞擊穴則用木拴以附其上。其底塞 Base Plug 則塗以漆。並敷以火藥粉。以便藥彈在藥包內可以發燃。

此導火管燃燒可達二十二秒。且永久置於五秒之部分。俾此導火管如遇遺忘安設之時。則航空器上之閃光彈非落至與飛機有相當隔離時。絕不發燃。以示安全。

閃光彈之降落傘

(一)體積及光力

重量	六十磅	約二十七公斤
長	四十四英寸	約一千一百十七公分
圓徑	八英寸	約二百零三公分

光力　約五十萬燭光力

燃燒時間之延長　五分鐘

(二)構造

閃光彈包有下列各種物件

(甲)燭光部 Candle Unit

(乙)降落傘 Parachute

(丙)包皮 Container

(丁)火藥膛 Blowing Charge

燭光部共燭頭七只。每燭頭約有七萬至八萬之燭光力。貯燭頭之盒為鉼製。可與燭頭同燬盡。

降落傘爲十五英尺（四•五七二米達尺）周徑之高速式絲質降落傘。有鋼繩及鋼眼與燭光部相達。包皮爲鋼製。包囊燭光部及降落傘。外附以翅片。以爲飛行時之規正。並有皮帶及眼鈎以爲持者之用。（此種爲一百十二磅及二百三十磅式。）火藥爲F. S. 火藥。可爲定時發燃機燃燒。有必克佛得導火管相連。此種導火管有急火 Quick Match 與每只燭頭相連。且此導火管對於發生燃燒時有延遲至十秒鐘。始發生効力之能。導火管定時發燃機 Ignier Time 用於航空閃光彈及抛擲炸彈。此導火管之定時發燃。已見說明書第一。

發燃時度置於必須之秒時後。依次將發燃機發燃一切之手續預備妥善。此閃光彈即離開航空器。此時發燃機之報時鈴。亦在預定之時間燃燒。因之藥亦燃着。露出燭頭降落傘。此種降落傘開時甚遲緩。燭光不蒙其影響。此降落傘開弛之緩。亦屬當然之事。緣以必克佛得導火管。須待十秒鐘之後。始能燃燒燭火也。在最後燭光發燃時。降落傘始爲開張。此種閃光彈又可用以照攝欲轟炸之區域。并在飛航時。可以查考飛行之地位。亦可用於偵察。以及其他各種飛航需用極明之閃光時。皆可用此種閃光彈也。

譯述

美國衛思南氏縱面飛機 譯美國航空界

葉廷元

衛思南 Oscar H Wisonant 創縱面飛機。其機形之構造。與他種飛機相異之點。即其大翼 Mainpanels 與飛機機身平行。而不成為直角。其兩螺旋板之旋轉。則以一發動機之力撥動一軸柄。Shaft 由此軸柄復撥動螺旋板。其機身下部之小翼。Small Panels 則緊靠螺旋板之後。衛氏稱此種構造。可以增加舉重力。可以增加飛行速度。可以增加飛行之平穩度。可以增加運轉之便捷。例如翼柱 Strut 及其他對於螺旋板生阻礙之物。皆屏而不用。則速度之力自可增加矣。至平落角 Gliding Angle 頗大。故遇有發動機損壞時。飛行降落亦可無慮。兼之此等縱形飛機。可免立落 Nose dive 尾轉 Tail Spin 及側滑 Side slip 之弊。至其飛行重心點。可始終不變。蓋其舉重力心在翼之下邊。與他種交叉形製造之飛機。其舉重力心在上邊者。迥然不同。緣此彎曲之翼進行之力。始發生於翼之前緣。Leading Edge 循此翼之長而傳布其進行之力。於是始漸漸升起。其升起之力。則微在重心點之後。因之其上升之力。可始終不變也。至此縱面飛機之節制各機關。亦與他種飛機無甚差異。其橫面及縱面平衡之保持。皆恃每翼尾端後之昇降舵。而此昇降舵之運用。又恃另一舵柄。凡欲為側面之運動時。則將此舵柄為前後之搬動。為橫面之運動時。則為左右之搬動。故左右之搬動時。可使昇降舵往復上下。例如欲為右向之運動。則將此舵柄。用力左移。則此左邊之昇降舵揚起。而右邊之昇降舵低下。猶之他種飛機小翼 A ilerons 之功用然惟此種作用。易使飛機流於側面傾斜之勢。至若欲爲直進之飛航時。則恃每翼後方之方向舵。有方向舵柄以爲之運用。除此方向舵及昇降舵以外。在機身之下部。復有小翼二個。此小翼安置之部分須在飛行時重心點之前。小翼之上。各有附羽。有舵柄以運轉之。此附羽之功用。猶之後方之昇降舵。然不爲昇降舵作用時之輔助。蓋此種附羽下按時。則飛行阻力頓生。而飛行遲緩。故凡於强迫降落之際。遇有危險之時。不能制止之際。可爲一大援助也。至於大翼上翼骨之構造。與他種飛機無異。此翼骨皆聯於機身長骨。Longeron 惟在翼之頂端及下端。其翼骨較中部翼骨爲細。每翼骨相離約二英寸。其向機桅之翼骨。極爲堅實。此處翼骨。皆截爲小段。每段約合四分之一英寸。所以爲飛行降落安穩之扶助。及托重繩牢繫之安全。至小翼之構造。與普通式樣同。此種機身之構造。與他種構造異者。則爲機身長骨之四處。皆用以角鐵。其機身之支柱。與角鐵長骨相連。所用機身之繩。則爲羅愛布零式。Roebling 機身之輪。則爲愛特拉式。Atlas 此飛機大翼之位置。與機身成縱面以翼柱相連。其引繩 Leading Wiros 則附於每根機尾之上。Apicos 及縱面翼之外邊。其托重繩則繫於機身下面及翼之外面之同一括弧形短柱。Bracket 此種飛機所用之三角形支柱。在機械科學中最爲堅固。當飛機直落時。可使機身平穩。而免機翼之壓縮。衛思南氏謂此種飛機。體積窄小。可用爲海上飛機。惟既不作爲戰鬥之用。故由螺旋板間施放鎗火之佈置。皆爲免去也。

馬可尼無線電方位認識器

鴻元

一總論

外人筆下之湯若望與南懷仁

JONATHAN D.SPENCE 著

葉舜庸 譯

譯者按：

一、原書開始即叙述湯若望上書清廷事，繼始説明湯若望在明朝服官經過，今之譯文則按其出身經歷順序移譯，似覺眉目較爲清醒，可俾讀者一目了然。

二、著者云中西文化兩大潮流會合之際，蓋自從十七世紀中葉，西方傳教士爲布道便利計，乃挾科學方面之技能登上政壇，以便赢得世人信仰，但有時急於求功，不擇手段，例如湯氏之結納明朝閹寺，以通聲氣，上書李自成，幹求職位，去取之間，均有昧於中國最寶貴之孔子學説真諦。著者謂『文化交流結果，受益者乃中國，而中國并無任何貢獻於西方人士』。噫，彼等探滄海而遺珠，入寶山而空返，是誰之過歟！

湯若望（Johann Adam Schall Von Bell）原爲日耳曼人，生於科隆（Cologne）之富有世家，一六一一年（即明神宗萬曆三十九年）十九歲時，加入教會，法人金尼閣（Nicolas Trigault）在羅馬傳教時，湯氏亦正在羅馬求學，二人相遇頗相得，湯當時對於利瑪竇（MatteoRicci）所傳留之東方傳道資訊，極感興趣，乃請准赴遠東爲上帝服務，但其直屬之教會院長，反對此舉，乃在一六一六年遣派學生赴外國名單內，在湯氏名下，加注『不宜赴中國服務』字樣，但法國教士金尼閣氏，深爲此才能優越，而且熱情之青年所感動，乃代爲請其隨同本人，赴歐洲各處任招募新會員之任務，亦遭批駁，當時院長并謂湯若望第一要緊事，須修畢現時所學課程以後，再計其他，因之直至一六一七年十月，湯氏始離開羅馬，赴里斯本船隻薈萃之處，搭船赴華。

湯氏所乘船名，爲Nossa Senhora de Jesus，除湯氏外，選派赴中國之教徒，尚有二十一人，搭客及船員共六百十四人，活的雞鴨等家禽，約一萬隻，於一六一八年四月十六日由里斯本出發。湯氏等被安放於食物及行李間內，有如沙丁魚一般，然在旅行途中訓練不輟，由金尼閣訓導，每日在海闊天空之船板上，温習舊業，禮拜二、五數學，禮拜三及禮拜六中文，此外另有天文小組，湯若望即在其中攻讀，緣其院長曾引利瑪竇之言：『教徒中有天文學之技能，可以修正中國曆書者，則聲譽增加，入境容易，且得有安全及自由之保障。』

湯若望等最終決定繼續前進，到一六一九年七月十五日，抵達葡屬澳門，湯氏復從範禮安神父（Father Valignoni）進修中文，範氏係在整肅中被逐出，而抵澳門者，在一六二二年（明天啓二年）七月，湯氏仍蟄居澳門，值荷蘭人來攻，葡人架炮於湯氏住屋上，擊中荷人，荷人敗走，澳門之圍遂解。同年季夏時，湯氏約同另外教徒三人，暗中進入中國境內，開始北上。後留其伴侶於杭州，湯獨自隨龍華民神父（Father Longobardi）赴北京，龍亦係被迫害之教士，在杭匿居者，二人於一六二三年一月廿五日入北京，居住於靠近西南城門之一小屋內，亦即昔日利瑪竇所下榻之處。

記得湯氏曾有以下描寫：『余是時係一青年，與高齡龍神父至北京後，猶憶龍神父會同另一神父，上書明熹宗「請求准予留住北京，爲朝廷製造黄銅大炮」。』其時驅逐神父之法令，尚未解除，上奏結果，亦杳無消息，但兩神父，以所奏請未得聖旨爲辭，仍繼續留住北京，適此時政治幕後情形，將有重大改變，間接有利於傳教士，緣發動一六一六年迫害傳教士之首腦人物沈榷已經失寵，同時明朝軍隊受長城以北滿洲軍隊攻擊，遭受重大損失。第一種因素，沈榷下臺後，就换上曾經信教之徐光啓及李之藻，又因第二種因素，徐李二人便有機會引進西洋人技術，以促起明朝皇帝瞭解武器之重要，他們催着將澳門的炮，趕緊運來，以抵抗滿洲，并提議來華教徒，均充作顧問，炮果然運到了，但不幸有兩尊炮炸裂，炸死旁觀中國人數名，沈榷藉此事件，再度攻擊基督教，但教徒未被趕出北京并仍舊在各省傳教。

當明朝外有强敵壓境，内有奸險殘忍之宦寺，排斥正人君子，争奪權位之時，湯氏正默默地步武往昔利瑪竇之成規，究心天文學工作，蓋天文學與曆書之相輔而成，對於政治宗教間關連至爲重要，尤其在中國爲然，中國皇帝被認爲乃上天與人間之橋梁，所有曆書稱之爲皇曆，以皇帝之名，頒行全國及邊區，全國農田之種籽、收穫，所有節期、遷葬、政治决定、司法裁决，以及日常生活，大都取决於北京出版之皇曆的吉日良辰，如果與曆書不合，導致不祥，關係匪輕，且皇帝號稱天子（Son of Heaven）。如果國勢不振，則天子領導之權發生問題，如果教徒出而證明中國曆書有誤，則教徒權威自然增長，此理極爲淺顯，但歐洲教會昧於上述背景，斥爲耗費時日，不以爲然，湯氏曾辯云：『教徒致力於曆書改良，亦係純粹科學研究工作，請勿驚駭。』其意義若云，教徒本以傳教爲本，現致力於天文學科，似覺離奇，須知祇有經此惟一途徑，中國人士始能接近上帝，兹再申言之，如教徒靠其耑門技術，登上政治舞臺，交結有權勢之中國儒者，與之以權力及機會，勸導大多數士民信仰上帝，豈不懿歟盛哉？』

湯氏預算一六二三年十月八日發生日蝕，至時果應，嗣又預算一六二五年九月間日蝕，湯氏聲譽鵲起，於是初次用中文著成日蝕概論，至翌年一六二六年，又以中文著成望遠鏡概論，叙述望遠鏡，不僅在天文上可利用，且可在戰爭上作有價值之用途。湯氏之技術材能，贏得北京政界權威人士與之往還，被其歐洲教會院長改派至陝西省負傳教任務。蓋湯氏在京，對於天文工作比較有信心，但對於傳教任務，則被當地人民所仇視，頗覺吃力。湯氏之直屬院長有鑒及此，認爲遣此青年教徒，暫離科學工作，而調往他處作傳教工作，加以磨練，以試其能力，比較有益。龍華民神父曾秘函羅馬，對於湯氏有如下之評語：『有天才，裁判力强，精細處平平；經驗不足，語言文字好，氣質根底好，有自信心，活潑但不成熟，明瞭如何與人交往，但不宜居於領導地位。』

湯氏自調往西安後，日與其他老練之牧師一起工作，在一六二九年（明崇禎二年），結交當地官員數人。当地被湯氏所勸導，接受洗禮者無數，并在西安城内，建有教堂，頂上有金十字架，昂然矗立，惜湯氏長才未能繼續發展，在一六三〇年，突然又被召回至北京服務。

湯若望赴西安時，徐光啓升爲禮部侍郎，徐係教友，擁護同道最力，現在位望崇高，已接近皇帝左右，在一六二九年時，徐光啓證明西法推算曆書，較中國舊法及回教推算法爲精確，於是詔設曆書處，以徐總其事，處内人選由徐任命，以專責成。徐邀同道李之藻、西洋人龍華民及鄧玉函（Terrentius）襄助之，在教徒多年希望插足政壇，以宏揚教義之後，至是始躊躇満志。鄧玉函係一優秀之天文學家及數學家，與意大利人伽利略（Galileo）爲塞西專科學校（Cesi Academy）校友，伽係主張太陽中心學説者，但在一六一六年時，羅馬教皇禁止附和此説，伽利略乃拒絶鄧玉函之請不肯幫助作日蝕推測，好在鄧氏另向一天文學家蓋普勒（Kepler）求救，最後鄧氏能以領導教徒，在中國政界享有盛名，是皆鄧氏綜合蓋氏天文學説之成功有以致之。

教徒成功之希望正濃，意外之打擊又至，鄧玉函不幸在一六三〇年忽然去世，於是湯若望被召返京，以繼其任，湯氏雖在數學方面遜於鄧氏，但其天文學知識，遠超中國及阿拉伯天文學者，對於地球繞太陽之新學説，例如預測日蝕新法、行星運動之幾何分析、地球圓形觀念、地球表面根據子午平行線之劃分、高級代數，以及望遠鏡及測微計之使用，無不精通，有得心應手之妙，因之太陽中心學説，雖經教皇禁止未能傳入中國，對湯氏在中國之技術工作，固無任何妨礙也。

湯氏接辦鄧玉函工作而後，即開始檢查中國計算之法，發現缺點甚多，湯氏云：『中國星曆表，統稱之爲皇曆，在每日旁都注有「選擇吉日」（Alternative）等辭句，極爲刺目，還有其他常用曆書，載有行星運動，錯誤極多，均因計算錯誤所致。』因之湯氏預備作一部完整的天文書籍，奉獻皇帝，湯氏費五年光陰，作成此書，分成三部分，一部分論行星，一部分論恒星，一部分星曆表，以爲計算之輔助。不幸支持湯氏之長官徐光啓於一六三三年去世，由李天經者主持曆事，湯氏性本强頑，他對於李氏柔懦政策，極爲不滿，曾在素描李天經畫像下面寫：『李不失爲好人，過於和平，應極力争辯以求真理的地方而不争辯，竟爾遷就屈服。』在李氏主持之下，反對派對於湯氏計算及觀測之法呶呶不休，湯氏始終奮鬥，維護其自身立場，在争辯期間：深知中國數學家亦曾牽涉其間，然大都默默不置一辭，同時湯氏研討水力學及光學，并對於利瑪竇昔日贈送神宗之鐵絲琴加以修理，并著有《玩琴指南》一書，奉獻於明崇禎皇帝。

湯氏藉修理鐵絲琴（指鋼琴）之便，進入内廷，同時更檢出兩種禮物奉獻皇帝，一爲光彩奪目之耶穌畫像，一爲色澤鮮明之瑪基（Magi）蠟像，均係湯氏一六一八年自歐洲帶來，庋藏至今，始取出貢獻。據云崇禎帝收到後，頗爲嘉歎，但湯氏久欲面帝之願，終不可得。在此次貢獻之前，湯氏曾與宫内宦官相識，勸彼等入教，并且聽命於湯，將耶穌福音傳至深宫大内，亦有妃嬪深信入教，但湯氏深恐閹宦傳播教義，未能道出耶教真諦，話雖如此，而湯氏認爲此種迂回輾轉方法，亦適合當前之情況，同時又設辭云，接受洗禮之妃嬪，必將增加美貌，聖眷日隆，是均爲上帝恩惠所賜，蔑視上帝者，必將光彩日減，聖眷日衰。

綜上以觀，顯示湯氏之處境益艱，心緒不定，自己認爲技術高超，優於華人，常思表達，以證其并非徒托空言，同時又深信耶穌教真理，但華人則認爲本國文化比較西教爲高，最後想面見皇帝，以致其傳教之熱誠，然又格於堂高閣遠，不能一見君王之面，於是不得不利用宦寺，以爲媒介，并利用誇大之辭，以神其説，最後此一能力甚强之傳教士，變成中國所信賴之技術工人，至於宦海官吏，湯氏亦嘗熱心傳播耶教，但此等政客則視湯氏之權勢狀況，而表示信仰與否耳。

湯氏早從利瑪竇處獲知，并以自身多日經驗，證明凡官吏中，受過儒家教育者，均爲有學問之中堅人物，自視頗高，所以用拉丁美洲及東南亞處傳教方法，從下層社會做起，不能適用於中國。湯氏固然秉性坦直，然對於傳道秘訣頗能領悟，因之在一六三七年間見有『意大利神父二人，各手持十字架，在北京街頭傳教，其熱烈之情，似非説服皇帝及全民不止，否則寧可殉道，對中國習俗完全不知，一切習慣，一如其在本國一樣，待街頭衛兵前來驅逐時，彼等毫無殉道表情，俯首將十字架交與衛兵，并口稱「老爺！老爺！（Señor!Señor!）請原諒」，而後離去，似此魯莽手法，令人可怕肉麻』。

湯氏竭力避免意大利神父作風，同時教徒一般理論，決不可引起孔教中堅人物之反感，或擾及彼等之現有信念，在中國傳教最敏捷方法，是自上至下，想傳教成功，必須時時順承皇帝意旨，以得到權威人士之尊敬。湯氏極力學習受過儒家教育之官吏生活，苦讀中國語言文字，勤讀四書五經，身服儒者長袍，舉止極爲穩重，將上帝（God）一字譯成神祇（Deity）或天主（Lord of Heaven），以適合中國文學上傳統古訓，并確告歐洲批評家，孔教之中，亦含有有神論，此等譯名，所以適合當地合法之習慣，再者中國敬拜祖先或孔聖禮節，此等儀文，事關民俗，凡中國已信教人士，仍習行此種禮節者，不能視爲異教徒。

湯氏與教友，依此辦法進行，頗爲順利，贏得中國有權威人士之信任，在一六四〇年，中國教徒達數千人，內中有宫廷婦女五十人，宦官四十人，皇帝隨從百余人，加之湯氏貢獻皇帝之物已被接受，伊之天文學識又被贊譽，未幾又收到重要使命，湯氏認爲最後無論如何，可以面見皇帝，但到一六四二年思宗以滿洲部落，結合一體，北方軍事日亟，乃詔湯氏竭力鑄造戰炮，以應抵抗滿洲戰事之用。

湯氏接旨後以鑄炮事，僅從書面上得到知識，難以應用，懇請收回成命，但場地、工人及所需材料，均已頒給，并飭仍繼續工作，俟湯氏知此工作極爲平常，在歐洲人視之頗爲輕而易舉，而在無經驗之中國人觀之，則非常煩難。湯氏至此時，又成爲明朝正式官吏，賦予管理屬下權責。湯氏趁此機會，在開工前，命工人跪伏祭壇之前，表示信主，在二十尊大炮鑄成後，又奉命加鑄小炮五百門，每門祇有六十磅重，以便步兵携帶作戰。湯氏明知此種輕炮，在作戰時，必將委棄資敵，祇以此時軍事計畫，多向湯氏咨詢，故未敢將上述意見透露，至一六四三年，復奉命計劃建築北京堡壘圖樣，一六四四年，又奉命派赴北方考查防務後，乃報告防務，已至不可收拾地步。

在此絶望之際，李自成匪軍，於一六四四年四月間，闖入北京，湯氏衹得旁觀，見匪軍焚殺淫掠，思宗自縊身亡，湯氏認爲一生事業，盡隨劫火而去。二十一年心力，服務明室，感動朝臣，以期有所成就，現在明室已經傾覆，湯氏與其他教徒，衹得從新做起，但湯氏不願輕易放棄已往之成就，乃竭力保存所有資産，以免被充斥街市之搶匪掠奪。湯氏日記有云：『余素知中國人無勇氣，但不知發展到若何地步，亦不知何以發生此種騷動原因，余手緊握東洋刀，在大廳門前挺立，表示不顧生死之决心，瞬間果不出所料，房頂上發現匪徒，看余鬚發怒張，手握利刃，有拼命模樣乃開始道歉，聲言來此係訪拿劫匪，現既無匪徒，乃立即退去。』

以上保存資産，係湯氏第一要事，次則如何設法想接近李闖，李闖雖係土匪，然總是得勝者頭目，也許爲新朝之主，乃致書李自成，邀允獲見。湯氏本擬李自成給予服務機會，然在會談中，始終未提隻字，衹饗以酒食，會談頗爲融洽而已。

滿洲軍進逼北京，復將李自成趕走，湯氏此時始考慮以技術工作爲傳教階梯，是否合理？湯氏日記云：『余現屏棄天文曆書工作，而專致力於宗教事業。』蓋明朝之覆亡，容許上帝予湯氏一種警告，所以湯氏有更改傳教計劃之心，但李自成在逃走時，縱火焚燒，湯氏所住房附近周圍，盡成焦土，但存有數學書籍之房屋，則未被波及，湯氏認爲是上帝恩賜：『余不得一爲念及，如此非常大火，竟未燒及如此乾燥之物，豈非預示吉兆。』一六四四年六月滿洲定鼎北京，在同年七月二十九日，湯氏上書清廷云：『本年九月一日，西洋新法推算，將發生日蝕。』同時并説明太陽蝕度，及太陽在各地復原時間，一一詳述，并請飭禮部公開檢查，以資證明，同時湯若望并願將同年五月間被火焚毁之天文儀器修理完好。經奉諭准如所請，并令同時進行鑄造新儀器，此種嶄新的消息，見諸當日宫門抄。在九月一日派大臣馮銓會同湯若望偕同欽天監官員學生，携帶望遠鏡及儀器，一齊到天文臺，觀測日蝕，結果與西法推算者吻合，依中國舊法推算者，則有出入，奉旨派湯若望主持欽天監事務。欽天監係在官級九等中五品機關，湯若望商請教會同意後，接任此職，於是爲上帝傳教之人，乃變爲中國官吏矣。

湯氏之此一受命，慎勿視同等閑，緣此時代，正爲歷史上東西兩大潮流會合之時，會合潮聲之最高音，亦即爲本書所述史事，在此以前，中國居優越地位，絶未夢及西方亦有有價值事物，中國版圖廣闊，世稱巨擘，中國皇帝，號稱天子，爲天上與人間之橋粱，處於深宮之中，世人難以接近，一切智慧均傳自先賢，一億五千萬人民，則以少數官吏治理，文藝詩歌，已接近完全地步，天地海洋奥秘，已着手推測，尚有何新的技術必需探求之理乎？固然中國有内戰，有饑饉，有被異族征服之時，然此均係偶然發生之問題，國家秩序，總能恢復，異族侵淩，終能同化，因而以中國文化獨傲，以爲鄰近文化低劣之邦，可睥睨視之，而無沉淪之患也。

上述東西文化兩大潮流之會合，當時中國人士未曾料及，但從此時經二百余年以後，東西文化之關係，愈來愈爲明顯，湯氏東來，實啓其徵兆而已。湯氏身經宗教上及科學上改革，例如新教之改良，打破舊教獨霸盟主思想，哥白尼及伽利略（Copernicus &Galileo）天文學之新發現，以證實哥倫布及麥哲倫之環航世界，而打破一般人士對於地球舊有印象之觀念，自十七世紀以還，中國對於世界舊有之定義，即被逐漸否定，蓋因西方人士，并非文化低落之部落，易被中國同化，而易於接受其文物，反之，西方人士，旨在改變中國，一同享受西方文明。

湯氏受命爲清朝官吏，當然非湯氏最後之目的，乃欲藉此機會，使全民信仰上帝，在中國方面，欣賞其技能，以之充作技術人才之用，因之雙方所欲達成之目的，盡成泡影。湯氏置身北京所取傳教策略，係采自前此傳教之利瑪竇，利氏十六世紀晚年來華，屢次傳教，挫折失敗，終未能説服中國窮困人民，於是乃改弦更張，認爲傳教必須由上而下，可以事半功倍，於是竭力學習中國經書，以便與文人士大夫來往交談，同時并顯露在數學天文製圖及機械上之才能，引起士大夫之好奇心，願以權力所及，幫助利氏。在一六〇一年，利氏得邀殊恩，留住北京，并常與士大夫談論天主教義，巧妙而言有許多教條，均與孔子所述相合，士大夫見其品學高超，信教者大有人在，因而利氏亦獲准使多數教徒來華。

一六一〇年利瑪竇去世，彼所作中國日記，由法人金尼閣（Nicholas Trigault）帶回歐洲，很快地被譯成拉丁、法蘭西、西班牙、意大利各文本，行銷各地。雖然描寫中國之書籍，前此已有出版，但對於中國文化，作持平不偏之論者，則以利瑪竇爲第一人，凡讀是書者，均認爲中國爲一多彩多姿態之國家，吃則用象牙箸，飲則喝茶葉汁，鞋爲絲制，刺綉有花，極冷天氣，亦必帶扇（譯者按：舊日眼鏡盒、扇袋、荷包等，均綉花精緻，隨身佩帶，以作裝飾）。雖然國力號稱强大，然對於西方文化亦時常引起探索之要求，利瑪竇曾稱：『余認爲中國人士，有誠篤特性，對於外國所製産品，一旦認爲優良，則發生愛好，對於國内所製，中國所以驕满者，蓋以其鄰邦文化低落，致中國從未見過好的文物，以致養成驕满之習性。』

利瑪竇所稱外國産品，引起中國人愛好者，如時鐘、地圖以及利氏帶來貢獻明廷之鐵絲琴等是。除此而外，更有優良産品，則爲耶穌道理，但傳播甚難，利氏乃與其同來教徒作如下之方略：『在布道時，余與諸教友，爲避免一般民衆的疑慮，在公開演講時，對於勸教之事，隻字不談，先對於居民，互通款曲，作禮貌上的往來，有余暇時，則修習中國語言文字，及當地風俗習慣，儘量以身作則，代替口舌傳播，俾人民自動傾心向主，不致於危害業經獲得的成功。』

此種布道方略，傳至歐洲，頗覺奇異，認爲與宗教裁判（Inguisition）及反對改革派（Counter Reformation）所主張之嚴肅風格，大相違背，但亦有認爲可以一試。其中聆此新的辦法，而願爲一試者，即有湯若望。湯氏自明至清，經營締造，已如上述。迨至受命清朝，主持欽天監而後儘量利用此機會，例如作成天文之計算及機械之效能，所費無多，而功用甚顯，因之湯氏聲望日隆，湯氏在發表天文文告時，又附帶敷陳節欲平訟之理，同門教士，均受其益。湯氏聲名遍及中國，爲惠及京外教士計，湯氏認爲非其弟兄，即其朋友。外國使臣來華，大都湯氏擔任翻譯，湯氏煊赫，一時無兩。湯氏有云：『當時如有棘手，朝臣不敢過問之事，均云：請湯神父去辦。』在一六五〇年，攝政王多爾衮去世，翌年一六五一年，順治十三歲始親政，清除多爾衮私黨，世祖對於湯氏頗爲欣賞并信任，稱之爲瑪發（祖父）而不名，免除湯氏一切朝儀。例如覲見時無須跪拜世祖，并知湯氏獨身，賜准承繼養子；所賜與之紀念品，准隨意轉贈他人；賜與土地；准在北京城内建立教堂；皇帝面前賜坐，賜給一品頂戴。并旌表其祖先。在一六五六至一六五七年間，世祖曾親臨其家二十四次，有時輕車簡從，談至深夜，天文、政治、宗教以及其他種種，無所不談。湯氏對於順治之聰明好學，頗爲驚異，彼時主客二人，互相尊重，從未談及入教之説，湯氏曾致書於其友感歎云：『世界上大部分人士均心有所屬，根深蒂固，非耶穌教信仰所可去除，尤以東方人士爲甚。』順治帝之心理，時以西方之節操，及一夫一妻制，耿耿於懷，湯氏曾以巧妙的言詞問順治帝：『歐洲人施行一妻制，而其子孫反較中國有十個妻妾者爲多，其故可深長思矣。』但順治帝仍未能摒棄宫廷生活，且表示無伸縮余地，但祇謂『凡事皆宿命所定』。

湯氏終日絮聒，使順治帝發生厭倦，自一六五八年起，與湯氏接近日少，與和尚等接觸日多，終使僧侶輩，贏得世祖信心，湯氏此時年老心灰，芳香歲月，瞬成泡影，自歎身世，有如小艇漂流大海之中。至此湯氏素日敵人，遂乘虛進攻。湯氏敵人共分兩派，一爲中國之天文學者，一爲天主教教徒。湯氏之身敗名裂，一蹶不振，固爲中國同選曆書者之嫉妒，傾軋攻訐所致，而造成此結果，首開其端，與湯氏爲難者，則係爲上帝之傳教徒所引起，傳教徒所持以攻擊湯氏者，謂湯氏應用技能而傳教政策不當。有某歐洲人在一六五〇年來游北京，攻擊湯氏生活完全與中國人同化，剃發，禦滿洲服，乘坐四人大轎，并有許多騎從，隨侍左右，是對於異教徒之禮節儀式在所不計，唯一心學習中國人而已。適時有西班牙教徒及意大利教徒（Dominicans and Franciscans）多人來北京，認爲應先從貧苦人家傳教，且相信教徒應過貧苦生活，嫉視湯氏等教徒之權力，及宗教上之地位，并攻擊奢侈生活，屢次抗議，結果湯氏等大受馬尼拉大主教申斥。在一六五五年，又受羅馬教皇禁止條律，同時羅馬神學五人小組會，又極力指責湯氏等之不當，嗣一六五六年，湯氏等教徒，雖將已往事實申明辯護，并請教皇收回禁令，反而引起西班牙教徒更嚴厲之反擊。

衆口鑠金，積毀銷骨，使湯氏處於極端尷尬地位，尤其西班牙教徒，指責湯氏在欽天監工作，爲一造信工作，不過對於日常事務，除吃喝及犯罪事項而外，選擇良辰而已。至意大利教徒更作廣義的叱責：『湯氏教徒純以社會普通生活依據，爲信主之宣傳，完全違反信徒之規定，有背上帝旨意，以及全體教徒，所應遵從之方法。湯氏教徒則置身教律以外，自訂方式，顯示其豪華、富貴、權威、尊榮。因之湯氏教徒，不願其他教徒進入彼等傳教之區域，深恐異教人士見到其他教徒卑躬謙和傳教之狀起而反對，使彼等無容身之地。』湯氏對此集體攻擊，尚可設法抵擋，但對中國同任制訂曆書之楊光先之仇視，則無法反抗。楊爲反對傳教士最力之人，自世祖於一六六二年死後，楊光先仇視之聲浪益增，湯氏被誣控謀反之罪。在一六六四年，其控訴狀譯意如下：

『西人湯若望爲耶穌死後教徒，在猶地亞國，曾作叛匪首領。前明時，潛入北京，藉曆書作者之名，以進行其宣傳邪説，從事偵探朝中秘密，設該西人在國内國外無任何陰謀，爲何在都城以内及各省戰略地區，設有教堂，最近二十年來，該教士等已誘騙民衆信教者一百余萬人，散布各地，其目的顯係企圖造反，設不速絶根株，勢將養虎貽患。』

此控訴狀經過調查，并由新到北京之南懷仁（Ferdinand Verbiest）證明湯氏在天文計算上，并無錯誤，但因其罪狀，判决淩遲處死。嗣因其年老，改判杖後發配遠方，但因其過去有功亦未執行，但湯氏已半成癱瘓，不能言語，於是仍令其留住北京，交地方官看管。在一六六六年病故北京，時年七十有五歲。從此禁止傳教，關閉教堂，所有傳教士均發配澳門及廣東。此時多人聞此消息，并未對湯氏有所悼念，但在澳門，則有兩句最流行之諺語，似爲嘲笑湯氏者：『一個亞當趕我們出天堂，又一個亞當趕我們出中國；利瑪竇神父藉數學進中華，湯若望神父因數學離中華。』(One Adam having driven us out of Paradise ,another has driven us out of China;Father Ricci got us into China with his mathematics and Father Schall got us out with his .)

湯氏對於中國天文學者反對迫害，認爲是中國民族性質之表現，無可厚非，嘗云：『中國民族善於報仇，此種情緒，一發難收，即使牽及公家危害，亦所不惜，彼等對於往日所認爲污辱仇恨，均有不可磨滅之記憶，必須使仇恨之人，受到傷害而後已。至於同一信仰同一背景之教徒，加以摧殘，其眼光短淺，心地窄狹，則理難饒恕。』湯氏曾云：『余苦心孤詣，從事天文工作，垂二十年，余深受其惠，希望能留此成績，提携後進，不意同道之人，并不珍視此工作，而領先摧毀，可爲浩歎。』

繼湯氏之後者，爲南懷仁（Ferdinand Verbiest），爲來華教士中之真領袖。南氏於一六五六年來華途中，即顯示其臨機應變之才智，南氏乘船駛離地中海前，遇海賊登船，將教士及乘客輪班洗劫，先將其衣服撕破，繼即將其所有貴重物件，盡行搜劫，即十字架及祈禱書，亦遭搶掠，然後分批將已被搶劫過之人，驅向船尾。南氏記載有云：『余見一同來神父，衣服撕成一條一條的，向下擺動，此時若有聖靈啓示，將自己的衣服撕破，衹頸胸手腕膝蓋之處相連，其襤褸之狀，完全與被搶過之人相似，因之得以逃避賊人之眼目，將貴重物件保存，順利走至船尾。』

能俯拾前人湯若望墜緒，而成就輝煌，則非有心思細密、機智隨生若南懷仁者，未能臻此境界。南氏生於一六二三年，爲比國西法蘭德斯（West Flanders）地產管理官之子，入Courtrai及Bruges教會學校，在一六四一年，入教會爲會員，在比京布魯塞爾學校任教數年後，又至塞維爾（Seville）及羅馬進修神學。南氏才氣横溢，深得師長信任，在歐洲天主教社會中，大有一顯身手希望。南氏從幼年起，即再三請求教會主教派往國外服務，但均被批駁，直至一六五五年，始竟其百折不回之志，當時主教尼克耳（Jesuit General Goswin Nickel）曾對南氏云：『余成全汝志，余希望汝所希望者，全部實現，并希望汝之赴華，可帶給多數靈魂安慰。』南氏乘船遇劫後，於一六五七年春間，駛離里斯本向遠東進發，同年秋季抵果阿，翌年夏季抵澳門，一六五九年，中國政府准其入境，南氏遂往陝西西安傳教。湯若望前在陝西工作，歷三十年，南氏接湯氏工作僅八個月，已顯著成效。一六六〇年，奉順治帝命，返回北京，輔助湯若望，從事天文工作，自此南氏居華共達二十八年之久。然絶少投身傳教之事業，亦猶之湯若望供獻其精神能力於科學領域與其他工作也。

南氏首次天文學才能顯露，適在一六六四年，新舊雙方天文學者預測日蝕時間發生之際，嗣經裁決，以預知日蝕開始正確時間，再作最後之判斷，中國天文學者，楊光先預測日蝕在二點十五分，回教天文學者吴明烜爲兩點三十分，南懷仁在湯若望協助之下，爲三點正，以南等所測最爲正確，結果楊光先反升欽天監主管，而南湯二氏被誣以他罪，交地方官看管。

在湯若望於一六六六年故去以後，南懷仁仍未解除地方看管束縛，認爲湯之事業雖一敗塗地，然采取途徑，并無舛錯。南懷仁乃竭其剩余時間，繼續研究天文學，在一六六八年，致書友人云：『余目前傳達天上消息，以代替世上消息。』意在等待政治上變化，一旦政治改觀，即勇猛邁進，作有效之安排。

在一六六八年，順治之子康熙年十四歲，親理國政，罷斥驕横之輔政大臣及其黨羽，同時對於楊光先及吴明烜所作天文推測，漸覺不甚精准，在同年十二月間，南氏提出湯若望在一六四四年時所作之曆書改革運動，并向楊吴二人明白挑戰，請將日影在某一定時間投射於某一定物體上時間説明，以比較個人之預測精確度，楊吴二人均未能完成試驗，南氏之計算，則證明十分正確，在是年十二月二十八日，南氏奉命將楊吴二人所奏訂曆書，加以檢查校正，至一六六九年一月尾，南氏復命，指出曆書内有嚴重錯誤數點，同時并説明中國曆書如何重要，以作結語，有云：『陛下威德遠被，輸誠之國家多遵從帝國之曆書者，遠達數萬英里，從帝國所發布之權威，光照四海，在此偌大之版圖國家，豈可忍受不確實曆書之推行，不能證實晝夜之真正時間，不能證明一年四季之分野乎？』南氏上書而後，康熙令飭五大臣等查明具復云：『南氏預測者似屬正確，吴明烜似屬錯誤。』康熙帝閲此模棱兩可之語，極爲震怒，嚴旨詰責：『昔年楊光先控訴湯若望時，爾五公大臣等曾在國務會議中，明明指定數點，楊光先所推算爲是，應予采用，又明明指定數點，湯若望所預算者爲非，應禁止采用，現在爾等并未細心查明，何以從前屏棄西法，而現在又未向楊光先、吴明烜及南懷仁等詢明究竟，遽爾上聞又改用西法，殊屬非是，應仍細心研議。』

康熙帝下令南懷仁及吴明烜二人再作最後比較測驗，以預計日影在某一定時間所投射之高度及角度爲憑，所有測驗儀器，在兩個禮拜以前，安置就位，令南、吴二人自己選擇固定地位，并令將可移動部分，粘上紙條，蓋上自己圖章，俾兩人預測之處，不致混淆，結果南氏所預測者，極爲準確。至一六六九年二月下旬派南懷仁主管欽天監事務，并下令逮捕楊光先、吴明烜二人治罪。

南氏在曆書改良方面極爲細心，暴露前任種種錯誤，并主張將已印就曆書，立即銷毁，重行修正，經過大臣等長久辯論後，康熙帝批准南懷仁所請，同時南氏參劾楊光先五年前誣陷湯若望罪狀，奉旨拘楊光先處死刑，湯若望及被誣陷人員，均着恢復生前官職，所有以前剥奪勛賜，均着一體恢復，湯氏數年不白之冤，一朝盡爲湔雪。

南氏在天文曆書上之成功，亦猶之湯若望，由是技術上職責日增，而不得不減輕其宗教上之擔負，不但對於傳教方面，已無空閑，即自身祈禱，亦不得不予以擱置。在一六七〇年八月間，曾致書於其密友柏應理（Phillip Couplet）云：『去歲余希望今年事務减輕，但目前繁忙，更爲加劇，主教已准余免去日禱，詎非鮮見。』

南氏忙於曆書工作，指揮欽天監事務，并製造大型繁複儀器供天文臺使用，搬運巨石過橋，製造日晷儀及水錶，又製造唧筒，引水至御花園，又油畫小風水筒各花樣，以便從三棱鏡管觀玩，乍看則有山水景致，有馬有鳥，若從三棱鏡管觀看，則見有滿洲人穿長袍，戴涼帽，觀者無不嘖嘖稱羡。南氏對此等工作甚感驕傲，在其致友人書中最後曾云：『此種工作，非同小可，如能因此導致皇帝改其信仰，豈非達成最高目標。天文機械，已贏得康熙皇帝信任與歡欣，因之帶給我們的喜樂，達於頂巔，可是我還須要忍耐，等待適當時機，循序漸進，走到最艱難最要緊目的，也就是湯若望所希望等待皇帝的心回意轉的一天。』南懷仁此時亦與湯若望所遭遇之情形相同，在北京資格較老傳教士，嫉妒南氏聲望日益炫赫，南氏乃用弗蘭得文致書歐洲基督教主教云：『現在一切科學設施，以及打點宮廷費用，須款甚亟，現在所得恩賜，均爲康熙帝酬余數學上之功勞，余想藉此良好機遇，賜予支援，實爲勢必然。』主教得書後，認爲南氏要求資助，實屬正確，允其所請，并勸其他教徒勿加阻撓。

南氏之中國語言文學，日益進步，康熙帝除命其充任通譯，并邀其至宮廷内充任教師，南氏更在此時學習滿文，以便隨時交談，并作滿文文法，以備其他教徒研習之用。康熙帝在南氏指點之下，學習天文學原理、歐幾裏德幾何原理（利瑪竇早年譯成中文），進而學習球面三角，最後進修實際天文觀測，及地球測量。

南氏與康熙帝親密至如何程度，康熙帝對於新的知識領會多少，均在人猜疑之中。南氏曾對康熙之聰敏及交往甚密之情，著有論述，但其他教徒相信康熙帝對於新知識未必全盤領悟，但康熙帝與南氏個人交往甚密，確係事實，并時常派南氏新的任務，及須給賞賜。在一六七四年曾命南氏鑄輕便有效及易於運送的戰炮，南氏鑄一百卅二尊重炮，在戰地使用成功後，又命鑄三百尊輕便炮。在一六八二年，三藩之亂平定後，南氏因鑄炮有功，任爲工部右侍郎（Vice President of Board of Works）。從此西法蘭德司地產管理官之子，成爲中國政界之顯宦矣。

恩賚之頻須與服務之增加，本互相迴圈，而不可分離，南氏旋奉命隨康熙巡幸滿洲，南氏曾有如下之叙述：『余此次赴滿洲一路行程，須時時在帝左右，以便對於天體各種情況、兩極高度、地勢等級、山脉之距離及高度，用携帶儀器測量，隨時答復，帝并常常問及流星及物理算術等各問題，帝賜余馬十匹，以馱運儀器之具，晚間睡於靠近皇帝帳幕，白日騎馬隨行，不但塵土壹滿口腔，且整日辛勞，每晚至帳篷時，幾乎不能站定，余得皇帝寵任，然未得片時休息，設非聽余友之勸告，及恐康熙帝對余有不良印象，余早已謝此隨行之任矣。』

有一分之耕耘，必有一分之收穫，某夜面臨山野，靠近山溪，帝選擇數人圍坐，南氏首先描述景色：『是晚夜色甚美，天氣清澈，帝命余將遙遠天邊水平線各星辰以中西文名字告知，最初帝先將其所學過之星名，叙述一遍，旋將余數年前所贈之天文圖取出，由星辰位置，以計算是夜時間，遂笑向圍坐諸人説明從科學上所得之知識。』

夜談圍坐，有若知音，南氏興致勃然，不但對於傳教鼓起新的希望，且對於其他工作，益更增加活力，對於天文學寫著繼續進行，并應康熙帝之命，制訂二千年之天文表，又制訂滿洲各城市之緯度表，并奉旨將來中國地圖，均將依此爲據，在教會方面，南氏儼然爲中國副主教，服務各傳教士，如意大利教徒，屢次贊美南氏，給予一視同仁之幫助，并憑藉其權利，使意教徒免除迫害灾難，推動中國傳教士之發展。法國教徒來華，此舉引起葡人憤怒，亦在所不顧，又開闢從歐洲經俄國來華之陸路孔道，南氏之機智所成就者，遠超乎湯若望之上。而且才能亦屬多方面的，不意在一六八七年，南氏六十又四歲時，墜騎，傷及内部，翌年即因病去世，時爲康熙二十七年，詔以國葬禮葬之，殺牲致祭，并由耶教徒執紼安葬，一切皆用中國儀式，至爲隆重。

殯葬禮，有大纛引導，旗長二十五呎，寬四呎，飾以絹花，旗之下面，有紅色搭福特綢，上綴南懷仁及其官銜等金字，在此大纛前後，有步隊，及引靈旗，繼之則大木龕内，設十字架，用各種絲縧裝飾，有教徒手持旗幟及蠟燭跟隨，再後則聖母手抱耶穌握地球像，并有天使畫像跟隨，續有旗幟及蠟燭隊，引導南神父畫像，衣冠一如清制，所有榮銜全付佩帶，與南氏同道之人，素服跟隨，并從一般民俗習慣，大聲哭叫，表示哀痛，然後爲南氏遺體，并有聖祖指派護靈大員，騎馬隨行，在護靈官員中，有大額駙，及護軍參領，最後則五十四馬隊扈送。

傳教之規模既經南氏樹立，繼任者亦步亦趨，是南氏之死，而傳教并未停止進行。最初極爲順利，此時康熙帝對從事中國與俄國間之交涉而達成尼布楚條約之教徒，賞賜有加，在一六九二年，帝患瘧疾，教徒以奎寧進而愈，乃明降信仰自由諭旨，并在皇城内賜給地皮，設立教堂，任命教徒測量繪製中國版圖，對於教徒極爲寬容友善，且在巡幸各省時，對於教徒，特别關懷提及，并且按時任命教徒指點欽天監事宜，因之在中國政治中，教徒之技術地位，頗爲鞏固。

世事無常，彩云易散，前此毁滅湯若望之烈焰，又複重新燃起，黨派鬥争，一天比一天加重，在一七零五年，導致歐洲派一魔鬼使者來華，將教徒分成各派，不能復合，并設法使教徒疏遠皇帝，因之中國有權勢官吏，仇視教徒者日增，在各省迫害教徒者益普遍，既無歐洲有權位之人，更無政府官吏出面制止，至十八世紀康熙帝之子及孫嗣位，縱容迫害教徒行爲，由是基督教徒，宣布爲異教徒。但當時仍有教徒充任天文家、自來水家、古玩家、油畫家及建築家等。自一七七〇年以後，歐洲腐敗，教會已被取消，在華之所有教徒，均被放逐或藏匿不敢露面，至此初次計劃藉技術方法，誘導中國全民信教之企圖，已完全失敗。

西人對中國分析并不正確，并且含有感情的因素，深知彼等之技術優良而且中國需要，所以最初西人來華者，以爲中國人易與，唯以一己之長，換取自己願望，但對於孔教道德傳統之力量，及無法打破孔教之因素，完全漠視，并對於彼等所遭遇之仇視，認爲係一時荒唐，不予置議，均屬估計錯誤。

依受益上觀點加以衡量，湯氏及南氏之工作結果，受益者厥惟中國，緣中國認爲於己有益時，則取西人之技巧智能，付以相當代價，然中國并無所貢獻，以作回敬之禮，若中國對於西人所言無興趣時，亦衹有聳肩，不再深談，但在中國仍有希望，可以傳教，專門技術仍可做傳教之鑰匙。在一六七四年南懷仁曾云：『在好久以前因一星發現，引導三個國主敬仰真神，現在以同一方法，用星的科學，引導東方之皇帝，認識真主及崇拜真主。』南氏所云，雖過於樂觀，然以技術爲階梯，而進爲傳教之方略，則未可棄置，實在的説起來，此方略確實正確，設有人用别的科學技能，以傳教中國全民者，可聞風興起矣。

後記

這一篇文章，是父親的最後一篇譯稿，也是唯一的一篇不涉及航空事業的譯稿。我以爲這篇譯稿之内容，雖然與父親以前所譯的有關航空之内容的著述迥然相異，但其用心則在基本上乃是有着一貫相通之處的。

如我在《我的父親》一篇文稿中之所言，父親當年之考入北京大學的英文係，而且一畢業就進入了有關航空事業的機構，其用心即在於欲取西方的科技之知識以補中國在這一方面之落後，其心思志意乃是顯然可見的。

至於父親這一篇與航空貌似全然無關的晚年的譯稿，則是完成於我們全家已經從第七街遷居到三十九街之後。如我在《我的父親》一篇文稿之所言，我們全家既由於外子一人之强迫，不得已而從原來的有四個卧室的寬敞的住房，搬遷到了這一處只有樓上一間主卧室的狹小的住處，安排給父親居住的則只是一間由原來的房主安放洗衣機與烘乾機的狹小的空間，而且這所房子從樓上到樓下的通道，只有一個螺旋形的鐵梯，父親既失去了原來住在七街時可以隨時散步到九街百老匯去閑逛的樂趣，而且我和兩個女兒白天都各自要外出去教書或上學，而外子則經常外出，不知所往。父親一個人在樓上獨處，其寂寞當然是可以想見的。於是我就爲父親訂了一份温哥華的内容最爲豐富的報刊，作爲他獨自閑居時的消遣。報刊的名字是Vancouver Sun，中文名我們稱之爲《温哥華太陽報》。其内容不僅包含了美加各地的新聞資訊，有時還會刊載一些美加各地出版的新書的報導。於是有一天父親就對我說，要我到大學圖書館去替他借一本才由美國的一家出版社Little, Brown and Company出版的新書，書名是To Change China：Western Advisers in China（中文應是《改變中國——在中國的西方顧問》）。我知道父親一直關心西方科技對中國的影響，讓我借這一本書，并不足怪，只是這本書實在才在美國出版不到半年，作者當時也并不出名。父親竟然注意到這本書，并令我借出來閱讀，我不得不佩服父親的觀察力之敏鋭，而且後來事實證明，這本書在以後果然成了一册極爲流行的著作，作者也因此而大獲盛名。書名中所提到的『Western Advisers』包括了在華工作過的十余位西方顧問，而我父親所翻譯的則是本書的第一章Schall and Verbiest：to God through the Stars（《湯若望與南懷仁——由星象引領至上帝之路》），這一章所介紹的是明末清初來華傳教的兩個天主教的傳教士——湯若望與南懷仁。關於此二人的事迹，父親在譯稿中已有詳細之譯述，自不需在此更加贅言。至於本書之著作者，Jonathan D. Spence則他有一個頗爲典雅的中文名字——史景遷。關於其中文名之取義，頗有些不同的説法，私意則以爲其取『史』爲姓，蓋不只是因其英文姓氏Spence之拼音的第一個字母『S』，與中國『史』字之拼音的第一個字母暗合而已，而且也因爲他對中國歷史有極大之興趣。至於他之所以取名爲『景遷』，雖然也有些不同的猜想，但私意以爲應該乃是因爲他私心景仰中國古代最有名的史學家『司馬遷』的緣故。關於本篇譯稿之内容，則我父親既已經將其全部譯出，當然就不需我在此更加重述，我現在所要特别提出一談的，實在祇是我父親在譯文之前所附加的一段短短的『譯者按』。此一則『按語』的第一小段，只是説明譯文之次序是完全按照原著之次序翻譯的，此一段説明并不重要；重要的乃是下面的一段話：這一段話有兩點值得注意之處，其一是西方之傳教士往往急於求功而不擇手段，其二則是對於原作者在文章結尾所説的傳教之結果『受益者乃中國，而中國并無任何貢獻於西方人士』的一段話，父親以爲這些來到中國傳教之人士，是『探滄海而遺珠，入寶山而空返』，也就是説可惜的是西方人對於中國文化中之精華，并未能有所認知。說到這裏，我們實在就不得不自己先做一番自我的反省，就以我父親的本身而言，他之決志投考北大英文系，并決志進入航空署創業部門去工作，從事於對西方航空事業之譯介，他何嘗不是想假借西方文化之科技的知識，以求中國之發憤圖强呢？不過值得注意的則是父親早年也曾經接受過多年的中國舊式之傳統教育，讀過不少中國舊傳統的經典著作。在父親心目中，中國傳統的古籍，其中是確有不少菁華可資學習之寶藏的。祇不過在科舉考試之制度中，讀書人誦讀古籍之目的，往往已經淪爲只是藉以求取功名利禄之一種手段而已了，關於此種弊病，清代著名的小説家吴敬梓在其《儒林外史》一書中曾有生動的描述，不過，父親并没有參加科舉考試的經歷，父親幼年所誦讀的都是傳統的純正的古籍，是以未被科舉所玷污的心態去讀誦的，如此則可以培養出嚴正的人格操守和高遠的志意。所以在中國古籍中，對這兩種品質不同的讀書人，一直有所區別，《論語》中就曾經屢次提出説，『君子謀道不謀食』，『君子憂道不憂貧』，又説『君子喻於義』，『小人喻於利』。荀子則更曾明白指出説：『君子之學也，以美其身；小人之學也，以爲禽犢。』而且中國傳統之學問，除去培養個人之修養以外，同時對於治天下也有一種理想，那就是『王道』與『霸道』的區分，『王道』一辭，出於《尚書·洪範》，其言曰『無偏無私，王道蕩蕩』，其所追求的是一種以德治國的公正無私的理想。

至於『霸道』，則是欲以武力爭强取勝的一種狹窄的觀念。一般而言，西方之文化似乎一直是以後者爲主，直至今日西方文化似乎也仍沉陷在這種觀念之中，而在中國則除了正統的儒家之觀念以外，其他的各種子書中，則更是展現了多種不同的生存理想與生活方式。父親在『譯者按』一段話中，以爲當日西方傳教之人士來到中國以後，所看到的只是世俗的中國人之墮落敗壞的一面，而未能見到中國文化中之真正博大精深的一面，所以對之有『探滄海而遺珠，入寶山而空返』的歎息。

現在追想父親的平生，在抗戰中他一直隨國府之敗退，而遷轉各地，實在曾經歷盡了極爲艱難危苦的生活，可是他對我們這些子女却極少敘及其艱苦的經歷，而在來到了加拿大以後，因我個人性格之軟弱也使父親受盡了委屈。而當他困守在三十九街住所的樓上時，却仍然自己求得了一種自我安心自得的生活方式，專心於閱讀而且翻譯出這一篇極長的文稿，更且在文稿之譯者的按語中，仍然能不忘其早年學習英語，有志於中西文化之交流的初心和本志。父親以他整個的爲人處世的態度，昭示給了我一種做人之境界，寫到這裏，我忽然想到我自己在晚年爲文中，曾經提出過一種所謂『弱德之美』的説法，也許我這種説法的形成，正是受了父親一生處世爲人的無形中之感化吧。

二零一八年十月二十四日於南開大學